国家级新闻学专业综合改革试点项目成果

国家级新闻学一流专业红色教育辅导读物

中国名记者何微

孙江　边江◎编著

新 华 出 版 社

图书在版编目（CIP）数据

中国名记者何微 / 孙江 , 边江编著 .
北京 : 新华出版社 , 2024. 7.
ISBN 978-7-5166-7418-5

Ⅰ . G210-53

中国国家版本馆 CIP 数据核字第 202440K98L 号

中国名记者何微

编著 : 孙江　边江
出版发行 : 新华出版社有限责任公司
　　　　　（ 北京市石景山区京原路 8 号　邮编 : 100040 ）
印刷 : 三河市君旺印务有限公司

成品尺寸 : 185mm × 260mm　1/16　　　印张 : 29.5　　字数 : 540 千字
版次 : 2024 年 7 月第 1 版　　　　　　印次 : 2024 年 7 月第 1 次印刷
书号 : ISBN 978-7-5166-7418-5　　　　定价 : 108.00 元

微店

视频号小店

抖店

京东旗舰店

微信公众号

喜马拉雅

小红书

淘宝旗舰店

扫码添加专属客服

何微（1916.07—1999.04），山西祁县人。中国名记者、著名新闻教育家、新闻理论家。1937年2月弃教从戎，参加了抗日组织山西牺牲救国同盟会（简称"牺盟会"），1938年10月进入延安抗大，1939年6月加入中国共产党，年底从抗大毕业即投身新闻工作。1941年起在新华社工作了18年，先后任新华社山西、北京、江苏分社社长。战争年代采写了大量战地报道。1945年发表的《模范中医李克让》受到新华社通报表扬。1956年组织采写的《当你们熟睡的时候》，被认为是一篇"讲好中国故事"的范文。1962年任西北政法学院副院长。1974年起主政《陕西日报》8年，其间创办并主编《新闻研究》杂志，1982年任陕西省社科院院长。1984年起任武汉大学教授8年，撰写整理新闻理论文章数百万字。领衔完成了被权威部门认定为"中华人民共和国成立后新闻领域开展的最大规模科研项目"中的《关于新闻改革的现状、问题和走向的研究》。倡导成立了全国首个大学法制新闻系。学界有"北甘（中国人民大学甘惜分）、南王（复旦大学王中）、西北何（何微）"之美誉。1999年4月6日在西安因病逝世，享年83岁。

社会新闻观

何 微

    党的三中全会以来，我国各类报纸，继承和发扬党报传统，都重视和发表了不少在社会上比较有影响、有震动的社会新闻。因为社会新闻有强烈的现实意义；读者对它也感到兴趣，从中受到启迪；在建设社会主义物质文明和社会主义精神文明中显示出它强大的斗生力量。

    我国近代报纸已有社会新闻。尽管宿娼、妓店、拐逃、情杀一类社会新闻，某些报纸有时失之描写过细，但这些社会现象毕竟是客观存生，反映了旧社会的黑暗与罪恶。我们应该注意到，近代报纸刊登的社会新闻远不只这些

何微手迹

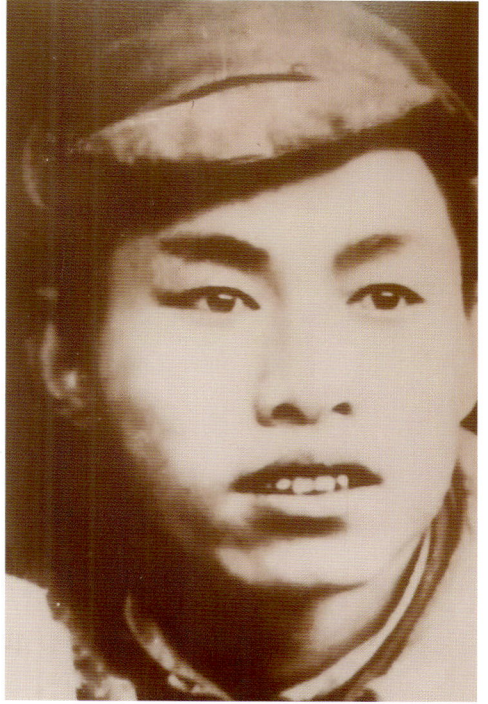

抗日战争时期的何微

何微（右一）在抗日战争时期的工作照

1955 年春，何微（中）在新华社北京分社

1984 年，何微（中）参加武汉大学新闻学院成立大会后合影

20世纪80年代初，何微
（左二）与甘惜分（左一）
在陕西日报社评报

1981年，何微（左二）率领
中国记者团出访欧洲

何微生前工作照

何微八十大寿时留影

序

这样的执着这样的爱

申尊敬

历史无情但公道，从来人杰自流芳。

有些人死了，但还活着，活在史书里，活在活人的舌尖上。岁月的风沙浩浩荡荡，湮不灭他们星辰般的熠熠神采。

他只活了83岁，却活成了他的学生们心中的"一座巍巍丰碑"。

这人就是本书的主人公何微，何微名微人不微，在中国新闻史上，他的名字亮得耀眼。

阅读这部书稿时，我与一个高贵的灵魂朝夕相伴了好几天，他德行高洁巍如山，我自惭形秽满面羞。读罢这部书稿，方知何为真风流，我欲焚香敬前辈。他地位够高身段低，他热烈执着爱所爱，他吃着青草挤牛奶，他一生坎坷意气昂，他无愧今生励后人。他一生的故事犹如一部交响曲，每一乐章都动人心怀。

何微离开这个世界，已经25年多了，但他的战友、同事和学生心心念念忘不了他，隔山隔水放不下他。这些年，他们以各种形式怀念他，或写文章讲述他的故事，或为出版他的遗著奔忙，其情也浓，其意也稠，只因他的再造之恩重如山。何微诞辰百年的那一年，散居在全国各地的几代学生们纷纷撰文，为他张罗了一本纪念文集，篇篇读来令人泣。2002年4月6日，是何微逝世三周年的忌日，著名新闻学家甘惜分想起这位延安时期的老战友，怀念之情如潮涌，于是，86岁的老教授引纸挥笔，在北京的家中慨然题词赞曰："发愤读书三万日古今学术满纸，艰辛耕耘六十春学子遍布中华。"现在，西北政法大学的孙江和新华社陕西分社的边江两同志，又编著了这本《中国名记者何微》，向人们分享他的故事，报告他的功业，传颂他的精神。

何微当记者时是名记者。原新闻出版总署组织编写的《中国名记者》丛书，介绍了自 1870 年以来的 400 位中国名记者，他是其中之一，他还是著名的新闻理论家和新闻教育家。在中国新闻界，像他这样"一身三桂冠"的人，找不到几个。

何微首先是一个坚定的革命者。他在抗日的烽火里参加了革命队伍，随时准备为革命抛头颅洒热血。1937 年，日本人立足东北、吞并华北、觊觎中华的狼子野心已经昭然若揭。这年 2 月，正在家乡山西祁县一所小学任校长的何微，毅然放下教鞭，投身抗日救亡的大潮，参加了共产党人薄一波同志领导的山西"牺盟会"，而且加入的是其中随时可能掉脑袋的"抗日决死队"，可见其意之决绝，其志之坚毅。那一年的何微，还不满 21 岁。

1938 年 10 月，他奔赴中国革命的中心延安，入抗大学习，其间成为中共党员。从此后，他跟定共产党，一辈子再也没有动摇过。

从抗大毕业时，组织部门考虑何微参加革命前是个师范生，参加革命后又经过种种历练，方方面面都堪称优秀，于是准备派他到山西平顺县当县长。若是常人，肯定会欢天喜地去根据地做一个风风光光的县长，何微却对当官没啥兴趣，这个当过小学校长的青年共产党员有更大的抱负。他对领导说，他在"抗日决死队"办过小报，对新闻工作有兴趣，希望到抗日前线去当记者。他认为，当记者，写报道，可以"记录历史，鼓舞士气"，为大事业做出更大的贡献。于是，组织派他到《黄河日报》当记者兼编辑，与后来因小说而闻名全国的大作家赵树理一起经营该报。

何微不当县长当记者，因为他热爱新闻事业。在他心中，新闻工作与人民翻身得解放的大事业紧密相连，是值得终生为之奋斗的事业，所以他对这事业爱得深沉、爱得热烈，他要为这个伟大事业燃烧自己的生命，贡献自己的才华。在未来的岁月里，他的人生之路并不平坦，但始终"热烈地拥抱着所爱"，直至生命终结。

一个在事业上有追求的人，最快乐的是个人兴趣与组织安排合而为一，所谓天遂人愿，此即是也。当何微的个人爱好与组织的目标"合体"后，他便把全部的爱献给了新闻事业，此后的他，像鼓满风的帆，如加满油的车，在新闻事业这个大舞台上尽情挥洒他的才华。

在硝烟弥漫的抗日战争和解放战争中，人们看到的何微，既是记者，也是战士，战士冲锋他冲锋，大家休息他采访，别人睡觉他写稿。他采写了《太岳我军除夕出击　再克翼城歼敌千余》《阳城担架队前线立功》《担架英雄娄老水》《摆好八卦阵　活捉蒋家军——记浮山蛛网联防》《不可战胜的人民军队》和《晋南我军击溃敌援军——运城东南歼敌三千七》等消息和通讯，这些"战地黄花"鲜活生动，记录了波澜壮阔的历史，鼓舞了将士杀敌的斗志，王震和陈赓将军赞他是"中国革命的一支刀笔"。

1941年3月起，何微任新华社晋豫分社社长兼《太南导报》社长、太岳区文委书记兼新华社太岳分社副社长、总编辑和《新华日报》（太岳版）通采部部长等职务，成了"新闻官"。

诞生于革命战争时期的新华通讯社简称新华社，在江西瑞金时称红色中华通讯社，1937年1月在延安改称新华通讯社，中华人民共和国成立后是国家通讯社，现在人称"国社"。革命战争年代的新华社，是中国共产党的"喉舌"。毛主席对新华社高度重视，不仅经常亲自修改新华社的重要稿子，还在百忙中自己动手，以新华社记者的身份写新闻稿。新华社的人自豪又亲切地说，毛主席是我们新华社的总编辑和首席记者。1955年，毛主席豪迈地说：新华社要"把地球管起来，让全世界都能听到我们的声音"。今天的新华社，拥有国内外239个分支机构，成了世界性通讯社。

何微成为新华社前线机构的领导后，既当"官"，又当"兵"，组织指挥报道之余，还经常跑到基层采访写稿子。

1944 年秋，何微组织策划太岳区群英大会和参议会的报道时，发现了一个救死扶伤的好典型。安泽县山村医生李克让，在一年多时间里跑了 100 多个村庄，不计报酬地为几百个穷苦人治好了病。为了把这个典型人物报道好，何微跟着从沁水县返回安泽县上治村的李克让，一边翻山越岭，一边认真采访，从日出走到日落。这年冬天，何微又来到李克让住的上治村，访谈了村支部书记和一些村民。

由于何微采访深入，材料翔实，写作精心，李克让的感人事迹和崇高的思想境界，在稿子里活灵活现，格外动人，《太岳日报》刊登后受到读者喜爱。1945 年 3 月 17 日，新华社发出通报，表扬此稿。《中国名记者》收录此稿时赞道："《模范中医李克让》报道了一位经过旧社会悲惨的磨炼与新民主主义社会陶冶的'崭新人物'，是 20 世纪 40 年代的一篇典型人物通讯。"

中华人民共和国成立后，何微先后担任新华社山西分社、北京分社和江苏分社社长，他以极大的热情，纵情讴歌伟大祖国欣欣向荣的美好景象。

1954 年，新中国进行第一次"全民普选"，这是中华史上破天荒的政治大事。这年初夏，北京市召开人民代表大会。会议的一项重要议程是，选举毛泽东、刘少奇、周恩来为出席全国人民代表大会的代表。身为新华社北京分社社长的何微亲自带队，和两名记者采访报道。当大会宣布毛泽东、刘少奇、周恩来以百分之百的票数当选后，全场雷鸣般的掌声经久不息。当天下午，毛泽东、刘少奇、周恩来来到中山公园中山纪念堂前和全体代表见面，并一起合影留念。会见刚结束，何微就和两名记者聚在公园的座椅上写稿子。代表们的晚宴还没结束，一条关于毛泽东、刘少奇、周恩来在北京市人民代表大会上当选为全国人大代表的消息和《我们选举了最敬爱的毛泽东》的通讯特写，就由新华总社发往全国了。这两篇报道，生动地反映了北京各界人士对领袖的热爱，对行使民主权利的光荣和自豪，对祖国美好未来的期盼和信心。

何微不仅是采写新闻的能手，还是策划报道的高手。1956 年 7 月 20 日，新华社通稿播发了《当你们熟睡的时候》。这篇 3000 多字的通讯，以"守候在孩子床边""为了明天的乘客""通宵运蔬菜""洒扫全城""为了千百万读者"和"零点二十八分接婴儿"等十个小标题，讲述了 7 月 18 日夜里北京很多夜间工作着的人们的故事。这篇富有创意的通讯，句句生动，字字"抓人"，受到全国报纸、电台的广泛欢迎，引起强烈的社会反响。这篇通讯发表时署名"新华社记者集体采写"，其实是何微亲自组织策划、选派记者采写，由他统稿修改，最终定稿完成的佳作，通篇每一个字都饱含着他的心血。现在，人们认为这是"讲好中国故事"的范文，先后被《中外新闻特写名篇赏析》《新华社八十年新闻报道选》《新华通讯社 90 年 90 篇精品选》等多种权威书籍选录出版。

坦率地说，如果仅有这些业绩，何微在新闻界没有这么高的地位。何微的过人之处在于，他对新闻事业的热爱既热烈，又深沉，还广博。他比许多同行"多看一眼，先行一步"，很早就开始了新闻报道从实践到理论的探索。

中国新闻事业的起步，比欧洲国家晚了 200 多年。世界上第一张报纸，是荷兰人 1609 年在安特卫普办的《新闻报》，而我国 1865 年才有现代意义上的报纸《香港中外新报》。中国共产党创建 10 年后，1931 年才在江西瑞金创建了自己的通讯社。在战火纷飞的年代，我们的新闻工作者重实践、轻理论，几乎无暇研究新闻理论。何微意识到，理论的贫困，必然会导致实践上的低能，他率先动手动脑搞研究，是研究新闻理论的先知先觉先行者之一。

理论研究的价值在于立足现实，回顾历史，总结经验，指导实践。思想观点要源于实践，高于实践。何微的新闻理论研究，从"实用新闻学"起步，从总结经验入手。他说："总结经验是利己、利人、利党的事情。"1946 年，何微任新华通讯社太岳分社副社长时，太岳分社调来了一批年轻人。何微敏锐地预感到，随着全中国的解放和中华人民共和国的成立，新闻事业必定会有一个大发展，新闻记者的政治素质和业务素质要有一个大提高。于是他提出，新闻记者在进行日常采编的同时，还要从事新闻学理论的研究工作，并号召年轻记者成为政治思想上过硬、理论联系实际、一专多能的新闻工作者。《新华通讯》每期都刊登他撰写的新闻业务文章，其中《爱国自卫战争军事报道研究》一文，是他那一时期的新闻理论研究的代表作之一。

1962年，"老新闻"何微调任西北政法学院（今西北政法大学）副院长兼教务长。他刚到校，就撞上了该院新闻系要被裁撤的风波，风波中的新闻系教师和学生们都"毛"了。那一年的中国，刚刚走出"自然灾害"的阴影，经济还没恢复元气，许多高校都在撤裁专业。西北政法学院的新闻系，是当时西北高校中唯一的一个新闻系，在何微眼里，新闻系两个班的学生，绝大多数都是农村来的娃娃，何微不忍心让这些青年才俊改变人生航向，他坚决主张保留学院的新闻系。

何微动用自己的人脉关系，在陕西省政府和国家有关部门"上蹿下跳"，反复陈述保留新闻系的必要性，终于保住了学院的新闻系。年轻的新闻系师资匮乏，他跑到千里外的北京，请来了中国人民大学教授、他的老战友甘惜分，还有张隆栋和郑兴东几位教授，给学生们讲授新闻理论、新闻史、新闻编辑和新闻写作等课程。没有教材，何微亲自执笔编写。他先后给兰州大学、武汉大学、中国人民大学的专家们写信，虚心请教后，为新闻系学生们编印了一套油印教材。

1964年，新闻系的79位学子学完了新闻本科专业课程，顺利毕业了，他们成为新中国在西北培养出来的第一批新闻专业科班生。这在当时引起了不小的轰动，也让西北政法学院的新闻专业名噪全国。这一批大学生，后来基本成了新华社、《人民日报》和陕西等地新闻界的骨干，他们都感激何微院长当年的"救命"之恩。

弹指一挥20年。1984年8月，已是副省级干部的何微孤身一人，从"小火炉"西安来到"大火炉"武汉，出任武汉大学新闻研究所所长，这一年，他 68 岁，虽然年近古稀，远看瘦得可怜，但走起路来脚下依然带着风，精气神旺盛得如同中青年人。此前的 30 多年，何微在北京大学、中国人民大学和中国青年报社，在陕西日报社、西北政法学院和陕西省社科院，给数不清的大学生和编辑记者讲过新闻理论课。1980 年，何微在全国新闻学界就已"封神"："北甘、南王、西北何"（"北甘"指中国人民大学甘惜分，"南王"指上海复旦大学王中），其中的"西北何"，就是西安的何微。现在，他要利用在武大任教的机会，在新闻理论上再攀高峰。

珞珈山下的武大校园足够漂亮，何微很少花时间欣赏这人间仙境的美景。鲁迅说他把别人喝咖啡的时间都用在了工作上，何微是把吃饭睡觉之外的全部时间，都用在了教学和研究上。他知道，虽然自己的身体尚好，但毕竟已经进入暮年，必须像当年在战场上打冲锋那样不顾一切地向前奔跑。

何微在武大干了 8 年，这 8 年间，教学之外的时间，他几乎都在"爬格子"，不仅撰写了《新闻科学纲要》教材，还主编了约 500 万字的"研究生读物"《中国新闻思想发展研究文集》以及 20 多万字的专著《中国新闻思想发展研究专论》。他的这些心血之作，开拓了我国新闻学研究的崭新领域，填补了我国新闻学研究的一项大空白。

在这几部皇皇巨著中，何微的真知灼见和奇思妙想，只比葡萄架上的葡萄少一些，个个闪烁着夺人的智慧之光。

关于新闻传播史。他第一次提出，"自有人类以来，就产生了新闻思想和新闻传播活动"，而且人类的新闻传播活动从未停止过，它有一个由低级到高级发展的过程；他第一次提出，"在三千年前，关于新闻记述的要求和思想在我国已基本形成"；他第一次提出，《春秋》是我国第一部新闻作品选集。他在历史深处披沙沥金，发现了我们过去没看见的现象。

何微独具慧眼，从中国新闻思想发展史入手研究新闻学术史，从法学角度研究中国新闻事业的发展变化，拓展了中国研究新闻学术的空间，创立了中国新闻学术界的第三学派。

他的学生们说，何微"信奉马列不保守"，他想构建中国特色的社会主义新闻学理论体系。围绕新闻研究的本源和范畴、新闻的党性和人民性、新闻报道和社会舆论、新闻与舆论监督、社会主义国家报纸的性质、无产阶级新闻的价值观和"报纸总编辑学"的规律以及"新闻自由"等新闻史学界和新闻理论界的一系列重大问题，何微都以独特的眼光和极大的理论勇气，提出了或令人耳目一新，或振聋发聩的思想理论观点，有的思想观点对纠正错误的新闻思想理论产生了重要作用。

老骥伏枥创新业，燕雀不知鸿鹄志。当初，何微到武汉大学任新闻系新闻研究所所长时，有人欢迎，有人敬佩，也有人在背地里风言风语说怪话："何微，何为呢？偌大的年龄，偌长的经历，偌高的地位，偌深的学识，离开夫人，来到武汉大学当个小小的新闻学研究所所长，何苦来哉！"

听到这些风凉话，何微摇摇头，哈哈一笑后，斩钉截铁道："我来武大，一不为官，二不为名，三不为利，为的是把武大新闻系办成全国第一流的新闻系，为的是把我们的学生个个都培养成社会主义革命和建设事业的合格新闻人才。"

看看他的研究生车英眼里的何微吧！

"何老除带好自己的研究生外，还要给本科生和干修生上课。授课地点离他的住地很远，一般人步行需得半个小时左右，年迈的何老总是提前一个小时从家里出发。不管是刮风下雨，还是冰天雪地，何老上课一次也没有迟到过。"

"每当第三节课下课铃响过之后的半个小时左右，人们总是看到何老满身粉笔灰，左手提着讲义包，右手端着一个用酱菜瓶改做的茶杯。茶杯因使用了多年，瓶盖不严，茶水也就随着他晃动的身体不时地从瓶口溢出，滴在他那灰色的中山装上，与粉笔灰搅和成了白色的斑点。尽管连续 3 个小时的课堂授课使年过古稀的何老有些疲惫，但他还是迈着矫健的步伐走着……回到家里，'超载'过重的他，一屁股坐在沙发上，休息片刻后，顾不上拍打自己身上的粉笔灰，又当起了'大师傅'——洗菜做饭。一餐非常简便的午饭后，他没有休息，他走进书房，坐在堆着书刊报纸的书桌前，又孜孜不倦地进行中国新闻学理论和新闻教育学理论的研究与探索。"

武大是何微为事业奋斗的最后一站，也是他的新闻教育和学术研究成果最丰硕的地方。

他来时，武大新闻系创建才一年。他走时，武大新闻系已经名列全国大学新闻院系"前三甲"。

1991年10月，何微告别武大时，满心都是欣慰："这八年，我今生无悔！"

珞珈山脚下，人生夕阳里，他苦行僧般"爬格子"，谱写了一生中最辉煌的华彩乐章。

即将离开武大时，何微呕心沥血著成的几部书稿还没能出版，他的学生们替他惋惜，他淡淡地说："留下自己的成果，比将有限的精力花到寻求出版的公关更有意义。"

1999年4月6日，何微从西安出发，到另一个世界去了，临走前，念今生，当无愧。这一生，他在走过的战争与和平年代，都留下了闪光的足迹。

自从踏上革命路，他就热爱新闻事业，爱得热烈，爱得执着，爱到无我。

自从爱上新闻事业，他就决意这辈子要献身这个事业，就像入党时发誓会一辈子献身党的事业一样，风吹浪打不动摇，一生一世不变心。有人说，"只有初恋般的热情，人才有可能成就某种事业"。何微爱新闻事业如初恋，爱得像鲁迅先生形容的那样"纠缠如毒蛇，执着如怨鬼"，而且是爱一业，一生爱。这样执着这样爱，何微的成功是必然。

自从入了新闻这一行，他就不断提升自己，追求卓越。几十年来，他从来没有停下追求卓越的脚步。从记者到学者，从学者到大名师，已经是名师大家了，他还在不断求索，探求更深层次更高更大的问题，以求对这事业有叏大贡献，对后人有更多启示。

历史会铭记那些建功立业对社会有贡献的人，谁一生碌碌无为，历史就把谁忽略不计。何微对中国新闻事业的贡献，可以彪炳史册。当记者，他有名篇；办教育，他有建树；搞理论，他有创新。像这样"三合一"的人物，凤毛麟角。若问他成功的秘诀，大概就是对新闻事业如痴如醉的热爱，如影相随的执着，还有豁达乐观又积极的好心态。

何微成功的经历无法复制，但他成功的经验可以学习。他对新闻事业那种热烈而执着的热爱值得提倡，他创造这些学术成果时那种"咬定青山不放松"的精神应该发扬，他宽阔的学术思路可以借鉴。研读这本书，是这一切的开始。

2024 年 4 月 21 日于西安新华苑

注：申尊敬系新华社宁夏分社、吉林分社原社长，高级记者，新华社首批特聘教授。著有《品悟毛泽东》（在 2013 年第 23 届全国图书博览会推荐的百种优秀图书中名列第一）、《善变的中国人》和长篇报告文学《家国大漠》。《丝绸之路漫记》（合著）一书 1984 年被中国史学会和中国出版工作者协会评为全国优秀图书。杂文入选《中国杂文鉴赏辞典》和《新疆杂文选》。

目　录

上编　何微新闻生涯

下编 何微新闻文选

上编

何微新闻生涯

上编共收录研究纪念何微的文章59篇。其中：

一、中国名记者何微，13篇

二、新闻教育家何微，12篇

三、新闻理论家何微，6篇

四、综合研究纪念篇，28篇

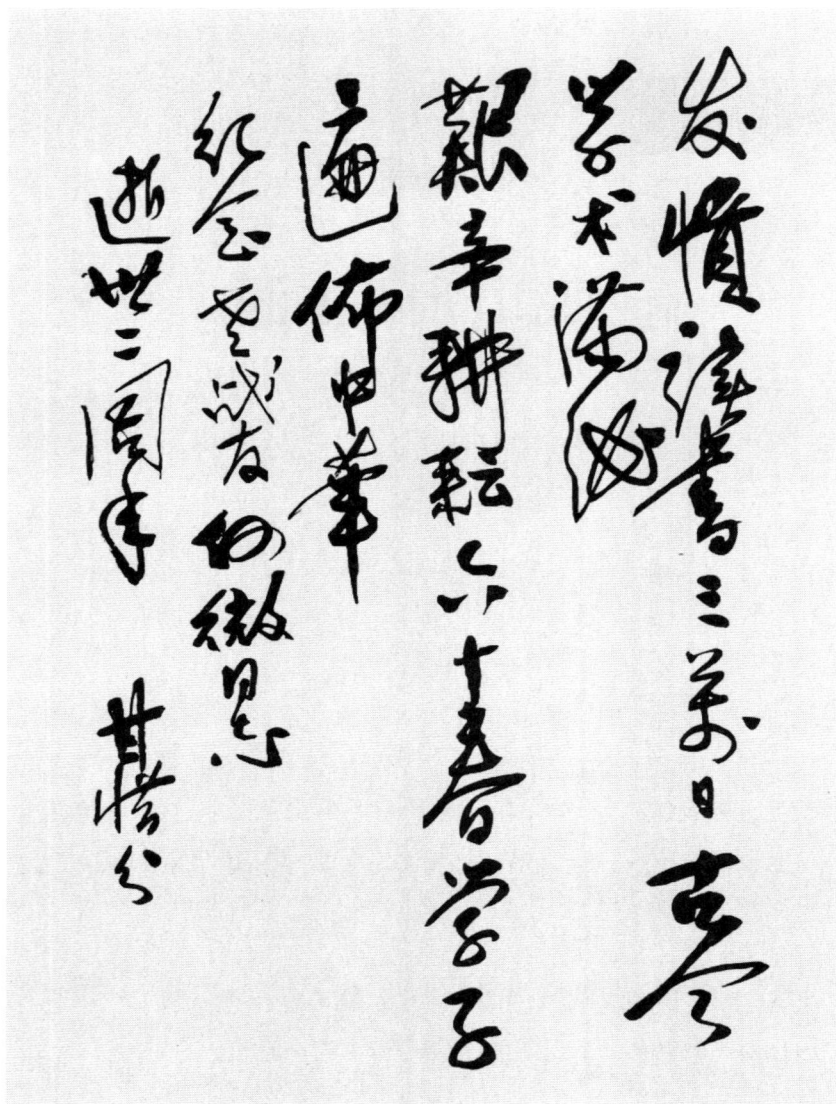

著名新闻学家甘惜分为纪念老战友何微逝世三周年的题词：
发愤读书三万日古今学术满纸
艰辛耕耘六十春学子遍布中华

一、中国名记者何微

何微在新华社工作的18年

边江

提要： 何微是中国名记者和著名新闻教育家、新闻理论家，曾在新华社工作了18年。战争年代他采写了大量战地报道。《模范中医李克让》受到总社通报表扬。中华人民共和国成立后他曾任多个新华社分社社长，是一个合格的"记者头子"。他组织采写的《当你们熟睡的时候》被认为是一篇"讲好中国故事"的范文。他坚持新闻业务理论研究，成效卓著。1956年3月他在新华社国内分社工作会议上作《关于改进新闻采访写作的初步意见》的大会发言，被视作新华社加强新闻报道研究的重要文件。他"用人"有道，"育人"有方，重视通讯员队伍建设，注重记者素质提高，培养了大量新闻人才。何微在新华社的工作实践，留给人们诸多启示。

在中国新闻史上，何微是一个彪炳史册的重磅人物。他入选了人民出版社出版的《中国名记者》丛书，是一位名副其实的中国名记者，他还是著名的新闻教育家和新闻理论家。

何微（1916.07—1999.04），初名何友仁，1916年7月23日生于山西祁县一个中医家庭。自幼聪颖好学，初中未读完就考取了师范学校，中途弃学当了小学教师，继任校长。1937年2月投笔从戎，参加了共产党人组织领导的山西"牺盟会"，成为"抗日决死队"的一名爱国军人。1938年10月，只身投奔延安进入抗大学习，改名何畏，1939年6月加入中国共产党。1939年底抗大毕业后到《黄河日报》做编辑，1940年调太南《人民报》任记者兼《光明》杂志编委。1941年3月，调任新华社晋豫分社社长兼《太南导报》社长，9月任《晋豫日报》社长。1942年3月，新华社太岳分社成立，何微任该社军事记者。1943年春任太岳区文委书记兼新华社太岳分社副社长、总编辑。1944年初，任《新华日报》（太岳版）通采部部长。1948年8月，任新华社太岳野战分社军事记者。1949年4月，任《山西日报》副社长兼新华社太原分社副社长，主持了《山西日报》的创刊工作。1950 年 1 月，何微任新华通讯社山西分社首任社长；1952 年 3 月进京任新华社华北总分社副社长，1953 年 4 月兼任北京分社社长；1954 年总分社撤销后专任北京分社社长；1954 年 12 月初至 1955 年 3 月底，他随新华社代表团赴苏联学习并访问塔斯社；1957 年 3 月调任新华社江苏分社社长。1958 年调文化部出版局工作（其间下放秦岭山区的陕西凤县农村劳动一年）。1962 年任西北政法学院副院长。特殊年代受冲击。1970 年到陕西省卫生系统工作。1974 年初重返新闻界，任陕西日报社党委书记、总编辑。1982 年，调任陕西省社会科学院院长。离休后，应著名教育家、武汉大学校长刘道玉教授盛情相邀，1984 年前往武汉大学新闻系任教 8 年，其间创办了武汉大学新闻研究所并为首任所长。1991 年 10 月回西安，任陕西省社会科学院顾问、研究员，为陕西省委党校、南京大学、浙江大学等多所高校的兼职教授。1999 年 4 月 6 日在西安因病逝世，享年 83 岁。

在革命战争时期和中华人民共和国成立后的 20 世纪 50 年代，何微曾在新华社战斗工作了 18 年。本文就他在新华社期间的贡献做一简要回顾。

（一）他带头深入一线采写稿件，是一名优秀记者

何微 21 岁在山西"牺盟会""抗日决死队"时开始涉猎新闻——编写油印小报《广播台》，传播抗战信息，鼓舞新军士气。1939 年抗大毕业时，组织拟派他去山西平顺县任县长，征求他的意见时，他说自己在决死队办过小报，对干新闻有兴趣，表示更希望去抗日前线做记者。组织就同意派他到《黄河日报》去工作，与著名作家赵树理等人一起经营该报。他从此与新闻结下了不解之缘。1941 年 3 月，何微任新华社晋豫分社社长兼《太南导报》社长，9 月又调任《晋豫日报》社长。1941 年 5 月 25 日，中共中央书记处发出关于统一各根据地对外宣传的指示，其中规定："各地方报纸的通讯社，应成为对外宣传的重要机关。""各地报社的通讯社……应同延安新华社直接发生通讯关系，并一律改为新华社某地分社。"1942 年 12 月 10 日，中宣部在发往各地的一份文件中指示："新华分社与当地日报社在组织上可以合一。"据此，何微在战争年代尽管先后在多个新闻单位工作过（都是报社与新华社分支机构一套人马、两块牌子），有时任记者、编辑，有时任总编、社长，但他始终牢记自己是一个新华社记者，采写稿件是自己的"安身立命之本"，所以他在每个单位都能做出成绩，采写的许多报道成为记录历史的珍贵资料。

1943 年春，何微任太岳区文委书记兼新华社太岳分社副社长、总编辑。1944 年初，

任太岳分社副社长兼《新华日报》（太岳版）通采部部长。他虽然从事内勤方面的领导工作，但常常深入一线采访，多次穿行于战火硝烟之中，写出了许多感人的战地报道。从1944年7月到1946年，他先后采写了《阎军61军勾结日军侵入我太岳区汾河以东地区》《阎军61军在王村接日军防地纪实》《模范村长潘永福》《军政民一家》《民兵英雄尚清福》《人民在反抢麦斗争中》等通讯，在写作上具有细致抒情和情景交融的鲜明特点，受到读者的青睐。①

何微还组织指挥了许多重大报道。最突出的是关于1945年太岳区群英大会和参议会的报道。这年1月太岳区党委在沁水郑庄召开群英会，《新华日报》（太岳版）与太岳分社组织了一个记者团，由何微指挥报道。参加这次大会的有战斗英雄、劳动模范、先进工作者，共计250余人。为了搞好这次报道，何微组织制订了详细的报道计划，七八名记者每人都分配了任务。记者采写的稿件他都要过目修改，由于职责明确，组织得当，对各地开展互助合作运动的经验、对敌斗争的成果、模范人物的事迹以及大会取得的成就都作了系统报道，充分展现了各类英模人物的精神风貌，鼓舞了全区人民的斗志。为了搞好这次报道，他还带头采写稿件，《模范中医李克让》就是他这一时期的代表作。李克让是安泽县的一个山村医生，在严重缺医少药的战争年代，他舍己救人，不计报酬，一年多时间里，跑遍了100多个村庄，为几百个穷苦人治好了病。何微很早就发现并认准了这个典型，1944年秋，他听说李克让要从沁水县返回家乡——安泽县上治村，就跟着去采访，翻山越岭，边走边谈，从日出走到日落才回到上治村。一路上，他对李克让的家境身世、学习从医的经历和山区农民缺医少药的痛苦做了深入了解。中途休息时，何微还请教李医生认识山野里的中草药。当天晚上，何微不顾旅途的劳累，把沿途李克让的谈话认真作了追记。次日又在村里登门拜访了被李克让治好的多位病人，听取了群众对李医生医疗技术和医德作风的评价。不巧的是村党支部书记外出开会不在家。这年冬天，何微二次来到安泽县上治村，专门找了村支部书记和有关村民，核对了采访的事实。翌年1月，在太岳区召开群英大会时，何微把写好的稿件，再次拿给李克让过目，进一步做了修改补充，然后才交给报社。由于他的深入采访，材料翔实，加上精心写作，把李克让的感人事迹和崇高的思想境界活灵活现地展现在读者面前，引起读者的共鸣。这篇通讯于1945年1月23日发表在《新华日报》（太岳版）上，后由新华社向解放区各报发了通稿，许多报纸刊登，受到读者喜爱。3月17日，新华社发了表扬通报，要求各分社记者、通讯员认真研究学习这篇通讯，多采写像《模范中医李

---

① 《新华社山西分社简史》第17页，载《新闻业务》研究专辑2007年第6期，新华社新闻研究所主办。

克让》这样的报道。① 此稿作为何微在抗日战争时期的代表作，收录到《中国名记者》丛书第八卷中，称"《模范中医李克让》报道了一位经过旧社会悲惨的磨炼与新民主主义社会陶冶的'崭新人物'，是 20 世纪 40 年代的一篇典型人物通讯"②。

抗日战争胜利后不久，何微奉命前往山西临汾，现场采访八路军代表陈赓将军同国民党阎锡山的代表、第 61 军军长王靖国及美国代表贝尔所举行的"和平谈判"（"第 14 军调小组谈判"）的实况。"和谈"地点就设在 61 军军部。陈赓要求何微不仅要写报道，还要搜集有关情况，要尽可能多地接触群众。"和谈"进行了一个多月，何微跟随在陈赓将军左右，先后发出了 40 余篇新闻稿和通讯报道稿，被陈赓将军称赞为"中国革命的一支刀笔"。③

1946 年何微任新华社战地记者，从下半年开始，他奉命率领战地记者团一直活跃在前线，并亲身参加了垣曲、翼城、灵石等战斗。1946 年除夕，冰天雪地，人民解放军对翼城守敌发起攻击，大功告成。何微一夜未睡，很快地写出了《太岳我军除夕出击，再克翼城歼敌千余》的消息。1947 年上半年，他率记者团转战晋南，写出了许多可歌可泣的战地新闻，如《百炼成钢的晋南人民》《摆好八卦阵 活捉蒋家军——记浮山蛛网联防》《襄陵人民的光荣——记战斗在格子网里的人民》《阳城担架队前线立功》《担架英雄娄老水》《尚清福飞行爆炸队》等。他非常勤奋，是一位高产记者，1947 年 1 月就写了 10 多篇报道，登在《新华日报》（太岳版）上的就有 7 篇，1 月 19 日这一天的《新华日报》（太岳版）上就有他的两篇通讯报道。

1948 年何微调任华北《人民日报》战地记者。同年 9 月，人民解放军太岳八纵和太岳军区部队，会同西北野战军王震所部第二次对运城发起攻击，何微又率记者团上了前线。他先后赴运城和太原前线，跟随王震将军和王新亭将军，冒着枪林弹雨，在洒满鲜血的战壕里，在敌人炸过的炮弹坑里，写下《晋南我军击溃敌援军——运城东南歼敌三千七》《我围困运城一月，总共歼蒋匪两千》等多篇稿件，受到上级通报表彰。

在运城前线，连续三天三夜都在指挥作战的王震和王新亭，命令连续三天三夜也没有合眼的何微以最快的速度写一篇战况报道上报中央。何微不畏疲劳，奋笔疾

① 惠金义：《烽火岁月写春秋——记战争年代的何微》，载《何微新闻思想与实践》第 104 页，车英主编，武汉大学出版社 2001 年 8 月出版。

② 王萍：《从记者到学者》，载《中国名记者》第八卷第 127 页至第 130 页，柳斌杰主编，人民出版社 2019 年 7 月出版。

③ 车英：《我国新闻界有过这样一个兵——记著名新闻学家何微教授》，载《何微新闻思想与实践》第 5 页，车英主编，武汉大学出版社 2001 年 8 月出版。

书，不到两个时辰，一篇4000多字的报道写成了。王震看过报道稿高兴地说："何微，你真不简单哪！不愧为军营刀笔，写得好！"①

1948年10月，何微风尘仆仆地来到解放军兵临城下的太原市东郊，参加了太原解放战役的报道。他来到华北野战军第一兵团第八纵队占领的东山前沿阵地。东山有阎锡山军队和残留侵华日军重兵防守的淖马、山头、牛驼寨和小窑头四大军事要塞的大小15个山头。驻守这些山头的敌人凭借相互交错的碉堡群火力网阻止我军前进，争夺战进行得异常激烈。何微与我军指战员们生活、战斗在一起，深为战士们"解放太原城"的雄心壮志所鼓舞，他冒着枪林弹雨采写的通讯《不可战胜的人民军队》，歌颂了我军的胜利。此稿被1948年11月的华北《人民日报》采用。他在小窑头激战中的13号前沿阵地，除了报道我军取得的军事胜利以外，还在战壕、隐蔽堡里仔细观察，发现战士们的枪杆上和交通战壕的门板上贴着写在纸上的密密麻麻的快板诗和顺口溜。这些出自战士之手的作品，抒发了指战员们对党对人民的热爱、对敌人的仇恨和对解放太原的必胜信念，反映了他们崇高的思想境界和宽广胸怀，具有强烈的时代精神和现实意义。何微对这种展示我军政治、思想和文化素质不断提高的战地火线通俗文化十分敏感。特别使他感动的是战士王章成所写的《胜利的条件说不完》的枪杆诗。诗中列举了打太原有把握的五个条件和提醒大家需要克服的各种困难。王章成告诉何微，这首枪杆诗中特别引用了徐向前司令员的一句名言："坚持最后五分钟。"因为它是战胜敌人的经验总结，也是指战员们在战斗中排除困难、化险为夷、转败为胜和取得最后胜利的精神力量。何微根据在前沿阵地的所见所闻，在头顶上不时地落下敌人炮弹的隐蔽堡里撰写了《具有高度政治军事文化教养的部队》和《太原前线通讯：战胜困难的军队》两篇通讯，刊登在1948年12月的华北《人民日报》上。

中华人民共和国成立后，何微先后担任过多个新华分社社长，作为"记者头子"，他率先垂范，带头采写新闻稿件。1954年8月21日，新华社通稿播发了何微采写的通讯《我们选举了最敬爱的毛泽东》，《人民日报》等许多报纸在头版显著位置刊登，有评论称这篇通讯"有血有肉，十分丰满"，现场感和时代特色都很强，"在北京乃至全国影响颇巨"。②1957年他在江苏分社，还采写了《苏东坡的一条玉带》《创造了一万幅剪纸花样的名艺人张永寿》《剪纸小记》等一批生动活泼的新闻稿件。

---

① 车英：《我国新闻界有过这样一个兵——记著名新闻学家何微教授》，载《何微新闻思想与实践》第6页，车英主编，武汉大学出版社2001年8月出版。

② 王萍：《从记者到学者》附何微作品评析，载《中国名记者》第八卷第133页，柳斌杰主编，人民出版社2019年7月出版。

（二）他在多个分社担任领导工作，是一名合格的"记者头子"

1949 年 4 月，何微以新华社太原分社副社长兼《山西日报》副社长的身份，主持了《山西日报》的创刊工作。1950 年 1 月，何微任新华社山西分社首任社长；1952 年 3 月进京任新华社华北总分社副社长，1953 年 4 月兼任北京分社社长，1954 年总分社撤销后专任北京分社社长；1956 年 10 月调任新华社江苏分社社长。

山西分社成立时，正是新华社从全国分散状态进而建立集中统一的国家通讯社的时候。在这之前，它的前身——太原分社虽然业务上受新华社总社领导，但在组织上和山西日报社实行"社、报合一"的管理体制，所采写的稿件，主要是满足地方报纸、电台采用，报道从当地局部考虑多，带有浓厚的地方性和分散性，在这种地方观点支配下，对全国重大政治活动和重要事件的关注和及时报道不够。1950 年7 月 3 日，新华社总社向全国各总分社、分社发出通知，要求尽快解决新闻报道的全国观点问题，指出新华社报道"不论在内容方面和写作形式方面，都要做到适应全国革命斗争和建设的需要，满足全国读者的要求，能够教育全国的干部和广大读者，对全国的革命建设起到推动和指导作用"。

为了统一"立足本地，面向全国"的业务思想，克服地方观点，树立全国观念，何微组织山西分社编委会认真学习讨论了总社指示精神，提出把及时熟悉全国、山西的情况和问题，了解全国读者的需要，作为树立全国观念的关键。对报道内容的选择确定为两类：一是全面系统的综合报道，经过比较选择的先进典型报道，对国内外重大事件的反应，全省的重大动态新闻；二是全国尚未解决或亟待解决的问题，当地在这方面已有成熟的或萌芽的新经验。为此，分社先后采取了三项措施：一是提高记者把握大局的分析能力和水平；二是掌握全国观念，使报道对实际工作具有普遍的指导意义；三是坚持记者深入实际，深入群众，调查研究，把根扎在基层。经过上下、点面结合和横向比较，选择在全国具有普遍指导意义和教育意义的题材。从 1951 年起，山西分社较好地处理了"立足本地"和"面向全国"两者的关系，在报道影响全局的经济建设重点单位和报道在全国领先的农业互助合作运动方面，尤其是在深化报道李顺达、刘胡兰等英雄模范人物、典型经验方面，富有时代气息和时代精神，在全国产生了重大影响。

李顺达是山西老解放区平顺县西沟村农民，他早在 1943 年就响应毛主席"组织起来"的号召，采取劳武结合的办法，一边坚持生产劳动，一边参加对敌武装斗争，发展了生产，有力地促进了参军、参战和支援前线工作，李顺达两次被太行区群英会评选为一等劳动英雄。1951 年，全国农村经历土地改革运动，废除了封建土地所有制后，翻身农民急需组织起来恢复发展农业生产；正在进行的抗美援朝战争，急需全国人民发扬爱国主义精神奋力支援。在这种国内外形势发展下，分社派出记者深入太行山李顺达的家乡蹲点采访。采写了《山西著名劳动模范李顺达所领导的互助组向全国互助组发起开展爱国丰产竞赛运动倡议》的稿件。这条 600 多字的消息被新华社通稿播发后，中央人民政府农业部负责人对新华社记者发表谈话，号召全国农业劳动模范和互助组响应这一倡议。接着，山西分社又连续报道了《李顺达互助组介绍》《李顺达领导互助组的主要经验》《平顺县怎样推广李顺达互助组的先进经验》和《李顺达互助组响应中国人民抗美援朝总会的号召发起捐献"爱国丰产"和"中国农民"号飞机的倡议》等，并摘发了《山西日报》发表的《李顺达是劳动模范又是爱国模范》的社论。新华社同时报道了各地普遍开展这一运动的情况，两个月内，新华社共播发了这方面的稿件 30 多篇。这些稿件被《人民日报》和全国许多报纸、广播电台采用后，从长城内外、大江南北寄来的响应信和应战书，像一片片雪花飞到西沟村。两个月内，全国就有 1681 名劳动模范和 1938 个互助组，响应了李顺达互助组的倡议。全国农村开展了规模空前的爱国丰产连环竞赛运动。对全国农村正在兴起的互助合作运动，也起到重要的推动作用。中央人民政府农业部向李顺达互助组颁发了"爱国丰产"奖状，向李顺达颁发了"爱国丰产金星"奖章。山西分社关于李顺达的报道，受到新华社总社的表彰。

被毛主席题词誉为"生的伟大，死的光荣"的 15 岁女共产党员刘胡兰，是山西分社长期连续报道的英雄人物。早在 1947 年 1 月 12 日刘胡兰慷慨就义后，新华社吕梁分社（山西分社的前身）就向全国进行了报道。1951 年，山西分社组织记者深入文水县云周西村，采写了消息《刘胡兰母亲胡文秀给全国母亲们的一封信》、通讯《为刘胡兰报仇》和《女英雄刘胡兰生平事迹》以及对胡文秀的人物专访。报道再现了刘胡兰的光辉形象，宣扬了她坚贞不屈、慷慨就义的爱国主义精神和革命英雄主义气概，暴露了国民党反动派的残暴本质，激发了全国人民的爱国热情和革命斗志。这组报道发出后，全国各地给胡文秀寄来数百封来信，对刘胡兰的英雄事迹表示无限尊崇，同时表达了抗美援朝保家卫国的信心和决心。分社还报道了在镇压反革命运动中，当年杀害刘胡兰的凶手许德胜、张全宝落入法网、终于伏法的消息，并报道了山西各界人民代表公祭刘胡兰烈士和她家乡开展为抗美援朝捐献的活动。

何微同志 1952 年 3 月调到北京任新华社华北总分社副社长、接着兼任北京分社社长后，他面临着北京作为大城市如何组织指挥新闻报道工作的开创任务。他进行了认真调查研究，明确了北京的实际情况和特点，提出北京分社地处首都，有着特殊的地位，肩负着特殊的宣传报道任务。他在分社记者会议上说，"首都无小事"，国内外关注北京的一举一动。同一件事发生在别的省市，影响不大；发生在北京，往往成了大事。在一些外国人的眼里，北京代表中国。因此一定要组织好分社的报道。除了采写工农业生产和市政建设新闻外，一是把政治、文教列入报道的重点；二是及时完成大量的突发性的临时报道任务。在采访活动上，他要求记者注意以下几点。一是首都采访工作具有相当的突击性，临时任务很多，因此，记者必须充分掌握下边的情况，以便灵通地得到新闻线索，锐敏地反映这些新事物。二是首都的报道工作，要求记者知识博、交友广。分社组织记者学习人文知识，鼓励记者们多参加社会活动，并有组织地参观和游览，以熟悉首都的情况。三是北京城市大，涉及范围广，采访时，不能"哪里决口哪里堵"，要组织有周密计划的报道。他要求记者要有自己的"工作日历"和"预备题目"，有良好的计划，方可提高报道的质量。四是记者必须要有独立思考的能力和艰苦朴素的工作作风，必须经常保持一种战斗的姿态。许多新事物、新人物的采访要求记者当机立断，才能加强报道的及时性，增强新闻的时效性。实践证明，何微同志主持新华社北京分社工作中明确的北京宣传报道任务，并对记者提出的种种要求，为北京分社当时开创工作起了一定的指导作用，也为北京分社后来的发展、壮大起到了奠基的作用。

何微同志在主持北京分社工作的几年里，除按照上述报道任务全力组织分社的日常报道外，在新闻业务上还有不少创新。例如1955年，他提议并亲自编定了每周一期《在我们的祖国首都——北京》新闻集纳，在记者们每天采写的大量新闻中精选出若干篇，以新闻集纳的形式编成一组组稿件，反映北京各方面日新月异的变化和发展，由新华总社每周向全国播发一期，颇受各地报纸的欢迎。有的报纸总编辑说，新华社北京分社采写的新闻集纳，形式新颖，内容生动，不但介绍了首都的新貌，同时这一形式各地其他方面的报道也可借鉴。这种新闻集纳，成为新华社发稿的一个专栏和报道业务中的一个创举。

作为新华社北京分社社长，何微是一名名副其实的"首席记者"和得力的"记者头子"。他组织采写《当你们熟睡的时候》，就是典型一例。1956年7月20日，新华社通稿播发了《当你们熟睡的时候》，这篇3000多字的通讯，以"守候在孩子床边""为了明天的乘客""急救病人""黎明时的电报""通宵运蔬菜""拍《祝福》""洒扫全城""为了千百万读者""夜宵""零点二十八分接婴儿"十个小标题，讲述了7月18日夜里北京很多夜间工作着的人们的故事。这篇富有创意的报道，受到全国报纸、电台的广泛欢迎，引起强烈的社会反响。总社专门发来贺信，高度赞扬分社记者取得的这一创造性成果。这篇通讯发表时署名"新华社记者集体采写"，实则是在何微同志主持下，由他亲自组织策划、选派记者采写，由他统稿修改，最终定稿完成的，通篇每一个字都饱含着他的心血，被人们认为是一篇讲好中国故事的范文，先后被《中外新闻特写名篇赏析》《新华社八十年新闻报道选》《新华通讯社 90 年 90 篇精品选》等多种权威书籍选录出版。

何微还进行了对分社记者试行工作定额的探索。从 1955 年 7 月开始，北京分社与天津、上海分社一起，作为总社第一批试点分社，对记者试行工作定额。当时，这项工作成为分社业务建设中的一项重要措施。分社经过调查算账，对各采访组的新闻来源和测定每个记者的采写能力，分正式、助理、见习三类记者，参照报道分工和以往发稿等情况，提出记者工作定额的初步方案。经过几上几下的讨论，最后确定了每个月总社采用稿（包括国内通稿、资料稿件和对外专稿）的定额。经过 3 个月试行，取得了初步经验。一是鼓舞了记者工作的积极性，除个别记者因这样那样缘故外，一般都能完成或超额完成定额。有的记者一个月被总社采用的稿件达 20 多条。二是推动了分社改善劳动组织。由以往记者工作经常出现窝工或"等米下锅"的现象，变为记者积极"找米"（主动发现新闻线索）、"做饭"（主动采写稿件）。分社调出四五个记者支援总社编辑部工作，或送学校去培养，仍能较好地完成报道任务。同时，全年还可节省 5% 的事业费。三是实行记者工作定额，也推动改进了分社日常管理工作。四是分社每月发稿量比较稳定，保证总社每月有一定数量和质量的北京市新闻。试行结果得到总社的肯定和推广。

（三）他始终潜心钻研新闻业务，是新闻理论研究的有心人

何微早在革命战争年代，就开始进行新闻业务理论研究。1946 年，他担任新华社太岳分社主持日常工作的副社长兼报社通采部部长时，就倡导创办了《新闻通讯》刊物，以推动新闻业务研究。他带头撰写了"新闻书简"系列稿件（共四篇：《新闻的时间问题》《新闻中的地点》《新闻中的人物》《原因和结果》）和《爱国自卫战争军事报道研究》《我对提高新闻质量的一些意见》等新闻业务文章，发表在《新华通讯》上。

中华人民共和国成立后，何微在主持新华社北京分社工作的同时，深入研究新闻学，在新华社主办的《新闻业务》、中国人民大学新闻系创办的《新闻与出版》等刊物上，先后发表了《新闻导语》《改进新闻种类和特点》《新闻体裁》《改进我们目前的采访报道》《要提高新闻质量就要提高劳动本领》《批评性质的新闻与国家通讯社》《谈趣味性》等一批新闻业务研究文章。

1955 年初至 3 月底，何微作为中国新闻工作者代表团成员赴苏联塔斯社学习参访。回国后，他撰写了《塔斯社关于外事报道》、《关于党组织、苏维埃活动和文

化建设报道》、《塔斯社莫斯科记者的工作》、《塔斯社关于体育报道》（上、下两篇）及塔斯社关于机器工业、关于青少年工作的报道等7篇学习研究文章，被新华社编印的《塔斯社的工作经验》一书出版发行，成为当时全国新闻界的重要学习资料。接着他根据总社统一部署，组织分社同志开展了为期8个月的"改进新闻写作"业务学习活动。1955年底，他组织分社同志对当年的首都国庆节报道进行了认真系统的总结，对北京分社此后历年报道首都国庆活动有了一定的启示。他组织分社采访文教和文艺的三名记者总结专业采访的经验，在分社业务例会上交流，并在新华总社召开的全国分社文教记者会上进行了介绍。有一名记者报道新修建的官厅水库获得成功时，何微及时帮助总结，撰写了《从官厅水库的采访看深入实际》的文章，发表在《新闻业务》杂志上，对提高记者的业务能力起到了积极促进作用。

何微大力提倡重视新闻实践的总结工作，在理论上进行升华提高。他撰写了《提议总结我们的工作经验》一文，从理论的高度阐述了总结新闻业务实践的意义和作用。他从新华社谈起："办好世界性通讯社不简单，要有丰富的工作经验。我们一方面需要今后创造重要的系统的经验，另一方面需要立即着手总结过去的经验。我们在将近25年（从红中社成立算起，到他撰写此文的1956年）的办社过程中，并非没有办社的经验，而是有不少经验零散在四处或密封在档案柜中，没有人去搜集、研究、整理。就是我们做记者的，每个人或多或少也有一些实践经验，但长期'保留'在个人脑子里，尚未认识到这是我们公有的宝贵财富。"他进而说："总结经验是利己、利人、利党的事情。把经验认真地迅速地总结出来，就会帮助我们的事业发展。不重视总结经验，过去使我们走了许多弯路，现在如果继续不改变这种状况，就会吃更大的亏。""总结经验要每个人自觉地去做，并从总结点滴经验着手。这类经验不怕具体，它是系统经验的基础和来源。我们不只需要具体的实践经验，还需要提高到理性阶段的科学的新闻理论。"何微的这个建议，对加强新闻单位的业务建设和提高记者素质，具有重要的指导意义。

1956年3月，何微在新华社召开的国内分社工作会议上，作了题为《关于改进新闻采访写作的初步意见》的大会重点发言。他从"新闻采访写作的现状""怎样改进采访""怎样改进写作""成为本行的能手"几个方面侃侃而谈，富有新意和深度，在与会同志中产生了很大反响，对此后改进新华社的报道工作产生了积极作用。这个发言，被收录到《新华社文件资料选编》（第三辑）中，成为新华社加强新闻报道以及何微重视新闻业务研究的历史见证。

（四）他在工作实践中重视新闻教育，培养了大批新闻人才

何微不仅"用人"有道，更是"育人"有方。他高度重视通讯员队伍的建设，注重记者素质的提高，热心新闻人才的培养。

1941年3月，何微调任新华社晋豫分社社长兼《太南导报》社长，9月任《晋豫日报》社长。1941年底，新华社晋豫分社奉命与新华社华北总社合并。到华北总社后，何微担任了通联科副科长。通联科科长是江牧岳同志，他们过去在一起工作过，这次老友重逢，感到格外高兴，两人办公、住宿都在一间房子里，相处非常融洽，工作中配合得很好。当时是社、报合一体制，通联科的主要任务是组织联系和培养通讯员，为《新华日报》（华北版）采写提供有价值的新闻报道。通联科共有十几位同志，分管六个专区的500多名通讯员，负责了解通讯员的工作情况，指挥采访写稿、筛选和编发来稿，与通讯员进行联络、通知稿件处理情况，研究来稿中发现的新情况和采访线索，组织通讯员扩大报道面，保证报纸有充分的稿源。当时每天来稿平均有四五十件。反映战争情况的占大多数，生产次之，再次是学习，还有少量是读者来信，要求解答问题的。通联科由总分社副社长陈克寒同志分管，他对通联工作抓得很紧，有时还参加科务会。他经常根据党中央的文件精神和华北的工作实际情况，提出一些具体的报道要求，这是通联科组织指挥通讯员采写新闻报道的重要依据。通联科与通讯员保持经常不断的通信联系。有时一天写给通讯员的信比来稿还要多。所以通联科人多，也最辛苦。如果信写得切合下面实际，指挥采写得当，来稿就多，质量也好。何微同志后来担任了《新华日报》（太岳版）通采部部长。当时报社人员少，稿源严重不足。他倾注心血亲自抓通联工作，建立起一支过硬的通讯员队伍，扩大稿源，办好报纸。他经常给通联科出主意想办法。他每到一地采访，就在被采访单位发展通讯员。战斗转移也不忘通讯员工作，每到驻地，就把通讯员找来，问他们有无稿件，如没有，就请他们介绍当地情况，帮助他们写稿。为了提高通讯员写稿水平，何微还倡导创办了培养通讯员的刊物，亲自撰写稿件，从新闻ABC讲起，在刊物上连续发表，对提高通讯员和新闻工作者的业务水平起了很大作用。何微后来在一篇回忆文章中说：通联工作是党的群众路线在新闻工作中的具体体现。通联工作有时不甚被人注意，认为无非是写封信"联络，联络"，没本事的人才干这号事，其实大谬不然，它具有巨大的潜在力量。在贯彻党报的群众路线，培养通讯员的过程中，同时也锻炼自身的才干，为党的新闻事业积蓄了力量。这可能是一条十分重要的经验。"我们就这样为党培养了一批新闻人才。一些优秀的工农通讯员，后来成为太行地区新闻工作的骨干。通联工作真是乐在其中矣！"

　　培养合格的新闻记者，是何微在新华分社工作中付出心血最多的一个方面。他到北京分社时，分社还是初创时期，记者都很年轻，而且有些不是"科班"出身。面对这种情况，他认为提高新闻报道质量的关键，是提高记者的思想理论水平和新闻业务素质，培养出合格的记者。从1954年起，他除安排政治理论学习外，注重从新闻业务基础抓起，在分社开展"新闻写作"学习活动，组织记者讨论新闻写作的一些基本要求，其中包括新闻的任务、作用、新闻要短、新闻要用事实说话、怎样挑选最有说服力和最能表达主题的事实，以及新闻应该迅速及时等问题。当时有的记者对采写三五百字短新闻，从思想上有些抵触情绪，认为短新闻像厨房里炖大白菜一样没有什么"油水"。因此，在执行新华总社提出的"消息总汇"方针上有些苦恼。经过学习讨论，记者们对这些新闻业务问题有了正确的认识。何微在提高记者认识的基础上，又强调在实践中改进新闻写作，要求记者不但要多写新闻，而且要把新闻写短、写快、写好。何微为使记者有系统学习的机会，全面提高记者水平，组织在职记者参加了中国人民大学夜大的学习，并保证学习、复习、考试的时间。何微在担任分社社长期间，高度重视对干部的培养。在1955年和1956年，先后送雷润明、张慧贤和沈骊珠到中国人民大学新闻系脱产学习三年，送张一峰到北京市委党校脱产学习一年，他们学习归来，都成了分社新闻报道工作的骨干。

　　何微在认真做好分社工作的同时，还在百忙中挤出时间，应邀到北京大学、中国人民大学和《中国青年报》开办的新闻训练班，讲授"新闻采访与写作"课程，用自己的经验和思考，帮助驻京记者和青年学子，所以很多老记者说他"用人有道，育人有方""是做新闻事业的好领导"。他还邀请北京师范大学刘盼遂教授等专家来分社讲课，对改进分社记者的新闻写作有很大帮助。1956年10月，何微调任新华社江苏分社社长，在这里工作虽然不满两年时间，但他关心记者和分社其他同志的故事，至今被一些老同志津津乐道。何微身教重于言教，身体力行，无论是在战争年代还是在和平建设时期，他都带出来一大批优秀的新闻人才，在新闻战线上发挥了巨大的中坚作用。

　　何微在新华社的18年里，工作兢兢业业、认真负责，留给人们诸多启示。

　　第一，作为党媒记者，一定要时刻牢记自己首先是党员、是战士，然后才是记者；要通过记者的认真工作，证明自己是个好党员、好战士。何微在新华社工作的18年里，前一半时间是在革命战争年代，后一半时间是和平建设年代。他是我党最早的军事记者之一，在抗日战争、解放战争最艰苦的岁月，他作为战士、记者，先后参加了1940年的百团大战白（圭）晋（城）线破袭战，1941年11月的黄崖洞保卫战，1942年的反"五一大扫荡"，1945年9月的上党战役，1948年的两次运城战役，1949年的太原战役等重大战役战斗，出生入死，写下了数百篇报道，传播了胜利的消息，鼓舞了根据地军民的斗志，受到八路军总部领导的多次赞誉。他曾多次在战斗中负伤，身上留下了不少伤痕。他经受了血与火的考验，是一个铁骨铮铮的英雄战士，他以自己一以贯之的行动，证明了他是一个党员楷模、优秀记者。

第二，当记者就必须提高自己的劳动质量，拿出合格的新闻产品。他说，新闻是一种特殊意义的劳动，而且是复杂的不易做好的劳动，但它和一个普通工人的劳动是一样的。只要在工作上全力以赴忘我地劳动，就会得到很好的报酬，写出质量很高的新闻。提高新闻质量，非朝夕所能达到，但必须成为我们改进业务的一项重要任务。要把读者的心燃烧起来，先要记者具有燃烧的心。要提倡记者多跑。跑的目的是获得第一手材料，占有丰富的材料，不断地进行生产。但不能乱跑，要有计划地组织自己的劳动。记者在工作中要多想，全面地想，反复地想，开动脑筋，发挥积极性和主动性，认真负责地去写，不断提高自己的劳动效率和工作质量。只要劳动态度对头，新闻质量的提高是可能的。[①]

第三，一定要把调查研究作为记者的基本功。何微提出新闻记者要具备"驴腿马眼神仙肚"或"驴腿马眼橡皮肚"的专业素质。要做到这一点，坚持深入实际调查研究，是分社业务建设的重点和每一个记者的基本功。不管在什么时候，深入实际、深入群众对于新闻记者来说都是最为重要的。他号召记者坚持深入实际、深入群众，学会当"富记者"。记者在调查研究上要做到"三基"，即长期坚持深入基层、建立深入采访基点、平时就要打好联系群众的基础，这样才有利于真正做到深入实际调查研究，"心明眼亮底子清"。

第四，记者要"勤字出头"，时刻保持对新鲜事物的感觉，富有新闻敏感。何微强调在建设社会主义的整个过程中，必然时刻涌现出许许多多的新鲜事物。对有发展前途的先进的事物要大力提倡，帮助新东西的确立，加速历史的进展。要勤于学习、勤于采访、勤于思考、勤于写作。新闻工作者是勤恳人的事业，懒汉是担负不了这项事业的，也可以说是热情人的事业，没有高度的革命事业心和政治责任心，工作就做不好。要想提高稿件质量，记者就应该置身于人民生活中间去，置身于社会变革中间去，做一名"勤记者"。

第五，只有身体力行，才能做好新闻单位合格的"总编辑"。我国的新闻事业有报纸、广播、电视和通讯社，类型多，层次多，其负责人有的称总编辑，有的称台长、社长、采编主任等，就其性质、任务来说，均应纳入总编辑的范畴。何微晚年写过一篇题为《总编辑的品质和影响力》的文章，在全国新闻界影响很大，其中

---

① 何微：《要提高新闻质量就要提高劳动本领》，原载《新闻业务》1956年第1期第73页至第82页。

历数"总编辑"的地位作用之重要，他指出，"总编辑负有重任，其个人的高尚品质影响编辑和记者"，他认为总编辑的品质即其影响力"决定事业发展的道路、前途"。何微担任过多个新闻单位的领导，在新华社就先后担任过山西、北京、江苏等多个分社的社长。特别是他就任北京分社社长的四年，是他新闻生涯的巅峰和高光时刻。他以自己的优秀品质和辉煌实践证明，他是一位真正合格的"总编辑"。

第六，只有认真钻研新闻业务，才能当好记者。何微在这方面身体力行，认真钻研新闻理论。他不仅是一名好记者，并且最终成为著名的新闻理论家和新闻教育家，成为大家学习的榜样。

（本文为中国新闻史学会 2023 年学术年会论文，并以简版形式交流）

烽火岁月写春秋
——记战争年代的何微
惠金义

何微，我国当代著名报人和记者，在新闻战线上奋斗了半个多世纪，不论是在战争年代，还是和平建设时期，都作出了卓越的贡献。这里所写的是何微先生在战争年代从事军事新闻报道的二三事。

（一）

何微又名何畏，是我国最早的军事记者之一。抗战初期，他在民革通讯社、黄河日报社和太南晋豫区党委办的《人民报》等新闻单位当编辑、记者。在这期间，他一方面满腔热情地报道根据地的生产建设和政权建设，并给《人民报》赵树理主编的副刊"大家干"写稿；另一方面冒着枪林弹雨，深入前线采访，写过著名的百团大战的报道。

百团大战的主要任务是在敌人后方破击平汉、正太、同蒲等铁路，牵制日军对正面战场的支援。1940 年 8 月 20 日，太行全线开展破击战，当晚他随潞城独立营行动，破击日军为掠夺矿产资源专修的白（圭）晋（城）线黄碾至马厂段铁路。12 时独立营行进到马厂，碉堡中的敌人发现了他们，朝他们猛烈射击。独立营苏营长冷静沉着，组织炮火猛烈还击，又用机枪封锁了敌人炮楼的出入口和高处的枪眼。敌人不再射击，龟缩在炮楼里不敢出来。这时，民兵、民工一齐出动，奔到铁路线上挖路基，拆铁轨。何微也赶到铁路线上采访。

苏营长是爱兵模范，看到他奔忙的身影，发出命令："不要乱跑了，躲到碉堡下面，那里最安全。"何微被逼到碉堡下，朦胧的夜色中看到地上是一片野菊花，漂亮极了。他几乎忘了枪声，"采菊碉堡下"，很快地采到了一大把野菊花，熟练地编成一个花环。战斗结束了，人们抬着铁轨枕木说说笑笑返回。他从人群中走出，把花环献给苏营长，戴在他的头上表示祝贺。回到驻地，他很快写了一稿，报道了这场战斗胜利的消息，鼓舞根据地人民的斗志。9月4日破击战第二阶段开始，他又随独立营参加过几次战斗。

何微随军采访常常遇险，最惊险的一次是遭到日军伏击。那是1940年12月的事。八路军总部警卫二团的一个连队去洛阳执行任务，当时何微在《光明报》（发往蒋占区的32开本的宣传刊物）工作，太南区党委书记聂真决定让他跟随去洛阳采访。因途中要经过友军防地，为了减少摩擦，朱德总司令给友军领导人写了两封信。何微带着这两封信沿途以八路军联络副官的身份与国民党驻军打交道。部队从平顺虹梯关出发，经晋城地区到达河南博爱的玄坛庙，住下了解敌情，准备通过日军长坪封锁线。长坪居高临下，中间只有一条蜿蜒小路，左侧是皂角刺丛，右侧是断崖，只容一人行走。12月20日晚部队行至长坪山口，准备乘着夜色通过，不料被敌人发现。一阵密集的子弹射来，走在前面的司号员倒下了。紧接着射来一排"六〇"小炮，有一颗炮弹就在他前面爆炸了。

何微猫着腰顺着断崖跳下，刚站稳，发现河滩上躺着一个人，上去一看，那人脚部受伤，不能行动。那人哀求说："给我一枪吧，不然天亮了会被日军俘虏的。"何微哪肯这样做，问他是哪个部队的。那人回答说："新五军军械处，去洛阳办事……"四周是激烈的枪声，子弹从他头顶飞过。何微不顾个人安危，把他扶起来，他的左手搭在何微的肩上，一跳一跳地往前走。何微鼓励他："你的伤不要紧，到我们的驻地能治好。"何微扶着他走了半个小时，前面出现了几个人影。他们高声喝问："哪部分的？"何微回答："九江。"他们高兴极了，说："你是何参谋吗？连长让我们找你来了。"何微的心情格外激动，把伤员交给他们背上。回到驻地，大家发现何微棉裤上有一条血糊糊的横口子，这时他才感到疼痛，原来大腿上炸出二寸长的伤口，经过包扎治疗，慢慢地好了。

1942年3月新华社太岳分社成立。1944年初何微任副社长兼《新华日报》（太岳版）通采部部长。他分管内勤工作，但经常抽出时间，到第一线采访。那时敌人经常"扫荡"，他带领报社人员分散隐蔽和敌人周旋，写了不少揭露敌人罪行的报道。

日本投降后，分社装备发生了很大变化，配备了电台，总社要求战报当天发出。

从 1946 年下半年开始，他率领记者团一直活跃在前线。这个记者团有三四名记者、一名报务员、一名译电员、一名摇马达的工人，还有一头骡子，俨然是一个小小单位。这样的建制，机动灵活，每到一地首先是架电台，与分社、新华社总社取得联系。他把大部分精力用在这个单位的管理和与司令部的联系上，一有空就到战地采访。他亲自参加了垣曲、翼城、灵石战斗。1946 年除夕之夜，冰天雪地，我军对翼城守敌发起攻击，取得胜利。他一夜未睡，在前线采访，很快写出了《太岳我军除夕出击，再克翼城歼敌千余》的消息。凡是战地消息，他们都能当天发出，受到总社的表扬。1947 年上半年，他率记者团跟随部队转战晋南，写了不少报道，这些报道歌颂了人民群众和战士对敌斗争的聪明机智和献身精神。如《百炼成钢的晋南人民》《摆好八卦阵　活捉蒋家军——记浮山蛛网联防》《襄陵人民的光荣——记战斗在格子网里的人民》《阳城担架队前线立功》《担架英雄娄老水》《尚清福飞行爆炸队》等。他非常勤奋，是一位高产记者，1947 年 1 月就写了 10 多篇报道，登在《新华日报》（太岳版）上的就有 7 篇，1 月 19 日这一天的《新华日报》（太岳版）上就有他的两篇通讯报道。

　　1948 年 9 月，太岳八纵和太岳军区部队，会同西北野战军王震旅第二次发起运城战役，何微又带领记者团上了前线。他参加司令部会议，听取敌情汇报，写战况报道，指挥记者采访，对运城战役作了充分的报道。到 10 月，运城周围的敌人据点已经扫清，部队正清除登城障碍，准备发起总攻。突然战局又发生了变化，胡宗南决定把增援陇海铁路钟松 36 师的四个旅撤回增援运城，并从茅津渡、太阳渡渡过黄河，企图跨过中条山，解运城之围。根据这个变化，司令部决定主动撤围，集中力量打援。11 月 18 日，部队在平陆西北山地与钟松的四个旅激战，何微跟着司令部前进到离前线 5 公里的上村住下，经过 4 天的激烈战斗，到 21 日敌军被击溃。21 日晚，他跟着王震、王新亭从上村出发，步行到前线查看战场。22 日清晨他们上了杜马原，零星的战斗尚未停止，还能听到枪声，在战场上看到死伤的敌人都是一团一团的。原来敌人在我解放军强大的攻势下，吓破了胆，一群一群地畏畏缩缩地前进。23 日清晨他们返回上村，何微请示两位将军杜马原阻击战怎么写。王震说，为了争取时间，我们口授，你来记。于是王震口授《晋南我军击溃敌援军——运城东南歼匪三千七》的消息，消息中突出了敌人"畏畏缩缩前进"的特点。接着，王新亭又向他口授了《我围困运城一月总共歼蒋匪两千》的消息。他记录完两位首长口授的内容，略加修改，就发往总社和太岳分社。不久，解放军包围了太原，新华社成立了华北野战分社。这时他已调到华北区人民日报社。一天华北局宣传部部长周扬找他谈话，要他到太原前线当战地记者。他毫不犹豫地答应了。

第二天，他就从平山县出发，来到太原前线，先到野战分社报到，然后上东山到八纵队王新亭将军部队采访。那时，我军正对牛驼寨、小窑头、淖马、山头四大"要塞"发起总攻，每占领一个阵地都要反复争夺数次。他穿梭在阵地之间了解情况，在坑道里趴在子弹箱上写下了《掩体是怎样筑起来的》《战士的枪杆诗》等通讯报道。12月，中央军委指示，暂停攻城，缓取太原，稳住平津敌人，不让他们因太原解放而出海南逃。因此，我军加强阵地构筑，实行军事围困，并对敌开展广泛的政治攻势。

此时，太原工委通知何微参加山西日报社的筹备工作。1949年的4月24日，解放军攻进太原城，何微跟着部队在硝烟弥漫中进入太原海子边，接收了复兴日报社，立即整顿印刷队伍，组织采写稿件，于26日第一张《山西日报》出版了。何微担任了报社的副社长、新华社太原分社副社长兼总编的职务。

（二）

何微除了在战火纷飞中采访外，还组织指挥了许多重大报道，在同事中留下了不可磨灭的印象。这些老同志现在回忆起来，还称赞不已。最突出的是关于1945年召开太岳区群英大会和参议会的报道。这年1月太岳区党委在沁水郑庄召开群英会，《新华日报》（太岳版）与太岳分社组织了一个记者团，由何微指挥大会报道。参加这次大会的有战斗英雄、劳动模范、先进工作者，共计250余人。为了搞好这次报道，何微在半年前就制订了报道计划，七八名记者每人都分配了任务。记者采写的稿件，他都要过目修改，由于职责明确，组织得当，对各地开展互助合作运动的经验、对敌斗争的成果、模范人物的事迹以及大会取得的成就都作了系统报道，充分展现了各类英雄人物的精神风貌，鼓舞了全区人民的斗志。

为了搞好这次报道，他还自己带头采写稿件，《模范中医李克让》就是他这一时期的代表作。李克让是安泽县的一个山村医生，在严重缺医少药的战争年代，他舍己救人，不计报酬，一年多时间里，跑遍了100多个村庄，为几百个穷苦人治好了病。何微发现了典型，1944年秋天，他听说李克让要从沁水县返回家乡——安泽县上治村，就跟着他采访，翻山越岭，边走边谈，从日出走到日落才回到上治村。一路上，他对李克让的家境身世、学习从医的经历和山区农民缺医少药的痛苦作了深入了解。中途休息时，何微还请教李医生认识山野里的中草药。晚上住宿时，何微不顾旅途的劳累，把沿途李克让的谈话认真作了追记。次日，又在村里登门拜访了被李克让治好的病人，听取了群众对李医生医疗技术和医疗道德作风的评价。不巧的是村党支部书记外出开会不在家。这年冬天，何微放心不下，二次来到安泽县上治村，专门找了村支部书记和有关村民，核对了采访的事实。翌年1月，在太岳区召开群英大会时，何微把写好的稿件，再次拿给李克让过目，进一步作了修改补充，然后才交给报社。由于他的深入采访，材料翔实，加上精心写作，把李克让的感人事迹和崇高的思想境界活灵活现地展现在读者面前，引起读者的共鸣。这篇通讯于1945年1月23日发表在《新华日报》（太岳版）上，后由新华社向解放区各报发了通稿，许多报纸刊登，受到读者喜爱。3月17日，新华社发了表扬通报，要求各分社记者、通讯员认真研究学习这篇通讯，多采写像《模范中医李克让》这样的报道。

边区参议会召开，他也带领记者团到会采访，会上参议员们对一些事看法不一，通过争论达到了统一。他组织记者深入采访，写出了许多深刻的报道，反映了解放区的民主政权建设的成就。何微还是群众办报路线的实践者。他在晋豫日报社工作时，稿源不足，为建立一支通讯员队伍倾注了不少心血。他亲自抓通联工作，经常给通联科出主意想办法。他每到一地采访，就在被采访单位发展通讯员。战斗转移也不忘通讯员工作，每到驻地，就把通讯员找来，问他们有无稿件，如没有，就请他们介绍当地情况，帮助他们写稿。经过几年努力，晋豫区党委直属单位3个专区和10个县都有通讯员，对来稿来信件必复，不少通讯员与报社建立了友谊，只要有机会就在报社转转看看。为了提高通讯员水平，他还创办培养通讯员的刊物，何微亲自撰写稿件，从新闻ABC讲起，在刊物上连续发表，其中《爱国自卫战争军事报道研究》等篇目，对提高通讯员和新闻工作者的业务水平起了极大作用。

（三）

在这烽火连天的岁月里，何微还完成组织交给他的一些特殊任务。那时，在抗日统一战线的旗帜下，对做好友军的工作也十分重视。1940年发生了一件事：一位记者写了一篇驻守在河南淇县新五军士兵扰民的消息，引起了该军领导层的不满。新五军当时抗日的态度还是比较积极的，对我军的态度也比较好，为了做好团结工作，组织上决定派何微以中国青年记者协会太南分会负责人的身份前去慰问。当时从太南晋豫区委所辖林县到淇县，中间隔着四十军的防地，而四十军对太岳部队态度不太好，有一定的危险，但他二话没说，接受了任务。一天早晨，太阳还没有出山，他就孤身一人出发了。为了应对突发性事件，腰间别了一支手枪，外表看起来像一名教师。他奔波在山间小道上，匆匆地赶路。太阳落山时，他走了140里，来到淇县新五军驻地。接待他的是副军长邢肇棠，听了何微的来意，很高兴，安排他吃饭休息，并说："你们记住一条，新五军好你们不要说，说了，蒋介石认为投靠共产党；说坏，新五军满意。我们与蒋介石之间不就是那几十万法币联系着嘛，没有这笔钱日子不好过。"第二天下午孙殿英接见了何微，何微把信交给他，并表示慰问。孙殿英面带喜色说："我们是蒋介石的杂牌军，好坏都不要说，有人说新五军不抗日是假的，明天领你到阵地上看看。"第三天，邢肇棠陪他到阵地参观，当时新五军与日本人对峙着，士兵抗日的情绪高昂。下午就抗日的话题他与邢谈了两次，谈得很投机。第四天，何微要启程了，邢送他一匹马，又派了两个副官送他。三人骑马一路小跑来到安阳，在一个饭馆里何微请两位副官吃了一顿饭。饭后两位副官又把他送了一程，说前面就是八路军防区，安全了，我们告别了。何微说："谢谢二位相送，代我向邢副军长表达谢意！"何微这次慰问，密切了两军的关系，圆满完成了组织交给的任务。

抗战胜利后，1946 年何微又完成了一次特殊的报道任务。那时山西晋南成立了第 14 军调小组，阎锡山方面出席的是王靖国，八路军出席的是陈赓，美国人是贝尔。当时要求要去一名记者采访，听说要住到敌人老窝里谈判，不少人对安全担忧。陈赓、谢富治指名叫何微去，他很愉快地接受了任务。先是在侯马谈判，两天后搬到临汾，住到王靖国的司令部里。陈赓要求他不仅要写报道，还要搜集其他情况。因此他尽可能多地接触群众，每天都要外出采访。可是他的采访受到限制，名义上司令部给他派两个士兵，对他进行保护，而实际上是两个特务，对他进行监视。一次他在街道里闲转，碰上熟人，顺便聊几句，后来这位朋友就被敌人抓起来。因此，在这种白色恐怖下，他与两个特务斗智斗勇，尽量设法把这两个家伙甩开。一次到大公报代销店采访，两个特务也跟着进来。他与经理大谈发行，由发行份数谈到发行队伍，两个家伙听得没趣，就坐在外间喝茶去了，他乘机了解了阎军欺压老百姓的情况。由于他的机敏，每天都能了解不少情况，每天都要向总社和分社发一两条消息。一个月中发了几十条消息，其中有不少是揭露阎锡山真备战、假和谈的阴谋和阎军欺压百姓的劣迹。

1947 年下半年在战争空隙，何微还下到菏氏、闻喜、曲沃农村参加土改，满腔热情地投身到土改运动中去，写出了不少总结土改经验和反映土改斗争的报道。

何微既是记者，又是战士，他还帮助首长做些审问俘虏的工作。在一次阻击战中俘获敌人的上校营长原道堂，王震首长亲自审问，何微以参谋身份参加。可是，这个狡猾的家伙死不承认他是个"官"。机敏的何微发现这个家伙上衣口袋鼓鼓的，走过去把口袋一解，掏出一沓名片，真相大白。这家伙见身份暴露，软瘫在地上，不得不交代了进攻运城的军事部署，对我军解放运城有很大参考价值。

（本文原载车英主编《何微新闻思想与实践》第 99 页至第 107 页，武汉大学出版社2001 年 8 月出版）

功勋卓著　硕果累累

——怀念良师益友何微在山西

马明

何微同志离开我们已经一周年了。没想到他走得这么匆忙。原来还想他能再回到他生活、工作、战斗过的山西家乡，重游故地，上上巍巍五台山，在一起叙谈昔日相处的一桩桩往事。可惜这些期盼，都已无法实现，成为终身憾事。在他病逝一周年之际，同他曾经朝夕相处的一幕幕情景和他生前平易近人、谈笑风生的音容笑貌，不禁涌上我的心头，浮现在脑际。

（一）难忘的岁月

1949年4月，在庆祝太原解放的欢呼声中，我和老何来到山西日报社工作。老何担任报社副社长、采通部部长，兼任新华社太原分社副社长。我担任山西日报社、新华社太原分社记者。当时，山西日报社和新华社太原分社，是一套机构挂两块牌子，肩负着对省内外的双重报道任务。为了完成全省解放后新形势下的繁重报道任务，在老何的主持下，配备了一支来自老区、经历过战火考验的实力雄厚的记者队伍。在新闻报道上，他积极倡导坚持党性原则、真实性原则和密切联系实际与群众的优良传统作风，突出地宣传了党在中华人民共和国成立初期的各项方针政策及山西取得的新成就、新变化，使新解放区群众了解、拥护党的主张，并对全省城乡工农商业的恢复、发展和经济繁荣，对新老解放区的土地改革的成果和农村互助合作运动的发展，都作了相应的报道。何微同志重视新闻队伍的培养教育工作。他将由新华社太原分社、山西日报社联合编印的《业务情况》《通讯往来》和《怎样写新闻》，寄发给晋西北、晋南等新华社支社和各级、各单位的通讯组，并召开通讯员会议，听取通讯员对通讯社、报社的报道意见，同时进行业务指导。

1950年2月10日，新华社山西分社正式成立。何微同志任社长，主持编委会工作。我是编委成员、农村记者组组长。在和老何朝夕相处的两年中，给我留下的深刻印象是：他强调把新闻报道置于党领导的社会主义伟大事业中去，扎根在人民群众之中，并从当好党的"耳目喉舌"的高度出发，培养记者密切联系群众的艰苦深入的采访作风。这样，不但使新闻报道具有深厚的根源和基础，而且也使记者从中受到教益。例如1951年，在全国影响深远的全国劳动模范李顺达互助组的先进典型报道，就是在他主持下集体研究了当时国内外形势和宣传报道的需要确定的。当时，全国农村经过土地改革运动，翻身农民急需组织起来恢复发展农业生产；正在进行的抗美援朝战争，急需全国人民发扬爱国主义和国际主义精神，大力支援前线。关于李顺达互助组的这组报道，首篇消息是《李顺达互助组发起在全国农村开展爱国丰产运动的倡议》。后三篇介绍了这个组的成立经过和发展农业生产的经验。这组报道，反映了中华人民共和国成立初期广大农民组织起来发展生产的迫切愿望和支援抗美援朝战争的爱国主义和国际主义精神，提供了爱国热情和促进丰产相结合的经验，也讴歌了我国新型农民代表人物的高尚精神境界。这组报道发表后，在全国得到了 20 多个省、自治区、直辖市的 1681 名劳动模范和 1938 个互助组的热烈响应。在全国农村开展了爱国丰产连环竞赛活动，对推动互助合作运动和农业生产的发展，起到了重要作用。

这组由我采写的先进典型报道之所以能够体现中华人民共和国成立初期的时代特征、人物特色和时代精神，并在报道之后在社会上引起强烈反响，深感这和老何从蹲点采访到提炼主题思想方面对我的启发、支持和鼓励有很大的关系。

（二）随解放太原大军前线采访

1948 年 10 月，正当山西全境即将解放的时刻，老何告别了他工作、战斗过多年的新华社太岳分社，风尘仆仆地来到解放军兵临城下的太原市东郊。作为华北人民日报社军事记者，他很快地来到徐向前司令员指挥的华北野战军第一兵团第八纵队占领的东山前沿阵地。东山是阎锡山军队和残留侵华日军重兵防守的淖马、山头、牛驼寨和小窑头四大军事要塞的大小 15 个山头。孤守这些山头的敌人正凭借相互交错的碉堡群火力网阻止我军前进。他所在的 13 号高地的一个连队，同敌军的争夺战进行得异常激烈。他和指战员们生活、战斗在一起，深为战士们"打下小窑头，解放太原城"的雄心壮志所鼓舞，他冒着枪林弹雨采写的通讯《不可战胜的人民军队》，歌颂了我军的胜利。此稿被 1948 年 11 月的华北《人民日报》采用。

老何在小窑头激战中的 13 号前沿阵地，除了报道我军取得的军事胜利以外，还在战壕、隐蔽堡里仔细观察，发现战士们的枪杆上和交通战壕的门板上贴着写在纸上的密密麻麻的快板诗和顺口溜。这些出自战士之手的作品，抒发了指战员们对党对人民的热爱、对敌人的仇恨和对解放太原的必胜信念，反映了他们崇高的思想境界和宽阔胸怀，具有强烈的时代精神和现实意义。老何对这种展示我军政治、思想和文化素质不断提高的战地火线通俗文化十分敏感。特别使他感动的是，战斗英雄李海水所在连战士王章成所写的《胜利的条件说不完》的枪杆诗。诗中列举了打太原有把握的五个条件和提醒大家需要克服的各种困难。王章成告诉老何说，这首枪杆诗中特别引用了徐向前司令员的一句名言："坚持最后五分钟。"因为它是战胜敌人的经验总结，也是指战员们在战斗中排除困难、化险为夷、转败为胜和取得最后胜利的精神力量。

何微同志根据在前沿阵地的所见所闻，在头顶上不时地落下敌人炮弹的隐蔽堡里撰写了《具有高度政治军事文化教养的部队》和《太原前线通讯：战胜困难的军队》两篇通讯，刊登在1948年12月的华北《人民日报》上。1988年8月，当我为编写新闻史询问到这两篇通讯的采写情况时，他告诉我说："当时，徐帅为了发扬我军坚忍顽强的战斗作风，十分重视部队的政治思想工作和战时的宣传鼓动。那时担任兵团政治部主任的胡耀邦，还冒着敌人的炮火来到战壕里，把刊登有枪杆诗的《人民子弟兵报》送到战士们手中。有时胡耀邦还带领政工人员和记者亲临战场，同战士们一起创作枪杆诗。"

（三）永不忘的谆谆教诲

1985年7月5日至8日，在太原召开的太岳革命根据地新闻史座谈会上，老何语重心长地对到会的老同志说："我们都是当年革命战争中的幸存者，我们有责任把为党为人民牺牲的战友们参加创刊的办报经验、光荣传统和英雄事迹征集起来，作为党报的宝贵财富、党的宝贵财富，载入史册，继承发扬光大。""抢救新闻史料，总结历史经验，发扬优良传统，时不我待。这是我们义不容辞的光荣义务。"此后，老何得知我已经着手收集资料，调查研究新华社山西分社发展史和中华人民共和国成立前新华社遍布山西及其周边地区的分支机构的历史后，他从西安、武汉先后有8次来信，热情而又积极地鼓励我："从事新闻史研究很有意义，希望能取得很大成绩。"还说："一定要坚持下去，必有好处。"有一次，他来信勉励我："总结历史经验教训，要以事实为基础，在从实际出发、实事求是方面多下点功夫，特别是在突破先进典型报道和深入实际调查研究方面的经验，更为受人欢迎。"

他在来信中，还为我提供了他从事新闻工作的经历，提供了他在晋南随军采访和随陈赓将军到临汾参加同国民党和平谈判的情况。从来信的字里行间，不难看出他字斟句酌，不但史实翔实、文字表达严谨，而且记忆力非常惊人，令我十分钦佩。他看到我撰写的一些新闻史料和学术论文被书刊采用后，他总是来信表示高兴，并希望如有新的作品及早寄给他，由他推荐给陕西出版的《新闻研究》刊出。他对新闻研究如此重视，对我的工作如此无微不至地关怀，使我很感动，也激励着我笔耕不辍。十多年来，我著有《没有流逝的印记》和《新华社山西分社发展史》，主编了《山西新闻通讯社百年史》和《热血铸丰碑——缅怀血洒三晋大地的新闻英烈》两书。我之所以能够取得这些微不足道的成绩，这和老何长期的谆谆教诲，是紧密联系在一起的。

写到这里，我的思绪回到 47 年前他调离新华社山西分社以后的往事。他先后又在新华社华北总分社、北京分社、江苏分社、陕西日报社、西北政法学院、陕西社会科学院和武汉大学新闻研究所做领导工作。虽然他的工作岗位经过多次变动，但是他几十年如一日，不论走到哪里，不论是担任社长、院长、总编辑，还是当大学教授、著书立说，他都能把我党长期在新闻报道实践中形成的马列主义新闻理论、毛泽东新闻思想和优良传统作风传播到那里，发扬坚持到那里，不断生根、开花、结果。他培育的不少学生，已经在各地新闻单位中成为骨干力量。在我将要写完这篇怀念文章的时候，持续多日对老何的怀念眷恋心情，依然无法平静下去，运用语言文字实在难以抒发埋藏在心底的深切仰慕、崇敬之情。

（马明曾任新华社山西分社社长。此文原载《新闻采编》2000 年第 3 期第 46 页至 47 页）

何微在主持新华社北京分社的日子里

刘佩珩

何微同志走了！他带着宝贵的新闻"财富"走了！不禁使我十分怀念。

20 世纪 50 年代初，我在何微同志领导下走上了新闻记者的岗位。回忆起他领导新华社北京分社的种种往事，至今历历在目。

（一）

何微同志原任新华社山西分社社长，1952 年调到北京任新华社华北总分社副社长。1953 年起又任新华社北京分社社长。当时，他面临着北京作为大城市如何组织指挥新闻报道工作的开创任务。

首先明确北京分社的报道任务是首要之点。他经过半年多的摸索，从北京的实际情况和特点出发，通过实践认识到北京有三大特点。

第一，北京是新中国的首都，是党中央、中央人民政府的所在地，自然成为全国的政治中心，因此北京的很多政治活动，对国内外都有较大的影响，为全国乃至全世界人民所关心。他要求分社对北京的政治活动应有足够的重视，诸如首都的民主政权建设、各项重大的政治决策、国内外重大的政治事件的反映、重要的纪念庆祝活动，以及人民精神面貌的变化等，都要及时做好报道。

第二，北京作为首都，不少工作在全国起着带头作用，并有一定的示范性。他曾说，中华人民共和国成立后，在工业方面，当时北京大厂矿虽然不多，但大力改善经营管理，不少厂矿成为先进单位，一批现代化工厂也陆续出现。在城市建设方面，北京市开始抓城市规划，努力把旧北京逐步改造为一个新型城市。在农业方面，郊区大力发展蔬菜和畜牧业生产的基地。在文教方面，北京有不少全国闻名的学术文化团体，既有北京大学、清华大学和北京师范大学等历史悠久的高等学府，也有中国人民大学这样的解放后才成立的新型大学。此外，中国京剧院、中国评剧院、北京人民艺术剧院等文艺表演团体和北京图书馆等，都是全国规模最大的。同时，北京又是知名的科学家、艺术家、文学家荟萃的地方，尤其是北京的文教事业，对全国具有重大的影响。

第三，北京有悠久的历史，既有闻名世界的北京猿人的遗址，又是五四运动的发源地。历代王朝留下的名胜古迹如故宫、颐和园、十三陵及八达岭长城，都是举世闻名的。

北京分社地处首都，有着特殊的地位，肩负着特殊的宣传报道任务。他经常对记者说，"首都无小事"，国内外关注北京的一举一动。同一件事发生在别的省市，影响不大；发生在北京，往往成了大事。在一些外国人的眼里，北京代表中国。因此，分社除了采写工农业生产和市政建设新闻外，一是把政治、文教列入报道的重点；二是及时完成大量的突发性的临时报道任务。

根据北京分社的报道任务，当时在采访活动上，他要求记者注意以下几点：

第一，首都采访工作具有相当的突击性，临时任务很多，因此，记者必须充分掌握下边的情况，以便灵通地得到新闻线索，锐敏地反映这些新事物。

第二，首都的报道工作，要求记者知识博、交友广。分社便组织记者学习人文知识，鼓励记者们多参加社会活动，并有组织地参观和游览，以熟悉首都的情况。

第三，北京城市大，涉及范围广，采访时，不能"哪里决口哪里堵"，要组织有周密计划的报道。报道计划必须从党的总路线和方针政策上去考虑。记者无计划就深入不下去。他还要求记者要有自己的"工作日历"和"预备题目"，有良好的计划，方可以提高报道的质量。

第四，城市采访，记者必须要有独立思考的能力和艰苦朴素的工作作风，必须经常保持一种战斗的姿态。许多新事物、新人物的采访要求记者当机立断，才能加强报道的及时性，增强新闻的时效性。

实践证明，何微同志主持新华社北京分社工作中明确的北京宣传报道任务，并对记者提出的种种要求，为北京分社当时开创工作起了一定的指导作用，也为北京分社后来的发展、壮大起到了奠基的作用。

何微同志在主持北京分社工作的几年里，除按照上述报道任务全力组织分社的日常报道外，在新闻业务上还有不少创新。比如1955年，他提议并亲自编定的每周一期《在我们的祖国首都——北京》新闻集纳，便是一例。当时，他感到北京的新闻报道要有新意，既宣传好北京，又要抓住鲜明特点吸引读者。于是，他在记者们每天采写的大量新闻中精选出若干篇，以新闻集纳的形式编成一组组稿件，反映北京各方面日新月异的变化和发展。他对这种新闻集纳提出三点要求：一是内容要集中，比较全面地反映北京一个时期或一个方面的新面貌；二是收入集纳的每条消息要简洁，三四百字即可；三是写作要生动活泼，能引起读者兴趣。这种新闻集纳成为新华社发稿中的一个专栏，当时也可以说是新华社业务中的一个创举。

由新华总社每周向全国播发一期，颇受各地报纸的欢迎。有的报纸总编辑说，新华社北京分社采写的新闻集纳，形式新颖，内容也生动，不但介绍了首都的新貌，同时这一形式各地其他方面的报道也可借鉴。

（二）

培养合格的新闻记者，是何微同志在新华社北京分社工作中付出心血最多的一个方面。当时，北京分社在初创时期，记者都很年轻，而且有些不是"科班"出身。面对这种情况，他认为提高新闻报道质量的关键，是提高记者的理论水平和新闻业务素质，培养出合格的记者。从1954年起，他除安排政治理论学习外，首先从新闻业务的基础上抓起，在分社开展"新闻写作"的学习活动，组织记者讨论新闻写作一些基本要求，其中包括新闻的任务、作用、新闻要短、新闻要用事实说话、怎样挑选最有说服力和最能表达主题的事实，以及新闻应该迅速及时等问题。当时有的记者对采写三五百字短新闻，从思想上有些抵触情绪，认为短新闻像我们厨房里的炖大白菜一样没有什么"油水"。因此，在执行新华总社提出的"消息总汇"方针上有些苦恼。经过学习讨论，记者们对这些新闻业务问题有了正确的认识。何微同志在提高记者认识的基础上，又强调在实践中改进新闻写作，要求记者不但要多写新闻，而且要把新闻写短、写快、写好。

1955年10月1日国庆节，何微同志在天安门城楼上，请胡乔木同志审阅分社记者采写的首都国庆游行一稿时，乔木同志对他说："著文汇辞，辞出溢其真，是记者的大忌。你们要学习王充《论衡》中的《艺增篇》。"当年国庆节后，他立即按照乔木同志的指示，组织分社记者学习《艺增篇》一文，并请北京师范大学研究《论衡》的专家刘盼遂教授来分社讲课，还对照检查了分社的报道，这对改进分社记者的新闻写作有了很大的帮助。

何微同志为使记者有系统学习的机会，全面提高记者水平，组织在职记者参加了中国人民大学夜大学的学习，并保证学习、复习、考试的时间，还选送分社三名记者到中国人民大学新闻系脱产学习 4 年。他们学习归来，都成了分社新闻报道工作的骨干。

除经常组织政治理论学习和讨论新闻业务问题外，他更注重让年轻记者到新闻实践中锻炼成长。当时，分社有名新记者担任农村报道工作，但他却是在城市里长大的。于是他让这名记者先到农村去"闯"，熟悉农村的情况。在他的支持下，这名记者深入农村的实际工作和农民生活中去，逐步熟悉农村，为报道好农村打下了好基础。1954 年初冬，这名记者深入京郊盛产蔬菜的丰台地区调查土地分红问题，写出 1 万多字的调查报告。何微同志后来说，北京市委召开农村工作会议时，认为这份调查报告很有参考价值。

何微同志培养记者还采取一些具体措施。当他看到一些记者发现新情况、新事物少，报道一般化时，便要求记者在采访中接触面要广、要深入。为了使这一要求得到实现，他建议分社内部出版《新事简报》，刊登记者采访中所见所闻的新鲜事或新闻线索。仅半个多月，《新事简报》记录下北京市各条战线发生的新人新事及新动态就有 200 多条，既有助于记者间交流信息，又便于分社及时组织报道工作，更重要的是促进记者深入下去，多接触实际，增强新闻敏感性，为提高记者的业务素质打基础。分社发出的《北京有些单位正在"突击花钱"》一稿受到表扬便是一例。当时报道工业的一名记者深入基层单位，在年终采访中发现一些单位把一年预算结余的钱，想方设法"突击"花掉，到市场抢购一些不必要或不急需的东西，逃避上缴预算余额。这样年终"突击花钱"，既增加了集团购买力，又给国家造成很大的浪费。由于这篇批评性报道切中时弊，在全国引起强烈反响，还引起财政部的高度重视，及时采取措施制止了一些单位年终"突击花钱"之风，对实际工作起了良好的导向作用。

何微同志在分社的领导岗位上，不仅是一位新闻报道的优秀组织者、指挥者，而且是深入实际采写新闻的实践者。他当分社社长首先是把自己摆在首席记者的位置上，不仅像首都国庆报道那样重大的采写任务，他亲自挂帅组织指挥，即使是参加实际工作也不忘记者的职能。这里仅举一例：1954 年 8 月，北京市召开人民代表大会时，他被市民选为人民代表参加了大会。在开会期间，他满怀热情地参加大会活动和小组讨论。当大会选举全国人民代表的紧张时刻，他又亲自采访许多代表，写了《我们选举了最敬爱的毛泽东》的通讯，该稿由新华总社播发后，《人民日报》等许多报纸都在头版的显著位置刊登出来。何微同志这种敬业精神，成为我们学习的榜样。

（三）

强调总结经验，是何微同志建设北京分社又一个重要举措。1955年10月，在何微同志主持下，分社记者对当年的首都国庆节报道进行了系统的总结。大家通过总结，明确了这种重大的战役性报道，要分工采访，专人执笔，对阅兵式和群众节日游行两条长新闻还要进行集体修改。这种做法对保证新闻质量、按计划进度完成报道任务具有重要的作用。他指出，像国庆这类大规模现场报道，不致因过多使用背景材料，使得新闻脱离现场的生动情景。记者要选择若干有代表性单位的具体活动，赋予概括材料以活的力量，并以写现场的活动为主，用背景材料加深现场群众的欢乐气氛。他特别强调每年的国庆都有新的特点。这些特点正是体现当前党和国家的方针政策和中心工作的要求，它表现出各项建设工作的发展和提高。只要记者认真研究这些特点，采访时从具体扩展到全貌，就容易在报道中掌握重点。何微同志当时抓住这项总结，对北京分社后来报道历年的首都国庆游行有了一定的启示。此外，他又组织分社采访文教和文艺的三名记者分别总结专业采访的经验，在分社的业务会上交流，并在新华总社召开的全国分社文教记者会上进行了介绍。有一名记者报道新修建的官厅水库获得成功时，他又及时帮助总结，并在新华总社出版的新闻业务刊物上发表了他撰写的《从官厅水库的采访看深入实际》一文，对提高记者的业务能力也有较大的作用。

何微同志在《提议总结我们的工作经验》一文中，对总结新闻业务实践的意义和作用做了进一步的阐述。他从新华社谈起："办好世界性通讯社不简单，要有丰富的工作经验。我们一方面需要今后创造重要的系统的经验，另一方面需要立即着手总结过去的经验。我们在将近25年（从红色中华社算起，到他撰写此文的1956年）的办社过程中，并非没有办社的经验，而是有不少经验零散在四处或密封在档案柜中，没有人去搜集、研究、整理。就是我们做记者的，每个人或多或少也有一些实践经验，但长期'保留'在个人脑子里，尚未认识到这是我们公有的宝贵财富。"他进而又说："总结经验是利己、利人、利党的事情。把经验认真地迅速地总结出来，就会帮助我们的事业发展。不重视总结经验，过去使我们走了许多弯路，现在如果继续不改变这种状况，就会吃更大的亏。""总结经验要每个人自觉地去做，并从总结点滴经验着手。这类经验不怕具体，它是系统经验的基础和来源。我们不只需要具体的实践经验，还需要提高到理性阶段的科学的新闻理论。"我认为，何微同志40年前提出的建议，对新闻单位的建设和每个记者仍有现实意义。

20世纪50年代在新华社北京分社工作过的记者，虽然现在都已离休或退休，但是谈起何微同志和他当年培养记者的事迹及他的敬业精神，至今都念念不忘，说他"用人"有道，"育人"更有方。

（四）

何微同志在主持新华社北京分社工作中，不仅忙于组织、指挥分社的报道工作及其他事务，而且在百忙中挤时间研究新闻学，使新闻实践的经验上升到新闻理论的高度。当时，他应邀到北京大学、中国人民大学和中国青年报社开办的新闻训练班上讲授"新闻采访与写作"课程，把研究的心得传授给青年学子。在讲学之外，还不断撰写新闻学理论研究的文章。1956年，中国人民大学新闻系出版的《新闻与出版》报创刊号，在"新闻讲座"专栏，首先发表了何微同志的《新闻导语》一文，阐述新闻导语在新闻写作中的重要作用以及写作要求等。后来，他在这个新闻刊物上又陆续发表了《关于新闻种类和特点》《新闻体裁》等专论。在新华社主编的《新闻业务》刊物上还发表了《改进我们目前的采访报道》《要提高新闻质量就要提高劳动本领》《批评性质的新闻与国家通讯社》《谈趣味性》等文。对新闻定义众说不一时，他对陆定一同志《我们对于新闻学的基本观点》中的新闻定义着重进行了阐述，坚持"新闻就是新近发生的事实的报道"这一科学论断。他指出，陆定一同志的这个新闻定义，第一个层次是表述"事实"，是核心层；第二个层次是表述"新近发生"的事实，是时空的限制；第三个层次是表述"报道"，是坚持辩证唯物主义反映论观点。因此，他认为陆定一同志"新闻定义"的表述是比较全面、科学和准确的。他的这个阐述，当时对新闻界就新闻定义引起的种种争议，起到了一定的引导作用。

他在另一篇论文中，谈到提高新闻质量时提出："新闻不仅是反映新的东西，更重要的是通过所反映的新事物帮助党进行鼓动工作和组织工作，保证读者通过报纸得到他们共同必需的新闻，这就不能随便给读者一点什么，需要挑选。挑选能鲜明地说明当前我国极其重要的斗争任务，进一步推动人民向社会主义前进的东西。也就是对人民完成当前斗争任务有教育意义和鼓动意义的东西。我们的新闻毫无例外地有明确的倾向性。"何微同志当年提出的这些论点，现在来看从某种意义上体现了新闻报道要坚持正确的舆论导向，并用正确的舆论引导人的思想。

关于批评性报道问题，当年何微同志也进行过论述。他在 1956 年 7 月 9 日发表的一篇论文中说，采写批评性质的新闻，就需要深入群众、深入生活，要熟悉党的政策，懂得地方实际情况，要多调查，多研究，多和有关方面商量，才能批评得准确、正确。不要为偶然的东西、为假象所迷惑，不能掺杂一点个人主观成分，要实事求是，给予确切的估计。同时，又不能是客观主义的报道。客观主义报道的错误，在过去我们也是发生过的。这种批评"喜欢把一大堆不相属的现象加以罗列……他们不能透过现象的表面而找到本质的内在联系，因而缺乏积极的能动力量……"这段论述指出采写批评性质的新闻时，要防止主观主义和客观主义的错误。他又说："在我们新闻中所批评的，是属于那些比较普遍的、主要的缺点和错误，以发展和巩固国家建设事业为目的。因此，是有原则的富有建设性的批评，不是任何事情都要批评。批评要掌握分寸，要特别有利于人民有利于党，防止为敌人利用的原则。""这种批评性质的新闻，同样应该合乎新闻的基本要求，要有新闻根据，是新鲜的，文字仍然是简短的，写作上是生动活泼的。即使接触到问题本质的批评性的新闻，如果写得枯燥无味，仍会减弱它的效果。特别需要强调的是，提高批评水平和改进采访写作是密切关联的，这是我们要经常考虑的。"40 多年前何微同志对采写批评性报道提出的这些意见和要求，如今读起来仍然觉得切中要害，并有一定的指导意义。当年，何微同志对新闻学习中不少专题的论述，不乏真知灼见，颇值得我们继续研究。

回忆何微同志 20 世纪 50 年代主持新华社北京分社工作时的一些往事，尽管是片段的、零碎的，却使我深深感到他那种忘我敬业的精神、勤奋钻研的精神、开拓创新的精神，给新闻园地留下了非常宝贵的财富，值得我们好好学习，继而推动我们新闻事业不断向前发展。

（本文原载《何微新闻思想与实践》第 108 页至第 117 页，车英主编，武汉大学出版社 2001 年 8 月出版）

怀念何微同志

雷润明

如今，我国的新闻事业蓬蓬勃勃，多姿多彩。我是个老新闻，每每看到这些，就自然想起那些呕心沥血、殚精竭虑在我国新闻战线奋斗终身的前辈。他们有的在战争年代牺牲了，有的因工作生活条件艰苦，积劳成疾，年仅四五十岁，有的甚至只有三四十岁，就病故身亡，早早离我们而去。一些健在的也都到了古稀之年，其中有的不顾年老体弱，仍勤奋工作、写作，很是令人敬佩。

今年是千禧龙年，在这新旧世纪交替之际，非常怀念曾在一起战斗过、工作过的已故和健在的新闻前辈。何微同志就是其中之一。

我和何微同志相识，是 20 世纪 50 年代初，当时他是新华社华北总分社负责人之一，从新华社山西分社来京不久。我则是一名年轻记者，才 20 多岁，是从刚刚撤销的新华社平原分社奉调进京的。何微同志在总分社分管新闻采访业务，天天和我们记者打交道。我们相处大概三四年时间，后来他调走了，我也离职去中国人民大学新闻系学习，见面的机会就少了。虽然相处短暂，但何微同志对党的新闻事业的执着，对新闻工作的深刻认识，对年轻记者的关爱，特别是他那勤奋忘我的工作精神和雷厉风行、踏实严谨的作风，给我留下了深刻印象，至今难以忘怀。

新华社华北总分社社址在北京交道口菊儿胡同，紧靠中共中央华北局。虽然在首都，但当时工作生活条件还是比较艰苦的，总分社六七十人，办公、吃、住就在一所四合院里，偌大一个新闻单位，只有一辆旧吉普车。何微同志虽是新闻官，但没一点官架子，除特殊紧急情况外，他很少坐车外出，一有空，就和记者一起骑自行车或乘公共汽车外出采访，中午回不了机关，就在被采访单位食堂吃点饭，继续工作。夜晚，记者休息了，他的办公室还时常亮着灯光，不是自己写稿子，就是为记者修改稿件，或撰写新闻业务方面的文章。勤奋忘我的工作精神，使人感动，也对我们年轻人产生了极大激励。老何有丰富的新闻实践经验，对新闻业务也钻研颇深。他在日常工作中，满怀关爱和热情，以自己的言行，潜移默化地启迪影响着我们一群年轻记者在实践中迅速成长。我们从他的一次谈话，从他对一篇稿件的修改，从他对一项报道任务的布置，或对某一些报道的批评表扬中，学到很多很多东西。据我回忆，给我印象最深的是，他向我们年轻记者多次反复强调：做好党的新闻工作，当好一名记者，有几点必须牢记，并在实践中不断加深认识。第一，要有很强的革命责任感、使命感。这是精神动力，是马达。记者不是写稿匠，做了记者，手中拿着一支笔，是党给你肩上压了一副担子，为党为人民的事业担了一份责任，工作只能搞好，不能一般化，更不能搞坏。不兢兢业业，不千方百计，是要受革命良心责备的。第二，头脑里要有政治。政治是什么，共产党所讲的政治，就是人民的利益。我们所写稿件，不论长短，没有哪一篇不和政治有关，不和人民的利益相关。因此，做记者，头脑里必须装着政治，必须时刻把人民的利益挂在心上，以人民的利益作为衡量我们工作好坏的最高标准。有了这种认识，头脑就清醒，目标就明确，可大大减少工作的盲目性，就可搞出高质量的报道；反之，如果脑子里没有政治，或政治观念淡薄，糊里糊涂，不但报道搞不好，还要犯错误。第三，对工作要有火一样的激情。对什么事都无动于衷，一切公事公办，单纯任务观点，是做记者最要不得的。只有满怀激情，才使你充满力量和自信，才能使你排除万难，进行深入采访，才能用你的笔写出有血有肉的东西，写出你的恨和爱，才能使读者感动。第四，一定要占有第一手材料。只有对所要采访的事情和人物耳闻目睹，亲自接触，面对面交谈，现场观察，所获材料才可信，才认识得深刻，写起来才顺手自如；靠打电话，靠抄别人的书面材料搞报道，是写不出什么好东西的，是没出息的记者。社会不论怎么现代化，作为一个记者，深入现场，掌握第一手材料，这是工作之本，什么时候也不能动摇。第五，多读一点中外名著，特别是中国古典的名著、散文和古诗词，从中吸取营养，不断提高文学素养和文字表达能力，努力写出语言精练、具有中国风格的新闻作品。

以上所讲的，是我从在华北总分社工作期间的工作日记中归纳整理出来的，都是何微同志的精辟论述和经验之谈。虽然时间过去已近50年，今天品味起来，仍感到很亲切、很深刻、很有现实意义。

和何微同志一起的一次共同采访，长久留在我的记忆中。那是1954年初夏，北京市召开人民代表大会。会议一项重要议程是，选举毛泽东、刘少奇、周恩来为出席全国人民代表大会的代表。这是有重要政治意义的一件事。我和何微同志，还有一位年轻记者，三人共同到大会采访。老何告诉我们，大会其他议程可以放一放，要集中精力采访全体代表选举三位领导人为全国人大代表这件事，要把北京各界人士对领袖的热爱，对行使民主权利的光荣和自豪，对祖国美好未来的期盼和信心生动地反映出来。选举前，按照分工，我们在会内会外采访了几十位代表，有工人、农民、解放军、机关干部、教授、医生、作家、演员以及街道居民、华侨、宗教人士、少数民族代表等。当时，我以为采访的人太多了，写稿子根本用不了那么多材料。而老何不这样认为，他说我们掌握的素材越多越丰富越好，不要怕苦怕累。他和我们一样，在代表的住处或大会休息时间，抓住空隙就找代表交谈，进行深入采访，请他们谈自己的经历，谈对选举三位领导人的感想，材料记了几乎一本子。选举在上午进行，我们目睹了选举的全过程。代表们穿着整洁，个个兴奋激动。当大会宣布毛泽东、刘少奇、周恩来以百分之百的票数当选后，全场雷鸣般的掌声经久不息。当天下午，毛泽东、刘少奇、周恩来来到中山公园中山纪念堂前和全体代表见面，并一起合影留念。代表们欢呼鼓掌，沉浸在无限幸福之中。会见刚结束，我们就聚集在公园的座椅上，研究稿子怎么写。三个人一起商量材料的选取、文字的结构、完稿的时间等问题。由于事先准备充分，材料占有丰富，稿子写起来得心应手，代表们的晚宴还没结束，一条关于毛泽东、刘少奇、周恩来在北京市人民代表大会上当选为全国人大代表的消息和《我们选举了最敬爱的毛泽东》的通讯特写，就由新华总社发往全国了。回忆当年这件往事，老何同志那种全身心投入工作的热情，那种兢兢业业、一丝不苟的精神，仍历历在目。

何微同志去世将近一周年了，写这篇小文，以示对他的深切怀念。

2000 年春节于北京

（作者系新华社北京分社原采编主任、高级记者。原载《何微新闻思想与实践》第 188 页，车英主编，武汉大学出版社 2001 年 8 月出版）

何微新闻人生路
——记何微主政《陕西日报》

陈布南

何微同志 1974—1982 年出任陕西日报社总编辑，这是他在新闻人生路上的重要转折。我就是在这一时期与何微老相识的。

（一）

"新闻人生"，指的是何微从青年时代在黄河之滨的山西老解放区编写小报开始，直到古稀之年在扬子江畔创办武汉大学新闻学研究所为止。其中，主要经历包括担任山西、北京、江苏、陕西等省（市）新华社分社社长或党报总编辑以及几所高校新闻学教授。他的一生与新闻结下了不解之缘，60 年如一日，全身心地投入工作。他的革命实践造就了新闻人生，新闻人生丰富了革命实践。这样说，我认为是贴切的。

讲到"重要转折"，这里得穿插一段背景。何微与有些同龄人一样，在那政治运动接踵而来的岁月里，也有过"在劫难逃"的遭遇。20 世纪 60 年代初，他应西安晚报社邀请，主持一个谈古论今的"秦中随笔"专栏，一时脍炙人口。但"运动"风暴震荡全国，这一专栏竟被打成继"燕山夜话"以后的"三反"大毒草。他与另外两位同志被打成又一个"三家村"，并认定何微为主帅，受到批判和迫害。一直到1970年他才得到"解放"，"结合"进了陕西省"革命委员会"卫生组，当上办公室主任。此前，从未接触过医疗业务的何微担任陕西省人民医院代理院长。这是他毕生从事新闻工作以来仅有的两次"不务正业"。两年以后，中共陕西省委书记李瑞山在一次会议上，偶然发现了全国知名的新闻界人士何微被塞进了省医疗卫生部门，指出这是"驴唇不对马嘴的瞎胡闹"，严厉地批评了这种"乱点鸳鸯谱"的人事安排。

（二）

1974年，何微回到他半生效力和热爱的新闻岗位，重新踏上新闻人生之路。虽然他年近花甲，仍精神焕发，精力充沛，日夜勤劳，努力工作。粉碎"四人帮"后，开始全面拨乱反正。陕西日报社机关作为"知识分子成堆"和灾情较重的单位，何微一方面遵照党的要求，尽快地把干部政策落到实处。按他的话说就是用"快刀斩乱麻"的方法，将运动中分批下放的干部，只要愿意回来的，统统请回来；把历次政治运动中处理的人和事，逐一进行复查，对其中的冤假错案，坚决改正和平反，决不留尾巴。以此为契机，团结编委一班人带领全体职工，不断改进日常采编和经营管理，把报纸办好。另一方面要适应新形势需要，推动新闻理论和业务研究，为从根本上提高办报素质和水平打好基础。仅1980年，就先后参与发起召开了西北五报新闻学术讨论会、创办省新闻研究所、出版16开大型新闻学术季刊《新闻研究》。这些都是在全国新闻界开先河之举措。

何微1982年调任陕西省社会科学院院长，经领导批准，他带走了省新闻研究所和《新闻研究》季刊，列入省社会科学院编制，由他分管其事。不久，省委宣传部举办全省新闻干部培训班，也委托何微先生主持。这样，他虽然肩负省社科院院长重任，仍不辞劳累地奔忙于三个新闻实体之间，在新闻人生路上兼程前进。

（三）

到1984年底，《新闻研究》先后共出17期，约200万字，后因何微离开西安而停办。此前，何微连续两次发表探讨新闻事业发展新趋势的论述。在《面向未来，改革新闻教育》一文中，他呼吁"新闻教育改革，要有紧迫感，要有一股锐气，要具有敢于超越的精神，面向21世纪培养适应未来的合格人才；要根据时代特点，增加诸如新闻信息学、微电子新闻学等一系列课程"。他尖锐指出："总有一天，微电子计算机技术要闯进编辑部办公室，只有懂得最新技术，才能从事新闻工作。那时，若由'电脑盲'来主持新闻工作，非乱套不可！"16年后的今天，这些论断已成为现实。随着信息技术和网络建设的高速发展，传统新闻业面对"第四媒体"的强劲挑战，更迫切需要变革图强。这说明何微的新闻教育思想，视野广阔，具有远见卓识。不仅如此，他还身体力行，在晚年自备486型电脑，从零开始学习并初步应用于新闻科研事业。

就在这一年盛夏，何微先生去武汉大学报到。这是他新闻人生路上的最后一站。人们不禁要问：以年届古稀高龄和副省级干部、资深省报老总之尊，不顾亲友劝阻，离家别妻，只身南下，这到底图的是啥？只要回顾本文在上面描述的"轨迹"就不难回答：他这样做，完全合乎逻辑的发展。在武汉大学的8年中，他得到了师生们的合作和爱戴，很快创办起新闻学研究所并首任所长；以后又登上讲坛，培养了一批新闻硕士人才。课堂以外，他分秒必争，埋头钻研，勤于笔耕。他不仅写出了《新闻科学纲要》教材，还组织编纂了包括古代、近代、现代三个部分，多达500万字的《中国新闻思想发展研究文集》，填补了这一学科领域的空白。连同原有的国家科研课题报告、学术论文及散见于报刊的言论、新闻、通讯、散文作品等，总计超过1000万字。

何微同志1999年4月6日，走完了他光辉的新闻人生之路。他那坚韧不拔、勇于超越的高贵品质，永远值得我们敬重和学习。

庚辰仲夏于西安菊花园

（本文原载《何微新闻思想与实践》第118页至第121页，车英主编，武汉大学出版社2001年8月出版）

"最是江海砥柱石，风劈浪击也昂首"
——何微先生在《陕西日报》总编辑任上
刘荣庆

我虽然写过几篇介绍恩师何微教授的专文，并将《"西北何"的生命之塔——记何微先生》收入《从新闻黑洞跳进又跳出》第一卷《报坛撷英》，可自个儿没有在陕西日报社当过记者、编辑，要实录恩师在这家纸媒当社党委书记兼总编辑的那段水起风生的艰难岁月，颇有为难之处。

何微 1916 年 7 月 23 日生于山西省祁县一个中医世家。他从 1937 年 10 月投身报业、1939 年延安抗大毕后长期在新华社工作，先后担任过几个分社的社长、西北政法学院副院长兼教务长、《陕西日报》总编辑、陕西社会科学院院长、武汉大学新闻研究所所长等，经历丰富多彩。而《陕西日报》前身是 1940 年 3 月 25 日在延安的窑洞里创刊的《边区群众报》，1948 年 1 月 10 日，在绥德县霍家坪更名为《群众日报》，刊号与《边区群众报》衔接，报头都是毛泽东题写的。1954 年 10 月 16日起，报纸更名《陕西日报》，成为中共陕西省委机关报，另列期号。何微到陕西日报社走马上任，恰逢那个特殊年代的末期到拨乱反正的改革开放初期，千头万绪，提纲挈领述说不易。我虽经受过运动的洗礼，却不知道陕西日报社在那场"疾风暴雨式阶级斗争"中的真情实况，而如今该报社的耄耋报人已屈指可数。

好记性不如烂笔头。由《陕西报刊史·大事记》有关《陕西日报》的条目，适当插入陕西日报社的知情老报人忆当年，也许可以较为准确而清晰地看出何微当时掌舵的特殊时代背景及其艰难步履。

何微先生上任前的陕西日报社

那是一个当今青少年发挥想象力也难以描绘的疯狂岁月。要说治，先得交代陕西日报社当年的乱。陕西省"革命委员会"当时掌实权的主任，对《陕西日报》的历史做了错误的"两个估计"，认为在组织路线上，"旧《陕西日报》是在国民党的四个特务报纸的基础上成立的"（指西安解放时，人民政府接收了国民党的《西北文化日报》《建国日报》《西京日报》等几家报社的部分人员及一些印刷设备——编者注），长时期被"一伙叛徒"控制，他诬蔑报社职工多是"叛徒、特务和反动文人"；在政治路线上"旧《陕西日报》是举白旗的，是为资本主义复辟制造舆论的工具"。

据《陕西报刊史·大事记》载，1966 年 4 月，中共中央西北局和陕西省委联合派出以陕西省军区一位副政委为首的文化工作队，进驻陕西日报社，开展"运动"。这位副政委被任命为《陕西日报》代总编辑。原总编辑被不公正地撤销了党内外一切职务，并在《陕西日报》上公开点名批判。8 月 25 日西安地区大专院校"红卫兵"借口《陕西日报》在 8 月 25 日四版印有毛泽东主席像背后的版面上印有"纸老虎"字样（实际上是三版的标题《毛主席笑谈纸老虎》，拿起报纸对着阳光才可透出），无限上纲，第一次聚众冲进报社。工作队因声讨"反革命"活动，印发大量传单；后又在"造反派"压力下，给予公开平反。8 月至 10 月原兰州军区《人民军队报》一位副总编辑和中共中央西北局一位干部，先后被增补为《陕西日报》副总编辑。

1967 年 1 月 1 日《陕西日报》被西安地区的"造反派"查封。2 月 21 日改成以新华社电讯为主的《新闻电讯》。同日，社会上两大派争夺《陕西日报》阵地，陕西省军区奉国务院周恩来总理指示，对陕西日报社实行军事管制（1968 年 4 月 17 日解除军管）。其间，省军区独立师副参谋长任第一任陕西日报社军管组副组长（组长缺）。从 1968 年 1 月起，第二任军管组由陕西省军区、21 军、兰空、总后西安办事处组成的省"支左"委员会任命，直到 1975 年 8 月撤离。5 月 1 日《陕西日报》停刊后曾以"陕西日报革命职工"名义出版《新闻电讯》，至 1968 年 2 月 28 日，共 304 期终刊。

1968 年 3 月 1 日，停刊一年零两个月的《陕西日报》复刊。4 月 17 日，陕西日报社成立"革命委员会"与报社军管组并存。4 月 28 日，《陕西日报》发表了军管组写的《彻底砸烂反动的公、检、法》的社论，造成严重后果。6 月在"清理阶级队伍"运动中，陕西日报社在军管组指使下，先后"揪出"近 50% 的编辑、记者和干部，被打成"牛鬼蛇神"关入"牛棚"的 48 人。10 月 5 日，在军管组指使下，陕西日报社分两批将报社干部下放到农村劳动。第一批 61 名，1968 年 12 月下放到永寿县；第二批 79 名，1969 年 12 月分别下放到石泉、西乡两县。两批共下放 140 名。其中绝大多数是编辑部人员，占原陕西日报社编辑、记者总人数的 70% 以上。1969 年 6 月，陕西日报社重新进行党员登记工作。有 94 名共产党员恢复了组织生活；6 名党员因对"文化大革命"态度"不正确"，被给予各种党纪处分。同时，吸收了 9 名新党员。9 月，陕西省新闻图片社成立。1978 年，该社划归陕西日报社领导。陕西日报社军管组下令销毁了资料室库藏 17 年的 3000 册合订新闻剪报资料，还销毁了一批抗战时期各解放区的报纸合订本。

1970 年 7 月 20 日，陕西省"革命委员会"决定在原军管会基础上，《陕西日报》成立新的"革命委员会"。1971 年 2 月，陕西日报社正式成立了党的核心小组，履行党组职权。由军管组组长任核心小组组长、副组长为核心小组副组长。报社党组织停止活动已有 4 年之久。1973 年 3 月，经中共陕西省委批准，中共陕西日报社委员会成立。夏秋之交《陕西日报》原址东大街 334 号内东院印刷厂因工人张某某不慎引发火灾烧毁了工厂印报车间，张被依法逮捕。1974 年 2 月，中共陕西省委增任何微为陕西日报社党委副书记。

何微先生到陕西日报社上任后

20 世纪 60 年代中期至 70 年代初，何微先生在陕西省卫生系统工作，曾任职陕西省卫生局并兼省人民医院代理院长。1973 年，中共陕西省委第一书记李瑞山偶然发觉老报人何微"隐藏"在卫生部门，说："何微是中国的名记者，'三结合'怎么结合进了省'革委会'卫生组？牛头不对马嘴，瞎胡闹！"然而，在翻手为云覆手为雨的年代里当省级党报"一把手"，无异于在烧红的炭火上当"羊肉串"烤。

《陕西日报》作为全省有名的"重灾户"，同样存在盛行"假、大、空"（假新闻、篇幅长、空洞无物）报道的积弊，何微要逐步恢复党报在人民中的声誉又谈何容易？

薛养玉在《夕阳无限好——忆何微同志与新闻学期刊》中写道："劫难后的陕西日报社，很长一段时间也是乱哄哄的。要调顺这样一个摊子，对谁都不会是轻松的，要出报，要落实政策，事无巨细都全找到他头上来的，他是生活在矛盾的旋涡之中，一天到晚忙得陀螺似的。我们多次用膳后，见到他到报社食堂，买一个冷馍和半截葱，一顿饭就这么凑合。为稿件的事情，我们到何微办公室去，见他总是烟一根接着一根，又见到他办公一隅的竹筐里，横竖卧着几十个西凤酒的空瓶子。显然，他的工作强度太大了，在用烟酒来缓解总也摆脱不掉的疲劳和紧张。"

陈布南在《何微新闻人生路》中写道："1974年，何微回到他半生效力和热爱的新闻岗位，重新踏上新闻人生之路。虽然他年近花甲，仍精神焕发，精力充沛，日夜勤劳，努力工作。"

据《陕西报刊史·大事记》载，1975年8月，中共陕西省委宣传部领导小组研究决定，何微任陕西日报社党委书记、"革委会"主任。6月，陕西日报社落实政策，决定第一批调回下放干部19名。至1980年9月，对96起案件复查完毕，除3人外，其余得到了平反改正。7月19日，中共陕西省委第一书记给时任中央领导写信，请求给《陕西日报》题写了报头。7月31日，《陕西日报》启用了新的报头。1978年10月17日，中共陕西省委宣传部、西安市委宣传部联合召开了省、市新闻出版系统拨乱反正，批判林彪、"四人帮"破坏新闻出版事业罪行大会。20日，《陕西日报》发表了"本报评论员"文章，题为《坚守新闻阵地，当好党的喉舌》。12月7日，中共陕西日报社委员会开始拨乱反正，首先为44名同志平反，随后直至1980年9月4日，先后落实政策96人。100多名下放干部陆续回报社做了妥善安排。

插叙一：陈布南《何微新闻人生路》："粉碎'四人帮'后，开始全面拨乱反正。《陕西日报》机关作为'知识分子成堆'和灾情较重的单位，何微一方面遵照党的要求，尽快地把党的干部政策落到实处。按他的话说，就是用'快刀斩乱麻'的方法，将'运动'中分批下放的干部，只要愿意回来的，通通请回来；把历次政治运动中处理的人和事，逐一进行复查，对其中的冤假错案，坚决改正和平反，决不留尾巴。以此为契机，团结编委一班人带领全体职工，不断改进日常采编和经营管理，把报纸办好。"

插叙二：刘文斌在《关心同志、爱护干部的典范——缅怀何微同志在落实干部政策、彻底平反冤假错案中的实事求是精神》中写道："1976年到1978年，何微重点抓了受极左思潮影响被立案审查、遭受政治迫害的40多名同志的平反工作。从1978年底开始，他又集中时间、精力，为在反右中被错划的同志进行复查改正工作。"

插叙三：薛养玉在《夕阳无限好——忆何微同志与新闻学期刊》中写道："在那场践踏文化的风暴中，新闻理论几濒绝地，以致放晴后的几年间，'新闻无学'的幽魂四处游荡，在星罗棋布的新华书店里难得找到一本新闻学书。就在这样一个寒气未消的时节，一个以研究新闻基础理论和新闻应用理论为主的大型新闻学术性期刊《新闻研究》，在时任《陕西日报》总编何微同志的策划下，于1980年6月面世。这是中国新闻界的一个重要事件，就像旷野里冒出的一蓬娇艳的迎春花，立即引起新闻界一片惊呼欢叫，许多知名专家、学者纷纷来信祝贺这个拨乱反正后全国第一家新闻学术刊物的诞生。陕西籍著名摄影记者、原中国新闻摄影学会会长蒋齐生来信说：'我为我们陕西省能有这样争创高水平新闻学术刊物而吃惊和高兴。'就当时何微的处境，能办出这个刊物实在够难为他的……《新闻研究》就是在何微负重如山的压力下，又以开山般的非凡毅力双手送出的；而且在组稿策划、修改稿件等每一个环节上，他都倾注了大量心血。一个人如果不是对新闻事业、新闻理论有深邃的认识和发自内心的纯情能办得到吗？这表现了一个忠诚的党的新闻工作者在极其困难中坚持理论研究的悲壮之情。《新闻研究》先后出刊17期，在何微调任陕西省社会科学院院长之后不久停刊了。但它在开创新时期新闻学研究风气之先的历史功勋永不可没。"

插叙四：陈布南《何微新闻人生路》："1980年，（何微）先后参与发起召开了西北五报新闻学术讨论会、创办陕西省新闻研究所、出版16开大型新闻学术季刊《新闻研究》。这些都是在全国新闻界开先河的举措……到1984年底，《新闻研究》先后共出17期，约200万字。在《面向未来改革新闻教育》一文中，他呼吁'新闻教育改革要有紧迫感，要有一股锐气，要具有敢于超越的精神，面向21世纪培养适应未来的合格人才；要根据时代特点，增加诸如新闻信息学、微电子新闻学等一系列课程。……若由'电脑盲'来主持新闻工作，非乱套不可！'今天这些预见早已变为现实。他除撰写《新闻科学纲要》教材外，还有组织编写了500多万字、填补学科空白的《中国新闻思想发展研究文集》，加上言论、新闻、通讯、散文等各种作品合起来超过1000万字。"

插叙五：据《陕西报刊史·大事记》载，1979年2月27日，中共陕西省委批准《陕西日报》编委会成立，宣布撤销"革委会"。任命何微任总编辑，李迢、章彬、刘振洲、许永康为副总编辑。9月，《陕西日报》的副刊"文艺评论"开始创办，为地方报纸中出现最早的文艺评论专栏。12月25日，《陕西日报》发表的《他年初立了军令状，年终得了双份酬》（作者：王治学、安升先、陈征）获全国好新闻奖。在1980年全国好新闻评选中，《陕西日报》11月12日发表的通讯《桃园血鉴》（作者：张文直、薛养玉）受到表扬。1981年3月中共陕西省委宣传部和陕西日报社联合开办新闻干部训练班，至1983年7月共办3期，培训学员164人。7月，《陕西日报》总编辑何微调陕西省社会科学院工作。

何微先生"移师"武汉珞珈山后

1984年，何微以近七旬高龄受聘武汉大学新闻研究所所长之职。

薛养玉《夕阳无限好——忆何微同志与新闻学期刊》："当时我们真的为他担心，这个瘦弱的有点佝偻的老人经受得住珞珈山上的酷暑寒霜吗？谁曾想到他在这里一干就是8年，而且进入了他在新闻学术研究上成果累累的黄金时代。每年寒暑假，他都回西安的家。见到我们时总是神采奕奕，谈兴极浓，最热衷的话题是新闻改革、新闻学术界和新闻教育动态等，常常是一发而不可收。从他的神情上，你觉察不到明显的年岁的痕迹。看来我们先前对他的担心是多余的了，也许只有高度痴迷于做学问的哲人才有如此魅力四射的生存状态。1988年我接手主编《新闻知识》（新闻学术期刊，陕西日报社主办），我们的接触更多了。令人感动的是，他对这个刊物表现出极深的关怀，常常是一有新闻（学术）新作就寄来，当然我们也根据需要向他约稿。时年冬，我们约他为刊物的'新年笔会'撰文，他早早于11月17日随信把稿件寄来。题目是《说长道短话改革》，约1500字。和往常一样，稿面整洁，字一个一个端端正正地蹲在格子里，无处不闪烁着严谨的治学精神。信中说'文中一些提法，与北京较有权威的人士讨论过，表示同意我的看法。《新闻知识》如何处理，有你和几位老同志，你们有权对文章动手术……'这里更看出何微同志的文品、人品，即使一篇千字文，也不草率出手。文章紧扣当时新闻改革实际，每一个观点、论断，都是经过认真推敲、在与他人的切磋中提炼的。他总是这样切切不忘为刊物负责、为读者负责。同时又无意强加于人，不以权威自居，谦诚有加。不止这一例，他的治学严谨负责的精神是一以贯之的。我还保存着1990年12月8日他的来信。内写：'答应写稿事，初稿完成，仍须细细加工，只好明年初送你审核，望谅！''细细加工'四字，正是他人格的写照，也是留给后辈学子的宝贵遗产。《新闻知识》在何微关爱下，他在武汉大学所指导的研究生如刘惠文、车英等都成了《新闻知识》的重要作者，不时赐以佳作。同时，他还不时地推荐新人新作给我们。我印象最深的也是有据可查的，是1989年9月18日随函推荐张海华的论文一事。"薛养玉回顾收到张海华《文学不是新闻》一文，易题《新闻文学化——一个危险的信号》刊发于第11期后当月8日何微来信说："……标题经你们修改后很切内容，亦使问题醒目，感谢感谢。"薛养玉说："现在展读何微同志的宝函，仍激动不已。……深长思之，这是出自学界巨人义薄云天的襟怀，是捍卫党的新闻事业拳拳之心的自然流露。"

薛养玉还话及1989年开设"总编辑角色谈"专栏请回家过寒假的何微先生撰稿的情形："他一下子推开椅子站起来，来了劲儿，嗓门也高了：'好哇，这不只会大大提高你们《新闻知识》的知名度，在新闻学和新闻教程还没有专门研究总编辑这一章，你们带头做好，可以填补这个空白，很有意义，很有价值，功德无量啊。'他还结合中西新闻界实际，谈了不少（总编辑角色话题），对我很有启发，也使我得以顺畅地以'本刊编辑部'名义写出《为新辟专栏'总编辑角色'谈》告读者。……大约是农历正月十五前后，也就是他返武汉的前夕，他的一篇题为《总编辑的品质与影响力》的学术论文完成了。他兴奋地说：'这个假期就干了这，是你们叫我没白过。'这篇作品刊发在1989年《新闻知识》第4期上，有极高的学术价值，是探索总编辑学规律的经典之作……"

薛养玉说："何微同志是我心目中的一座山。"对我而言，何微先生则是一座雄伟而气势不凡的西岳。《"西北何"的生命之塔——记何微先生》，加上《"最是江海砥柱石，风劈浪击也昂首"——何微先生在陕西日报总编辑位上》，并不能涵盖这山的崔巍与莫测。

本文用述而不作法，实录何微先生在陕西日报社的作为，收尾特吟《忆师》诗：

乱世快意抡斧头，好人受伤万家愁。

"老虎事件"不为奇，"文字狱"兴能断首。

棉里裹针求大治，忙里醉饮也春秋。

八十三载无字书，细嚼慢咽品着读。

后记：本文写于2014年8月11日，应薛耀晗编纂《陕西报刊领军人物》一书之邀而作。

（原载《西部学刊》2016年4月下半月刊第59页至第62页）

何微同志与新闻期刊

薛养玉

在那场践踏文化的风暴中，新闻理论几濒绝地，以致放晴后的几年间，"新闻无学"的幽魂四处游荡，在星罗棋布的新华书店里难得找到一本新闻学书。

就在这样一个寒气未消的时节，一个以研究新闻基础理论和新闻应用理论为主的大型新闻学术性期刊《新闻研究》，在时任《陕西日报》总编辑的何微同志的策划下，于1980年6月面世。这是中国新闻界的一个重要事件，许多知名专家、学者纷纷来信祝贺这个特殊年代后全国第一家新闻学术刊物的诞生。陕西籍著名摄影记者、原中国新闻摄影学会会长蒋齐生来信说："我为我们陕西省能有这样争创高水平新闻学术刊物而吃惊和高兴。"就当时何微的处境，能办出这个刊物实在够难为他的。

劫难后的陕西日报社，百废待兴，要调顺这样一个摊子，对谁都不会是轻松的，要出报、要落实政策，事无巨细都会找到他头上来的。他是生活在矛盾的旋涡之中，一天到晚忙得陀螺似的。我们多次用膳后，见到他到报社食堂，买一个冷馍和半截葱，一顿饭就这么凑合。为稿件事，我们到何微办公室去，见他总是烟一根接着一根，又见到他办公室一隅的竹筐里，横竖卧着几十个西凤酒的空瓶子。显然，他的工作强度太大了，而在求助于烟酒来缓解总也摆脱不掉的疲劳和紧张。

《新闻研究》就是在何微负重如山的压力下，又以开山般的非凡毅力双手送出的；而且在组稿策划、修改稿件等每一个环节上，他都倾注了大量心血。一个人如果不是对新闻事业、新闻理论有着深邃的认识和发自内心的纯情能办得到吗？这表现了一个忠诚的党的新闻工作者在极其困难的情况下坚持新闻理论研究的悲壮之情。

《新闻研究》先后出刊17期，在何微调任陕西省社会科学院院长之后不久停刊了，但他在开创新时期新闻学研究风气之先的历史功勋永不可没。

1984年何微以近七旬高龄受聘武汉大学新闻研究所所长之职。当时我们真的为他担心，这个瘦弱得有点佝偻的老人经受得住珞珈山上的酷暑寒霜吗？谁曾想到他在这里一干就是8年，而且进入了他在新闻学术研究上成果累累的黄金时代。

每年寒暑假，他都回西安家里。见到我们时总是神采奕奕，谈兴极浓，最热衷的话题是新闻改革、新闻学术界和新闻教育动态等，常常是一发而不可收。从他的神情上，你觉察不到明显的年岁的痕迹。看来我们先前对他的担心是多余的了。也许只有高度痴迷于做学问的哲人才有如此魅力四射的生存状态。

1988年，我接手主编新闻学术期刊《新闻知识》，我们的接触更多了。他对这个刊物表现出极深的关怀，常常是一有新作就寄来，我们也根据需要向他约稿。是年冬，我们约他为刊物来年的"新年笔会"撰文，他早早于 11 月 17 日随信把稿件寄来。题目是《说长道短话改革》，约 1500 字。和往常一样，稿面整洁，字一个一个端端正正地蹲在格子里，无处不闪烁着严谨的治学精神。信中说："文中的一些提法，与北京较有权威的人士讨论过，表示同意我的看法。《新闻知识》如何处理，你们有权对文章动手术……"

这里更看出何微同志的人品、文品，即使一篇千字文，也不草率出手。文章紧扣当时新闻改革实际，每一个观点、论断，都是经过认真推敲，在与他人的切磋中提炼的。他总是这样切切不忘为刊物负责、为读者负责。同时又无意强加于人，不以权威自居，谦诚有加。

他的治学严谨负责的精神是一以贯之的。我还保存着 1990 年 12 月 8 日他的来信。内写："答应写稿事，初稿完成，仍须细细加工，只好明年初送你审定，望谅！""细细加工"四字，正是他人格的写照，也是留给后辈学子的宝贵遗产。

在何微的关爱下，他在武汉大学所指导的研究生，如刘惠文、车英等都成了《新闻知识》的重要作者，不时赐予佳作。同时，他还不时地推荐新闻新作给我们。我印象最深的是 1989 年 9 月 18 日随函推荐张海华的论文一事。

何微的信中这样写道："寄上张海华写的《文学不是新闻》的一篇论文……进入 80 年代，新闻文学化的倾向有了发展，但新闻刊物上很少论及，可能是对它的危险性认识不足。故我将她写的这篇论文推荐给你。"张海华这篇文章不错，有针对性。何微同志信中短短几句又点出问题的尖锐性。受其启发，我们将张海华文章的题目改为《新闻文学化——一个危险的信号》，在《新闻知识》第 11 期上发表。

实在想不到，就在当月 8 日接到了何微同志来信，信上说："看到《新闻知识》第 11 期关于张海华文章的标题，经你们修改后很切内容，亦使问题醒目，感谢感谢。"显然，何微同志一收到刊，即快笔致函。

现在展读何微同志的宝函，仍激动不已。我们只是对题目改了一下，有什么值得感谢再感谢！他又不是张海华，"感谢"何来！但深长思之，这是出自学界巨人义薄云天的襟怀，是捍卫党的新闻事业的一颗拳拳之心的自然流露。

办刊物最忌年年一个面孔。1989 年，《新闻知识》编辑部为使新一年的刊物有一个新气象，在栏目设置上又打算新添几个。其中我们最看重的是"总编辑角色谈"这个专栏。总编辑是新闻单位的核心角色，是新闻改革需要研究解决的一个迫不及待的问题。由于我们感到这个栏目的载重量，要成为我们刊物的重头戏，便想着开篇一定要开得隆重，要能引得新闻界人士的广泛关注。正好何微同志从武汉回西安过寒假。啊，舍其人为谁！我大喜过望，兴冲冲地赶去拜见何微同志。

同以往一样，我总是先把一个时期以来的刊物情况做一介绍，他喜欢听这些。当我说到开设"总编辑角色谈"这个专栏时，他一下子推开椅子站起来，来了劲儿，嗓门也高了："好哇，这不只会大大提高你们《新闻知识》的知名度，在新闻学和新闻教程上至今还没有专门研究'总编辑'这一章，你们带头做好，可以填补这个空白，很有意义，很有价值，功德无量啊。"他还结合中西新闻界实际谈了不少，对我很有启发，也使我得以顺畅地以"本刊编辑部"名义写出《为新辟专栏"总编辑角色谈"告读者》一文。

接着，当我提出开篇文章请他来作时，不想他慨然应诺。这个70多岁的老者压根儿就没想他是回来过寒假过春节的。当然我们不会也不忍给他限定交稿的时间。大约是在农历正月十五前后，也就是他返武大的前夕，他的一篇题为《总编辑的品质和影响力》的学术论文完成了。他兴奋地说："这个假期就干了这，是你们叫我没白过。"

这篇作品刊发在1989年《新闻知识》第4期上，有极高的学术价值，是探索总编辑学规律的经典之作。他在文中对总编辑品质概括为五点：无限忠于人民的新闻事业；在任何情况下都要保持冷静的态度；高度发扬民主；具有决策的魄力，良好的知识素质；论说高屋建瓴，睿智的火花随处可见。

"总编辑角色谈"这一专栏，由于问题抓得"尖"，又因以何微专文开篇具有爆竹爆响之效，吸引了国内不少专家、学者、总编及采编人员，写出了一批很有分量很有影响力的文章，对总编辑角色进行了全方位有深度的探索。讨论先后持续了5年。这是《新闻知识》最有意义最堪回味的一事。

何微同志是我心目中的一座山。今年4月6日是他三周年祭，我这里记述的只是点滴之忆。

（作者系原《新闻知识》杂志主编。本文原载《中国地市报人》2002年第6期第49页至第50页）

何微与郭超人

刘惠文

继穆青同志之后任新华通讯社社长的郭超人，于2000年6月15日在其任上溘然病逝，享年65岁。

在穆青同志任新华社上海分社社长时就已任新华社华北总分社副社长兼北京分社社长的何微先生，我的导师，于1999年4月6日病逝，享年83岁，早郭超人辞世1年2个月。

郭超人是1956年从北京大学毕业后参加新华社的新闻通讯工作的。何微先生1937年徒步到延安，与同年出生而比他大几个月的甘惜分先生，一同于1938年从抗日军政大学毕业参加新闻通讯工作。

郭超人于1951年进入北京大学中文系新闻学专业学习。甘惜分先生是随中国人民解放军解放北平而进入北京城的。何微先生不久也进了北京城，任新华通讯社华北总分社副社长兼北京分社社长。甘惜分先生在北京大学教新闻理论。由于北京大学缺新闻业务教员，甘惜分就请何微讲新闻采访和写作。

已故的何微先生和仍然健在的甘惜分先生，就是在那时认识他们的学生郭超人的。两位老先生都认为，郭超人当时很好学，又敏感，动脑筋，勤笔耕，少言语。在兼任北京大学中文系新闻学专业教师期间，何微先生开始总结自己的新闻工作经验，撰写新闻学的学术论文。北大中文系新闻学专业在院系调整中由北大转入中国人民大学，并在此基础上组建了该校的新闻系。郭超人1956年由此毕业，他是"北大进门、人大出门"的学者之一，他聆听了何微先生的新闻业务课程的讲座，对于讲义上的要点也是认真研读了一番的。

郭超人学习新闻学专业毕业后主动要求去了新华通讯社西藏分社，做外勤记者的新闻采写工作，到了海拔6000米以上的珠穆朗玛峰上，报道了我国登山队员攀登珠峰的全过程，并且随着我国登山健儿首次征服珠穆朗玛峰的壮举之连续的新闻报道而举世瞩目。郭超人是成名较早的新中国自己培养出来的新闻学专业毕业生中的佼佼者。20世纪50年代末60年代初，郭超人是在世界屋脊青藏高原的山水间从事艰苦的新闻采写活动中度过的，他也因此成为著名记者。

作为新华社北京分社社长的何微先生，在中华人民共和国成立之初的首都北京，组织、领导和指导了恢复国民经济、土地改革、公私合营、加快社会主义工商业改造和建设、宣传为人民服务的典型报道等活动。他办公室的灯光常常是彻夜不熄的。他在这里组织了北京分社的许多记者，采写了《当你们熟睡的时候》这一综合性的社会热点新闻报道，创造了在深夜零点时分记者全部出动到车站、码头、医院、街道进行服务性工作和采访报道的优秀范例，使新闻采访工作由等新闻变为找新闻，报道工作由被动变为主动。中国人民大学新闻系在1984年6月出版的《新闻采访学》教材上，蓝鸿文曾在书中"第十章 采访作风"的"第四节 不畏艰险的作风"中就此事写道："50年代，新华社北京分社的记者集体采写过一篇很有意思的通讯《当你们熟睡的时候》，满腔热情地讴歌了那些为他人服务、自己却不辞辛劳在夜间工作的人们。而写这篇通讯的记者就是在深夜进行采访的。"

这次对记者的派出、去哪些地方或部门采访、分段写报道等，都是何微先生安排的，最后的通稿是何微先生亲自完成的。何微先生是不愿留名的人物，这篇在当时很为特别的新闻通讯稿子最后署名是北京分社记者，所以现在的人们都说是"记者集体采写"的。1984 年何微应聘在武汉大学新闻学系任教，还兼任了新闻研究所所长、校学术委员、校务委员会委员的职务。

在 1957 年的那场运动中，何微先生被派到外地分社指导运动。那时，新华社的各地分社和人民日报社的驻地记者站合署办公。他力所能及地保护了新闻界的一些敢言和直言的同志，并且在回京休假期间，专门去看望了当时已是身陷囹圄的在北京分社合署办公的人民日报社女记者王金凤。何微先生对她说：你年轻，我走的时候跟你说过，少说话，多做事，你偏不听。可是，就是这样力劝人家"少说"或"不说"的何微先生，在"浮夸风""反右倾"时，由于不肯苟同于世，而且又报道过彭德怀的部队过去的战功以及为彭德怀说过几句好话，降了一级，离开首都北京，调到江苏分社等外省分社工作，辗转至 20 世纪 60 年代中期，被分派到了西安做新闻或教育的领导工作。

郭超人从青藏高原上采访下来，经新华社四川分社到了陕西分社，而何微先生那时就在陕西日报社担任领导工作。何微先生曾多次和我谈到过郭超人。从他的言谈举止中，可看出他俩的关系很热、很融洽，而且他从政治上和业务上对郭超人都很关心。郭超人也很虚心。记得何微先生曾对我说："你们湖北人有点倔，但脑子灵，很勤奋。那个郭超人呀，在陕西工作期间，碰见大事小事，总是来找我。比如'入党'，我就去跟分社领导商量，不能不让人家入党，不能一棍子打死。比如采访报道，把握分寸，郭超人来找我，我总是说，新闻报道究竟有多大的新闻自由度？把握好这个'度'是很重要的，也叫'发展规律'的掌握，掌握住了就有很大的'自由'，把握不住，采这也不是，采那也不是，写这也不行，写那也不行，何来'自由'呢？一个人不能自由地操作，拿工具都拿不稳，还能做出什么活来呢？一个记者用嘴去采访、用耳听别人讲、拿笔写报道，不能'自由自在'地遵循一般规律，那怎么搞得好新闻采写的工作？我这么多年的新闻工作获得一条经验，说是教训也未尝不可，就是党、政府和人民给我画多大的'圈'，我就在这个'圈'内自由自在地活动，不超出这个'圈'就行。不要想超'圈'、越'圈'，越过了'圈'子的范围，就犯规了啊！犯规了，还不受处罚？……你不仅超'圈'，而且还要'超人'，看你超到哪里去了！"

何微先生很注重"写实"，他在陕西做新闻领导工作，经常下去调查，走遍了三秦大地的山山水水，写下了不少含义深刻、内容充实、语言凝重、形式多样的散杂文章，在当时的《西安晚报》上开辟了"秦中随笔"的专栏。就因为如此，何微先生就难逃其厄运，那场运动一开始，北京揪出了邓拓、吴晗、廖沫沙的所谓"三家村"。武汉也揪出了李达等所谓"三家村"。西安于是就揪出了何微、霍松林、傅庚生的所谓"三家村"。

何微先生总是原则在先，不肯过分苛求于人。1991年7月，我硕士毕业了。5月，新华社内蒙古分社派了叫石长江的老记者来武大考察我，定下来要我到内蒙古分社去。后来我考上了博士，也就只好作罢。1993年7月我博士毕业被分配到北京。在我找工作单位就业之前，我的硕士生师弟、《人民邮电》记者马续凤因曾在新华社国内部农村组见习过，所以就口传何微先生的口信给郭超人，诚恳地表达了何老想让我到新华社工作的意见。郭超人当时对马续凤说：很为难。我后来与母校北京广播学院取得了联系，决定到那里去工作。临行前，何微先生一再嘱咐："到了北京，要给郭超人打电话，经常联系。"一到北京住下来，我就照何微先生的吩咐给郭超人挂通了电话，告诉他我已到京就业。郭超人在电话中连声表示"祝贺"，很亲切地说："您的情况何微先生写信告诉我了，有空过来坐一坐、叙一叙。何微先生快80岁了吧？现在情况怎么样？身体还好吗？您今后见到何微先生，一定要代我郭超人向他问好。"这次回到我当本科生的母校北京广播学院，在新闻学研究所工作，由康荫和王珏教授带着我。何微先生得知，立即给王珏教授写了封短信，言及对我要严加管教，从为人到为文方面都应严格要求。1994年的秋天，何微先生在古都西安接待了康荫教授，并亲自陪他一道重访延安。在红色中华通讯社（新华社前身）、陕北新华广播电台（亦称延安新华广播电台）的旧址前，何微先生和康荫教授等又一次回忆起他们参加新闻工作时的那些炮火纷飞的峥嵘岁月。我于1996年底调到中国青年政治学院即中央团校任教。这年9月底应聘于此的新闻与传播系主任就是新华社的高级记者、中国新闻学院原教务长、教授徐占昆。徐占昆聘做系主任后要我做系的教学秘书，配合他和系副主任、系党总支副书记朱玲副教授搞建系，通过本科教学评价的工作。何微先生从我给他的信中得知情况后，也曾写信给徐占昆，信中再一次地抒写了他的老"新华"情感，而且一再嘱咐要对我管教和注意考核、认真使用。也就是在这一年的4月底，在陕西的学长们商量着要提前几个月给何微先生庆祝八十寿诞。我作为他的研究生弟子，也就应邀前往西安。这是我毕业后第一次见到我的导师何微先生。

2000年6月22日我读到当天的《参考消息》，头版上就有郭超人的遗像和21日关于他病逝的电讯报道。而我，面对郭超人的遗像和报道上的文字"各界人士今天上午挥泪送别中国共产党的优秀党员、新闻战线的优秀领导干部、著名记者、新华社社长"时，我的眼睛也很有些湿润了：别了，郭超人，我的湖北老乡！作为新闻学界的学人，我将永远怀念你著名记者的业绩。去年4月就已别了我的导师何微先生。何微老师，我不仅要永远缅怀您对我的教育和培养，我还要照您的榜样而致力于您所未竟的新闻学的学术研究。

何微先生作为著名的新闻工作者和新闻学教授、学者、专家，写下了数百万字的作品，除新闻作品、散杂文章之外，主要的是论文、编著和专著，但结集很少，即使成书，也是内部印行，没有正式出版。

郭超人作为著名记者和新闻单位领导，笔一直是很勤的，一共写下了数百万字的各类作品，当然以新闻作品居多，现已正式出版的作品集就有《向顶峰冲刺》《西藏十年间》《万里神州驯水记》《时代的回声》《非洲笔记》等，还有新闻论著《喉舌论》。这些作品集和尚未出版的新闻作品或讲话、文稿等，是郭超人留给我们学习、借鉴和研究的宝贵遗产。

（本文原载《何微新闻思想与实践》第147页至第152页，车英主编，武汉大学出版社2001年8月出版）

我心目中的何微

惠金义

何微，新闻界的一位老战士，又是我的长辈、老师。在30多年交往中，我们建立起深厚的师生情谊。在他离开我们的一年间，我和同学、朋友常常谈起他，他的音容笑貌时而在我的脑中浮现。他是我一生中最尊敬的人，他虽然不能再来到我们中间，但他给我们留下的宝贵精神财富，他的思想、品格、作风始终是我学习的榜样。

平易近人是何老的一大美德，在西北政法学院时，他是一位副院长，能够放下官架子，经常活动在教师、学生中间，常到教室里和学生攀谈，了解学生思想状况和教学意见。他分管新闻系，和新闻系的学生接触最多。在20世纪60年代，一个院级领导能直接和学生平等对话，那还是少有的。他还亲自登台讲课，他讲的英雄人物的写作，给我留下了深刻印象，为我以后的人物通讯写作奠定了基础。

由于他频繁出现在学生中间，许多学生认识他、敬重他。他曾告诉我发生在宜君车站的一件事。有一年他到宜君办事，办完后到车站坐车回西安。就在车站等车时，遇见一个年轻人。这位年轻人把他打量了又打量，问道："你是政法学院何院长吗？"他回答道："是，你是——"那位青年人顿时眉飞色舞说："我是哲学系的学生，你等着！"说完话，急匆匆地走了，不一会儿，扛着一口袋核桃气喘吁吁地来到他的面前说："你带上，我家就在这里，这里没什么好特产，就产些核桃！"他再三推让，那位青年人执意要送，一直把口袋送到车上。车开出很远了，那位青年还向他招手。何老谈起这件事，情绪很激动。他说，你看我连他的名字都叫不出来，他送我一口袋核桃！看他那说话的神情，很是过意不去。

1974 年何微先生担任陕西日报社总编辑，当时我在新华社陕西分社工作。他时而打电话叫我到他办公室聊聊，听取我对时局的看法。有时我们一起列席省委常委会时，他主动拉我坐在他身边。我说："怎敢和您老平起平坐呢？"他半开玩笑半认真地说："现在这场合我们是同志，不是师生，而且你是'中央'，我是'地方'。"听了他的话，我更不敢和他坐在一起了。因我知道何老在战争年代就任过新华社太岳分社的社长，中华人民共和国成立后又任过山西、北京、江苏新华社分社的社长。

1983 年我调到山西分社工作，在以后的 10 多年间，他几次回山西探亲，每次都要到我家里看看。最近几年，时兴贺年片，我们的贺年片还没有寄出，他的贺年片就先到了，我和李果都要激动一番，做学生的还没有向老师问候，反倒老师先问候学生，礼序颠倒，心里很是不安。

何老给我留下的另一个不可磨灭的印象是不屈不挠的敬业精神。他热爱新闻事业。战争年代他是著名记者，中华人民共和国成立后，他历任新华社三个分社社长，到了西北政法学院，致力于办新闻系，以后又在陕西日报社当了 8 年总编辑，调到陕西社会科学院后，又创办了新闻研究所，兼任首任所长。1984 年他年近七旬，按理他完全可以安度晚年，可他不顾亲朋好友的劝阻，离家只身南下，应聘为武汉大学的教授，开始了新的创业。在这里一干又是 8 年，在这 8 年中为把新闻系办成全国一流的新闻专业，他废寝忘食，呕心沥血，自编教材，亲自授课，并为培养出高素质的新闻人才提出许多创见性的意见。在这里他又办起了一所新闻研究所，广揽人才，开发了不少科研项目。他亲自带研究生，对新闻事业中的难点、热点展开了广泛的研究。由于他孜孜不倦地努力，写下了几百万字的论著，给我们留下了《新闻科学纲要》《中国新闻思想史》《中国新闻思想发展研究文集》等高难度、高水平的新闻著作，实现了他晚年的夙愿。

何老年过八旬，仍壮心不已，兴趣广泛。1997 年他回了一次老家山西祁县，参观了渠家大院、乔家大院，对晋商发生了兴趣。回到西安后，尽管身体每况愈下，心脏已安上了起搏器，但他研究晋商的念头仍然不灭。次年 5 月我在西安见到他时，他叫我收集晋商的材料，他还准备再回山西到祁县、太谷、平遥一带考察，总结晋商兴衰的历史经验教训，为发展现代商品经济服务。何老的这种工作热情，使我很受感动。谦虚是何老的又一美德，他是老革命，从不居功自傲，从不向我们夸耀。关于他的经历成就都是从他的战友、同事那里得知的。在他的八十寿诞和新闻思想研讨会上，大家讲了他不少好话，他听后坐不住了，站起来向大家抱拳致意，激动地说："大家过奖了，我没你们说得那么高，我只不过按党的教导尽自己的能力做了些有益的工作。"他享受副省级待遇，也不给我们说。一次他来山西住在分社招待所，那是夏季，房间闷热，又不能洗澡，我和李果想在外面找一家宾馆，他又不同意。当我得知他早就享受副省级待遇时，立刻与省委接待处联系，接待处把他安排在迎泽宾馆。我叫他搬去，他坚持不肯。他说，住在这里我与大家来往方便。我们奈他不得，只得依了他。

何老值得我们学习的地方很多、很多。我们将永远怀念他。

（惠金义系新华社山西分社机关党委原书记、高级记者。本文原载《何微新闻思想与实践》第 159 页至第 161 页，车英主编，武汉大学出版社 2001 年 8 月出版）

何微印象

李果

何微——我心中永远不能忘却的人。他虽是一位享有副省级待遇的高级领导干部，可是他博大的胸怀中，却有着一颗平民百姓的心，他严于律己、宽以待人的事迹，常被人们传颂和效仿。

何微是 1962 年秋到西北政法学院任副院长的。我是政法学院三年级的学生，于是我俩之间，就建立起师生关系。

记得他来政法学院任职时，正是我国遭受严重自然灾害的困难时期。为克服困难，西安正面临着院校调整，一些大学相互合并。1962 年放暑假时，政法学院决定，党史、哲学、政治经济学等系的二年级，放长假一年，新闻系原定四年本科毕业，改为三年专科毕业。

西北政法学院新闻系是 1960 年新成立的专业，只招收了这一届的 100 多名学生。听到新闻系由本科改专科的消息后，新闻系人心惶惶。暑假开学后，一些调干生，纷纷退学回原单位工作。就在这时，作为新闻界老前辈的何微同志，虽到任不久，但他展望我们国家发展的远大前途，预测到将来需要大量的新闻人才，他在调查研究的基础上，向有关领导部门建议，终于让仅有这一届学生的新闻系，按本科课程的要求，继续办了下来。果然如此，到1964年，我国经济形势好转，形势格外喜人，各项事业蓬勃发展，新闻专业人才颇受社会欢迎，仅我们西北政法学院新闻系79名毕业生，分别分配到新华社、人民日报社、大公报社、中国青年报社、中央人民广播电台以及省、地报社、广播电台和一些高等学府、部队等单位。随着时间的推移，这批新闻系毕业的学生，都成了这些新闻单位的业务骨干和领导干部。至今，每当人们谈起这件事时，都赞扬何微同志不愧为高级领导干部，对形势的发展，站得高、看得远。

我是何微的学生，1964年西北政法学院新闻系毕业后，分配至新华社山西分社当记者。何微同志曾是山西分社第一任社长，我到山西分社工作后，分社一些和何微在一起工作过的老同志，经常同我谈起他们同何微在一起相处时的情景。给我总的印象是：何微虽是社长，仍自己带头采访写稿，对同志常是言传身教。新华社著名记者莎荫曾对我说：我非常佩服何微，他自己业务能力很强，对我们这些年轻记者要求特别严格，有时一篇稿子，让你修改好几遍，甚至于你改不好稿子，急得都想哭，这时，他才把你叫到跟前，一句一句修改，直到满意为止。莎荫深有感触地说，严师出高徒，跟着何微干工作，受益真不少。著名记者杨义，谈起何微来真是滔滔不绝，从人品到工作，能谈出何微许多事来。我记忆最深的是，中华人民共和国成立初期，"镇反""三反""五反"等项工作搞得轰轰烈烈，何微让一位记者采写一篇反映加强无产阶级专政的稿子。这位记者写了一篇反映监狱管理工作的稿子。何微看后，觉得采访的事例说服力不强。稿子交不了差，这位记者先后三四次反复深入监狱采访，最后他选了一个例子：大意是中华人民共和国成立初期，为稳定社会秩序，严打犯罪分子，监狱作为无产阶级专政的工具，对犯人的监管政策、界限非常清楚。一个漆黑的夜晚，有一个犯人趁夜色越狱逃跑。值班狱警发现后，当即鸣枪警告。这个犯人不听警告，继续逃跑，就在他刚越过警戒线时，狱警便朝他开了一枪。这个犯人被击倒后，正好倒在警戒线外面……何微看了这篇稿子，感到满意。记者的脸上也露出了笑容。

在工作中，何微对同志们的业务要求严格；在生活上，对同志们十分关心。在山西分社，人们说起何微时，总爱夸他对同志是：严父式的要求，慈母般的爱护。他和大家打成一片，一起工作，一块吃饭，欢心地谈笑，畅快地娱乐，外人看不出谁是领导谁是记者。有一位记者曾告诉我说，他到分社当记者，年轻敢干，常同何微在一起闲谈说笑。有一次，他写的稿子交不了差，何微狠狠地把他训了一顿，让他把这篇稿子重新改写。他坐在办公桌前，埋头改稿，正值隆冬季节，太原地区气候很冷，取暖条件又不好，尽管寒夜很冷，但他也顾不得这些，只是埋头改稿。快到 12 点了，老何悄悄地走进他的办公室，站到他身后，把一件棉袄轻轻披到他的身上。他回头一看，老何手里还拿着一个烤热的窝窝头，放到他的桌子上，没说什么话，又轻手轻脚地走出了办公室。记者的心里热乎乎的，眼泪在眼圈里打转转。这位记者后来感慨地说，跟着这样的领导干工作，再苦再累咱也心甘情愿。这一件事虽然过去了几十年，但这位记者在同我谈起这段往事时仍很动情。听着他的叙述，我的眼眶也湿润了。"士为知己者死"，此时此刻我更体会到了它深刻的含义。

我到新华社后的 30 多年一直在山西分社，每逢去西安都要去看望何微院长，他常同我谈起他在山西分社工作时的情景，关心地询问起那些老同志的现状，从记者、通讯员到食堂的大师傅，他还能把这些人的名字一一叫出来。他谈的这些人中，有的早已离去，我虽不认识，但从他的谈话中，似乎对这些人也熟悉了好多。我同他谈话时，他已是年逾古稀的老人，但他仍对四五十年前的人和事记得那样清楚。我佩服他超人的记忆力，更钦佩他平易近人的作风。当我回到分社，向当年一些老同志叙述起何微关心这些人的情景时，当年的资料员李冰，如今已是白发老太太，特意对我说：老何这人真好，和咱们在一起，啥时也看不出他是领导来。李冰特意拿出一张 20 世纪 50 年代初何微的几个孩子的照片，激动地说：这是老何那时送给我的，老何这人，心中啥时都装着咱们的平民百姓！

（李果为新华社山西分社高级记者。本文原载《何微新闻思想与实践》第 162 页至第 165 页，车英主编，武汉大学出版社 2001 年 8 月出版）

忆老何同志

郭洁

去年 4 月初，老何同志病逝的噩耗传来，我即刻沉浸在万分悲痛之中。春节过后，我曾打电话到家里，说老何感冒住医院了，后来正想再打电话问候，却想不到竟永别了。

老何同志把毕生精力献给了我们党的新闻事业，他是备受我们尊敬和爱戴的老师和前辈，是领我走上新闻事业道路的良师益友。他对我慈父般的教诲，我将永远铭记在心，他永远活在我的心里。

缅怀往事，老何同志的音容笑貌又浮现在眼前。记得 1951 年夏季，我刚踏进新闻工作的门槛，来到新华社山西分社当见习记者的时候，何微同志是分社的社长。他对我们几个不到 20 岁的年轻人，是既严格要求，又倍加爱护。那时，我们初来乍到，对于新闻工作还是个十足的门外汉。老何几乎每天晚饭后都要到我们集体宿舍聊天，由浅入深地给我们讲新闻入门课。他是严师，但平易近人，没有大社长的架子。他来到我们中间，常常是谈笑风生，他的到来使我们的宿舍充满了生机。但他对我们的要求是严格的，他把我们的生活学习安排得十分紧张，我们要每天早上五点半起床，到山西日报社礼堂听中国近代史的讲课，冬夏如此，坚持了一年多。早饭后上班，学习采访或写稿。晚饭后学习山西省政府编辑出版的一个时期的山西政策汇编《山西政报》。老何经常告诫我们要懂得珍惜时间，晚饭后他是不让我们玩扑克牌的。他说要自己知道时间的宝贵，与其消磨在打扑克上，不如多读点书，最好是先学点党的政策。他说当新闻记者不学习党的政策是不行的。但是那些干巴巴的政策条文，对我们这些尚不懂实际工作的人来说，简直是枯燥极了，所以越学越困，两个眼皮直打架。但后来明白了，它确实是记者的本钱。

老何对我们的工作严格要求，对我们锻炼身体也非常重视。在分社不大的院子里，开辟了篮球场。分社还给我们制作了印有毛主席书写的"新华通讯社"五个字的背心，打起球来，分社是上至社长下至通讯员齐上阵，中午或星期天还经常与外单位举行篮球比赛等活动。机关有时也组织看电影，但不经常。总之，大家都觉得生活很有滋味，回忆起来，让人难以忘怀，从心眼里感谢老何对年轻人的培养和关怀。

在我的印象里，老何同志是个精力非常充沛的社会活动家。他精神矍铄，思维敏捷，嗓音洪亮。当时，分社除了我们几个新来的年轻人，有八九个记者，老何每天晚上把记者们写的稿子，用毛笔一篇篇修改好，直到凌晨一两点钟才睡觉，第二天把改好的稿子交给打字员打好发出。每天如此。每到星期日，老何就要忙着到外边去作时事报告了，在我的印象里，老何没有什么星期天。

老何对我们除了进行由浅入深的新闻基础知识的教育外，就是放手让我们到采访实践中去锻炼。记得 1951 年我到分社才一个多月，老何就派我同张瑾、莎荫下乡到山西解县农村采访了。那时，全国棉花严重短缺，供求矛盾突出，有的纺纱厂停产了。山西解县曲庄头村的植棉模范曲耀离，创造了平均亩产棉花的全国最高纪录，他把自己家积存的 300 斤棉花全部卖给国家，并发起在全国开展种爱国棉、售爱国棉的活动。我们来到曲耀离的家乡，及时报道了他售爱国棉的事迹，这对推动各地棉农多产棉、售好棉，缓解全国缺棉的状况起了一定作用。同时，根据曲耀离的口述，我们写了《曲耀离给毛主席的信》，通过他解放前后的亲身经历对比，说明新中国伟大、可爱，巩固工农联盟非常重要。当年国庆节，周总理请他到北京参加了国庆观礼，后被选为第一届全国人民代表大会的代表。回分社后，老何让我认真总结了这次采访的心得体会。第二年春天种棉花的时候，分社就派我一个人去曲耀离那儿采访了。

　　20世纪50年代，山西分社是全国分社中有名的重视调查研究、密切联系实际的分社，典型报道十分突出。总社曾奖给分社一面锦旗，上书10个大字："深入抓典型，认真写经验。"山西分社报道的典型人物和典型经验，工农商各行业都有。农村报道中，全国闻名的农业劳动模范李顺达、申纪兰和平顺县西沟的报道，陈永贵和大寨的报道，还有刘胡兰的报道等，都倾注着分社记者们的心血。50年代初，全国镇压反革命运动中，在解放前杀害刘胡兰烈士的凶手大胡子被揭发出来。山西文水县开公审大会，分社派我和莎荫前去采访，写了消息和通讯。因为毛主席当年写的"生的伟大，死的光荣"的题字在战争中丢失了，又请毛主席重新题写了这几个字送到文水县来，当时，我们正在文水县采访，把这件重要的事情写进了稿子里。老何对新记者的培养教育，着重放在采访实践中锻炼提高，通过调查研究和典型宣传，使记者的业务能力和水平得到提高。1952年春天，老何调离山西，到了北京，成了华北总分社副社长，后来是北京分社社长。有一次我到总分社送稿子，一进院子就听见老何的朗朗笑声。见到我，老何特别高兴。我是第一次进京，老何派了一位同志陪我逛了北京城，下班后坐着他的汽车又上街兜了一圈风。老何是我的同乡，更是我的前辈。记得我刚到分社时，老何在太原一家大饭店请我们几个吃饭，餐桌上摆的是好酒，我却说没有我们县的老白干好喝。老何说，你这个小鬼，思想太狭隘了，这是好酒啊！后来又给我们换成了汾酒。有一次机关聚餐，我说这肉没有我家乡的好吃，当然又让老何笑话我一顿。若干年后，同老何谈起我年轻时候的这些笑话，他开怀大笑，两人乐得前仰后合。

　　1984年，已近70岁高龄的老何，不畏南方的炎热，去武汉大学从事新闻教育研究。这期间，我曾两次陪他回太原搞调研，这对我来说是一次很好的学习机会。

　　记得在山西分社举行的一次座谈会上，老何针对当时社会上的思潮，讲了新闻工作联系实际、调查研究的问题。这是有关党的新闻工作的优良传统的大问题。山西分社曾以这个传统教育了一代人，培养了一代人。我从一个不懂得新闻工作的人成长为党的新闻工作者，就是在这个传统的教育下成长的。

　　近几年，老何来石家庄相聚，后来我又陪他回山西故乡游平遥古城，逛乔家大院，又同去五台山参观佛庙……我们在一起玩得那么惬意，又那么开心。我记得当他以

70多岁高龄爬上五台山最高的文殊寺台阶时，他简直像小孩一样兴高采烈。我们分享着他的欢乐。我们还曾相约，来年再相随外出旅游，可如今无法如愿了。

（作者曾先后在新华社山西分社、河北分社工作。本文原载《何微新闻思想与实践》第192页至第195页，车英主编，武汉大学出版社2001年8月出版）

永远怀念新闻大师何微先生

马蛟龙

今年是恩师何微先生一百周年诞辰。作为他的学生，抚今追昔，我倍加思念先生。

1960年，我考入西北政法学院新闻系，不久先生由北京调到西安担任西北政法学院副院长兼新闻系主任，并亲自为我们授课。当时西北政法学院开设新闻专业，是西北所有高等院校中唯一设置该专业的高校，目的是要为西北地区培养一批本科毕业的新闻人才。但初创之际，不仅没有现成的教材讲义，而且师资力量严重不足。幸运的是，何微先生1962年走马上任。他早在中华人民共和国成立前就是名记者，为解放区培训过新闻人才，中华人民共和国成立初在中国人民大学讲授过新闻学。先生到任后，不仅组织人员编写教材讲义、开设讲座，还为解决师资问题南北奔波。首先从复旦大学新闻系毕业生中选拔桑义燐、孙欣伟任教（均为著名新闻学家王中的高足）；又聘请人民大学著名新闻学家甘惜分、张隆栋、郑兴东来校授课，使西北政法学院新闻系成为师资实力颇为强大的一个专业。当时正值经济困难时期，全国高校院系处于调整压缩之中，西北政法学院一些专业也都放了长假。不少人提出要取消新闻专业或者改为三年专科，以减轻经费压力，一时人心惶惶。先生挺身而出，力排众议，不但将新闻系本科专业保留下来，并坚持按教学计划上完所有专业课程，使我们顺利地完成学业。1964年毕业后，我们这一级学生全部分配到中央和省、市新闻单位，成为当年中国新闻事业的一支骨干力量。

1978年，我结束了下放生涯，重新回到西安日报社（此时尚未改晚报）担任记者，而何微先生此时已调任《陕西日报》党委书记兼总编辑。由于同在西安市，我和同学们便经常去看望先生。次年5月，我们报社组织省党校部分学员召开了一个形势座谈会，并在会后头版头条大篇幅地作了报道。报道中对极"左"思想进行了尖锐批判，为贯彻落实十一届三中全会精神，进一步解放思想大造舆论。文章见报后，引起了省委第一书记马文瑞同志的高度重视，亲自打电话询问何微先生为什么《陕西日报》没有报道，先生随即电话问我："陕报记者谁去了？"我告诉他："座谈会是我们报社组织的，所以，没有邀请陕报来人。"先生将此情况如实回复马文瑞同志，马文瑞同志指示陕报要立即转载。次日，陕报在头版头条全文转载了这篇报道。对此，先生几次夸奖我："做得好，有新闻记者的敏感性。"此后，我与先生接触颇多，从而有幸多次聆听先生教诲，受益匪浅。其中有些事很值得一提。

一是先生一贯坚持新闻有学。中华人民共和国成立后在相当长时间内，由于受"阶级斗争为纲"的主导思想影响，自上而下认为报纸是无产阶级专政的工具，没有新闻专业知识的人也能当记者、编辑，否认新闻有其自身规律，错误地认为只要能配合政治宣传任务就可以办好报纸。也正是在"新闻无学"思想指导下，20世纪60年代初西北政法学院就要砍掉刚刚设立的新闻专业，先生力排众议，保留了这个专业。其实先生早在中华人民共和国成立前，就在解放区刊物上发表了一系列新闻学文章。80年代以来，中国新闻界思想解放，不同的新闻学术见解在交锋中时现糊涂观念。何先生不但写出《新闻研究纲要》一书，还主编了《中国新闻思想发展研究文集》，并先后执教于武汉大学、南京大学、浙江大学等，亲自授课和带研究生，培养了大批新闻人才。

二是先生名震中国新闻界，又平易近人，清正廉洁。他是一位副省级官员，但从不要分给他的大房子，直到去世都住在只有七八十平方米的居室里。他对新闻界发生的各种腐败行为，痛心疾首。20世纪90年代中期，我针对这些腐败行为和各种不良倾向，先后撰写了《是做党的喉舌，还是做钱的喉舌？》《传媒要和企业保持距离》《书记应该怎样管报纸？》等论述文章。每当在观点拿不准请教先生时，他总是首先认真通读，然后指点修改。比方对多篇文章中批评新闻界方方面面存在的严重腐败，投稿给新闻杂志时责任编辑颇多迟疑。我去请教何老，何老说："你写的这些问题是不是事实？"我说："存在的事实比我讲的还严重。"他说："那就不要怕，我认为可以发表。"我在全国首先公开提出传媒某种程度上变成了"钱的喉舌"就是在何老支持下，刊发于《新闻研究》，并被收入1997年《中国新闻年鉴》。这个看法，也为而后的事实所证明。先生多次谈到报纸要为人民服务，鼓励我要旗帜鲜明地从理论剖析新闻业出现的丑恶现象。有一次，何老在审阅《书记应该怎样管报纸？》一文时，感慨万分地说："党要求报纸和中央保持一致，从来没有人讲过报纸和地方党委书记保持一致。如果地方上书记能尊重新闻规律，能正确支持报纸，报纸就好办。但有时并不是这样，外行管你，只要你听话。你文中认为书记管报纸主要是管方向，而管好报纸最有效的办法是任命合格社长和总编辑。这观点是对的。"何老曾在全国做过调研，合格的总编辑有之，但不合格者也大有人在；认为任命既懂新闻理论，又懂新闻业务、作风正派的同志当总编辑，是书记管报纸最省力、最有效的科学方法。

三是为新闻事业鞠躬尽瘁，死而后已。先生辞世的前一年，西安市记协举办了一次新闻学术论文评比会。其间，想请先生出任评委，当时先生已83岁高龄，因病正在住院治疗。我们知道这是很辛苦的一件事，因为事先要一篇一篇审阅文章并作出评语，所以担心先生会婉辞，不料听我一说先生竟爽快地答应了。我们将78篇稿子交给先生，他在医院治疗中，每天将枕头垫在沙发背后，半坐半卧，一字一句地认真审阅，并为全部稿件写出评语。其认真负责之态度，不亚于当年在总编辑任上。到开会时，先生也欣然带病出席。事后，我去看望并向恩师致谢，先生却说："不用谢，我自己就想这么做，我自知时日无多，总想为新闻事业发展多做点事。"又说："近年来新闻队伍急剧膨胀，总体素质不高，不少编辑记者甚至总编理论水平、业务水平都很低。这次通过这78篇文章也可以看出这一点。我已经不能做事了，只期望各个新闻单位都能重视这一现状。狠抓队伍建设，抓理论学习和业务培训，提高新闻工作者的素质，这样才能提高报纸的质量。"

（作者系西安日报社高级记者、有突出贡献专家。本文写于2016年1月。原载《西部学刊》2016年4月下半月刊第47页至第53页）

二、新闻教育家何微

何微新闻教育思想与实践

车英

何微教授在武汉大学任教的 8 年，是他新闻教育思想成熟和实践的 8 年。

在这 8 年中，在风景如画的武汉大学校园里，每当第三节课下课铃响过之后的半个小时左右，人们总是看到何老满身粉笔灰，左手提着讲义包，右手端着一个用酱菜瓶改做的茶杯。茶杯因使用了多年，瓶盖不严，茶水也就随着人体行走的晃动不时地从瓶口溢出，滴在他那灰色的中山装上与粉笔灰搅和，形成了白色的斑点。尽管连续三个小时的课堂授课使得年过古稀的何老有些疲惫，但他还是迈着矫健的步伐走着……回到家里，"超载"过重的他，一屁股便坐在沙发上休息片刻，顾不上拍打自己身上的粉笔灰，又当起了"大师傅"——洗菜做饭。一餐非常简便的午饭之后，他又总是站在毛主席词《采桑子·重阳》书法立轴前，嘴里不时地在默读着："人生易老天难老，岁岁重阳。今又重阳，战地黄花分外香。"无穷的精神力量似乎使他一下子缓解了整整一上午的疲劳，他没有休息，健步走进书房，在堆着书刊报纸的书桌前坐下，孜孜不倦又不失时机地进行着中国新闻学理论和新闻教育学理论的研究与探索。

然而在武汉大学，一提起何微教授的名字，不少人便在自己的头脑里产生至少一个难以理解的疑问：何微，何为呢？偌大的年龄，偌高的资格，偌深的学识，偌长的经历，离开夫人来到武汉大学当个小小的新闻学研究所的所长，何苦来哉！

是的，何微教授的思想是很多人不可思议的。然而，每当何老听到这样的提问，他总先是摇摇头，哈哈一笑，而后一板一眼地回答说："我来武大，一不为官，二不为名，三不为利，更有甚者，是'赔了夫人又折兵'啊！但我为的是把武大新闻系办成全国第一流的新闻系，为的是把我们的学生个个都培养成社会主义革命和建设事业的合格新闻人才。"以笔者肤浅之见，何老的以上所言（笔者归纳为何微的"两为三不为"），实际上就是他新闻教育思想的精髓所在。

左图为何微教授（左）与学生车英；右图为何微给车英的题词

　　其实，何老之"办好新闻教育"和"培养出合格新闻人才"是他早已付诸实践的思想。前述之新闻思想也是何微新闻教育思想内容的组成部分。早在1954年至1956年他任新华通讯社北京分社社长之时（甚至还可以追溯到1946年他任太岳分社社长之时，本文前面已做了阐述，其新闻教育思想就已成雏形），他就为中国人民大学、北京大学和中国青年报社新闻训练班开设过"新闻采访与写作"讲座课程。1962年他调任西北政法学院副院长之时，毅然放弃了中宣部要他主编《宁夏日报》的机会，为中国西部建立第一个新闻系而奔忙。在此期间，他亲自主持编写教材，执鞭授课。等他1964年将辛苦培养的第一批新闻学毕业生送出校门之后，这种艰苦而愉快的创业生活却中断了。

　　1983年，何老又重操旧业，继续对新闻教育学进行研究。他总结了以往新闻教育中正反两个方面的经验，结合中国实际，发表了《面向未来改革新闻教育》一文。他在文章中指出：新闻教育应面向未来，要根据时代的要求和特点，在课程设置上，应增加一些"有新内容、能适应未来需要"的课程，如新闻管理学、微电子新闻学、比较新闻学、中国新闻思想发展史学等。

　　要办好新闻教育，何微认为，其关键在于抓好师资力量的培养工作，需要一批"名师"，进而促使"名师出高徒"。关于师资培养问题，他指出应在确立"坚定正确的政治方向"的基础上，大力补充新的知识，"由于学科间的互相渗透和结合"，新闻学专业教师原有的"知识结构远远不能适应这种新趋势，因为老知识培养不出能够适应未来的新闻人才"。

办好新闻教育的第二个关键就是抓好新闻专业学生的培养，这是"面向未来改革新闻教育"之目的所在。对此，何微大体归结有二："一、培养学生具有为社会主义现代化服务的创造精神和综合性判断能力；二、学习成绩卓著，知识直接接近现代化要求，将来能成为促进新闻事业发展的领导力量。"在此基础上，何微进一步提出"我们应以政治家和社会活动家的标准要求新闻专业的学生。今后新闻专业的毕业生要有较高的马克思主义素质，有驾驭全局的能力，思维敏捷，知识储备充足，写作技能娴熟，能直接阅读外文报刊"等。

以上这些可以初步概括为何微当时的新闻教育思想，而且也是当前办好新闻教育的关键。换言之，这些也是党现阶段的教育思想即邓小平同志所提出的我国教育应"面向世界、面向未来、面向现代化"在何微新闻教育思想中的集中体现，对于我国新闻教育实践具有重要的指导意义。自何微进入武大任教之后，由于更直接地接触了教学实际，从而使其新闻教育思想有了一次较大的飞跃和进一步的深化。然而，情况是复杂的。

1984年9月，他在武汉大学校长刘道玉教授主持召开的党政领导和教务、人事、设备、科研等处处长及新闻系负责人一起参加的联席会议上提出了"办好新闻教育"的六点意见：一是要花大气力把武大新闻系办成全国第一流的新闻系，坚决按照新闻教育规律进行教学，切莫把武大新闻系办成第二个中文系，更反对仅满足于开上几门课或新设某种专业这种疲疲沓沓的"维持会"作风。二是提出新闻系要创造条件开办微电子新闻学（今日之"网络新闻学"）专业，广播电视专业要创造条件开办广播电视编导与主持专业。三是要建立一个点，即硕士学位授予点和博士学位授予点；他还提出新闻系应在正常招生的同时，实行"双学位制"，尽快培养出一专多能的合格新闻人才（何微教授是在中国地域内第一个从理论上阐述新闻教育采用"双学位制"之人——笔者注）。在这次会议上，何老举了这样一个例子：法新社要求它的记者至少具有两个学士学位，至少懂得两门外国语。何微指出：做新闻工作，知识面太窄是没有好处的！我们新办新闻系更应办出自己的特色来。四是新闻学研究应面向未来，新闻教育更应面向未来。因此，在对新闻学原有三大块进行研究与教学的同时，应建立几门新闻学的新学科，如新闻管理学、比较新闻传播学，尤其应重视微电子新闻学的研究与教学。五是要新闻系与新闻学研究所联合创办一种新闻学术期刊，让教师、学生的科研水平得到充分发挥，并使之影响全国。六是要在新闻学研究所建立新闻文献资料分析与检索系统，建立图书管理、资料管理、电脑数据、信息传播研究四结合的智据科学，运用电传及计算机进行信息储存、分析与检索，成为现代化的新闻学研究机构。

何微教授的这六点办学思想当即受到与会各位领导同志的赞许。十多年来，何老的新闻教育思想，尽管经历了风风雨雨，如今在武汉大学新闻与传播学院这块"试验田"里逐步地实现着。但曾几何时，有的同志提出要"打破新闻教育规律""扬自己中文之长、避新闻之短"的意见，新闻系窦时间便出现了"以文代新"（文即文学，新即新闻——笔者注）、"以文挤新"的倾向，致使相当数量的新闻系学生产生了不愿当记者而愿当作家的思想。对此，何微教授认为：这种"危机"的出现是办系指导思想严重失误所造成的，而不仅仅是个办系方法不当的问题。他勇敢地站出来，提出了严重警告，从而帮助了那些涉世不深、经验尚欠丰富的同志端正了办系的思想和认识。

何老的教学任务是够重的，年过七旬的老人亲自上课执教，并且课时如此之多，在武汉大学校园里，确实很难找到第二个。何老除带好自己的研究生外，还要给本科生和干修生上课。而且，授课地点离他的住地很远，一般人步行需得半个小时左右，年迈的何老总是提前一个小时从家里出发。不管是刮风下雨，还是冰天雪地，何老上课无一次迟到过。他执教认真、一丝不苟，深受学生们的爱戴和尊敬。在课堂上，他以扎实的功夫和丰富的内容，再加上洪亮的声调和生动有趣的语言，不时地引起阵阵掌声和笑声。

何微教授总是身体力行，用自己的新闻教育思想直接指导新闻教学实践，并且善于合理地运用启发式教学法。他通常选择某个共同关心的专题由学生们自由探讨，而自己作为其中普通一分子参加讨论，有时甚至为一个颇为敏感的问题进行一些颇有意义的论争。一些涉世颇浅的学生（其中也有当过几年记者的干修生）向何老的新闻理论提出挑战，何老也总是让他们把意见充分发表出来，然后引导学生进行分析研究，并结合自己的新闻思想和成长经历，引导学生共同找到正确的答案。何老虽然年事已高，但教学方法不断更新。他在长期的教学实践中总结出了一套颇为有效的教学方法。不仅如此，何老还十分关心每个学生的思想和生活，关心他们的成长，以其"教书"又"育人"的师长之举，赢得了学生们的尊敬。

综上所述，何微的新闻教育思想及其实践，以及为之实现所付出的艰辛和所承受的困难，对于包括年轻同志在内的一般人来说，都是无法承受和很难理解的。然而，我们的何老毕竟走过来了。他总是不时地在提醒着自己：以后的时间对我来说已经不太多了，决不能以任何借口虚度宝贵岁月。是啊，我们的何微教授正是这样不断地鞭策着自己：活到老，学到老；生命不息，探索不止！

1989 年 11 月 28 日初稿于武汉大学淘石山房

1993 年 5 月 18 日修改于武汉大学淘石山房

（本文原载《何微新闻思想与实践》第 69 页至第 74 页，车英主编，武汉大学出版社 2001 年 8 月出版）

"西北何"——何微教授

桑义燐

何老离开我们快两年了。我总觉得他并没有走，还生活在我们中间。每每遇到疑难，就想到何老。常常习惯性地拿起电话……然而，他去了，这是无法改变的现实。于是怆然坐下，闭上眼睛，任由痛楚的思绪去追索他那风云漫漫的人生。在太行山上，在黄河上下，在大江南北，在终南山中，在东湖之滨，在战斗、在写作、在上课、在研究。何老那清澈的面容、瘦弱的身影，浮现在脑海，那爽朗清澈的、略带沙音的声调，殷殷在耳。是的，何老没有走，他的思想、他的学术理念、他的思维方式、他的高风亮节，永远活在我们心中，永远闪烁着绚丽的光彩。

何老是新闻界前辈，是我学术上的导师、工作中的领导、生活中的挚友。我们在一起工作、生活了 30 多年。44 年前，在南京我拜识何微同志。那时他是新华社江苏分社社长，我是复旦大学新闻系的实习生。大概我俩有缘，我毕业后与他殊途同归。1962 年何微平反后从北京调任西北政法学院副院长，兼新闻系主任。我 1961 年从青海调政法学院新闻系任教。从此，我开始在何微领导下工作。

何老一生的贡献是丰富的、辉煌的。60 多年的新闻生涯，留下了数百万字的新闻作品。作为专家教授，他完成了具有填补空白和创新意义的《新闻科学纲要》和《中国新闻思想发展研究文集》两部书稿，达 500 多万字，丰富和发展了马克思主义新闻学。作为新闻教育家，他新颖的新闻人生观和独树一帜的学术论文，为造就现代新闻人才绘出了蓝图。何老的成就将永垂青史。

何老的道路是曲折坎坷而又慷慨悲壮、耐人寻味的。何老的道路是一位在半封建半殖民地社会生、在革命风雨中长的中国知识分子走向革命，成为专家学者的道路。关于何老的业绩，不少文章中已经写到了，我不再重复。下面就我所亲历的、何老亲口告诉我的、尚不为人知的几件事追记于下。从这些生活故事中，也许更能体现何老的高尚品德。

（一）石冷与"秦中随笔"

何微 1962 年来西北政法学院之后，曾用笔名"石冷"在《西安晚报》上辟专栏"秦中随笔"，连续发表 20 多篇文章。就是这组"随笔"，在"运动"中招致一场劫难。在当时"左"风劲吹的环境下他为什么写"随笔"呢？值得寻味。

自从 20 世纪 50 年代末期之后，报刊上杂文、随笔之类的文章越来越少了。人们担心招来"讽喻""影射"的麻烦，封笔不写了。当时，除了上海的林放，北京的邓拓、吴晗等在写之外，引人注目的就是西安的石冷了。这组随笔，在我看来，应在何老一生中占有重要的位置，因为这是何老的心声，是高尚情操的写照。

这件事发生在 38 年前，要说清楚，需要交代一点儿历史背景。

由于何微对 1958 年"大跃进"和"浮夸风"，讲了不同看法，说了真话，1959 年他作为反对"三面红旗"（总路线、"大跃进"、人民公社）的人被批判，并下放到秦岭山中的一个小山村当生产队队长，劳动改造。1962 年，他平反了，被重新安排工作来政法学院上班。到政法学院之后，他给人的印象是沉默寡言。不过，我们新闻系的教师不这样看。

何院长晚饭后常来新闻系资料室和我们一起看报、谈心，研究问题。我们边看报，边议论，海阔天空，随心所欲。天长日久，这种不约而同的、自发式的读报聚会，实际上成了一个沙龙式的自由论坛。我们发现何微院长是一位热诚、爽直、坦率、健谈、乐于助人，而且思想锐敏、才华横溢的人。经过一段交往，相互关系渐渐发生了变化，以前那领导与被领导之间的拘谨和戒备消除了。一种新的同事、朋友、知音者、带头人之间的信任、温馨和谐的关系慢慢建立起来，消除了过去运动中形成的那种人人自危的恐惧和紧张。工作上何微院长喜欢开诚布公，有事同大家商量；科研上，在我们这个小天地里，一直洋溢着民主气氛。不论京派、海派、南派、北派，国内国外，各种新闻观点，都可以探讨、争鸣。在这里，学术观点，从来也未统一过，但从未有人"抓辫子""打棍子"。我们之间的关系，也从未因为学术观点的不同受到影响。

大概在 1962 年冬天一个雪花飞舞的夜晚，我们像往常一样陆续来到系资料室读报、聊天。突然一位老师像发现了新奇的东西一样叫了起来："快来看，这石冷，何许人也？"说着将一张报纸平摊在大阅览桌上。我过去一看，是当天的《西安晚报》，在副刊上新设一个专栏，名曰"秦中随笔"，今天刊登了第一篇随笔，署名"石冷"。内容是批鬼戏，倡导破除迷信、独立思考、实事求是精神的。针对性、现实性都很强，矛头直指极"左"思潮。文笔犀利，精粹简短，语言委婉，但稍思顿悟。我们为作者秉笔直书的勇气所折服。如果没有敢冒天下之大不韪的精神，是断然写不出此等随笔的。作者，勇士也！

那么，谁是石冷？我将文章看了两遍，论观点，看文风，分析文章的思路，均似曾相识。我猜想十之八九出自何院长之手。他在我们的沙龙里讲过文中的观点。一位老师看后一拍桌子蛮有把握地说："我看非何院长莫属。"话音刚落，何院长推门进来："什么非我莫属？"大家请何院长解惑，有人将报纸推向他。

何院长说："大家看过了。这个专栏是受袁总编之约开设的。一是盛情难却，二是本性难移，看来还得写下去。"一位老师不无担心地说："何院长，您这样写风险是很大的呀！您不看报上还在高喊'誓死捍卫（三面红旗）''继续大跃进'吗？您却大声疾呼，破除迷信，不信鬼，实事求是，讲求科学，这不是对着干吗？"何院长向他拱手致谢。他理解这位老师的关爱，也理解这位老师的言下之意：刚刚平反，全家刚刚团聚古城，难道磨难还没受够吗？为什么明知山有虎，偏向虎山行呢？

何院长温和而严肃地说："说真话，讲真理，坚持实事求是，总是有风险的。这样的例子历史上有千千万万。不过，随笔就是随笔呀，它像杂文一样，是犀利的战斗武器，既然拿起这一武器，就得面对现实，面对人生，坚持真理，弘扬正气，匡正时弊，不怕风险。鲁迅先生就是这样，将生死置之度外，就是一种人生观。"何院长停了一下，接着说："作风派最安全。东风来了东风派，西风来了西风派，靠出卖灵魂过日子，不会有什么风险。这又是一种人生哲学。"何院长表示："大不了我再当一次生产队队长。"这话掷地有声，不免令人肃然起敬。

有位老师问："为什么取笔名'石冷'呢？其内涵是什么？"何院长笑而不语。于是我们七嘴八舌地猜测着："是抛砖引玉。"何院长摇头。最后他风趣地说："没有什么含义，'条件反射'而已。石头者又冷又硬，顽固不化之谓也。"从这耐人寻味的语言里，我们进一步感受到了何微同志美好的心灵和崇高的人格。就是这种秉性和强烈的使命感使他义无反顾地写下去。

果然不出所料，在随后爆发的运动中，"秦中随笔"成了"大毒草"。在邓拓、吴晗、廖沫沙三同志的杂文《三家村夜话》被打成反党反社会主义"大毒草"之后，石冷、傅庚生（西大教授）、霍松林（陕西师大教授）被打成西安的"三家村"，遭到批判。

"秦中随笔"是闪闪发光的，它不仅是战斗的檄文，也是作者的人格宣言。

（二）在激流旋涡之中

1964年春天，好久没来读报的何院长突然来了，讲了两件事：一是将他的课调后，最近要去参加省里的理论学习班，回校后还要办校内的学习班，没有工夫上课；二是告诉大家"四清"即将开始，请大家关注报纸，认真学好"四清"文件。他补充说：高校的教职工也要参加"四清"工作团，接受锻炼。他用"山雨欲来风满楼"的诗句来概括当时的国内形势。

从何院长严肃的神态、满脸的倦容，我们意识到一场新的暴风骤雨就要来临了。这次来，何院长没像往常那样，结合读报、评报、谈感受向我们传递内外信息，传达上头精神，透露某些"花边新闻"，使我们保持清醒的头脑。回想起来，何院长这次来系里，是于百忙中抽时间专门过来打招呼的。当时他对时局、对党内斗争，已经感到"风满楼"了。在暴风雨来临之前，出于对我们这些年轻人的关爱，对下级、对朋友的友善和热诚，特意赶来叮嘱几句，希望我们好自为之。

由于新闻系撤销，教师随之解散。何院长调去参加"四清"，我留政法学院工作，1965年去陕北参加"四清"，从此很少再见面。运动爆发之后，我是在铺天盖地的大字报中，得知何院长进了"牛棚"，成了"罪人"。根据是他在1964年理论学习班上的发言。说他借口"要系统、完整地学习马列主义、毛泽东思想"，反对"急用先学、立竿见影"语录式的学习方法。我完全明白了。何院长出于爱护我们，不让在外面议论，他自己却在正式会议上讲了自己的观点。这是什么精神！我们知道，他那刚直、宁折不弯的人品和实事求是的科学作风，使他在任何场合下都不可能韬光养晦、隐匿自己的观点。为了坚持真理，前面是火海他也会跳下去的。

事后聊天时我曾问他，当时一切是那么明朗化了，您为什么还是那么直言不讳、不考虑后果呢？何老说："的确是很危险的，'帽子'那么大，定性那么高……其实，我并不是硬往枪口上碰。这是一位老革命者、共产党员应有的权利和良好心愿。把这些拿到运动中那就是另一回事了。那是黑白颠倒的时期。"这就是旋涡中的何微同志！

（三）何微与王中、甘惜分——新闻学界"三剑客"

武汉大学教授何微、复旦大学教授王中、中国人民大学教授甘惜分，是我国著名的、有广泛影响的新闻专家学者。由于学术上各怀绝技，自成一家。几十年来三人论争不止，势均力敌，不分上下，人们称之为新闻学界"三剑客"。

三人有许多共同点：都是"五四"时期生、革命风暴中长，都是20世纪30

年代参加革命投奔解放区的知识青年。王中年长两岁（1914 年生），何、甘同庚。三人都是在抗日战争、解放战争中成长起来的优秀新闻工作者。中华人民共和国成立后，三人都是边当记者边研究理论，既是经验丰富的新闻实践家，又是成果累累的新闻学家。三人在老之将至时，着力研究马克思主义新闻理论，陆续进入高等学府：王中到了复旦大学，甘惜分先后到了北京大学和中国人民大学，何微先后到了西北政法学院和武汉大学。

三人在学术上独树一帜，都有创新突破，为我国马克思主义新闻学建设，作出了开创性的贡献。王中教授的《新闻学原理大纲》是中华人民共和国成立后第一部新闻学理论专著，他的传媒"两重性"的理论，震动了新闻学界。甘惜分教授的《新闻理论基础》和关于新闻传播体制的创见，推动了我国新闻改革和发展。何微教授的《新闻科学纲要》进一步规范了我国的新闻实践，他的《中国新闻思想发展研究文集》填补了我国新闻学的空白。

三人的个性、风格、思维方式也极近似。这从他们 80 多年的沧桑人生、60 年的记者生涯中看得一清二楚：为人刚强正直、实事求是，敢于追求真理、坚持真理。即使是形势严峻、"黑云压城"，依然壮志不堕、秉笔直书、直言不讳。他们具有新闻的敏感和智慧，富于创新思维，写报道、搞科研，总是力求创新突破，不甘于平淡。他们的新闻报道、理论文章、学术专著，无不闪烁着创新精神的光辉。这些共同点，大概是因为他们道路相同、信仰一样、方向一致、社会环境相仿形成的。这种近似的秉性，在那"左"风劲吹、是非颠倒、社会动荡的时期，三人无一例外地遭遇到种种磨难，是改革开放把他们解放出来，使之重新焕发出绚丽的光彩。

我有幸结识了三位前辈。王中教授是我 20 世纪 50 年代在复旦大学新闻系读书时的老师，学术上我是王中理论的信徒。甘惜分教授是 1962 年请来西北政法学院讲学时拜识的，甘老师的两门课我都听了，深受教益，30 多年来我经常请教，过往甚密。何微教授是我的导师，又是我的领导。我们一起工作，相处 30 多年，是患难与共的挚友。这次出书纪念何老，我想就我亲历的、尚不为人所知的几件事告诉大家，并深切地悼念何老和王中老师。

（四）在王中教授家里"论剑"

改革开放伊始，何微同志正忙碌在《陕西日报》总编辑的岗位上。虽然年近古稀，仍然壮心不已，抓科研、办教育，大力提高新闻队伍素质。在他的极力倡导下，成立了陕西省新闻研究所，创办了"文革"以后全国第一家新闻学术大型月刊《新闻研究》，另外还同省委宣传部合作开办了新闻干部培训班。何老在超负荷地运转着，在努力挽回运动中失去的年华，为改革开放多做些奉献。

大概是1981年春天，何老约我一起到外地考察访问，准备先去上海，然后再去沿海其他地方，做一番调查访问，从理论和实践上弄清几个问题，才谈得上正确的新闻改革。正如何老所说："理论上的无知，必然是实践上的低能。"

我们先到了上海，访问了三大报：《解放日报》《文汇报》和《新民晚报》，分别专访了四位老总：王维、徐铸成、马达、赵超构。这几位著名专家深刻地剖析了我国报业的现状、问题和改革发展的前景，提出了许多卓越见解，收获颇丰，感受良多。之后，我们到复旦大学登门拜访了王中教授。

这两位"争吵"了几十年的对手见面，我总有些担心。王老师的脾气我了解，生怕发生些不愉快的事。我向何老流露出这种担心，意思是说，一旦发生千万不要往心里去。何老满不在乎地说："发生就发生吧，你呀，太不了解你的老师了。"我还是放心不下，出发前，我特意给王老写了封信，意思很清楚：何老登门拜访，良好心愿可鉴，您千万不要把人家弄得下不来台。去拜访之前，我打前站先去王老师家，以防万一。

王中老师很理解我的担心，说他们是老朋友、老相识，学术上是争鸣对手，生活上是朋友，欢迎他来，我正想找他深入谈谈。接着他问我毕业后20多年是怎么过的，你这个"王中信徒"与何微同志相处得怎么样。我一一做了回答。他突然问我："你出卖'灵魂'了吗？"我愕然，我震惊。此话出自老师之口更不好理解。脑海里翻江倒海、电闪雷鸣，觉得人格受到了莫大的侮辱。我深知老师讲话风趣、幽默，喜欢开玩笑，这可不是一般的风趣和玩笑。是有人在老师跟前讲我什么了，还是老师觉得这些年我变了，不再是当年的"王中信徒"了。老师呀，老师，我的文章、我的书，不就是明证吗？为什么提这种问题呢？王老师抽出一支烟点燃，深深吸了一口，温和地说："这个问题一定要回答我。"他的话语好像一道闪光，使我一下子明白了。老师提出这个问题是有道理的。我回答说："灵魂总是要'出卖'一点的。"他马上接过去："回答得好！那么，'出卖'多少呢？"穷追猛打，咄咄逼人。我的确被考住了，答不上来。老师说："一时答不上，可以想一想再答。"他端起茶杯，那神气同25年前他口试我时一模一样。我答完了，他说都答对了，可是只能得4分（5级分制），因为没有独立思考，没有创新。再提一个问题，答对了给你5分。他提出问题，我即席回答，他插话反诘，逼着我同他争辩。在辩论中艰难地结束了口试。这次考试令我刻骨铭心，后来我将这次提问衍生成一篇论文《客观报道与主观倾向》，发表后还得了奖。

而今是1981年，是老师对我的又一次考试。王老师见我答出来，风趣地说："我告诉你吧，'出卖'多了就失去人格，臭名远扬。'出卖'少了，不顶用，不足以自保。这'一点'是多少呢？够换饭吃就行了。"老师的良苦用心我完全理解了。他是说，一个人要生活，要完成自己的抱负，就要学会适应环境，因地制宜地为自己安排一条符合实际的切实可行的路。要善于自我保护。要学张良而不要学韩信，要学孙武而不要学孙膑。不然的话，就像他一样，先批倒批臭，后撤职下放到豆腐房劳动，饭碗没有了，还能完成抱负吗？

当然，老师也需要知道他这位信徒和门生这些年来的生活工作情况。他知道我毕业后20多年来，一直在何微同志领导下从事教学、研究工作，且受到器重。他的这位信徒是怎样与何微合作的呢？是否为了自保"出卖"原则呢？还是不是"王中信徒"呢？我告诉王老师说，何微同志在教学和科研方面非常民主，从不要求在教学和科研方面统一学术观点。我们之间有共识也有歧见，从未因为学术见解不同而另眼相看。我告诉老师，我的观点有所发展变化，但是"根"仍在复旦，是在原有新闻理论基础上的拓展。我依然是"王中信徒"，有论著为证。我也告诉老师，我和何微同志的交谊与合作，不需以"出卖"灵魂为代价而求统一。相反，我俩相互尊重，求同存异，抱着实事求是、共同探索真理的精神和睦相处。我们的学术观点从未统一过。王中老师听后说他不是这个意思，说我的文章和书他都看过，说我依然是"王中信徒"。

第二天，我陪何微同志到复旦大学拜访王中老师。这是一次历史性的重要会见，是两位权威、两位系统研究新闻学的专家学者的会见，是两位论争对手在历史转折时期的会见。这不仅仅是个人之间的交换意见，实际上是两大新闻流派——京派与海派的交换意见。会见气氛亲切、热烈，我的担心完全是"杞人忧天"。

据我所知，这次会见可以说是两人的共同愿望。他俩都强烈地感受到新闻事业改革和现代化需要有正确的理论作指导，改革的方向要正确，改革的思路和举措要符合科学。长期的"新闻无学"的错误观念严重地阻碍着我国马克思主义新闻学的建设，导致新闻学界观念混乱。这种状况不能再延续下去了。应当尽快创建我们自己的马克思主义新闻学理论，指导新闻改革和现代化健康发展，是时代、是新闻改革的使命使他们两人走到一起来了。

何微同志先从回顾开始，剖析我国新闻科学的发展状况。他说，从20世纪50年代开始的新闻学术论争，是西方建立在私有制的、垄断的市场经济基础上的新闻理念与我国建立在公有制的、指令性的计划经济基础上的新闻理念之争，是右的和"左"的新闻理念之争。各说各的理，都认为自己代表真理。从60年代末70年代初，萌发了新闻学的新学派，认为右的不能接受，"左"的又不科学，因此，既学习西方先进的东西，又要继承我国优良民族传统，创建有中国特色的社会主义新闻学派。

这一学派在党的十一届三中全会之后迅速腾飞，已成为我国新闻学之主流学派。我们应当是这一学派的开拓者。我们之间的分歧是学术上的分歧，我们之间的论争是主流派之间的学术论争，是完全正常的。

王中老师谈到"三剑客"论争的实质时，先阐述了他的基本观点。他认为新闻传播是传播新闻信息的舆论工具，具有两重性：其一是通过传播新闻信息，为群众提供信息服务，同时反映舆论、引导舆论，促进社会发展。这一特性决定传媒业是上层建筑的一部分。其二是新闻传播的流程，是新闻传播品的生产和社会发行的过程，是产业化生产、市场化经营的过程。因此，新闻传媒又是一种产业，具有经济功能，这一特性决定它又是经济基础的一部分。

新闻传媒具有两重性：既是社会舆论工具又是一种产业，既具有社会效益又有经济效益。

何微同志表示同意王老师的学术观点。他说他的新闻观念在这些年来有所发展。在计划经济时期，新闻只讲社会效益，忌谈经济效益。改革开放、发展市场经济以来，他才认真研究传媒的产业性、企业性和经济效益。事实证明，他认为王中教授的"两重性"观点是正确的。其实，承认传媒的产业性并不否认传媒的阶级性、党性和舆论工具性。过去批评"两重性"批错了。

何微同志说：我们"争吵"了几十年，分歧是有的，但不像新闻界说得那么严重。我最近仔细地阅读了您的文章，觉得有些分歧是由于知己不知彼、只看表面而不看实质、无限上纲所致。比如，您在阐述"两重性"和"社会需要论"的文章中，没有一处是否定传媒的阶级性、党性、舆论导向性的。批评者往往断章取义，根据主观推理，将一些指责加在您的头上。我是说，随着经济的发展、科学的进步，我们新闻理念也在不断发展。我们的分歧，我发现不是越来越大，而是日益接近了。有些已经取得共识。虽然表述上不尽一致，解释起来就合流统一了。然而，即使过去是正确的，随着社会环境的变化，时过境迁，如不改革创新，就是错的了。

王中老师对何微同志的一席话十分赞赏，他认为学术分歧什么时候都有。百家争鸣，百花齐放，争鸣辩论，是为了追求真理、消除谬误，最后求得统一。如果暂时统一不了，那是条件不成熟，比如新闻传媒的起源问题、新闻与宣传的关系等，那就求同存异，继续研究。

王中老师认为目前形势很好。国家改革开放，发展经济，建设"四化"，百废俱兴，新闻事业面临严峻的挑战。"我国新闻事业太滞后了，需要花大气力改革，才能迎头赶上。"令人担心的仍然是理论的贫困。他认为关键是还未形成一个正确的、现代化的、符合我国国情的改革思路和对策。一方面是"新闻无学"，另一方面是学术思想混乱。对于新闻改革心中无数，要么"摸着石头过河"，走一步算一步；要么用西方新闻理念指手画脚地来套我国的现实，行得通吗？当务之急是建立我们自己的新闻理论。他渴望与何微同志见面，是想商量这个问题。他说，他计划自今年起，花两年的时间重写出版他的《新闻学原理大纲》，尽快抛出一块"砖头"，以引起讨论、争鸣，促进我国新闻学的建设。在这本书中，他准备专讲原理，应用理论专门写一本。"学"与"术"分开讲。说到这里他摇动着手杖说："你看我这身体，看来壮志难酬啊！"

何微同志激动地站起来，走到王老师面前安慰说："您太悲观了。您就是走动不大灵便，我看您的气色很好。何况您手下有那么多精兵强将。"他接着说，他们想到一起了。没有正确的理论指导，何谈新闻改革！不懂中国国情，对中国特色无知，何谈创建有中国特色的新闻事业！他告诉王中教授，他正在撰写的《新闻科学纲要》不日即可脱稿。他还告诉王中教授，他要花十年工夫完成一项大工程——《中国新闻思想发展研究文集》一书。他说："我们堂堂中华，还没有这部历史。复旦、人大力量雄厚，但没人做。一些人不大愿意在这一课题上投入力量，因为见成果较慢。现在看来还得我们这些老头子来干。"他说他也是"抛砖头"，为我国新闻学建设铺路。他认为"应当马上着手电子新闻学的研究和多媒体信息学的研究，迎头赶上西方"。

王中教授惊讶地注视着何微同志，就像注视着陌生人，好一阵子才回过神来说："太好了。你比我想得深、想得远，动手早。老弟完成上述两部巨著，那是大功一件，功德无量啊！是要尽快建立我们自己的电子新闻学，迎头赶上。跟在人家屁股后面跑，是永远也赶不上的。"

这就是王中教授和何微教授。这就是为国家作出贡献、年近古稀的两位学术权威的心愿和高尚情操。

然而，令人痛心的是，王中教授的《新闻学原理大纲》，由于众所周知的原因并未出版，老教授怀着壮志未酬的遗憾于1994年先走了。

何微教授在东湖之滨、珞珈山上的武汉大学研究了近十年，抖抖嗦嗦地写了近十年，完成了两部书稿，近千万字，但是由于众所周知的原因也未出版，先生怀着无可奈何的遗憾于1999年也走了。

我怀着沉痛的心情，告慰两位前辈，请相信我们后生们会克服重重困难，完成先生遗愿的。先生，安息吧！

2000年12月25日于杭州运河之滨

（本文原载《何微新闻思想与实践》第39页至第53页，车英主编，武汉大学出版社2001年8月出版）

执着追求的何微老

童兵

1999 年 7 月 2 日，我结束了在香港树仁学院新闻传播系的任教工作，返回北京，即听到了一个令人痛惜的消息：何微老师病逝了。从那时以来，一位面容清瘦、目光炯炯的学者的形象，不时地浮现在我的眼前，久久不散。

我第一次拜识何老，是在 1980 年 5 月于兰州召开的西北五省区党报新闻学术研讨会上。在那次会上，何老提交了题为《关于报纸性质问题》的论文。会后闲聊，经甘惜分老师介绍，得以有机会结识这位长者。当时何老给我留下的印象是：身经百战且慈祥可敬，刚毅自强且为人忠厚，处事果断且柔中有刚，身材俊瘦且很有朝气，执着追求且精神稳健；坚持新闻工作的马克思主义原则，又对林彪、"四人帮"两个反党集团的新闻观点深恶痛绝。信守马列又不保守的人是我最为崇敬的人。何老就是这样一位久经考验且立志图新的新闻学者。我深深地敬仰这样的学者。

以后见面交谈的机会并不多，但他发表在各地新闻学术刊物上的每篇论文，我都一一找来，认真拜读。我从何老那里获得的教益不少，我同何老的学术神交一直没有中断。

1989 年春天，我陪甘惜分老师结束海南、深圳、广州的调查之后，一同来到武汉。这时，何老应武汉大学邀请已在该校新闻系主持研究所工作并指导研究生，他自己不顾年高体弱，起早贪黑，为撰写中国新闻传播思想史披阅古籍、积累资料。我看到他的案头、书架上摞放着一沓沓书稿与资料，好一阵感动。何老对我说，中国古代关于传播的论述真是太丰富了，我这以后的日子，就和我的学生们一起，把这项工作做好。武汉调查结束之后，何老与我们结伴，北上南阳，参加《南阳日报》创刊 40 周年纪念活动。一路上，得以有许多机会同老人谈话，聆听他的教诲。其中留下最深的印象是，何老总是强调做学问要甘于坐冷板凳，老老实实地一点一滴地去积累材料。古代有的学者一生就只写成一两本书，但流芳百世。我们不敢奢望为后人留下皇皇巨著，但一定要求出版的东西经得起人家的检验和批评。

邓小平的"南方谈话"发表后，中国社会科学院新闻研究所和无锡日报社联合在江苏江阴市召开"市场经济与新闻改革"研讨会，何老不顾年迈体衰，也光临会议。

清晨，两老在宾馆花园散步，晚饭后在江阴街头漫步。我们时时相遇，何老又对我谈了不少关于学者做人做文的道理，并说尤其作为一个探索者，在市场经济体制下要有点儿不甘寂寞的精神，但他不赞成有半点儿浮躁的情绪。

光阴似箭，日月如梭。何老作古已两年有余。他的音容笑貌，仍留在我的心里；他的做人做文的教诲，我将一生不忘；他的执着追求的精神，永远激励我在科研探索之路上不断进取。我觉得唯一遗憾的是，何老走前十几年全身心投入的几百万字的中国新闻传播学说史至今未能杀青面世。呼吁有关方面伸出贵手令其出版，使这部巨著为繁荣中国的新闻学术研究发挥实际作用，也使九泉之下为此付出最后心血的逝者得以宽慰。

2001 年 5 月 28 日于北京中国人民大学新闻学院

（童兵系中国人民大学教授。本文原载《何微新闻思想与实践》第 54 页至第 55 页，车英主编，武汉大学出版社 2001 年 8 月出版）

何微教授与武汉大学新闻教育

吴高福

我同何微师结缘于新闻教育。

20 世纪 80 年代初，中国新闻事业乘改革开放的春风，进入了新时期第一个发展高峰期，这也为新闻教育的大发展创造了机遇和条件。武汉大学新闻系就是在这个时候诞生的。

那是 1983 年 7 月 5 日的上午，刘道玉校长约我到他办公室，对我说让我来筹备、创办武汉大学新闻系，并嘱我要深入调查研究，尽快提出办学思路，迅速调集人员，抓紧筹备工作。从那时开始，办好新闻系，全身心地投入新闻教育，于我来说，也就成为一种使命、一种责任，不管在什么情况下，都不应该、也不允许动摇。大约是 8 月中旬，我向学校提交了调人的建议名单。9 月 14 日，由 11 人（毕奂午、吴肇荣、熊玉莲、刘家林、肖友成、李敬一、吴川越、林豪生、姚洁、张铁球和我）组成的新闻系正式宣布成立，几天后车英同志也从外文系调到了新闻系。

新闻系成立后最要紧的事就是求贤纳才，扩充教师队伍。正在这时，有人告诉我，西安社科院有一位何微先生，他不仅是老新闻工作者，而且，还是新闻教育的专家。他身边聚集了好几位英才。我立即将这一情况向刘道玉校长作了报告。刘校长指示我要亲自去西安拜师，并请何微先生来武汉大学工作。于是，我先后两次赴西安拜见何微先生，转达了刘校长的诚请。

我同何老，真是一见如故。虽然当时他已年近古稀，却没有半点老态，说起话来铿锵有力，且总是面带笑容，眼里放光，充满着活力和睿智，似有一种无形的感召力。每次我们都从白天谈到深夜，常常一拍即合，很是投缘。他对我国新闻事业和新闻教育现状的透辟分析，对如何办好新闻专业的深刻见解，特别是他对新闻人才培养的热情、专注，对新闻教育的执着，使我十分敬仰、钦佩。我尊何老为师，从此结下了一段令人终生难忘的不解师缘。

次年，何老以 68 岁高龄，满怀激情地来到珞珈山，为实现他充满创意的新闻教育理念而努力奋斗了 8 年。同时调入武汉大学新闻系的还有桑义燐和周永固老师。

何老有一整套办学理念。他对办新闻专业和新闻人才培养的想法，不仅着眼于新闻事业的现实需要，而且颇具前瞻性，十分有创意。

我清楚地记得是何老来武大不久的 1984 年 10 月 22 日下午，我陪他去见刘道玉校长，他们在一起谈了整整一下午。刘道玉校长就武大新闻专业的办学目标、人才培养、课程设置、师资队伍、科学研究及办学条件等问题咨询何老，何老都一一表达了他的看法。何老说：武汉大学是一所人文社会科学实力非常雄厚的学校，这是我们办新闻专业的优势和有利条件。高峰并不是不可攀的，没有登山的气魄是不行的。武大新闻专业虽然还是一张白纸，但白纸好做文章，应把它放到全国去看。现在全国新闻专业办得最好的是人大和复旦，所以我们的调子不能定得太低，要有办成全国一流专业的目标。要争取金牌，不仅在国内站得住脚，而且到国外也站得住脚。我想，这不仅是何老对武汉大学新闻系的一种期望，也是他过去长期从事新闻教育思想实现的愿望。他非常希望这一愿望能在有雄厚实力的武汉大学新闻系去实现。

在谈到人才培养时，何老的思路是那样开阔、深刻，他对当时建立在应试教育基础上的狭义专业教育提出了批评。他说，其实早在 20 世纪 50 年代美国就有过争论，有人认为新闻专业就是培养记者、编辑，但是后来认为要培养全面人才的意见胜利了。我们应该把人才培养放到大范围去考虑，要培养通才，不仅能当记者、编辑，将来还能当总编、社长，不仅能在国内当记者，还能当驻外记者。同时，我们培养的学生还要有适应社会多方面需要的能力，因此，要突破狭义专业教育的限制，尽可能扩大学生的知识面，提高学生的应用能力。何老的这些意见，使武大新闻系从一起步起，就注意了学生的知识结构和素质培养。与此相联系的是，在课程设置上，何老认为新闻系的学生不能只是学习新闻理论、新闻史和新闻采、写、编、评，这些专业基础课是非常必要的，但要增加与现代事业发展相适应的新课程。我记得何老当时特别提出了新闻管理学和新闻微电子学。他说：我们搞改革开放，媒体的发展同以前的要求不一样了，不懂经营管理是不行的。现在报纸记者还是靠一支笔，但是假若将来应用了计算机，我们的学生就成了电脑盲了，所以要学计算机，要开一门新闻微电子学。

1985 年，我就是按何老的这一思想，给系里买了两台苹果机，并从我校计算机系留下一名青年教师魏丽，着手在学生中开展计算机应用教育。可惜的是，由于经费不足，我们虽然起步早，但是，没有能及时增加计算机教学设备，因此，实际上当时学生还不可能得到计算机应用的训练。然而，何老的远见卓识却为后来媒体发展实践所证明。

对于教师队伍建设，何老也有他独到的看法。他认为新闻专业的教师队伍知识结构不能太单一，既要有学新闻的、科班出身的教师，也要有其他知识、专业背景的教师。他特别讲了三方面的意思：一是无论具有哪一种知识背景的教师都不能脱离新闻实践，要经常到媒体去取得新闻实践经验；二是教师一定要搞科学研究，有些可以以教学为主，兼搞科研，有些可以以科研为主，兼搞教学；三是有条件一定要让教师到国外去学习。我记得后来我把何老的意见概括为两点反复在教师中强调：第一，新闻专业的教师不能就新闻学新闻、讲新闻，新闻学科本身就是一个多学科融合的、开放的学科体系；第二，新闻专业教师不能自我封闭在校园内、课堂上，要关注新闻实践，关注国外学科发展及新的成果，要有自我开启通向新闻实践和国外学术领域窗口的能力。

在这次谈话中，何老还特别强调武大新闻系要建一个科研机构，要办一个刊物，要搞一个资料室。他说：一个好的专业光教课不行，一定要抓科研。如果我们能办一个新闻理论刊物，发表一些新的、有见地的理论文章，各家文章都可以发表，这不仅可以提高我们新闻系的整体水平和质量，而且还可以把全国新闻界各学派团结起来。我们的刊物应"以礼待人，以理待人"，活跃学术研究空气。现在学术研究发展很快，新的东西很多，不仅要有一个好的资料室，而且还要搞一个文献资料检索系统，这是武大新闻系成败的关键。刘道玉校长当即就明确表态，我们马上组建一个校属新闻研究所，请何老来主持新闻所的工作。不久后武汉大学新闻研究所就正式宣告成立，由何老任新闻研究所所长、桑义燐老师和我任副所长，并完全按何老的意见建设及开展新闻研究所的工作。

何老是一位事业心和责任感很强的人，他抱着实现他的新闻教育理念的愿望，努力地奋斗着，他总是躬亲于事。他不仅指导研究生，还亲自给本科生上课，有时还给学生和教师开一些讲座。许多同学和老师写的文章、书稿，常常请他审阅，他几乎是有求必应，同时还要搞科研。何老学养深厚，学风笃实，治学态度非常严谨。他从不写应景文章，哪怕为人写一篇短序，都字斟句酌，表达一些新颖、熟思的看法。他除发表了许多有独到见解的学术论文外，比较系统地反映他的新闻理论观点的《新闻科学纲要》文稿和具有里程碑式的《中国新闻思想发展研究文集》，也是在武大期间完成的，总共有好几百万字。他每天都工作到深夜。毕竟是古稀之年了，我常常担心他的身体，劝他适当减少一点工作量，但每次谈到此，他总不以为然，笑一笑，戏说于我：忘记了我是当记者出身的。老吴，我告诉你一个秘诀，生活最重要的是要有规律，什么早睡早起身体好只是一种说法而已。我住的那一片，每天晚上就是我同胡国瑞先生（武大中文系教授，我国著名的魏晋、唐宋文学专家）的灯熄得最晚。你看，胡先生的身体不是很好吗？我深深地感到，何老有一种担当责任的人生态度，有一种执着追求的精神。说实在的，何老是一位高干、著名新闻工作者、学者、教授，又年近古稀，何苦劳心劳力参与这个小小系科的创建工作哩！然而，为了一个目标、一种理想，他完全淡出了自己，淡出了名和利，把事业和责任视为一种天职。何老给予我们的是一种叫人感佩的精神力量。

同何老相处的日子里，我是一个受其教诲者，不仅在教学和学术研究上，有许多问题求教于他，而且，在工作上，也常常上门乞教。何老蔼似春风，导如溪水。每次到他那儿，他总是拿出金丝猴的香烟、陕西的青茶，在漫不经心的交谈中，点拨着各种问题。他在系里并没有担任什么职务，但是我发现，他对系里的全盘工作总在深思熟虑，对我的工作，总是悉心观察。所以每次谈问题，似在他的意料之中，常使我有即点即明、即导即通之获。我记得1984年7月6日下午，在系里一次会议上，针对人才培养、办专业的指导思想问题，我根据对新闻战线的调查和多年对普通高校人才培养问题的思考及对未来的把握，提出了"加强基础、注重实践、服务四化、面向未来"的"十六字方针"。其中，加强基础的内容为马列主义基础、专业知识基础和人文基础。按这一要求，在教学计划中，关于人文基础部分安排了中国古代文学史、中国现代文学史、中国当代文学史、古代汉语、中国古代诗词欣赏等课程。9月新生进校后，实施了这一教学计划。过了一段时间就听到一些意见，说不能把新闻系办成中文系。这就是后来所说的新闻、中文之争。当时，我也犯疑惑了，脑子里有两个问题：一是这个方针到底对不对？二是文学语言方面的课到底要不要？怎么上这些课？因为事关重大，在没有想清楚之前，不能即说即改，需要时间。但过了好一段时间我也没有想出问题的症结，于是我去找何老。何老笑着对我说：我知道你在考虑什么。对基本指导思想不要怀疑。培养新闻人才基础和实践是两个最重要的方面。我们的问题在什么地方呢？

第一，不是文学语言方面的课多了，而是别的课程少了。教学时数可以适当调整一下。第二，我们上文学课的目的到底是什么？主要是要帮助学生打文化根底，提高学生写作能力、表达能力。何老几句话，不仅使我坚定了这一基本的指导思想，而且顿时豁然开朗。以后，我便把人文基础的提法改为了人文社会科学基础或多学科知识基础，在教学计划中逐渐增加了诸如社会学、心理学、美学、经济学、法学之类的课程。另外，把文学史类的课程定为中国古代文学、中国现代文学、中国当代文学，要求老师改为以史为线，以讲授作品为主。还把中国古代诗词欣赏改为选修课。课时也适当做了调整。以后，我们一直坚持了这样一个"十六字方针"，并对每句话的内涵，在实践中不断完善、丰富。可以说，在创办新闻系过程中，何老从办学的指导思想到课程设置，以及各种具体问题，都给我指点。他既是创业者，又是一位良师。他的作风、学风、事业心以及他渊博的学识、丰硕的成果，都是我们武汉大学新闻系的一笔宝贵的传家财富。

1991年因年龄关系，何老离休回西安颐养。其实，他人在西安，心却在珞珈山，总是那样苦心孤诣地关注着新闻系的发展。尽管我同何老遥隔千里，联系却从未间断。当我有什么事、问题，或用电话，或写信，向他汇报、请教时，他从来没有搁置，及时给我指导。他想到什么问题，也总是同我联络。我常常从他的声音、字迹判断推测他的身体状况。每当看到他那变形字迹或由其夫人刘蓉大夫代笔写来的信时，我就知道何老身体欠安。但每问及此，他总是说：没什么，年纪大了，多少有点老毛病。新闻系就像他带大的孩子一样，常挂在心间。只要是有点成绩、进步，他比我还高兴；系上有点什么问题，哪怕他在病床上，也要给我打电话，担心得不得了。我记得1995年6月我们建院以后，建立了一个计算机实验室，一下买了几十台计算机。这可是何老的一个心愿啊！我立即给何老写了一封信，告诉他这一消息。何老收到信后，等不及给我回信，立即打来电话，高兴得连声说：好哇！好哇！并嘱我要配备好教师，要用最新的编辑软件，要尽快地让学生进实验室。我还清晰地记得当时的感受：这是一个创业者所流露出来的喜悦，也像一个辛勤的园丁，突然看到了满园绽放的鲜花一样。后来当学院要申报博士点时，他更是十分关切，想起什么事就立即打电话给我，应如何设计方向，如何配备人员，一一悉心指点。当他听说有人写匿名信告状时，又打电话给我，说他完全没有想到，痛心地予以斥之。嘱我不要灰心，相信新闻学院总有一天能申报成功。现在，新闻学院已获得了博士学位授予权，可惜我已无法把这一消息告诉仙游的何老了。假若何老他能得知，一定会同我们一样，高兴得不得了。

武汉大学新闻学院是同何老紧紧联系在一起的，何老已在新闻学院的历史上重重地记下了一笔。

何老这一宝贵财富将永远益泽后学。

2001 年 5 月 11 日于武汉大学珞珈山

（作者系武汉大学教授。本文原载《何微新闻思想与实践》第 56 页至第 62 页，车英主编，武汉大学出版社 2001 年 8 月出版）

何微新闻教育思想琐议
——与罗以澄教授谈何老
强月新

何微教授是我国著名的老一辈新闻工作者、知名新闻理论家、新闻教育家。在我国新闻理论界，素有"北甘、南王、西北何"之称。何老的新闻思想，早已为理论界所称道，而他的新闻教育思想，由于散见于一些论文、谈话和会议发言中，学界专门论及的并不多见，亟待总结、整理。值此何微教授逝世二周年之际，笔者走访了何老当年在武汉大学任教时的新闻学系副主任罗以澄教授（现任武汉大学新闻与传播学院院长）以及何老的弟子、《武汉大学学报》编辑车英先生等人，并收集、研读了何老的有关论文、谈话、笔记等，试图对何微教授的新闻教育思想进行较为全面的梳理和解读，以示纪念。

何微教授的新闻教育思想与他独特的新闻思想观和新闻工作（包括新闻教学）实践一脉相承，密不可分。早在 1952 年至 1956 年，时任新华通讯社北京分社副社长的何微，就为中国人民大学、北京大学和中国青年报社开办的新闻训练班开设过"新闻采访与写作"课程；1962 年，他调任西北政法学院副院长，领导创办了我国西部第一个新闻系。从那时起，何微教授就开始思考我国新闻教育问题，并且一直予以关注。20 世纪 80 年代初期，特别是 1984 年，何老受当时武大校长刘道玉之邀，以近七十高龄出任武汉大学新闻学教授、新闻研究所所长，直接指导并参与武汉大学新闻系本科生、研究生的教学工作。这之后，他在很多场合谈到了自己关于办好新闻教育的想法，并撰写了一些新闻教育的论文，何微的新闻教育思想也由此逐渐形成。何微的新闻教育思想，是我国新闻教育思想宝库里的一笔宝贵财富，它形成于改革开放的时代背景之下，直接推动和促进了武汉大学乃至我国新闻教育的改革和发展。笔者将从本科生教育、新闻专业人才培养模式以及新闻教育的课程设置等方面进行论述。

（一）本科生教育是新闻教育的基础，新闻课教师必须参与新闻实践

据罗以澄教授回忆，何老是老革命，又是我国新闻界著名人士，但他从不喜欢"显山露水"，总是以朴实、低调的姿态出现在众人面前。因此，他刚来武大任教时，不少学生只是把他当作一名普通的老教师看待。尤其是当时何老年事已高，为了照顾他的身体，系里只是安排他指导硕士研究生，而没有给他安排本科生的教学任务，因此学生更不识他的"庐山真面目"了。不知怎的，有一天，何老的真实"身份"给学生发现了，这下子可在系里炸开了锅，许多学生便围着罗老师"吵"，要求何老也给本科生开课。在学生的再三要求下，为难的罗老师只得委婉向何老转达了学生的请求，希望何老在身体允许的情况下给本科生做几次专题讲座。让罗以澄老师极为感动并至今难以忘怀的是，何老没等罗老师把话说完，便当即表示："我是受邀担任武汉大学新闻学教授的，作为教授，当然要上课，否则就不能称为教授。何况，本科教育是新闻教育的根本所在。新闻专业本科教育搞不好，培养不出合格的新闻工作者，高校新闻教育就失败了。不要说学生有要求，就是学生没有提，我也要主动要求给他们上课。""上课对教师来说，也是和学生互相交流、互相学习的一个好机会。你就大胆地给我排课吧！"在此后几年中，何老身体力行，一直坚持给本科生开设"中国新闻思想史"，每周2学时，风雨无阻，直至他离开武大。

何老刚刚调入武汉大学时，武大新闻系刚成立不久，不少教师都是从中文系改行的，没有新闻实践的经验，因此，一些专业课教学中经常出现"空对空"的现象。对此状况，有着几十年新闻工作生涯的何老，一方面表示理解，另一方面又显出焦虑。有一次，他专门找当时主管教学的罗以澄老师深谈了这个问题。他语重心长地告诉罗老师：新闻学是一门应用学科，新闻教育的特色之一就在于它的强烈的实践性，离开了新闻实践，新闻教育就成了无源之水。他还明确提出，新闻系教师，特别是新闻业务课专任教师，一定要有实务经验，系里要有计划地在新闻单位建立实习基地，把教师与学生一道送到新闻单位去实习，参与新闻实践。与此同时，针对当时的教学实际，何老还十分热情地向系里推荐了一批名记者、名编辑担任武汉大学新闻系的兼职教授或者来系里讲课。何老的这些想法，马上就被当时的系领导采用了。记得笔者当时刚留校，立即就被送到人民日报社科教部实习去了。在何老的倡导下，当时不仅青年教师轮流去新闻单位接受"教育"，而且一些中老年教师也经常抽空去新闻单位帮忙"干活"，重新学习。这样下来，新闻专业课的教学自然面貌大变样了。

（二）我们要培养合格的新闻人才，而不单纯是为新闻单位输送"人手"

武汉大学新闻系创办伊始，就十分重视新闻写作课，每周安排 8 学时，并且在办学方针上提出了本科生大学四年坚持写作不断线，即一年级学基础写作，二年级学新闻写作，三年级学新闻评论写作，四年级学论文写作。针对系里的这一做法，何老曾经专门找罗以澄老师谈了他的意见。他说，对于新闻教育来说，写作类课程当然很重要，它是新闻工作者的一项基本功。新闻系学生应该过好写作关。系里的这一举措有它的积极意义。但是，我们的新闻教育最终要培养的是能够适应现代新闻工作要求的新闻人才，而不是新闻写作匠，那样只能为新闻单位多输送几个人手罢了，高校新闻教育的意义也就失去了。对于新闻人才来说，不仅要会写、写得快、写得好，更重要的是会思考，会观察问题、分析问题，是个有远见卓识又有专业眼光的新闻思想家。据此，何老把新闻专业学生培养目标定位在："一、培养学生具有为社会主义现代化服务的创造精神和综合性判断能力；二、学习成绩卓著，知识直接接近现代化要求，将来能成为促进新闻事业发展的领导力量。"在此基础上，何老进一步指出，新闻人才的知识结构应多元构成，要注意多学科的渗透。今后新闻专业的学生要有较高的马克思主义素质，有驾驭全局的能力，思维敏捷，知识储备充足，写作技能娴熟，能直接阅读外文报刊等。何老的这些思想，对于我们不断探索和完善社会主义新闻人才培养模式，有着很强的现实意义，值得我们反复研究、借鉴和吸收。

（三）新闻专业的课程设置、教学内容与方法，要大力提倡前瞻性

何老一向认为，新闻学是一门实践性很强的应用性学科，新闻专业的学生要结合实践学理论；不但要学习今天的实践，还要注意实践的发展，适应明天的实践。何老认为，新闻教育要面向未来，具有前瞻性，就必须根据实践需要不断修订课程门类，调整培养方案，并逐步建立与现代化新闻教育相匹配的科研文献处理系统。

早在 20 世纪 80 年代初期，何老在他撰写的论文《面向未来改革新闻教育》一文中，就明确提出，新闻专业的课程设置，要根据时代的要求和特点，增加一些"有新内容、能适应未来需要的"课程，如新闻管理学、微电子新闻学、比较新闻学、中国新闻思想发展史学等。何老关于增设课程的设想，如今在武汉大学新闻与传播学院已变成现实。何老本人在 80 年代后期，就专门举办过几次未来新闻学讲座，深受师生欢迎。为了尽快培养出一专多能的合格新闻人才，克服新闻专业学生知识面

过窄、后劲不足的弊端，何老在进入武大之初（1984 年 9 月），在学校有关领导参加的联席会议上，就明确提出逐步调整新闻专业学生培养方案，推行"双学位制"。"何微教授是在中国地域内第一个从理论上阐述新闻教育采用'双学位制'之人。"何老认为，新闻系可先在正常招生的同时，在全校范围内招考学生攻读第二学士学位，充分发挥武汉大学学科齐全、实力雄厚的优势，一旦时机成熟则立即增设更高层次的"双学位制"，以适应当今社会对复合型人才的需求。此外，何老还针对当时武汉大学新闻研究所和我国新闻学研究手段落后、设备简陋的实际，较早提出了新闻学科学研究要逐步建立起现代化的文献收集、分析、处理系统，提高新闻学研究的规范性和科学性，让新闻科研与新闻教育互相促进。

（四）新闻专业的教学要系统化，不能随意割裂课程体系之间的内在联系

在传统的新闻业务课程设置中，新闻采访、新闻写作、新闻编辑、新闻评论，基本上处于四课并立的格局。有着长期新闻实践经验的何老，深感这种课程设置极易割裂新闻报道各环节之间的有机联系，既不利于学生融会贯通、互相促进，也不适应新闻实践的发展（电子媒介的兴起，使得新闻采访、写作、编辑、评论之间的界限变得越来越模糊）。"实际上，如果对新闻报道的基本原理不明晰，对新闻报道的整体驾驭能力不强，越是在细枝末节上花费精力就越难形成完整的新闻观，就越容易犯教条、僵化、狭隘的错误。"[1]

据罗以澄教授回忆，20 世纪 80 年代中期，在他和何老讨论新闻系课程设置时，何老就明确地表达了上述思想，并提出，首先应将新闻采访和新闻写作课程合二为一。何老认为，写作是采访的目的和体现，采访是写作的前提条件，两课以合并讲授为宜。在何老这一思想的启发下，新闻系的老师们继续探索和思考新闻业务课程体系一体化的问题，已申报成功省级教改重点项目《新闻业务课程改革综合研究》，目前正在撰写一体化的新闻业务教材《新闻业务通论》，相信不久的将来，何老的这一设想，就会得到实现。

（本文原载《何微新闻思想与实践》第 63 页至第 68 页，车英主编，武汉大学出版社2001 年 8 月出版）

---

[1] 陈作平：《对新闻学学科研究体系的再认识》，《现代传播》1999 年第 3 期，第 41 页。

试论何微先生的新闻学专业教育思想

——纪念恩师何微教授100周年诞辰

刘惠文

摘要：本文概述了何微先生所秉持的新闻学专业教育思想，即新闻学是一门较为特殊的应用学科，必须实施比较科学的教学形式；新闻学的学科体系只是初步奠基，仍需发展、扩充、完善；新闻学专业人才的教育、培养或培训，要别门类、多层次和分阶段；新闻学专业的基础教学、理论教学和实践教学同样重要；新闻工作规律要在教学过程中让学生逐步认识、把握和遵循；报道失实是个世界性问题，应要求学生防止新闻失实，杜绝虚假报道；论从史出，注意对中外新闻事业发展历程的理性总结；理在事中，要使学生在学做新闻工作中自觉遵纪守法，严守记者信条、道德规范；用事实说话是做新闻工作的根本技法和努力目标；叙事和议论是新闻信息的基本表达方式，要教育和培养学生叙事和表意并重，不能有所偏颇等。

关键词：何微；新闻学；教育思想；论从史出；叙事和表意并重

恩师何微先生如果还活着，就是百岁老人了。他1916年出生在山西祁县的一个中医世家，青年时期读完师范学校的历史科便在县城完小教历史课程。1938年，他来到延安，进入抗大学习，一年后抗大毕业即从事新闻工作。此后半个世纪里，他与新闻工作、新闻人才的教育培养结下了不解之缘。先生离开我们快20年了，但他从事新闻学专业教育、培养活动时的言传身教、音容笑貌，依然浮现在眼前，萦绕于脑际，回响在耳边，教我自新，催人奋进。

现将我所知的——何微先生的新闻学专业教育思想，粗略归纳，概述出来，虽难以深奥，但愿阅者能取舍论释、得仁见慧思矣。

何微先生生前一直坚持认为，新闻学是一门较为特殊的应用学科，必须实施比较科学的教学形式。在他看来，新闻学应归属于人文社会科学这个大的学科门类，且应用性很强。新闻学专业的活动主要是公开地传递最新发生的事实信息。传递给谁呢？传递给可以知道、可能接受的人，是直接针对于人接受的工作，是直接做人的工作。文、史、哲等学科的作品，人通过阅读后的接受，一般说来总是潜移默化的；新闻学的作品，如新闻报道或新闻评论，登载出来，人通过阅读后的接受，反应强烈或冷淡，一般都比较直接，在头脑意识中或是在言谈举止上，受其影响或引导比较明显，即使接受者并非保持顺从心理，所产生的逆反心理也很突出。新闻学应用性强，在人文社会科学各学科中可以说是首当其冲。以往的许多新闻学系、学科或专业，设在综合性大学或政治学院、法政学院，不是没有道理的。这个道理就在于，新闻学也像政治学、法学那样，具有同样的应用性、实用性。因此，新闻学需要采用较为科学的教学形式。理论教学、知识传授、课堂讲解、教材阅读，当然是必需的，但形式过于单一，缺乏应用性的实际训练，难以提高新闻学的专业技能，不能使修学者兴趣广泛、新闻视野开阔，并不是比较科学的专业教学形式。他还批评某些高校的新闻学院、系或专业和某些单位所举办的新闻干部培训班，新闻学专业教学上形式不生动活泼，内容选择不精、不广泛，大多是就着教材照本宣科，不能引发学习兴趣。科学的教学形式，不是生搬硬套教材、讲解刻板或深奥得玄而又玄，也不是堆砌概念、排列知识。那种教法，学生似乎弄懂了、明白了，就是不会用。新闻科学的目的全在于应用！

在从事新闻工作和开展新闻学专业教学、培养活动的近半个世纪的时日里，何微先生坚持实事求是的科学观点和立场，认真审视和严格分析并积极推动新闻学的学科体系建设，直至 20 世纪末逝世前，自始至终毫不隐讳、毫不掩饰自己的观点和看法：我们的新闻学的学科体系建设还根本没有完成，现在只是初步奠基，仍需发展、扩充和完善。不必说他在抗日战争、解放时期的新华社太岳分社、山西分社、华北总分社到部队去挑选有初中或以上文化程度的人参加新闻工作、带他们采编新闻，也不必说中华人民共和国成立初他在新华社北京分社接纳被分派来的大学毕业生，教他们做记者、做编辑、写消息、改稿件（那时是"合署办公"，新华社的分社和人民日报社的记者站是"两块牌子，一班人马"，后来出名的女记者王金凤从上海的大学毕业就报到在何微先生手下），单说 1954 年他作为北京分社社长应北京大学中文系新闻学专业的邀请前去讲授"新闻业务"课程，中华人民共和国成立后北大"新闻业务"课程的讲义就是以他的"第一讲：新闻导语"为开篇的。那时北大出版发行的报纸《北京大学日刊》还刊登过这些讲稿。

20 世纪 80 年代中期，已经全是白发的中国人民大学教报纸编辑学的教授郑兴东，应武汉大学新闻学系的邀请去作学术报告，见到发稀斑白的他，喊他："何老师，何微老师！"何微先生睁大眼睛，竟然不认识！"我是郑兴东，您教过我新闻写作课！"郑兴东教授只好大声解释（大声是怕何微先生耳背、听不见）。也就是之前或者之后，武大新闻学系请新华社副总编辑闵凡路去作学术讲座，第一次讲座题为"社会新闻的采写"，是为新闻学本科马上就毕业的学生、研究生、青年教师们讲的。两个小时的讲座，其中有半个小时讲新华社北京分社记者集体署名的通讯《当你们熟睡的时候》，是分社记者在零点前后北京的火车站、马路、医院、垃圾站等处采访的。

这篇是新闻通讯的典范之作，以往读新闻学专业者都会找来阅读。我当时是何微先生指导的研究生，当然也就在听讲座者之列，坐在听讲的第一排。闵副总编讲座结束，话音刚止，我即上前跟闵凡路副总编说："您讲的那篇通讯《当你们熟睡的时候》，有一位主要当事人现在就在这里。"闵很惊讶，忙问："谁？那我倒要见一见！"我回答："何微先生，是我的导师。他那时是新华社北京分社社长，谋划、分派记者、最后统稿、定稿、向总社发稿，都是他。总社在北京宣武门，分社在北兵马司胡同。对吗？"不用说，改革开放的最初十年（20世纪80年代），范敬宜任《经济日报》总编辑时组织、分派各地记者夜半访车站、码头、医院、厕所等，不能说与《当你们熟睡的时候》（20世纪50年代初期）如出一辙、直接仿效，但至少也有间接的或隐约的某些启发吧？何微先生的新闻采写实践和应邀在北大新闻学专业讲授"新闻业务"课程等活动，雄辩地证明了他积极地参与了中华人民共和国成立后对于新闻学学科体系建设的最初奠基。这是他应该在生前感到自豪、死后也含笑九泉的！可是，在20世纪80年代中后期一次于内蒙古地区召开的中国新闻教育学会年会上，当一位高级别的这方面的负责人在发表讲话时夸口说"已经建成了有中国特色的社会主义新闻学的科学体系"时，何微先生倒不高兴了，摇摇头，很不以为意。回到武汉，何微先生还两次对我说：在新闻学的学科体系建设上，决不能信口开河，也不能人云亦云，要确确实实。在新闻报道上，"跟风"吃过多少亏、栽过多少跟头？在做学问、钻研学术上，夸海口，就是不老实、不科学。

　　1918年10月，北大成立新闻学研究会，校长蔡元培是会长，徐宝璜是副会长、导师，讲《新闻学大意》，理论嘛；另一位导师是邵飘萍，讲《新闻采集法》，业务嘛；稍后几年，戈公振在讲义基础上修订出版了《中国报学史》，历史嘛。这些在那时候都属"破天荒"之举！眼下哪所高校的新闻院、系、专业，还不是主要讲新闻理论、中外新闻史、新闻业务这三块？都过去七八十年了，还不是那"三大块"？我还记得，已近八十高龄的何微先生，把自己和我能找见的"新闻学"的书，都摆在一个大圆桌面上，每本书都用不同颜色的铅笔将目录文字打杠杠、画底纹短线，嘴上喃喃地说："体系？不完全！"无独有偶，在20世纪90年代中期，我一家三口踏着冰雪在除夕那天去季羡林先生家，给季老祝贺春节。于寒暄之后，季老问我："知道'余心言'吗？读过署名'余心言'的文章吗？批判开路，假、大、空，不实事求是啊！"看来，是真做学问的，是真学者，到老、至死，都强调实事求是，讲求科学！

　　何微先生说，新闻学发展到现在，并没有停止，还要向前发展。这个学科体系，就眼前来看，新闻学的理论、（中外）历史、业务（采、写、编、评、拍、录、摄、播、剪贴制作等）、传播、经营、管理、教育这些主要部分，才能构成一个学科体系，要照这样的体系培养新闻学的专业人才啊，那还差得远呢！他还说过，新闻信息作品要能顺利运载、传递出去，到达目的地，以往一家报馆至少要有采（集）访部，编辑（整理）部，经理（营）部三大部门。现在的新闻学院、系、专业、研究所，除了新闻采、编，经营等方面，讲了多少？又研究了多少？这难道还不能说明新闻学的学科体系不全？

何微先生积 50 年的新闻工作，带领并组建、培养新闻工作者队伍之经历或经验和教训，知晓新闻事业与社会上其他职业、行业一样，信服"业以人兴"这个道理。可是，新闻学是应用性很强的一门人文社会科学，新闻事业也须适应时势变化、适合于社会发展。正因为如此，他一贯主张新闻学专业人才的教育、培养或培训，需要分门类、多层次和分阶段。1984 年秋季学期刚刚开学，从陕西省社会科学院院长职位退居二线的何微先生，应邀到武汉大学讲授新闻学课程，就曾多次与武大的校长、教务长、新闻学系主任座谈，提出对新闻学专业教育、培养的建议，反复阐释自己的新闻学专业教育、培养或培训的主张。他以为，新闻学专业人才的养成，像新闻工作这项社会职业一样，比较特殊，有些人没学过新闻学专业，但从小就新鲜好奇、关心世务、注意新情况、新问题、新观点，并且经常发议论、写稿和投稿，这样日长天久了，也会把自己锻炼成记者、编辑，做新闻工作也会胜任愉快！这叫"未学自知""无师自通"！这当然是极少数人，大多数还是要接受新闻学专业教育、培养或培训，然后才能做、才会去做新闻工作的。

针对做新闻工作要求对社会各行各业都有些熟悉、对以往和现在的许多学科知识都并不陌生之特点，何微先生很注重来学新闻学专业者应该有的必要的社会阅历，没有的则应该补上"社会经历"这一课。他显然是"有教无类"的虔诚信奉者和忠实执行者，但他并不看好"一碗饭吃到碗底""一碗水喝见碗底"的人，既并不看好，也不主张一直从幼儿园、小学、中学读书，直接考入大学就读新闻学专业本科。他说，大学实行预科制，也有其好处、优点。凡事预则立，不预则废。预科读了，再去读本科，还要经过考核通过，才能读上本科。读预科期间可以选择自己要读本科的专业，并为此而准备，不想读这个本科专业，还可以准备别的本科专业。一经读书上来考大学读新闻学专业本科，没出过学校门，没什么社会阅历，读新闻学专业肯定有些费劲，头一两年有些摸不着头脑，提不起兴趣。学习新闻学专业兴趣难以培养，这对受教育者没什么好的影响。所以，他向武大校长进言建议，开展多层次、多门类、复合型的新闻学专业教学模式，开办新闻干部专修科大专、从高中生毕业高考录取的新闻学专业本科、从大专毕业生或校内其他专业三年级后考试录取读新闻学本科（插班生制）、从大学毕业生中非新闻学专业者中考试录取读新闻学专业本科（"双学位制"），今后还要争取新闻学专业的硕士点、博士点，提高学历和学位的层次，招收研究生也宜学科交叉，也可实行高层次的"双学位制"。他的这些建议，被武大采纳、实行后，很见效果：干修生欧阳常林（1984级，现任湖南省广播电视局副局长、湖南卫视台长），插班生刘海法（插入1984级本科，现任经济日报社一家子报的社长）、赵铁骑（插入1984级本科，现任中央人民广播电台副台长）、李宏伟（插入1985级，原在人民日报社，现任河南省委宣传部副部长）、张严（插入1985级，原在人民日报社，现任湖南省信访局局长），先例很多，不胜枚举。

正是基于这样的专业教育思想，何微先生在任职西比政法学院（现为西北政法大学）副院长兼教务长、新闻系主任时，"顶风"坚持将新闻学专业办到本科结业。何微先生就这样"赤手空拳"（没有教师、没有教材、没有专业教学设置）在古都西安办新闻学本科专业。到毕业时，除一部分学生分配在陕西、山西家乡省份的新闻单位以外，很大一部分人都分到了首都北京。为什么呢？当年《人民日报》、新华社、中新社以及中央三台（央广、央视和国际台）需要人，其人事部门到处找，结果仅有西北政法学院有新闻专业的毕业生，真是"奇货可居"呀！当时，办新闻院系的高校凤毛麟角，仅中国人民大学、上海复旦大学等有，且招收学生有限，无法满足中国新闻事业对专业人才的迫切需求，是高等新闻教育脱离生源与供不应求引起的必然结局。这批新闻学专业人才中，仅就我所见过面或认识的，就有王永安（曾任人民日报社群工部副主任、中国社科院研究生院新闻系主任）、蔺安稳（曾任中新社副社长、副总编辑）、刘荣庆（曾为创建中新社驻陕机构的首席记者、现陕西省报刊审读员）、薛大新（人民法院报社总编辑）、惠金义（曾任新华社山西分社高级记者、采编部主任、党组成员）、李果（曾任新华社山西分社主任记者、农村采访室主任）、杨润本（曾任新华社陕西分社办公室主任、分社机关党委书记）。"有教无类"且"分门别类"地实施新闻学专业教育，成绩自然不菲。

在何微先生看来，新闻学专业教育不可能一蹴而就，要求学生一毕业就"水到渠成"，能在采写编评摄一线做起合格并且很优秀的新闻记者、新闻编辑来，是不可能的。在学校里的新闻学专业本科教育，还只是"入门"，毕业生只是抱了块新闻工作能"入门"的"入门砖"，这就是"入门靠师傅，修行在个人"！木匠、铁匠、箍桶匠、泥瓦匠的学徒，出师后为什么还围绕自己师傅的工地上做几年呢？没有声誉、难找见活路啊！新闻学专业也是这样，大学本科专业毕业，进入新闻单位工作，只是学堂课程教学结束了或暂告一段落了，这是新闻学专业教育的最初一步，下一阶段就是进入新闻单位后自学教育、单位所开展的专业教育和专业培养了。照何微先生的想法，要做合格且优秀的新闻工作者，入新闻学专业教育之前的基础教育是第一个阶段，入新闻学专业的学校课堂教育是第二个阶段，进入新闻单位后的专业岗位教育和培养是第三阶段。除了个人的不断努力、不懈进取以外，受这三个阶段的教育、培养或培训，循序渐进，才能不断进步、成就事业啊！

何微先生还认为，新闻学专业的基础教学、理论教学和实践教学同样重要，必须引起教育者尤其是教育领导人和教育管理者的足够重视、着力关注。就新闻学专业教育方面或过程来说，"基础教学"就好比是"进口"，关系到生源问题；"理论教学"就好比是"生产加工"，关系到专业理论和专业知识的教育，即新闻学专业必备的理论修养、专业必需的知识掌握，都应该在理论教学上把好关，注重提高专业理论品质；实践教学就好比是"出口"，关系到专业学生毕业后的去向，能否找到专业对口或相近行业的合适岗位。强调"基础教学"，就是做新闻工作要有中、外语言文字和社会各行业的一般学识基础；注重"理论教学"，就是为做新闻工作来学习、研讨专业理论，了解中、外新闻事业的历史进程，掌握新闻工作实务的基本知识和基本技能；还要特别注意"实践教学"要求修学新闻学专业的学生，能够把专业书本的理论知识与实际操办新闻业务紧密结合，直接转化并提升为做新闻工作的实际能力。

据何微先生介绍，美国密苏里新闻学院，其一、二年级属于预科，就是母语的语言文字为主的教学，提高英语阅读、写作能力，当然还包括学一门或两门外国语；三、四年级这两年，就是在学院办的新闻媒介里做事，将新闻传播工作的一个环节做完、做熟了，再去做下个环节的工作；五、六年级为新闻专业最后两年，主要是新闻学专业的提高课程和研究课程的教学，要求在做会新闻工作后能够争取"优秀"。何先生说："解放以前美国驻华大使兼任新闻学院、系领导的燕京大学新闻系，那时的毕业生，我见过，也曾接纳过毕业生来做新闻工作，学制是 5 年，能够用中、英文写作新闻稿件。我看，现在的研究生，能够用英文写出新闻稿的，很少见。过英语四级或六级，那是英语的水平考试；能用英文写或改写新闻稿件，那是专业外语水平的要求。然而，现在不说是用英语写，就是用汉语写，研究生毕业的也有不会写新闻评论、写不好新闻评论的。所以，在新闻学专业的教学上，至少从本科开始，就应该是基础教学、理论教学和实践教学三者并重。新闻工作是'实战'，新闻学专业的毕业生，采访不到新闻，写不好新闻报道稿件，配发不出新闻评论，那就等于是工厂生产的产品中出了'废品'，只有送去废品收购站了。"

何微先生在指导研究生时，除研究生本人有过新闻工作经历者外，都非常关注研究生的专业实习环节。1988 年夏，已是 70 多岁的他，冒着酷暑，带着张海华（1987级研究生）来到山西太原，找见山西日报社社长和总编辑，商量安排张海华在山西日报社实习半年。1990 年，他又亲自联系、安排马续凤（1989级研究生）到新华通讯社国内部农村组实习 1 年，并要求马续凤全面了解新华社农村报道改革 10 年的情况，为做硕士学位论文收集材料。

何微先生主张，新闻学专业的教学，与其他人文社会科学的学科一样，必须是一个渐进的过程。人文社会科学的教学或研究，主要在知识的逐渐积累。他坚定地认为，从事人文社会科学的工作，不注意积累，就无异于在沙滩上盖高楼大厦，盖不起来，就是硬盖起来了也会倒塌或垮塌。他说，新闻工作规律要在教学过程中让学生逐步认识、把握和遵循，不可违反。新闻工作规律，在新闻学专业理论课程的教学上，在所选用的教材和所写出的讲义中，或者是授课教师在黑板上板书出来或者是运用多媒体教学器材播映出来，一般都是用"原则"来概括、来表示、作为标识的。这些"原则"有：新闻工作的真实性原则、党性原则、新鲜性原则、群众性原则、公开性原则、接近性原则、趣味性（可读、可听、可视、可浏览）原则、舆论导向和舆论监督原则等。"原则"是对新闻工作规律的概括、归纳和表述，在理论教学的课堂上要讲得清楚明白，让学生逐步认识、把握并在专业实践中注意遵循，绝对不可以违反规律。

报道失实是一个世界性的问题，应严格要求学生，防止新闻失实，杜绝虚假报道；论从史出，注意对中外新闻事业发展历程的理性总结；理在事中，要使学生在学做新闻工作中自觉遵纪守法，严守记者信条、道德规范；用事实说话是做新闻工作的根本技法和努力目标；叙事和议论是新闻信息的基本表达方式，要教育和培养学生叙事和表意并重，不能有所偏颇；等等。他生前的这些新闻学专业教育思想，至今耐人寻味、深受启迪。

（作者系何微先生指导毕业的研究生，先后获文学学士、法学硕士、哲学博士学位，现为河北经贸大学教授、华北科技学院兼职教授。本文写于 2016 年 3 月 15 日。原载《西部学刊》2016 年 4 月下半月刊第 73 页至第 76 页）

新闻教育家何微先生

张昆

何微先生离开我们已经两年多了。当时，我得知先生故去的噩耗，代表学校和新闻学院星夜兼程赶往西安，出席了陕西省为他举行的隆重的追悼会。何先生永远离开了我们，我不愿意相信，但又不能不接受。两年多了，何微先生的音容笑貌，时常在我的脑海中显现，仍然在鞭策着我们这些后生。其宽厚的长者之风和严谨的治学态度，每时每刻都在激励、鼓舞着我，教我怎样做人，如何做学问。我有今天的进步，应该感谢先生的栽培、提携，实在太多。此时此刻，我不由想起先生在武汉大学担任新闻研究所所长期间的几件事情，其为人为文之风，足为我辈楷模。

我最初认识先生，是在1986年7月。当时我刚从中国人民大学毕业，分配至武汉大学新闻系任教。早就听说刘道玉校长为办新闻教育，从西安调来了老报人、著名的新闻学者何微先生，担任武汉大学新闻学研究所所长。初来乍到，我自然要拜访各位领导。在一位青年教师的带领下，我们来到了位于北三区的资深教授住宅楼。先生住在三楼，一套大的三居室。一个老人打开大门迎我们进屋，他身材不高，面目清癯，精神抖擞，和蔼可亲，一副典型的学者模样。他就是我们要拜访的主人。我真不敢相信他就是大名鼎鼎的何微教授。一个从延安走来、经过战火洗礼的老报人，在我们的印象中，似乎应该更为高大伟岸，怎么也难与眼前这位忠厚老者联系起来。

先生招待客人的方式很特别。当时天气相当热，我们进门时已经是大汗淋漓。他让我们坐下后，拿出一瓶啤酒，每人斟满一大杯。"权且以酒当茶，欢迎各位！"我们之间的交往就此开始了。从此直到1990年，我隔三岔五地往先生家里跑，多半是一个人去，一聊就是两三个小时。我们谈新闻史，谈新闻界的人物，谈当前新闻理论研究的动态，谈新闻教育的基本理念，一谈就没个完。先生总是那么热心，总是有那么多新的东西，在畅谈的同时也愿意做一个听众。有时谈着谈着连饭也忘记做。这时我才觉得该离开了，该让他休息了。

先生是一个十分爱护青年的老者，特别是对于一些爱动脑筋、思考新问题的青年人，他总会给予鼓励。记得在1986年冬，武汉大学新闻系和新闻研究所联合举办了一次高规格的新闻理论研讨。我在会上发表了一篇论文《宣传过程中的逆反心理》，文中强调了受众的地位，引起了与会专家的注意。其中有一个德高望重的教授表示不同意我的观点。但是先生在仔细阅读了拙作之后，公开地肯定了这篇文章的价值，他还建议把它拿到学术期刊上发表。先生的肯定，增强了我的自信。随后，这篇文章果然在中国社会科学院新闻研究所主办的《新闻学刊》上公开发表了，其论点被人们多处引用。在2000年武汉大学召开的中国财经高级论坛上，天津师范大学新闻系主任刘卫东教授还高度评价了这篇论文。

我从此走上了新闻学术研究的道路。1988年，我在武汉大学申请了一个科研项目"新闻受众研究"。在项目进行的过程中，先生给予了我不少的启发。他建议把重点放在受众心理研究方面，要注重吸收心理学特别是社会心理学的研究成果。他还提出逆反心理固然值得重视，但传播过程中的从众心理更应该引起新闻学者的注意。先生谈起社会心理学时，眉飞色舞，十分兴奋。先生的观点，引发了我的联想。

我之所以能完成这个课题，实在是离不开先生的鼓励。

在我的印象中，先生还是一个开放型的学者。他有自己的专长，长期以来，他一直研究新闻理论、新闻思想史，有不少论著传世；在法学、古文字学方面，也有较深的造诣。但是他对于科学的新发展，对于学科的前沿，对于学术界的热门话题，对于新闻传播界的业务改革，也十分地关注。他是一个名副其实的博学者。任何人，不管他的知识背景如何，都可以找到共同语言与他交流。不只是我，其他的一些朋友，也有这样的感觉。不过，先生在晚年主要的精力还是集中于中国新闻思想史研究。他有一个宏愿，希望在有生之年完成一部中国新闻思想通史。为此，他花费了巨大的精力，从浩如烟海的历史资料中，去粗取精，去伪存真，编成了一部数百万字的史料长篇。这一拓荒的建设性工作，为后人的同类研究打下了坚实的基础。

先生严谨的治学态度，也为我们后辈树立了榜样。他经常说，做学问，写文章，是一件十分严肃的事情，要经得起历史的考验。对当时学术界功利、浮躁的倾向，他不以为然。他身体力行，以身作则。在新闻思想史研究方面，涉及许多古文献，从甲骨文、钟鼎铭文到竹简，有时为了一个复杂的字，他不耻下问，反复鉴别考证，要花上好几天的时间。我经常看到先生拿着放大镜，对着线装书、拓片沉思的情形，他身边的工作人员至今仍不时提到这样的例子。先生的言传身教，影响了新闻系年青的一代。新闻与传播学院能有今天的局面，先生功不可没。

先生来武汉之前，本是国家的高级干部，享受副部级待遇。在武汉大学的几年，已年逾古稀。由于夫人没有随调武汉，先生只身度日。虽然在身边有众多的学生和青年教师，但是毕竟不是先生的家庭成员。人到老年，本应儿孙满堂，享天伦之乐。可是为了事业，先生毅然放弃了家庭，放弃了优厚的高官待遇。先生的生活十分简朴，从他平时桌上的饭菜，根本看不出他是一个高级干部、知名教授。艰苦、单调的生活，常人无法忍受的寂寞，丝毫没有影响到先生对于新闻教育、新闻学术的执着。他对工作、对学生倾注了满腔的热情，对同志表现出了春天般的温暖。在他的身上，集中体现了一个淡泊名利的学者、一个高风亮节的党员、一个诲人不倦的师长、一个宽容厚道的老人所应该具备的全部品质。

1991年9月，我自日本留学归来时，先生已经离休回到了西安。从此，我们见面的机会少了。1993年、1995年，先生在新闻学系建系十周年、新闻学院成立时，曾两度回到学校。我当时的印象，先生还是那么精神、那么健谈、那么乐观。一次我们在珞珈山盘山公路上散步时，他行进的速度叫青年人自叹不如。打那以后，我们只有书信往来，有时节假日，还是我们先收到他的贺卡。先生的心中始终有我们的位置，我们也无时不在挂念着先生。

我没有也不敢设想先生会离开我们。但是，两年前的清明节后，我最不愿意见到的事情发生了。先生终于放下了他的事业，放下了他未完成的书稿，离我们而去了。"泪飞顿作倾盆雨。"我们惊呆了！他的同事、他在武汉的学生，无不悲痛伤感。两年多过去了，先生走得可好？如果有天国，我想先生一定还在牵挂着我们，一定还在牵挂着我们新闻学院。可以告慰先生的是，他的事业后继有人，武汉大学新闻学院已经在他所奠定的基础上，上了一个新的台阶：我们已经拥有了自己的博士点，在原有的新闻学、广播电视新闻、广告学之外，又创办了播音与主持艺术、网络传播专业。最近根据学校安排，新闻学院与印刷工程学院联合组建了新闻与传播学院。新的学院拥有一个博士点、三个硕士点、七个本科专业，其教学水平、办学规模均有了很大的提高。我们有信心把新闻与传播学院办得更好。

何微先生，请安息吧！

（本文原载《何微新闻思想与实践》第 75 页至第 78 页，车英主编，武汉大学出版社 2001 年 8 月出版）

"这八年，我今生无悔！"

——记何微教授在武汉大学锐意进取、创新的峥嵘岁月

车英

何微先生于 1999 年 4 月 6 日逝世，至今离开我们已近 17 年。今年，恰逢何微先生诞辰百年。每当想起何先生对武汉大学新闻教育所作出的卓越贡献，我总充满无限的崇敬。

（一）

何微教授在武汉大学工作了整整 8 年。

1983 年 8 月，武汉大学新闻系挂牌成立。时任武汉大学校长（全国最年轻的重点大学的校长）、著名教育家刘道玉教授，为了武汉大学的发展和新闻教育事业在祖国的中部崛起，亲自写信、发电并多次派人赴西安请何微南下执教。这位历尽人间沧桑、南北征战的老抗大、老延安，曾在 20 世纪 50 年代与吴玉章、徐特立、田家英、郑振铎、华山、叶圣陶、魏巍、丁玲、刘白羽等共同执教于中国人民大学、

北京大学和《中国青年报》新闻班。这位年届七旬的副省级老干部，不顾家人和亲人们的劝阻，为了自己毕生的事业，毅然于1984年盛夏离开西安，只身南下武汉大学执教。他很快创办了武汉大学新闻研究所并首任所长。2009年3月，刘道玉校长听说我要来西安参加何微先生新闻思想座谈会，对我说："改革者就是知音，我与何微先生是在改革中相识、相知的。我为了创办新闻系，特邀请他到武大执教，而他为了支持我所推行的教育改革，义无反顾地来到他生活并不熟悉的南方。何微先生在珞珈山工作的8年中，奉献了他的学识、智慧和全部精力。"并写信说："每当我回忆武大新闻系成长的历史，我们永远不会忘记何微先生的巨大功劳，他以精湛的学术、严谨治学的态度和忘我的奉献精神，给我们武大新闻系的师生们留下了难忘的印象，这是他留给武汉大学的一笔巨大的精神财富！"

（二）

然而在武汉大学，一提到何微教授的名字，不少人都会产生这样的疑问：何微，何为呢？偌大的年龄，快七十了；偌高的资格，副省级干部；偌深的学识，抗大毕业，北大任过教；偌长的经历，1937年2月参加革命，抗日战争前的，属红军时期的老革命。此时的他，离开夫人来到武汉大学当个小小的新闻研究所的所长，何苦来哉？

对于这类问题，何微总是这样回答道："我来武汉大学，一不为官，二不为名，三不为利，为的是把武汉大学新闻系办成全国第一流的新闻系，为的是把我们的学生个个都培养成合格的新闻人才！"

何微认为：要办好新闻教育，其首要关键在于抓好师资力量的培养工作，需要一批德才兼备的"名师"，促使"名师出高徒"；办好新闻教育的第二个关键就是抓好新闻专业学生的培养工作，"应以政治家和社会活动家的标准要求新闻专业的学生。今后新闻专业的毕业生要有较高的马克思主义素质，有驾驭全局的能力，思维敏捷，知识储备充足，写作技能娴熟，能直接阅读外文报刊"等。

1984年9月，刘道玉校长主持召开学校党政联席特别会议，专门研究"如何办好新闻教育"的问题。何微在会上重申了上述观点，提出了六点意见：一是要把武汉大学新闻系办成全国第一流的新闻系。二是提出新闻系要创造条件开办微电子新闻学（今日之网络新闻学）专业，广播电视专业要创造条件开办广播电视编导和主持专业。三是要建立一个点，即硕士学位授予点和博士学位授予点；新闻系的学生要实行"双学位制"，尽快培养出一专多能的合格新闻人才。何微同时又指出；新闻系可在正常招生的同时，在全校范围内招考学生攻读新闻学作为第二学士学位，充分发挥武汉大学学科齐全、实力雄厚的优势，一旦时机成熟，则应立即增设更高层次的"双学位制"，以适应时代的发展和社会的需求。四是要办好一个刊，即新闻学术期刊，让教师、学生们的科研水平得到充分发挥，并使之影响全国。五是武汉大学要有超前的眼光与胆识，其新闻学研究与教学要面向未来，新闻教育面向未来重组新闻教学科目，增加几门新闻学的新学科，如新闻管理学、比较新闻学，尤其是要重视微电子新闻学的教学与研究。六是要在新闻学研究所建立新闻文献资料分析与检索系统，建立图书管理、资料管理、电脑数据、信息传播研究四结合的智据科学，运用电传及计算机进行信息储存、分析与检索，成为与现代化新闻教育相配套的新闻学研究机构。

何微教授的这些新闻教育思想，当即受到与会各位领导的赞许。20多年来，尽管历经了不少风风雨雨，但何微的新闻思想在武汉大学延续着，何微的新闻教育思想，在武汉大学新闻与传播学院这块"试验田"里正在逐步地实现着。正如刘道玉校长后来对我回忆道："1984年秋，何微先生以六十有八的高龄只身南下，领衔创办武大新闻系。在他的领导下，制定了新闻系发展的目标：力争3年内，实现'三个一'，即一个新闻研究所、一个硕士学位培养点、一个《新闻评论》刊物。由于他卓越的学术水平和领导才华，武大新闻系的学术水平和知名度迅速提升，从较晚起步的一个新闻系，一下进入全国大学新闻系的前三甲。"过去，在我国新闻界有"北甘、南王、西北何"之说，后来就变成了"北甘、南王、华中何"的三足鼎立之势，至今这种地位依然保持不变，堪称"三巨头"。"北甘"指中国人民大学甘惜分教授，"南王"指复旦大学王中教授，"西北何""华中何"即指何微教授。刘道玉校长1996年4月诗赠何微曰："过古稀南下执教，创新业老当益壮；珞珈山培桃育李，德劭业伟日明昭。"这就是武汉大学人对何微教授的中肯评价。

（三）

任何一件事物都有其两面性，任何一项新的事物和成就的出现，有人会说好，有人会说不好，这都是很正常的事情。然而，在中国历史中却总是把正常的事情变得反常。殊不知，在中国的历史长河中何时形成的这种"怪圈"：那些不学无术又不干正事的人却能指手画脚，而那些埋头苦干又有真才实学的人却总是受到非难。

武汉大学并非真空世界。在一场"动乱"之后，有人便借口批判前任校长刘道玉的"晶核论"进而株连一大批颇有成就的专家、教授。因何微是刘道玉请来的，自然也在株连之列。

一时间，无中生有的诽谤、阴险恶毒的攻击、无边无垠的上纲上线铺天盖地而来，就好像"文革"又来了似的。经过无数次战争考验、又经过10年与"浩劫"抗争的何微，面对这一切，他镇定自若，如同当年在战场上作战一般，有理有节地对此进行了无情的回击。

诚然，好人总是有的！此时，曾在审判两大反革命集团案中作出卓越贡献而名扬中华的大律师、著名刑法学家马克昌教授勇敢地站了出来，义正词严地说："刘道玉的'晶核论'是符合马克思主义辩证法的，不能批！何微是一位老革命，又做过政法教育工作，也是批不倒的！"

真金不怕烈火炼，何微的思想更加坚定。他身体力行，教书育人、严谨治学、勇于出新的精神深受同事和学生们的爱戴和尊敬。他寄希望于年青一代。因此，不管是刮风下雨，还是冰天雪地，或是在疾病缠身之时，何老上课无一次迟到或缺课。

值得一提的是，何微不论是在冰冷刺骨的严冬西安，还是在赤日炎炎的盛夏武汉，他呕心沥血，辛勤笔耕，不仅完成了一部总结党的新闻工作传统的专著《新闻科学纲要》（30余万字），而且完成了500余万字的《中国新闻思想发展研究文集》巨编和20余万字的《中国新闻思想发展研究专论》，较为完整地勾画出了自远古时代起一直到现代我国新闻思想发展的大致脉络。这两部书开拓了我国新闻学研究的崭新领域，填补了我国新闻学研究的一项大的空白。他在《武汉大学学报》（社会科学版）1990年第1期上发表题为《关于中国古代新闻思想发展研究》的论文，第一次提出"自有人类以来，就产生了新闻思想和新闻传播活动，而且人类的新闻从未停止过，它是由低级到高级发展，受到新闻思想的支配"；第一次提出"在三千年前，关于新闻记述的要求和思想已基本形成"；第一次提出了《春秋左氏传》是我国第一部新闻作品选集，之后又撰文更全面翔实地专项对此进行论证。

何微年复一年、日复一日，不断探索，精益求精。在科学研究的道路上，何微先生历经如此的艰难、如此的坎坷，是一般人难以想象和承受的，实令后生折服：一位七八十岁的老人，超越时空与年轮，以非凡的毅力、精神和胆识去追求与摸索，如此的激人奋进，如此的催人泪下……

1996年，我国著名哲学家陶德麟教授诗赠何微教授曰："鸿文掷地有金声，笔走龙蛇几度春；百战征袍终不卸，黄宫挥尘育新军。"并附言道："何微同志早岁献身党的新闻事业，建树甚丰；晚年在武汉大学新闻系执教，擘画之功亦巨……"

每当何微回忆起在武汉大学工作的这8年光景，他老人家总是说："这8年，我今生无悔！"

（四）

我是何微先生的学生，又是何微先生的同事，更是何微先生的忘年朋友。何微先生不论在学业上还是在生活上对我无微不至的关心和照顾，使我终生难以忘怀。

1996 年春天，何微先生给我题写了"野物不为牺牲，杂学不称通儒"书法条幅，我一直都挂在客厅的正中央，作为我不断进取的行动指南。

2000 年我主编《何微新闻思想与实践》一书时向甘惜分先生约稿，甘惜分教授欣然为之题写了一副对联："发愤读书三万日古今学术满纸，艰苦耕耘六十春学子遍布中华。"应该说，这是一位老战友、老朋友、老道友对何微先生最中肯贴切的评价！

我国法学泰斗、著名国际法学家、武汉大学资深教授、时年 91 岁高龄的韩德培先生，读了《何微新闻思想与实践》一书后，欣然题词："赞何微同志：求索不止，一身正气；树华夏传媒，不朽丰碑，光辉楷模。"在何微先生逝世后，我曾三次凭吊过何微先生的墓地，缅怀何老为我国的新闻事业及新闻教育事业所作出的巨大贡献。2006 年春天，在我凭吊何老时偶发感叹，写下一首诗，以表我继承何老之志。诗曰："新闻巨擘西北何，无私奉献著述多；晚生勤奋不负望，满怀豪情写新说。"缅怀前人，是为了激励后人；回顾往昔，是为了继往开来。我们要继承和发扬何微先生的新闻传播思想，学习和借鉴何微先生的新闻实践经验，不断进取，勇往直前！

（作者系武汉大学中国边界与海洋研究院教授，《武汉大学学报》原常务副主编，武汉大学新闻与传播学院教授。本文 2016 年 3 月 12 日写于武汉大学。原载《西部学刊》2016年 4 月下半月刊第 63 页至第 65 页）

何微与西北政法大学的新闻教育

吕强　张怡　苏丹

摘要：何微是西北政法大学的前身西北政法学院时期的副院长兼教务长。来校工作之前，他已长期执业于我国的新闻实践工作，深谙新闻规律；来校担任领导职务后，又长期从事新闻教学和教育工作，对新闻教育规则也十分熟悉。20 世纪 60年代，何微较好地克服了当时因国家经济困难，新闻教育将被裁撤的种种困难，使西北政法大学的新闻教育在当时得以保留并坚持培养完首届学生。随后又经他长期呼吁，在"文革"中停办的政法新闻教育，终在 20 世纪 90 年代得以复办。他不仅是西北政法大学新闻教育发展史上两个重要阶段的奠基人，而且还摸索出一套"新闻理论与新闻实践相结合"的教育模式规律，体现了他"新闻有学"的教育培养理念，对今天政法大学的新闻教育发展具有很大的启发。

关键词：何微；西北政法大学；新闻教育

西北政法大学是一所具有光荣革命传统和新闻教育历史的西北名校，迄今已有 79 年的建校时间。其前身先后经历了 1937 年中国共产党在延安创办的陕北公学、1941 年的延安大学、1949 年的西北人民革命大学、1953 年的西北政法干部学校和西安政法学院以及 1963 年的西北政法学院等几个重要发展阶段，于 2006 年更名为西北政法大学。学校新闻教育事业的兴起，源于早期的延安大学时期。1946 年，时任延安大学校长的李敷仁创办了新闻班，并聘任当时有名的新闻记者范长江担任教员。其后，新闻班逐渐发展为西北人民革命大学新闻系。历经几十年的薪火相传，至中华人民共和国成立后的 20 世纪五六十年代，受自然灾害的影响，当时国家经济正处在困难时期，全国教育界也因此大规模裁撤与撤并高等教育专业，作为当时新兴专业的新闻学自然被列入裁撤之列。几经周折，全国最终被保留继续培养新闻学专业人才的院校仅有 3 家，即中国人民大学、复旦大学和西北政法大学。作为西部地区当时还在继续培养新闻专业本科人才的高等院校，从 1960 年至 1964 年，西北政法大学共培养新闻专业学生 79 人，而这一时期的新闻教育是政法新闻教育的重要发展阶段和困难时期，它为 1999 年西北政法大学"法制新闻系"的复办奠定了基础，何微正是这两个新闻教育发展阶段的重要奠基人。所以，研究作为当代新闻界享有盛誉的三大家之一的何微在西北政法大学的新闻教育成就，不仅有利于填补目前学术界对于新闻教育史和新闻名家研究的不足，而且对于总结我国高等新闻教育发展中的经验，也具有极高的现实意义与价值。

（一）从小学教员到战地记者、报人再到副院长的人生经历

何微（1916—1999），祖籍山西祁县，初名何友仁，青年时代参加革命后，改名何畏，取在革命中大无畏之意；抗日战争胜利后，又改名何微，意为微小，取在人民面前微小之含义，同时亦有笔名米若、石冷。他于 1916 年 7 月 23 日出生在山西祁县的一户中医世家。幼年时的何微，因聪颖上进，勤奋好学，被故乡邻里纷纷

称为"祁县小才子"，少年时代的何微考取当地的师范学校，中途弃学后前往当地一乡村小学担任教员，又因喜欢阅读、酷爱文学等原因，逐渐成为该小学的校长。1937年2月，他投笔从戎，参加了当时由薄一波在山西组织领导的山西牺牲救国同盟会，并加入该会新军军士二团"抗日决死队"，成为一名"决死队"队员。在山西牺牲救国同盟会期间，何微参与了大量当时有关抗日问题的讨论，并在山西临汾聆听了周恩来关于《目前抗战危机与坚持华北抗战的任务》的大会报告，对此他十分赞同，并欣然接受了当时军政治部主任李力果的委任，为该军编印小报——《广播台》，该报大量转载和传播有关第二次世界大战和中国抗击日本侵略的内容，这对鼓舞山西新军的抗日斗志和山西人民的抗日决心起到了积极作用。1938年10月，当何微得知中国共产党在延安创办抗日军政大学后，怀着一颗卫国的决心，毅然决定前往延安抗日军政大学（以下简称抗大）深造，他只身步行渡过黄河后来到延安进入抗大学习，在抗大学习期间，他加入中国共产党。1939年抗大毕业后，何微拟被组织派往平顺县担任县长，但在他本人的强烈坚持下，又考虑到他的特长、志趣等因素，组织最终尊重他的意见，派遣他前往《黄河日报》担任编辑，与著名作家赵树理、白介夫和王春一起经营该报。自此，何微正式成为一名战地记者、报人，先后随军报道和编辑了抗日战争时期发生在黄河周边的大小数十起战役，从此与新闻结缘。1940年，何微被调往太南《人民报》担任记者兼编委，在此期间，他随军以记者身份多次深入前沿阵地，采访并报道了"百团大战"等战役。1941年，何微又调任新华社晋豫分社社长并兼任《太南导报》社长，随后又任《晋豫日报》社长。1942年3月，新华社太岳分社成立，何微被委任为该社的随军记者，至1943年奉调任新华社太岳分社副社长兼总编辑，1944年初，又被任命为《新华日报》（太岳版）通采部部长，并多次随军进行战地采访，写了百余篇感人的战地新闻。抗日战争结束后的解放战争期间，何微又先后调任华北日报社记者，并率团报道了太原战役等一些重要战役，其中《太岳我军除夕突击　再克翼城歼敌千余》《翼城四区发动总力战坚持敌后斗争的经验》《百炼成钢的晋南人民》和《掩体是怎样筑起来的》都是他这一时期重要的随军新闻报道。至1949年初，何微任新华社太原分社副社长兼总编辑。同年4月，就在太原解放在即，应中共太原工委委任，何微参与创办《山西日报》的筹备工作，并被任命为山西日报社副社长，4月24日，太原解放，在接管了伪《复兴日报》后，何微立即组织记者采编稿件，组织工人修复印刷设备，至4月26日，首张《山西日报》出版，该报大量报道了解放运城、太原期间的战地新闻，这对以后的全国解放战争特别是华北地区的解放战争具有非常重要的影响。

中华人民共和国成立后，何微又被任命为多个新华社分社的社长和多家国内重要报社的总编辑，从此，何微先生将自身大量的精力用于中华人民共和国成立初期新闻事业的建设上。何微先后历任新华社山西分社社长、华北总分社兼北京分社社长和江苏分社社长等职务，他除了花费主要精力管理经营报纸外，依然坚守记者岗位，挤时间进行采访、写稿和审稿。1954年至1955年，何微作为中国新闻工作者代表团成员赴苏联塔斯社学习访问。期满回国后，撰写了《塔斯社关于外事报道》等7篇学习研究文章，其中被新华社编印的《塔斯社的工作经验》一书还被指定为当时全国新闻界学习苏联运动的范本。1959年，因对"大跃进""浮夸风"讲了真话，谈了自己的一些看法，被下放到陕西省凤县一个小山村。在凤县农村，他以实事求是的人格魅力，得到当地群众的尊重和信任，于1961年底，被中共双石铺公社党委评为"红旗手"，与此同时，他又赴文化部出版局，负责出版工作。到1962年夏，经组织与何微沟通，他被调往位于陕西西安的西北政法学院（今西北政法大学）任副院长兼教务长，在1962年9月5日的西北政法学院的院工作会议记录单中，详细地记录了当年何微初到西北政法学院时，学院院长王云教授向与会同志们隆重介绍何微副院长的讲话内容。20世纪60年代，何微在西北政法学院（今西北政法大学）执教四年，从此更加系统地从事新闻学理论研究和新闻专业教育工作，其学术成就与新闻教育模式逐渐享誉国内。正是何微这种从小学教员到战地记者和报人，再到高校领导兼教员的特殊人生经历，决定了他既深谙新闻实践规律，又熟悉新闻教育规则，成就了他后来的新闻理论研究与新闻实践和理论并重的教育模式，而更为重要的是影响了20世纪60年代，他参与的一系列改变政法新闻教育命运的决策。

（二）20世纪60年代，何微的不懈努力与政法新闻教育的继续保留

西北政法大学的新闻专业源于中国共产党在新民主主义革命时期在根据地延安创办的延安大学新闻班，之所以当时要创办这个新闻班，其目的是为我党培养一大批高素质的新闻工作者，从而做好抗日战争期间的抗日舆论宣传，更好地发挥新闻报道在传递信息、交流意见、凝聚人心和激励民众等方面的作用，当然，这也是当时延安及各革命根据地新闻传播事业发展的要求。1949年，延安大学南迁西安，并同时更名为西北人民革命大学，为更好地适应新时期的新闻工作需要，原延安大学新闻班也逐渐发展成为西北人民革命大学新闻系。中华人民共和国成立后，由于国家急需进行经济恢复与建设，我国的高等教育及专业设置，历经了几次重大的调整。至1958年，作为当时西北政法大学前身的西安政法学院继承了原西北人民革命大

学新闻系的衣钵，成立了新闻系，并于 1960 年招收第一届新闻专业学生。但 20 世纪 60 年代是我国自然灾害频发时期，国家经济因此十分困难。到 1962 年，当时的西北政法学院有 5 个系，校内要裁撤非法学专业的呼声很高，新闻学又因基础差、底子薄而面临即将被撤销的危机。一时间，刚来校学习才一年多的第一届新闻专业学生以及从事新闻教学与研究的教师们个个都人心惶惶。

当时何微刚来校工作不久，作为学校的副院长兼教务长，是否裁撤西北政法学院新闻系和新闻专业的历史使命自然也落在了他的肩头。而当时的西北政法学院已跻身成为全国著名的四所政法院校之一，在西北地区更是培养法律人才的中心，生源质量年年提升，法学专业的毕业生就业好到让兄弟院校羡慕的程度。所以，有部分教师认为，何必将学校有限的人力、物力和财力浪费在新闻专业的学科建设上，应进一步集中力量来发展法学学科，而对于当时有点基础，并已招生的新闻专业，他们的建议是能裁撤就裁撤，不裁撤就合并到法律系，成立相应的教研室为法学专业服务。面对这样的声音。这位来校工作之前就因执业新闻实践工作几十年而名声大噪的老记者、老报人何微，到任后的事就是了解相关情况，广泛听取教师意见，以便审时度势，让自己更多地了解学校新闻专业的具体情况，以帮助学校在校党政会议上做出正确的决策。何微参加学校有关会议时，就谈到了"新闻有学"的问题，不同意所传言的"新闻无学"的论调，希望新闻学教师们力争上游，排除万难，多做研究，将西北政法学院的新闻教育继续办下去。后来，事实证明何微的话不是随便说说的，他的话对后来西北政法学院新闻专业的继续保留以及第一届新闻学专业学生的命运起了重要的作用。

在当时全国裁撤部分高等专业的大背景下，想要让西北政法学院的新闻专业继续承担起培养新闻本科生的任务，所面临的困难是很多的，但何微凭借着自身多年来执业新闻工作的丰富经验以及对新闻教育的深刻理解，对困扰保留新闻教育的问题逐个加以研判，最终都找到了解决的途径。

首先是新闻专业是否要被裁撤的问题。何微爱才惜才，勇于面对和承担眼前的困难，面对已经招来的第一届新闻专业学生，他力排众议，坚持"新闻有学"理念，经过他和学校相关领导的多次沟通，学校同意何微的提议，决定坚持将新闻专业的第一届学生按本科学制培养至毕业，随后，在学校的大力支持下，他奔波于陕西省政府和国家相关部门之间，主动向主管教育的领导陈情，说明西北政法学院目前有能力继续培养新闻专业学生，坚决提议保留学校新闻系四年本科学制，要求将第一届新闻专业学生培养到毕业，从而完成学校培养新闻专业人才的任务。他的奔波与自身在新闻界的影响力最终得到了上级主管部门的同意，当时除中国人民大学，复且大学外，全国其余的新闻专业都被裁撤了，而整个西北乃至西部地区，唯独西北政法学院的新闻学还在坚持培养着已入校的第一届新闻专业学生，使这些学生没有因为专业的裁撤而被转入其他专业，继续按照教育部的规定学完了新闻本科专业课程，79位学生于1964年顺利毕业。这在当时引起了不小的轰动，也让当时的西北政法学院新闻专业因此而名噪全国。

其次是师资队伍的建设问题。当时要继续完成新闻专业第一届学生培养任务的工作远比向上级主管部门陈情要难得多，这是何微在学校获得继续保留新闻专业教育伊始，常常感叹的一句话，他感叹的不是现有人员的学历背景，不是工作中的暂时步调紊乱，而是实施教育任务的举措。其中按何微的经验，要继续完成一个专业的本科生培养任务，最重要的是要筹建起一支可以委以重任的师资队伍。带着这个棘手但又必须首先完成的问题，何微多次与校内相关部门的同事们研讨，研究和讨论解决的方法和措施，希望以新闻系为基础继续完成培养任务。但西北政法学院新闻系的教职工毕竟人员有限，且学历层次也参差不齐，能直接走上讲台并从事一线教学的人员不多。为此，何微一方面积极联系各大院校和科研机构，请求他们帮助广泛引进新教师；另一方面他在处理完烦琐的学校党政工作之余，不但不顾身体疲惫而亲自登台授课，而且还千里求师，从中国人民大学请来甘惜分、张隆栋和郑兴东几位教授，专门讲授新闻理论、新闻史、新闻编辑和新闻写作等课程，并安排本校新闻学的青年教师做对口助教，协助搞好教学，这些措施不仅很好地解决了困难时期师资的问题，而且也保证了教学质量。

最后是明确继续培养目标和教材编写的问题。何微在1962年调入西北政法学院之前，已在新闻界扎根了20多年，这样的从业经历，在师资力量问题解决之后，何微适时地提出了要明确新闻专业学生继续培养目标和模式的问题。当时何微综合各方面意见，果断地提出了"新闻理论教育要与新闻实践工作相结合"的培养目标和模式，即要求学生应以政治家和社会活动家的标准来要求自己，使今后自身有较高的马克思主义素养、有驾驭全局的能力、思维敏捷、知识储备充足、写作技能娴熟和能直接阅读外文报刊的特点。这一目标和模式的提出，立即获得了当时新闻学界和新闻业界众多学者们的共同认可。但现实的问题又一次为难着何微，作为当时先进的新闻理念，要把它转化为现实中的新闻教育，要解决的头等大事就是教材编写与实践基地的问题。何微凭借自己在新闻界的影响力，很快联系到了陕西日报社、西安日报社等几个单位作为学生们的实践基地。实践基地落实后，剩下的就是教材问题了，但当时不要说是新闻实践方面的教材，就是纯粹新闻理论方面的教材也基本上没有几本，唯独的几本还是翻译外国学者的著作，学生阅读起来很是困难。面对这种现实，要么另起炉灶自编教材，要么放弃新闻理论与实践相结合的培养目标和模式，从事毫无特色的纯新闻理论教育。最终何微还是选择了前者。据当年新闻系的同事回忆，当时为完成第一届新闻系学生的培养，何微鞠躬尽瘁、事必躬亲，亲自披挂上阵研究问题，编写教材。他经多方调研先后给兰州大学、武汉大学、中国人民大学的专家们写信，请教相关问题后，为新闻系学生们编印了油印教材，如今这些实物就摆放在西北政法大学新闻传播学院何微纪念馆的展台里。

总之，20世纪60年代，西北政法学院的新闻教育之所以能够保留，顺利完成第一届学生的培养任务，这与何微的不懈努力和全体政法师生的共同支持有着密不可分的关系，这不仅继承和发扬了西北人民革命大学新闻系——延安大学新闻班的传统，而且还稳定了当时79位新闻专业学生们的情绪。甚至可以这样说，如果没有何微的不懈努力，西北政法学院将不能顺利地完成20世纪60年代首届新闻专业学生的培养任务和培养目标，也不可能为以后西北政法大学法制新闻系的复办奠定坚实的基础。

（三）晚年何微的长期呼吁与法制新闻系的复办与发展

1965年初，何微被调去从事"四清"运动，作为工作组成员先后被抽调到西安交通大学，陕西省人民医院，并被中共陕西省委委任为陕西省人民医院"四清"工作组组长，代任陕西省人民医院院长，至1970年，何微离开了西北政法学院，被调往陕西省"革命委员会"卫生局办公室做负责工作。1974年2月，在当时的陕西省第一书记李瑞山的提议下，何微调入陕西日报社工作并担任该社党委副书记，到1975年8月，又提任他为该社党委书记。从1980年6月起，何微在陕西日报社内创办了新闻学期刊《新闻研究》。1981年11月，何微调任陕西省社会科学院任党委副书记、副院长，1982年5月起提任院长，1983年底改任顾问，并兼任陕西省社会科学联合会主席、考古学会会长，至1984年夏又孤身赴武汉大学执教。

晚年的何微，虽事务繁身，但仍心系着西北政法学院和西北政法学院新闻教育的建设。西北政法学院1972年被撤销，因此新闻教育也被迫停办。1978年，西北政法学院迎来了国务院批准在原校址上复办的喜讯，并于1979年开始招生。但基于各种原因，西北政法学院新闻教育的复办却被暂且搁置了下来。对此，经过何微多年奔走呼吁和不懈努力，至1996年夏，他将刘荣庆叫到家中，由何微口述，刘荣庆执笔记录并起草，提出了在西北政法学院复办新闻系的建议和实施方案。但面对当时国家教委限制新办新闻传播类专业的措施，为获得批准，何微与时任西北政法学院党委书记的张力、陕西省教委领导以及刘荣庆商定后，决定将起草内容写为：1.复办而不是新办；2.定名为"法制新闻系"，以彰显立足西北政法学院的特色；3.同意把有"北甘、南王、西北何"之称的何微作为西北政法学院法制新闻系的"学术理论旗帜"上报。经过积极的奔走和西北政法学院第一届新闻专业毕业生的鼎力相助，1999年1月，西北政法学院喜获教育部批复，同意复办西北政法学院新闻教育，并在法制新闻研究中心的基础上组建并定名为"法制新闻系"。但就在法制新闻系获批的同年，何微于4月6日，在西安逝世，享年83岁。

饮水不忘思源，何微将他毕生的精力和才华都奉献给了祖国的新闻事业。他的人生，是德才兼备、成果等身的一生，从而获得了后世学人盛赞的"西北何"的美誉。如今的西北政法大学新闻传播学院是在当年何微力主保留的新闻教育与积极呼吁才得以复办的法制新闻系的基础上发展而来的，并在2003年由法制新闻系更名为新闻传播学院，目前学院共设6个本科专业，已建成西北地区唯一的法制新闻与传媒法硕士点，并于2010年获批"新闻学（法制新闻）"国家级特色专业、2013年被列为国家教育综合改革试点项目名单、2014年获批新闻与传播专业硕士点，2015年开始招生，实行业界和学界双导师制。2014年申报的国家社科基金课题"新媒体新闻侵权研究"喜获国家重点项目、2015年获批校级"卓越传媒人才培养基地"和"新媒体"本科专业。与此同时，学院还依托现代传播实验中心的广播电视、编辑出版和摄影等5个实验室成立了"跨媒体协同创新实践基地"。现在的西北政法大学新闻传播学院已建设成为全国三大法制新闻人才培养基地之一和陕西省国家政策与社会舆情评价的协同创新中心。

（四）何微对西北政法大学新闻教育的贡献及启示

何微虽然在20世纪60年代来西北政法大学工作的时间不算长，但他为西北政法大学的新闻教育所保留下来的基础和开创的"新闻教育培养目标与模式"的价值和意义是不容忽视的，即使站在今天西北政法大学新闻传播学院的发展高度上去审视那时的新闻教育，依然有很多方面对现在的新闻传播学院的发展具有借鉴作用，笔者仅择其要者，简单叙述如下。

1. 对"新闻有学"的深刻理解与不懈追求

新闻传播学起源于19世纪末至20世纪初的西方，而在我国兴起并发展起来，则晚至20世纪的60—80年代，其最初寄生于传统的中文学科中，直至20世纪末到 21 世纪初的几年内，它才从传统的中文系或是文学院中脱离出来并独立设系。而即便是今天，新闻传播类专业仍是文学学科中的二级学科，并未独立发展成为一个一级学科。鉴于此，有很多人认为新闻传播类专业就是文学，就是中文。但事实上，如今的新闻传播类专业随着新闻传播技术的迅猛发展，早已突破了传统中文类、文学类的学科范畴，发展为一门交叉性很强的应用型综合类学科。所以，要学好和应用好新闻传播类专业，必须深刻理解何微"新闻有学"的含义，并为之不懈地努力追求。

2. 坚持推行"新闻理论教育与新闻实践工作"相结合的教育目标和模式

何微以其执业几十年的新闻实践工作者的经历和身份，在 20 世纪 60 年代来西北政法学院执教新闻教育，从而特别强调新闻教育的实践导向。将教学活动始终同具体的新闻实践工作相对接，引导学生们边学习理论知识，边从事新闻实践，让他们在学的过程中体验做的要求，从实践的过程中领悟新闻理论的规律。这对当下我国新闻教育过程中重理论培养、而轻新闻实践工作的教育缺陷，仍然具有重要的借鉴作用。

3. 因地制宜，科学的教育方式要根植于它立足的基础之上

何微因地制宜，在 1996 年，提出在西北政法学院复办新闻系的提议后，他锐意研判，将复办的新闻系与西北政法学院这所以法学专业见长的高等院校的实际结合起来，提出办法制新闻系的方案。法制新闻系的提出，不但科学地处理了新闻学与法学之间的关系，也彰显了法制新闻系与西北政法学院之间的关系，为顺利获批奠定了基础。更为可贵的是正是有了法制新闻系的提出，才有了法制新闻学国家级特色专业和法制新闻与传媒法硕士点的设置，以及法制新闻学国家教育综合改革试点项目和国家重点社科基金项目"新媒体新闻侵权研究"的获批，也才会有未来西北政法大学新闻传播学院以此为基础的重大发展。

何微与西北政法大学新闻传播学院的起落

刘荣庆

何微先生在西北政法大学新闻传播学院的第二次起落与第三次复兴中，处于一个关键性的地位，也是学术理论旗帜。可以说，没有何微，就没有西北政法大学新闻传播学院的今天；而学院今后的存在和兴盛发展，也离不开何微这样一位中国20

世纪后半叶的新闻学界、新闻教育界的泰斗。何微较李敷仁小 17 岁，较范长江小 7 岁，但三人党龄相近，新闻从业时间相近，都是新闻学家、新闻媒介的管理大家、新闻教育家，长期从业新闻采写编实务。李敷仁、范长江在新闻采写编业务与总编辑管理领域出类拔萃，堪称民主革命时期在国统区报业名扬海内外、纵横捭阖的风云人物。可惜，李敷仁在中华人民共和国成立后转向民盟与统战工作（任西安市政协副主席），无法在新闻业与新闻学领域继续施展才华。

何微 1938 年 10 月入延安抗大。毕业后，做战地记者，被陈赓、王震等将军称为"我们军内的刀笔，又快又利"。他是《山西日报》创始人之一，并先后任新华社山西、江苏、北京分社社长及文化部出版局负责人。在 20 世纪 60 年代任西北政法学院副院长并坚持以高标准办新闻系。七八十年代在任陕西日报社党委书记兼总编辑、陕西省社会科学院院长时期，创办了"文革"后中国首个大型新闻学术期刊《新闻研究》。古稀之年，老当益壮，前往武汉大学创建该校新闻传播学院、新闻研究所，主持撰写数百万字、填写全国学术空白的《中国新闻思想文集》，发表了首创性的《关于古代新闻思想发展研究》，提出建构总编辑学、电子新闻学等学术主张。并留下重要理论专著《新闻科学发展纲要》。从新闻学术贡献看，"北甘、南王、西北何"中的何微，具有自己的独到理论主张。他的学术建树，都是在李敷仁、范长江不幸亡故后，老当益壮、黄昏出彩实现的。

有学者说："1962 年，何微被调到西北政法学院任副院长。他在西北政法学院办的头等大事，便是创办了我国西部地区第一个新闻系。"（秦泉安主编《何微百年——走过的日子》第 5 页）西北政法学院新闻系，并不是何微先生创办的。我是 1960 年从临潼华清中学高中毕业经高考分配进入西北政法学院的，当时填报的第一志愿为北大经济系，第二志愿即西北政法学院新闻系。由于当时被列入留苏预备生计划，最后却既未能留苏，也没有录入北大经济系、西北政法学院新闻系，而是进入了政治经济学系。我的高中同班同学杨玉坤、李秉钧第一志愿报了西北政法学院新闻系，都被录取了（毕业后分别在《陕西日报》《人民日报》工作）。当时何微先生正在秦岭之巅的凤县进行"劳动改造"，后来获得"红旗手"奖状，被农民选为"生产队队长"。1962 年回到北京重新分配工作，中宣部让他在任宁夏日报社党委书记兼总编辑与西北政法学院副院长兼教务长两者之中选择，何先生选择了后者。就是说，他到西北政法学院走马上任时，学校的新闻系已办了两年。因此，说何微"创办了我国西部地区第一个新闻系"不符合史实。也有学者说他"西北政法学院副院长兼新闻系主任"，也不准确，是"兼教务长"，全面分管新闻系。1989 年我为《人民日报》《新闻战线》和中新社《对外报道》两刊撰写介绍何先生的《笔不辍耕五十年》、1993年为《新闻知识》撰写《何微新闻思想纵论》时采访过他，他本人从未采用"创办了我国西部地区第一个新闻系"和"西北政法学院副院长兼新闻系主任"的说法。我写的这几篇文章，都是经何先生过目审核了的。文章发表后，他也见了首发期刊。

何微在西北政法学院副院长兼教务长任上的主要成就是：

其一，新闻系首批两个班学生（共79名），适逢国家"三年经济困难时期"，政府采取合并院校和一些专业让学生放假回乡的措施，减轻国家负担，学校有的领导根据上级"砍""并"院系文件，主张把新闻系撤销或合并到其他学科；或降低教育标准，将四年新闻本科制改为三年新闻专科制，提前送学生出校门。何微力排众议，从国家迫切需要新闻人才与为学生终身负责的大局出发，主张克服困难，将中华人民共和国在西部首个四年本科新闻系坚持完整地办下去。

其二，敏锐地看到了西北政法学院开设新闻系时，并无将新闻理论与新闻实践相结合的长远规划。当学生前四学期学完马克思主义理论和一些人文社科基础课程，面临系统开设的新闻专业课时，学校却因新闻专业课师资门类不全、名师匮乏等问题而捉襟见肘。何微上任后，摒弃办战时新闻培训班那种急用先学的"游击"式教育观念，坚持正规化的新闻专业教育体系，依照课程开设的次序、课时需要，分门别类调来一批年富力强的中青年新闻教师，组建本校新闻教师队伍。对给新闻专业学生要讲些什么课程、开什么学术讲座、由哪位年轻教师讲哪门课程，予以精心设计和安排。年轻教员由此逐步成长起来，如桑义燐成为浙江大学新闻学院的名教授，编写了7本新闻著作；牛振武后来成为新华社广东分社的领导；孙欣伟成为西安外国语大学的名教授。

何微说："有庙缺神、师资不足，我想办法，请北京来一批一流的新闻教授，支援我们大西北！"除自己讲课外，他赶赴北京，从中国人民大学请了后来被称为新闻泰斗的甘惜分讲新闻写作和新闻理论；著名的研究西方传播学学者张隆栋讲西方新闻史和西方的新闻观点；著名的报纸编辑学专家郑兴东讲报纸编辑学。甘惜分、张隆栋、郑兴东开设的课程，嗣后在改革开放时期成为考核新闻工作者专业职称的学科标准。

其三，坚持新闻专业学生德智体全面发展。他要求新闻系学生要"上知天文，下知地理"；背诵《唐诗三百首》；将四大名著至少要读三遍，对《红楼梦》的语言、人物刻画、写作技巧要反复玩味。他说："这些对写新闻，至关重要。"（参见刘荣庆著《从新闻黑洞跳进又跳出》第1卷《报坛撷英》第179页《"西北何"的生命之塔》，作家出版社2008年版）

其四，在政治斗争跌宕起伏、连绵不断中，针对林彪对马列与毛主席著作"急用先学，立竿见影"的语录学习法，公开在1964年理论学习班提出"要系统地、完整地学习马列主义、毛泽东思想"。对时弊，保持独立思考、独立见解。以米若、石冷笔名在《西安晚报》开设秦中随笔专栏，发表了一批文笔灿然、实事求是而又鞭辟入里的杂文，如《殷切的希望》《漫谈杂文》《再谈杂文》等。毛锜全省作家杂文辑集《秦风》（陕西人民出版社1991年10月版）一书序里，特别提到《西安晚报》"对发表杂文也极为重视，甚至在'文革'前就率先辟'秦中随笔'专栏，发表石冷（何微）的一系列短小精悍的杂文。应该说是继《新民晚报·未晚谈》之后，在全国晚报之林中是开辟专栏较早的一家"。

何微在西北政法学院副院长兼教务长任上分管新闻系的工作，最终成果见于人才。从新闻系毕业后分配到红旗杂志社、现在陕西省委党校的宋正民深有感触地说："出名师出高徒。可以说，没有何微，就不一定能请来这些全国著名的新闻学者；没有何微和这三位学者授课，也就没有西北政法学院首届新闻系学生的科学思维、新闻理论和写作水平，就没有后来成为中国新闻战线一支崛起于黄土地的生力军。50年来的新闻实践证明，西北政法学院首届新闻系学生总的政治思想水平和业务水平，是可以和人大、复旦同期同专业学生一较高低的。何微先生对我们恩比天高。我们这一批学生总共79名，进校时将培养目标定在为地、县级新闻单位培养编辑记者。可是到毕业的时候，被人民日报社、新华社、红旗杂志社等中央级和省市级媒体一抢而空，其中40名分配到中央级传媒单位；39名主要分配到省市级传媒单位。他们之中，不少后来成为卓有政绩的厅局级领导干部与著名的记者、编辑、作家、学者。"（宋正民等《他用生命熔铸了一座新闻丰碑——怀念恩师何微先生》，《西部学刊》2016年第5期）西北政法大学新闻传播学院的第二次起落留下的遗憾带有教育体制先天设计缺陷的原因。西北政法学院新闻系只办了一届就"断"了后续招生的历史现象，是何微个人所不能挽狂澜于既倒的。

西北政法大学新闻传播学院的第三次兴起，我在前面已经提及。当时，国家教委已经发现全国新闻院系办得过多过滥，仅西安公办、民办新闻传播院系专班就达20余所（含电大与成人自学考试），毕业生供大于求。西北政法大学新闻传播学院要获得国家教委批准属于"通梦而上"。何先生与我详细分析过形势，达成三点说服国家教委的理由与申报根据：一是"恢复新闻系"而非新办；二是办全国独一无二的"法制新闻专业"（并对开设课程、每学期课程设置做了相应安排），属于填补空白；三是现有师资队伍与兼职教员相结合，以何微作为学科带头人。

遗憾的是，西北政法大学法制新闻系获批后，何微先生已经去世，没有看到这个他所期盼的结果。

（本文节选自刘荣庆《中共创建的首个新闻专业高等教育机构的起落——从西北政法大学新闻传播学院院史馆说起》，原载《何微新闻奖优秀论文选第三辑》，孙江主编，罗朋、郭森副主编，中国国际广播出版社2020年3月出版）

何微新闻教育理论与实践研究

孙江　吕强

摘要：何微是我国著名的新闻人、新闻学家、新闻教育家。在从事新闻教育过程中，何微逐渐形成了"新闻有学、实务导向、法制新闻教育"等诸多新闻教育思想。本文通过对何微新闻教育理论与实践的梳理和分析，探索其理论和实践在新时代中国特色新闻人才培养中的应用价值。

关键词：何微；新闻教育理论；人才培养

何微是当代著名的新闻人、新闻学家、新闻教育家，也是我国新闻学重要的开拓者和奠基人，被学界盛誉为"北甘（中国人民大学甘惜分）、南王（复旦大学王中）、西北何（西北政法学院何微）"中的"西北何"。20世纪60年代，何微在西北政法学院（今西北政法大学）从事新闻教育，80年代，他又赴武汉大学继续从事新闻教育工作，逐渐形成了系统的新闻教育理论。宗宝泉撰写的《从记者到教授——记武大新闻研究所所长何微》，开启了何微研究的先河，此后学界对何微的研究逐步开展起来。对何微新闻教育理论与实践的研究，对促进新时代中国特色新闻人才培养具有很大的价值和意义。

（一）何微新闻从业经历与新闻教育实践

1916年，何微出生在山西祁县的一户中医世家，从小就显露出很高的文学天赋，被称为"祁县小才子"。文学天赋为他日后从事新闻事业和教育奠定了良好基础。

1. 青年时期，何微与党的新闻事业结缘

1937年2月，何微加入山西牺牲救国同盟会，并成为"决死队"队员，随后，

何微负责《广播台》的编印工作，就此拉开了新闻工作的序幕。1938 年 10 月，何微前往延安抗日军政大学学习新闻和时政知识。在抗大学习的半年时间里，何微认真学习马克思主义理论和抗日民主统一战线，并加入了中国共产党。1939 年初，何微毕业，随即被派往《黄河日报》担任编辑，正式成为一名记者和报人。此后，何微随军报道了大小数十个战地新闻，这使得他与我党在抗战时期的新闻宣传事业正式结缘。

2. 革命年代，何微长期执业于新闻界

1940 年，何微被调往太南根据地担任《人民报》记者和编委。1941 年，何微被调到新华社晋豫分社，后来又出任《太南导报》和《晋豫日报》副社长、社长。1942 年 3 月，新华社太岳分社成立，何微被调到该社工作，并在 1943 年晋升为副社长兼总编辑。1944 年初，何微被任命为《新华日报》（太岳版）通采部部长。抗战结束后，何微被调到《华北日报》工作。1949 年初，何微调任新华社太原分社任副社长兼总编辑；同年 4 月，何微参与创办《山西日报》，并被任命为副社长。中华人民共和国成立后，何微历任新华社山西分社、华北总分社、北京分社及江苏分社社长。

3. 20 世纪 60 年代，何微在西北政法学院开始新闻教育工作

何微于 1962 年调任西北政法学院担任副院长兼教务长，自此何微开始从事新闻教育工作。当时国内经济困难，国家决定精简一些高等院校的专业。受此影响，学校要裁撤新闻专业的呼声很高。何微力排众议，主动陈情上级，表达要继续完成首届新闻专业学生的培养，到 1964 年，西北政法学院新闻专业完成了首届 79 位学生的培养。1966 年后，何微被下放农村进行劳动改造，被迫离开了工作 4 年多的西北政法学院。

4. 20 世纪 80 年代，何微南下武汉大学继续从事新闻教育工作

1978 年改革开放后，何微先后调任陕西日报社党委书记兼总编辑和陕西省社会科学院院长。1984 年，何微受武汉大学刘道玉校长的邀请从西安南下武汉，继续从事新闻教育工作，在武汉大学创办了新闻研究所，他在武汉大学执教新闻专业 8 年。在武汉大学珞珈山的 8 年时光里，何微为武汉大学新闻专业的发展贡献了全部的心血和精力，为武汉大学新闻专业发展成当时全国一流的新闻专业贡献了自己的力量。武汉大学也成为我国中部地区新闻专业实力最强的院校之一。直至 1991 年，由于年事已高，何微离开武汉大学北上返回西安。

5. 20 世纪 90 年代，何微呼吁西北政法学院新闻教育复办

从武汉回到西安后的何微，心系在"文革"中遭到停办的西北政法学院新闻专业，

力促恢复其招生。经多年奔走呼吁，在 1996 年夏，何微亲自主持起草了复办西北政法学院新闻专业的建议与方案，并提出三点内容：一是复办而不是新办；二是定名"法制新闻系"以彰显特色；三是以何微为"学术理论旗帜"进行上报。经过积极努力以及毕业生们的鼎力相助，1999 年 1 月，西北政法学院获批复办新闻学专业，并组建了"法制新闻系"。同年 4 月 6 日，何微在西安逝世，享年 83 岁。

（二）何微的新闻教育理论

何微在西北政法学院、武汉大学任教期间，对新闻教育进行了系统的研究，形成了以下六点新闻教育理论。

1. 坚持"新闻有学"

20 世纪 60 年代，何微提出了"新闻有学"的教育理论。他认为，新闻传播学虽起源于 19 世纪末的美国，但在我国必然会有大发展。因此，何微反对当时"新闻即政治和中文，政治规律就是新闻规律，当记者靠的是政治，无须读大学，通晓文字即可"等错误认识。对此，他时常邀请著名学者来校讲授课程，进行学术交流，以提高学生及青年教师对"新闻学"专业教育的理解。何微第一次参加专业讨论，就表示他赞同"新闻有学"，而反对"新闻无学"。

2. 倡导"实务导向"

何微从事新闻教育之前，是一位资深的新闻记者。在从事新闻教育后，他利用课余时间将自己多年总结起来的业界经验和实践体会整理出来，归纳提出了将新闻理论研究与新闻业务实践相结合的"实务导向"的新闻教育思想，并强调新闻教育不能只灌输新闻理论知识，也要提升新闻专业学生的新闻业务能力，积极指导学生将新闻理论知识应用于新闻实践工作。20 世纪 60 年代，何微在西北政法学院新闻系执教期间，就设置了学生到报社等业务部门实习的课程，这摆脱了当时传统的"学院式"的教学方式，探索出了带有"实务导向"的新闻教育模式。

3. 特色鲜明的法制新闻教育理论

自 1979 年西北政法学院恢复招生以后，何微就一直呼吁国家复办高校的新闻教育。至 1996 年，何微再次提出了复办新闻系的倡议。为了顺利获批和彰显专业特色，何微提出将复办的新闻系定为"法制新闻系"。"法制新闻系"的确立，是何微结合当时新闻教育现状与西北政法学院专业优势后的思想凝练。他强调依托学校法学教育的优质资源，将新闻教育与法学教育有机结合起来，培养既通晓新闻又熟悉法律的复合型新闻人才，这"科学地处理了新闻学与法学之间的关系"问题，并彰显出"法学与新闻学相结合"的跨学科教育思想。

4. 坚持将"实事求是"融入教学实践

何微在恪守"实事求是"这一新闻基本原则的同时，也坚持要将这一原则融入新闻教学中去，在学生中要起到示范的作用。对此，他在从事新闻教育时说：在教育新闻学专业学生的过程中，要对他们进行实事求是原则的教育。这种教育越是严格要求、严肃把关，那他们在参加专业新闻报道活动、成为新闻编辑之后，虚假报道出现的概率定然会越小。

此外，何微还强调，新闻事实就是要在众多的事实中去寻找重要的新闻真实，并用生动的文字将其撰写出来。新闻报道写出来被刊登后，有没有趣味，读者爱不爱读，不是写作所决定的，而是新闻真实决定的。

5. "面向未来，改革新闻教育"

20世纪80年代，何微在武汉大学结合自己长期从事新闻教育的实际感悟，对我国新闻教育的未来发展进行了深刻思考，并提出国内新闻教育一定要"面向未来，改革新闻教育"。何微认为我国的新闻要面对当代，要缩小与新闻发达国家间的差距，避免"学生在校熟背的新闻理论知识，毕业后出现不适用"的问题。对此，何微倡导新闻教育改革，要以"政治家，社会活动家的标准来培养有较高马克思主义素养，思维敏捷，知识丰富，写作技能娴熟"的高层次新闻专业人才。同时，何微还主张新闻教育改革也要进行课程改革，要根据时代特点，在课程设置上增加能适应未来需要的新课程，如新闻心理学等。

6. 提倡进行"新技术"培养

何微在提出"新闻人才培养"模式的同时，也清醒地意识到，相较于国外，当时国内新闻采访主要靠"稿纸、墨水和笔记本"的落后新闻采写手段。因此，他积极倡导新闻教育要"迎头赶上世界新的技术革命"，要在人才培养过程中对学生进行"新技术"的系统培养，特别是未来发展较好的微电子技术的培养。不仅要在课程设置上增设"微电子新闻学"，用以专门讲授电子计算机的工作原理，而且还要专门训练学生运用电子计算机进行高速信息处理和报纸制作的技能。

（三）何微新闻教育的理论与实践在当代新闻人才培养中的发展与应用

面对新时代新闻教育发展的机遇与挑战，当代新闻教育不仅要秉承"何微新闻教育理论"的精髓进行人才培养，同时还要积极探索适应新时代新闻育人机制的创新与实践。

1. 传承"新闻有学"理念，明确复合型、全媒化的人才培养目标

何微倡导的"新闻有学"，是在新闻教育实践中让学生们树立起"新闻科学化"的专业信念，从而坚定自己的选择，坚持从事新闻理论研究与新闻业务工作。而在新时代新闻发展日新月异的大环境下，"新闻有学"的教育理论，也发展为"三个维度、四个基本点、两个层次"的人才培养目标。这一目标是将"信念执着、品德优秀"作为新闻人才培养的根本出发点与前提，以培养出"政治信念坚定、新闻理想崇高"且具有"高素质、宽视野、强实践、深理论"的复合型、全媒化、专家型新闻专业人才。

2. 推动"理论结合业务"，构建对接行业需求、实践导向型培养体系

何微在人才培养过程中始终秉持"理论与业务"相结合的新闻教育理论。在新时代下，这一新闻教育理论的发展与实践主要体现在三个方面：一是要注重深化校、媒合作，搭建起新闻理论与业务结合的实践平台；二是要广泛建立校外实习基地；三是要主动对接新闻媒体行业的现实需求，利用学校资源积极组织学生开展相应的社会服务工作，从而达到"理论指导实践，实践反哺理论"的当代新闻教育良性发展态势，并在此基础上构建起以社会调研为契机、注重媒体需求、参与社会服务以及培育创新创业的立体实践导向型人才培养体系。

3. 坚持"法新结合"的办学方针，强调人才培养的特色发展

"法新结合"是新时代和全媒体环境背景下，何微"法制新闻"教育思想的当代发展与实践，它进一步明确了新闻教育在当代的特色发展方向，即借助于法学教育资源优势，注重提升学生的法学基础与素养，并开展法学与新闻学融合教学，以训练学生运用法学思维提升法治新闻报道的实践能力，从而培养出具有法学、新闻学双向学科思维能力的复合型新闻人才。这解决了传统新闻教育缺乏学科交叉与融合不足的教育难题，强调了人才培养的特色发展。

4. 恪守"实事求是"新闻原则，构建"四位一体"的育人理念

"实事求是"不仅是新闻学所要恪守的基本原则，也是何微倡导的新闻教育理论的重要内容。在这一教育理论的指导下，把"实事求是"原则贯穿新闻传播人才培养的始终，将其融入"思想政治教育、专业知识教育、职业道德和法治信仰教育"之中，培养学生做人"实事求是"，做事"实事求是"，新闻采访和写作报道"实事求是"。这种教学课程体系的探索与实践，让学生们真正体会到恪守"实事求是"新闻原则的深刻内涵，其教育效果是明显的，也是长效的。

5. 适应"新技术"发展需要，创建面向未来的"新媒体"导向课程体系

何微强调，新闻教育要面向未来才能培养出新闻事业发展需要的人才，而这一教育理论在当代新闻教育中同样值得关注。当前，随着新媒体力量的迅速崛起，基于传统媒体时代的新闻教育面临着巨大的困境，而摆脱困境的方式，只有创建适应"新媒体"发展需要的课程体系。这一体系要求将新闻"专业思维与实践能力分解为具体指标，并围绕这些指标来设置相应的教学内容、调整教学方法"和量化教学成果，其中应特别注重教学环节改革、第二课堂补充以及创新创业教育融合这三个方面。

（本文原载《传媒》2021 年第 11 期）

网络时代的新闻教育：挑战与对策

——献给恩师何微教授

车英　郭文明

（一）引子

1983 年 8 月，武汉大学新闻系挂牌成立。时任武汉大学校长刘道玉教授，为了武汉大学的发展和新闻教育事业在祖国的中部崛起，亲自写信、发电并多次派人赴西安请何微教授南下执教。这位历尽人间沧桑、年届七旬的副省级老干部，不顾家人和亲人们的劝阻，毅然于 1984 年盛夏离开西安，只身南下武汉大学执教。他很快创办了武汉大学新闻学研究所并首任所长。

我们清楚地记得，1984 年 9 月，刘道玉校长主持召开学校党政联席特别会议，专门研究"如何办好新闻教育"的问题。何微教授在会上提出了六点"办新闻教育"的思想（六点意见）：一是要花大气力把武大新闻系办成全国第一流的新闻系，坚决按照新闻教育规律进行教学；二是提出新闻系要创造条件开办微电子新闻学专业，广播电视专业要创造条件开办广播电视编导与主持专业；三是要建立两个点，即硕士学位授予点和博士学位授予点，他还提出新闻系应在正常招生的同时，实行"双学位制"，尽快培养出一专多能的合格新闻人才；四是新闻学研究应面向未来，新闻教育更应面向未来，要建立几门新闻学的新学科，如新闻管理学、比较新闻传播学，尤其应重视微电子新闻学的研究与教学；五是要新闻系与新闻学研究所联合，创办一种新闻学术期刊，让教师、学生的科研能力得到充分发挥，并使之影响全国；

六是要在新闻学研究所建立新闻文献资料分析与检索系统，建立图书管理、资料管理、电脑数据、信息传播研究四结合的智据科学，运用电传及计算机进行信息储存、分析与检索，成为现代化的新闻学研究机构。

何微教授的这些新闻教育思想当即受到与会各位领导的赞许。实际上，何微教授提出的这些建议和思想，对他来说已不属新鲜的了。就在此前不久，他就在《新闻研究》（1984 年第 3 期）发表了《面向未来改革新闻教育》一文，详尽地阐明了上述观点。

当年的此情此景，历历在目，倍感亲切，但这毕竟已过去了近 20 年。这里需要说明的是，何微教授当年所提出的"微电子新闻学"，实际上就是现在称为"第四媒体"的"网络新闻学"。故而我们写下此文，以缅怀何老当年为武汉大学乃至全国新闻教育事业所作出的巨大贡献。

如今，互联网蓬勃发展，已经进入寻常百姓家，成为人类新闻传播和信息交流的重要工具。因此，联合国新闻委员会在 1998 年 5 月召开的年会上，正式将其定名为继报纸、广播、电视之后的大众传播的"第四媒体"。

作为一种新兴传播媒体，在我国，互联网尚处于萌芽状态。但其来势之猛、影响之巨，在人类新闻传播史上属前所未有。有资料表明，目前加入互联网络的国家和地区已超过 200 个。全世界互联网络用户超过 7 亿户。无论中外，传统媒体都纷纷向它靠拢。

"第四媒体"迅速崛起并以征服一切的姿态发展是否显示：它将是 21 世纪新闻传播的主流媒体，而报纸、广播、电视将被"边缘化"，成为非主流媒体？

不管人们承认与否，网络时代已初显端倪。传统的新闻传播媒介和新闻工作者正面临着严峻挑战。这给我们的新闻教育提出了一个崭新的课题，并引起我们对新闻教育的进一步思考，即如何培养"第四媒体"所需要的新闻传播专业人才。

（二）我国目前的新闻教育模式特点分析

1918 年，北京大学校长蔡元培发起成立了"北京大学新闻研究会"，这是我国新闻教育的源头。此后，上海圣约翰大学、福建厦门大学、北京平民大学等都先后创办了新闻系或报学系，我国新闻教育从此蓬蓬勃勃地发展起来了。

中华人民共和国成立后，对原有的新闻教育进行了调整和改造，同时也创办了一些新型的新闻教育机构。特别是改革开放以来，中国新闻教育出现了许多新气象。新闻教育形成了多层次、多方向、多规格的体系。新闻学作为一级学科的地位进一步确立，为新闻教育的发展提供了良好的机遇。

纵观我国 80 余年的新闻教育学教育，主要是一种人文模式。这种模式以人文学科为依托，课程体系基本上是文史哲的基础课，再加上新闻专业课。到 20 世纪 80 年代后期，有些新闻院校引进了传播学知识，形成一种似乎可以称为人文、社科融合的模式。可以看到，人文模式具体表现出以下三个明显特点。

其一，主要目标是为国内新闻传播机构培养合格人才。培养目标是教育的核心问题，因而也是形成教育模式的关键因素。教育部规定新闻专业教育目标是："培养具有系统的新闻理论知识与技能、宽广的文化与科学知识、熟悉我国新闻宣传政策、法规，能在新闻、出版与宣传部门从事编辑记者与管理工作的新闻学高级专门人才。"这样一个培养目标，应该说是由我国国情和新闻事业现状决定的。我国新闻教育培养的人才，在国际舞台上也崭露头角，显示出较高的水平和实力。

其二，主要内容是人文学科知识。新闻学是文科性质，它主要向学生传授历史、文学、哲学和新闻学专业知识。传统新闻教育将"写"放在第一位，普遍认为合格的新闻工作者就是能写的人。只要能"妙手著文章"，新闻教育的任务也就完成了。在新闻教育中也重视学生的品德修养，提倡"铁肩担道义"，强调记者要有坚强的党性原则，要有崇高的道德情操。不过，让人遗憾的是，对道义的培养更多流于一种空洞的说教，收效不如我们预想的好。

其三，主要方法是集体授课，偏重理论灌输。目前大学新闻教育中普遍采取的仍是群体课堂教学，要求学生在相同时间、相同地点接受同样内容的课程。教师授课通常只需一支粉笔、一块黑板，而学生往往只要带着两只耳朵就可以了，学生处于很被动的地位。虽然在理论上强调培养学生实践能力，重视训练学生业务能力，但实际上学生们极少能有机会对所学内容进行实践，学校并没有能够提供这样的条件。甚至许多教师自身也没有接触过讲授内容的实际操作过程，只能是照本宣科、照猫画虎式地讲课。尤其严重的是，有些教材 10 多年都没有修订，一些学术观点长期没有突破，学生感到教与做是"两张皮"。直接的后果是学生在进入媒体前没有受到严格的职业训练，工作后要从头学习许多本该在学校里掌握的基本知识和基本技能。

新闻学专业的学生在上课时，他们头脑里的目标是在未来的一个媒体找到工作。理论与实践严重脱节，热衷于从概念到概念的纯理论教育，远离新闻学的真正使命，对学生的学习兴趣也是很大的伤害。

（三）传统新闻教育在网络时代面临严峻挑战

先有新闻媒体，后有新闻教育，新闻教育是为适应新闻媒体存在和发展需要而产生和发展起来的。可见新闻教育以新闻媒体为赖以生存的基础。新闻媒体产生和发展呼唤与之相适应的新闻教育。不同媒体对从业人员素质要求不一样，主流媒体的变换必然使以培养符合需要的人才为己任的新闻教育面临全新的挑战。

挑战之一：要更新观念。传统的新闻传播机构是主要的信息源，通过新闻工作者把信息传给受众，传播模式可表述为：传者—内容—媒体—受众—效果。而在网络传播中，"传者"与"受众"之间的界限被打破了，呈现出一种交互性。网络对任何人都随时开放，任何一个网络使用者都可以作为信息的传播者和接受者，新闻传播机构不过是众多信息渠道之一，新闻传播者不再是信息的控制者，因而，他们的社会角色和思维方式都要发生相应变化，他们只能作为信息产业工人，成为受众的信息参谋，与其他网民居于完全平等地位，他们也必须具有开放、平等、创新的观念。

挑战之二：要文理兼通。传统媒体对从业人员的知识要求较为单一，只要有文科功底，笔头硬就行。而"第四媒体"的科技含量较高，是人机合一。它在采编技术上要求从业人员必须熟练掌握互联网上的资料检索，电脑上的写作、编辑、网页制作等技术，要求他们具备高超的网络工作能力，要像熟悉自己的钢笔那样熟悉电脑。所以"第四媒体"的工作人员必须是具有扎实的文科功底，又具有优秀的科技素质的文理兼通全才。

挑战之三：要德艺双馨。首先要政治素质过硬。网络新闻工作者作为专业人员要有坚强的党性原则，这样才能在信息流通过程中正确把关，才能坚持正确的政治方向。其次要道德品质高尚。互联网是开放的、自由的，网络传播信息难以控制，每个网民都可以"为所欲为"。在这个自由王国里，要求作为媒体的专业人员应明辨是非、坚持真理，保证新闻的真实性，用正确的舆论引导人，并抵制那些不负责任的信息传播，为推动社会前进做出不懈努力。最后要有全面业务能力。网络新闻工作者的工作是在电脑上完成的，"工欲善其事，必先利其器"，这要求他们精通电脑使用。英语是国际通用语言，这就要求他们英语水平要高，取得畅游于国际互联网海洋的通行证。

主媒体的更换导致从业人员的转型，传统新闻教育模式不能培养出满足社会需要的人才。中国新闻教育的改革刻不容缓，已经到了不能不改、不得不改的地步了。然而，这样的变革绝不是枝枝节节的修补，而必须是模式上的重新定位。

（四）新闻教育应采取的对策

新闻教育应当如何应对网络时代的严峻挑战呢？我们必须在传统新闻教育基础上，尽快引入以计算机为传播媒介的电子传播教育，提高我国当代新闻教育水平。在网络时代，新闻教育的培养模式应是"培养具有国际竞争能力，既有深厚人文功底，又熟悉掌握英语，精通网络使用的从事现代化社会主义新闻信息传播的人才"。

在确立培养模式的基础上，新闻教育应采取以下对策。

对策之一：打破单一文科过狭的教学体系，全面实施通才教育。"第四媒体"的崛起，网络时代的到来，社会需要大量的复合型传播人才，而复合型传播人才不是传统的"人文模式"能培养出来的。复合型人才的培养必须通过多学科综合教育，包括人文学科教育、社会学科教育、自然学科教育等。因而，我们从现在起就应打破人文科学、社会科学和自然科学的教育界限，逐步建立起适应社会变化、一专多能的新闻传播教育体系。

对策之二：立足于学生整体素质的提高。随着"第四媒体"出现和网络传播成为主流传播后，合格的新闻传播人才整体素质一定要提高。复合型传播人才整体素质教育，既包括人文素质教育，又包括科学素质教育；既包括法律素质、政治素质、道德素质的教育，又包括业务素质教育和从业能力的培养。新闻教育的基本宗旨是培养有责任感的各种新闻专业人才，这就要求学生必须具备深厚的人文素养。作为担负起塑造时代精神的新闻人，必将参与传播和引导舆论的全过程。而人们信赖感的建立是以舆论传播和引导者对人的关怀、了解、理解和宽容为基石的。新闻教育要培养、塑造学生具有良好的人文素质。这是时代的需要，也是人类文明进步的需要。网络传播的基础是高科技，没有一定的科技素质将不可能胜任网络传播工作。新闻专业的学生要熟悉和驾驭"第四媒体"，就必须要具备较高的科学素质。因此，对新闻专业的学生要重视科学素质的培养和科学精神的灌输。科学素质不仅指对科学知识的掌握，更重要的是对学生们的科学精神、科学态度和科学方法的培养。

对策之三：培养学生多方面能力。具体而言，培养学生的多方面能力，是指对其跨文化传播意识的培养。要树立放眼世界、服务世界的现代传播观念。世界经济一体化的趋势和国际法律的趋同化，促进了各国家、各民族文化之间的交流、撞击和融合，全球传播市场正在形成。今天，任何一个传播机构如果不能在国际舞台上占有一席之地，拥有发言权，那么它在本国的传播也就不能产生足够的影响力，其传播的权威性也就更无从谈起了。要加强多方面知识修养的培养。新闻专业的学生作为未来新闻传播的分子，理应是文理兼通的全才。因此，针对当前的新闻教育现状，笔者认为，要特别着力于加大以计算机技术为中心的前沿科学内容含量，使学生掌握的知识真正实现"现代化"。要加强全方位动手能力的培养。在"第四媒体"中，新闻信息采集、写作、编辑和传播是一个不可分割的连续过程，往往由一个人独立完成。这就要求新闻工作者都由"一专"而成为"多能"，既能采集、处理信息，又善于迅速传播信息。

对策之四：着重抓好课程体系重构和教材建设。传统新闻课程应改革，对传统新闻学教育计划中陈旧过时的课程要立即更新或删除，努力提高课程质量和水准。我们主张加强人文、社科类基础课，加强计算机类等自然科学课。在基础课上，要真正贯彻厚基础思路。在政治公共课教学中，要删除一些明显过时的内容，对学生不愿上、教师不愿上、学而无用的课程要果断取消，这样可使学生在打好基础的同时，有较多时间选修自己感兴趣的课程，优化自身的知识结构，增强自学的能动性。

对策之五：狠抓教师队伍建设。新闻媒体一线的记者在评估他们早年在新闻院校上课，哪类教授对他们现在工作最有帮助时，大多数认为最好的新闻学教授是那些既有深厚学术修养又有丰富实践经验的教师。现在我国新闻院校中新闻学专业的很多教师，其本身根本没有在媒体工作的任何经验，而他们只是把"从学校到学校"的教育内容和教育模式，一成不变地照搬到了他们任教的讲台上和教室中。显而易见，这类教师是绝对不可能胜任网络时代新闻教育工作的。因此，要适应网络时代新闻传播工作的需要，就理应重视对教师队伍的调整工作。其调整可从以下两个方面进行：其一是教师人员结构调整；其二是对教师知识结构更新的培训。对教师人员结构的调整，就是要调进那些具有社会科学和计算机学科等知识结构合理的教师，改变原有新闻学教师单一的人文学科结构，逐步形成人文、社科和自然科学的复合结构。对教师知识结构更新的培训，是要对原有的新闻教师进行培训，使其进行一次较大的"换血"运动，让他们掌握多一些的自然科学和现代信息传播工具等方面的技能。此外，还要努力创造条件，鼓励教师到新闻单位去实践，使他们重新成为既有较高学术水平又有丰富实践经验的教书人。

（五）结束语

综上所述，我国新闻教育正面临着"第四媒体"的巨大冲击。这种冲击对新闻教育来说，既是挑战，又是机遇。既然我们无法回避挑战，那么我们就应主动出击，积极做出反应，采取有效对策。换言之，我国新闻教育必须重新定位，必须大胆改革。

新闻学（报学）系必须增设网络新闻学专业，或网络新闻学单独设系；广播电视学系必须增设编导与主持专业。总之，不论是新闻学系还是广播电视学系，都应加大对网络新闻的投入，并进行系统的教学与深入的研究。只有这样，我国新闻教育才能有较大的进步，才能获得更大的发展空间，才能创造出更加辉煌的明天。

回顾过去，是为了现在，更是为了开创未来。这里无可讳言，何微教授20年前所规划的新闻教育之蓝图，我们至今仍在努力之中。我们在此时此刻回忆何老当年的谆谆教诲，是为了我们在今天要有何老"高瞻远瞩"的气势，要有何老"敢为人先"的精神，要有何老"自强不息"的风范，要有何老"锐意改革"的信心和能力，进而言之，更是为了我们在当今新形势下创造性地实现何老当年所精心设计的美好夙愿。

（本文原载《何微新闻思想与实践》第231页至第240页，车英主编，武汉大学出版社2001年8月出版）

三、新闻理论家何微

何微新闻思想简论

车英　刘惠文

何微教授是中国当代新闻学理论巨擘。在他的早年岁月里，何微先生接受过深厚的史学教育，有着数十年的新闻工作实践，有着革命斗争的光辉经历，有着在延安抗日军政大学学习马克思主义哲学和军事辩证法的积累，有着结合新闻实践从事新闻学教育的宝贵经验。因此，他的新闻思想是其新闻实践的理性总结，是对新闻工作指导思想的根本厘定。他的新闻思想，从实践上曾指导了一些地区或部门的新闻工作，从理论上教育了过去和现在的新闻工作者和新闻学学人，并且将从理论和实践这两个方面指引后来人跨入新闻工作的新世纪。

何微教授的新闻思想，散见于他发表的近百篇长短文章、讲话、讲义、序言和跋当中，也集中体现在他已数易其稿但仍为"未定稿"的《新闻科学纲要》一书中，还表现在由他主编的"研究生读物"《中国新闻思想发展研究文集》（包括古代、近现代、当代三部分，多卷打印本，约计500万字）的编辑过程中。他的文章和讲稿，散失颇多，有待于进一步收集整理。他的新闻学理论专著曾出过几种油印本、打印本和铅印本，多次修改而未能正式出版印行。他善于容纳新的思想，并将其升华为更加精辟的理论。新闻永远处在形成与发展的过程中，何微先生的新闻思想也因此永远处于形成与发展的过程之中。

我们都是在武汉大学新闻系任教时结识何微教授的，进而成为他的"门内"或"门外"之门生。这里，笔者将何微教授的部分新闻理论与思想，写成文字，奉献给大家。

（一）关于新闻范畴学说

何微教授在新闻学理论研究中非常注重对新闻范畴学说的探索。

何微教授最注意"事实"这个新闻学理论的基本范畴，反复强调要抓"事实"

这个新闻的核心展开对新闻学原理的研究。他认为，讲新闻理论，要从"事实"讲起，把"事实"这个新闻学的核心、细胞讲透了，才好讲新闻工作的性质、任务、作用、功能、规律性原则、组织结构及其人员素质等。"事实"没有讲透，其他就难以展开。讲新闻学理论的这个性、那个性，要看"事实"本身的性质。比如一个"事实"——某一次工人运动、革命斗争——具有政治性，反映这个"事实"的报道就有政治性；比如一个"事实"——某棵铁树开花或昙花一现——没有什么阶级性，哪一个阶级都可以欣赏它，反映这种"事实"的报道就没有这种政治性。硬塞给它这"性"那"性"，不具体事实具体分析，就简单地讲公正性、新鲜性、重要性、时效性、艺术性、趣味性、现实性、可读性等，那是不可靠的。"事实"本身没有这种性质，作为反映"事实"的报道就不可能有这种性质。要抓住"事实"这个核心来展开对新闻学理论的研究，这是一个带有根本倾向性的新闻思想：是坚持辩证唯物主义和历史唯物主义，还是坚持唯心论和形而上学或机械唯物论的大问题；是究竟用何种立场来研讨新闻学理论、指导新闻实践工作的思想性原则问题。

何微先生指出：新闻学首先要研究的是什么？那就是事实。事实是新闻的本源，是新闻学研究的核心问题。因为新闻学中的任何概念与原则都与事实发生密切的联系。他的新闻学理论研究，就是围绕"事实"这个新闻学中的"核心"问题，展开对其中的一系列"范畴"和"原则"阐述的。为此，他明确指出："没有事实便没有新闻。"这是因为，每一种科学概念，都是从真实的现实事物本身概括出来的，事实是新闻的本源并不是一般问题，有它特殊的质的规定。

对"新闻的本源是事实"这种"特殊的质的规定"，在过去的新闻学理论研究中并没有引起足够的重视。何微先生在分析几本现在仍在通用的新闻学理论教材后，发现这些书都未设专章论述这个重大的新闻学理论问题。这不能不说是一个很大的缺陷。对"事实是新闻的本源"之科学理解和全面阐述，过去多少年都没有注意到或是注意不够，在跨世纪的时候被何微先生提出来并重新加以充分的论述。这不能不说是一个填补"空白"的工作，不能不说是他在古稀之年贡献给新闻学理论研究上的独到的"慎思"。

何微先生积 60 余年新闻工作实践经验和 30 余年新闻学教育之心得，反复思考出了"事实是新闻的本源"这个新闻学理论中必须精深研究的重要课题。因此，他曾认真严肃地告诉我们："你们讲新闻学理论，首先应从'事实'这个概念范畴讲起。"考察一下现实的新闻传播活动，也的确是如此：没有事实就没有新闻、特写、通讯、报告文学或评论文章。作为新闻工作者应该清楚这一点。但确有一些人并不十分懂得"新闻的本源是事实"，因而在新闻实践中出现了"假大空"，这就是没有真正懂得新闻本源的结果。

要认识客观存在的新闻学理论的本质及其规律，就必须通过抽象思维。在这里，形象思维或具象思维的方法就不中用了，而需要的却是划分范畴、解说概念和归纳、演绎，并由此推定原则的思维方式。何微教授研究新闻学理论，从"事实""新闻事实"等基本范畴出发，深入研讨了新闻学理论中的一系列基本概念的界定，形成了较为全面的新闻学理论中的"范畴学说"。

（二）关于新闻舆论学说

何微教授通过对"新闻事实"的考察，认为"舆论"这一范畴，在以往的新闻学理论著作中大多数人并未予以否定，只是界定和诠释各有不同。近年来，学术界对"舆论"这一范畴的研究兴趣趋高，这是改革开放的新形势带来的新变化。这些新变化主要反映在以下四个方面。一是对"舆论"的作用无限制地夸大——夸大到要覆盖新闻学整个学科的程度。这样就很容易误入西方"舆论学""大众传播学"的一种"借体"的"西化小屋"之中。二是将"舆论"的作用尽可能地缩小——缩小到只是"上对下""领导对群众"的"引导舆论"，抠其一点而不及其余。这样便又跌到了"以偏概全"的泥淖。三是"以偏概全"对"舆论"进行理解，即把"舆论"和"上对下""领导对群众"的"舆论引导"给予全面抹杀，专注于"舆论"的"下对上""群众对领导"的监督批评。四是还有些人对"舆论"认识模糊，即认为"舆论"作用的大小并不重要，而将"言论"与"舆论"绝对等同，认为新闻传播中有"言论"就有"舆论"，至于"舆论一律"与"舆论不一律"，只要"把好新闻言论关"就行。凡此种种，不一而足。

何微教授坚持"史论结合"的研究方法，对"舆论"范畴进行了全面、深刻的探索。

1. 运用"史论结合"方法研究新闻舆论学说，就要追根溯源，找寻"舆论生成论"的根据

何微先生援引了古代文献资料中的"听舆人之论"，认定"舆论属于一种社会现象，是社会存在的反映，但非独立的意识形态，社会意识各种形态、观点常会向舆论渗透，借助舆论的力量强烈地反映出来"，"在人类社会出现新闻事业之前，舆论已经存在，它将继续存在下去，存在于任何形态的社会"。在他看来，"舆论"的生成有许多特征，诸如"不特定多数性或称公众性""针对目标的一致性或称共同性""基本愿望的接近性或趋近性""空间的广延性和时间的连续性""从发生、扩张到收效有一定的过程性"，等等。这种从"舆论"的生成入手，便很容易透视"舆论"的内容，从而尽可能地免除了左右偏颇。[1]

2. 运用"史论结合"方法研究新闻舆论学说，就要分辨"舆论"的内在含义

何微教授明确指出："舆论既反映民意，也反映统治阶级的意志。"既然"舆论"是人民的意志，是公众的共同意见，同时又是统治者的意志；是既占统治地位又是其对立面的两方面意见的混合体。那么作为传播"舆论"的实际内容，就是"具有一定权威性的社会集团，或不特定多数人对近期发生的某个重要事件，某种经济情况，某种政治措施，法律的规定和实施，以及社会道德风尚等问题，在一定时间和空间内公开表现的带有共同性或大体相近的心理、感情、判断和决定，并以适当的形式——言语、文字或行动所作出的评价"。由于社会情况的复杂，事物的不断变化，人们对社会事物的认识便有所不同，所以舆论评价就不会完全相同，有时还出现多种多样的歧义。在一个具体的事物或问题面前，就可能出现"根本赞成""根本反对""部分赞成和部分反对""不置可否的暂时沉默"四种意见，这是不足为怪的。重要的是，"对于社会舆论要进行分析，分析的目的是要了解舆论的性质。概括地说是分析舆论的正确与谬误，察看舆论是代表多数人的利益还是少数人的利益，是代表全局的利益还是局部的利益，是代表长远的利益还是眼前的利益。不论多数还是少数，都须作全面分析"。对"舆论"内容的分析是重要的。一般说来，能左右形势的意见占有舆论优势，事物的复杂多样又决定了舆论多变。多数人所持的舆论并不一定都正确，有时少数人的舆论代表了进步。舆论常常受到某种无形的压力。这是要经过细致而科学的比较分析，才能使其发挥正确的舆论作用[2]。

3. 运用"史论结合"方法研究新闻舆论学说，就要探讨"舆论"的作用

何微教授指出，舆论具有引导影响、批评监督和特殊调节的作用。而反映、影响和引导社会舆论的不仅是报纸、通讯社、广播、电视，它还包括更广泛的内容，如杂志、书籍、会议、演说，甚至司法部门判处刑事犯罪的一张布告等，都能起到舆论的作用。反映、引导和影响社会舆论，是指主要依靠报道和言论的形式。新闻形式是舆论一种最为有效的载体，可以及时、适宜、连续和多角度地反映某种舆论。新闻媒介对报道和言论是有选择性的，必然会支持一些舆论，抑制另一些舆论，强烈反映出新闻媒介公开这些舆论的倾向性，并且从中加以引导和影响当时的社会舆论。他还说，反映、引导和影响舆论，"是领导对群众讲的"，是新闻媒介"发挥上对下的作用"。

---

① 何微：《论新闻与舆论监督》，《武汉大学学报》（社会科学版）1989 年第 2 期，第 55、56 页。
② 何微：《论新闻与舆论监督》，《武汉大学学报》（社会科学版）1989 年第 2 期，第 56、57 页。

（三）关于新闻与舆论监督问题

新闻媒介通过报道和言论对现存社会的人和事进行舆论监督。何微先生在这些方面引经据典，予以追根溯源。他引述《淮南子·主术训》记载的"尧置敢谏之鼓，舜立诽谤之木"例子，认为古代社会中开明的领导者，都鼓励人民群众对国家大事提出批评意见，施行舆论监督。他还认为，舆论的本意就是"批评监督"，如《晋书·王沉传》中说："自古贤圣，乐闻诽谤之言，听舆人之论。""这里讲的就是群众性的批评。实行舆论监督，一方面是为保障广大人民群众的利益，另一方面体现了党和国家的干部坚持全心全意为人民服务的宗旨。""谈到舆论监督，对政府、政党及其各级干部进行舆论监督，是发挥新闻媒介'下对上'的作用。""舆论监督既有批评的功能，又有建设的功能，是促进社会文明进步的手段，又是决策过程中的优化模式。只要从党和国家的利益出发，坚持党的政策，舆论监督并不可怕。"他还特别强调，对于"舆论监督"这一点，在新闻学理论中应该给予充分肯定的论述。

在何微先生看来，"舆论既反映民意，也反映统治阶级的意志，所以自古以来，人们已经认识到舆论是一种力量，在人类社会生活中起着特殊的调节作用"。他在多次讲学和发表的文章、印发讲义中，引用《国语·周语上》的有关故事，说明"人民有意见要让讲出来"，新闻媒介公开传播的舆论，可以起到这种特殊的调节作用，以形成"畅所欲言，言论自由，言者无罪，闻者足戒"的局面，进而形成国泰民安、安定团结的良好局面。

为此，何微先生指出："实行舆论监督，是社会主义政治民主的最好体现。新闻媒介应积极地充分地反映社会舆论。领导层在决策前应虚心倾听公众舆论，可以避免种种失误，并防止领导者滥用权力，侵犯宪法给予人民的基本权利。对公众来说，也可以依据舆论改变自己的行为。事实证明，舆论推动了历史的进步和社会的文明。重视舆论，接受公众舆论监督，诸事都可以恰当解决，受到公众的拥护。"无论是领导者还是一般民众，都应该欢迎舆论监督，欢迎新闻媒介的那种公开的舆论监督。在领导者一方可以警惕自己，切不要滥用权力，而是要为人民把握住和使用好权力，做好人民的公仆，时刻提醒自己不要将"人民的公仆"变成"人民的主人"；而在一般群众一方，则可以检查自己，切不要与正确的、进步的舆论对抗，而是要合情合理地接受公开的舆论监督，以便调整自己的身心及行为。尤其是在信息化的时代和复杂多变的社会里，根据舆论监督所指，来调整自身与社会环境的关系，校正自己的学习、生活和工作，能使自己与社会发展相协调：既不落后于社会进步，犯尾巴主义的错误；也不跨越于社会进步，犯盲动主义的错误。人是生活于社会关系的网络中的，人也是生存于一定舆论环境中的。欢迎公开的舆论监督，可以使人成为真正的人，成为对社会有益的人，成为与社会的正常发展不断协调进步的人。

何微教授始终认为，我国的新闻传播媒介是为人民施行舆论监督权利而服务的。新闻与舆论的关系应该是：新闻要开放，新闻信息要深化；舆论监督须以政治民主化为前提；新闻媒介传播这种公开的舆论，实行舆论监督，可以形成一种无形的力量，在人类社会生活中起到特殊的调节作用；这种调节作用是不可避免的，新闻媒介应该清醒地认识到这一点。

何微先生认为，以下这两种情况应该引起注意。

一种情况是正确的、进步的舆论总是要反映出来的，是"钳制"不住的。即使要"钳制"或"压制"也只能是暂时的，是不会持续长久的。通常，正确和进步的舆论与错误和退步的舆论夹杂在一起较量。尽管有时正确的和进步的舆论，只是少数人或个别人的意见，一时还占不到"上风"，但由于其正确性和进步性决定了它必然扩散开来的趋势，并且随着时间的推移和空间的拓展，会在一定条件下、一定场合中强烈地反映出来，形成强有力的言论攻势，从而击败那种错误的、退步的舆论。1976年4月5日清明节前后人民群众愤怒声讨"四人帮"的舆论，就为"四人帮"的覆灭做了思想舆论上的充分准备。

另一种情况是代表正确的、进步的舆论之社会力量与其反面每时每刻都在进行着针锋相对的较量。正反两方面的社会力量为了各自的利益，也都会像诉诸武力那样而诉诸"文力"；这种诉诸"文力"的主要方式之一就是"动员舆论"。何微教授认为，"组织舆论"一词来源于"动员舆论"。他说："反映舆论、影响舆论、引导舆论这些词语在新闻学著作中是常见的。但对'组织舆论'的看法，意见不尽一致。其实，'组织舆论'是由'动员舆论'一词衍化而来。"他引用毛泽东1943年7月8日发给各中央局、中央分局电文中的"各地应响应延安的宣传，在7月内先后动员当地舆论"等句和同年7月8日发给八路军驻重庆办事处董必武电文中的"请用全部精力组织此事"等句，来证明现在新闻学论著中争论不休的所谓"组织舆论"问题是指"系统地组织动员当地舆论的工作"。所谓"组织舆论""动员舆论"等均应为上述概念含义的简缩称谓。

"动员舆论"也好，"组织舆论"也罢，实际意图都是要求系统地组织起当地的舆论工作。这种组织工作就是要在新闻媒介上撰写并发表评论。评论是新闻的"旗帜"，是现代新闻媒介普遍运用的政论性新闻体裁。近现代的杂志社、报社、通讯社、广播电台和电视台，无不在各自的新闻版面、节目等载体上，往往在报道事实的同时发表评论，直接表明对所报道事实的看法。这就是在做组织动员当地舆论的工作。评论的任务、作用与其社会效果应当一致。其选题应当是能够引起广泛重视和关注的问题，其要素是论点、论据和论证。论点是评价某个问题时所持的见解、观点和论断，须精加提炼；论据是分析和证明论点的材料和依据，它可分事实论据和理论论据两类；论证是评论中的说理方法。新闻媒介上所发表的评论，在一定的时期内则是此间舆论的系统表述。系统地组织好动员当地舆论的工作，可以推进社会的文明进步。如果某些新闻媒介利用掌握舆论工具之机，滥用组织舆论的方式，发表不正当的舆论，就会危害社会。但历史总是要前进的，社会总是要进步的，科学的、正确的、进步的舆论一旦生成，那种借所谓"舆论"力量而胡作非为的人物，必将会被抛弃于历史的垃圾堆之中。

（四）关于"信息"的界定问题

现代新闻学中的另一个范畴乃是"信息"。何微先生及时地关注到了这个范畴。10年前，他曾分别写信给我们两人，要我们多收集一点关于"信息传输"或"信息高速公路"的材料寄给他，以供研究之用。在我们与他的接触中，他在心态上是一位趋新意识极强的学者，而他在立论上是一位非常审慎持重的师长。他能如青少年那样满怀激情地关注新事物和新论点，又能非常老练自然地审时度势，厘定新闻学理论中属于新范畴的东西及其本质属性。他曾多次对我们说：还不能肯定在"信息时代"或称"信息社会"里，"信息"就能起决定性作用。人的主观能动性的反作用和物质的决定性作用是不能否定的。他也曾不止一次地强调"新闻是某种信息"，但不能说信息就是"新闻"的全部。这说明，何微先生对"信息"范畴是进行过精深慎独的研究的。而他对于某些所谓时髦的抑或是"这抄那抄"的"信息"论观点，也是不会苟同的。

何微教授认为："信息是自然界和社会上最常见、最普遍的一种现象；是宇宙任何事物对外界所发生的影响；信息无处不在，无时不在，无所不在。"这里，他用了三个分句对"信息"范畴加以概括性的界定。第一分句是对"信息"在现存社会中的实际之阐述，是自然界和人类社会里的一种常见的、普遍的现象，是综合于物质的和精神的一种现象，是对"信息"概念范畴的总阐释。第二分句是扩大到"信息"范畴的外延，说明"信息"是茫茫宇宙空间中任何事物向外界发出的影响。这种影响既是相互的，又是多维的。换言之，只有"影响"才易于说明"信息"的"在"与"不在""发出"还是"未发出"。这便把"信息"不仅放置到一定的宇宙——空间中，而且把"信息"放置于无限发展的时间存在中了。第三分句是说明"信息"

之所适，即无处不在、无时不在、无所不在。这样就恰到好处地把"信息"的辐射状态全给逼真地描绘出来了。

何微教授认为，应适应新闻工作和新闻学研究发展的需要，及时地将"信息"纳入新闻学理论的范畴学说内，并且加以深入研究，而不能赶时髦似的去趋炎附势。他认为，新闻是一种新鲜的信息，"信息和新闻是两个既密切联系而又有区别的概念。新闻和信息的共同之点，都是客观事物的情况、特征及其运动的状态在人们头脑中的反映。对于接受者来说，所报道的信息都应该是未知的，当接受者得到这些新闻信息之后，能够消除对外界事物认识的某些不确定性，取得对客观事物的正确了解。但是，信息并非全是新闻，在自然界和人类社会生活中存在许多非新闻的信息。因此说信息这个概念的外延比新闻大得多"。新闻与信息是较为不同的概念：新闻是公开报道的；信息除部分公开传播以外，有些信息可以储存，有些则可以非公开传播。新闻与信息在内涵上既有相同的地方，也有不同的地方。新闻是信息种类中的极小部分，是信息内涵及其价值被及时发掘出来了的部分，而未被发现或发掘的信息内涵和价值还更多。新闻与信息在外延上也有狭窄与广延之分，如新闻的外延就比较狭小。现代新闻是指被新闻媒介公开的那一小部分信息，而信息是无处不在、无时不在、无所不在的，所以信息的外延是广阔的。这样，就把"新闻"与"信息"这两个概念分辨清楚了。

何微先生对"信息万能论"进行过批评。他曾经对个别研究者提出的"新闻信息八大功能"进行过评析（这八个功能是指"信息是生存的资源、是知识的源泉、是决策的依据、是控制的灵魂、是思维的材料、是实践的准绳、是管理的基础、是组织的保证"）。何微教授认为："将信息的作用夸大到无限大，便失去它的科学性。信息并不是万能的""这并非否定信息的功能""信息具有反映的功能""信息具有预示的功能""信息具有知识功能""信息具有调整功能"。何微先生这样评价信息或新闻信息的功能，是符合实际情况的。

（五）关于新闻定义的理解问题

"新闻"，究竟如何为之下"定义"？这是新闻工作者和新闻学理论研究者不可回避的一个关键性问题。何微教授将"定义"归入新闻学理论的基本范畴之内，认为这只是对"新闻定义"这个范畴的理解存在着差异的问题。

据我们所知，现在许多新闻学、传播学的研究者都试图下一个较为科学的"新闻定义"，中外新闻学论著中所下的"新闻定义"已不下230条。但据我们所知，何微教授在多年的教学和科研中从未对"新闻"下过自己的"定义"。这绝不是他的学术水平、研究方法有问题，这正说明他的胸怀"有容乃大"，说明他执着地追求着新闻学的真谛之所在。

何微先生在 20 世纪 50 年代于北京大学新闻学系及中国人民大学新闻学系讲学时，就曾说过：对陆定一"新闻的定义，就是新近发生的事实的报道"[①]，应全面、科学、准确地理解。陆定一的这个新闻定义，第一个层次是表述"事实"，是核心层；第二个层次是表述"新近发生"的事实，是时空的限制；第三个层次是表述"报道"，是对辩证唯物主义反映论观点的坚持。新近发生的事实不被公开报道，无论如何也成为不了现在所说的"新闻"。因此，他认为陆定一对"新闻定义"的表述是比较全面、科学和准确的，根据具体情况做点补充性的解释或理解是可以的，但没有必要再另下一些"新闻定义"，以免混淆新闻学初学者、初做新闻工作的人的视听。

何微教授在 20 世纪 60 年代于西北政法学院新闻系工作时这样讲。80 年代在武汉大学新闻学研究所工作时，也这样讲。到了 90 年代，他在陕西省委党校新闻干部培训班及他应邀在南京大学、浙江大学新闻院系讲学时，仍这样讲。

（六）关于"原则学说"

何微教授在新闻学理论研究中，除了对一系列"范畴学说"予以规范性厘定以外，还对新闻学理论中的一系列"原则学说"予以规范性厘定。

何微先生对新闻事业或称新闻机构的组织原则进行了新的探索。他在其晚年发表的有关短文（如在"名人指点""总编辑谈"栏目上登载的文章）、讲学及学术交流中，表述了这样一些观点：新闻传播单位具有法人资格，它围绕其主要的新闻媒介或载体（如一张报纸、一套节目、一本电讯稿、一期刊物等）来设置机构。一般应该有总编室、采访部、经理部和经营部，应推行总编辑负责制。现在，我国已经逐步进入市场经济时代和法治社会，新闻单位的总编辑理应作为该单位的法人代表。因此，当新闻流程涉及法律问题时，让其下属记者、编辑出席法庭做被告、旁证都是不合适的。此时的总编辑应该勇敢地站出来，全面执掌社（台）的一切业务工作。随着社会的发展、时间的推移以及中国新闻工作与世界接轨，他的这些关于新闻事业组织原则的真知灼见，在不远的将来定会成为现实。

[①] 陆定一：《我们对新闻学的基本观点》。转引自甘惜分：《新闻理论基础》，中国人民大学出版社 1982 年版，第 49 页。

何微教授在研究新闻学理论中十分注意把握"新闻自由"原则的"度"，认为新闻传媒应花大力气保障人民群众的"新闻自由""言论自由"和"出版自由"。但在现在的社会条件下，绝对化的"新闻自由"是没有的，也是不可能的。因此，对于那些反人民的敌人是不能给予任何的"新闻自由"权利的。

何微教授在研究新闻学理论的"原则学说"时，始终如一地强调新闻工作中的"党性"原则。他特别反对将新闻的"党性"与"人民性"对立起来的观点；不赞成将"人民性"抬到至高无上的地位，甚至把"人民性"置于"党性"之上。他认为，在我国社会主义革命和建设中，"人民性"和"党性"是一致的，"党性"与"人民性"没有什么相悖的地方。这是因为，我们党除了为人民谋利益外，是没有什么自己独特的利益的。利益的一致性非常自然地反映在"党性"和"人民性"的一致性之中。我国新闻是党的"喉舌"、政府的"喉舌"、人民的"喉舌"，在表述新闻事业的性质时从来都是一致的；新闻中的"党性"与"人民性"，实质上是一个概念。因此，坚持了新闻的"党性"原则，也就是坚持了"人民性"的原则。

何微先生在研讨新闻学理论时，还坚持不懈地寻觅着新闻的"真实性原则""价值原则""效率原则""道德原则"和"经营管理原则"等。

（七）结束语

何微教授以83岁高龄走完了他那富有传奇色彩而又极富光彩的一生。他多次对我们说："我要健康地活着，过几年我还要和你们一起爬华山、游三峡！我还能为国家做些事，争取活到一百岁，共同展望我国新闻事业在21世纪的美好蓝图呀！但岁月不饶人，我寄希望于青年一代！"

这就是我们的何微教授，他在其人生的最后岁月里寄厚望于后来人，显现出何微先生作为一位正直的新闻学理论研究者的朴实风采和乐观态度。

归纳起来，还有这么几点需要说明。

1. 何微教授在其新闻学理论著述中，已垒建起了新闻学理论的范畴学说和原则学说的初步框架，但他从不承认自己自立了门派，建立了体系。并且，他曾撰文，批评那些自诩为已经建立新闻学理论体系的谬论。实际上也是如此。现在是信息飞速传播的时代，任何高明的学者整理这些信息资料已够他耗时费日的了，更何况要建立"博大精深"的"理论体系"。因此，新闻传播学理论研究工作者一定要迎难而上，下大力气，花大工夫，拿出各自的力量与胆识，努力描绘我国新闻传播事业学术领域的美好前景。

何微先生曾经说过："从 20 世纪 50 年代到 80 年代，出版的新闻学理论著作，研究内容都是'三大块'结构，显然落后于客观实际，不符合实践的需要。"他又说：新闻事业的改革也必须坚持党的总方针，根据现实的考虑，新闻学的内容目前应该包括六个大的分支，形成切合实际的系统。当然，历史新闻学、理论新闻学、应用新闻学这三大块是不可缺少的，仍为基本的内容。但根据新闻改革的要求又必须增加新的内容，如新闻事业经营管理学、微电子新闻学、新闻人才学等。要牢记：科学研究从未有穷期！

2. 何微教授瞩望于青年一代研究新闻学的科学理论，强调新老研究者的结合，共同研讨新闻学的理论与实践，为 21 世纪奉献出新的学术成果。对此，何微曾说过：我国正处在社会主义现代化建设的新时期。建设的成就促进了新闻事业的发展，加速了新闻事业的发展，以适应经济改革的需要。特别是现代科学技术向社会科学渗透，事实上新闻学研究的内容已经在变化，墨守成规是不可能了，需要建立新的结构。何微教授热情洋溢且信心满怀地说过："一个世纪过去了，每一个时代都有其特定的历史任务，我们应当花大力气实践，以科学的新闻学奉献给新世纪。这是我们的最艰巨而又是最光荣的职责，希望就在青年一代。"

愿所有有志者，共同付出努力，将何微教授的厚望和遗愿，在不远的将来变为现实！

1996 年 3 月第一稿于北京
2001 年 3 月第二稿于武汉

（本文原载《何微新闻思想与实践》第 23 页至第 38 页，车英主编，武汉大学出版社 2001 年 8 月出版）

何微教授与中国古代新闻思想研究

邱江波

再过一个月，就是笔者的硕士生导师、中国新闻学术界名家何微教授周年忌辰。在何微教授仙逝后的一整年中，笔者怀着无限思念之情，多次试图完成此文，但每次均因俗世杂务，不得不半途辍笔。现在，终于坚持将此文完成，谨以此表达弟子对导师的追思。

（一）导师十年前的课题成为当代新闻学术界焦点

从新闻实务，或者政治学角度研究新闻学，这是十年前新闻理论界盛行的办法，这种仅仅从技术和庸俗政治学层面探讨新闻规律的学术风气，不仅把新闻学引向无谓的"鸡与蛋"的逻辑悖论，也客观上助长了"新闻有术无学"的论调。

关键的问题在于，新闻学自身的规律没有被揭示出来。人们忽略了除了政治和技术，影响新闻发展的内在因素其实主要在于新闻观念、新闻从业主体的历史意识和文化沉积。

不从新闻观念、新闻思想发展的脉络研究中国新闻事业，自然会将中国以往这个百年的新闻事业演化过程看得眼花缭乱、六神无主，自然会说，中国人的新闻行为和新闻意识，是从西方世界完完全全借用来的。奇怪了，有五千年文明历史的中国人，会完完全全按照西方文明的规则思考？将自己的文化个性遗忘得干干净净？

最近十年，是中国新闻学术界从繁杂的思潮中渐渐沉静下来的十年，当泡沫散尽，新闻学人的思想中呈现一汪清泉，那是中国五千年思想的自然涌现。中国新闻学术界重新找到了本质的自我——主导中国新闻发展的内在力量。

笔者高兴地看到，许许多多的学者，近来纷纷撰文，论述中国当代新闻行为和意识与中国传统文化的内在传承关系。

十年前，笔者尚在何微教授门下攻读新闻学硕士学位的时候，有幸得到何微教授有关教诲，当前新闻学术研究的前沿焦点，其实就是何微教授的研究课题之一。

（二）新闻现象的本质到底是什么

在不同的新闻研究层面，可能为新闻现象的本质下不同的定义。

在技术层面，研究者认为，新闻现象不过是一些新闻工作者在采集、传输新闻信息；在经营层面，学者会认为，所谓新闻现象，不过是一些财团、商人通过出版、播出新闻信息内容，达到自己盈利的目的；而在政治学领域，新闻现象则常常简单化为一定党派用利益驱动媒体制造有利于自己、不利于对立面的舆论。

这样，能够解释新闻现象的本质吗？显然不能。

笔者的导师何微教授和弟子经过研究认为，从社会角度看待人类新闻现象，不难发现，新闻实际上是言论自由的力量与言论控制的反力量之间的矛盾统一的互相作用的过程。不一定非得有了现代意义上的新闻媒体事业，才有新闻现象出现。伴随着文明时代的进化，人类古代的言论自由与言论控制的现象，本身就是新闻现象，是新闻本质得以真切表露的新闻现象。

贯穿人类所有时代、所有形式、所有层面新闻活动之中的言论自由与言论控制主线十分清晰。在一定的时期，新闻自由因素是积极的社会动能，它总是企图突破现有的社会控制体制约束，希望获得更大的自由。而言论控制力量，有时表现为积极的动向，调节过于混乱、无政府主义状态的言论现象，希望通过有效的管理手段，达到整个社会言论自由与控制状态的总体平衡。有时，这种力量则表现为反动统治者为了统治者利益的需要而压制言论自由的力量。

整个中国新闻发展史、世界新闻发展史，都能够清楚地看出这条主线。

（三）中国古代言论自由与控制的思想——世界新闻思想瑰宝

笔者的导师何微教授和弟子在研究中，发现五千年的中国历史长河里，有两个令人兴奋的阶段，它们是中国新闻思想发展历史中不可多得的黄金时期：其一是春秋战国时期；其二是盛唐时期。

春秋战国时期，束缚人类精神自由的奴隶制度面临瓦解，压抑了很久的士族文化喷发式成长，导致诸子百家纷起，四处游说，著书立说，人类思想获得了一次难得的自由生长时期。

在对诸子百家的著述进行面上检索时，何微教授和弟子发现，在许多名家的著作中，均有关于言论自由、言论技巧和如何发挥言论最大的社会功效等的记载。另外，许多历史故事本身，就是这些史家宣称言论自由的故事。譬如召公谏厉王弭谤、邹忌讽齐王纳谏等，都是叙述春秋战国时期智者关于言论自由与适当言论控制的观点和建议。

总体看来，春秋战国时期的言论环境相对宽松，这是以旧的严酷的控制体制瓦解为前提的。周室式微，诸侯并起，为了争取霸主地位，各个雄心勃勃的诸侯都尽量网罗人才、集中智者的智慧，同时尽量给智者一种宽松的言论环境，以便及时进献良策、批评过失，这给智者阶层以难得的发挥智慧的机会。

值得注意的是，这种言论的宽松状态是有限的，并非针对所有的人民，社会最底层的人民无法享受到这种言论宽松的权利。这也与近代和当代资本主义社会标榜的言论自由精神是有很大区别的。

中国的盛唐时期，是中国历史上第二个言论相对宽松的时期。与春秋战国时期环境不同的是，这个时期不是因为战乱割据致使统治阶级管辖、控制能力的削弱而不得不放松言论控制，相反，为了封建江山的长治久安，统治者着意营造出一种针对贵族、官宦、名士的宽松言论环境，主动放松一些言论的戒律，废除一些过分严厉的言论过失惩戒标准，激励忠心耿耿的进言者大胆进言。

回头考察这个阶段的言论自由与言论控制力量，我们同样发现，这是带有明显封建等级色彩的言论环境，尽管言论相对"自由"，言论控制相对宽松，但是，等级因素依然存在，下层官员和普通百姓大都无法享受。就是在盛唐时期，从历史上也可以找到因言获罪的例子。封建帝王，不是依靠法律来维持这种言论制度的，而是依靠自身的觉悟、自己的"开明"和有限的忍耐来容忍进言者的"冒犯"。进言者的地位是卑下的，进言者的目的，必须是为封建帝王的统治着想。

具有积极意义的是，盛唐开明君主实施的短暂的开明言论制度，给中国封建社会言论自由和言论控制的平衡找到了一个理想的范例。后世智者在要求言论自由的时候，常常将这个成功的范例援引出来。同时，这个成功的范例，也给中国封建文人一种在封建帝制和阶级等级中获得相对宽松的言论环境，送去一点点希望的光线，尽管在盛唐之后，这种希望一直没有得到实现，言论环境反而一代不如一代。

实际上，言论环境上宽松的两个时期和绝大多数言论环境十分恶劣的朝代，组成了中国古代言论自由与言论控制的历史。历史留下的，却是历代智者对于言论自由与言论控制的种种评价、期待和惋惜。这些著作中体现的思想，成为在中国封建环境中言论制度的思想遗产。在今天我们研究这种课题的时候，这些思想遗产显得格外宝贵。

（四）谏诤实践和思想——中国古代言论思想集中体现

笔者的硕士学位论文以《论中国古代谏诤思想》为题。在对笔者的硕士学位论文进行指导时，何微教授清楚地阐述了自己对于中国古代新闻思想研究的观点。

何微教授对笔者的选题意图表示赞赏，他说，谏诤是中国古代文人、士大夫在朝廷中的特殊言论方式，往往会形成一定的舆论力量，规劝和纠正封建帝王的过失。对于中国古代谏诤现象和谏诤思想的研究，是研究中国古代新闻思想的一种独特的角度，因为，中国古代言论自由、言论控制的历史在谏诤形式上体现得十分充分，中国古代文人言官的言论思想，围绕谏诤的也很多。

何微教授认为，在等级制度十分严格的中国封建社会，处于不平等地位的臣子，向君主进言，是要冒很大风险的，中国历史上不乏因言获罪，遭到囚禁、酷刑甚至杀头的人，而且在多数时期，中国的封建帝王是不开明的，即便少数开明的君主，也有不开明的时候。

然而，中国文臣向君王进言、进谏，历史上从来没有停止过，冒杀头危险，犯颜进谏的臣子，给中国谏诤历史上留下了一曲曲悲壮的歌曲。有时，古代的进谏者，与其说是为了向君王进献良策和批评，到后来慷慨赴死，倒不如说是为了成就自己的忠心形象、自己的名士气节和为自己说话的权利的示威。

中国古代文人向自己君王进言的许多悲剧，不是凭借忠心耿耿的封建文人意识能够想通的。在本质上，中国古代文臣的发言权是没有法律保障的，他们的发言行为，大多是出于对封建帝王的忠心，他们至死也不明白，在封建的不平等的地位上，是不可能有完全的言论自由的，言论自由只能生存在社会生产力相对发达、全社会平等人权得以基本体现的社会中。

在中国古代漫长的奴隶制、封建制社会的历史中，只有谏诤现象真正体现了中国古代言论自由力量和言论控制力量以及它们相互之间的矛盾、冲突，相互之间短暂地协调发展，许多智者对于这些实践的记述和评论，集中代表了中国古代智者的言论观点。何微导师指导笔者在长达 3 年的学习时间里，广泛涉猎了从《史记》《春秋》《左传》《战国策》《汉书》到《贞观政要》《资治通鉴》等著名史册典籍，遨游在古代智者的智慧、思想的光芒之中。笔者分明清楚地看见了中国古代志士仁人心中勾画的一幅美丽的景象——自制、开明、仁慈的君主实行宽松的言论制度，不仅调动了朝野人士的智慧力量，同时也消除了闭塞造成的君臣之间的误会和不满，江山得以永固，鼎盛的朝廷得以延续，君王的贤德得以流传。

关于言官该如何察言观色、避实就虚、左右逢源、巧妙劝诫，中国古代的典籍中有诸多记述，这些都是史学家们从一个个成功的劝说和一个个进言悲剧中总结出来的，具有强烈的可操作性，历来成为历史上言官的教科书。

一部中国古代谏诤的历史，将古代智者如何争取言论的权利，古代君王应该如何效法三代贤君（舜、尧、禹）树立谤木，朝廷应该如何广开言路、建立正常的言论控制机制等各个方面，说得清楚明白。从古代先贤的思想智慧结晶中，后世人可以受到很多启迪。

（五）何微教授对中国新闻思想研究的贡献

笔者认为，何微教授一生的研究成果中，以下几个方面最具有历史贡献。

其一，创立了中国新闻学术界的第三学派。

熟悉中国新闻学术界的人都知道，在中国新闻理论界，北有中国人民大学的甘惜分教授，南有复旦大学的王中教授，新闻理论界的这两个学派，都堪称当代权威学派，影响了整整一代中国新闻人。

何微教授从独到的研究出发，上升一个层次，在思想史和法学的层面研究中国新闻学。何微教授对于中国新闻思想发展史的研究，奠定了他作为中国新闻学术界第三学派带头人的地位。后来，何微教授从法学角度对于中国新闻事业的研究，更加拓展了中国研究新闻学术的空间，看到了新闻现象的本质属性。

何微教授在武汉大学任教期间，一直孜孜不倦率领弟子们进行上述两个方面的学术研究，他的研究活动对于中国新时期新闻学术研究产生了十分明显的影响。

其二，首次清晰地揭示了人类言论运动的规律。

将中国五千多年来言论现象的本质揭示出来，这是每个新闻学人梦寐以求的成就，不过，由于研究方法的局限，并非每个学术研究者都可以实现这个愿望。笔者认为，导师何微教授基本上揭示出了人类言论发展的内在规律。何微教授的研究结果认为，推动人类言论发展的基本动能，来自每个时代大众言论自由的要求和全社会统治者的言论控制的要求相互矛盾、协调地运动。

历史学家证实，早在原始社会时期，人类已经有了言论，有了人民追求言论宽松、自由的要求。不过，有人认为，原始社会的言论秩序十分有序。原始社会的言论秩序不是靠强制实现的，它是由一定地位的部落首领之间达成的契约。著名的历史传说认为，三皇五帝时期，中国已经有了人民对于部落首领的批评，"尧设敢谏之鼓，舜立诽谤之木"。看来，谏鼓和谤木，已经是十分遥远的历史了，后来，谤木演变成为中国首都北京天安门前的东西华表，象征着新中国的领导人，吸取古训，引进民主，广开言路，致力于建设昌明的新社会言论和民主政治。

学术界认为，在中国的夏朝，已经有了言官的存在。尽管这一时期，中国的统治者好坏各异，开国圣君，总是广开言路，兼听八方，人民安居乐业，怨言很少。但是，几乎无一例外的是朝代末尾的暴君、昏君，他们残酷打击忠言进谏的臣子，导致国破人亡。

其三，何微教授严谨的治学态度和灵活的治学方法，对研究新闻学也有借鉴意义。

笔者随导师学习期间，正值中国新闻界发生历史性变革的时期，积极的新闻实践，给中国新闻学术界提出了许多新话题，有的话题十分时髦，进行这样的研究，自然会使研究者名利双收。然而，何微教授没有这样急功近利，他潜心钻研大多数人都不乐意涉足的中国古籍，在浩如烟海的典籍中寻找古人对于言论现象的记述和评论，他的思想中，在踏踏实实地勾画一个大的学术框架。即便在导师即将不久于人世之前，他所著述的著作也没有付梓，但是，他仍然丝毫没有懈怠。他说，留下自己的成果，比将有限的精力花到寻求出版的公关更有意义。

在珞珈山南侧的教授楼的一个普通套房中，何微导师的居舍清贫简单，那里的灯光常常一直亮到深夜，那书架上的书籍，绝大多数被导师画上了记号，导师将其中一些做了记号的书籍交给笔者，希望笔者尽量寻找到这些书籍中闪亮的思想。导师有时严厉地将身为研究生的笔者论文初稿涂满红色，因为在他的眼中，一个字迹潦草的论文初稿，必然掩藏着学生敷衍了事的学术研究态度。

大多时候，导师是一个和颜悦色的可敬的长者。他倡导弟子们多学习电子知识、法律知识，因为他认为，新闻工作者尽管以博学较好，但是，新闻研究者，还是以一个具有多学科知识的开放思维的人为妙。笔者在离开导师到具体工作岗位的这些年，真正体会到严谨的学风、开放的学术研究思维对笔者水平提高的好处。

如今，恩师仙去，带走了和弟子共处的欢笑，带走了一个慈祥的面孔，而他温暖的爱心、精进的学风、严谨的为人、等身的著述、深邃的思想，却丝毫无法从弟子们的心中和这个活生生的世界中抹去。

（本文原载《何微新闻思想与实践》第 79 页至第 87 页，车英主编，武汉大学出版社 2001 年 8 月出版）

何微新闻思想的形成及其内容分类

车英

何微教授是我国当代著名报人、新闻学家和新闻教育家。半个多世纪以来，何微南北转战，为我国新闻事业的繁荣与壮大付出了艰辛的劳动和卓越的贡献。在战争年代，他亲赴前线，冒着枪林弹雨；在和平环境中，他深入基层，体察民情，写下了许许多多影响深远的篇章。在漫长的记者生涯和新闻教育生涯中，何微认真学习，勇于探索，形成了自己的新闻思想和新闻教育思想。总结和研究何微征战半个多世纪的光辉历程和他的新闻思想和新闻教育思想，对于弘扬我国优秀新闻传统，激励后学，具有重要的现实意义。

（一）何微新闻思想的形成

何微教授从事新闻学理论的研究工作，可以追溯到 1946 年他任新华通讯社太岳分社副社长之时。当时太岳分社调入了一大批年轻同志，何微以他那无产阶级革命家的宽阔胸怀和新闻记者本能的敏捷洞察力，预感到新中国的诞生指日可待。他意识到，随着全中国的解放和中华人民共和国的成立，新闻事业定会有个大发展，新闻记者的政治素质和业务素质上均应有一个大提高。于是，他提出了新闻记者在进行日常采编的同时还要从事新闻学理论的研究工作，并号召年轻记者应成为政治思想上过硬、理论联系实际、一专多能的新闻工作者。何微社长认真指导、言传身教并身先士卒、身体力行，写出了多篇新闻学术文章。他写的论文《爱国自卫战争军事报道研究》，就是他当时的新闻理论研究的代表作之一。

在何微任新华通讯社华北总分社副社长兼任北京分社社长之时，他在工作之余写了大量的新闻学研究论文，1956年10月15日中国人民大学创办了《新闻与出版》报，该创刊号开辟的"新闻讲座"专栏就是以何微的《新闻导语》为开篇的。

何微不论是在战争年代还是在建设时期，乃至在"文革"时期被发配住进"牛棚"所度过的那些岁月里，一直未放弃新闻学术研究。至今，他发表了80余篇影响颇大的新闻学研究论文，约70万字，其中大多数论文都在《中国新闻年鉴》《新华文摘》等报刊上转载和摘登。何微教授所著《新闻科学纲要》是一部总结党的新闻工作传统的专著。

（二）何微新闻思想的内容分类

纵观何微教授的新闻思想，笔者认为可大体分为6个方面。

1. 关于社会主义新闻的党性原则思想

我国是社会主义国家，作为党和人民的舆论工具和"喉舌"，我国的新闻事业必须具有鲜明的无产阶级党性原则，这是何微同志在新闻理论研究与采编实践中历来坚持的原则思想，尤其是在党的十一届三中全会召开之后，何微更坚定了这一思想。

何微认为："报纸的性质是报纸理论的根本问题，也是长期争论的焦点。但是，实践证明不管在理论上还是在实践上都没有真正解决。"如在我们的报纸上，还有"不顾党和国家的利益，以资产阶级报纸抢独家新闻的手段任意泄露国家机密"；"有的对党所制定的路线、方针、政策任意散播不满和反对意见"；"有的对天下大事竟然背离中央方针，发表'独立'的见解"等。1980年5月，何微在西北五省新闻工作会议上指出：报纸是有鲜明的阶级性的，社会主义的报纸是无产阶级政党的"喉舌"和"工具"，其本质特点有三：（1）报纸是阶级的舆论工具，担负着引导社会舆论的重任；（2）报纸主要是通过新闻报道直接反映当前世界上所发生的一切重大事件；（3）报纸有着极大的广泛性和群众性。他尖锐地指出："报纸的实践证明，在阶级社会里，报纸始终是阶级的舆论工具。因此，对于报纸的性质，任何无视阶级性的提法都是不妥当的,严格说是错误的。"在谈到新闻纪律时，何微坚决地说："无产阶级的舆论工具要有严明的纪律，不允许自由行动、自由言论……如果有的报纸允许自己的编辑记者完全按照个人意志自由言论、自由行动，那就不是一张社会主义的报纸。……党报党刊一定要无条件地宣传党的主张。"两个月后，何微的这篇发言稿，经稍加整理，便以"关于报纸的性质"为题发表在《新闻研究》创刊号上。这篇论文的发表，对于当时那些趁改革之机搞自由化和要把"西单墙"搬入党报的人来讲，恰似挨了一枚"重型炸弹"，而对于陕西、西北地区乃至全国办报继续确立马克思主义的办报思想和坚持新闻的党性原则，其影响是深刻的。

2. 关于社会主义新闻的真实性原则思想

在新闻学理论研究中，何微同志非常重视真实性原则问题。他认为："新闻学是同自然科学一样精确的科学，新闻的真实性在新闻科学中是具有普遍意义的规律。""谁违背了新闻的真实性，那就不能称其为新闻事业。"因此，在进行新闻学理论研究中，新闻学研究工作者也应像自然科学工作者那样一丝不苟、严谨治学。

对于新闻真实性问题，他在《新闻的真实性》一文中进行了全面详尽的论述。他指出：社会主义新闻工作者的职责是真实地描述客观事物，将真相告诉大众，不论在任何情况下，决不容许以任何理由违反"按照事实去描写事实"的原则。新闻的真实性"必须与原客观实际相符合，不容包含丝毫主观随意性"。何微又指出：新闻真实性原则的最大敌人是失实,而这个问题是个"需要长期对待的问题"，不能采取突击打歼灭战的办法。他列举了四个理由：一是新闻报道失实不仅仅是新闻单位一家的事情，而是一个带有社会性的问题，有时还带有某些不正常的政治色彩；二是对新闻真实性原则问题尚缺乏完整系统的研究；三是在我国新闻队伍中，有不少人"并未经过严格的新闻理论和新闻伦理学的训练"，文风不正，缺乏新闻职业道德观念；四是我国尚"缺少一部新闻法，用于保障新闻真实性原则免受侵犯"。因此，他四处呼吁、再三强调："坚持新闻真实性，还须长期不懈地努力。"

3. 关于我国新闻的舆论监督思想

何微教授认为：舆论属于一种社会现象，是社会存在的反映。他在分析研究了舆论的形成过程后指出：舆论应具有五种特征：一是具有不特定多数性（或称公众性）；二是具有目标的一致性（或称集中性）；三是具有愿望的接近性；四是具有时间的持续性；五是舆论的发生、扩张到收到成效有个过程。同时他又指出，"舆论既反映民意，也反映统治阶级的意志"，"现在，还有一些人很害怕舆论揭穿问题的老底，故给予舆论种种限制，或'围剿'切中时弊而语言尖锐的舆论"。何微认为有四点值得新闻工作者注意：（1）能左右客观形势的舆论，符合广大人民群众利益的，应认为是正确的舆论，但也要具体情况具体分析；（2）舆论是多样的、复杂的，要充分认识舆论一律的相对性和舆论不一律的绝对性，应遵循党的原则合理地反映舆论的一律与不一律；（3）舆论有正确与不正确之分，因此不能忽视少数人的舆论；（4）舆论常常受到某种无形的压力，新闻记者应善于明辨是非，排除干扰，正确引导舆论。新闻事业单位要把比较分析舆论作为一项重要的工作内容，经常倾听和主动收集各种舆情，研究舆论的产生原因、背景、变化和归宿，对已存在的舆论进行评价，将其引导到正确的方向，发挥舆论的影响、调节、监督功能，为建设社会主义物质文明和精神文明服务。

何微关于新闻的舆论监督思想，不仅仅是要求运用舆论进行批评，而且还要运用舆论对新事物、优秀人物进行支持、推广和宣扬。何微重申：新闻是讲阶级性的，新闻媒介是为人民行使舆论监督权利服务的，新闻传播事业掌握着舆论工具，但任何人、任何集团都不可滥用舆论；新闻媒介所发表的舆论"不可抵触国家的根本大法，不可违背社会主义基本原则"。

4. 关于无产阶级新闻的价值观思想

何微认为，新闻价值是新闻学中的核心问题，是构成新闻的事实本身所具有的、能够满足社会对新闻需要的素质的总称。新闻有无价值，主要看新闻所报道的事实有无价值。何微教授总结了我党多年来新闻工作的实践经验，提出了"要突出时代性、现实性，按照社会主义社会的性质，主要以正面报道最具新闻价值"的思想；但对于有些与人民生活有密切联系的、属于揭露批评式的报道，"同样是具有新闻价值的"。

何微提出，在确保其报道绝对真实的基础上，可从两种视角观察其新闻价值。在宏观上，可从五个主要方面判定：（1）及时；（2）简洁；（3）新鲜；（4）实用；（5）符合党的宣传政策。从微观上看，何老认为至少可从十个方面判定：一新——新鲜；二真——真实；三近——接近；四要——重要；五趣——趣味；六快——时效；七短——简洁；八精——精练；九活——生动；十深——深刻。以上两类判定应有主次，何微教授认为，应首先从五个宏观方面判定一条新闻是否具有新闻价值及其有多大的新闻价值，因为这是一个方向问题。

5. 关于中国新闻思想发展史观的思想

我国新闻的产生有悠久的历史，和古代纪事文有着不可分割的密切关系，也有其自身演变和发展过程。但目前我国只有新闻事业发展史，而且基本上只有三条发展主线：一是以中国报学史为主线；二是以新闻界人物传略为主线；三是以新闻事业专业史为主线。但何微认为："还有一条不可缺少的主线，即中国新闻思想发展史，由此接触我们从未深入研究的科学领域，又可指导新闻史研究的门径，对悠久的新闻思想发展成果进行初步的总结。"

何微教授在《武汉大学学报》（社会科学版）1990年第1期上发表题为《关于中国古代新闻思想发展研究》的文章，对先秦时期的我国古代新闻思想发展进行了颇为深入的研究，第一次提出"自有人类以来，就产生了新闻思想和新闻传播活动，而且人类的新闻传播活动从未停止过，它是由低级到高级发展，受到新闻思想的支配"；第一次提出"在三千年前，关于新闻记述的要求和思想已基本形成"；第一次提出了《春秋左氏传》是我国第一部新闻作品选集，之后又撰文更全面翔实地对此进行论证。

的确，中国新闻思想发展史要比中国新闻事业的发展史更为久远、更为宏伟、更为丰富。何微教授辛勤笔耕，完成了《中国新闻思想发展研究文集》这部约500万字的巨编和有关的专论，较为完整地勾画出了自远古时代到现代的我国新闻思想发展的大致脉络，填补了新闻学这一研究领域的空白。

6. 关于新闻学研究内容的建构思想

何微教授认为：在新闻学研究中，一定要有求实的精神、发展的眼光、求精的功力、严谨的情操，四者缺一不可。"求精"与"严谨"是具体可见的工作作风，而"求实"与"发展"却是一切工作的指导思想。因此，何微在维持传统的三大块即新闻理论、新闻史、新闻业务的基础上，根据时代的特点，提出了侧重于未来发展的新闻学研究内容的建构思想：一是新闻管理学，因为它是"一门横跨于多种学科之间的综合性学科"，是"决定我国新闻事业是先进还是落后的一门关键性学科"；二是新闻人才学，这也关系到我国新闻事业后继有人还是后继乏人的大问题；三是微电子新闻学，这是时代的要求，又是先进的科学技术浸透于新闻学中之必然；四是对新闻学与大众传播学的比较研究；五是研究中国新闻思想发展史。当然还有一些其他新的学科也要研究，如新闻信息学、新闻心理学等，但应把主要精力放在上述五种研究之中。实际上这些也是何微新闻教育思想的组成部分。何微先生一直按照自己的这一构思进行着颇有成效的研究工作。

（三）结论

何微是一位老者，但在他的身上却充满着青年人的蓬勃朝气；他是一位老革命，但他不居功自傲，始终把自己作为党的一分子，长期保持着抗大的优良传统和学风；他是一位老新闻工作者和新闻学理论研究工作者，成果累累，但他仍旧永无止境地在知识的海洋里遨游，而且从不愿别人称他为"家"；他曾是一位身居高位的领导同志，但他平易近人，甘为人梯，是一切追求真理、勇于探索者的可靠朋友。半个多世纪的历史已经做出结论：何微是最坚定的共产主义战士和最优秀的革命报人之一，他的新闻思想和新闻教育思想是我们党和国家新闻思想和新闻教育思想的组成部分，是我们党和国家新闻学宝库中的宝贵财富。

（车英系武汉大学教授、博士生导师。本文原载《何微新闻思想与实践》，车英主编，武汉大学出版社 2001 年 8 月出版）

创新　求深　写活
——我在互联网报道领域这样实践何老的新闻思想

马续凤

何老在 83 岁之际离开了我们，然而，其人、其事、其品德却永远留在我们的心中。尤其是他对于新闻思想方面的特殊贡献，是十分值得我们继承和发扬光大的一笔巨大财富。因为，何老对于新闻研究，不是一般性的研究，而是在新闻理论、新闻史、新闻业务的基础上，提出了着眼于未来发展的新闻思想，即新闻管理学、新闻人才学、新闻与大众传播比较研究学、中国新闻思想发展史、电子新闻学。尤其值得一提的是，何老在耄耋之年，还努力学习现代通信领域的知识，包括程控电话、无线通信、数据通信乃至互联网，并多次让我给他邮寄或捎带相关资料。记得我每次给何老打电话或去西安，总会涉及现代通信方面的话题。至于他在电子新闻学方面的预见，今天变成了现实："上海热线"、"天府热线"、新浪、搜狐、雅虎这类门户网站遍地开花，而其传播新闻的速度和无边界性更是有着传统媒体无可比拟的优势。与之相伴的网络经济、电子商务也正以势不可当的大潮席卷全球。

当然，随着"网络时代""电子商务时代"或者说"电子媒介"时代的来临，以互联网为题材的报道也越来越多。那么，互联网作为一种技术性很强的事物，新闻报道如何写？笔者认为，何老的新闻思想不仅预见到了新闻的发展趋势，而且对于我们采写代表电子时代的互联网这种专业性很强的报道，也同样具有指导意义。互联网报道不能因为互联网本身具有科技特性，写出来的报道就晦涩难懂，而应该跳出科技的圈子，写得生动活泼、老少皆宜。也就是说，互联网报道的新闻价值可以像何老说的那样，从及时、简洁、新鲜、实用、符合宣传政策五个方面来判定。

我自武汉大学研究生毕业后，由于一直在现代通信媒体（《人民邮电报》《中国邮政报》）从事新闻工作，因而有机会在采写现代通信尤其是互联网方面的报道中，实践着何老的新闻思想。而我本人从一个文科生，或者说从一个"科盲"变成一个能熟练采写现代通信及互联网报道的科技新闻工作者，并能挑起《电子商务》（专刊）主编这样的担子，也完全得益于何老的言传身教，得益于他的新闻思想的指引。现将采写互联网报道的一些体会整理成文，以慰藉何老。

瞄准一个"新"字

在新闻学里，新闻尽管强调时间性，西方新闻界甚至只发"今天"或"明天"的新闻，但是，"闻所未闻的""第一次发生的"事件也是至关重要的要素。记得1986年我在江西大学新闻系初识何老，向他请教如何正确理解新闻的"新"这个问题时，何老对我说，新闻的"新"字，时间上的新固然重要，但更重要的是要有内容上的新。如果仅有时间上的新，而事件仍是"炒剩饭"，则不叫新闻。

这方面，有的报纸在一些报道中是有教训的。比如，20世纪90年代初，程控电话热遍神州，不仅城里人家家通了电话，就连有的乡下电话普及率也很高。记得当时某报一篇关于"电话村"的报道，曾轰动一时。可是后来，还是在我所说的这家报纸上，接连出现只是地点、时间发生变化，而内容雷同的有关"电话村"的报道。这实在是在"炒剩饭"。组织互联网报道，如果不在内容上求新，而仅仅是时间和地点上的不同，今天是张三"网上种花"，明天是李四"网上种花"，尽管都是前沿题材，仍旧会像有的报纸报道有关"电话村"建设那样，除了时间、地点有所改变之外，事件的主要内容并无不同之处，新闻就不成其为新闻了。

因此，我在组织或采写互联网报道时，把注意力放在它的新苗头、新动向之上，从而写出时间新、内容也新的报道。比如，《花农李洪儒："网上"种花花更艳》《大学生：网上求职"内热外冷"》《中国邮政：电子商务正逢时》等稿件，就因为内容令读者耳目一新，不仅受到读者的好评，还先后被评为全国邮电记协、人民邮电报的好新闻。

突出一个"深"字

新闻不仅要新，还要有深度，新是基本要求，深度则进一步体现新。可以说，深度既是读者的需要，也是新闻媒体竞争的需要。

何老认为，如果把报刊、广播、电视甚至互联网加在一起，现在的读者就应叫作受众。那么，就报刊而言，受众对深度的要求最迫切。尤其是对于像互联网这样的热门话题，受众不仅要求报刊记者报道新近发生的事实，更重要的是，还要求告知事件的前因后果。因为，最快而简洁的消息他们可能已经从广播和电视那里得知了，最后只剩下对"深度"的需求。报刊在抢新闻方面，敌不过广播；图文并茂且活灵活现方面又不如电视。我在报社当记者、编辑，在新闻实践中，正是按照何老的思想，在"深"字上下功夫的。对于互联网报道的"深"，我主要从三个方面来深化。

1. 深化主题。相同或相近的主题，通过对内容的挖掘，比如揭示事物发展的新动向、发现新问题等，给人以新的感觉。1997 年 6 月 7 日发表的《上海：百台电脑热商厦》，报道的是互联网展示的情况，而 1998 年 5 月 30 日的《上海：网上"大搜捕"捕到了什么？》，尽管同是有关网络展示的话题，却通过"有电脑未必能上网""网吧应该设在哪里？""入了网还得扶一把"这些新内容，使报道有了深度，又有了新意。

2. 多侧面选题。著名诗人苏东坡有诗云："横看成岭侧成峰，远近高低各不同。"从不同侧面来报道互联网，也同样可以体现出这种"不同"。从我采写、组织的报道上看，有网络展示的，有网上种花的，也有网络挑战传统媒体的，还有网上求职以及抢注域名的，真可谓"远近高低各不同"。

3. 全方位报道。这个意思是，别人发了简讯，我们发告知前因后果和背景内幕的详细报道；别人写了事件的一两个阶段，我们可以写整个过程；别人写了事件的一个方面，我们可以写各个方面。1998 年 6 月 27 日刊登的《有人抢注"广州电信"，网上域名价值几何？》就是综合各个方面的情况写出的一篇综合性报道。早在半个月前，有的报纸就已发表了有关新闻，并从采访某公司经理和社会各界人士的看法两个方面入手，披露了抢注事件。笔者在组织这篇报道时，没有简单地把别人的东西搬来，而是在收集其他报道已发表的新闻资料的同时，打电话给《人民邮电报》广东记者站记者周小燕，请她采访有关新闻中涉及的"广州电信"，再次采访某公司并获取最新结果。这样一来，在我们的版面上登出来的新闻，就取得了见人之所未见、闻人之所未闻的效果。

追求一个"活"字

互联网报道作为一种有新意的题材，应该说，相关报道的新闻性比较强，但是，它毕竟是技术性、专业性很强的题材。如果在写作上不能跳出技术性的固有模式，就完全有可能走入内行不愿看、外行看不懂的误区。怎么解决这个问题？在武汉大学新闻系读研究生时，我的硕士论文是《新华社十年农村改革报道的新闻思想研究》，在修改有关科技报道的论述时，何老曾对我说，要跳出科技报道的怪圈，从新闻写作规律来讲，就要求"钻进去，跳出来"，即跳出技术的圈子写技术报道。再者，作为新闻报道，也更应偏重于从社会角度看问题。因此，既令事实本身具有较强的新闻性，达到产生广泛的社会影响的目的，也必须在"活"字上做文章。

1. 立意"活"。受众需求特性告诉我们，社会新闻是最受欢迎的新闻。基于此，我组织的因特网报道多从社会角度报道事实。例如，《花农李洪儒："网上"种花花更艳》突出了花农把花"种"到网上的新奇特性；《天府热线挑战传统媒体》（该文甚至直接体现的就是何老有关电子媒介的新闻思想：电子媒介冲击传统媒介）不是按老套去写天府热线如何发展壮大，而是通过它向传统媒体挑战这一现象来反映它的发展；《大学生：网上求职"内热外冷"》反映的是求职方面的社会现象；而《电脑"黑客"网上抹黑》实际上就是一条地地道道的社会新闻。

2. 文字"活"。新鲜、生动、活泼，是新闻写作的基本要求。具体而言，就是标题制作要生动形象，文章遣词造句通俗易懂。这些要求，在我经手的有关报道里基本得到了较好的体现。有的标题是像唐诗的"七律""七绝"那样的七字句，如《"网"上种花花更艳》，读起来朗朗上口；有的则是排比句，如《有人抢注"广州电信"，网上域名价值几何？》。大部分报道，还制作了别开生面的小标题："抢注域名一箭双雕""怪：不种庄稼种花卉""政府部门：且把热线当喉舌"，等等。此外，从整个报道的文字上看，也跳出了晦涩难懂的窠臼，对个别专业字词，如"无纸贸易"，专门在版面上配"小资料"，以便于读者阅读。当然，适当配上一两张照片，以活跃版面，也是我的一贯做法。

（本文原载《何微新闻思想与实践》第88页至第93页，车英主编，武汉大学出版社2001年8月出版）

何虑何求　志大志刚

——新闻学者和记者的何微同志

桑义燐

小学教师—记者—专家—教授，80余载风云人生，60余年新闻征程，搏击四海，跋涉五湖，履痕深深，可堪回首。何老独特的道路，独特的思维，独特的风范，独特的成果，总结曲折艰难的沧桑道路，探索这些独特的智慧结晶，是可垂范后学的。

我想沿着这条思路作点探索，然而提起笔来，又觉得力不从心，一时不知从何处下笔。

是不了解何老吗？非也。我拜识何老已近40年。何老是新闻界前辈，几十年来，深得何老的教导和帮助。何老既是我的导师，又是我的领导。他是我20世纪60年代的院长，70年代的主编，80年代的新闻研究所所长，长期一起办教育，编刊物，经风雨，战难关，共安乐，分患难，是成败与共的忘年之交，不能说不了解、不熟悉。

是没有具体生动的故事好写吗？亦非也。何老60多年的新闻生涯是丰富多彩的，故事是写不完的。在炮火连天的抗日战争中，他是转战太行山区的战士；在解放战争中，他是穿行于枪林弹雨中的战地记者；中华人民共和国成立后，他走遍黄河两岸、大江南北。后来，他又执教于终南山下，主编于西安古城，最后科研攻关于武汉东湖之滨。就是平时闲谈中顺便聊起的有趣故事，几天也讲不完，因此，不能说无事可写。

那么是担心对何老的实践和研究成果认识不深，言有偏失吗？是的。前面说过，何老的实践经验、研究成果是丰富的、有特色的。他的著述多达数百万字，其中有业务论文、新闻作品，有原理探讨，有新闻思想史的研究，上下几千年，纵横数万里。他的作品有些虽然拜读，但是否把握了真谛就难说了。

下面仅就我认识的何老谈点印象，而且主要谈谈作为新闻学者和记者的印象。

（一）坚持新闻有学　主张在争鸣中研究

何老给我的第一个鲜明的印象是坚持新闻有学，坚持"双百"方针。他是在1962年适逢国家困难时期来西北政法学院的。当时正值新闻系要下马（撤销），一时人心惶惶。我记得很清楚，他第一次参加新闻系的会议，就谈到了"新闻有学"的问题，不同意新闻无学的论调，并希望教师多做研究。大家瞪大眼睛不吭气，心里却在想，新闻系就要撤销了，马上就"树倒猢狲散"，还讲什么"有学""研究"。

不过，何老鲜明的态度在当时非同小可。在当时的政治气候下，一般人都会这样认为：新闻即政治，政治规律就是新闻的规律，当记者靠的是政治，无须读大学，文通字顺即可。当时国家有困难，政法学院5个系，首先要砍掉的就是新闻系。这时我们正考虑系撤销以后何去何从的问题，何院长却大谈"有学"和科研，莫非有了转机。我们几位年轻教师，将信将疑地小声谈论着何院长的话。

后来系里发生的几件事，证明何院长不是随便说说，他的话对于新闻系的命运起了巨大作用。我们觉得有了方向，有了领头人，有了靠山。

一件事是新闻系不撤了。何院长千里求师，从北京请来了三位教师：中国人民大学新闻系的甘惜分、张隆栋、郑兴东老师。他们来校分别讲授新闻理论、新闻史、新闻编辑、新闻写作和专题讲座。本系教师对口做助教，协助搞好教学。

这件事有力地证明两点：一是何老不像"新闻无学"论的领导那样立即砍掉新闻系。当时（1962年）除了人大、复旦两家新闻系外，几乎全砍掉了。只有西北政法学院新闻系继续办，这是何老力排众议的结果。二是从外地请教师来校讲学，既解决本系师资不足的困难，也是为了培养青年教师，进行学术交流，推动新闻科研。证明何老是真诚的"新闻有学"论者，是真心办新闻教育的。

这样做，无形中出现了学术争鸣的局面。当时，社会上新闻学界大体上分为两派，即常说的"京派"和"海派"。"反右"斗争中，虽然从政治上批判了"海派"代表人物的学术思想，但学术分歧依然存在。我系师资队伍也是两派。不管这种分法是否科学，人们总是形而上学地把人民大学毕业的教师归为"京派"，复旦大学毕业的教师划为"海派"，就像划阶级成分一样。这么一来，"海派"的几位教师觉得形势不妙，议论纷纷："何院长一定是京派，不然为什么不去上海复旦大学请教师？"担心受挤压，不大安心工作了。有的说："有本事的，趁早另谋高就。"当然，"京派"教师无此疑虑。

其实是多虑。人大来的三位教师，并非如想象的那样，什么"京派"压"海派"，争夺"势力范围"。他们都是讲求科学的人，都是按照新闻规律踏踏实实做学问的人。三位老师的课我都听了，收获很大，而且共识多于分歧，而分歧也是学术性的。同时，何院长并不属于某一派，而是坚持"双百"方针和实事求是的科学态度，借助于人大教师讲学的东风，推进学术研究。他定期将青年教师集中起来，对三位教师的讲授内容和观点，进行讨论，畅所欲言，谈感受，谈观点，论是非。他带头发表评述性意见，启发大家进行学术性探讨，鼓励大家发表不同见解，开发创造性思维。对于一些不正确的看法，也是循循善诱，以理服人，从不上纲上线，把学术问题扯到政治上去。对于学术分歧，何院长也从不武断地下结论。他总是说："有不同意见是好事，大家继续研究。"也从不因为自己是院长又分管新闻和教学工作，把自己的观点强加于人。而是以一位教师的身份和我们一块研究，一起讨论，一起争论，洋溢着争鸣气氛。他要想说服你、纠正你，总是引经据典，旁征博引，拿出有说服力的资料，摆在你面前，你不由得不服。这是科学的态度，这才是真正在执行"双百"方针中，在平等争鸣中发展学术，发展第一生产力。

（二）贴近前沿研究"热点"

第二个鲜明的印象是何微同志特别的新闻思维和新闻科研的路子。那就是贴近现实，适应新闻事业发展的需要，主攻新闻实践中迫切需要解决的问题，以指导当前的新闻事业建设。理论研究与实践的需要紧密结合起来，完全摆脱了"学院式"的、脱离实践的研究方式方法。这是一条有着强烈现实意义的研究方式，是一条正确的路。从何微同志新闻科学研究的历史可清楚地看出这条行之有效的道路。早在20世纪40年代，他在负责新华社太岳分社时期，新闻机构刚刚建立，一批新参加新闻工作的人，不熟悉新闻工作。当务之急，是让他们先懂得新闻工作是怎么回事，要教会他们怎样当记者，如何写新闻报道。那时，何微同志侧重于新闻应用学研究，创办了专门培养记者、通讯员的刊物《新闻通讯》，写了不少业务文章。比如《爱国自卫战争军事报道研究》，讲怎样写好战争报道。50年代初期，何微同志除了继续研究新闻应用学之外，逐渐转向新闻理论的研究。这也是现实的需要。在创建新中国新闻事业的过程中，两种新闻学、两种新闻事业的辩论不可避免，他意识到不建立自己的新闻学原理，要正确建设社会主义新闻事业是不可能的。他积极地参加了这场辩论，而且成为辩论的主角。60年代和70年代就不必说了。80年代，随着改革开放的深入发展，我国新闻事业有了突飞猛进的发展，同时西方的新闻学、大众传播学也传入我国。在新的环境下，如何建设具有中国特色的新闻事业，如何正确解决继承传统和借鉴西方先进技术的关系等问题，尖锐地摆在面前。传统派也有，西化派也有，在继承和借鉴西方的基础上，建立有中国特色的新闻事业派也有。这种局面说明新闻理论的贫困。针对这一状况，何微同志开始进行现代新闻学原理的研究工作。80年代初，在一次新闻学术研讨会上，他发表了《关于新闻事业的性质》的长篇论文，引起新闻界和新闻学界的关注。这篇论文被当时新闻学期刊广泛转载。80年代和90年代，他除了继续研究新闻理论之外，同时对于新闻教育做了系统的研究，提出了符合我国国情的建议。

从以上历史过程中,我们不难看出何微同志的这种特殊的科研路子和思维方式,这是他在长期的新闻实践中形成的,是有着中国特色的具有成效的路子。有一个最典型的例子:1986 年,何微同志已调武汉大学任新闻学研究所所长。以武汉大学新闻学研究所和武汉大学新闻系做东,召开了一次学术研讨会。讨论什么问题呢? 会议的主题怎么定呢? 何老让我们先考虑一下。大家提出了一些大而抽象的题目,诸如商品经济与新闻改革等,缺乏现实针对性。最后何老提出讨论"新闻与宣传的关系"。何老认为这是当时新闻实践和新闻学界存在的迫切问题。讨论透了,新闻事业的性质、社会功能问题、运作机制问题就弄清楚了。这些根本问题不解决,其他问题都难以讲清楚。

当时,我们对何老这一选题,并不太理解。参加研讨会之后,才深知何老选题针对性之强、主题之深,起到了举一反三的作用。会上,对这个选题出现了以下三种不同意见。

一是新闻与宣传是一回事,不可分割。把二者分开,新闻报道的性质和功能就变了。

二是新闻与宣传是两码事,不可混淆。前者是传播,是告知;后者是劝服,是说理。二者混为一谈,则新闻和宣传性质都异变了。

三是两者结合论。新闻是传播,但传播中有倾向,倾向就是宣传;宣传中也有新闻传播。对新闻媒体来说,二者完美结合,才是好报道。

三种意见,展开激烈交锋。各种看法不得不把自己对"新闻"和"宣传"概念的理解讲清楚。这就涉及新闻学的根本问题。这么一来,形形色色的、国内外的各种观点都出来了。有传统派,有西化派,有"中国特色"派等。原来,各种不同观点,对新闻事业的根本问题的看法是大相径庭的。通过讨论,推动了新闻学理论的发展,厘清了一些根本问题的界限。研讨会是成功的。从中可知何微老选题之妙、策划之精巧,令人折服。理论联系实际,是他一贯的主张,是他新闻思维方式的具体反映。如果"学院式"地讨论一些大而无当、缺乏针对性的选题,大家各说各的,根本不交锋,那简直是浪费时间。

（三）开拓创新　探索"中国特色"

读何老的文章,总觉得字里行间闪烁着创新的火花,有一种新异感,富于创新思维。这是何老给我的第三个深刻印象。

创新思维,大概是一个人的生存环境和自己个性相结合而形成的独特的素质。

何老当记者、办教育、搞科研，干什么事都不甘于平庸，总要力求创新突破，有所奉献。这是难能可贵的素质。

何老的这种开拓创新精神是一贯的。这种精神并不因为年龄和环境的变化有所消减。大家知道，何老只身去武汉大学新闻研究所时已近70岁高龄。他的目的很明确：去开拓创新，去研究创办新闻教育，去培养现代化新闻人才；去研究如何改革，建设有中国特色的新闻事业。去武汉大学8年，是何老科研最辉煌的8年。为探索"中国特色"，他开始研究中国新闻思想发展史，从人类起源，从原始新闻信息传播开始，从体语、标志物传播，到语言传播、文字传播，到印刷传播、电子传播，到当前的多媒体传播，他想彻底弄清楚发生在祖国大地上的炎黄子孙身上的新闻传播有哪些特色，中华民族的新闻传播思想和新闻意识是怎样衍化发展的。也就是说，中华民族的特殊的地域环境、特殊的经济基础、特殊的文化传统、特殊的民族特点，是怎样铸就我国新闻思想特色的。这个问题搞清楚了，我们才能正确地继承和发展传统，才能正确地借鉴和学习外国的长处，才能正确地建设具有中国作风、中国气派的现代化的新闻事业。

何老经过近十年的努力，完成了数百万字的史稿。他启动这么大的研究工程，令人钦佩。老骥伏枥，志在千里。这是开拓性的研究，是填补空白的研究，是一大贡献。其中，他提出了许多创新性见解。比如，他把我国文字新闻传播（文体起源）的起始时间，大大地向古代推进了。它应当始于古代史官记事和殷商甲骨文。这就是说有了文字、出现了国家和权力机构之后，就有了这种纪事体。他认为孔子编修的《春秋》，可以说是古代的新闻作品集；新闻五要素，甲骨文就具备等，都是令人信服的创新见解。

在何老最后的岁月中，他完成了新闻学原理著作《新闻科学纲要》。这本书以马克思主义新闻学观点，深入地阐述了自己的独到见解。这是一部观点新、体例新、有着我国特色的新闻学专著。

同时，在这几年中，何老发表了许多论文。他早在20世纪70年代末80年代初就敏感地感觉到高科技对新闻事业提出的挑战，他大声疾呼：要马上着手电子新闻学的研究。

其他如如何提高在职新闻工作者的素质问题，如何培养现代化新闻工作者的问题，何老都发表了新鲜独到的见解，这些都引起了全国新闻界的关注。

谨书此印象三章，献给尊敬的何老！

（本文原载《何微新闻思想与实践》第122页至第129页，车英主编，武汉大学出版社2001年8月出版）

何微对新闻学术的主要贡献

刘荣庆

何微先生一生的学术成就，笔者在何微先生百年诞辰暨"西北何"新闻思想研讨会上发言时，已有一个理论概括，并在《西部学刊》2016 年第 6 期发表了《试说何微对新闻学术的主要贡献》一文。我认为，作为"北甘、南王、西北何"三位中国新闻学术界泰斗与新闻理论奠基人之一的何微先生，其在 20 世纪的主要学术贡献，无人能够替代，并以此与中国人民大学甘惜分教授、复旦大学王中教授的课题方向及学术侧重相区别。他的新闻学术贡献归结起来主要如下。

其一，何微的新闻理论研究自始至终都是结合采、写、编、评、摄、管及新闻传播的诸环节包括媒介批评需要展开的，伴随新闻事业不断发展的进程开展新闻学研究是其一大特色。从 1946 年他任新华社太岳分社副社长时在《新华通讯》上发表的《爱国自卫战争军事报道研究》《新闻书简》，到 20 世纪 50 年代他任新华社华北总分社副社长兼北京分社社长及新华社江苏分社社长时写的一批论文，以及他在陕西日报社任党委书记、总编辑和陕西省社会科学院院长时期写一系列论文看，都是围绕新闻实践而发表学术见解的。何微先生的新闻研究的第一个突出特点就是随时代前行，结合新闻业的实际立论并展开逻辑思辨。

其二，何微先生的新闻理论专著，其中比较系统而富学术创见的，是 1995 年 2 月由《陕西日报》新闻培训中心编印的中共陕西省委党校和《陕西日报》用于新闻专业走读大专班的讲义——《新闻科学纲要》。这个 16 开、64 页的讲稿分为前言、绪论、第一章至第七章新闻的价值，而第八、九、十章和结束语缺失，是一部尚未写完的专著。这部未完成的学术专著少而精，理论旗帜鲜明。嗣后，何微在《武汉大学学报》、华中理工大学《新闻学探讨与争鸣》、《兰州大学学报》、《新闻知识》等期刊发表的文章，本质上是在新的历史条件下，对《新闻科学纲要》进行的补充、完善、延伸、拓宽。

其三，何微先生主编数百万字的《中国新闻思想发展研究文集》，是为架构中国新闻思想发展史的学术体系而进行的基础性史料工程。他在《武汉大学学报》（社会科学版）1990 年第 1 期上发表的《关于中国古代新闻思想发展研究》、南京大学《新闻传播论坛》上发表的《我国百年新闻理论建设的历史与现状》及《中国第一部新闻作品选集——〈春秋左氏传〉》，填补中外新闻思想领域学术空白的专论，以及将中国新闻思想以古代、近代、现代、当代为纵向线轴编辑的巨著《中国新闻思想发展研究文集》，提出并论证了独树一帜的学术主张。何微先生指出："我大胆地断定，在二三百万年的更新世，人类已有了新闻传播活动。""（商周时代刻于龟甲上的）甲骨卜辞的结构与我们当今新闻的要素完全吻合，仅是称谓不同。""据多次通读《春秋左传》认为它是一部古代新闻作品选集。"他从浩如烟海的古代文献和遍布神州大地的考古文物中，梳理并清晰地揭示出人类言论的运行规律。

其四，何微先生在中国改革开放中引进市场机制并直接影响新闻事业诸环节、方面、岗位结构的形势，"按行政区划分管理的新闻体制正在被突破，跨省新闻网络应运而生"，主张研究"一门横跨于多种学科之间的综合性学科"——新闻管理学，解决关乎新闻事业兴衰的新闻人才学，而与新闻管理学、新闻人才学存在血肉关联的则是建构具有中国特色社会主义新闻事业的总编辑学。1989年《新闻知识》期刊发表的何微先生的《总编辑的品质和影响力》中，较为全面系统地反映了他在建构总编辑学上的学术思考。

其五，何微先生具有远见卓识地在中国大陆第一个提出建构"微电子新闻学——用高新技术装备中国新闻事业，以适应国内经济繁荣和国际新闻竞争的客观要求"。20世纪80年代中期，何微先生认为，"新闻网络的产生，已显出很强大的生命力，很有发展前途。它是由经济决定的，是自发的联合，群众的需求，顺乎规律，是打不散、拆不掉的。新闻网络和区域宣传是新生事物，应从理论上认真研究"。何微、桑义燐牵头的重点科研项目《新闻事业与现代化建设》报经中共中央宣传部和国务院经济技术发展研究中心后，很快被批转印发。

如果将"西北何"看作20世纪中国新闻学术领域一个学派的话，以上五方面更需要后人发掘、探究、传承。

（本文节选自刘荣庆《中共创建的首个新闻专业高等教育机构的起落——从西北政法大学新闻传播学院院史馆说起》，原载《何微新闻奖优秀论文选》第三辑，孙江主编，罗朋、郭森副主编，中国国际广播出版社2020年3月出版）

四、综合研究纪念篇

近三十年何微研究综述（1987—2016）

孙江　　吕强　　李婷

摘要：作为我国现当代著名的新闻学家、马克思主义新闻理论家、新闻教育家和新中国新闻事业的重要奠基人之一，何微在长期的新闻工作中形成了诸多有益于我国新闻事业和新闻教育发展的思想与理论。自20世纪80年代以来，有关何微的研究逐渐被国内学界所关注并产生了诸多成果，著述不可谓不丰，但在研究资料的搜集与整理、研究的深度与广度上仍有不足。本文梳理近30年来国内新闻学界何微研究成果，试从何微新闻思想、新闻教育、新闻生涯和学术贡献四个方面对何微研究的有关成果进行回顾与评述，以期推动何微研究走向深入。

关键词：何微研究；中国新闻史；新闻教育

何微是我国现当代著名的新闻学家、马克思主义新闻理论家和新闻教育家，也是新中国社会主义新闻学的重要开拓者与奠基人之一。在62年的新闻实践、教育与研究生涯中，何微形成了诸多有益于我国新闻事业和新闻教育的宝贵思想和理论，而其始终奋斗在一线的新闻实践活动，本身也是我国现代新闻事业与新闻教育长河中不应被遗忘的明珠。因此，对何微的研究逐渐受到学界的关注。早在20世纪80年代，宗宝泉和余琦在《从记者到教授——记武大新闻研究所所长何微》一文中，通过阐述何微的新闻从业历程及其新闻思想，为何微研究开了先河。进入90年代以后，随着我国高等教育和新闻事业的快速发展，越来越多学者参与到对何微及其新闻思想的研究中来，成为我国新闻史研究中一个醒目的研究园地。笔者在吸纳前辈学者研究成果基础上，通过梳理1987年至2016年国内新闻界开展何微研究的有关论著，从何微新闻思想、新闻教育、新闻生涯及学术贡献四个方面，总结近30年来国内新闻界何微研究的特点与不足，以期推动何微研究及我国新闻史研究走向深入。

（一）关于何微的新闻思想研究

早在 20 世纪八九十年代，国内新闻界开展何微研究伊始，学界研究何微的学术热点主要是何微新闻思想研究，主要集中在以下几个方面。

1. 关于何微新闻思想产生时间的研究

对于何微新闻学思想理论产生的时间问题，学界并没有太大分歧。学者刘荣庆在《何微新闻思想纵论》一文中认为，何微最早开始从事新闻学理论研究可以追溯到革命战争年代他出任新华通讯社太岳分社社长期间的 1946 年，他在《爱国自卫战争军事报道研究》和《关于报纸性质问题》中科学阐释了新闻政治性与人民性的辩证关系。进入 20 世纪 90 年代，何微思想研究进一步深入，其代表成果有武汉大学车英教授的《何微新闻思想及其新闻教育思想》和《何微新闻思想与实践》。在这些成果中，车英也认为何微的新闻学理论研究始于 1946 年任太岳分社副社长之时，《爱国自卫战争军事报道研究》就是他这方面的代表作之一。

2. 有关何微新闻思想及其特点的研究

刘荣庆认为，何微早在创办新闻学理论期刊《新闻研究》时，便借助此学术期刊长期致力于中国特色社会主义新闻学理论的探索，并总结了当时何微新闻思想理论研究的两大特点：一是意识到当时落后的新闻状况与我国高速发展的社会经济不相适应的现实问题；二是提出"新闻教育面向未来"的思想；刘荣庆还认为《中国新闻思想发展研究文集》和《新闻科学纲要》是中国当时新闻学研究的重要成果，也为当时新闻学界有所争论的问题提供了独到看法。车英补充认为《新闻科学纲要》是一部总结我党新闻工作传统的专著，而《中国新闻思想发展研究文集》则填补了一项新闻学领域研究的空白，论证了当时新闻学研究中的一些重大问题。

3. 关于新闻报道与党性原则思想的研究

车英在《何微新闻思想及其新闻教育思想》一文中最早关注与研究了何微新闻党性原则思想，强调"作为党和人民的舆论工具和喉舌，我国的新闻事业必须具有鲜明的无产阶级党性原则"是何微历来奉行的新闻原则思想。他在肯定何微"报纸是有鲜明阶级性"认识的同时，也认为这种党性原则在何微看来是报纸理论的根本问题，也是新闻界长期争论且没有真正解决的焦点。随后，河北经贸大学刘惠文教授专门讨论了何微有关新闻党性原则的思想，并认为何微新闻党性原则的思想内容众多且散见于他的科研教学实践中，而"社会主义国家的报纸是无产阶级的喉舌与工具"，这一论断是何微新闻党性原则的集中体现。

4. 关于何微新闻研究及报道中"实事求是"思想的研究

刘荣庆认为在新闻研究中，何微重传统而又不拘泥于传统，始终贯穿着"求实"的气度、"发展"的眼光、"求精"的功夫与"严谨"的作风，在新闻真实性的基础上，依据五个方面来判定新闻的价值，而何微的《新闻真实性》和《新闻与舆论监督》则集中体现了上述新闻思想。车英将何微新闻"实事求是"的思想概括为"关于社会主义新闻的真实性原则思想"。刘惠文则认为"事实"这一新闻学的基本范畴是何微"实事求是"思想的核心关注点，何微终其一生都在强调"要抓住事实这个新闻的核心展开对新闻学研究"。

5. 其他关于何微新闻思想的研究

车英研究了何微有关新闻学研究的建构思想、新闻价值观思想和新闻舆论监督思想。首先，车英认为何微在其新闻实践与新闻研究的过程中，发现并形成了自己一套完善的新闻研究内容的建构思想，并一直按照这一新闻思想进行着颇有成效的新闻研究；其次，车英认为何微在总结我党多年新闻工作实践经验的基础上，提出了新闻"要突出时代性、现实性、正面性"的新闻价值观；最后，车英在研究何微新闻舆论监督思想时认为，何微关于新闻的舆论监督思想，不仅要求发挥新闻舆论的批评和监督作用，而且提倡对新事物、优秀人物进行宣传。文广则对何微"总编辑的品质即影响力殊大，他决定新闻事业的道路和前途"的思想观点展开了深入阐释，并认为何微对于总编辑品质问题的观点是正确的，这不仅是何微对新闻生涯的体验，也是深入考察新闻事业后的理性思考。

（二）关于何微新闻教育的研究

20 世纪 50 年代，何微被北京大学、中国人民大学和《中国青年报》新闻班聘请担任教员，在讲授"新闻业务"课程的同时，也开始研究起中国新闻高等教育。60 年代初，何微调任西北政法学院（今西北政法大学），出任副院长、教务长和新闻系教授，在此 4 年间，何微既从事新闻教学任务又开展新闻教育研究，并初步形成自己的新闻教育思想。到 80 年代中期，何微受邀赴武汉大学任教，在武大的 8 年，何微创办了武大新闻研究所并潜心研究新闻学理论和新闻教育理论。90 年代，何微又兼任陕西省委党校、南京大学和浙江大学兼职教授，继续从事他的新闻教育研究。基于这些教育经历，90 年代起，学界纷纷展开对何微新闻教育的相关研究。

1. 关于何微新闻教育经历的研究

刘荣庆最早研究提到"50 年代何微曾在北京大学、中国人民大学讲学，同时在中国青年报社新闻干部训练班授课"。此后，吕强和车英又分别论述了20世纪60年代和八九十年代，何微在西北政法学院和武汉大学的新闻教育经历。青年学者吕强博士通过调研、访谈和查阅档案资料等，在厘清1962年何微担任西北政法学院副院长史实的基础上，从他不懈努力保留西北政法学院新闻专业、积极呼吁复办西北政法学院法制新闻系两方面，详细梳理了何微在西北政法学院的教育经历，并认为当时的何微开展了富有成效的新闻教学与研究工作，初步形成了一些新闻教育思想，为今天的西北政法大学新闻专业教育和新闻学科发展作出了突出贡献。车英回忆了1984年至1991年，何微在武汉大学时所进行的新闻教学、研究生培养以及新闻学术研究等教育经历，认为何微在武汉大学从事新闻教学与学术研究的8年时间，是他新闻理论和新闻教育思想丰富与成熟的8年。除此之外，也有少数学者谈及了"文革"期间，何微因遭迫害而离开西北政法学院下放农村进行劳动改造的经历。"文革"结束后，平反后的何微在担任陕西日报社党委书记兼总编辑、陕西省社会科学院院长等领导职务的同时，还兼任陕西省委党校、南京大学、浙江大学的新闻学教授，继续进行新闻教育和新闻研究。

2.关于何微新闻教育思想的研究

刘荣庆、车英提出了何微是现当代中国新闻学界第一个提出要改变大学新闻专业设置的新闻教育家，并总结了何微的"新闻教育要侧重未来，结合时代特点，建立起新闻学研究内容的全新构思"的新闻教育思想，认为何微这一新闻教育思想在当时是具有科学预见性的。而何微提出要实行"'双学位制'和创建新闻文献资料分析与检索系统和数据库"的教育思想，则具有发展的眼光和求实的精神。此后，车英补充了何微教育思想的三点内容：一是"两为三不为"教育思想，即不为官，不为名，不为利，而为武大建成一流新闻系，为培养合格的新闻人才；二是要培养一批"名师"，促成"名师出高徒"；三是要培养有较高马克思主义素质，有驾驭全局能力，思维敏捷，知识充足，写作娴熟，能直接阅读外文的新闻人才，并认为何微"两为三不为"的思想实际上是何微新闻教育思想的精髓所在。

继车英之后，刘惠文和吕强也分别针对何微的新闻教育思想和何微在西北政法学院时期的新闻教育思想做了总结性研究。刘惠文总结了何微新闻教育思想的六个方面内容：一是对新闻学科体系建设的最初认识，即当时我国新闻学学科体系只是初步奠基，仍需发展、扩充与完善；二是新闻学专业的基础教学、理论教学和实践教学同样重要；三是要防止新闻失实，杜绝虚假报道，要论从史出；四是新闻规律要在新闻教学的过程中让学生逐步认识、把握和遵循；五是要让学生在学做新闻工作的过程中自觉遵纪守法，严守记者信条、道德规范；六是培养学生叙事和表意并重且不能有所偏颇。何微生前的这些新闻教育思想，至今耐人寻味，令人深受启迪。吕强则具体归纳了何微在执教西北政法学院时期初步形成的"法制新闻""新闻有学""新闻理论教育与新闻实践工作相结合""坚持新闻报道实事求是"四方面新闻教育思想，认为这些思想的价值和意义是不容忽视的，它对今天西北政法大学新闻教育的再发展具有多方面借鉴作用和现实意义。

3. 关于何微新闻生涯的研究

此类研究主要包括何微生平研究与何微新闻从业生涯研究两个方面，并以惠金义、李果、车英的研究史料最为夯实且详细可靠。他们一致认为，何微原名何友仁，1916 年出生于山西祁县的一户中医世家。青年时，何微就怀有忧国忧民的革命理想。西安事变后，何微投笔从戎，参加了"山西牺牲救国同盟会"，并改名"何畏"。七七事变后，何微开始编印小报——《广播台》以反映士兵生活，宣传抗日思想。1938 年，山西忻口会战失败，何微西渡黄河到延安抗日军政大学学习。抗大毕业后何微历任《黄河日报》编辑、《太南导报》社长、新华通讯社晋冀豫分社社长、《晋豫日报》社长、新华通讯社太岳分社副社长兼总编辑、山西日报社副社长等职。中华人民共和国成立后，又历任山西分社社长、华北总分社副社长兼北京分社社长、江苏分社社长。20 世纪 50 年代末，何微被打成右倾机会主义分子并下放到陕西凤县唐藏村劳动改造，1961 年被借调文化部出版局任负责人。1962 年，何微调入西北政法学院担任副院长、教务长兼新闻系教授，至"文革"时何微遭迫害离开西北政法学院。1974 年，何微重返新闻界，任陕西日报社党委书记兼总编辑。1982 年调任陕西省社会科学院院长，至 1984 年初南下担任武汉大学新闻学教授。90 年代初，离休后的何微返回西安，先后被聘任为陕西省社会科学院研究员、全国新闻教育学会顾问和陕西省委党校兼职教授，至 90 年代末在西安逝世。学者李果认为，何微一生是不平坦的，履职过许多单位，经历过大起大落，也有小起小落，折射出他强烈的爱国情怀、高尚的情操和奋斗不止的精神。新华社高级记者惠金义认为何微的一生是"老当益壮""德劭业伟"的真实写照，作为晚辈，要继承他的美德、发扬他的精神。车英认为，半个多世纪的历史证明，何微是最坚定的共产主义战士和最优秀的革命报人之一。

4. 关于何微新闻学术成就及贡献的研究

何微长期坚持新闻学术研究，产生了大量学术成果。近年来新闻界对何微学术成就及其贡献形成了一些认识。首先，车英对何微一生的学术成果做了初步统计并认为何微的第一篇论文是《自卫战争军事报道研究》，而纵观何微一生，不但是一位杰出的新闻记者，还是一位杰出的新闻理论研究者。他勤于笔耕，撰写学术论文百余篇，约 80 万字，还完成了《中国新闻思想发展研究文集》与《中国新闻思想发展研究专论》两部著作，填补了我国新闻史研究中的空白，意义深远，而历年来所写的新闻报道、新闻评论更是不胜枚举，其中大部分被《中国新闻年鉴》和《新华文摘》等转载和摘录。学者刘荣庆、薛养玉在各自论述何微学术成就和贡献时也都谈到，何微以开拓的精神和卓越的成就见著于世，从而获得了"北甘、南王、西北何"的尊称。刘荣庆还进一步总结出"何微提出要建构'微电子新闻学'"，并认为何微是新中国新闻学术界的泰斗与新闻理论的奠基人之一，学术特点突出。薛养玉则阐述了何微对新闻学术期刊《新闻知识》的贡献，认为这是当时中国新闻界的一个重要事件。吕强也提出了何微对西北政法学院新闻教育的三大贡献：一是力促保留西北政法学院新闻专业（也是西北第一个新闻专业）；二是呼吁复办西北政法学院法制新闻专业；三是"法制新闻思想"的提出对西北政法学院新闻学特色专业建设和学科发展的重要贡献，并认为它对西北政法大学新闻教育的历史变迁与未来发展影响深远。

（三）近 30 年何微研究的特点及不足

近 30 年，在有关何微研究的学术成果日渐增多的情况下，逐渐形成了一些特点并存在亟待改进的不足之处。

1. 改善研究人员构成单一的现状，吸纳新闻学各方向及其他专业的研究者参与到有关何微的研究中来，努力构建多元化研究力量

从何微主要研究者的构成上看，何微研究者绝大多数为何微生前的学生、同事和亲朋。比如上文提到的刘荣庆、刘惠文为何微学生，车英则是何微在武汉大学的同事。据笔者统计，近 30 年何微研究者有 29 位，其中近 20 位与何微存在师生、同事之谊，约占 70%。因此只有改善这种研究者构成单一的现状，努力吸纳其他专业的研究者参与，才能为今后何微研究提供一支多元化的研究力量。

2. 进一步深化何微新闻思想的研究，更要注重何微研究中其他内容的研究

近 30 年，何微新闻思想成为何微研究的主要方面，笔者共统计出何微研究论文近 50 余篇，专题性对何微新闻思想研究的论文有 10 篇，而近 30 篇论文在各自论述中又都涉及何微新闻思想的研究，因此有关何微新闻思想的研究已占到论文总数的80%，可以说是这个阶段何微研究的重点，但有关何微其他方面如学术贡献、理论观点以及学术著作等方面的研究还较为单薄。因此，今后在进一步深化何微新闻思想研究的同时，也要积极开展对何微其他方面的研究。

3. 拓宽何微研究的广度与深度，以期形成专题化的何微研究方向

目前，在国内何微研究领域，多数为何微学生、同事和亲朋提供的回忆材料，很少能见到诸如何微新闻报道、档案、会议发言、往来书信和序跋评论等原始资料作为支撑的学术研究，因此要积极拓宽何微研究支撑资料的广度。此外，就目前何微研究的深度而言，其多数研究论文深度不高，据笔者统计，近30年有关何微研究的论文发表在核心期刊上的仅有14篇，仅占总数的26%，因此应大力提高何微研究的深度，为今后何微研究形成专题化打下坚实基础。

4. "抢救性"搜集整理"何微的马克思主义新闻文献"，传承社会主义新闻学的优秀成果，为新时代习近平关于新闻舆论工作的重要论述的发展提供历史营养

何微作为我国从新民主主义革命时期到社会主义建设时期成长发展起来的一位著名的新闻工作者、新闻教育家和新闻学家，他所遗留下来的"马克思主义"新闻论著是我国社会主义新闻事业的重要财富。因此，我们要积极对何微所遗之"新闻文献"进行"抢救性"搜集与整理，这对传承我国社会主义优秀新闻成果具有重要意义，也对当代继续和深入发展新时代习近平关于新闻舆论工作的重要论述具有积极的现实意义。目前，西北政法大学针对这一学界任务，已搜集整理出何微新闻文献2000余件，并建成何微新闻文献馆和成立何微新闻思想研究中心，成为目前国内践行这一学界任务的先行者。

从记者到学者
——记中国名记者、新闻学泰斗何微

王萍

何微早年以《黄河日报》《人民报》记者身份开启新闻事业生涯，后任新华社晋冀豫分社社长、太岳分社副社长。1948年调至华北《人民日报》任战地记者，被王震誉为"军营刀笔"。中华人民共和国成立后，历任新华社山西分社社长、北京分社社长、江苏分社社长，1984年创办武汉大学新闻研究所，其间还任南京大学、浙江大学兼职教授。他撰写的《新闻科学纲要》等著述，填补了中国新闻学研究一大空白。

历练烽火军营刀笔

何微，初名何畏，笔名米若、石冷。1916 年 7 月 23 日出生在山西省祁县一个中医世家。1930 年，他 14 岁，祁县中学未毕业就考取太原师范。早年在家阅读《时务报》《申报》《京报》等，从中受到一些新闻思想的启迪，成为远近闻名的"祁县才子"。

1937 年 2 月，何微毅然弃教从戎，加入"山西抗日牺牲同盟会"，成为该会决死队一员，不久调入决死队政治部工作。1938 年 10 月，何微赴延安抗日军政大学求学深造。1939 年从抗大毕业，进入《黄河日报》当记者，从此正式步入新闻界。

1940 年，何微调任太南《人民报》记者兼《光明》杂志编委。1940 年 12 月，八路军总部警卫二团去洛阳执行任务，何微随军采访。12 月 20 日的中原大地寒风刺骨，当部队横穿封锁线时，日军一阵密集的子弹扫来，走在最前面的司号员倒下了。紧接着一排"六〇"小炮射来，何微的腿被炸开了两寸多长的口子，鲜血直流。他全然不顾，和战友们一起英勇奋战。不久何微又深入前线，成功地报道了"百团大战"。他曾多次负伤，身上有不少炮弹击中的伤口。

1941 年，何微任《太南导报》社长、新华社晋冀豫分社社长；1941 年 9 月任《晋豫日报》社长；1943 年任太岳区文委书记、新华社太岳分社副社长兼总编辑等职务。1945 年 1 月，太岳区党委在沁水郑庄召开群英会，太岳分社与《新华日报》（太岳版）组织了一个记者团，何微采写了《模范中医李克让》，采访从 1944 年秋天一直持续到 1945 年 1 月。1944 年秋冬，何微二进安泽县上治村采访山村医生李克让的事迹；翌年 1 月，何微把写好的稿件拿给李克让修改补充。由于采访深入，材料翔实，写作精心，把李克让的感人事迹和崇高的思想境界活灵活现地展现在读者面前，该文 1 月 23 日发表在《新华日报》（太岳版）上，引起了读者共鸣。1945 年 3 月 17 日，新华社发了表扬通报，要求各分社记者、通讯员认真研究学习这篇通讯。[①]

1946 年，何微在任新华社战地记者期间，亲身参加了垣曲、翼城、灵石的战斗。1947 年上半年，他率记者团转战晋南，写出了不少可歌可泣、惊心动魄的不朽军事新闻篇章。

1948 年，何微调任华北《人民日报》战地记者。同年 9 月，他冒着枪林弹雨，在洒满鲜血的战壕里，在敌人炸过的炮弹坑里，写下了百余篇战地新闻。在运城前线，王震和王新亭命令连续三天三夜没合眼的何微以最快速度写一篇战况上报中央。

---

① 惠金义：《烽火岁月写春秋——记何微》，《沧桑》1997 年第 3 期。

何微不畏疲劳，奋笔疾书，不到一个时辰，一篇4000多字的报道写成了。王震拿着这十多张报道稿纸说："何微不愧是军营刀笔！"[①]

何微既是记者，又是战士。杜马阻击战中他和战士们一道冲锋陷阵，俘虏敌上校营长原道堂。王震亲自审问，这个上校营长非常狡猾，不承认真实身份。机智的何微发现他上衣口袋鼓鼓的，便走过去从他口袋里掏出一沓名片及进攻运城的军事部署图。这家伙见身份暴露，一下子瘫倒在地上。

何微不仅是一位优秀的新闻采集者，而且也是一位新闻工作的优秀组织者。1949年太原解放在即，何微就任山西日报社副社长兼任新华社太原分社副社长。在极端困难的条件下，他依靠工人阶级，日夜奋战，在人民解放军攻克太原城后的第三天，成功地领导出版了第一张革命的《山西日报》。

掌舵分社首席记者

中华人民共和国成立后，何微的足迹遍及大半个中国。1950年1月，何微就任新华社山西分社社长；1952年，进京调任北京分社社长；1957年3月，调任江苏分社社长。

在北京分社期间，何微除组织分社日常报道外，在新闻业务上也有不少创新。比如1955年，他提议并编写了每周一期的《在我们的祖国首都——北京》新闻集纳，在记者每天采写的大量新闻中精选出若干篇，以新闻集纳的形式编成一组组稿件，反映北京各方面日新月异的变化和发展。这种新闻集纳可以说是新华社业务中的一个创举。

培养合格的新闻记者，是何微在北京分社付出心血最多的一个方面。当时，北京分社在初创时期，记者都很年轻，而且有些不是"科班"出身。何微认为提高新闻报道质量的关键，是提高记者的理论水平和新闻业务素质。1955年10月1日，何微在天安门城楼上，请胡乔木审阅分社记者采写的国庆游行稿件时，胡乔木对他说："著文汇辞，辞出溢其真，是记者的大忌。你们要学习王充《论衡》中的《艺增篇》。"何微立即按照胡乔木的指示，组织分社记者学习《艺增篇》，这对改进分社记者的新闻写作有很大帮助。

在北京分社领导岗位上，何微不仅是一位新闻报道的优秀组织者、指挥者，而且是深入实际采写新闻的实践者。他把自己摆在首席记者的位置上，在实际工作中

---

① 车英：《老记者何微教授的故事之革命营中一刀笔秦中随笔挂帅人》，《新闻知识》2000年第2期。

不忘记者的职责。1954年8月，北京市召开人民代表大会时，他被选为人民代表与会，同时他又采写了通讯《我们选举了最敬爱的毛泽东》，《人民日报》等许多报纸在头版显著位置刊登了这篇文章。

强调总结经验，是何微建设北京分社的又一个重要举措。他不断指导记者总结采访工作经验，发表在新华社的新闻业务刊物上。在《提议总结我们的工作经验》一文中，对总结新闻业务实践的意义和作用作了进一步阐述。何微这些建议，对今天新闻机构的建设和记者的成长仍有现实意义。

传授新闻享誉"西北何"

何微在主持新华社北京分社工作中，不仅忙于组织、指挥分社的报道工作，而且在百忙中挤时间研究新闻学，使新闻实践的经验上升到新闻理论的高度。他应邀到北京大学、中国人民大学和中国青年报社开办的新闻训练班上讲授"新闻采访与写作"课程，把研究心得传授给青年学子。在讲学之外，还不断撰写新闻理论文章。1956年，中国人民大学新闻系出版的《新闻与出版》报创刊号，发表何微《新闻导语》一文，阐述新闻导语在新闻写作中的重要作用以及写作要求等。后来，他在这个刊物上又发表了《关于新闻种类和特点》《新闻体裁》等专论。在新华社主办的《新闻业务》刊物上发表了《批评性质的新闻与国家通讯社》等文。

1962年，何微离开新华社奔赴西安担任西北政法学院副院长。1980年5月，何微主持召开了西北五省新闻工作会议，重新提出了中国报纸的性质问题。他的发言发表在他亲手创办的《新闻研究》杂志上，刊出不久，中央就转发了此文。1982年，已就任《陕西日报》总编辑8年之久、年已66岁的何微被调任陕西省社会科学院院长。另外，他还担任着陕西省社会科学联合会副主席、陕西省考古学会会长等职。

1984年夏天，何微离开西安只身南下武汉大学执教，创办了武汉大学新闻研究所并任首任所长。他执教认真、研究深入、探索出新。何微认为，要办好新闻教育，第一在于师资培养，需要一批德才兼备的"名师"；第二在于学生培养，"应以政治家和社会活动家的标准要求新闻专业的学生。今后新闻专业毕业生要有较高的马克思主义素质，要有驾驭全局的能力，思维敏捷，知识充足，写作娴熟，能直接阅读外文报刊"，等等。是年9月，他提出"办好新闻教育"的六点意见，包括建立硕士学位授予点和博士学位授予点、增加几门新闻学的新学科、建立新闻文献资料分析与检索系统，等等。

经过20多年的探索与发展，何微的这些理念和构想在当今的武汉大学新闻与传播学院大多成为现实。何微在武汉大学工作了 8 年，这是他艰苦创业的 8 年，也是他事业辉煌、著述甚丰的 8 年。

不论是在战争年代还是在社会主义建设时期，乃至在边远山村的岁月，何微一直没有放弃过新闻学的理论研究工作。他的第一篇新闻学术论文《爱国自卫战争军事报道研究》发表于 1946 年。据不完全统计，他共发表 80 余篇影响颇大的新闻学研究论文，约 80 万字。他呕心沥血，不仅完成了《新闻科学纲要》（30 余万字），而且完成了 500 余万字的《中国新闻思想发展研究文集》巨编和 20 余万字的《中国新闻思想发展研究专论》。这两部著作填补了中国新闻学研究的一项大空白。何微以自己的新闻思想和研究，确定了他在当今中国新闻学术界的崇高地位，在我国新闻理论界，北有甘惜分，南有王中，西北有何微，被誉为"北甘、南王、西北何"。①

1991 年，何微回到西安任陕西省社会科学院研究员、陕西省委党校兼职教授、全国新闻教育学会顾问等职。1999 年，何微在西安走完了 83 年人生路。

（作者工作单位：新华社研究院。本文原载《中国名记者》丛书第八卷，柳斌杰主编、李东东副主编，人民出版社 2019 年 7 月出版）

我国新闻界有过这样一个兵

——记著名新闻学家何微教授

车英

引　子

何微，初名何畏，笔名米若、石冷。有人说：何微之所以成为中国当代的名记者，正因为他姓"何"，新闻中的六大要素即五个 W 加一个 H（有人译为何人、何事、何时、何地、何故和如何）都是"何"。也有人说："何"乃疑问词，或许正是这个"何"促使他不断求索，成为新闻学研究之集大成者。这或许是历史上的巧合，但纵观何微的成长过程，我们似可悟出：时势造英雄，是中国共产党哺育了他，是中国革命

---

① 车英：《老记者何微教授的故事之南下执教古稀事德高望重寄后人》，《新闻知识》2000 年第 4 期。

造就了何微及何微这一代颇有成就的名记者和新闻学家。[①]

上篇　征袍百战不卸

（一）勤奋好学大才子　弃教从戎使笔枪

1916 年是龙年，当年 7 月 23 日，在我国华北西南部的山西省祁县的一个中医世家，本应是一条"巨龙"咆哮问世来到人间，然而呱呱坠地的却是一个非常瘦弱的"小猴"——重不过 4 斤。他的父亲因此不太喜欢他，还是他的母亲怀抱着这个刚刚出世的婴儿，为之取名"何畏"，意思是叫这个孩子无所畏惧、勇往直前。

"小猴"毕竟有其灵气。幼小的何畏天性好学、聪明伶俐，少时就能通读"四书""五经"。1930 年 14 岁的他祁县中学未毕业就考取了太原师范学校，之后又抱着"教育救国"的信念中途弃学从教，当了建安村两级小学的校长，因早年家藏《时务报》《申报》《京报》等，使他养成了爱读报的习惯，从中受到了一些新闻思想的启迪。正是由于他勤奋好学，使得尚不满 20 岁的何畏成为远近闻名的"祁县才子"。

1937 年 2 月，年近 21 岁的何畏毅然弃教从戎，加入了中国共产党人薄一波和国民党人阎锡山联合组织的"山西抗日牺牲同盟会"，成为该会决死队（又称"山西新军军士二团"）的一员。在军营里，他听过周恩来将军所作的题为《目前抗战危机与坚持华北抗战的任务》的报告，感慨万分，发誓要抗日到底。

他作战勇敢，机智顽强，深受当官的喜爱和士兵们的信任。因为他是军营里为数不多的"知识分子"和"读书人"，故而不久便调入决死队政治部，在李力果主任（此人是延安著名民主人士李鼎铭先生的大公子）手下工作，他一人编写油印小报《广播台》，向士兵和民众传播抗日思想，从此他便与新闻结缘。

（二）求学深造赴抗大　新闻界中初试笔

1938 年 10 月，何畏应在延安抗日军政大学宣传部工作的老同学孔敏之邀，谎

---

① 此文原名为《战地黄花分外香——记我国著名新闻学家何微教授》，写成于 1989 年。当年 11 月 28 日，笔者拿着同时写成的《何微新闻教育思想初探》一并交何微教授审阅。何老在百忙之中进行了认真的修改，但均在两稿的最后批文曰："藏于淘石山房为合适。"（注：淘石山房为笔者寒舍。）1996 年 3 月 28 日，笔者将《战地黄花分外香》重新修改增补，于 4 月赴西安敬献给何老八十寿诞，作为提交给"何微新闻思想研讨会"的论文在研究会上宣读，反响甚佳。但何老仍认为："还是'藏于淘石山房为合适'！"1999 年春节期间，笔者又对该文进行修改增删，并改名为《我国新闻界有这样一个兵——记我国新闻学家何微教授》。不料，何老 1999 年 4 月 6 日不幸病逝，故而此文又经修改，改名为《我国新闻界有过这样一个兵》，投于《新闻知识》，易名为《老记者何微的故事》，发表于该刊 2000 年第 1—4 期。此次发表又有增补，特此说明。

称回家探亲，瞒过决死队的旧军官开了一张"通行证"，经过众多关卡，徒步渡黄河来到了革命圣地——延安，走进了抗大这个革命的大熔炉求学深造。

在抗大，他认真学习马列主义和军事科学，多次聆听毛主席等中央首长的教诲，从而打下了坚实的思想基础。他光荣地加入了中国共产党，同时更名为何微（因抗大已有三个同名同姓的"何畏"之故），成为无产阶级先锋队中一名永无止境的真理探索者和捍卫真理的坚强战士。

1939年他抗大毕业，被分配到太南特委工作。年届23岁的何微，在当（山西平顺县）县长和当（《黄河日报》）记者的职务选择上，他毅然地选择了记者，同白浪（前任北京市副市长白介夫）、王春（曾任《工人日报》总编辑）和赵树理（著名作家）一起经办《黄河日报》，何微兼任该报社党支部书记，从此正式步入新闻界。

1940年，何微调任太南《人民报》记者兼《光明》杂志编委。是时，该报刊出了国民党新五军在河南安阳抢劫扰民的报道。该军军长孙殿英阅后，歇斯底里地大发雷霆，强烈要求报社派人进行"更正核查"。

孙殿英，土匪出身，杀人如麻。原报道者若去必有生命危险，经我方反复考虑，最后选择了何微以青年记者协会太南分会代表的身份去执行此项任务。

何微临危受命，不顾个人安危，机智灵活地深入事发地进行核查，之后又前往国民党新五军军部，直接会见这个土匪出身的军长孙殿英和副军长邢肇棠，大义凛然，慷慨陈词。

当时正处在国共两党合作时期，国共之间又团结又斗争，情况十分复杂。何微以一个坚定的共产党人的胸怀、气概、胆识和韬略，写下了掷地有声的调查报告，受到了上级的嘉奖。这个报告既揭露了事实真相，又无损于国共合作，成为当时调查报告写作上的范本。

何微是我党最早的军事记者之一，随军采访会常常遇险。在何微的记忆中，所遇惊险场面举不胜举。其中之一就是他当记者不久，即1940年12月，八路军总部警卫二团的一个连队要去洛阳执行任务，太南区党委书记聂真决定让何微随军采访。因途中要经过国民党驻军防地，为了减少摩擦，朱德总司令给友军领导写了两封信，要何微拿着这两封信，以八路军联络副官的身份与所经地区国民党驻军打交道。

部队从平顺虹梯关出发，经晋城地区到达河南博爱的玄坛庙，再沿长坪断崖上的一条蜿蜒小道穿过日寇封锁线。

这一天是12月20日，中国的中原大地已经进入了寒风刺骨的冬天。这天晚上，天下着小雪，当部队横穿封锁线时，不幸被敌人发现。敌人开火了，敌人包围过来。一阵密集的子弹扫来，走在最前面的司号员倒下了。紧接着一排"六〇"小炮射来，有一颗炮弹在何微的前面爆炸了，他的腿炸开了两寸多长的口子，鲜血直流，他全然不顾，仍旧和战友们一起英勇奋战，从敌人的包围圈里冲了出来……

不久，何微不顾腿伤尚未痊愈，深入前线，成功地报道了著名的"百团大战"。

他曾经多次负伤，多少年来，在他的头上和身上仍留有不少日寇炮弹击伤的明显伤痕。

（三）革命营中一刀笔　枪林弹雨著文章

1941 年何微任《太南导报》社长、新华通讯社晋冀豫分社社长；1941 年 9 月任《晋豫日报》社长；1943 年任太岳区文委书记、新华通讯社太岳分社副社长兼总编辑等职务。

时值抗日战争最艰苦的几年，何微时而随军参战，时而深入敌后，用自己的手中之笔揭露侵华日军的残酷暴行，讴歌中国人民在党的领导下所进行的正义战争。

抗战胜利后不久，何微又马不停蹄地奉命前往山西临汾，现场采访八路军代表陈赓将军同国民党阎锡山的代表、第 61 军军长王靖国将军及美国代表贝尔所举行的"和平谈判"（"第 14 军调小组谈判"）的实况。"和谈"地点就设在第 61 军军部。陈赓要求何微不仅要写报道，还要搜集有关情况，要尽可能多地接触群众。"和谈"进行了一个多月，何微跟随在陈赓将军左右，先后发出了 40 余篇新闻稿和通讯报道稿，被陈赓将军称赞为"中国革命的一支刀笔"。

1946 年何微任新华通讯社战地记者，从下半年开始，他奉命率领战地记者团一直活跃在前线。他还亲身参加了垣曲、翼城、灵石的战斗。

1946 年除夕，冰天雪地，人民解放军对翼城守敌发起攻击，大功告成。何微一夜未睡，很快写出了《太岳我军除夕出击　再克翼城歼敌千余》的消息。1947 年上半年，他率记者团转战晋南，写出了许多可歌可泣的不朽军事新闻篇章。

1948 年他调至华北人民日报社，仍为战地记者。1948 年 9 月，人民解放军太岳八纵和太岳军区部队，会同西北野战军王震所部第二次对运城发起攻击，何微又率记者团上了前线。他先后赴运城和太原前线，跟随王震将军和王新亭将军，冒着枪林弹雨，在洒满鲜血的战壕里，在敌人炸过的炮弹坑里，写下百余篇可歌可泣的战地新闻（其中有两篇是为争取时间，根据首长的口授略加修改而成的：一篇是王震口授的《晋南我军击溃敌援军——运城东南歼匪三千七》；一篇是王新亭口授的《我围困运城一月总共歼蒋匪两千》），受到了中央的通报表彰。

在运城前线，连续三天三夜都在指挥作战的王震和王新亭，命令连续三天三夜也没有合眼的何微以最快的速度写一篇战况报道上报中央。何微不畏疲劳，奋笔疾书，不到一个时辰，一篇 4000 多字的报道写成了。

王震看过报道稿，走到何微面前，高兴地说："何微，你真不简单哪！真不愧为军营刀笔，写得好！"

何微既是记者，又是战士。杜马阻击战中他和战士们一道冲锋陷阵，俘虏敌上校营长原道堂。王震亲自审问，命何微以参谋身份参加。这个上校营长非常狡猾，不承认其真实身份。机智的何微发现他的上衣口袋鼓鼓的，便走了过去，从他口袋里掏出一沓名片及进攻运城的军事部署图。这家伙见身份暴露，一下子便瘫倒在地上。

何微不仅是一位新闻的优秀采写者，而且也是一位优秀组织者。1949年太原解放在即，何微在战火纷飞的太原城外就任山西日报社副社长兼任新华通讯社太原分社副社长（当时两社均无社长），主持两社工作。

在当时极端困难的条件下，何微依靠工人阶级，日夜奋战，在人民解放军攻克太原城后的第三天，成功地领导出版了第一张革命的《山西日报》。

（四）采访走遍晋京苏 "秦中随笔"挂帅人

中华人民共和国成立后，何微的足迹遍及大半个中国。

1950年2月，何微奉调专任新华通讯社山西分社社长；1952年进京就任新华通讯社华北总分社副社长，1953年兼任北京分社社长；1954年随着新华社华北总分社被撤销后专任北京分社社长；1954年12月初至1955年3月底，他随新华通讯社代表团赴苏联学习并访问塔斯社；1957年3月他调任新华通讯社江苏分社社长。

何微从来就不是一个"来稿即编"的人。他相信记者，但也为了进一步核查所写之真伪而深入基层进行调查研究，故而他跑遍了晋京苏的山山水水。

有一次，那还是在他就任江苏分社社长的第二年即1958年。秋后的江南阴雨绵绵。为了核查一个政治性很强的报道，他下到一个远离南京几百里的偏僻矿山，深入了解情况。他同工人干部们交谈到夜深，一阵雷鸣电闪，突然间下起了大雨。他冒雨只身回招待所，天黑得伸手不见五指，他摸黑走在山间小道上，道路泥泞，身子一晃，便一下子掉进了一条五六米深的沟渠里，差点儿回不来。

何微历来强调做新闻工作必须具有坚定正确的政治方向，即眼睛要明亮，要多观察并且要看准；同时也要做到手勤腿勤，即手要勤写，要多下去走走看看；还要具有吃苦耐劳的精神。这就是新闻记者的"驴腿马眼神仙肚"或"驴腿马眼橡皮肚"的专业素质。何微身教重于言教，身体力行，不论是在战争年代还是在和平建设时期，他带出来的一大批优秀的新闻人才，在我国广阔的新闻战线上，曾经或正在发挥着巨大的中坚作用。

1962年，他离开了供职多年的新华社，奔赴西安担任西北政法学院副院长。他在主持西北政法学院日常工作的同时，聘请教师，编写教材。他所培养的学生现在大多成为各地乃至中央新闻机构的骨干力量。

我国著名刑法学家马克昌教授，称何微"长年献身于革命事业，不仅在新闻事业上成就卓著，而且在政法教育工作上成为开拓者"，并为之题写了"德高北斗"四个大字。

与此同时，何微还应西安晚报社之邀，与西安的著名作家霍松林和傅庚生二人共同主持"秦中随笔"专栏。这个专栏当时在匡正时弊、活跃思想、扩大知识领域方面起到了非常积极的作用。

下篇　鸿文掷地有声

（五）"十年"原是一场梦　"黄花"重放分外香

一场噩梦，持续的时间太长太久——整整十年。

"十年浩劫"，弄得全国大乱，经济几乎崩溃，人心渐趋灰冷……

但中国人民的血总是热的。勤劳、智慧、勇敢、不屈的中国人，用自己的热血，洗清污垢，疏通脉络，流遍全身，使自己渐趋灰冷的心再度温暖发热，龙之传人再度焕发朝气，焕发力量，焕发青春……

严冬已经过去，春天来临；一场噩梦过去，醒来便是清晨。

我国人民又迎来了春天——一个来之不易的春天。何微呼吸着这初春清晨的新鲜空气，信心倍增。然而噩梦总是难忘的。

1970 年，不知怎的，他被稀里糊涂地结合进了陕西省"革命委员会"卫生组。那还是在 1973 年省"革委会"开会时，李瑞山主任偶然发现了何微，问明情况后，说："这是我国的名记者何微同志，把他结合到卫生组，简直是牛头不对马嘴——胡闹！马上调回新闻界！"

省"革委会"主任这简短的几句话，给何微带来一个良性的回归机遇。何微经过多方面考虑，于 1974 年初重返新闻界，就任陕西日报社总编辑。任职期间，他曾率领中国记者协会代表团赴罗马尼亚考察地方新闻事业，跑遍了该国的五个县。

何微始终认为新闻工作是党的一条战线，始终把自己比作一朵"战地黄花"。

是时，改革开放的浪潮冲击着包括我国新闻界及其学术界在内的一切领域，万象更新，百废俱兴。大潮泛起的并不都是纯洁清透的浪花，也不时地会涌出一些泥沙污垢。

在党的十一届三中全会开过尚不到一年，即 1979 年在中宣部召开的全国新闻工作会议上，有人就提出了两点所谓"新闻改革"意见：一是要把"西单墙"搬入党报；二是要在中国的新闻工作中削弱党性原则。对于此种论点，当即受到作为陕西日报社总编辑的何微等为数不多的同志的坚决反对。

会议结束回陕，他直奔陕西省委，向主管新闻宣传工作的书记李尔重同志作了汇报，并旗帜鲜明地表明了自己的观点："该同志的讲话是错误的，对此不予传达！"

1980年5月，何微参与主持召开了西北五省新闻工作会议。在会上，他重新提出了我国报纸的性质问题，并把这篇讲话整理成文，后来发表在自己创办的《新闻研究》杂志上。刊出不久，中央就转发了此文。

他这篇论文的发表，对于那些趁改革之机搞自由化和要把"西单墙"搬入党报的人来说，恰似一颗"重型炸弹"，而对于陕西、西北乃至全国在办报方针上确立正确方向，其影响和意义都是重大的。

（六）著书立说留金声　辛勤笔耕填空白

1982年，已就任陕西日报总编辑8年之久、年已六十有六的何微被调任陕西省社会科学院院长。他老当益壮，信心百倍，同年就领导成立了该院的新闻研究所并首任所长，创办了全国第一家新闻学术理论刊物——《新闻研究》并亲任主编。另外，他还担任着许多重要的社会工作，如陕西省社会科学联合会副主席、陕西省考古学会会长等。

何微不论是在战争年代还是在建设时期，乃至在"文革"时期被发配到边远山村所度过的那些岁月里，他一直没有放弃过新闻学的理论研究工作。他的第一篇新闻学术论文《爱国自卫战争军事报道研究》就发表于1946年。据不完全统计，至今他共发表了80余篇影响颇大的新闻学研究论文，约80万字，其中大多数论文被《中国新闻年鉴》《新华文摘》等有关书刊转载或摘登。

值得一提的是，何微不论是在冰冷刺骨的严冬西安，还是在赤日炎炎的盛夏武汉，他呕心沥血，辛勤笔耕，不仅完成了一部总结党的新闻工作传统的专著《新闻科学纲要》（30余万字），而且完成了500余万字的《中国新闻思想发展研究文集》巨编和20余万字的《中国新闻思想发展研究专论》，较为完整地勾画出了自远古时代起一直到现代的我国新闻思想发展的大致脉络。这两部书开拓了我国新闻学研究的崭新领域，填补了我国新闻学研究的一项大的空白。

何微年复一年、日复一日，不断探索，精益求精，往往为了校正一个字，他会花上几天乃至几个月的时间走遍各大图书馆，翻遍所有有关书籍。如此的艰难，如此的坎坷，这是一般人所难以想象和承受的，实令后生所折服。

1996年，我国著名哲学家陶德麟教授诗赠何微教授曰："鸿文掷地有金声，笔走龙蛇几度春。百战征袍终不卸，黉宫挥尘育新军。"并附言道："何微同志早岁献身党的新闻事业，建树甚丰；晚年在武汉大学新闻系执教，擘画之功亦巨……"

何微就是这样的一个人！

（七）南下执教古稀事　执着两为三不为

1983 年 8 月，武汉大学新闻系挂牌成立。武汉大学校长、著名教育家刘道玉教授，为了武汉大学的发展和新闻教育事业在祖国的中部崛起，亲自写信、发电并多次派人赴西安请何微南下执教。这位历尽人间沧桑何老曾在 20 世纪 50 年代与吴玉章、徐特立、田家英、郑振铎、华山、叶圣陶、魏巍、丁玲、赵树理、刘白羽等共同执教于中国人民大学、北京大学和《中国青年报》新闻班。年届七旬的副省级老干部，不顾家人和亲友的劝阻，为了自己毕生的事业，毅然于 1984 年盛夏离开西安，只身南下武汉大学执教。他很快创办了武汉大学新闻研究所并首任所长。

耕耘就得辛勤，执教就得认真，研究就得深入，探索就得出新，这是何微的历来风格。再度步入新闻界时的良性回归经不断深化，此时则演变而成了奋发向上的良性循环。这一切都使他的新闻思想更加成熟，从而确立了他在当今中国新闻学术界的崇高地位。为此，有人称他为"两巨头"[1]之一，也有人称他为"三剑客"[2]之一。

然而在武汉大学，一提到何微教授的名字，不少人都会产生这样的疑问：何微，何为呢？偌大的年龄，偌高的资格，偌深的学识，偌长的经历，离开夫人来到武汉大学当个小小的新闻研究所的所长，何苦来哉？

每当听到这样的议论，何微总是这样回答道："我来武汉大学，一不为官，二不为名，三不为利！我为的是把武汉大学新闻系办成全国第一流的新闻系，为的是把我们的学生个个都培养成合格的新闻人才！"（笔者将其命名为何微的"两为三不为"思想。）

何微认为：要办好新闻教育，关键在于抓好师资力量的培养工作，需要一批德才兼备的"名师"，使"名师出高徒"；同时，要抓好新闻专业学生的培养工作，"应以政治家和社会活动家的标准要求新闻专业的学生。今后新闻专业的毕业生要有较高的马克思主义素质，有驾驭全局的能力，思维敏捷，知识储备充足，写作技能娴熟，能直接阅读外文书刊"。1984 年 9 月，刘道玉校长主持召开学校党政联席特别会议，专门研究"如何办好新闻教育"的问题。何微在会上重申了上述观点，并提出了新闻系的学生实行"双学位制"，尽快培养出一专多能的合格新闻人才。何微同时又

---

① 中国新闻学术界"两巨头"分别是中国人民大学甘惜分教授和武汉大学何微教授。这"两巨头"又称"北甘南何"。

② "三剑客"分别是中国人民大学甘惜分教授、武汉大学何微教授和复旦大学王中教授。又称"北甘、南王、西北何"。

指出：新闻系可在正常招生的同时，在全校范围内招考学生攻读新闻学作为第二学士学位，充分发挥武汉大学学科齐全、实力雄厚的优势，一旦时机成熟，则应立即增设更高层次的"双学位制"，以适应时代的发展和社会的需求。何微教授进一步指出：武汉大学新闻系还要办好一个点（研究生学位授予点）和一个刊（学术期刊）；武汉大学要有超前的眼光与胆识，其新闻学研究与教学要面向未来，要建立几门新闻学的新学科，如新闻管理学、比较新闻传播学，尤其是要重视微电子新闻学的研究与教学；在新闻学研究所要建立新闻文献资料分析与检索系统，建立图书管理、资料管理、电脑数据、信息传播研究四结合的智据科学，运用电传及计算机进行信息储存、分析与检索，成为与现代化新闻教育相配套的新闻学研究机构。

何微教授的这些新闻教育思想当即受到与会各位领导的赞许。近 20 年，尽管历经了不少风风雨雨，但何微的新闻思想在武汉大学延续着，何微的新闻教育思想在武汉大学新闻与传播学院这块"试验田"里正在逐步地实现着。

1996 年 4 月，刘道玉诗赠何微曰："过古稀南下执教，创新业老当益壮。珞珈山培桃育李，德劭业伟日明昭。"

这就是武汉大学人对何微教授的中肯评价。

（八）真金不怕烈火炼　德高望重寄后人

何微教授非常喜爱毛泽东主席《采桑子·重阳》词的上半阕。十多年前，即在武汉大学工作之初，他请时任湖北省顾问委员会副主任的李尔重书写了这半阕词："人生易老天难老，岁岁重阳。今又重阳，战地黄花分外香。"何微将其精心装裱起来，挂在自己书房的正中央，以此激励和鞭策自己不断进取。

何微先生身体力行，教书育人，严谨治学，勇于创新，深受同事和学生们的爱戴和尊敬。他寄希望于年青一代。因此，不管是刮风下雨，还是冰天雪地，或是在疾病缠身之时，何老上课无一次迟到或缺课。在课堂上，他以扎实的功夫和丰富的内容，再加上洪亮的声调和生动有趣的语言，不时地引起阵阵钦佩的掌声和笑声。

何微教授在武汉大学整整工作了 8 个春秋。这 8 年，是何微教授带领武汉大学新闻系艰苦创业的 8 年，每走一步都要付出辛劳和血汗；这 8 年，是何微教授拼搏进取的 8 年，其艰难程度不亚于战争年代那种经受枪林弹雨的考验；这 8 年，也是何老事业辉煌、著述甚丰、春风得意的 8 年。

每当何微教授回忆起在武汉大学工作的这 8 年光景，他老人家总是说："这 8 年，我今生无悔！"

1991 年 10 月何微教授告别了执教 8 年的武汉大学回西安工作，任陕西省社会科学院研究员、陕西省委党校兼职教授、南京大学兼职教授、浙江大学兼职教授等。

此外，他还担任着全国新闻教育学会的顾问，关心着武汉大学乃至全国的新闻教育事业。年逾八旬的何微教授立志"活到老、学到老"，在繁忙的工作之余，他还挤时间学习英语，掌握新的知识和技术，每天都花一两个小时的时间，坐在自己购买的"486"电脑前，用"五笔字型"打字法，打印自己的最新研究成果，直至生命的最后一息。

何微，多么执着求进的老人啊！

何微走完了 83 个春秋的人生路，平凡而伟大。他历经了战争年代、和平建设时期和改革开放。他那 83 年的历史已经作出结论：何微是坚定的共产主义战士和优秀的革命报人之一，他的新闻思想和新闻教育思想是我们党和国家新闻思想和新闻教育思想的组成部分，是我们党和国家新闻学宝库中的宝贵财富。

我国新闻界为曾有过何微这样的一个兵而感到自豪！

（车英系武汉大学教授。本文原载《何微新闻思想与实践》第 1 页至第 15 页，车英主编，武汉大学出版社 2001 年 8 月出版）

中国新闻事业的巍巍丰碑

——何微同志新闻理论与实践研讨会综述

李三槐　张敏生　刘蓉

由陕西日报社、陕西省社会科学院、西北政法学院联合举办的《何微同志新闻理论与实践研讨会》，于 2002 年 3 月 23—24 日在西安召开。来自北京、武汉、南京、海口、广州、石家庄、太原等地的 60 多位新华社分社社长、报纸总编、高级记者及新闻学教授，会聚一堂，参加了这次专题研讨。会议开始，三家主办单位的代表在主题发言中介绍了何微同志的新闻工作简历和主要业绩。

何微同志是我国杰出的新闻工作者之一。他于 1938 年赴延安抗日军政大学学习，同年加入中国共产党。1939 年抗大毕业后，进《黄河日报》当记者，从此开始了他的新闻工作历程。在长达 60 余年的新闻生涯中，他做过记者、战地记者，担任过新华社七个分社和多家省级报社的领导职务，留下了数百万字的新闻作品。他的丰富的新闻实践，对推动抗日救亡运动和中国人民的解放事业与社会主义建设事业是一份弥足珍贵的贡献，曾多次受到党中央的通报表彰和上级嘉奖。

何微同志又是我国著名的新闻理论家之一。在我国新闻理论界，素有"北甘、南王、西北何"之说。早在 1946 年他任新华社太岳分社副社长时，即开始进行新闻理论研究，发表了多篇新闻理论文章。中华人民共和国成立后，他在繁忙的工作之余，撰写并发表了近百篇颇有影响的新闻学论文，约 80 万字。特别是《新闻科学纲要》和《中国新闻思想发展研究文集》（未出版）这两部著作，更是何老晚年集大成之作。这些学术论文、论著奠定了他在我国新闻理论界的地位。

中华人民共和国成立初期，何微就为中国人民大学、北京大学和中国青年报社开办的新闻训练班讲课。1962 年他在调任西北政法学院副院长后，兼任新闻系主任，为新闻系制订教学计划，并从北京请来甘惜分、郑兴东等著名学者，教授新闻学专业课程。1984 年，为了他执着追求的新闻事业，他以 68 岁高龄孤身应邀赴武汉大学担任新闻系教授、新闻研究所所长、研究生导师。此外，他还从新闻专业的指导思想、培养目标、课程设置、师资队伍建设等方面帮助和指导了南京大学、杭州大学、西北政法学院新闻专业的开办和建设。

（一）

会议首先讨论了何微同志改革开放以来的新闻教育思想。与会代表认为，何微同志不仅是杰出的新闻工作者、新闻理论家，也是卓越的新闻教育家。他的新闻教育思想非常丰富，而且颇具开放性、前瞻性和创新性。他到武大不久，就针对初创的武大新闻系提出了一整套宏伟的学科建设和人才培养目标，提出要把武大新闻系办成全国一流专业，"要争金牌"；不但要在国内站得住脚，而且到国外也站得住脚。在何微看来，高等教育的水准是衡量一个国家综合国力强弱的标志之一。像武大这样的著名学府，其新闻专业就应面向世界、面向未来，树立远大的目标理想，扎扎实实地提高办学水平和教学质量，并以此作为从事新闻教育事业的不竭动力和终身追求。

对新闻人才的培养，何微同志主张学校要具有学科的综合性，新闻专业还要有层次的多样性，既培养大专生、本科生，还要培养硕士生、博士生，并实行"双学位制"。不同专业不同层次的学生自然要有不同的规则和要求。对于新闻专业的本科教育，他更是思路开阔，见解独到。他对当时建立在应试教育基础上的狭义专业教育提出了尖锐的批评，主张新闻人才的培养要着眼未来、着眼世界的大范围去思考，要培养通才。对新闻专业本科生要实行素质教育，即要培养能够全面发展的人才。使他们走上工作岗位之后，不仅能当记者、编辑，将来还能当总编、社长；不仅能在国内干新闻工作，还能当驻外记者，同时还具有适应社会多方面需要的能力。因此，素质教育，首先要突破狭义的专业教育的限制，要扩大学生的知识面，使其具备合理的知识结构，具有较强的应用能力。

在新闻专业的课程设置上，何微同志的理念是：开放、综合、超前，即有一个好的课程体系，不只学新闻理论、新闻史和采、写、编、评，而且要增设其他与未来新闻事业发展相适应的新课程。在他看来，新闻专业的学生一毕业就要面对社会生活的方方面面，知识的单一必然导致思想的狭窄与不适，这就要求他们建立起综合能力很强的知识体系。为此，除开设专业基础课外，还应开设人文类课程，如社会学、心理学、经济学、法学，甚至还应学一些自然科学知识。尤其是他在 20 世纪 80 年代中期，就已敏锐地意识到计算机的广泛应用会引起新闻事业的长足发展。他说我们搞改革开放，媒体的发展同以前大不一样了，不懂经营管理是不行的；倘若以后计算机能够写稿，能够发送新闻，而你的学生还是电脑盲，这怎么行呢？所以新闻系至少要开设"新闻微电子学"和"新闻管理学"这两门课程。何微教授的这些意见是具有前瞻性的，完全被后来新闻事业发展的实践证明了。

对于新闻专业的教师队伍建设，何微同志认为，新闻本身就是一个综合性的开放的学科体系。新闻学科的教师队伍不仅要有学新闻科班出身的教师，也需要具有其他专业知识的教师。他特别强调，无论具有哪一种专业背景的教师，都不能脱离新闻实践，都要联系和把握新闻媒体的脉动，有条件的话，还应派教师到国外去学习，决不能满足于只是学新闻与讲新闻，决不能自我封闭在校园内与课堂上，而要随时开通参加新闻实践和观察国外学术前沿的窗口，要特别重视新闻科学研究。他说，一个好的新闻专业，一名优秀的专业教师，光教课不行，一定要搞科研，而且要在科研上处于领先地位。因此，他在武大工作期间，亲自担任新闻研究所所长，并组织和指导了很多青年教师和研究生的科研工作。

有的与会专家还认为，何微同志在新闻教育领域开创了几个第一：第一个提出了设立微电子新闻学及网络新闻专业；第一个提出了新闻系要在正常招生的同时实行"双学位制"；第一个提出加强对中国新闻思想史的研究，并撰写了数百万字的《中国新闻思想发展研究文集》书稿。

（二）

会议还集中探讨了何微同志的新闻理论。一致指出，现在各省都在搞树立马克思主义新闻观的干部培训，上海搞了，广东搞了，江苏搞了，其他省也都在搞，陕西重视干部队伍的这一培养，重视新闻理论的研究，令与会代表深表敬佩。代表们接着指出，何微同志是从解放区的革命实践中成长起来的新闻工作者，他的新闻理念是马克思主义的。但他的新闻思想并不教条，而是与时俱进的。比如关于"新闻是阶级斗争的工具"这一命题，自 1930 年提出后，很快就成为指导新闻工作的共识。中华人民共和国成立后，特别是 1957 年以后，国内几乎将这一原则推向极端，有人甚至提出新闻无学，也谈不上研究。何微同志在他的实践中实际做的是新闻有学论，他思想上也不赞成新闻无学论，但他也不撞车。

在他看来，新闻事业既属于意识形态，又是提供信息服务的产业，因而具有两重性，即它的党性与人民性应当是统一的、一致的。正因为如此，他从来不批新闻的"社会需要论"，不批"新闻的两重性"理论，更不批人民性。改革开放以来，他的新闻思想更是随着时代的变化而发展。他努力探索新闻是一种产业、是商品经济发展的产物等新闻理论，并在晚年花了十多年时间研究新闻思想发展史，勾画出了自远古时代到现代的我国新闻思想发展的脉络，写了数百万字的著作，填补了这一新闻学研究领域的空白，探讨了具有中国特色的新闻理论，提出了许多新闻改革的思路与建议。比如他提出的"要立即着手电子媒介的研究"等建议，都反映了他的新闻理论的与时俱进的特点。又如一个以新闻基础理论和新闻应用理论为主的大型新闻学术研究性期刊——《新闻研究》，在时任《陕西日报》总编的何微同志的策划下，于 1980 年 6 月面世。这是中国新闻界的一个重要事件，就像旷野里冒出的一蓬娇艳的迎春花，立即引起新闻界的欢呼。许多知名专家、学者纷纷来信祝贺这个特殊年代后全国第一家新闻学术刊物的诞生。与会同志指出，"就当时何微的处境，能办出这个刊物，实在够难为他的"。"一个人如果不是对新闻事业、新闻理论有着深邃的认识和发自内心的纯情，是决不会在负重如山的压力下，又以开山般的非凡毅力双手送出的。同时，这个刊物开导新时期新闻学研究风气之先的历史功勋永不可没。"

与此同时，何微同志随时都在关注和研究新闻界出现的带有倾向性的现象和问题，坚决给予匡正。比如 1989 年 9 月 18 日何微同志在随函推荐张海华（时为何微先生的研究生）的论文时指出："进入 20 世纪 80 年代后，新闻文学化的倾向有了发展，但新闻研究刊物上很少论及，可能是对它的危险性认识不足，故我将她写的这篇论文推荐给你。"关于选拔高素质总编，他一直十分关注。1989 年在和《新闻知识》主编筹划开设"总编辑角色谈"的专栏时，他拍案而起说："在新闻学和新闻教程上至今还没有专门研究'总编辑'这一章，你们带头做，可以填补这个空白，很有意义，很有价值！"随后，他又亲自为《新闻知识》撰写了题为《总编辑的品质和影响力》的开栏文章，并成为他探索总编辑学的开山之作。在这篇论文中，何微同志把总编辑的品质归纳了四条，其论述高屋建瓴，睿智与深邃豁达随处可见。诸如：

"总编辑不亚于一个国务大臣，甚至一个政府首脑不一定能做一个称职的总编辑。这里不是指那些平凡无远见的庸碌之辈，而是指那些政治、业务、文化素养非凡，精明强干的'老总'。"

"我国报界在人民心目中的形象不佳，其中一个主要原因是不讲真话。多数情况不是总编辑不识真伪，而是有些总编辑缺少'五不怕'精神，在外界压力或诱惑下，常常表现为'望风披靡'。只要把人民利益摆在首位，就能理直气壮地讲真话，公布最尖锐的问题，匡正时弊。"

"越是有水平的编辑、记者，越善于独立思考，发表不同的意见，提出大胆的设想，甚至与总编的意见相左。这是非常可贵的现象，作总编的应该感到高兴，因为这是事业发展的巨大潜力，做'老总'的一定要善待之。"

"善于抓住时机，果断拍板，特别对于那些切中时弊、益于人民的新闻报道和言论要能迅速作出选择。"

（三）

关于新闻事业的改革发展，何微同志在 20 世纪 80 年代中期主持武汉大学新闻研究所进行的"七五"国家社科基金重点研究项目《新闻事业与现代化建设——关于新闻改革的现状问题和走向研究》（其成果已由中宣部新闻局编印出版）中，就已敏锐地抓住了中国新闻事业改革发展这一关键问题，表现出：1. 始终关注新闻事业的最新动态，坚持理论结合实践，坚持新闻研究为新闻实践服务和指导新闻实践；2. 思想解放，对新闻事业在改革发展中出现的新做法、新观念，目光如炬，方向明确，并能以探索的精神妥善对待；3. 坚持在继承优良传统的基础上创新，既要求对以往新闻本真的恢复，又要求从高起点上进行改革；4. 非常关注与新闻理论和新闻实践相关学科与技术的发展，他的新闻研究为新闻学理论的丰富和发展吸纳大量新的当代科技知识。正因为如此，他对市场经济与新闻事业的关系这一时代提出的新课题及对有偿新闻、舆论引导等理论问题，发表了很多精辟、独到的见解，为创立具有中国特色的传播学体系作出了很多有意义的工作。

关于新闻学理论，有的专家还认为，何微同志主要有两部分贡献：第一类是对新闻理论所涉及的诸多基本概念、范畴进行了严密的厘定或规范；第二类是对一些新闻学规律进行了科学阐释，而这些阐释结合今天新闻工作的实际都很有用。如对新闻这个概念，他在讲学和著作中从语义、语境、实际应用等方面做了多角度、深层次分析，认为指消息、体裁、事业、学科四个方面，且对各自的范围和内容做了科学的分析和界定。再如他对访员、记者、新闻报道者、新闻撰稿人等概念，既做了历史考察，又从现实出发作了界定和规范。关于新闻规律，何微主要强调的是确保新闻真实性的原则、党性与人民性一致的原则、新闻价值衡量的原则（主观对客观的测评问题）、客观公正公开的原则、提高效率的原则等。

另外，与会的新闻界、教育界的专家学者，还对今后进一步深入研究何微同志的新闻理论和新闻实践提出了一些极为有益的建议。

（本文作者单位分别为陕西省社会科学院、陕西省人民医院。原载《理论导刊》2002年第8期）

何微先生的百年人生

——从战地记者、报人到著名新闻学教授、学者

李三槐　车英　邱江波

《西部学刊》编者按：何微先生的盛名盛绩，早已得之于目、闻之于耳、感之于心、融之于魂。今日重温，编者心潮逐浪，话语井喷，出之于肺腑，聚之于笔端，奉献如下感言。

先生虽然遐升于20世纪之末，然而离世未离身影、未离精神。今天我们纪念先生，源于对先生崇敬仰慕的浓浓情感但又不囿于情感的表肤层面，切入点在于先生的人品、素质、业绩与精神，无论哪一方面均有扛之极沉的价值。细而言之，在先生的灵魂里，几乎可以析离出当今社会极缺而又急需的闪光之金，更可析离出新闻媒体人必备而当今又部分丢失的高层次素质：先生有着难得的人生磨炼、坚强意志与不凡毅力，面对任何艰难险阻不曾辍步、不曾弯腰、不曾趴下；先生作为新闻媒体人对于客观公正原则始终秉持，敢说真话、能说真话，也善于巧说真话；先生有着对事业、职业、专业的执着追求、严谨态度与奉献精神，不仅留下了诸多顶级新闻作品、新闻理论著述等等丰硕成果，也留下令人崇敬的人格魅力；先生有着开阔的思维、前瞻的目光、创新的精神，创建了有特色的新闻院系、研究机构、学术刊物，有的还是全国首秀。新闻界"北甘、南王、西北何"的说法流传广泛，何微先生被公认为我国新闻教育鼎立之势的三足之一，他在新闻界的崇高地位实至名归。站在新闻媒体人面前与留在大家心目中的，是执戈者的何微、领导者的何微、管理者的何微、教育者的何微、新闻从业者的何微……何微是多面的，本刊展示的是何微的多面。

"互动四方"栏目特为先生专辟一档。容量仅十五万字的本刊，欣然接纳了洒洒脱脱近七万五千言，礼让出了近三十多个版面，三分天下，其逾一焉！这在本刊乃至全国期刊，可谓破天荒的一次甚至首次。本刊如此者何也？源于：大凡从政者、管理者、求学者、执教者、研究者，甚至三教九流者尤其新闻人、新闻教育者，均可从先生身上"各取所需"地汲取适合自己的琼浆玉液。对此，这个"天荒"不能不破也不宜小破！

郁郁乎，巍巍乎，三秦大地，孕才养英。先生及其荫恩的众多门生、部下，包括为本栏奉献笔墨的作者，有的生于斯、长于斯、执业于斯，有的或就学于斯、或钟情于斯，其中尤其是此次栏目内容的策划者、操盘手、重磅之作的捉刀人、先生的嫡传弟子刘荣庆老先生，还是本刊的有力支持者。对于三秦大地滋养的这笔宝贵新闻文化遗产，生于斯、长于斯的本刊敞开了大门拥之抱之顺理成章，否则舍我其谁？"以创新为办刊定位、以求新为选稿标准"的本刊，能于传统中、于往昔中，搜索出依然的新，于万绿丛中能拎出哪怕一点的红。何况，何微先生的精气神中蕴含着那么丰厚的新！

何微，初名何畏，笔名米若、石冷。他1916年7月23日生于山西祁县一个中医家庭。幼年聪颖好学，在故乡读书时就有人称他"祁县小才子"。初中未读完就考取了师范学校，中途又弃学去祁县建安村小学任教师、校长。由于性喜文学，渴求知识，又有家学渊源，读过"四书""五经"和家藏的《时务报》《晨报》《京报》及中外名著，受先贤思想精神的影响，渴望更为热烈、更有价值的生活，遂于1937年2月投笔从戎，参加了由共产党人薄一波组织领导的山西牺牲救国同盟会，并成为其新军军士二团"抗日决死队"的爱国军人。

当时新军内部国共双方围绕抗日问题争论异常激烈。太原沦陷后，该部转移至临汾地区。在临汾，他亲耳聆听了周恩来关于《目前抗战危机与坚持华北抗战的任务》的报告，非常赞同中国共产党的抗日主张，接受了该军政治部主任李力果（陕甘宁边区民主人士李鼎铭先生长子）的委任，孤身一人为该军编写油印小报——《广播台》，传播抗战信息，对新军的抗日决心产生了积极影响。

1938年10月，何微从一位中学时的同学高敏（时任"抗大"政治部教员）那里知道了延安抗日军政大学的情况，决定去"抗大"深造。遂谎称"回家探亲"，瞒过阎锡山属下的新军二团团长，拿到一张回乡"通行证"，闯越层层关卡，只身步行过黄河，到了延安，进入"抗大"学习。在"抗大"学习期间，他加入了中国共产党。1939年"抗大"毕业时，组织原拟派何微去平顺县任县长，在征求他的意见时，他向组织表示，更希望去抗日前线做记者。组织上考虑到他的文化基础、志趣、特长后，同意派他去《黄河日报》做编辑，与著名作家赵树理、白浪（后改名白介夫，曾任北京市副市长）、王春（曾任《工人日报》总编辑）一起经营该报。从此，何微正式与新闻结缘，终身不渝。60余年，他一直在新闻园地辛勤耕耘，由一名战地记者逐步成长为从事新闻实务的"记者头子"及新闻教育、新闻科学研究的名学者。其硕果累累，谱写了光辉的新闻人生。

抗日前线浴血奋斗的战地记者
（1939—1945年）

1940年，何微奉调到"太南"《人民报》任记者兼《光明》杂志（32开本，发往"国统区"）编委。当年8月至12月，他以记者身份多次深入前沿阵地，参加并采访报道"百团大战"。"百团大战"的主要任务是在敌后破击正太、同浦等铁路，牵制日军对正面战场的进攻。8月20日太行破击战开始，他随八路军潞城独立营参加了破击日寇为掠夺矿产资源而专修的白（圭）晋（城）铁路之黄碾至马厂段军事行动。经过激烈战斗，独立营将日军压缩在碉堡里，苏营长一面指挥战士封锁敌人碉堡出入口，向碉堡高处枪眼射击，一面组织民兵、民工奔向铁路，挖路基、拆铁轨，成功完成了破击任务。何微在这次破击战中既是战斗员又是采访员。9月4日的第二次破击战斗，他仍跟随着独立营行动。在这两次破击战斗中，他根据亲身经历，先后采写了10多篇真实感人的战地报道。

1940年12月，八路军总部警卫二团去洛阳执行重要任务，太岳区党委书记聂真派何微随同采访。因途中要经过国民党友军阵地，为免于发生摩擦，朱德总司令给两友军军长写了两封亲笔信，让何微以八路军总部联络副官的身份带着，沿途相机交涉使用。但在他们从平顺县虹梯关出发经晋城到河南博爱县玄关庙住下观察敌情后，准备于12月20日晚穿越日军长坪封锁线时，由于日军在高处据险设防，我军只能从断崖边的狭窄小道通过时，突遭日军猛烈攻击，子弹密集射来，走在队伍前面的司号员倒下了，接着一排"六〇"炮弹落下，何微腿上被炸开了一道两寸多长的口子，滚落崖下，鲜血直流。但在他艰难寻路时，发现一位被炸倒地、伤势严重的人向他求救。一问才知对方是国民党新五军军械处派去洛阳办事的军人。这名军人脚部重伤，请求何微给他一枪，以免被日军俘虏。何微劝他坚持住，并搀扶起他，一跳一跳地前行。走了约半个小时，前面有人高声喝问："哪部分的？"何微答："九江。"问者高兴地说："你是何参谋吗？连长派我们找你来了。"就这样他把那个伤员交给战友背上，一同归队，最终完成任务。

1941年3月，何微调任新华社晋豫分社社长，兼《太南导报》社长，9月任《晋豫日报》社长。1942年3月，新华社太岳分社成立，何微任该社军事记者。1943年春奉调到太岳区党委工作，任太岳区文委书记兼新华社太岳分社副社长、总编辑。1944年初，何微被任命为《新华日报》（中共中央南方局书记周恩来根据第二次国共合作协议在重庆创办的面向全国发行的大型抗战报刊）（太岳版）通采部部长。这期间他多次随军战地采访，多次穿行于战火硝烟之中，写出了百余篇感人的战场报道。

1945年1月，太岳区党委决定在沁水县郑庄召开群英会和太岳区参议会。事前新华社太岳分社与《新华日报》（太岳版）组织了一个记者团，分头深入军民，发现和采访英雄模范事迹。何微于1944年秋冬两次深入安泽县上治村采访了山村医生李克让的模范事迹。1945年1月会前，他又再次赶到该村，拿着他写的初稿交李克让补充修改。由于他采访深入，材料翔实，写作精心，把李克让的感人事迹和崇高思想境界活灵活现地展示给读者，在《新华日报》（太岳版）1月25日以《模范中医李克让》为题发表后，引起读者广泛好评和共鸣，新华社又将此文向解放区各报发了通稿。3月17日新华社为此发了表扬通报，并要求各地分社记者、通讯员认真学习，改进工作。

作为记者，何微不仅作风扎实，新闻报道"优质高产"，而且留心全局的动态与发展，善于思考，从整个战局和党的政策高度把握新闻工作的方向和重心。因此，组织上常常把一些特殊任务交给他。如1940年一位记者写了一篇驻守河南淇县新五军士兵劫财扰民的消息，引起该军领导层的强烈不满。该军当时的抗日态度较为积极，对我军的态度也较为友好。为维护抗日民族统一战线大局，组织上决定派何微以中国青年记者协会太南分会负责人的身份，前往南阳新五军军部采访和核查处理。由于他平时对太岳地区各种抗日力量的抗战态度极其微妙复杂的相互关系有深入了解和正确认识与把握，所以接受任务后，他化装成乡村教师，孤身前往，一天徒步行走140里，到达该军军部。说明来意后，该军军长孙殿英（土匪出身，史称"东陵大盗"）派其副军长邢肇荣接见何微说："新五军好也罢，坏也罢；打日本也罢，不打日本也罢，共产党的报纸都不要报道评论。如果你们说新五军好，蒋介石就认为我们投靠共产党，那几十万法币的军饷就不给了。没有这笔钱，我们日子不好过。如果说我们坏，又会引起新五军对共产党的不满，甚至引起双方冲突，影响士兵抗日情绪。"何微对此表示理解，给予慰问，并要求其约束部下，勿再扰民。邢肇荣把交谈情况向孙殿英报告后，孙殿英第二天下午便亲自接见何微，对何微说："有人说新五军不抗日，那是胡说。明天让他们领你到阵地上看看，就清楚了。我们虽然是老蒋的军队，但抗日是民族大义，我们不含糊。"第三天邢肇荣副军长果然陪何微到阵地参观，见其士兵抗日情绪高昂，前沿确实与日军对峙，何微也对此适时给予赞扬。下午，何微又就抗日话题与邢肇荣谈了两次，谈得融洽深入。第四天何微要启程返回，邢肇荣送给他一匹马，又派两名副官护送。三人骑马跑到了安阳，何微在一个小饭馆请两位副官吃了午饭，饭后他俩又送何微一程说："前面就是八路军的防区，你可以安全地回去了！"何嘱二位向军长致谢后告别。何微这次新五军之行，不是简单地摆平了我军同友军的偶发事件，而是具体深入地做了统战工作，进一步密切了两军关系，凝聚了抗日力量。

人民解放战争前线的军事记者
（1945 年 9 月—1949 年）

1945 年抗战胜利后，太岳分社的装备有了很大改善，配备了电台，总社随之对新闻的时效要求更加严格，规定战况报道必须当日发到。

1946 年 9 月，何微同三四名记者、一名发报员、一名译电员、一名机电操作手，用一头骡子驮着设备，组成战地记者团，由他亲自率领，冒着枪林弹雨，参加了垣曲、灵石、翼城等地的战斗和采访。如除夕夜，我军对翼城发起攻击，攻克该城，他随军战斗，彻夜未眠，天明时赶写出《太岳我军除夕突击　再克翼城歼敌千余》的报道，立即发往总社，春节当天见报。

1946 年下半年，何微完成了一次特殊而艰巨的采访报道。根据国共和谈协议，双方同意在晋南设立第十四军调组，谈判、调控两军关系。军调组由三方代表组成。美国方面由贝尔出任代表，国民党方面由阎锡山派第 61 军军长王靖国为代表，八路军总部派陈赓将军为代表。陈赓将军行前经与谢富治将军商议，指名何微作为随行记者，一同前往。谈判先在侯马进行，两天后搬到临汾国民党第 61 军司令部进行。陈赓给何微的任务是不仅写报道，还要尽可能多地接触群众，搜集各种情况。可是住在敌军司令部里，行动受限，外出时王靖国军长又以安全为名，派两名卫兵跟随，其实是跟踪监视。何同其卫兵斗智斗勇，设法甩掉尾巴，机敏地接触普通老百姓和士兵，了解到不少情况，谈判进行的一个多月内，他每天都向总社或分社发一两条消息，主要是揭露阎锡山假和谈、真备战的阴谋，以及该军欺压老百姓、制造摩擦的劣迹。

1947 年上半年，何微率记者团随部队转战晋南。他以我军民对敌斗争的聪明机智和献身精神为着力点，采写报道了许多惊心动魄、可歌可泣、光照千秋的军事报道。如《翼城四区发动总力战坚持敌后斗争的经验》《百炼成钢的晋南人民》《摆好八

卦阵　活捉蒋家军——浮山蛛网联防》《阳城担架队前线立功》《担架英雄娄老水》《尚清福飞行爆破》等，仅 1947 年 1 月，就有 10 余篇战地报道刊登在《新华日报》（太行版）上。该报 1 月 19 日这一天就刊登了他写的两篇报道。

1948 年 8 月，新华社成立了野战分社。华北局宣传部部长周扬找何微谈话，要他到运城、太原前线做军事记者，负责那里的战场报道。次日，他从平山县出发，立即去了王震、王新亭所在的八纵队报到。当时运城战役的前哨战——攻打牛驼寨、小窑头、淖马、山头"四大要塞"的战斗刚刚开始，何微立即进入前线。战斗进行得异常激烈，各要塞反复易手和夺回。他穿梭于要塞之间，深深地被指战员的集体英雄主义和忘我战斗精神感染，趴在战壕里的弹药箱上写了《掩体是怎样筑起来的》《战士的枪杆诗》等数篇报道。

1948 年 9 月，太岳"八纵"和太岳军区部队会同西北野战军王震旅发起第二次运城战役，何微再次率领记者团上了前线。他参加司令部会议，听取敌情汇报，了解战场情况，指导记者采访。10 月，当运城外围据点已经扫清，部队正在清除攻城障碍、准备发起总攻时，战况突变，胡宗南把正在陇海铁路布防的 36 师所部四个旅撤下，从茅津、太阳渡过黄河，急调增援运城，企图跨过中条山，解运城之围。王震、王新亭两将军随机应变，决定主动撤出运城之围，集中力量围点打援，在平陆西北之山地痛歼这四个旅。11 月 18 日至 21 日，经过四天激烈战斗，敌军四个旅被我军击溃。其中在杜马塬上进行的"杜马阻击战"最为激烈。21 日晚何微跟随两将军步行 2 公里到塬上查看战场，22 日王震亲自在战地审问被我军俘获的敌军上校原道堂。原道堂十分狡猾，坚不吐实，不暴露其真实身份。何微见其上衣口袋有些鼓，机智地上前一把掏出，竟是一沓所联络的军官名片和运城军事部署图。原见身份暴露，吓得瘫倒在地。

23 日清晨，何微随同两位王将军返回司令部驻地——上村。何微请示将军"杜马阻击战"怎么写？王震将军说："我口述，你记录整理。"据此，何微写出了《晋南我军击溃敌援军——运城东南歼敌三千七》的报道。突出了敌援军畏畏缩缩前进和我军英勇杀敌的特点。王新亭将军也在攻克运城当天向他口授了《我军围困运城一月，总共歼灭敌军两千》的消息，同样发往新华总社和太岳分社。

1949 年 4 月，太原解放在即，中共太原区工委通知何微参加《山西日报》的筹备工作，并任命他为《山西日报》副社长，兼新华社太原分社副社长（两社均无社长，何微主持工作）。4 月 24 日，我军攻入太原，何微在硝烟弥漫之中随军进入太原城内之海子边，立即接管了伪《复兴日报》，组织记者采编稿件，组织工人修复印刷设备，三天之后的 4 月 26 日，第一张《山西日报》出版了。何微在解放运城、太原等重要战役中作为战地记者，发出许多篇生动感人的新闻报道，特别是太原刚解放时何微已三天三夜未合眼，疲惫至极。王震、王新亭司令员找到他，要他写一篇战报，上报中央。何不顾疲劳，立即奋笔疾书，倚马可待地写成一篇4000多字的报道《不可战胜的人民军队》（此稿被 1948 年 11 月的华北《人民日报》采用），王震看完后，手举稿纸高兴地说："何微真是我们军内的刀笔，又快又利。"太原解放时，何微冒着枪林弹雨在躲避敌人炮弹的隐蔽堡里撰写了《具有高度政治军事文化教养的部队》和《太原前线通讯：战胜困难的军队》两篇文章，刊登在 1948 年 12 月的华北《人民日报》上。

"记者头子"——秉笔直书坚持新闻真实性原则的报人
（1949—1960 年）

中华人民共和国成立后，何微担任过多个新华分社社长和多家报纸的总编。毛泽东主席曾戏称传媒总编（社长）为"记者头子"。"兵熊熊一个，将熊熊一窝。""记者头子"的品质关乎一家新闻媒体的荣辱兴衰，更关系着党和政府同人民群众关系的好坏。中华人民共和国成立初期的新闻事业，整体上处于百废待举、开拓创建阶段。何微在把大量精力用于媒体经营管理等职责事务外，照旧坚守记者岗位，挤时间采访、写稿，许多重头稿还是他亲自执笔撰写的。他说："新华分社的领导不是'官'，顶多是个头，是只'领头羊'，根子还是记者，照样要采访，要写稿，甚至要写得更好。"

1950 年 2 月，何微提任新华社山西分社社长，兼《山西日报》社长。1952 年被提任新华通讯社华北总分社副社长，1953 年兼北京分社社长。在此期间，他移居北京，除了努力做好日常业务工作外，还做了许多开拓性工作，如他根据北京分社地处首都，肩负着特殊的新闻报道与宣传任务的特点提出：一是首都临时性突击性报道任务多，记者平时要注重了解掌握下面情况；二是首都人民对新闻质量的要求高，记者要加强文化学习，知识要广博，要多参加社会活动，多了解北京的文物古迹与历史文化特色；三是北京城市大、范围广，记者要从党的总路线和方针政策高度思考和制订自己较长期报道计划和"工作日历"，改变"堵口子"式的被动报道态势；四是北京人民的觉悟高，记者要保持艰苦朴素的采访作风，以战斗的姿态迅速敏捷地工作，独立思考，当机立断，保持新闻与人民群众的密切联系。

他在北京分社还提出报道工作要创新，分社的新闻业务要改进。为此，经他提议并亲自编写每周一期名为《在我们祖国首都——北京》的新闻集纳专辑，集中反映北京各方面日新月异的变化和发展。这种新闻集纳的稿件是从记者每天采访报道中按一定类型精挑细选出来，加以编辑，在特定专栏发稿。它从内容到形式，都是当时新华社业务工作的创举。

培养合格的新闻记者是何微在北京分社工作最为重视和付出心血最多的工作。他认为，提高新闻报道质量的关键是提高记者的理论水平和业务素质。而分社初创时期，记者数量缺乏，已有记者都很年轻，多数"半路出家"，水平参差不齐。恰好国庆节当天，何微在天安门城楼上请胡乔木审阅关于国庆游行的新闻稿时，乔木同志对他说："著文汇辞，辞出溢其真，是记者的大忌。你们要学习王充《论衡》中的《艺增篇》。"受此启发，何微从 1954 年起，在分社开展"学习新闻写作"的讨论，对一些新闻要素，如新闻的任务、作用、用事实说话，怎样挑选最有说服力、最能表达主题的事实，新闻要短等问题，组织全社记者联系实际，总结经验，改进工作。同时为全面提高记者水平，他联系中国人民大学在夜大开设新闻班，让分社有条件的记者都去学习，并选送三名记者到人大新闻系脱产学习。他还把自己摆在首席记者的位置上，率先垂范，亲自组织指导一些重大新闻事件和新闻人物的采访报道。通过工作实践，手把手教大家采访写作。如 1954 年 8 月，他作为北京市人民代表，在市人民代表大会参会期间，亲自采写了通讯《我们选举了最敬爱的毛泽东》，在《人民日报》等多家报纸的显著位置登载。

何微认为总结经验是记者提高思想水平和业务能力的捷径。他为此撰写了《提议总结我们的工作经验》的专文，发表在新华社办的《新闻业务》刊物上。对新闻业务的实践意义和作用作了深入分析和阐述，呼吁大家通过总结自己的实践经验，提高思想理论水平和业务能力。为此，他又撰写了《从官厅水库的采访看深入实际》，发表在新华总社出版的《新闻业务》刊物上，以一次重大的成功报道为例，帮助记者总结提高。

为了培育新闻人才，何微还应邀到北京大学、中国人民大学新闻系和《中国青年报》开办的新闻训练班讲授"新闻采访与写作"，用自己的经验和思考，帮助驻京记者和青年学子，所以很多老记者说他"用人有道，育人有方""是做新闻事业的好领导"。

1954 年 12 月初至 1955 年 3 月底，何微作为中国新闻工作者代表团成员赴苏联塔斯社学习参访。回国后，他撰写了《塔斯社关于外事报道》《关于党组织、苏维埃活动和文化建设报道》、《塔斯社关于体育报道》（上、下两篇）、《塔斯社莫斯科记者的工作》及塔斯社关于机器工业、关于青少年工作的报道等 7 篇学习研究文章，被收录在《塔斯社的工作经验》一书中（此书当时为全国新闻界学习苏联运动的范本）。

1954年，新华社体制改革，新华社华北总分社撤销，何微的副社长职务随之免除，但仍专任北京分社社长。

1956年10月，何微调任新华社江苏分社社长。到任后，他秉持新闻真实性原则，从不"来稿即发"，而是坚持新闻事实的真实性、准确性。为此，他跑遍江苏，深入工厂、农村调查研究。1957年秋后，那是合作化高潮与"反右派"进行时，为了核查一个政治性很强的报道，他到离南京几百里远的偏僻矿山，同工人、干部交谈核实到深夜，在独自回驻地途中，突遇狂风暴雨，山间小路漆黑泥泞，跌落一条五六米深的水沟里，差点被大水冲走。从此他的命运也像这个事故一样跌宕起伏了。

1959年，何微因为对1958年的"大跃进""浮夸风"讲了真话，说了自己的看法，被作为反对"三面红旗"（指总路线、"大跃进"、人民公社）的"右倾机会主义分子"进行批判后，下放到陕西凤县秦岭山区的一个小山村劳动改造。但在凤县农村，他以诚实正直、勤劳爱民和实事求是的人格魅力，赢得了当地干部、群众的信任和敬佩，不仅选举他当了生产队队长，还于1961年底被中共双石铺公社党委评为"红旗手"，并获得了奖状。

1962年，何微被重新安排工作到西北政法学院（现改名为西北政法大学）任副院长兼新闻系主任。这一年冬，他刚刚把家安到古城西安，全家得以团聚，就马不停蹄地与西北大学教授傅庚生、陕西师范大学教授霍松林在《西安晚报》副刊开设"秦中随笔"专栏，从1962年11月21日到1963年7月1日，定期刊出他们的散文作品。这些作品文笔犀利，思想活跃，精辟简短，睿智深邃，言语清新，知识性与针对性、现实性相得益彰，矛头直指极"左"的思潮，发人深思，深受读者喜爱。何微先后在"秦中随笔"专栏，著文20余篇。一次政法学院新闻系同人读报时发现，其中以"石冷"为笔名的文章，同何微的人品、文风和言辞十分相似，猜测非他莫属，就暗地里问何微，何微承认是他所写。此事在教研室传开后，同志们纷纷提醒他，小心"招祸"和"劫难"，劝他不要再写了。何微诚挚地告诉这些好心的同事说："说真话，讲真理，坚持实事求是，总会有风险。这种例子历史上千千万万。不过，随笔就是随笔，它和杂文一样，是犀利的战斗武器，能使人清醒。既然拿起了这一武器，就得面对现实、面对人生，坚持真理，弘扬正气，匡正时弊……鲁迅先生就是这样，将生死置之度外了。"还说："作风派最安全，……靠出卖灵魂过日子，不会有什么风险。""大不了再去大山里当一回生产队队长！"这些掷地有声的话，不仅令同人们肃然起敬，更是他共产党人革命的坚定性和无私无畏的崇高人格的真实写照。

果然，在随后爆发的"文化大革命"中，"秦中随笔"被打成"大毒草"，三位作者被打成西安的"三家村"，遭到批判，相继被关入"牛棚"。

1962 年，西北政法学院新闻系面临被撤销的危机，何微一面以爱惜英才、勇于担当的精神请中国人民大学教授甘惜分、郑兴东等名师来校讲学，以稳定学生情绪；一面向省上领导陈情，要求把这一届新闻人才培养到毕业。他的奔波努力取得了成功后，这一届学生按教育部的规定学完了新闻本科专业课程。毕业后，都被输送到我国新闻事业重要岗位，并作出了突出贡献。迄今，还有人对此回忆说："当领导，就要像他（指何微）那样——有胆识，有担当才能称得上是好领导。"

1965 年初，何微被调去搞"四清"运动。中共陕西省委派何微任陕西省人民医院"四清"工作组组长，代任省人民医院院长。"运动"中他受到冲击。1970 年他被调入陕西省"革命委员会"卫生局办公室工作。当时各级医疗单位处于半瘫痪状态，医疗程序混乱，医疗质量严重下降，群众对"就医难、住院难"反映强烈。何微力排众议，召开"全省医院工作座谈会"，提出"解放"医生，让他们回原岗位工作；取消医院实行的班、排、连建制；建立科主任负责的医生责任制。随后又起草《陕西省卫生事业发展规划》重点强调了发展中医、中药事业和中医教育，强调发展农村医疗卫生事业。他还顶住压力，坚持保留老干部保健门诊，为此他亲自分管省卫生系统的这项工作。

1973 年，中共陕西省委第一书记李瑞山在一次省委会议上得知何微被结合进了省"革委会"卫生组说："牛头不对马嘴，瞎胡闹！何微是中国的名记者，怎么能让去做'卫生官'呢？"并提议调何微去《陕西日报》工作。1974 年 2 月，年近花甲的何微重回新闻岗位，任《陕西日报》党委副书记。1975 年 8 月任报社党委书记。他从事务性工作做起，抓落实政策，重新组织编采队伍，忙得连轴转。1979 年 2 月 27 日，省委批准《陕西日报》成立编委会，任命何微作总编辑，同时撤销"革委会"，何微才实实在在地开始主持该报全面工作。至 1980 年 9 月，在他的领导下，复查了96 起冤假错案，除 3 人外，全部平反改正；100 多名被下放到全省各地的职工干部，陆续调回，并妥善安排了工作，开始集中精力办报。

1980 年 6 月，为了从思想理论上提高这支新闻队伍的能力和素质，何微在报社内创办了全国首家《新闻研究》（16 开本）期刊，先后出刊 17 期。随后又由他发起召开了西北五省省报新闻学术讨论会（国内多数省报主动派代表与会），在负重如山的境况下，以开山般的毅力和高瞻远瞩的超前意识，瞄准未来新闻改革的大趋势，研讨、筹划和推进报社及新闻事业改革。正是在这次会议上，何微提交的论文和探讨新闻改革的大会发言，引起代表们的热烈讨论，中国新闻界"三剑客"——"北甘、南王、西北何"的说法不胫而走，悄然传开。（"北甘"指中国人民大学新闻学教授甘惜分，著有《新闻理论基础》；"南王"指上海复旦大学教授王中，著有《新闻学原理大纲》；"西北何"即何微先生）。他们三人都是抗日战争、解放战争中的优秀记者，年龄相仿，虽都长期从事马克思主义新闻科学研究，但在学术上各自独树一帜，相互争论，又私谊笃深，互以年庚为序，兄弟相称；个人命运大致相同。所以"三剑客"这种称谓，表示了他们在新中国新闻事业中的地位和作用，也反映了他们对我国新闻科学研究的贡献和影响。

1981年11月，何微调任陕西省社会科学院党委副书记、副院长，1982年5月任院长。1983年底改任该院顾问，兼陕西省社会科学联合会主席、考古学会会长。在陕西省社会科学院任职时，何微已过65周岁，该院也才恢复建院第三个年头。他一到职，就亲自调查研究，广泛听取各研究所室及各界意见，起草和主持制定了《陕西省社会科学院1982—1985年事业发展规划》，明确了该院的发展方向、任务和工作重心。党的十二大和全国哲学社会科学规划座谈会之后，他又于1982年12月提出和拟订了《陕西省社会科学院"六五"规划和"七五"设想》，经1983年5月14日第8次省委书记办公会议讨论，同意何微同志汇报提出的解决社科院科研经费、机构设置、人员编制和基建等重大问题的方案，为该院的发展奠定了基础。此后，何微以其正确处理基础研究与应用研究、历史研究与现实问题研究、研究与普及"三个关系"的思路，着力抓所、室组建，人才引进、培养和资料建设，做了许多开创性工作。特别是他设法从省上争取到一些外汇，购进了一批急需而又极缺的外文资料。至今宗教研究所的科研人员还在说："如果没有这批珍贵资料，宗教研究就无法展开。"

新闻教育的名师
（1952年春—1991年10月）

何微的新闻教育活动，早在抗日战争时期就已开始了。那时是战争环境，其新闻教育活动时断时续，也不正规，主要是给军内的通讯员、记者讲授新闻采访与写作。登上大学讲坛的新闻教育活动，则是在1952年至1954年他在新华社北京分社社长任上，应邀先后到北京大学新闻系、中国人民大学新闻系和新闻训练班、《中国青年报》新闻训练班兼职讲课。1962年他到西北政法学院担任该院副院长兼新闻系主任后，为这些本科生讲授新闻学原理、新闻采访学、新闻写作等多门课程，带出一届本科毕业生。

　　1984 年夏，年近古稀的何微应武汉大学校长刘道玉教授登门邀请，别妻离家，毅然只身南下，在"武大"一边教书育人，一边继续新闻学研究。论教书，他学识渊博，执教认真，讲课儒雅风趣，思想锐敏深邃。更对新闻教育有独到见解：认为要办好新闻教育，最重要的是要有一批德才兼备的名师；学生培养"应该高标准，严要求，新闻专业研究生要以名记者兼具政治家和社会活动家的素质为目标；本科毕业生要有较高的马克思主义素质，有驾驭全局的能力，思维敏锐，知识充足，写作娴熟，能直接阅读一两种外文报刊"。当年 9 月，在校长刘道玉教授主持召开的校党政领导和教务、人事、设备、科研等处长及新闻系负责人参加的专门研究新闻教育联席会议上，何微提出了办好新闻教育的六点意见：一是要把武大新闻系办成全国第一流的新闻系；二是新闻系要创造条件，创办微电子新闻专业、广播电视专业，要开办广播电视编导和主持专业课；三是尽快建立硕士学位授予点和博士学位授予点；四是新闻教育课程设置要改革，增加一些新闻学的新学科，如新闻管理学、比较新闻学，尤其要重视电子新闻学的教学与研究；五是创办一份新闻科学学术期刊——《新闻研究》；六是学校要办新闻学研究所，在研究所建立新闻文献资料分析与检索系统，建立图书管理、资料管理、国内外研究动态分析管理、新闻信息管理相结合的智能化机制，提高教学和科学研究能力。此后，他的这些新闻教育思想，曾在国内许多高校和新闻学术会议上多次提出和讨论，反响强烈。而武大新闻系就是他实现其新闻教育理念和构想的"试验田"，他在这块"田"里耕耘了 8 年。在今天的武汉大学，原来的新闻系已发展成为一所"新闻与传播学院"，他的理念和构想已结出硕果。由于他对武汉大学新闻教育的贡献和影响，浙江大学、杭州大学聘他为客座教授，常常不定期地去那里讲学。

　　1996 年夏，何微先生将刘荣庆叫到家里，提出在西北政法大学恢复新闻系的动议。何微口述，刘荣庆执笔起草。当时，国家教委对兴办新闻传播学院、系和专业，已经采取了限制措施。为了顺利获批，何微将时任西北政法大学党委书记张力同志及刘荣庆请到家里商定新闻系的性质：一、为恢复而不是另起炉灶；二、定名"法制新闻系"为特色而不是新闻传播系，更不是办第二中文系；三、同意以中国新闻教育界的"北甘、南王、西北何"的何微作为西北政法大学法制新闻系的学术理论旗帜等上报。正由于指导方针及学术教育方向明确、张力同志等校领导班子及省教委领导的重视，积极奔走，西北政法学院 1964 年毕业的老一届新闻系及新闻业界校友的相助支持，1999 年 1 月西北政法大学法制新闻系终于获得国家教委批准。

新闻科学研究的巨擘

（1946 年—1994 年 6 月）

何微的新闻科学研究，是他在从记者到"记者头子"再到新闻教育的工作实践中就已存在和不断进行着的。尤其是在他担任分社社长或报纸总编之后，实际工作中出现的疑难和问题，常常驱使他以强烈的责任心和进取精神，不断进行理性思考和科学探索。积以时日，终于在晚年凝结成声名鹊起的新闻学巨擘。

何微最初的新闻学研究是他在 1946 年担任新华社太岳分社社长时开始的，其开山之作是他当年写就的《爱国自卫战争军事报道研究》。当时，太岳分社调入了一批年轻同志，何微以无产阶级革命家的洞察力和高瞻远瞩的目光，预感到新中国的诞生指日可待，未来新闻事业必将有一个大发展，深感新闻记者的政治素质和业务能力均应随之有个大提高。于是他先机而动，一边言传身教，指导帮助身边同行学习提高；一边写了多篇既总结自己新闻工作经验体会，又从思想理论和新闻规律性上展开探索的学术文章。

中华人民共和国成立后，工作环境稳定了，何微对新闻理论的研究一发不可收。他白天职责工作忙碌，常常熬夜读书思考，研究问题，为几所高校新闻专业编写讲义，撰著论文。1956 年 10 月 15 日，中国人民大学《新闻与出版》报创刊号就是以何微写的《新闻导语》为开篇的。其后又有《关于新闻种类和特点》《新闻体裁》等多篇研究性文章在该报"新闻讲座"专栏发表。同时，他在新华社办的《新闻业务》刊物上陆续发表了《改进我们目前的采访报道》《要提高新闻质量就要提高劳动本领》《批评性新闻与国家通讯社》《谈趣味性》等探索性学术研究文章。

离开北京以后，何微无论在何处做何种工作，即使"做卫生官员""在山沟里当生产队队长"，他都矢志不渝，从不放弃新闻科学研究。1980 年，他敏感地看到了改革开放的曙光，从全国各地方报刊中脱颖而出，创办了首家《新闻研究》学术性季刊（大 16 开本）。该刊设有"探索与争鸣""新闻理论与实践""经济（新闻）宣传与研究""新闻改革""编采与写作""记者生涯""广播与电视""新闻摄影""新闻资料""国际新闻界""报刊史料"等栏目。从 1980 年第二季度至 1984 年底，出刊 17 期。从发刊词到各期重头稿，几乎每期都有他的论文。在办刊的同时，他还设法创办了新闻研究所，自任所长，尽力推动新闻科学研究。据统计，他先后发表过 80 余篇影响较大的新闻科学研究论文，近 80 万字。尤其是他用多年心血写成的新闻学专著——《新闻科学纲要》一书（共十章，前言、绪论及前七章已铅印成册），是他的新闻思想、新闻理论和新闻实践经验的理性概括和总结，是马克思主义、毛泽东思想指导下新闻科学研究的光辉成果。

何微先生的上述新闻科学研究成果，具有如下特点。

1. 旗帜鲜明地坚持以马列主义毛泽东思想作指导，坚持新闻科学的党性原则。他在《新闻科学纲要》一书中，将新闻的党性原则专列一章，深刻系统地阐述了坚持党性原则的科学性和现实性，回答了长期以来国内外就此问题争论中的种种不同意见，提出"党性是人民性的集中体现"，论证了党性和人民性的辩论统一性，分析了坚持党性原则同新闻自由、民主、法制及党的路线、方针、政策等重大问题的关系，提出了"八条"在一切新闻实践中贯彻党性原则的基本思路。

2. 理论联系实际。他对新闻学的科学体系、原理、范畴概念直到新闻学各重要问题的论述，坚持了科学性、规律性同现实性相统一的研究方法和理论源自新闻活动的实践，又指导新闻实践的原则，使其学术著述读起来深感思想深刻，逻辑严密，针对性、应用性和科学性很强。

3. 论述深刻，见解独到。如他在《新闻科学纲要》中，将《舆论》专列一章，这是其他新闻学专著所没有的，但舆论历来是新闻受众和新闻人议论最多、最热、最为疑惑的问题。他分六节对舆论作出特别探讨，从与之相关联的方方面面作了深入系统的分析论述。其中很多论述见解独到，特点鲜明、精辟深刻。

何微先生还在新闻学的长期研究中，开创性地探索中国新闻思想发展史，他在《武汉大学学报》（社会科学版）1990 年第 1 期上发表标题为《关于中国古代新闻思想发展研究》的论文，第一次提出"自有人类以来，就产生了新闻思想和新闻传播活动，而且人类的新闻从未停止过，它是由低级到高级发展，受到新闻思想的支配"；第一次提出"在三千年前，关于新闻记述的要求和思想已基本形成"；第一次提出"《春秋左氏传》是中国新闻思想发展史的最早文本和开山之作"，之后又撰文更全面翔实地专项对此进行论证。为此，他搜集整理了有关该学科古今中外的大量资料，作了梳理、注释，有的还撰写了"提要""说明"，编纂成 500 多万字的《中国新闻思想发展研究文集》（共 11 册，已油印装订）。

正是因为他丰富的新闻实践和对我国新闻事业作出的巨大贡献，特别是新闻学研究成果丰硕，独树一帜，堪称我国新闻学研究巨擘！

（李三槐系陕西省社会科学院原科研处处长、《人文杂志》主编；车英系武汉大学教授、《武汉大学学报》原常务副主编；邱江波系中新社山东分社社长。本文原载《西部学刊》2016 年 4 月下半月刊）

中国新闻学研究领域的"西北何"

——记新闻学家何微

杨天兴

《报刊之友》编者按：当本刊第 2 期送到报刊界同人和广大读者手里的时候，恰值何微教授八十大寿。这位在中国新闻学田地里耕作了 60 个年头的报人，仍然精力旺盛、思维敏捷地为培养跨世纪新闻人才登台授徒。子曰："诲人不倦"，此之谓也。德高望重、才华横溢的何微先生经历了人世的沧桑，履行了个人的职责，既不沉湎于已往，又不依恋于儿孙：老之既至，仍靠自己的头脑思索，靠自己的耳目体察，靠自己的双手写作，似乎没有工夫留意衰老的到来。活了 98 岁的英国哲学家、数学家罗素谈及他高寿的祖母、外祖母时说："我恕她根本就没有工夫去留意她在衰老。我认为，这就是保持年轻最佳方法。"可见，何微教授之长寿法与罗素家族长寿法相类通。祝愿中国新闻学研究领域的"西北何"做南山之青松！

在全国新闻理论研究领域，"北甘、南王、西北何"（北京的甘惜分、上海的王中、西安的何微），三足鼎立，堪称中国新闻学界的巨擘。三足中的何微，新闻从业 60 年，今年恰逢八十大寿，曾先后被收入《中国普通高等学校名人录》《中国新闻年鉴·新闻界名人》并附小传。

踏上记者之路

何微曾名何友仁、何畏，笔名米若、石冷等，1916 年 7 月 23 日出生于山西省祁县一个中医世家。在故乡读过中学、师范，中途弃学，到建安村两级小学担任校长并讲授语文课。青年时代，何微便喜好文学，身边总带着一些中外名著和鲁迅等人的作品，时不时创作一些诗歌之类的作品。何微二十出头便当了校长，在当地被视为教育界的一颗新星。但是年轻气盛、血气方刚的何微并不满足，他渴望一种更为火热、更有价值的生活。抗日战争的爆发，促使他迈出了自己狭小的天地。

1937 年 2 月，作为山西牺牲救国同盟会的成员，他毅然投笔从戎，进入山西新军军士二团（该部队后改为抗日决死队），成为一名爱国军人。当时新军内部，国共双方斗争异常激烈，何微非常赞同中国共产党的抗日主张，积极向党靠拢。当年10 月，太原失守，何微随部队抵达临汾，亲耳聆听了周恩来同志的报告——《目前抗战危机与坚持华北抗战的任务》，感触颇深，更加坚定了自己的政治信仰——共产主义。也就在这个时候，他接受党的指示，一个人编写油印小报——《广播台》，在部队传播抗日信息，进行爱国抗日宣传。这张小报当时在部队造成一定影响，初步显露了何微的新闻才华。这是他从事新闻宣传工作的开端，从此他便和新闻事业结下了不解之缘。

1938年10月，何微接受抗大的一位中学时代同窗的建议，谎称回家探亲，瞒过阎锡山的教官，骗取了一张"通行证"，经过众多关卡，徒步渡河到了延安，进入抗日军政大学深造。次年，从抗日军政大学毕业时，他已是一名中共党员了，被派到《黄河日报》任编辑。其实，组织上原本是考虑让他出任山西平顺县县长的。然而年轻的何微坚持认为自己不适于县长之职，推辞不受。组织上接受了他的意见。他便同文学家赵树理、20世纪80年代任北京市副市长的白介夫（原名白浪）、《工人日报》前副主编王春一起经营《黄河日报》，何微任支部书记，正式步入报界。这样，也就基本上确立了他以后的道路和命运。

他说："推辞县长一职，主要是怕当不好。自己太年轻，生活阅历太少。战争年月，人们很少考虑自己，想的多是怎样把工作做好。"我问他："以后在报社、新华分社做领导，不也是'官'吗？""那不是'官'！"老人争辩道："新华分社的领导不是'官'，顶多是个头，是只'领头羊'，他还照旧是个记者，照样要采访，要写稿，甚至要写得更多。"

他说他任新华社北京分社社长期间，几乎天天开会，但仍要抽空采访、写稿，许多重头稿子都是他执笔撰写的。

1941年秋，何微被调到新华社工作，至1959年调离，除中间在《晋豫日报》和太岳文委有过短暂的经历，他在新华社工作了18个春秋。历任新华社晋冀豫分社社长、华北分社通讯联络科副科长、太岳分社副社长、山西分社社长、华北总分社副社长兼北京分社社长、江苏分社社长等。

在近20年的记者生涯中，尽管非常艰苦，但也很充实而有意义。作为战时记者，常常要冒着枪林弹雨到前线采访，即使在后方，同样也不轻松。那时为了一条消息，为了采访一个人，往往不得不跑几十里山路。为了核对一个事实，补充一些材料，有时需往返数趟。

但是何微是幸运的，作为一个经历了抗日战争、解放战争、新中国建设的记者，他比常人亲身参与、目睹了更多的事情，记载、报道了其中许多重要事件。例如，抗战期间，他目睹了孙殿英将军率部积极备战的情形。当时孙的部队在河南安阳抢劫扰民，遭到报纸批评，引起孙的不满，要求报社派记者参观前线。何微奉命前往。

回来后，向总编等反映了孙部积极抗日的态度、防御工事和与之对峙的日军阵地等情况，对全面了解孙部起了积极作用。

又如，抗战胜利后，在毛泽东赴重庆同蒋介石进行"国共和谈"之后不久，陈赓将军奉命前往山西临汾，同阎锡山的代表——国民第 61 军王靖国军长进行"和平谈判"，何微随之前往采访报道。在"和谈"的一个多月里，他先后发出 40 余条消息、通讯。

回忆起这段经历，老人非常自豪，认为这段时间没有虚度。

事业的第二次历程

1959 年何微离开新华社，被调到文化部工作，1960 年初干部下放时，他被贬到陕西凤县，年底又返回北京。重新安排工作时，他眷恋着心爱的新闻事业，郑重向组织提出，希望到高校从事新闻理论的研究或教学工作。于是，1962 年他告别了京城，愉快地到西安任西北政法学院副院长，兼管新闻系工作，开始了事业上的第二次历程。

何微对新闻理论的兴趣，绝非心血来潮，一时兴起。他从事新闻理论的研究可以追溯到 1946 年，当时应当说是"被逼无奈"。抗战胜利不久，随着形势的扩大，新闻队伍在迅速扩大，刚刚加入记者行列的新人及大量通讯员的政治和业务素质亟待提高。何微作为新华社太岳分社的社长，不得不抽出大量的时间，授课辅导，并创办了《新闻通讯》刊物，担负起培养新人的任务。《爱国自卫战争军事报道研究》等论文，便是培训中产生的产品。也许正是在这一"被逼无奈"之中，他对新闻理论研究的兴趣与日俱增，最后达到了"热爱"的程度，新闻理论也就成为以后他事业上不能分离的"恋人"。

中华人民共和国成立初期，何微担任新华社北京分社社长，曾在北京大学、中国人民大学讲学，并与刘白羽、赵树理、周立波、华山等人一起在《中国青年报》新闻训练班授课，开设"新闻采访与写作"讲座。《新闻导语》《新闻体裁》《改进新闻报道的写作》等论文，均出于这个时期。

到西北政法学院上任之后，他蓄积多时的精力得以迸发，亲自主持编写新闻教材并授课，又广为延聘名教大家来政法学院讲学，全力以赴开始了新的事业。当时中央宣传部要调他去《宁夏日报》任主编，他谢绝了，"让我还是留在这个领域好好干吧！"尽管当时他担负着繁重的行政、教学任务，他仍忙里"挤"闲，"挤"出了受到多方赞誉同时也给以后带来不少麻烦的"秦中随笔"。

"秦中随笔"是何微应西安晚报社之约，以石冷的笔名在《西安晚报》副刊上发表的一组杂文，"秦中"取自杜甫诗句"秦中自古帝王州"。从1962年11月21日至1963年7月1日，共发表杂文21篇。由于这些文章有针对性和知识性，短小精悍，虚实结合，受到了读者的广泛欢迎。该专栏当时的编辑贺开秦评价说，"秦中随笔""在当时匡正时弊、活跃思想、扩大知识领域等方面起过积极的作用"。笔者有幸阅读了其中部分篇目，深为作者独到的眼光、犀利的文笔所折服，即使以今天的眼光审视，大部分杂文仍不失其现实意义。像其中的《读书种种》《新年谈志》《真正爱你的孩子吧！》《严以励志》《错在父母》等，现在读起来依然倍感亲切，发人深思。然而当时却被一些戴着"左"的眼镜及少数别有用心的人攻击为"贩卖封资修黑货"。1963年春城市开始"五反"，"左"风猛刮，阶级斗争的弦又绷紧的时候，"秦中随笔"也就不得不"闻风而停"。

但是，即使这样，"秦中随笔"的作者在史无前例的年代里也难逃厄运。何微成为牵强附会的所谓"西安三家村"（三家村的另两家为霍松林和傅庚生）的挂钟人物，"秦中随笔"也被定为"大毒草"，成了审查"西安三家村"案情的主要依据材料之一。而今说起这一切，老人只是摇摇头，叹口气说："对那个黑白颠倒的时代，有什么好说的哟！"

校园也越来越不平静了。他隐约觉察到他的研究工作可能要中断了。果然，1965年他离开了大学讲坛，离开了他心爱的新闻理论研究，到陕西省的卫生系统工作。1971年，当陕西省"革命委员会"组织决定他就任陕西日报社党委书记（当时未设社长、总编）时，他断然推辞。拖了一年多时间，当时的陕西省"革委会"主任亲自拍板，于1972年，派小车强行将他"接"到陕西日报社上任。

作为学者，他一直活跃在第一线

"文革"结束后，他很想集中精力从事新闻理论的研究工作，但当时新闻战线人才极度匮乏，不容他离开。1982年，组织上满足了他的请求，调任他为陕西省社会科学院院长，他又回到了新闻理论研究领域。他痛感年龄已经不轻，因而加倍工作，力图挽回失去的时间。他把西安地区从事新闻理论研究的人员网罗在一起，成立了新闻研究所，创办了当时全国唯一的一份新闻学术理论期刊——《新闻研究》，并亲自兼任所长、主编。正是在这一时期，他在《面向未来改革新闻教育》一文中，提出改革大学新闻专业教学中新闻基础理论、采编业务、新闻史三大块的传统设置，要求增设新闻管理学、新闻人才学、微电子新闻学等课程。同时主张要借鉴西方的新闻思想和写作方法，设立新闻比较学等。这些观点，在当时产生了很大反响。正当他踌躇满志、意欲有更大作为的时候，何微从一线退居二线。他辛苦创立的新闻研究所、《新闻研究》杂志被停办。他苦心孤诣营造的研究氛围一下子化为乌有，再次触礁。

终归有爱才惜才的地方。武汉大学多次派人登门，劝说何微南下执教。他再一次面临着艰难的抉择。西安有他的家，有他的妻女儿孙。为了终身追求的事业，他不顾家人的劝阻，以近七旬的年纪，毅然孤身南下。

1984年，何微正式到了武大，同其他同志一起创建了武大新闻研究所和新闻系，并出任所长。上任伊始，他便提出要把武大新闻系建成全国一流的新闻系。没有了复杂的人事纠纷，整日和同事、弟子探讨、争辩，他终于可以将自己的全部精力，用于总结自己的新闻实践经验、研究新闻理论了。在武大的日子里，可以说是何微学术上最辉煌的时期。他的几部重要著作《新闻科学纲要》和《中国新闻思想发展研究文集》（主编）等都是这一时期的成就。同时，他这一时期的论文数量和质量也同样令人瞩目。

1991年10月，何微离休后又回到了西安。但他并没有赋"闲"，他仍担任着中国新闻教育学会顾问、湖北省老年新闻研究会顾问、陕西省新闻学会特邀理事等职务，他还在不断地发表着学术论文。人们也常常看到他每个星期总有几天要去中共陕西省委党校给新闻班的学生授课。

人们钦佩老人的精力，也有人不解偌大年纪为什么还要如此忙碌。的确，论名气，在国内新闻界他的地位已得到公认；论生活，他是副省级待遇，同时享受政府津贴。他的生活更应当轻松一些，但他却总是说："人活着总要有点价值，总要做点事吧！"

这就是何微，一个永远不停止追求的人！

（原载《报刊之友》1996年第2期）

他用生命熔铸了一座新闻丰碑

高全仁　高彦明　刘彦章　宋正民

今年是何微先生100周年诞辰，作为门下弟子，我们深深怀念这位在战争年代叱咤风云的名记者，在和平年代气势磅礴的新闻理论家，在改革开放年代伟大的新闻教育家。先生为中国新闻事业赤胆忠心地奋斗终身，堪称鞠躬尽瘁、死而后已。他与中国人民大学的甘惜分教授、复旦大学王中教授，都是新中国新闻学的重要奠基人、桃李满天下的大师、新闻泰斗式的伟人。

何微的新闻思想与献身新闻事业的精神，永远激励后来者。

1960年我们考入西北政法学院新闻系，为能成为新中国在西北首批新闻科班学子而兴高采烈。然而，这所承袭陕北公学、延安大学红色传统的高等学府，对如何开办不同于战争年代而适合于社会主义建设时期中国国情的新闻专业，并无深刻的学术思维及理论与新闻实践相结合的长远规划。当学完马克思主义理论和一些人文社科基础课程，面临系统开设新闻专业课时，学校却因新闻专业课师资门类不全、名师匮乏而愁肠百结。1962年调任西北政法学院当副院长兼教务长的何微先生，看到这种情况，大胆摒弃办战时新闻培训班那种急用先学"游击"式教育观念，胸有成竹地重新梳理新闻学理论、中国古代新闻史、新中国新闻事业史、西方新闻史、采访写作编辑与新闻摄影等应用新闻学课程的教育体系，依照课程开设的次序、课时需要，一个萝卜一个坑地分门别类"调兵遣将"，着手组建新闻教师队伍，调来一批年富力强的中青年新闻教师，并给他们以极大的关怀和热心培养。

这时，恰逢国家三年困难时期，粮食极度匮乏，国家采取了合并院校和一些专业学生放假回乡的措施。学校有的领导根据上级"砍""并"院系，减轻国家负担的精神，主张把新闻系撤销或合并到其他学科；或降低教育标准，将四年新闻本科改为三年新闻专科制，提前送学生出校门。在新闻系何去何从的节骨眼儿，何微先生力排众议，从国家迫切需要新闻人才与为学生终身负责的大局出发，主张克服困难，将新中国在西北地区首个四年本科新闻系保证教育质量而完整办下去。他说："有庙缺神、师资不足，我想办法，请北京来一批一流的新闻教授，支援我们大西北！"何微先生除自己讲课外，赶赴北京，从中国人民大学请了三位优秀的教师来讲课：一位是后来被称为新闻泰斗的甘惜分，他讲新闻写作和新闻理论，使学生掌握了新闻基本理论和新闻写作的精髓；一位是张隆栋，研究西方传播学的著名学者，他讲西方新闻史和西方的新闻观点，扩大了学生的眼界；一位是郑兴东，后来做了教育部高校新闻学科教学指导委员会委员，他是著名的报纸编辑学专家，其专著《报纸编辑学》曾获国家教委高校优秀教材一等奖、吴玉章奖一等奖和其他多项个人奖。他们三人开设的课程，成为改革开放时期考核新闻工作者专业职称的学科标准。

名师出高徒。可以说，没有何微，就不一定能请来这些全国著名的新闻学者；没有何微和这三位学者授课，也就没有西北政法学院首届新闻系学生的科学思维、新闻理论和写作水平，就没有后来成为中国新闻战线一支崛起于黄土地的生力军。

何微先生到西北政法学院后，给新闻专业学生要讲些什么课程，开什么学术讲座，由哪位年轻教师讲哪门课程，都是他精心设计和安排的。50年来的新闻实践证明，西北政法学院首届新闻系学生总的政治思想水平和业务水平，是可以和人大、复旦同期同专业学生一较高低的。

何微先生对我们恩比天高。我们这一批学生总共79名，进校时将培养目标定在为地、县级新闻单位培养编辑记者。可是到毕业的时候，被人民日报社、新华社、红旗杂志社等中央级和省市级媒体一抢而空，其中40名分配到中央级传媒和单位；39名主要分配到省市级传媒单位。他们之中，不少后来成为卓有政绩的厅级局领导干部与著名的记者、编辑、作家、学者。

何微先生未来西北政法学院前，听说要取消新闻系，一批年轻教师惶惶不安，各找出路。何微先生来了后，措施得当，这些教师情绪迅速稳定下来。他们一边听人大三位老师的课，一边在何微主持下结合新闻实际问题开展学术讨论和研究，提高自身业务能力和授课水平。后来像桑义燐老师，他成为浙江大学新闻学院的著名教授，编写了7本新闻著作，富有真知灼见和创意。牛振武老师，后来成为新华社广东分社的领导。孙欣伟老师，成为西安外国语大学的著名教授。

何微先生在20世纪50年代初任新华社北京分社社长时，就曾给中国人民大学新闻专业学生和其他传媒讲课。除此之外，何微的教育生涯有两段：一段是1962年到1964年在西北政法学院，一段是1984年到1991年在武汉大学。他在去武大以前是陕西省社会科学院院长，1983年从院长任上离休后，1984年去武汉大学当新闻教授、新闻研究所所长，一边搞研究，著书立说，一边执鞭教书，精心撰写了《新闻科学纲要》，约30万字。他开始培养新闻研究生，并编写了一本《中国新闻思想发展研究文集》，约500万字。他从猿人时代开始研究，认为猿人不会说话，用肢体语言传达信息，这就是那个时期的新闻。山西、陕西有黄河天堑相隔，但新石器时期的两岸人却有不少相同的实用生活石器皿，这就是新闻信息传播的结果。甲骨文时期就有新闻写作，司马迁的《史记》某种意义上讲也是一部出色的通讯录。他从远古研究到当代，重点研究各个时期的新闻思想，这是其他学者还没有涉及的领域。

我们说何微是一位新闻大家，他在武汉大学给学生安排课程时有许多前瞻性的思维和做法。从教师的要求来说，不仅要有新闻专业教师，还要有人文社会科学及懂信息论、控制论、传播学等学科方面的教师。比如学理工科的以培养学生全方位地采访写作，报道工业农业、科研都是行家里手，适应经济发展和科研进步。在人们还不认识网络多功能作用的时候，他超前提出新闻微电子学，以适应未来网络时代的网络新闻，他要帮助武汉大学建成国内一流的新闻专业，要和人大、复旦比肩。

我们说他是一位新闻教育家，还表现在他立足于一个地方，却率先在粉碎"四人帮"以后办起了可以指导全国新闻工作者的新闻专业杂志——《新闻研究》。这是他在陕西日报社任"一把手"兼新闻研究所所长时办的，我们在第1期就可以看到这本杂志的分量，他代替马文瑞起草的《坚持新闻工作的党性原则》，何微还有一篇《关于报纸的性质问题》，都确切深刻地阐述了报纸的党性原则。曾任解放军政治部主任的萧华上将和后来曾任中共中央常委的宋平等人涉及新闻事业的讲话都被选录在这一期杂志里。《新闻研究》杂志气势磅礴，文章立论深刻，指明了党报在改革开放后坚持和前进的方向。这一切，出自何微魄力夺人，坚信自己的新闻学说由中国本土新闻从业实践而来、与能够经受实践验证的认识论密不可分。何微先生坚持新闻工作者在粉碎"四人帮"、全国转为以经济建设为中心的时代以后，新闻仍然要坚持的原则、方针、功能和方向的一系列论点，即使在他身后的今天，对全国新闻工作者都有现实指导与借鉴意义。

何微先生离我们而去了，但他的新闻思想和精神仍在指导和鞭策着我们前进。

何微先生用生命熔铸了一座新闻学丰碑，将会在中国当代新闻史上留存光辉的一页。

（高全仁系西北政法大学教授、原法律系党总支书记；高彦明系高级记者、原陕西日报社驻咸阳记者站站长；刘彦章系高级记者、原《陕西广播电视报》总编辑；宋正民系中共陕西省委党校教授、原红旗杂志社记者、《理论导刊》总编辑。本文完成于2016年3月10日。原载《西部学刊》2016年4月下半月刊第56页至第57页）

何微：跌宕人生见风骨

惠金义　李果　王秀贤

中国名记者、新闻教育家、理论家何微离世已17年了，他的音容笑貌在我们脑海里还是那么鲜亮。在何老百年诞辰之际，我们深深地怀念着他，重读《何微新闻思想与实践》，回顾他的生平事迹，他的形象更加高大起来，他是一个大写的人。我们作为晚辈、作为他的学生，过去对他的认识太肤浅了。

脱离阎锡山，奔向新延安

何微原名何友仁，是山西祁县人，晋商之后。地处晋中盆地的祁县，和相邻的平遥、太谷一样是晋商的发祥地。祁县最著名的晋商是乔家、渠家，何家虽没有这两家有名，但也有相当的财富。何家是一个大家族，在县城有几座大院，县志上有两座示意图，可见何老的祖辈是商业资本家。他出生于1916年，那时家道已经衰落，但父亲是位中医，生活无忧，能供他读私塾，上中学、上师范。

由于受到儒家思想的教育和新思想的熏陶，面对积贫积弱、四分五裂的中国，他少年时期忧国忧民，有了教育救国的理想。十七八岁的他，英姿勃发，有一股冲劲，太原师范不上了，回到祁县，先在县完小任教，后到一所农村小学当了校长。正当他一心一意、满腔热情、努力实现救国梦时，日本侵略者铁蹄踏进华北，摧毁了他的教育救国梦。

1936年的华北发生了大事：日军包围了北平，矛头直指山西；红军东征使阎锡山认识到红军的力量；红军向南京政府发表了停止内战，建立抗日统一战线宣言；阎锡山请来阻止红军东征的国军10个师驻在山西不走，对晋绥军造成威胁。阎锡山的面前出现了三种前途："联蒋剿共、联日灭共、联共抗日。"他用"存在"哲学比较分析，权衡利弊得失，最终选择了"联共抗日"，在当年太原"九一八事变"纪念会上，宣布成立"山西牺牲救国同盟会"，自任会长，指定由梁化之、薄一波具体负责，发展会员，组建新军，共同抗日。

西安事变以后，"山西牺牲救国同盟会"十分活跃，1937年初在祁县、太谷发展会员，组建两个"国民兵军士训练团"，培养基层军事干部。何微这时21岁，血气方刚，毅然弃笔从戎，报名参军，编入二团，拿起枪来救国。原来"友仁"的名字改成了无所畏惧的"畏"，显示了他抗日的决心。七七事变之后，"牺盟会"组建新军步伐加快了，8月1日新军总部在太原正式成立，名为山西青年抗敌决死队，他在二团办小报《广播台》，宣传抗日思想，倡导牺牲精神。

决死队，属阎锡山军队序列，为别于晋绥军，称新军。新军成分复杂，军事多为阎锡山派来的旧军官把持，对政工人员存有戒心，时而制造摩擦，因而何微对这支部队并不满意。他有位同学叫孔敏，在延安抗大宣传部工作，他俩有书信往来，孔在信中讲些延安的生活，使他十分向往。

1938年，山西抗战出现了危机。忻口会战失败，太原陷落。他的家被日军抢劫一空，父亲气病而亡，母亲早逝，年幼的妹妹被族人托付他人抚养，他居住过的马家巷何家老宅也被族人典卖于罗家，刹那间国破家亡。阎锡山看不到抗战胜利的前途，抗日的决心动摇，暗地里与日本人勾勾搭搭，失败主义的情绪在山西游荡。这年10月，他作出惊人的决定，与阎锡山决裂，到延安寻求抗日的答案。于是，他以回家探亲的名义办了一张通行证，只身孤行，跋山涉水，奔向延安。

一生为民族解放、国家富强而奋斗

到了延安，他成了一名抗大学员。在抗大这个大熔炉里，他学习生活了一年，读马列、学毛著，学军事，政治思想有了很大提高。学了《矛盾论》《实践论》，提高了认识问题，分析问题的能力；读了《论反对日本帝国主义的策略》《论持久战》，如拨云见日，认清了形势，坚定了信心，明确了任务。在这里他还实现了世界观的转变，申请加入了中国共产党，由一个热血青年，变成了共产主义者，一生为民族解放、国家富强而奋斗。

抗大毕业，他被派回山西抗日前线，组织上安排他到《黄河日报》（路东版）当记者，从此与新闻结下不解之缘。在战争年代，单位变化频繁，到抗战胜利，他经历的单位有《黄河日报》《太南日报》《人民报》《光明报》《太南导报》《晋豫日报》《太岳日报》《新华日报》（太岳版）等报社和新华社太岳分社，有时任记者、编辑，有时任编委、社长。他从不计较职位的高低、单位的大小，形势需要就干。在每个单位都能作出成绩，他写的许多报道今天成为珍贵的文史资料。

在同事眼里何微是位传奇式的人物，有几分神秘色彩。他政治上强，又有胆有识，机智勇敢，得到领导的赏识，常常布置他变换着角色完成特殊任务。抗战时，他曾以八路军联络副官的身份怀揣朱老总给友军军长写的信，顺利地到国统区办事；又以中国青年记者协会太南分会负责人的身份到新五军，与有着"东陵大盗"恶名的孙殿英军长打交道。解放战争前夕，他还能在临汾采访第14协调组谈判休息时，到街道转悠，甩掉两名跟踪的特务，完成了陈赓布置的采访任务。

他勇于担当，在顺风顺水的情况下能够尽职尽责作出成绩，在逆境中也不消极对抗。1959年他被下放到陕西凤县唐藏村，可以说是一落千丈。他有冤屈，但情绪并不沮丧。像唐代的韩愈、柳宗元，宋代的范仲淹、欧阳修、滕子京一样，宠辱皆忘；进亦忧，退亦忧，想着国家，想着人民。他与农民兄弟打成一片，同吃同住同劳动，很快取得了唐藏村人的信任。他与生产队队长一起带领村民修地造田，改变生产条件，给农民讲政策、教文化，农民的精神面貌大变，两年下来有吃有穿。双石铺公社党委也认可了他的实绩，评他为"红旗手"。

何老一生办过不少大事，有过许多光荣的经历，从不夸耀。他在战争年代写过不少英雄人物，有的被新华社通报表扬。但他在西北政法学院给新闻系学生讲英雄人物写作时，举了许多篇章，没有一篇是他自己的。解放太原时，他在前线采访，突然接到命令，攻下太原后三天就要出报。接到任务，他和同伴跟随攻城部队前进，太原城被解放军一占领，就接收一所旧报社，在党组织领导下，依靠工人，争分夺秒，修复旧机器，整顿秩序，组织稿件，到第三天，第一张《山西日报》诞生了。

他任新华社山西分社第一任社长，兼《山西日报》副社长，做了不少开创性的工作。1954年冬，他担任新华社华北总分社副社长兼北京分社社长时，作为中国新闻代表团的一员到苏联塔斯社学习考察三个月，回来写了五篇介绍塔斯社的文章，在新闻界产生了很大影响。

何老眼光远大，多谋善断，有预见性。20世纪60年代初，西北政法学院办有新闻系，但学生到大二时，因经济困难，又缺乏教师，上级部门提出停办的决断。时任副院长兼教务长的他提出了不同意见，他说国家新闻人才奇缺，不能遇到暂时困难，就半途而废，并力陈能够办好的种种理由。上级最终采纳了他的意见。他为了保证教学质量费尽了心，凭着他的威望，把青年教师送到名校进修，又从名校请来著名教授讲课，使这届79名学生按时保质完成了学业。正如他预见的那样，1964年国家主流媒体非常需要新鲜血液，这批学生大多数分配到中央、省级新闻单位及党政宣传部门，解了燃眉之急，后来这些学生多数成了所在单位的骨干。1974年至1982年，他任《陕西日报》党委书记兼总编辑，8年期间，极其重视提高记者队伍的理论素质，倡导开展业务研究，创办了新闻研究所，出版《新闻研究》学术季刊，这在省报界是开先河之举。

进入老年，何老仍然奋斗不止，攀登新闻理论高峰的勇气，更是值得晚辈敬佩。新闻是他一生热爱的事业，但作为一门学科比较年轻，20世纪八九十年代，还不被学界承认；有的人认为"新闻无学"，反对给记者评职称。何老却认为这些人对新闻不了解或是有成见，同时也反映出新闻战线理论研究薄弱，他要在这方面带个头。

1984年，他从陕西省社会科学院院长的岗位上离休后，欣然接受武汉大学校长刘道玉的邀请，到武汉大学任教授，创办起新闻研究所，并任所长。他一方面亲自带研究生，培养新闻理论人才；另一方面承担新闻课题研究。他的课题是顶级课题，叫新闻科学大纲，没有丰富的新闻实践经验和坚实的理论功底是不敢触碰这样高难度的题目的。他经过8年的拼搏，呕心沥血，终于拿了下来，撰写出30多万字的《新闻科学纲要》，论述了新闻学的范畴、原理、规律、体系等，是一部马列主义新闻观的著作。还编撰了500多万字的《中国新闻思想发展研究文集》和20多万字的专论，填补了我国新闻理论方面的空白。他晚年做出这么大成就，实属罕见。刘道玉写诗赞扬他："老当益壮""德劭业伟"。这不是溢美之词，是他一生的真实写照。作为晚辈、学生，我们应永远怀念他，继承他的美德，发扬他的精神。

（作者惠金义、李果工作单位：新华社山西分社，王秀贤工作单位：山西省广播电视台。本文原载《中国记者》2016 年第 10 期）

向何微先生学习做学问

张昆

"何微新闻奖"新闻传播学科研究生论坛已经连续举办了三届，在国内新闻教育界产生了很大的反响。今年 10 月下旬，第三届"何微新闻奖"新闻传播学科研究生论坛在西安隆重举行。原来我计划应邀参加这次论坛，但是由于国务院学位委员会新闻传播学科评议组的年度工作会议同一天在重庆举行，这个会议不能请假，所以只好爽约。论坛顺利结束后，论坛的举办方西北政法大学新闻与传播学院循例拟将获奖论文结集出版，院长孙江教授嘱托我为论文集作序。我知道以我的资历，远不够给他人文集作序的水平。但我还是欣然答应了。

这是因为我与何微先生交往的一段经历。既然是"何微新闻奖"研究生论坛获奖文集，作为何微先生的学生，我为这本文集作序还是有资格的。我最初认识何微先生，是在 1986 年 7 月。当时我刚从中国人民大学研究生毕业，分配至武汉大学新闻系任教。早就听说刘道玉校长为办新闻教育，从西安调来了老报人、著名的新闻学者何微先生，担任武汉大学新闻学研究所所长。初来乍到，我自然要拜访各位领导。在一个青年教师的带领下，我们来到了位于北三区资深教授住宅楼。先生住在三楼，一套大的三居室。一个老人打开大门迎我们进屋，他身材不高，面目清癯，精神抖擞，和蔼可亲，一副典型的学者模样。他就是我们要拜访的主人。我真不敢相信他就是大名鼎鼎的何微教授。一个从延安走来，经过战火洗礼的老报人，在我们的印象中，似乎应该更为高大伟岸，怎么也难与眼前这位忠厚老者联系起来。

先生招待客人的方式很特别。当时天气相当热，我们进门时已经是大汗淋漓。他让我们坐下后，拿出一瓶啤酒，每人斟满一大杯。"权且以酒当茶，欢迎各位！"我们之间的交往就此开始了。从此直到 1990 年，我隔三岔五地往先生家里跑，多半是一个人去，一聊就是两三个小时。我们谈新闻史，谈新闻界的人物，谈当前新闻理论研究的动态，谈新闻教育的基本理念，一谈就没有个完。先生总是那么热心，总是有那么多新的东西，在访谈的同时也愿意做一个听众。有时谈着谈着连饭也忘记做。这时我才觉得该离开了，该让他休息了。

先生是一个十分爱护青年的老者，特别是对于一些爱动脑筋、思考新问题的青年人，他总会给予鼓励。记得在1986年冬，武汉大学新闻系和新闻研究所联合举办了一次高规格的新闻理论研讨会。我在会上发表了一篇论文《宣传过程中的逆反心理》，文中强调了受众的地位，引起了与会专家的注意。其中有一个德高望重的教授表示不同意我的观点。但是先生在仔细阅读了拙作之后，公开地肯定了这篇文章的价值，他还建议把它拿到学术期刊上发表。先生的肯定，增强了我的自信。随后，这篇文章果然在中国社会科学院新闻研究所主办的《新闻学刊》上公开发表了，其论点被人们多处引用。

我从此走上了新闻学术研究的道路。1988年，我在武汉大学申请了一个科研项目"新闻受众研究"。在项目进行的过程中，先生给予了我不少的启发。他建议把重点放在受众心理研究方面，要注重吸收心理学特别是社会心理学的研究成果。他还提出逆反心理固然值得重视，但传播过程中的从众心理更应该引起新闻学者的注意。先生谈起社会心理学时，眉飞色舞，十分兴奋。先生的观点，引发了我的联想。我之所以能完成这个课题，实在是离不开先生的鼓励。

在我的印象中，先生还是一个开放的学者。他有自己的专长，长期以来，他一直研究新闻理论、新闻思想史，有不少论著传世；在法学、古文字学方面，也有较深的造诣。但是他对于科学的新发展，对于学科的前沿，对于学术界的热门话题，对于新闻传播界的业务改革，也十分地关注。他是一个名副其实的博学者。任何人，不管他的知识背景如何，都可以找到共同语言与他交流。不只是我，其他的一些朋友，也有这样的感觉。不过，先生在晚年主要的精力还是集中于中国新闻思想史研究。他有一个宏愿，希望在有生之年完成一部中国新闻思想通史。为此，他花费了巨大的精力，从浩如烟海的历史资料中，去粗取精，去伪存真，编成了一部500多万字史料著作。这一拓荒的建设性工作，为后人的同类研究打下了坚实的基础。

先生严谨的治学态度，也为我们后辈树立了榜样。他经常说，做学问，写文章，是一件十分严肃的事情，要经得起历史的考验。对当时学术界功利、浮躁的倾向，他大不以为然。他身体力行，以身作则。在新闻思想史研究方面，涉及许多古文献，从甲骨文、钟鼎铭文到竹简，有时为了一个复杂的字，他不耻下问，反复鉴别考证，要花上好几天的时间。我经常看到先生拿着放大镜，对着线装书、拓片沉思的情形，他身边的工作人员至今仍不时提到这样的例子。先生的言传身教，影响了新闻系年青的一代。武汉大学新闻与传播学院能有今天的局面，先生功不可没。

先生来武汉之前，本是国家的高级干部，享受副部级待遇。在武汉大学的几年，已逾古稀。由于夫人没有随调武汉，先生只身度日。虽然在身边有众多的学生和青年教师，但是毕竟不是先生的家庭成员。人到老年，本应儿孙满堂，享天伦之乐。可是为了事业，先生毅然放弃了家庭，放弃了优厚的高官待遇。先生的生活十分俭朴，从他平时桌上的饭菜，根本看不出他是一个高级干部、知名教授。艰苦、单调的生活，对于常人无法忍受的寂寞，丝毫没有影响到先生对于新闻教育、新闻学术的执着。他对工作、对学生倾注了满腔的热情，对同志表现出了春天般的温暖。在他的身上，集中体现了一个淡泊名利的学者、一个高风亮节的党员、一个诲人不倦的师长、一个宽容厚道的老人所应该具备的全部品质。

1991年9月，我自日本访学归来时，先生已经离休回到了西安。从此，我们见面的机会少了。1993年、1995年，先生在新闻学系建系十周年、新闻学院成立时，曾两度回到学校。我当时的印象，先生还是那么精神、那么健谈、那么乐观。一次我们在珞珈山盘山公路上散步时，他行进的速度叫青年人自叹弗如。打那以后，我们只有书信往来，有时节假日，还是我们先收到他的贺卡。先生的心中始终有我们的位置，我们也无时不在挂念着先生。

我没有也不敢设想先生会离开我们。但是，1999年清明节后，我最不愿意见到的事情发生了。先生终于放下了他的事业、放下了他未完成的书稿，先我们而去了。"泪飞顿作倾盆雨"，我们惊呆了！他的同事、他在武汉的学生，无不悲痛伤感。当时我还在武汉大学新闻学院院长任上，代表学院全体师生来到西安，送了先生最后一程。

今天想来，先生离开我们已经整整20年了。在这个时刻为这本文集作序，我一方面感到伤感，另一方面也感到欣慰。先生虽然离开了我们，但是先生所创立的事业如今已经后人发扬光大，先生栽培的学生早已成为国家的栋梁，尤其是先生早年创办新闻教育的西北政法大学，其新闻与传播学院已然成为西北新闻传播教育的重镇，他亲自参与建设的武汉大学新闻与传播学院更是成为国内新闻传播教育的生力军。我想这些成就应该可以告慰何微先生的在天之灵吧。

这本文集收录的都是优秀学生的获奖论文，而在何微先生一生中，他最愿意、最喜欢与之交往的就是学生。这些学生及其作品在激烈的竞争中，脱颖而出，得到了专家的青睐，说明他们在选题、立论、论证及写作诸方面达到了一定的水准。西北大学新闻与传播学院专门结集出版，就是对他们的褒奖和激励。如果这些学生们立志学术，这便是他们骄傲的起点。好的开头是成功的一半，但是也有古训告诫我们，行百里者半九十。要想在学术上取得成功，我们还得学习何微先生。

我们要学习何微先生高度的社会责任感，对祖国无限忠诚，对人民满腔热忱，对新闻事业无比热爱，这种意识品质成为他毕生工作的精神动力；学习何微先生热爱真理、追求至善的精神，为了追求真理，可以放弃其他一切；学习何微先生包容、开放的胸怀，作为一个领导者，何微先生大海般的胸怀，能够容纳不同意见、不同立场的人在一起工作，即便真理在握，也会尊重反对的意见、尊重少数的意见；学习何微先生与时俱进，以今日之我非昨日之我的勇气，早在 20 世纪 80 年代，当新的传播技术方兴未艾，传媒格局即将面临转型的时候，何微先生就敏锐感受到了这一历史性的机遇，提出对未来新闻学的思考，其学术思维的前瞻性，令晚辈后学赞叹；学习何微先生严谨求实的学风，晚年的何微先生致力于中国新闻传播思想史的研究，他的基本思路从资料整理开始，先甄别、考订、汇集大量第一手的原始文献，从甲骨文时代直到晚清，洋洋五百万言的翔实资料，奠定了新闻传播思想史研究的基础。他主张论从史出，反对随风倒，不讲没有根据的话，一切结论要经得起历史事实的考验。

怎样做学者？做一个什么样的学者？何微先生就是我们的榜样。

人生半百，我有幸曾经与何微先生同事，先生的言传身教，让我终身受益，至今难忘。今天就着这本文集，回忆与先生有关的往事，发表一些人生感慨。相信对后生学子会不无启示。

是为序。

2019 年 11 月 19 日于武汉喻园

（作者张昆系华中科技大学学术委员会副主任、教授、博士导师，国务院学位委员会第六、七届新闻传播学科评议组成员，《中国新闻传播教育年鉴》编委会主任。本文系作者为第三届"何微新闻奖"新闻传播学科研究生论坛获奖论文集所写的序，原载《何微新闻奖优秀论文》第三辑，孙江主编，罗朋、郭淼副主编，中国国际广播出版社 2020 年 9 月出版）

为人民卫生事业忘我工作的好干部
——缅怀我们的良师益友何微同志
刘志文　白武刚　毛建玉

今年 4 月 6 日是中国共产党优秀党员、著名报人、新闻理论家、新闻教育家，享受国务院特殊津贴的专家、教授，享受副省级待遇的离休干部何微同志逝世一周年的忌日。

何微同志是无产阶级先锋队中一名永无止境的探求者、捍卫真理的坚强战士。20世纪70年代，他曾在当时的陕西省"革命委员会"卫生局工作，我们几位曾在他领导下工作过。他确实是我们的良师益友，对我们的思想、为人、工作水平有着深刻而广泛的影响。

（一）坚持真理，刚正不阿

在中华民族面临亡国的危难时刻，何微同志作为中国好儿男，为祖国的存亡、人民的解放奉献出自己的青春。在和平建设时期，他以中国共产党人特有的无私无畏精神，坚持真理，捍卫真理，同形形色色的不正确思想、路线作斗争，并因此受到打击迫害也不顾，仍然以旺盛的革命斗志为民族的强盛、祖国的繁荣富强努力拼搏，坚持马克思主义的理想和信念不动摇。

1965年他被调入陕西省人民医院做领导工作，为医疗卫生事业作出了贡献。1970年，他到省卫生局工作，组织分配他主管政策研究、文秘、计划财务工作。当时，省局的主要负责同志杨仑、军代表邓立业同志对其非常信任，器重他的才思。由于林彪、"四人帮"对卫生战线的严重破坏，医疗单位处于瘫痪状态，医疗秩序混乱，医疗差错事故时有发生，医疗质量严重下降，群众就医难、住院难。对此，群众反映强烈。面对人民群众生、老、病、死的大事，他毫不犹豫地带领我们对当时全省各级医院的状况进行调查研究。在调查中，他针对大部分医疗技术骨干不能上岗为患者诊病、治疗，而让护士当医生的状况，气愤地说："这绝不是毛主席的革命路线，而是胡闹！"在他的主持下，我们起草了《整顿医疗秩序，改善服务，提高医疗质量的意见》，请示局党组报告上级批准，在1972年召开了"全省医院工作座谈会"。会议明确提出了：落实政策，解放仍在"牛棚"的知识分子，发挥其技术专长，让他们回原岗位工作。不许搞"护士当医生"。取消当时各级医院实行的班、排、连建制，实行党支部（总支）领导下的科主任负责制，建立各级医师责任制。此次会议后，全省县及县以上医院的医疗秩序明显好转，医疗质量显著提高。何微同志这种实事求是、敢顶逆风而进、捍卫真理的精神，至今影响着我们。

（二）热爱中医药，促进其发展

何微同志到省卫生局工作的那年，适逢我们几位按局党组的决定在草拟《陕西省卫生事业发展规划》（以下简称《规划》）。刚到单位，局主要负责同志就指定他抓这一规划的起草工作。这次一起工作，是他成为我们的良师益友的开端。在研究《规划》提纲前，他翻阅了历年的卫生事业统计资料，到省、地（市）、县、乡的各类医疗卫生单位进行了实地考察，从宏观与微观角度对陕西的医疗卫生状况进行了研究。在此基础上，他仍然耐心听取我们每个人关于《规划》提纲的意见。最后他遵循一切从实际出发的原则，弘扬中华文化的思想，提出《规划》的重点应是：发展中医中药事业，发展县及县以下农村医疗卫生事业。在这两项原则的指导下，《规划》明确提出了落实中医政策，建立中医中药研究基地——陕西省中医药研究院，做好中医中药的继承、挖掘、整顿、提高工作；办好现有的中医医院，将已撤的中医机构予以恢复分设。《规划》中对中医教育机构的充实、加强与发展提出了明确目标：充实加强陕西中医学院，使其成为中医中药高级人才的培训基地；继续办好宝鸡、渭南两所中医学校，在地（市）中等卫生学校设立中医、中药专业，培养实用型中医药人才；提倡西医学习中医等。这个《规划》对陕西的卫生事业、中医药事业的发展产生了深远影响。

在中药的资源开发方面，他倾注了不少心血，每次下乡，他都要实地察看当地中草药资源保护与人工种植情况，并将存在和需要解决的问题及时告诉局有关处和省药材公司。1971年省镇坪中药材养殖基地，人工养獐取麝（香）获得成功，改变了过去要获麝香就必须猎杀獐子取麝的办法。他不远千里，不顾山间道路难行，亲赴镇坪基地察看，并就此写了《人工养獐取麝获得成功》的简报，当时任陕西省委书记的李瑞山同志在简报上批示：很好，要做好巩固发展养獐取麝这项工作。这件事说明他不仅重视解决中药材的短缺问题，同时他是一个生态环境的护卫者。

在日常工作中，只要涉及中医中药问题，他就毫不犹豫地说：关系弘扬民族文化的大事，一定要解决好。由此，可以看出他对中华民族、中华文化、中医中药的挚爱。

（三）顶压力，抓保健

在"史无前例"的年代，我国已有的干部保健制度、干部保健门诊、干部病房，被林彪、"四人帮"判为所谓"修正主义路线""老爷卫生部"的黑货。当时，卫生部门的确是"高压线"危险区，谁都不愿管的部门。但何微同志到省卫生局工作后，主动请示分管这项工作。在他的主持下，省级几所医院很快恢复了干部保健门诊与病房，省内各地市亦效法省里的做法恢复了老干部保健制度。这项工作深受在陕工作的老干部的欢迎与好评，但亦遭到林彪、"四人帮"骨干分子的猛烈攻击。记得因为安排了西北局、省委、省政府正在受"审查"的领导干部住进了干部病房治病，而招来了"造反头头"们不断找麻烦，无理要求将这些已住院的老干部逐出医院，并责令当时的在任省委主要领导追查省局的政治路线问题。面对这样巨大的压力与斗争，何微同志以"救死扶伤"为国际惯例，正在接受审查的老干部的问题，组织未作出结论前，按人民内部矛盾处理为由，硬是顶了过去。由此我们可以看出何微同志关心他人比关心自己为重的品德，可以说明他对林彪、"四人帮"倒行逆施的不满并作坚决斗争，可以看出他深厚的马列主义、毛泽东思想理论功底及洞察事物的高超能力。

何微同志离我们而去了，但他的优秀品质和作风及他无私无畏、坚持原则、实事求是、忘我工作的革命精神对我们的影响是深远的，是值得永远学习的。

（本文原载《何微新闻思想与实践》第 130 页至第 133 页，车英主编，武汉大学出版社 2001 年 8 月出版）

生命不息　战斗不止
——记何微在陕西省社会科学院工作片段
高有智

岁月催人老，时间不留情。何微院长离开我们已一年多了，我为又失去一位难得的良师益友而深感不安和痛惜！1981 年 11 月，何老在年逾花甲之际遵照中共陕西省委的决定，从新闻工作领导岗位调做社会科学研究的领导工作，出任中共陕西省社会科学院委员会副书记兼副院长；次年 5 月，任陕西省社会科学院院长，直到 1984 年初改任陕西省社会科学院顾问。在这两年多的时间里，我有幸在他身边并在他直接领导下工作。之后，无论他在武汉大学执教笔耕的 8 年中，还是在 8 年后他又返回陕西省社会科学院的岁月里，我们之间的联系一如既往，十分密切。他仍不时给我以谆谆教诲，多方关怀，热忱帮助，往事历历在目，我一直铭记在心。今天，何老虽然离去了，但他为事业高度负责、孜孜不倦、奋斗不止的精神，求真务实的学风，育才育德的风范，平易近人的作风，清正廉洁的品德，丰硕累累的成果，永远留在人间。

在陕西省社会科学院担任主要领导职务两年多的时间里，他和院党委一班人为了把我院办成全省哲学社会科学研究的中心，开创社会科学研究的新局面，呕心沥血，顽强拼搏，做了大量开创性的奠基性的工作，为陕西省社会科学院的成长和发展，作出了重要贡献。

（一）

1981 年何老到院之际，是陕西省社会科学院恢复建院的第三个年头，院里正在研究制订 1982 年工作计划和"六五"规划。他谦逊地说，办社科院我是个新兵，没有经验，得从头学起，向同志们学，到实践中学。经过一段工作后，他指出，办任何事情都要把方向搞对，把指导思想搞明确，这是普遍规律，办社科院也不例外。

为了明确办院方向和办院指导思想，他深入各所（室）调查，召开座谈会听取意见，集思广益。院里的同志对以前的工作有意见，请他表态。但他从不评头品足，对存在的困难和问题从不怨天尤人，他教育和启发大家从过去的实践中总结经验，向前看，正确对待存在的问题，并采取积极的措施予以解决。他常告诫身边的工作人员，不论是谁，只要他工作肯干，出了问题不要动不动就指责，说人家不如自己，这样容易伤和气，不利于调动积极性。

经过广泛调查研究和 1982 年西北五省（区）社会科学院院长座谈会的交流，他首先肯定，恢复建院以来，院党委"打基础，创条件，积蓄力量"的工作思路是符合实际的，也是必须首先抓好的工作；办院方向和指导思想也是对头的。当然也要在过去工作的基础上进一步去完善。

根据他多次讲话、谈话精神和提出的工作思路，何老的办院指导思想，概括起来有以下几点。

1. 坚持以马克思主义、毛泽东思想为指导，坚持坚定正确的政治方向，努力把我院办成全省哲学社会科学研究的中心，为全省"两个文明建设"服务。他经常这样讲：我们研究的是马克思主义社会科学，为了保证科研工作的正确方向，就必须以马克思主义为指导，同党中央保持一致，同党的路线保持一致。只有这样，我们的研究工作才会有所作为。他要求科研工作者，不论研究哪一门学科，都要重视理论学习，努力钻研专业知识。

2. 坚持理论联系实际，注重调查研究，在理论和实践的结合上下功夫，努力探讨改革开放和社会主义现代化建设中的重大理论问题和实际问题，"对人类的好经验新知识提到理论高度作出总结"，去指导人们的实践活动。

3. 贯彻"双百"方针，鼓励创新，"要搞出有我们自己特色的东西（指科研成果）"，这些东西要有科学性、系统性、适用性。要发扬学术民主，对学术问题要广开言路、求实求真。

4. 立足本省，面向全国，突出地方特色。"要紧紧扣住我省现实的、历史的特点，保证科研有陕西的地方特色，研究陕西，服务于陕西。"在研究陕西的同时，也要注意同全国的联系和省际协作，寻求可借鉴的经验，吸收新的理论观点，使自己得到充实和提高。

5. 保证重点，坚持不懈。1982—1983 年，院里相继确定了一批研究课题，其中有一批重点课题。他说，完成重点课题的研究，是全院的奋斗目标，"不是短期内三五个月的任务，而是三五年、十年、八年的奋斗目标，要坚持不懈地抓下去。要有决心，首先是领导要下决心保证重点，各方面的工作要保证重点，人力物力要保证重点，直到出成果"。

6. 要有超前意识，进行超前研究。"事物在不断运动、变化、发展之中，理论研究要善于掌握规律，进行超前性、预见性的研究，去指导实际工作。"他经常提醒大家，搞科研要把眼光放远放大一点，对看准了的课题要早下手，不能等待，如果等待，就什么也拿不出，还谈什么理论指导实践，我们早被实际抛在后边，再赶就更吃力了。

7. 坚持"三个为主"，处理好"三个关系"。在确定研究任务和选题时，他主张地方社科院应坚持"三个为主"，正确处理"三个关系"，即既要加强基础理论研究，又要重视应用研究，以应用研究为主；既要重视提高，又要根据实际需要，适当开展社会科学的普及工作，以提高为主；既要探讨现实中的新情况、新问题，又要根据本省的历史地位和特点，发掘和研究古代文化与革命历史，以研究现实问题为主。1982—1983 年就是按照这个基本思路确定科研课题的。经过大家的共同努力，陆续出了一批可喜成果。在近几年出的一批颇有影响的科研成果中，有不少是当时确定的研究任务或当时正在研究的课题。

8. 以科研为中心，全院各项工作都要服从和服务于科研，保证科研这个中心。何老和院党委一班人通过总结建院以来的工作，认为恢复建院的头两年，主要抓了基础设施、后勤保障和组织队伍等工作，到 1981 年底转移工作重心的条件也基本具备了，院党委作出了"把全院工作重心转移到以科研为中心的轨道上来的决定"，何老表示完全赞同，并积极组织实施。他多次强调说："从思想上、领导上和工作上，转到以科研为中心，是符合科研单位自身发展的客观规律的，必须这么办。"为此，1982 年以来，院里采取了一系列措施，如精简会议、建章立制、院领导带头抓科研搞科研等办法来保证科研这个中心，成效是显著的。

（二）

注意发现和培养人才，加强所（室）领导班子建设和科研、管理两支队伍建设，一直是院党委舍得花气力抓的大事。何老说，打仗要有精兵强将，搞科研没有好领头、好队伍同样不能取胜。针对当时中层班子不健全、队伍参差不齐、知识分子政策落得不实等问题，院党委采取多种办法，通过多种途径，逐一加以解决。

对中层班子，主要抓了思想建设和组织建设，先后搞了几个月时间。这项工作院党委决定由何老具体抓，解决以下两个突出问题。

1. 解决少数所（室）不协调的问题。他深入实际，摸清情况，实事求是、客观公正地看待存在的问题及其产生的原因。在一次中层干部会上，他明确指出："少数所（室）存在的问题主要是不协调、不融洽，甚至有不信任感，其原因主要是由于领导方法不恰当，领导作风不够深入，没有把工作做到家造成的。当然也有认识问题，但不是主要的，没有发现有什么原则问题上的分歧。"对存在的问题，他从不乱点名，乱批评，乱指责，也不疏远任何人，而是主动找上门一起学习有关文件，互相谈心，启发引导大家从"增强团结，搞好工作的愿望出发，开展批评与自我批评，总结经验教训"，这样就把"要说的话讲出来了，误会消除了，人与人之间的关系贴近了"。

2. 从组织上健全和加强所（室）领导班子，改变多数所室是临时负责人的状况。对这种状况，当时大家普遍有意见，不满意，有各种各样的看法。对这个问题，他有明确的认识、正确的态度，"我们多数所（室）领导是临时负责人，这不是院党委单方面能解决的问题（当时处级领导干部的任命权在省委宣传部——笔者注），这有它的客观原因和历史原因，但临时负责太久了，对工作是不利的，这次下决心解决这个问题"。1982年初，院党委征得省委宣传部的同意，着手进行中层班子组织建设的组织准备和思想准备工作。

之后不久，省委宣传部派员专门抓，院党委指定专人协助抓。在广泛听取意见、民主推荐的基础上，"上下结合，对原有的临时负责人和群众推荐的人选考察了几个月，证明原来的临时负责人多数是好的，同时也发现了一些人才"。院党委经过反复研究，提出具体建议，到1983年上半年，省委宣传部分批任命了各所、室、处的领导成员，使"临时负责"的状况得到了彻底改变，各部门有了健全的领导班子，科研和行政管理工作有了新的起色。

搞科研，既要有科研人才，也要有管理人才，两方面的人才缺一不可。没有科研人才出成果就等于说空话，没有为科研服务的管理人才又直接影响着科研任务的完成。这是院党委多次讨论后取得的共识。因此，何老提出，办社科院要抓好科研和管理这两支队伍建设，标准就是德才兼备，思想政治素质高，业务能力强，有高度的责任心和强烈的事业心。由于恢复建院初期从四面八方、不同岗位上调进了一大批科研和管理人员，对新的工作、新的岗位都有一个适应的过程，特别是随着形势的发展，有许多新情况、新问题，需要我们去研究和回答。因此，必须抓紧做好对现有人员的培养提高工作。

关于培养的办法和途径，他提出以下意见。

1. 坚持自学。个人要有自学提高规划，组织上要及时检查和考核。院里举办外语班，外语基础差的都要参加学习。

2. 外出进修。要拿出点经费，每年选送 5 人到院外去进修一段时间。个人也可以联系，但要经组织批准。

3. 学术研讨。每年组织两三次小型的学术研讨会，每次按重点课题进行研讨，既自己讲，也请院外的专家讲，集思广益，共同提高。

4. 传帮带。基础好、研究水平高、工作能力强的同志要当导师，带徒弟。新进院的大学生先做资料工作，学会做资料工作后再上研究岗位，表现突出的还可送出攻读硕士、博士学位，为了使其能回得来还要有一些制约措施。对知名专家要配助手，应首先给刘老（刘端芬，原院党委书记兼院长，著名教育家、理论家）把助手配上。

建院初期，有不少科研人员夫妻两地分居，还有的背着一些"历史遗留问题"的思想包袱。他根据院党委的决定，组织专人负责落实知识分子政策，解决知识分子中夫妻两地分居和一些学科带头人的住房问题，一些应纠正的历史遗留问题也分别得到了解决，使之放下包袱，解除了后顾之忧，安心工作。

经过那时培养的一批科研人员，以后逐步成长为学科带头人和有突出贡献的专家。同时还向院外输送了人才，走上了重要的领导岗位。他们都为社会科学研究工作和现代化建设作出了显著贡献。

（三）

加强学科建设，优化学科结构，以适应新形势的需要，这是何老到院后和党委一班人精心抓的又一项具有战略意义的工作。

陕西社会科学院和其他地方社会科学院一样，是在计划经济时期恢复的，办院思路和研究机构的设置等方面，自然是按照计划经济的需要和中华人民共和国成立后的传统模式确定的。在他任职期间，文、史、哲、经方面的研究机构共设置了六个，有文学研究所、历史研究所、党史研究室（1983 年改为近现代史研究所）等。新学科只有一个，即人口理论研究室。随着社会主义现代化建设事业的不断发展，改革开放中的新情况、新问题不时出现，新兴学科、边缘学科和交叉学科应运而生，应用理论研究显得十分必要，法学、社会学等被人们一度忽视的学科在不少省、市社科院得到了加强。而我院的学科设置还没有大的变化，院党委深感不适应现代化建设的需要。

因此，院党委把调整学科设置、优化学科结构列为重要议程，从 1982 年起就认真抓了起来，一步一步地组织实施。这次加强学科建设、调整学科结构，院党委的总体思路是：加强和发展直接为两个文明建设服务、具有陕西地方特色与特点、本院具有优势或短期经过努力能够见效的学科。1983 年决定成立科学社会主义研究所（含法学、人才学、行政学等）和情报研究所。在讨论组建科学社会主义研究所时，老书记刘端芬提出，未来的社会，是法治社会，应专门成立一个研究机构。何老首先表示赞同。不几天，他把西北政法学院老院长王云请到院里商讨组建法学研究所的具体事宜，王老表示大力支持。后来中央有关部门的领导还来院做过考察，认为这是"有远见的举措"，希望陕西尽快组织法学研究机构，同西北政法学院一起研究法学问题。院党委把成立法学研究所的报告呈送省委宣传部后，很快得到了批准。同时，还根据团中央一领导同志的提议，拟把共青团陕西省委的青少年研究所划归我院领导。在制定我院"六五"规划时，还提出成立新闻研究所，在经济、历史研究所的基础上，分设旅游经济研究所和宗教研究所，在"七五"期间成立出版社。这些方案和设想，无论在当时还是以后的事实证明都是正确的，足见老一辈革命家的远见卓识。如能早日实现，我院在理论界的地位和发挥的作用无疑会更大一些；否则就会造成损失，后来的事实已经作出了回答。

1983 年 4 月，中共陕西省委决定把陕西日报社所属的新闻研究所和团省委所属的青少年研究所划归省社会科学院领导。院党委及时作出具体部署，新闻研究所的工作"由何微同志负责"。他为能使这个所的研究工作尽快开展起来，多方筹划，日夜操劳，连给省委宣传部报送的《关于新闻研究所几个问题的请示报告》也是经他同有关方面协商后亲自起草并提交院党委审定的。

省委宣传部很重视和支持院党委和何老的意见，并作出了明确的批示："同意新闻研究所以研究新闻理论和应用理论为主要任务，以及报告中提出的五项内容；同意继续办好《新闻研究》季刊和创办《新闻动态》；同意新闻研究所的机构设置和人员调配意见……"

令人遗憾的是后来由于院领导班子的变动，认识上的差异和其他诸多原因，此事在我院未能实现，省委的决定没有得到落实。但又令人敬仰的是我们尊敬的老院长没有因此而放松自己所追求的事业，他在古稀之年毅然南下，去武汉大学开辟新天地，通过顽强战斗，不断探索，取得了令人瞩目的成就。

古稀老人在武汉大学笔耕执教 8 年后，年近八旬的何老返回我院离职休养，但他离而不休，壮志不减，不顾年迈体弱多病，仍然伏案疾书，继续为新闻事业和社会科学研究工作无私地奉献他毕生的心血，热情地关心支持社会科学院的工作，直至他生命的最后一刻。

何老在我院工作虽只两年多，但他为我院付出的心血和所作的贡献远不止这些，我在这里仅仅记述了几个片段和侧面，以表达我对他无限的怀念之情！

2000 年 8 月于西安

（本文原载《何微新闻思想与实践》第 138 页至第 146 页，车英主编，武汉大学出版社 2001 年 8 月出版）

点滴光阴　温馨回忆
——何微教授与弟子相处二三事

邱江波

1987 年夏天一个偶然机会，我在西北一所高校的讲堂上聆听何微教授讲课。

教授一眼看上去仙风道骨、面容慈祥，两眼闪烁着睿智的目光。课后交流时发现，何教授关于新闻学研究的视角和思想，明显不同于当时国内流行的无产阶级新闻学和西方传播学体系，而是立足于五千年中华文化土壤和思想积淀，探寻现代法治国家新闻舆论的管控。运用这些方法，在中国新闻界发生着巨大变革的那个时期，很容易找到问题的根结，也更容易找到解决方案。于是，我决定报考何微教授的研究生。

第二年，我果真被武汉大学录取为何微教授的硕士研究生。

不像眼下的大学教授，一次能招收 10 多个乃至 20 个研究生。当年，何微教授门下，包括一名委托培养的师兄在内，也只招了 3 名研究生。我们三师兄弟研究方向各不相同。我最小，却被分配研究中国古代的新闻思想发展阶段，两名师兄则分别负责研究近代和当代部分。按照课程安排，我们除了到新闻系和其他学院上诸如外语、二外、政治等公共课和选修课外，每周只需要到教授家上课一次，汇报学习进度、探讨研究方向、补充参考文献目录、调整论文选题等。

一开始，我和许多人一样，被表层概念迷惑，并不完全理解中国古代新闻思想的提法。但经过一年多深入研究，我渐渐改变了看法。导师为我们几个研究生划定的，是一个严谨学术范畴，有别于通俗语义。中国古代新闻思想，不是从狭义的现代新闻实践产生的理论，而是一个广义学术范畴，它立足于中国整个历史长河，涵盖人类所有的舆论（言论）现象，对影响到现当代的舆论传统和思想探本溯源，这样的研究方法，更能看清舆论（言论）现象和言论制度在人类历史上发展的源流。在中国古代，舆论（言论）现象和言论制度不仅客观存在，甚至还曾一度达到高度繁荣。导师严谨的学风，不仅纠正了弟子们在学术研究上的思想方法偏差，也润物细无声地影响着弟子后来的思想方法和治学习惯。

从枪林弹雨中走过数十年人生的导师，很有涵养。在我的印象中，他从未生硬地打断过我们的发言，总是耐心听完我的研究汇报，然后，再集中分析和指点。在与课题相关的讲授和交流之后，教授常常会跳出专业话题，询问弟子们课外涉猎了的相关学科。

有一天，我惴惴不安地向老师汇报说，因为那些年中国体育赛事火热，我在关注中国各电视台的体育直播节目解说的时候，发现有些东西本来应属于新闻学研究范畴，可能因为属于新鲜事物暂时没有人专题研究，课余查阅资料后，我运用相关学科知识写了一篇论文，不知道是否属于不务正业。

老师却饶有兴趣地看了我的那些文字，竟然给予高度赞扬。老师说，我们培养人才，不仅要求培养学生的专业技能和专业水平，还应该鼓励学生具有广博学识和广泛兴趣。新闻学界也应该不断扩大学术视野，从新生事物中敏锐寻找与新闻学关联的学科融合规律。在老师的鼓舞下，我将这篇跨界话题的论文《试论体育电视解说的思维组合》，分别投给《北京广播学院学报》《视听纵横》《电视研究》《广播电视研究》等4家国内学术刊物，结果一个月内，全部收到采用通知并都在1991年第1—2期刊载出来。老师还专门写信给陕西《新闻知识》杂志，推荐这篇论文，后来《新闻知识》也全文刊载了拙文。

在老师的鼓励下，在读三年间，我在中国古代舆论思想、采访和拒绝采访的权利、对外传播、新闻工作者的数字化生存等领域进行了专题研究，其中《试论体育电视解说的思维组合》《论中国公民拒绝采访的权利》《论新闻受众正当权益的保护》《论记者的数字化生存》《试论中国声音的世界传播》等5篇学术论文，分别被当时国内知名学术期刊《新闻记者》《北京广播学院学报》《新闻知识》等采用，其中，《试论中国声音的世界传播》一文还入选1992年人民日报社组织的新闻论文评选名录，并获得主办方的奖励。

值得一提的是，我的硕士学位论文的前言部分，拟题为《从舆论学角度看中国古代谏净现象》投稿到《社会科学家》《社会科学战线》等学术期刊，当即被上述刊物1991年第3期全文发表，并被中国权威的学术季刊《新华文摘·哲社版》在

1991 年第 3 期全文转载。在我看来，这是老师的学术主张和弟子配合研究的成果获得中国哲学社科学术领域一致认同的标志。追根溯源，弟子们在学术上取得进步，应该归结到师从导师获得的独到研究和严谨治学精神的源头。

老师貌似松散的授课安排，摒弃了传统课堂教学的严肃程式，给予了师生之间最大限度的精神交流和感情交流空间。在枯燥的学习岁月，我们把和老师的倾心交流当成人生的一种享受。此外，老师家还有另一个让我们向往的缘由——每周，我们都会趁到老师家上课的机会，蹭上一顿美餐。老师的厨艺水平本来就很高，每次弟子们来听课，他还特意让师母一起精心准备几个可口的菜，改善学生们的伙食。因为老师知道，在 3000 人用餐的学校大食堂，几乎所有菜都是用两米口径的大锅煮出来的，一点油腥味都没有。在学校食堂很单调的当年，老师和师母亲手准备的小炒，成为师兄弟们每周饱享口福的期待。

作为与甘惜分教授、王中教授齐名的中国新闻学界泰斗，老师那些年常常应邀在全国各地讲学、学术交流、评审论文，日程非常紧张，但他总是尽量保证每周给弟子安排上课的固定时间，并抽出时间和弟子轻松聊天、散步。

珞珈山的樱花时节，美丽的武大校园成为远近闻名的旅游胜境，老师放下手中的书，邀约弟子们到武大著名的樱园，沿着那条著名的樱花大道漫步。记得那年春寒料峭，在纷飞的花瓣中，不时飘落小雨，老师上身穿着灰色中山装，手里拿着一把黑色的长把雨伞，伫立在盛开的樱花树下，慈祥地招呼每一个弟子合影留念。

从武大新闻系所在的逸夫楼向东，经过一座半山小宅，就是登上珞珈山主峰的小路。每到秋天，珞珈山两旁草木金黄，枫叶飘飘。习惯穿平底布鞋的老师，一时兴起，沿着崎岖不平的山路，走回在山岗另一侧的宿舍。导师毕竟耄耋之年，行至狭窄处，弟子怕老师脚下不稳，想上前搀扶一把，可是导师从来都不给机会。他身材瘦削，步履轻盈，一如 60 年前在太行山枪林弹雨中穿行。

在晴朗的日子，老师和师母还曾约上弟子家人，来到湖心长堤和湖心岛野炊。那种温馨时光，在我的记忆中，还有很多很多……

有一天，老师在例行的每周课程后叫住我，诚恳地委托我一项任务，说如果我方便，他盼望我每周抽两个晚自习时间，让他讲述并由我记录和整理他的人生回忆。我很荣幸因此获得了深入了解导师的机会。这次机会，让我对导师，从一个学生眼中的研究生导师，一下子升华到一个后辈人眼中的革命前辈，从尊重一下子升华到敬仰。

此后的一个月，在那间朴素的书房，教授点上一支烟，慢慢讲述他亲身经历的鲜为人知的故事。他一拉开话匣子，立即把我带入 60 多年前的烽火岁月……通过记录和整理导师的回忆，我印象中的何微教授，已不再仅仅是一名大学教授，那是一个从中国人民抗日战争、解放战争的枪林弹雨中呼喊着冲出来的战斗英雄，是一个受尽政治运动折磨，但依然秉持共产党人信念，不放弃人生准则，为党鞠躬尽瘁的伟大革命家。

那时电脑还没有兴起，老师的讲述我得用方格稿纸一遍又一遍抄写好。两个多月后，当我初步整理出老师亲自口述的回忆录的时候，老师已经回到西安。于是，我用挂号信将厚厚的一本记载导师光辉岁月的稿纸寄给老师，期待老师那些不平凡的人生故事早日付梓。遗憾的是，直到我们毕业各奔东西，导师再也没提起过这本传记。

多年以后的 2016 年春，在导师百岁诞辰前夕，我收到师母从西安寄来的手稿。展开稿纸，发现 24 年前导师工整地用毛笔写给我的一封信，除了老师的亲笔信，还有这份传记手稿和稿纸中老师的修改标注。翻开第一页，老师和我们相处的温馨时光立即浮现眼前，泪水竟止不住，一个劲流淌下来……

1916 年 7 月 23 日，中国山西祁县一个中医家庭，诞生了一个平凡的生命；随后的岁月中，这个生命在烈火与重重挫折中百炼成钢，为新中国、为党、为人民立下汗马功劳。后来，在一个平静的日子，这个生命化作一缕轻烟，告别了他深爱的人们……在他 100 周年诞辰纪念日前夕，因这个生命的缘分凝聚起来的一群人聚集一堂，将他播撒在每个人心中的点点滴滴，重新串起闪闪发光记忆珍珠。原来，即便没有刻意收集，与我们曾经相伴重要旅程的那些光阴点滴，一直不曾从我们心中消失……

（作者系中新社山东分社社长。本文写于 2016 年 2 月 28 日。原载《西部学刊》2016 年 4 月下半月刊第 66 页至第 67 页）

何老与我的新闻从业之路
——写在何微先生 100 周年诞辰之际

刘春山

何老，即何微先生，一位中国新闻界的传奇人物。

我与何老"结缘"于风景秀丽的珞珈山。1986 年夏，我完成武汉大学中文系研究生学业留校任教。当时，武大新闻系新成立，因新闻人才走俏，很快成为热门专业。刘道玉校长力排众议，聘请年近古稀的何老"出山"，创办新闻研究所，更在校内外引起不小反响。恰好，我的同乡刘惠文在新闻系任教，后来又考上何老的硕士研究生。在他引荐下，我有幸结识仰慕已久的何老。

（一）

也是樱花盛开的季节。

一天下午，我和惠文相约拜访何老。我们沿珞珈山南麓山路，走到一栋五层楼前。这是学校新建的教授楼，只有德高望重的教授才有资格入住。登上三楼，敲开房门，笑容可掬的何老热情地招呼我们进屋。

"哎呀，我现在也成了单身汉，屋里乱糟糟的，你们别介意。随便坐，自己倒茶啊！"何老微微驼背，脸庞清瘦，但步履矫健，精力充沛。他说话之间摘下老花镜，从橱柜拿出茶叶、茶杯，端来热水壶。

1984年调任武大之前，何老担任陕西省社科院院长。早年，他勤奋耕耘于新闻、教育战线，是一位老革命、老报人、老教育家。丰富的新闻阅历、深厚的理论功底、执着的创新精神，奠定了何老在新中国新闻界独一无二的地位——"西北何"。以改革著称的刘道玉筹建武大新闻系时，四处物色有影响力的"掌舵人"，遇见何老，一拍即合。刘校长"三顾茅庐"，何老欣然南下，演绎一曲"西北何"变身"华中何"的佳话。

宝刀不老的何老一到武大，就新闻系的发展方向、学科建设、研究重点等提出了许多真知灼见，并发挥独特影响力，整合各方资源，聚集"人气""精气"，推动武大新闻系后来居上，快速跻身全国高校新闻系排名"三甲"。

然而，眼前的何老丝毫没有架子，分明就是一位慈眉善目、和蔼可亲的老人。客厅案几上，摊开一部《中国新闻思想发展研究文集》初稿，是何老正在校勘的新作。我们搬来椅子，面对面坐下，听他滔滔不绝地讲述新闻学的传承与创新、新闻界的现状与积弊，仿佛是面对一座徐徐开启的新闻"宝库"。

"现在，新闻界也是百废待兴！很多新闻，导语都是写'最近'怎样怎样、'不久前'怎样怎样，这是掩盖新闻嗅觉迟钝，是记者工作不称职的遁词！"讲到激动之处，何老声音逐渐升高。他点着一根烟，两指夹着，绕室踱步，眼神里似乎透出一位职业报人临阵冲锋的神采。

一谈两小时，到了晚饭时间。我们准备起身告辞，但何老一把按住："都别走！晚上在这儿陪我这个单身汉，吃饺子，喝啤酒。"说罢，他换上皮鞋，挎起竹篮，乐呵呵地拉开门，去附近菜市场买饺子。

"一位十足可爱的老人！"这是何老留给我的第一印象。对于我这个新闻"门外汉"，何老毫不排斥，有问必答，与他自己所带研究生一视同仁。本来，我是研究中国古典文论的，对新闻学并无认识，听了何老一番话，对新闻学也产生了兴趣。

此后，一有机会，我总喜欢和何老几个研究生一起，去他家里听课、聊天、蹭饭，成了他"半个弟子"。

1988 年春，中国新闻社派人来武大选调毕业生。何老得知我有意涉足新闻，便极力推荐我，并给时任中新社总编室主任的蔺安稳写了一封热情周详的推荐信——因首次披露秦始皇兵马俑而一举成名的蔺安稳，毕业于何老一手创办的西北政法学院新闻系，与何老有师生之谊。

"新时期，中国新闻事业需要年轻人！"在他们的感召与帮助下，我告别学习、工作了 9 年的珞珈山，走上新闻从业之路。

（二）

1988 年 9 月底，我拎着两只行李箱，第一次来到人生地不熟的广州。中新社广东分社的牌子挂在海珠区泰康路一排骑楼之间。我穿过一楼木材杂货铺，上到二楼报到，正式成了新闻界一员新兵。

来广东之前，我对中新社一无所知。临行之前，我登门请教何老："如何做一名中新社记者？"何老笑眯眯，一五一十，不厌其烦，给我讲述中新社的历史、稿件特点、发稿对象，并从书架中抽出一本中新社特稿选，对照分析，评点优劣，算是为我"恶补"了一课，"胜读十年书"！

武汉、广州远隔千里，但何老没有忘记我这个"编外"生，经常致电询问情况，关注我的成长。"写了多少稿？有没有困难？要不要帮忙？"何老电话里重复最多的，就是这几句话。只要听到我有畏难情绪，他总会加重语气，叮嘱"要有勇气、有胆识、有毅力"。偶尔，他也会幽默一下："我是一头老黄牛，趁现在还有余力，用得着时，你尽管使唤啊！"逢年过节，我会按时收到何老亲笔回复的贺卡。贺卡上，笔迹颤抖，嘱咐温馨，一笔一画寄托着一位新闻前辈的厚望。这些贺卡，我至今收藏在抽屉，也珍藏在心底！

幸运的是，我来中新社广东分社报到，蔺安稳已调任广东分社副社长，算是我当记者后第一位领路人。老蔺为人随和，宅心仁厚，成名虽早，却工作勤奋。分社老少都亲切地喊他"老蔺"，而不称职务。一到周末，他书包里装几个冷馒头，钻进中山图书馆，查史料，写札记，一泡一天，乐此不疲。老蔺亦师亦友，对我爱护有加，与何老一样，是我职业生涯中的恩人。

20 世纪 90 年代初，各地改革开放提速，办报办刊成风。我和几位同人利用业余时间，创办《广东求职报》（后改为《广东职业导报》），挂靠于广东省人事厅。

因为是"不务正业"，担心会挨骂，我没有及时给何老汇报。殊不知，何老得知消息，不但没有批评，反而打电话"鼓劲"："自己办报，好！别怕，只管往前冲，搞新闻就是要有一股闯劲。闯出来了，就是胜利！"他还交代，寄几份报纸给他，作为教学、研究参考。

1991年，何老离开武大，选择离休，回西安居住。见过枪林弹雨的何老，一辈子何曾向困难低头？被迫选择归隐，足见压力之大。只可惜，创建不久的武大新闻系痛失巨擘！

何老离开武大的情形，我是几年后才略知一二。1996年，我离开广州，回中新社总社海外中心，协助编辑《美国侨报·大陆新闻》。老蔺大约在1991年已调回北京，任中新社副社长，兼任海外中心主任。我俩多次约定，找机会去西安看望何老。没想到，这个愿望却再难实现。1999年夏，我请了公休假，专程赴西安，拜访一别多年的何老，却惊闻他已于3个月前仙逝，一时间追悔莫及！

（三）

尊师虽去，大德永存。30年来，我无论在哪里工作，难忘怀何老的音容笑貌。尤其是，他对新闻"创新"的高度重视，给我印象至深。记得离开武大前夕，他与我谈话时特别强调："中新社的稿子短小、生动、鲜活，就是一种创新。这也是记者立身之本。"

他送我一本《新闻写作基础与创新》，书中许多段落下，画有一道道波浪线。一些书页空白处，工工整整地写着评语："新闻贵在创新！写新闻，接触的是新鲜事，表现形式也应该有新意。""了无新意、毫无生气的新闻，读者绝对不欢迎。""意在笔先，新从意来。"至今翻阅，这些零星点评依然精到、贴切。

可以说，"创新"是何老一辈子的追求。他讲课常常举到一个例子：中华人民共和国成立之初，他担任新华社北京分社社长，策划过一组新年零点的现场特写。每年新年都发通讯，如何才有新意呢？何老别出心裁，安排记者跟踪一些特殊行业工人，现场采写他们辞旧迎新一刻的工作状况。结果，稿件发出，赞声一片，成为新闻界争相仿效的案例。

事实上，何老退休之年任教武大，本身就是一个挑战，也是一种创新。一到武大，何老就思考，如何打造"三个一"工程——一间新闻研究所、一个硕士学位培养点、一份新闻评论刊物，为新创办的新闻系注入强大活力。他高屋建瓴，率先探索信息时代"传播学"新路径，更可谓"大胆之举"。

　　武大 8 年创业，何老老骥伏枥，以惊人毅力，精心梳理中国新闻思想史发展脉络，建立中国特色的新闻学体系，填补新闻学研究空白。他在设置新闻专业研究方向时，把微电子、数据、信息传播置于突出位置，具有强烈的超前意识。20 年之后，互联网强势崛起，新媒体、全媒体、自媒体等一路高歌，人们不得不钦佩何老眼光独到！

　　我与何老相识偶然、相处短暂，但其人格魅力与创新意识，却让我景仰、受益一辈子。后来，我调入人民日报社工作，依然把"创新"当作座右铭，力求采写稿件出新意、有特色。每逢事业陷入"倦怠期"，我就会想起何老的教导，多从"创新"角度思考对策，往往有"柳暗花明"的感觉。

　　记得 2000 年春，刘蓉师母来到广州、香港，替何老了却一个心愿——何老生前多次讲，希望南下看一看，与工作在沿海地区的学生聚一聚，终因身体不佳，未能成行。耄耋之年的何老始终惦记着遍布各地的学生、晚辈。

　　"桃李天下，师恩似海。"今年 7 月，是何老 100 周年诞辰。尽管何老离开已有 17 年，但漫漫岁月并没有减弱人们对他的无尽思念，因为他是中国新闻事业一座高峰。德才双馨，精神不灭！

　　（作者系《人民日报》高级记者。本文原载《西部学刊》2016 年 4 月下半月刊第 68 页至第 69 页）

吾师何微

宋正民

　　20 世纪 60 年代初，我在西北政法学院新闻系就读时，何微老师是西北政法学院副院长，所以，我们都习惯称他"何院长"。

　　何老是我国著名报人和著名新闻学家。我们新闻系就是他到政法学院后建议设立的。他还为我们请了中国人民大学甘惜分、郑兴东等著名新闻学教授讲授专业课。那时，正是三年困难时期，学校相当一部分学生都放了长假，我们系继续留校学习，据说是学校打算让我们提前毕业，后来因为何老的坚持，我们才读完了四年本科。每谈起这件事，我们新闻系出来的同学，都深深感激何老对我们的关爱。他是我们的"恩师"。在学校时与何老接触并不多，接触多的是我从北京回到西安以后。1964 年，我们毕业时，正赶上我国经济形势好转，所以我们的分配情况也较往年似乎好得多。

我被分配到中共中央《红旗》杂志编辑部，后又到中共中央马列主义研究院工作。"文化大革命"后期，研究院解散，1974年我到陕西省毛泽东思想学习班工作。那时，我才有较多机会去看望何老。一次何老在省人民医院住院，我去看望他。那天他兴致很高，加之师生见面，无所顾忌，天南海北的什么都谈，我记得谈得最多的是对当时假、大、空的文风和"小报抄大报，大报抄梁效"的报刊的不满和批评。

1974年，得知何老到陕西日报社当总编辑，我们都非常高兴，庆幸陕西日报社得人，庆幸何老又有了用武之地。有感于此，是年12月，我写了一首《敬致吾师》的诗：

> 忆昔病榻论文章，同恨盈耳八股腔；天下报刊一个样，何须多出费纸张。
> 忽见文坛开生面，只缘除却"四人帮"；寄意吾师展才素，我花争比他花香。

写成觉得不好，不敢给何老看。隔了好长时间，偶尔翻检一堆旧手稿，翻出来还是抄了送给何老，不料他竟很高兴地收了下来。

何老在陕西日报社工作的那几年，我常陪着外省市工作的同学去看望他，也为想回陕西日报社工作的同学找他帮忙。有两件事我记忆犹新：一件事是：一位同学来信说，他的档案已由外省寄到陕西日报社，让我找何老问问情况。我觉得这些同学在新闻单位都已是骨干，回来对陕西日报社，对何老的工作都有好处，所以就建议何老设法调几个回来。每谈及此事，他总是说报社的人事权在省委宣传部，干部问题还是按党的干部政策办，按程序办。一次开会，我见到省委宣传部主管新闻工作的吴刚副部长，谈起此事，他说，这事好办，你去找你们何院长，他同意就行。我把这话告诉何老。他说，干部问题哪有一个人说了算的，还是按政策办，让报社政治部考察以后再说。还有一件事是：一次，我陪中国新闻社的蔺安稳同学去看何老，我们到报社时正赶上吃中午饭。经人指点，我们在报社职工食堂找到何老。那时何老正排队买饭，看我们来了，就多买了点儿饭，另外让食堂给我们炒了一盘鸡蛋，一起端到他的总编辑办公室就餐。他似乎有点过意不去，说委屈了我们。这顿饭我们倒真吃得很有点儿不是滋味，倒不是我们觉得委屈，是觉得何老委屈。一位在国内、党内颇有声望的报人、学者，堂堂省报总编，生活竟是如此清简！看着他那疲倦、瘦削的面容，一顿只吃那么一点饭，我们心里总隐隐有点难过。多好的老师，多好的领导，多纯正的一位共产党人啊！

20世纪80年代初，何老离开陕西日报社到省社会科学院当院长。在他之前，省社科院院长是刘老端芬。刘老当时年事已高，十分盼望何老能来接替他的工作，曾几次让我去何老那里征求意见，劝何老尽早来省社科院就任。何老来社科院后，我们见面机会更多，老师同学也常在一起聚会。从那时到何老离开我们的十多年间，只要他在西安，几乎每年都要召集我们同学聚会一次。每次我们都从他那里得到教诲和鼓舞。一次聚会时，提起我和蔺安稳在陕西日报社吃饭的事，何老畅快地笑着说，过去慢待了，现在把情补上。师生之间亲密无间的情谊，现在回想起来，仍历历在目。

今年4月6日，是吾师何微的周年忌日，谨以此文祭！

2000年3月30日

（原载《何微新闻思想与实践》第166页至第168页，车英主编，武汉大学出版社2001年8月出版）

永远的纪念
高全仁

何微老师逝世已一年多了，每当忆及他的音容笑貌，谆谆教诲，敬业精神，均历历在目，催人泪下，激人奋进！

何微老师是中国著名的新闻理论家、教育家、著名报人和新闻事业的卓越领导人。他从抗日战争时期自刻、自印、汇编的油印小报开始，就为革命战争四处奔走，到以后创办山西省第一张省报《山西日报》，中华人民共和国成立后又先后任新华社山西分社、北京分社、江苏分社社长，采写了大批脍炙人口的文稿，为新中国的解放事业和建设事业，作出了重要的贡献。

何微老师在战地记者生涯中，就注意总结经验，研究新闻理论，特别是在1962年调任西北政法学院副院长后，他的新闻理论，特别是新闻教育理论，可以说达到了一个新的高峰。概括起来，他的新闻教育理论和新闻思想主要有以下几点。

1. 必须要有扎实的理论功底。何微老师在给我们授课时以及他的多篇论著中特别强调：作为一名好的新闻工作者，必须要有扎实的理论功底，理论上通了，写出来的稿子才能有一定的高度，才能起到激励人民、教育人民、组织人民的作用。如果就事论事，这样的稿件只能起到留声机的作用。他指出，理论修养主要是如下两个方面。一是哲学方面的修养，要学习马克思主义哲学，学习唯物辩证法，学会辩证地认识问题，处理问题。他认为这是一个新闻工作者最基本、最重要的素质。二是新闻理论的修养，要研究新闻本身的客观规律，研究在共产党领导下的新闻事业如何为社会主义服务，如何为全国各族人民服务，从而更好地发挥新闻的宣传、鼓动作用。他提出新闻的党性原则、人民性原则、真实性原则，为我国的新闻理论增添了新鲜血液。

2. 要有良好的文化素养。何微老师认为，新闻工作者是社会工作者，他要同社会的各行各业、各个层面的人士打交道，因而没有渊博的文化知识、文化素养，要想宣传他们，起到新闻报道应有的作用，那是不可能的。何微老师强调新闻工作者要"上知天文、下知地理"，要懂政治，懂经济，懂历史，不但有社会科学方面的知识，而且要懂一些自然科学方面的知识。在这浩如烟海的知识中，何微老师特别强调新闻工作者的基本功，那就是文学功底和写作知识。在我们上学期间，何微老师要求我们对古代散文的一些名篇要记熟，有的要把它背下来，《唐诗三百首》要全部背下来，对中国四大古典名著，读一遍不行，至少读三遍，对《红楼梦》中的语言、人物刻画、写作技巧要仔细玩味，认真学习。何微老师的这些思想，对我们一生的工作和写作生涯都能起到重要的作用。

何微老师还经常教导我们，写作知识的提高，没有什么特别的办法，只有多写、多练、多实践。在他的倡导下，系里办了黑板报，办了油印小报《实习园地》。他还要求学生每天要写日记，四年大学生活中，到新闻单位实习两次，这些实践活动对提高学生的写作能力都起了很好的作用。

3. 先做人，后做事。何微老师经常教育我们，要做好一个新闻工作者，必须先学会做人。他要求我们做人必须无私无畏，坚持原则，敢于坚持真理，敢于实事求是。他认为这是做人的基本品质，也是新闻工作者的基本素质。

在做事方面，何微老师要求我们要有敬业精神，要不怕苦，要深入群众，了解群众，及时发现和挖掘群众中的闪光点，将它报道出来，以教育群众。他还经常用他革命战争年代做记者的亲身经历教育我们，以启发我们如何抓新闻，如何去采写。这些思想，现在回想起来都记忆犹新，终生难忘。

何微老师不但是新闻教育理论家，而且是新闻教育实践家。

1962 年，西北政法学院新闻系面临着何去何从的十字路口，当时有两种意见：一种是新闻系学生以大专生身份于当年毕业；另一种是放长假。何微老师考虑到我国当时正规新闻院校甚少，培养的新闻人才远远赶不上国家的需要这一现实，力主新闻系学生不但不能以大专学历毕业，而且必须加强，坚持办下去。在他的努力下，聘任了全国知名学者甘惜分、张隆栋、郑兴东等老师来校讲学，还从复旦大学、人民大学等院校要来了新闻专业毕业生，使师资队伍大大加强，办学质量大大提高，这批学生毕业时，绝大部分分配到了国家级新闻单位，如人民日报社、新华通讯社、光明日报社、红旗杂志社等，给新闻单位输送了新鲜血液。

1984 年，何微老师不顾近 70 岁高龄，应武汉大学校长刘道玉之邀，只身南下，出任武汉大学新闻学研究所所长、教授。当时好多人不理解，像何微老师这样全国知名的大学者，又享受副省级待遇，怎么能到武大当个新闻研究所所长呢？何微老师听到这些议论后，不以为意，说："我来武汉大学，一不为官，二不为钱，三不为名！我为的是借武大这块天地，办一个全国一流的新闻系，为把我们的学生个个都培养成高品位的新闻人才。"在他的努力下，他提出武大新闻系应从教师素质、课程设置、培养目标等方面改变中文系办新闻专业的局面。特别值得一提的是何微老师提出的新闻系学生的培养目标，他说："应以政治家和社会活动家的标准要求新闻专业的学生。这样的学生，都要具备较高的马克思主义素质，有驾驭全局的能力，思维敏捷，知识储备充足，写作技能娴熟，能直接阅读外文报刊或从事外文写作。"这些意见，在今天仍有现实意义。

1996 年，在一次同学聚会中，何微老师提出西北政法学院应继续办新闻系，而且提出办新闻系的必要性和可能性。我们这些老学生听了后很受鼓舞，大家七嘴八舌地议论如何办新闻系，而且都愿为办新闻系出一份力，最后确定由我与西北政法学院领导谈，转达何微老师和原新闻系学生的意愿。

西北政法学院领导很重视，当即组成了一个筹备班子，并派人出去调查了解筹办新闻系的可能性。在这过程中碰到一些困难，主要是国家对新闻专业的发展采取限制性的改革，新申报新闻专业基本上不批。何微老师听到这个消息后并不灰心，他提出两点意见：第一，强调法制新闻这个特点，这在全国还是没有的；第二，我们申报新闻系不能说新建，而是恢复，恢复专业要好批一些。他建议筹备组抓紧工作，写出论证报告。

在这期间，何微老师还多次打电话给我，询问新闻系筹建进展情况。1996 年底，何微老师又召集我们原新闻系的一些同学在一起聚餐，席间，筹建新闻系又是中心话题，老人显然有点着急，说：我给你们学校领导打过几次电话，他们抓得不够紧。他又对我说："我给你们学院领导讲了，要你出任系主任，听说你还不太愿意，这不对么，如果需要，我还可以挂个名誉头衔么，协助你把新闻系搞起来。"老人越讲越激动，我们在座的学子都为老人那种为新闻事业鞠躬尽瘁的精神所感动。

学院的论证报告出来后，何微老师进行了认真的研读，对如何办好新闻系，提出了一整套比较系统的意见，这对申报恢复新闻系，对如何办好新闻系都起了重要的作用。

1999 年 1 月，恢复西北政法学院新闻系的报告国家教委正式批准了，当时病情已经沉重的何微老师得知这一消息后，非常高兴，再三叮嘱，一定要把新闻系办好。3月中旬，当我再次去探望时，他还念念不忘西北政法学院新闻系的事情，还略带责备的口气说，我叫你到新闻系去，你怎就不去？谁知这次见面竟成了永别，以后再也听不到何微老师的亲切教诲了！

何微老师离开我们一年多了，但是他的思想、理论，他的做人风范将永远留在我们心中。我们要继承何微老师的遗志，好好学习，努力工作，将自己的余生献给祖国建设事业。

2000 年 9 月 15 日

（原载《何微新闻思想与实践》第 169 页至第 173 页，车英主编，武汉大学出版社2001 年 8 月出版）

师恩荡荡　师情深深

——何微老师一周年祭

杨玉坤

人生苦短。何微老师 83 岁乘鹤仙去，寿乎，福乎？然生死离别，乃人生一大悲痛和遗憾。噩耗传来，有屋塌梁倾之悲，不禁潸然泪下。记得众学子和师母扶灵去骊山陵园安葬的情景，还历历在目，如在昨天，但时间已将近一载矣！翌年，4 月 6 日，便是老师一周年忌日了。

是缘，是爱，是恩，是情，何老师用他为人师表的治学精神和人格力量，为众学子诠释了这一切，成为师生情谊的主旋律。

我出生于陕西临潼县兵马俑东的一个偏僻的农村。家贫如洗。8 岁时，母亲和外祖母被一场突如其来的洪水夺去了生命。我小学毕业就失学了。要不是毛主席、共产党、新中国，我只能是兵马俑旁一"晨兴理荒秽，戴月荷锄归"的农夫。新中国改变了我们的命运。我又一次入学，按部就班地上完了初中、高中、大学。

记得上初中时，我喜欢读鲁迅先生的作品，以"横眉冷对千夫指，俯首甘为孺子牛"为座右铭，在临潼县报上以"骞芳"的笔名发表打油诗《"6"字改"8"字》，抨击一位偷改预分方案的农业社主任，被临潼县报评为模范通讯员并登报表彰和奖励，村中儿童将我的诗当儿歌一样传诵。由此，我认识到报纸对党对社会对老百姓的作用，高中毕业，便毅然报考了西北政法学院新闻系。

当时，正是三年困难时期，新闻系刚刚开办，师资缺乏。这时，何微老师好像从空而降，担任了政法学院副院长。听说是老报人，新闻界大腕人物，同学们大受鼓舞，情绪极高。何院长平易近人，谈笑风生，他和新闻系的学生无形中便有一种难以名状的特别亲近的感情，如严父，似慈母，新闻系的学子便成为他的绕膝童稚。无定时，无定地，三三两两，围拢着他。他总是谆谆教导，诲人不倦。后来，他从北京请来甘惜分、张隆栋、郑兴东等到政法学院讲学，对提高教学质量起到了十分重要的作用。甘老师关于通讯的学说，张老师的报刊史，郑老师的编辑学，在我以后的记者生涯中都发挥了极大的作用，可说给我插上了展翅高飞的理论翅膀。

三年困难时期，记得第三学年，按照教育部指示，政法学院一些系、班面临放长假的前景。新闻系在何微和董舒等老师的积极奔波下才得以幸免。因此，新闻系的学子都将何院长视为"命运之神"，一直感恩戴德，铭记在心灵神圣的一角。

人重缘分。在大学老师中，桑义燐也是我最敬爱的恩师。我喜欢听他的课，两次出外实习都是他带队。毕业后，我分配到陕西日报社，住在友谊路。他这时在西北大学任教，家住在友谊路七十一中（他爱人的学校）。我们两家仅一条马路之隔，互相串门，不用打招呼。有时，我突然"光临"，他正在洗脚，也不用客气，也没什么虚礼，他洗他的脚，我自找座儿便攀谈起来。谈到高兴处，他似乎忘记了自己在洗脚，还是师母赵老师走来斥责说："玉坤来了你的脚洗个没完没了，不礼貌。"我们心照不宣，相视一笑。桑义燐老师是何院长最亲密的同事。我与何院长的关系，再加上桑老师便更加亲密了。记得有几次，桑老师和我一同去当时的陕西省"革委会"卫生组看何院长（他担任领导）。他后来出任陕西日报社总编辑的消息，还是桑老师提前告诉我的。

何院长既是领导，又是老师。我分配到陕西日报社，一头扎进去，在编辑部上了 10 年夜班。大家开玩笑地说："编辑部是张仪的门，好进难出。"当时，我的思想就是雷锋的"螺丝钉"思想，拧在哪里就固定在哪里。我热爱写作，想到广阔天地中采访，但我书生气十足，羞于向领导启齿。何院长来了，亲人来了，我才吐了肺腑之言。何院长敢说敢为。记得那是一个秋天的夜晚，我编完报，大约午夜 1 时，我去饭堂吃夜餐，碰上何院长，他手里拿着碗，老远就高喉咙大嗓子说："玉坤，已经研究决定了，明天你就到农财部去上班！"想不到，命运之神的降临是如此神速。有趣的是，几个月前，有位朋友说他懂周易，便开玩笑给我算命，说今年我的工作有变动，有贵人相助，想不到叫他说了个正着。在我人生两次命运的十字路口，都遇上何院长；按照周易的说法，他是我命运中的"天乙贵人"。以后，我在30多年的记者和作家生涯中，之所以在陕西新闻界和文学界能有个好名声，是与何院长的治学精神、人格力量的影响分不开的。

后来，他调到陕西社会科学院任院长，之后又去武汉大学任教，几年后又回到西安。他是我们新闻学子的一面旗帜，我们几次济济一堂，为他祝寿、祝福。这时，他已80岁高龄。我任《陕西日报》文艺部副主任时，他又成了我德高望重的作者。他写了几篇很有分量的杂文，其中有一篇还获了奖。我为他颁发了奖证和奖金。看着这位八旬白发老翁，想到他那蝇头小楷而又十分清晰的书稿，我的眼睛湿润了。真是生命不息，战斗不止。他的杂文针砭时弊，抑恶扬善，有鲁迅之文风。

1996年冬，桑义燐老师带着研究生到西安进行课题调查研究，我们全家请桑老师吃饭，有何院长和师母刘蓉作陪。记得在野玫瑰饭馆。当时，何老已82岁高龄，手颤抖得难以用筷，全赖师母照料，甚至为他擦眼泪、鼻涕。回到家里，我的夫人念念不忘，赞叹不已，说师母如何如何好。何老能高寿，全赖师母无微不至的关照。

1997年早春的一天，正是礼拜天，早晨7时许，我去办公室取东西，在值班室看到何老，我先是一惊，问他为何至此。他说给新闻班讲课，时间还未到。他总是那样守时守信，活到老，讲到老。而后，西北政法学院校庆，这时法制新闻学已经恢复，新闻系的新老学子和老师在中楼新闻系办公室聚会，何老在刘师母的搀扶下前来，他还发表了一番激昂慷慨的高论。不过，他的腰弯得更厉害了，骨瘦如柴，说话的声音沙哑，他是鼓着浑身的劲讲这番话的。讲完，他因身体不支就告退了。不过，退席时，他说了许多客气话。一种老者、学者的风度，一种人格美、气质美，一种临别时的希望、叮嘱令人永难忘怀。这是我最后一次与他见面，回想起来，还宛然在目。人生苦短！在老师忌日一周年纪念之时，这段文字算是一篇不成体统，然而又是发自肺腑的祭文了。

韩愈在《师说》中说："师者，传道、授业、解惑也。"老师是人类灵魂的工程师。在人与人的关系中，师生之情高尚、执着，它是一种缘分，一种情分，一种爱心，一种恩恩相报，一种推动人类文化延续、发展的动力。而科技兴国，尊师重道之风不可不彰扬也！

（原载《何微新闻思想与实践》第174页至第177页，车英主编，武汉大学出版社2001年8月出版）

笔不辍耕五十年　千古文章未尽才

——忆恩师何微

安宓

恩师何微走完了他人生的光辉而坎坷的 83 个春秋，永远地离开了我们。按说，他活了 83 岁，也算是高寿了。但想到他在新闻界整整劳作了半个多世纪，一生著述颇丰，还有数百万字的书稿未整理完就谢世了，感到先生的大才未尽，实在是一件千古的憾事。

"名驰报坛一鸣儒，望重才高笔力殊。新闻奋战五十载，未竟大业身先逝。"实令人感叹而惜之呀！

斯人已逝，音容宛在。先生是我国的著名报人、新闻理论家、新闻教育家。在新闻战线的 50 年中，孜孜不倦，勤奋耕耘，成绩卓著。他生前撰写的《论新闻》《新闻科学纲要》等新闻学专著，在我国新闻学领域独树一帜。他的学术研究和工作经验，有不少内容值得珍视，应该得到整理和印行。他那"纵情毫翰做文章，尽瘁江关慕武侯"的豪情抱负、坦荡高洁的胸襟、孜孜不倦的探索、奋发思为的精神，永远如春风鼓荡，激励教育着后人。

啊！沉痛的思念把我带进了深深的回忆中……

1962 年先生调任西北政法学院副院长，主要分管新闻系的工作。他到任后主持编写新闻教材，招兵买马网罗新闻教师，四处奔波聘请著名新闻学教授到西安讲学。中国人民大学新闻系的著名教授，如甘惜分、郑兴东、张隆栋等，都先后给我们讲过课，也可以说是我们的老师。

我这个人因为不善于"交际"，老实讲，从未和先生接触过。偶尔有时在校园碰面，尊称他一声"何院长"就赶快溜了。对于他，就更谈不上有什么了解了。只知道他当过新华社北京分社社长，是新闻界的老前辈，仅此而已。

毕业分配时，不少同学都去找系里的老师，有的直接去找他，希望能分配个好单位，我抱着"听天由命"的思想，没去找系里的任何老师，更不敢越级直接去找他了。我想，那时先生恐怕根本不知道我这个学生。我真正了解他并得到他的关怀和厚爱，是毕业以后的事了。

1964 年 8 月，由学校毕业后，我和张怀仲被分配到山西日报社。到报社后不久，全体编委按老规矩召开了一次小型的座谈会，表示对新分配到报社同志的欢迎。座谈会一开始，就由各人自报校名、姓名，当年分配到报社的有中国人民大学新闻系的、复旦大学新闻系的、江西大学新闻系的、山西大学新闻系的、山西大学中文系的毕业生。轮到我和怀仲自报校名和姓名后，在场的人都感到有点惊讶；怎么政法学院会有个新闻系？总编吴象微笑着问："你们的系主任是谁？教你们的老师有哪些人？"我回答说："我们没有系主任，老师都是请人民大学新闻系的老师给我们讲课。具体负责分管我们的是副院长何微。"

"啊，何微，我听说他从北京调回了西安。这么说，你是何微的学生了？"我说："是的。""哈哈！何微同志也是我们的老领导呀！"吴象、鲁兮、刘山、杨尚枫、胡青光、张春旬、陈墨章等报社领导异口同声地说。

"啊——"当时弄得我丈二和尚摸不着头脑，实在有点迷惑不解：何院长怎么会是他们的老领导呢？上面说了，因为我在学校和何院长没有什么接触，根本不知道他曾在山西工作过，更不知道他就是山西人。现在想起来都觉得自己傻得可笑。

在以后的日子里，我逐渐从吴象、杨尚枫、刘山等报社领导的口里了解到：原来他是山西晋中祁县人，出生在一个中医世家，在故乡读过初中、师范，当过小学校长。1937 年 2 月，投笔从戎，参加了薄一波领导的"抗日决死队"。不久，奔赴延安，入抗大学习。1939 年抗大毕业后，组织上安排他去平顺县当县长，但他却不愿去当"官"，而主动要求到黄河日报社当了编辑。从这里可以看出先生对权力的淡泊，对新闻事业的执着。

先生先后在华北新华日报社、新华社太岳分社任军事记者、副社长，斡旋于敌后，或深入前沿部队，在枪林弹雨中做军事报道。

1949 年太原解放后，《山西日报》创建，他就任副总编辑。不久，任新华社山西分社社长。山西新闻界的著名宿将，如史纪言、毛联珏、刘江、吴象、马明、刘山、杨尚枫、胡青光、张春旬、陈墨章等，有的是他的老战友，有的是他的老部下。除此之外，他和中国当代著名作家赵树理是挚友，两人一块工作过多年。赵树理的女儿赵广建和我谈起他，总是亲切地称他"何叔叔"。山西的著名作家如马峰、西戎、孙谦、胡正等，也都和他交谊深厚。胡正就多次对我说过，你的老师何微是步入了新闻界，假如步入到文艺界，也一定是一位有建树的好作家。总之，在山西只要提到"何微"这个名字，不管是新闻界还是文艺界，真可谓无人不知无人不晓呀！作为他的学生，我感到十分的荣幸和自豪。

要说我对先生为人真正的了解，并得到他的关怀和厚爱，是我遭难的时候。1969 年春，报社从总编、社长到一般编辑、记者，几乎"一锅端"被下放到农村去插队落户，美其名曰："光荣的五七战士。"

我被"光荣"到塞外高原一个偏僻的小山村，开始了我人生最艰难的一段。插队期间，先是皮箱被盗，箱内的钱物、粮票、衣服，连大学毕业证都被盗走。接着是父亲逝世，紧接着是妻子和我离异，带走了我最疼爱的小男孩，弄得家破人亡、妻离子散，真是应了古人那句俗话"祸不单行，福不双至"啊！

当时我的精神上受到了巨大的打击，昏昏沉沉，一病不起，生活几乎完全不能自理。报社副总编杨尚枫，本来他也正在插队，身处逆境之中，但看到我这副"狼狈""可怜"相，十分同情，破脸去找他的老朋友、当时的大同市"革委会"主任王金贵同志，请求他无论如何把我从插队点抽调到大同日报社。老杨对王介绍说："小安是我的老领导何微的学生，是新闻系毕业的，是一名很好的副刊编辑。"王听后说："啊，何微，我认识，这也是一名报坛宿将呀！"不久，大同市"革委会"政工组抽调我的调令就下发到大同县"革委会"。但大同县"革委会"主任张政委看到调令后，说啥也不放我走，他说：我们将来准备让小安到县通讯组去。幸好我带了李果给张的信，他看完信后不好驳李果的面子，因李果采访报道过他，才同意放我走。就这样，我终于于1972年冬天调到了大同日报社，当了副刊编辑，结束了插队生活，总算又重新出来工作，渡过了我人生最大一次难关。

1977年春天，我从大同去四川简阳探望在那里工作的小妹。在简阳住了半个月后返回到西安。听说先生当了陕西日报社的党委书记兼总编辑，我在东大街找了一家旅馆登记住下后，便提了两瓶"四川老窖"去拜访他。一路上，我顾虑重重，心里想："何院长会不会认识我这个学生呢？这样冒昧去打搅他好不好呢？万一……"最后，我还是下定决心斗胆去拜见他。我怀着忐忑不安的心情，迈进了陕西日报社的大门，走进了他的办公室。我去时，他正埋头伏案看报纸的大样，我当时十分紧张和拘谨，甚至浑身有点微微颤抖，我嗫嚅着说："何院长，我叫安静，不知您还记得不记得？"

"啊，安静，不，你现在叫安宓，因为山西日报社还有个叫安静的所以你改名叫安宓，'宓'是宝盖底下一个必须的'必'。对吗？请坐！请坐！"他一边站起身来一边热情地招呼着。

"啊——"我吃惊地瞪大了眼睛，"何院长，你连我改名都知道啊！""我不仅知道你改了名字，听葛新德同志（葛原是山西日报社摄影记者，后调到陕西日报社）讲，你被下放插队到雁北吃了不少苦头。"直到这时我才知道，原来我的情况是葛新德同志告诉他的，怪不得他知道得那么清楚。他招呼我坐到沙发上，把椅子在我跟前挪了挪，深情地说："每个人，在人生的道路上，都不会是平坦的，一帆风顺的，总是要吃些苦头的，你说对不对？"我默默地点了点头。这时我才发现我已经是满脸泪痕了，我赶忙用袖子擦了擦。我的这个微小"举动"先生看得十分清楚。他赶忙转移话题，说："山西的雁北，我去过，那里风沙大，天气很冷是不是？古诗云：'雁门关外野人家，不养桑蚕不种麻；百里不见梨枣树，三春哪得桃杏花。'"他悠闲地吟诵完这首古老的民谣后，从椅子上站起来，挥了挥手说："这已经是过去的雁北了。我想今日的雁北，一定是花儿香、果儿甜，连片树林没有边啊……"我从心里暗暗敬佩先生知识的渊博和诗才。

我不愿意过长地占用先生的时间，站起身来要告辞，他在我肩膀上按了按说："不忙！不忙！再坐一会儿？"接着他询问了我的家庭情况和工作情况，我告诉他说："我又重新组建了家庭，爱人在大同一中当老师，已经有两个男孩，我在大同日报社当副刊编辑，工作也不错。"他默默地点点头说："这就好！这就好！"

何老的平易近人和关心使我来时的拘谨和紧张一扫而光，一股股的暖流传遍全身。我做梦也没有想到先生会是这样一位慈祥的老人、善解人意的长者，我真后悔，为什么上学期间不和他多接触呢？

我正陷入深深的自责中，耳边又传来了先生亲切的话语："安静，你从大同来一趟西安也不容易，假如你有什么事需要帮忙的话，尽管说出来，只要是我力所能及的，我一定尽力而为。"这诚挚的话语、亲切的眼神，使我大为感动，我"放肆""斗胆"地向先生提出了想调回西安工作的想法。他想了想说："可以呀，你回去后给山西方面说说，只要那边放，这边我负责联系。不知你想到哪个单位去？"我本想说就到陕西日报社，但想到他是陕西日报社的"头"，就没好意思开口。我犹豫了一下，说："我想到《西安日报》去。""行啊，我可以找老袁去说一说。……"听了先生的话，我当时兴奋、激动的心情，绝不亚于哥伦布发现新大陆一样的惊喜。我本想向先生说声"谢谢"！但这两个字始终说不出来。我想到这几年苦楚的生活，早逝的父亲，先生的关怀和厚爱，我竟在先生面前控制不住，失态地哭起来……

告别时，先生一再叮咛，要我注意身体，感情不要太脆弱，心胸要放宽。过去的不愉快就让它永远过去，不要再去想它，要永远朝前看。关于调动工作的事，他一再表示让我放心，他会尽力的。

回到大同后，我给先生写了一封长长的信，从此我再不称他何院长了，我觉得称呼他过去的官衔，表达不了我对他的感激和崇敬之情，信的开头是称他"恩师"。

关于调动工作的事，虽然由于种种原因未能实现，但恩师的那份关切和厚爱，那番灼热的心意，常常使我想起，令我激动和感慨，使我终生难以忘怀啊！

1980年秋天，我回陕北老家探亲。一位从西北农学院毕业后分配到陕北工作的大学生，当地人事部门没有按他所学的专业分配，而是让他到公社去当秘书。他给陕西日报社写了一封信，想通过党报来调整一下他的工作。他来找我，问我陕西日报社有没有熟人，能否帮助他转一下信。我考虑了一下说："可以试试。"随即我给先生写了一封信，连同那位大学生的信一并寄给先生。过了不久，在先生的干预下，那位大学生终于调整了适当的工作，他高兴地跑来找我，说："没想到你的这位老师办事效率这么高。他在报社是干啥的？我估计他不是一位部主任级的干部，就是一位很有名气的记者。"我笑了笑说："是的，他是一位名记者，一位很有名气的记者。"他在我的肩膀上打一拳，说："我猜得不错吧。"他一再让我转达他的感激之情。通过这件小事，可以看出先生对读者来信的重视和雷厉风行的工作态度与风格。

1984年，全国法制报总编辑会议在兰州召开。会议结束返回时，我有意在西安下车逗留了几天。在一个星期天的上午，我到陕西省社科院去拜访先生。中午他留我吃饭，我这个人有个毛病，几杯酒下肚后，话也就多了起来。席间我问："古人云：'青出于蓝而胜于蓝。'可您培养的我们这批学生，没有一个超过您的。你那么年轻就当了省报和新华分社的领导，这是为什么呢？"他说："话不能这么说，时代不同啊，我们那时是逼出来的，你不是也当上了山西法制报社的领导了吗？"我说："一张小小的地方专业小报，县处级单位，怎能和先生比呢？"他开玩笑地说："哈！好你个安宓，你是嫌官小啊！你可不要小看这张小报，它对我国依法治国，向全民普及法律知识，增强人们的法律意识，将起着难以估量的效果。"

他谆谆教导我说："要想升官发财，不要去搞报纸工作。报社是没有官的，你当了总编，当了社长，要说和一般编辑不同的话，只是你肩上的担子更重、责任心更强、更要辛苦一点罢了。"聆听着他的教导，我默默地点了点头，说："先生您说得对极了，这点我已经深深地体会到了。"

接着他把话锋一转，说："我今生最感到荣耀和欣慰的不是年轻时当过什么总编、社长，而是在政法学院新闻系培养了你们这批热爱新闻事业而又朝气蓬勃的新闻人才。如今你们都分布在全国各地，我真可谓桃李满天下呀！等我将来退休后，仍去从事新闻教育工作，为培养新闻人才贡献自己的余热。"我当时心里想，先生不过只是说说而已。没想到他离任后，果然于1984年不顾年事已高，赴武汉大学担任新闻系教授。以后又兼任南京大学、杭州大学教授，并且还带了一批新闻专业的研究生。这对一个年过古稀的老人来说，显然是一种超负荷的运转。从这里可以看出，先生为我国新闻事业后继有人的良苦用心。

1993年先生77岁生日时，我和李果、王秀贤从太原赴西安为他祝寿。看到他外貌虽然瘦骨嶙峋，满头华发，却精神矍铄。我心里想，看来先生最少也能活到90岁，万没想到这竟是我和先生的最后一次见面。

从这年开始，几年来每到元旦前夕，总要接到先生寄来的贺年片，带来他温馨的祝福和殷切的希望。每当收到他的贺年片，心里是既高兴又不安。高兴的是说明先生没有忘了我这个学生，不安的是我总觉得有点本末倒置，应该倒过来才合乎情理。为了弥补我心中的不安和惭愧，正好这年我的大孩子雪昆到西安上学。他每次走时，我总要让孩子带上山西特产：两瓶汾酒，一瓶老陈醋，送给何爷爷，聊表心中的感激。

我一直盼着和先生有重新面晤的机会。我想一定会有的。1999年4月6日深夜，电话铃声响了，耳边传来李果的声音："安静，何院长于今天14时25分在西安逝世。师母很是悲痛，后天举行追悼会，你去不去？""去！怎能不去呢？"放下电话，我感到心中一阵揪心的疼痛！

7日早晨，我和省电视台的王秀贤坐上了李果的一辆六成新的伏尔加卧车，急匆匆地向西安驰去。

8日上午9时，先生的追悼会在殡仪馆举行。我们到时，馆内已经站满了人，挤得水泄不通。来人中有先生生前的好友和学生，还有各单位的领导。来人之多，是这几年所罕见的，这足以说明先生生前的社会影响力和好人缘。哀乐响起，我们向躺在万花丛中先生的遗体三鞠躬，表达我们的敬意和哀思。社科院的领导致追悼词，对先生的一生作了极高的评价，这"盖棺论定"是公允的、正确的，先生是当之无愧的。

我们随着灵车上了骊山公墓，为先生举行了十分简单的安葬仪式。没有哀乐，没有花圈。参加的人除了师母及他的儿女外，再就是我们这批新闻系毕业的学生。

晶莹无瑕的墓碑像扇厚重的门，把他永远地关在无边的黑夜里，然而在活着的人们心中，他仍如白昼般明朗。按理说，像先生这样一位享受副省级待遇的我党高级干部，著名新闻学家、学者、教授，从哪一方面来说，都有资格进入烈士陵园。为什么偏偏选择安葬普通百姓的骊山公墓呢？我有点不可理解。但想到先生一生淡泊名利，始终以普通一兵要求自己，愿意和群众打成一片，这也是情理中的事。谁会想到这里长眠的竟是一位党的高级干部、著名的新闻学者呢？

2000年元旦前夕，妻子一边数着先生历年来寄给我的贺年片，一边凄然地说："再也收不到何院长的贺年片了。"

生离死别两茫茫，人天永隔，相见无望，转眼竟成永诀，唯有泪千行。忆往昔，自难忘，呜呼痛哉！在泪眼模糊中，我仿佛看见一个清秀的身影在稳健地走着，走着，走远了，远了……

啊！我敬爱的恩师，您现在在哪里呢？

（原载《何微新闻思想与实践》第 178 页至第 197 页，车英主编，武汉大学出版社 2001 年 8 月出版）

缅怀何老

王德震　袁千正

我们和何老的交往，有一个心仪、结识、敬佩、怀念的过程。

1973 年前后，千正在西北大学中文系新闻培训班任课时，何老任陕西日报社总编，那"西北何"的赫赫名声，令我们景仰，很想去拜望他，向他请教。可能机缘未到，一直未能成行。

1984 年武汉大学新闻系组建之初，先开了新闻培训班。何老来培训班讲学，住在珞珈山庄的单人房间里。我们得到消息便去看望他。他一身冬装，显得整洁而有身份，身材不高，略显清瘦，而精神矍铄、神采奕奕。经过自我介绍，何老热情地接待了我们。他语言清晰、谈吐高雅，学术观点极为新颖，令人有"同君一夜话、胜读十年书"的感受。

不久，何老便调来武汉大学，而夫人刘蓉大夫仍然留守西安。何老住在北三区 26 栋 302 室，那是一套大三室一厅的住宅。1982 年始，我们便供职于武大中文系，也住在北三区，这使我们有机会经常亲近何老。我们每次去看望他，他总是和蔼可亲地为我们沏上香茶，有时还端上瓜果。他的房间整洁明净，自炊自食，生活井井有条。这种独立生活的能力，或许是他在战争年代长期锻炼的结果。

刘大夫时常从西安来探亲，她是一位雍容大方、热情能干的女士。她来时，何老的家庭便显得更有生气。夏天，刘大夫常常把大西瓜一切两半，存在冰箱里，我们去时，她便取出西瓜，切成块，端给我们吃，并重新切开一个存进冰箱。冬天，她会拿出从西安带来的、大而香脆的苹果，一边削皮，一边和我们聊天，然后递过来那令人解馋的苹果。

两位老人经常沿着珞珈山散步，当漫步到我们楼下时，还会爬上四楼，来到我们家坐坐、聊聊天，那时候，总让我们感到温馨、荣幸。

千正是古代文学教师。何老研究新闻史时，曾来向我们借《左传》之类的古籍，相互探讨一些学术问题。后来，我们的儿子裳晓京从杭州考来武汉大学新闻系读研究生，师从周永固先生，也多得何老教导。

大约1986年前后的一天晚上，我们又去看望何老。他放下手中的工作，为我们沏茶。"何老又在做什么学问？"我们一边问，一边翻开他案头的"课卷"。原来那是申报职称的材料。只见何老在那些成果上圈圈勾勾，多处批注着"抄袭自某某《……》处"。那种认真精神，实在令人敬佩。"外行看热闹，内行看门道。"那些材料如果拿在我们手上，我们能看得出这"门道"吗？我们不禁佩服何老涉猎广泛、记忆力惊人。

在教学方向上，何老主张新闻系必须突出新闻学的特点，不要把新闻系办成第二个中文系。他的一位学生也在这个方面发表过一些言论。这位同学在报考哲学博士生时，档案材料中的组织鉴定出现歧义，哲学系的先生们弄不清那评语是否触及敏感问题，博导组的一位先生来向我们了解情况，我们帮他查清之后，那学生顺利地被录取了。那是一种无法说明的原因，这使我们感到何老的工作并不一帆风顺。

何老是很爱护他的研究生的，时常见他和他的学生一起对坐抽烟，研讨问题，甚至漫无边际地神聊。室中烟雾缭绕，气氛融洽，宛如家人父子。

何老回西安之后，每逢回武汉大学开会或办事，总不忘来我们家坐坐。一次，何老又从西安来，正值晓京在家，他便为我们和何老拍了一些照片，有彩色的，也有黑白的，何老特别喜欢其中的一些黑白单人照，并把底片要了回去，自然我们也留了几张。现在，这些已成为我们极好的纪念。

何老虽然回了西安，但在我们心里，他似乎还住在26栋3楼。每当我们路过那楼前，总是情不自禁地向3楼张望：阳台上晒着衣服哩，证明何老没有回西安；房子里亮着灯哩，可能何老还在伏案写作。

何老果真永远地离开我们了吗？问清风：清明时节何老可曾来珞珈重游？询明月：中秋之夜何老可来山庄驻足？我们苦苦求索，只有音容宛在。何老既筑庵堂于骊山，那儿的秦皇武士、贵妃侍儿可听从何老差遣？何老近日可曾令他们发布过新的成果？我们也已年迈，愿他日天国重逢，我们也能像何老一样寿高、德高、境界高。何老永远是我们的典范。愿何老安息！

（原载《何微新闻思想与实践》第196页至第198页，车英主编，武汉大学出版社2001年8月出版）

学习的楷模

周永固

何微先生是我国新闻界的老前辈和著名的新闻学家。我和他一起工作了十多年，他那为人实在、平易近人、关心同志、事业心强的品格，给我留下了深刻的感受和印象。

我初次认识何微先生，是在1981年9月的一天。那天上午，我去陕西省委宣传部参加筹备新闻干部训练班的会议。当我到值班室打听开会地点时，一位老同志走了过来，中等个儿，比较瘦的脸上有一双和蔼有神的眼睛。他和我热情地握手，我才知道这就是《陕西日报》总编辑何微先生。此后，我们在工作中的接触就比较多了。1982年他调任陕西省社会科学院院长，兼任新闻研究所所长，并亲任《新闻研究》季刊主编。

这是我国第一本大型新闻学术理论刊物。我和刘承祖、孙欣伟、丁景泰、桑义燐等参与编辑工作，经常在何老家里开会，研究刊物的编辑出版事宜。此时，我写了几篇新闻学术论文，何老都仔细地审阅了原稿并提出了宝贵的修改意见。

1984年武汉大学创办新闻系，派人到西安动员何老和我及老桑去武汉大学工作。这时何老已经年近古稀，但壮心不已，还想继续为我国的新闻教育事业和新闻研究作些贡献，便毅然决定到武汉大学工作。我和老桑也同时调进武汉大学。老桑去后不久就又应聘去了杭州大学。何老和我则留了下来。

何老在武汉大学工作期间，我经常去他家里坐坐，聊聊天，也常讨论一些学术问题。我目睹了何老的教学、科研情况。何老70多岁了，除了给研究生讲课外，还给本科生、大专生上课。他每天很早起床，上午不是在外上课就是在家看书写作。下午和晚上，经常有老师、研究生、本科生来看望何老，向何老当面请教一些问题，何老一一热情接待，从不厌倦，对所提的问题都给予耐心的回答和指导。有时几位老师、学生同时来访，大家经常就一些热点问题展开讨论。遇到节日，何老经常自己做菜招待来访的学生和老师。他也经常回访新闻系的一些老师，以密切同志之间的关系。他对我的生活也多加关照。何老这段时间撰写了大量有价值的新闻学术论文，还撰写了《新闻科学纲要》专著，主编了《中国新闻思想发展研究文集》等。他那一丝不苟的治学精神和人老心不老、孜孜不倦的奋发精神，给我留下了非常深刻的印象。

何老在武汉大学完成预定工作目标后，于1991年又回到了西安，我仍留在武汉大学任教，每次回西安就去看望他。他很关心我的《新闻评论学原理》一书的写作与出版。他审阅了原稿，对此说了许多鼓励和称赞的话，也提出了一些宝贵意见。1995年3月他患重感冒住院，出院后身体尚未完全恢复，就欣然为此书提笔作序。

1996年5月，武汉大学新闻学院派黄宜新同志和我，并同武汉大学学报的车英先生一起来参加何老80岁诞辰纪念会和学术研讨会。何老在一阵热烈的鼓掌声中起立致辞说："同志们过誉了。我只是觉得自己像一条老黄牛，只知道多干一些活儿，只想多为人民做一些有益的事情。"这几句话很好地表现了作为老一代新闻学家何老的高尚品质和平易近人、人老心不老、治学严谨的作风和精神。

何老80多岁时仍坚持读书学习，也写了不少文章。1999年春天何老因病住进医院，我第二次去看他，他坐在一把靠背椅上，虽然瘦了许多，但精神很好，我祝愿他身体一天天好起来，早日痊愈出院。没想到，几天之后传来了何老去世的消息，我心里很是难过！一位平易近人、和蔼可亲的长者形象永远留在了我的心里。我觉得：何老是值得我永远学习的楷模，也是我国广大新闻工作者永远学习的楷模。

（原载《何微新闻思想与实践》第199页至第201页，车英主编，武汉大学出版社2001年8月出版）

率先垂范　无私奉献

——怀念何微老

胡欣

1998年春初，我怀着十分矛盾的心情给远在西安的何老寄发了一封信，请他为拙作《新闻写作学》作序。其所以矛盾，我想到何老年事已高，身体不如从前，怎么能去打扰他老人家呢？但一想到何老是我心目中最崇敬的人，又是著名新闻学家，定会对我提出许多宝贵意见，所以我还是贸然去了信，并附上书稿。很快，何老回信了，并写出了序言。当我接着厚厚一沓信时，手颤抖了：我后悔不该求助何老，他正在病中，抱病为我写序言，恐怕这是何老最后一次为后生们出书写序言了。所以我在拙作《新闻写作学》后记中特别写上这一段话："承蒙著名新闻学家何微先生为本书作序。令人感动的是，何老在他82岁高龄还抱病为弟子书写序言，使弟子甚为不安。在此，祝愿何老身体健康。"这是我发自内心的感激之情。

没有想到，一年之后何老与我们永别了。1999年4月6日，我在新闻学院听到这一不幸消息时，伫立窗前，心里十分悲痛。院里决定派院长张昆代表新闻学院乘飞机前往西安吊唁，并参加追悼会。我以个人名义向何老夫人刘蓉大夫发了慰问信，表达我对何老的沉痛哀悼。

何老离开我们了，我一直想写些文字来表达我对何老的怀念和崇敬。可每当拿起笔写出几行又停了下来，我犹豫不能准确地反映何老的人格和业绩。但何老的音容笑貌时时浮现在我的眼前，我还是得形于笔端，不管自己水平如何。在我与何老的多年接触中，我感受最深的是何老的敬业精神、牺牲精神，为武汉大学新闻学科的建立和发展，率先垂范，无私地付出了自己的心血和时光。

武汉大学新闻系于1983年秋创立。之后，系领导请几位新闻界知名度高的专家、教授来讲学，其中请来了何老。其间校领导特地到学校招待所拜访何老，恳切提出请何老来武汉大学工作，扶助新闻系发展。因为当时新闻系刚刚成立，势单力薄，需要一位德高望重、新闻学识渊博而又热心支持武汉大学新闻系发展的前辈来扶助。何老在全国新闻界很有影响，当时有所谓"北甘、南王、西北何鼎足而三"的说法。何老在延安时期从事过新闻工作。1962年担任西北政法学院副院长时创办过新闻系。之后一直在中央和省市新闻单位担任要职。他既从事新闻理论研究，又从事新闻业务实践，可谓是理论、业务和热心办教育三者俱全，他那办好新闻教育的宏伟蓝图，令武汉大学校领导拍手，连声称好。武汉大学领导当场邀请他来校执教。鉴于武汉大学校领导的诚意和系里在此之前派两位同志赴西安恳请何老调来的愿望，何老毅然同意了。此时何老在西安担任陕西省社会科学院院长，兼任陕西省顾问委员会委员，享受副省级待遇。按理说，何老可以两者、两地兼顾，但他为了集中精力抓新闻系的发展和教学工作，舍弃了在陕西省的要职，舍去了晚年怡养之福，独自一人调来武汉大学。就这一点可以看出何老为办好武汉大学新闻系所体现出的无私境界。1984年底，系里派我到西安办理何老调动手续和托运行李。大雪天我到何老家，他正伏案设计武汉大学新闻系的发展蓝图。他放下工作，亲自出面安排我进餐和住宿事宜。他爽朗地对我说，我一人去武大，只把书籍、书架、桌椅床板这些必需品运走。我感到诧异："您一个人生活怎么行？您年纪大，得靠夫人和子女照顾。"何老说："他们有他们的工作，我身体还结实。我到武大去是工作，不是去享受。"

按理说，何老远离家一个人在外地，工作那么忙，教学任务那么重，工资也不低，住在珞珈山武大北三区校长楼栋，雇请佣工是在情理之中的事。但他没有这样做，全是他一人自行料理一切。有几回，我在菜场买菜，见何老也在买菜，我笑着说：就这么简单的几样菜？何老说：简单好，省时间。我意会到何老是要省出时间来做学问和教学。有一次，我上何老家通知开会（当时未装电话），只见他吃的是面条加大白菜和咸菜。饮食就这么简单！他不是为了节约（当然节约、艰苦奋斗的习惯，何老在革命战争年代已养成），他是为了把时间用在公务上。我怎么表达对何老的心意呢？想了很多办法都不妥，忽然冒失地把家乡特产小磨麻油送一瓶给何老。何老很高兴地接纳了，说这省事，舀一勺往面条上一放就可以吃了。我从这细小的日常生活中，常常感到何老生活的俭朴。

何老担任新闻系研究所所长职务，并带新闻系首批硕士研究生。他给研究生除开设常规新闻课程外，还开设"电子新闻学""中国新闻思想史"等课程，这是他多年潜心研究的课题，在全国高等院校新闻专业中少见，属前沿课题。我在新闻系语言文学教研室，与何老在专业教学上接触少些。但何老所在的新闻研究所和我所在的语言文学教研室同属一个党支部。我是支部书记。这样，党组织活动、党员生活，还是经常在一起。他把自己看作一名普通党员，严格要求自己，从不以老党员自居（他入党时我才出生）。现在在同一个支部，我看到何老是按月第一个交纳党费的；开会，何老是第一个到会的。1990年6月的一个大热天，学校开全校党员大会，时间是下午2时30分，党员先在各系集中，然后排队前往会场。那天，何老提前一刻钟等在系门口，我提前10分钟，以为是第一个来的，一见何老坐在小凳上任太阳晒，惊讶地说："哎呀，您老来这么早，我算落后了。"这看似小事一桩，可见一个老共产党员的组织纪律性强。他的模范行为，他的党性观念，在新闻系党员教师（包括青年党员）中留下了深刻印象。他们把何老的教诲、何老的学术思想、何老的为人，熔铸在新闻系的继续发展中。

何老年事已高，身体也渐渐差了，新闻系初具规模了。1991年，何老离职退休，系里无任何报偿，他只身一人回到西安旧居。1993年底，武汉大学新闻系举办建系10周年暨筹建新闻学院庆典，何老兴致勃勃乘飞机来到武汉，住在珞珈山宾馆。庆典那天，在人文馆门口，我握着何老的手说："调来武大，是我接您的。这回系里庆典请您老来，您是自个儿来的。下回20周年庆典，我主动请求第二次赴西安接您来，哪怕是自费。祝您健康长寿。"没有想到，我第二次接何老来武大的承诺终生不能兑现了，何老永远离开我们了。

宋代诗人杨万里在《又和风雨二首》之一中写道："风风雨雨又春穷，白白朱朱已眼空。拼却老红一万点，换将新绿百千重。"用这首诗来形容何老不遗余力地为武汉大学新闻学科的发展所作出的奉献和为新闻系由"系"发展成为"学院"所付出的代价，是不过分的。何老的形象、人格和业绩，永远留在武汉大学发展历史的丰碑上。

（原载《何微新闻思想与实践》第202页至第205页，车英主编，武汉大学出版社2001年8月出版）

跟何老学新闻

——忆何微导师

缪晖

1999 年春天，我从武汉到西安开会，住在大雁塔附近的一家宾馆里，距何微导师居住的陕西省社会科学院并不很远，我很高兴能乘这次机会再去探望自己崇敬的老师。

可是刚到西安第三天，接到他儿子何安夏打来的电话，告知何老因病于前天去世……我一下子惊讶万分：既哀痛失去了这么一位可亲可敬、平凡而高尚的师长，又诅咒自己为什么没有一抵西安就去何老处，而是想抽会议之暇再去拜访，当然也责怪自己平素问候太少，以致他住院治疗多时尚不得知。当我向主持会议的报社总编请假时，总编也很惊奇："真巧呀，你们在西安还能见上一面……是不是做学生时他就特别喜欢你呀……"

何老对他的每一位学生都是充满师长之情的。对我们来说，他不仅仅是一位尊师、一位慈父，也是一位跨越岁月之隔的挚友。

我和刘惠文、邱江波是何老在武大新闻系所带的第二批硕士研究生。记得第一次上课是在他的武大珞珈山麓的家中，他开宗明义地对我们讲："研究生的教学方法与在中学、大学的不一样，那种完全是老师讲、学生背的填鸭式方法不适用了，我提倡以自学和讨论为主，课堂上以讲述学习体会、互相讨论启发的办法为主，提高你们自学能力和分辨能力，为以后工作中的学习和运用打基础。"

以后，每周上课前，他都布置一些书目让我们去阅读，写出自己的学习体会，上课时各自讲述约 15 分钟，然后他逐一讲评，既讲原著的精髓，也评价我们的学习是否抓住了要点，对问题的思索和剖析是否准确。然后大家一道讨论、补充和交流。

记得刚开始时，我对这种方法不太适应，在第二次上课时，我就表现了出来。何老听后专门作了发言，从新闻学的教学改革、新闻工作者的必备素质等方面予以讲解，使我们更明白了这种方法的长处，决心在以后的学习中努力去实践。

这种方法持续了一年，大家都感到对自己的实际能力的提高有很大帮助。不久，我应武汉体育学院研究生院之约，受聘于该院的兼职研究生导师。上第一课时，我对两位将随我学习一年的足球研究生讲，我们的学习方法不是讲理论，首先我们每周要去新华路体育场看甲 A、甲 B 联赛，然后一道讨论，你们回去再根据看的、想的、讨论的，写出自己的体会来。经过一段这种形式的学习，两位过去从课本上学习足球的研究生有了很大的长进，从中我更深切体会到何老教学方法的优点。后来我告诉何老此事，何老听后非常高兴，鼓励我进一步提高自己的教学水平。

何老在教学过程中，还有一个显著的特点，就是十分鼓励和提倡学生的创造性，决不过多地将自己的观点强加给学生，不限制他们的"离经叛道"，而是热情鼓励他们的求新求变。从1989年开始，何老就同我一起研究我的硕士论文选题，由于那一时期我们一直随他在《中国新闻思想史研究文集》中查找资料，学习总结，所以他为我出的论文选题是与之有关的当代新闻思想史的研究内容。后来在做论文的实践过程中，我发现有一些难点，在当代新闻工作中并没有得到真正解决，甚至在认知上还存在分歧，这当然很难在一篇论文中讲清楚，唯恐会永远陷入那种"剪不断，理还乱"的纷乱之中。

我怀着几分忐忑不安的心情，向他陈述了自己的困惑及对论文的一点想法：我已有多年记者实际工作的经历，而且这个阶段正好是拨乱反正后，新闻事业在高科技的推动下，也在发生着巨大变化。一些先进科技手段在新闻工作中的运用给调查研究和新闻采访带来革命性的变化，我能否就此做些研究和总结。

何老听了，马上表示赞成。他说：现在的调查研究方法的变化真是太大了，几十年前我在延安时期从事新闻工作，基本靠两条腿走路去采访，有时随部队走几十里、上百里路，到一个地方参加一场战斗，晚上赶着写完稿，又要行走几十里、上百里赶回编辑部发稿。毛泽东同志当年搞湖南农民运动的调查时，也是靠两条腿走遍了湖南的三湘四水，白天在田间同农民干活，晚上同农民一道在油灯下谈心，这样获得第一手资料。中华人民共和国成立以后，我们在调查研究方面也没有大的突破，基本还是沿用过去的开会、个别访问、听汇报，手段的落后也在一定程度上影响了调研的范围、深度和结果，所以那时得到一个较偏激、较片面的结论，根子在指导思想，但方法手段也确实是相当落后。现代社会是高科技和信息爆炸的时代，这极大地改变了调研手段，如电子计算机的广泛运用，给信息的掌握和传播带来"质"的飞跃，所以你的这个选题很有时代性，我大力支持。

第二次他又约我到他家，谈他对这个选题的更深一层的思考，并找了不少这方面的书，有一些关于调研的书，是他自己的收藏，书内有他的印章和签名。只是由于时间的仓促和能力所及，那篇论文并没有达到何老期待的水准。但是他依然鼓励我："这个选题以后还可以做深做细些，要争取出本书。"当我把何老借给我的十几本参考书还给他时，他语重心长地说："这些书就算我送给你的吧，希望对你以后的研究能有帮助。"

时至今日，这些书依然存放在我的书柜里，我一看见这书就想起何老当年的教诲和期望。

（原载《何微新闻思想与实践》第 206 页至第 209 页，车英主编，武汉大学出版社 2001 年 8 月出版）

永远的恩师

姚职

何微先生是著名的新闻学家。他为我国的新闻事业与新闻学理论的建设奋斗了一生。我跟随先生三年有余，现值先生逝世两周年之际，特将我的怀念，敬献给何微先生。

初见何微先生，我刚大学毕业，在武汉大学新闻学系担任团总支书记，学校请何微先生前来给刚组建的新闻学系的学生讲授"新闻学理论"课程，我也随学生一起去听课。此时，何微先生已是年近七旬的老人，但仍意气风发，精神矍铄。在课堂上颇有点指点江山、激扬文字的气概。我当时只有 20 岁，听说过何微先生零星的传奇经历，知道他是我国著名的红色新闻战士，从革命实践当中走出来的新闻学家，对他非常景仰。

1984 年，何微先生正式调到武汉大学，创办新闻研究所，当时的系总支书记吴高福先生找我谈话，说决定调我到何微先生身边任秘书，协助何老工作。我欣然允诺。

在何老身边的日子是终生难忘的。他的做人的品格，治学的态度，老骥伏枥、壮心不已的情怀时时感染着我、激励着我。

创办初期的新闻研究所，尽管受到学校及各方面的关注与支持，但一切从零开始，困难重重，有经费问题、人员问题、课题的开展问题。何老年近七旬，别妻离家只身来到武汉，还有生活方面的问题。但何老总是微笑着面对这一切。在何老的苦心经营下，研究所的工作很快正式展开。记得所里正式研究的第一个课题是"中国新闻事业改革发展趋势研究"。课题调研分为两组：一组由何老亲自率领，赴北京、河北、山东等地调研；另一组由何老的主要学术助手桑义燧教授率我奔广东、上海、福建、江苏等地调研。我是从这时开始对新闻事业有了初步的了解的。不久，何老招收了第一届硕士研究生，并且开始了他的中国新闻思想发展史研究。

往事悠悠，何老已经驾鹤西去，但他对我的关心、教诲仍历历在目。初到何老身边，我还是一个不谙世事的小青年，思想极不成熟，对人、对事有很多不切实际的想法。何老经常和我谈心，但从不将他的想法强加于我，总是循循善诱，从他的经历、从他对世事的体验给我教诲和启迪。在我 22 岁生日的时候，何老亲自下厨，为我做了一顿丰盛的生日午餐。这是我一生最难忘、最幸福的生日庆典。1987 年夏，我参加省委讲师团到鄂西山区工作一年，何老给我写信、寄资料，嘱我不要放弃学习与进取。

1991 年，年事已高的何老离职回到西安，但仍关心着我。当他得知我在进行广告学的教学与研究时，将他从报刊上剪辑的关于广告的资料寄予我，给我支持和鼓励。看着面前已经泛黄的何老亲手剪辑的文章，何老的音容笑貌又一一展现在眼前。我痛恨自己，自从何老回到西安后，我竟连一封信都没有给他写。不是我不愿意写，也不是我忘记了何老的关心与教诲，我是愧对何老，在事业上一无所成，有负何老的厚望，我总想能够做得好一点，以丰厚的成绩来回报恩师，可是，何老已经走了……

去年的 5 月，我来到何老位于骊山的墓前，又看到了何老注视我的目光。我仰望着翠绿的峰峦，心中说，何老，您是我永远的恩师，您是我心中的高山。我要像您那样，一息尚存，永远奋斗。

（原载《何微新闻思想与实践》第 210 页至第 211 页，车英主编，武汉大学出版社 2001 年 8 月出版）

忠诚的新闻战士
——写在何微先生逝世一周年

刘彦章

何微先生离开我们已经一年了，但他对党的新闻事业的忠诚，却永远留在了我们的记忆中。

那还是他就任陕西日报社总编辑的时候（大约在 20 世纪 80 年代初）。有一次，我和一位同毕业于西北政法学院新闻系的同学相随来到何微的总编办公室。去为何事，现在已记不清了。但交谈中他所谈到的作为省报的总编辑，如何处理一些人要在报上批评省委省政府的问题，在我的脑海里留下了十分深刻的记忆。这，也许是当时我也在做总编辑工作的缘故吧。

记得他说，我是陕西省委机关报的总编辑，办的是省一级党委机关报。在这张报上，我只有宣传党的路线方针政策，鼓舞激励教育群众去实现党的各项工作任务的权利。这是一个共产党员应该遵守的纪律，也是作为党的新闻工作者对自己的起码要求。要是都在同级党和政府的机关报上指责批评其党委和政府，那岂不就乱套了吗？党委和政府的工作还怎么搞？我们报社有内参嘛，有什么问题、意见可以通过内参向上反映。

我感到，何微老师的这段话表现了他对党、对人民政权的忠贞和热爱。因为，他曾经是一名战地记者，他曾经历过那出生入死、枪林弹雨的年代，他深知人民政权来之不易。因而，他对它必须加倍地爱护。这，也许就是经过战争洗礼造就了他那对党的忠诚吧！

老师用他的言行为学生们作出了表率。我们这些后来者，当在新的世纪、新的历史条件下，做出我们无愧于前人的事业！

（原载《何微新闻思想与实践》第 212 页，车英主编，武汉大学出版社 2001 年 8 月出版）

怀念何微同志

肖里

何微同志是我的老领导，曾在新华通讯社太岳分社工作过，任该社社长。太岳分社是 1942 年经中共太岳区党委批准于这年 3 月 1 日成立的，同样为区党委直接领导。1944 年石印《太岳日报》改为铅印《新华日报》。为集中力量办好《新华日报》铅印版，报社与分社合并。故而，太岳分社对内是报社的通讯部，对外仍保留分社名义。通讯部后改为通采部。1946 年 1 月底，太岳分社和太岳新华日报社随同太岳区首脑机关从沁水县的石室村迁到阳城西关，印刷厂和编辑部分别驻在汗上村和西关后沟的鸣凤村。这是根据地从山沟转移到城市办报的开端，也是报社的极盛时期。为了加强报纸与实际的联系，充实编辑部，区党委又先后从各县调来我和张赛周、李绍勋、康丁、李林、苏平、张克勋等同志来报社工作，分任编辑和记者。我被分配到新华社太岳分社担任编辑工作。太岳分社除社长兼通联部部长何微同志外，只有我和何微同志的爱人张瑾同志两个编辑，分社有 2.5 千瓦马达一部，可以直接收发稿件。分社的主要任务是编辑和报道太岳区各地的重要新闻和接收中央台发的国内外重要新闻，每天编辑稿件十多篇，由何微同志审定后发往总社。报道的重点主要是：1. 放手发动群众进行土改；2. 组织起来开展生产互助运动；3. 揭露国民党军队进犯解放区破坏"停战令"等罪行。1949年秋恢复山西省建制，原太岳区党委宣布撤销。为迎接接管大城市报社和进入大城市办报的需要，何微同志北上和史纪言同志共同筹办《山西日报》和新华社山西分社，并分别兼任山西日报社和山西分社的正副社长。我俩分手后，除书信往来外，还见过3次面：一次是在太原；一次是1984年到陕西旅游时到他家看过一次；一次是1985年7月5日至8日在太原召开的太岳区新闻事业史座谈会上。他当时身体很好，没有想到这次会见竟成了最后告别。

1999年4月，何微同志病逝于西安，噩耗传来，我万分悲痛。他的逝世使党失去了一位伟大的为共产主义、为党的新闻事业、为社会科学事业的繁荣而奋斗了一生，并作出了重大贡献的优秀的共产主义战士和领导干部，但他那种高尚的为人民服务的精神和品格是我永远难忘的。他对党忠心耿耿，热爱党、热爱毛主席，他身居要职，严于律己、宽以待人、作风严谨、勇于进取、艰苦朴素、廉洁奉公、以身作则、平易近人、呕心沥血、无私奉献，永远是我学习的光辉榜样。

（原载《何微新闻思想与实践》第214页，车英主编，武汉大学出版社2001年8月出版）

何微，何微？
——怀念我的一位良师
杨润本

惜别最后一所母校，远赴华东、中原省份工作14个春秋之后，乡土意识甚浓的我总算调回原籍，到新华社陕西分社继续从事新闻业务。一时间，一股久别重逢的亲情不时地在心头激荡。刚报完到，我的第一件事就是迫不及待地给我大学时代的一位良师打电话。

"您是何院长吗？"因为上大学那阵儿这位老师担任着学院的领导职务，所以大家都一直这样称呼他。

"我是何微——人可何，微不足道的微……"老师立即回答，并在解释"微"字时把"微不足道"讲得特重特响，着意强调的口吻令我顿生敬意、浮想联翩。

据说何老师当年初涉革命征途，曾取名何畏，面对强敌和艰苦卓绝的战争生活，处处表现得无所畏惧，勇往直前，后因当时抗大中有三个同名同姓的何畏之故，改名何微。他相继在新华社华北总分社和山西、北京、江苏等分社分别任副社长、社长十七八年。此刻又熬过"文革"灾难，当上陕西日报社总编辑。他在世人眼里，早已成为一名"大官"，何言"微不足道"？可他几十年如一日，硬是实实在在坚持以自己为轻、以事业他人为重的处世哲学对待周围的一切。

我于1960年秋季由乡下考入西北政法学院新创办的新闻系就读，随后被下放在秦岭山区一个县的何微老师也调来参与院级领导工作，同时分管新闻专业。从此，我们之间便结下不解的师生缘分。

或许是长期做新闻工作养成的良好习惯，加上自己待人接物的特点，何老师是当时与学生打交道最多、同学最熟悉的一位院领导人。他的家是我在校读书期间敢贸然前去谈点意见和建议的唯一的院领导的住处。大学三年级临近结束，因国家经济困难，学院准备将大部分系、班放长假一年。新闻系是跟着放假，还是提前一年作大专毕业、不再续办？何老师召集学生干部座谈，征求看法。大家既不愿放假，亦不想提前毕业。他一方面体谅国家、学校的难处；另一方面也理解学生的心情。后来，经过他的努力，终于促成新闻系接连上完四年课程，大学本科一毕业，停办了之。本届79名学生毕业时竟十分抢手，按计划分配到中央和全国上十个省、市、区的新闻出版及文化教育等部门。其中许多人成长为所在单位的高级人才或领导干部。如今，每每谈起该事，众校友无不感念何微老师的恩德！

一个夏收季节，新闻系被安排到渭南河滩区帮农民抢收小麦。返校那天，何老师专程带一辆大轿车前来迎接。看见同学们一个个沙尘满面，汗湿衣衫，他那慈蔼的脸上顷刻表现出欣慰、心疼的神情："你们肯定没偷懒的，干得很卖劲哟！回去赶紧洗洗歇歇！"一路上，老师、学生说个没完，笑声不断，其"画面"久久"印"在我的脑际。

我第一次拜访当了省报"老总"的何微老师，是陪同北京一位校友一块去的。敲开老师办公室大门，只见一位清瘦干练的长者正伏在一张摆满报纸、稿件的宽桌上埋头疾书。室内空间不小，但没有一件像样的书架，没有任何摆饰，还显得有些零乱。"这哪里像个总编辑工作的地方？"本该是心里嘀咕的话，岂料竟打舌尖"滚"了出来。何老师闻声扬眉，跟我们互致问候后，遂解释道："我历来不赞成把报的总编辑当'官'当。他理应是个'记者头儿''编辑头儿'嘛。手下的工作人员终年东奔西跑，废寝忘食地采访、写作，你不看稿、不改编，怎么体察个中甘苦，凭什么指手画脚？"

斯言虽出自20年前，现在回味，仍不乏教益。

我也听到同学们对何老师的些许"意见"。最多的莫过于埋怨他在台上那么长时间，不仅没有利用手中权力安排重用自己的一个学生，反倒常常否定下级组织和同志们对学生的公正举荐。待他离休后，遇上一些该办而迟迟办不成的事感到焦虑时，有人才替他总结"教训"："如果您当初能把自己的几个学生提拔到掌实权的岗位上，眼下还会有什么问题不可解决？"他只是摇摇头，笑笑而已。

其实，在许多人看来，何微老师特别让人羡慕的，当数他的晚年。除了留下光辉的业绩和丰厚的著述以外，家里逢年过节，"桃李"不断。新华社山西分社年近八旬的老社长马明屡屡撰文评介"何微同志"的辉煌历史；新华社河北分社资深记者郭洁念念不忘邀请"何微首长"相伴故地重游；武汉大学新闻学院师生一直忙着为"何微教授"出版书籍……他80岁诞辰时，在西安举办了"何微新闻思想研讨会"。来自北京、武汉、山西、陕西50多名学子和同业人士总结其学术成果，学习其师德师范，表示要把它们当作精神财富继承下来，发扬光大。何微，不微！

2000年9月于西安

（原载《何微新闻思想与实践》第216页至第218页，车英主编，武汉大学出版社2001年8月出版）

12月，难忘一件事

郑恩忠

每到年终的12月，我就会想起一件难以忘怀的事来。

那是1981年，我在汉中驻记者站。那年夏天，汉中地区发了大洪水。12月下旬，我随汉中同志回西安参加全省抗洪救灾表彰大会。就在会议结束我行将再赴汉中之时，不幸的事情发生了：我年近七旬的老母亲突发脑出血，瘫痪不起。那时，我爱人上班离家路远，我母亲操持家务，照管年幼孩子，支持我驻站工作。她这一病倒，我顿时茫然无措。那时候，看病难，住院就更难了。医务所大夫和部门同志帮我伴着老母亲跑了几家医院，可都住不上院，真是急死人了！就在我个人来说最危难的时候，时任报社总编辑的何微同志闻知情况后，当即放下手头工作，亲自到西医二院找人，费了一番周折，终于联系好病床，使母亲顺利地住院治疗。待一切手续办妥后，他又到病房看望我母亲，并叮嘱我不要考虑记者站的事，安心侍奉老人。一个是无名小记者，一个是鼎鼎有名老总编。我握着他的手，无言胜有声。面对着慈祥的长者、尊敬的领导，我流下了激动的泪，打心底感激他。说实话，我不是那种无事爱往领导那儿跑的人，和何微同志并无什么个人私交，可他为什么对我这个无名小辈如此关心？我从中感悟到何老对同志的真诚关爱，不仅是他高尚人格的展现，更重要的是以他的行为，体现着组织和报社大家庭的温暖和爱心。正是这种深切感受到的温暖和关爱，化作了令我向前的动力，促使我在以后的道路上不断奋进。

12月，尽管寒气袭人，但每当追忆这件事时，我的心中不由得涌起一股暖流……何微同志虽然离开我们多年了，但报社的同志们依然怀念他。

（原载《何微新闻思想与实践》第223页，车英主编，武汉大学出版社2001年8月出版）

何老脚板下的健身之道
——一名体育记者的探秘

缪晖

人称"七十古来稀"，而何微教授活到了83岁。在我国新闻和新闻教育战线上辛勤耕耘了60多个春秋的何微先生，直到他生命的最后一息，他仍是那么精神矍铄，辛劳不止，或伏案疾书，著文立说；或登临讲台，教授四方；或与同行、学生书信频频，探讨求新。

1995年，他在给我的电话中还透露，每周要去陕西省党校讲三次课，此外，还有一些教材的编写任务。何老以其实践向人类工作年限的极限进行着严肃而又轻松的挑战，以顽强而执着的精神谱写着一位老新闻工作者"生命不息，奋斗不止"的生命颂歌，谱写着一位老党员对人生意义的诠释和理解。

作为延安时期的我国老一辈无产阶级新闻工作者，何老孜孜不倦的追求、教人育德的风范、朴实求真的学风，为我们树立了光辉的榜样。

1996年，有关方面和他的同事弟子们在西安召开了何微先生新闻思想讨论会，对他从事新闻工作60年的作为和贡献，尤其是为人为文的垂范表率给予了高度的评价。作为他的最后一批研究生，更由于笔者作为《中国体育报》的记者，对何老在高寿之年仍保持旺盛的精力、健康的体魄，投以更多的关注，这也是众多关心他的人想解开的奥秘。

何老在抗日战争初期就投身革命，成为中国共产党较早的新闻工作者之一。艰苦的战争年月，风餐露宿，缺衣少食，其生活条件之恶劣可想而知。而那时要从事以传递信息、四处奔波为特点的新闻工作，其难度是现代人想也想不到的。

何老曾回忆说，那时冒着炮火和硝烟，要深入战争第一线去采访军民，抓第一手材料，然后又要回报社赶着写稿、交稿，唯一的交通工具就是两条腿，有时一边走路，一边琢磨着怎样写稿。为了避开敌人，往往只能日伏夜行，晚上一走就是通宵达旦。走多了，也就走出水平来了，几十上百里抬腿就走，不在话下。

几年，十几年，就是这么走着，走着，腿力和脚板磨出来了，一副冲得上跑得快的"身子板"练出来了。想当初，不少党的新闻工作者、战地记者和通讯员都是身怀这一套"神行太保"的绝技的。何老自然也不例外。

20世纪40年代初，何老不幸染上肺结核，这在环境恶劣、生活艰苦的斗争年月，可是个不轻的病。但何老以革命者特有的乐观情绪对待，他常说的一句话是："别往心里去。"除了有限的休息治疗外，他仍将主要精力投入革命工作中，只要身体稍好，仍以走路来恢复体能。几个月后，疾病告退，结核钙化，何老又是一副好身体。从此他更记住了"常走路"的多重功效。

他很有感触地说，在战争年代留下的诸多财富中，"常走路"是终身受之有益的锻炼方法。中华人民共和国成立后，他先后在多家新闻单位身居高位，尽可以车代步了，可他仍坚持多走一些路。20世纪50—70年代，他先后任新华社北京分社社长、陕西日报社总编。在这些城市的不少基层单位、郊区农村都留下他的足迹。有时节假日、周末，他约三五个好友同事，走出喧闹的市区，到某一郊外风景点，置身山水田园，尽情享受大自然的旖旎风光，使终日忙碌于工作的身体的各个"零件"再洗一次"灰尘"，加一次油。北京的西山、南京的玄武湖、西安的大雁塔都留下何老的身影和爽朗的笑声。后来，何老出任陕西省社科院院长，还被选为陕西省考古学会会长，在那个遍布秦砖汉瓦的古代都市，走到每个被发掘出的考古现场，流连于古代文化的宝库，又为何老"常走路"增添了一个新的文化内容。

1984年，已从陕西省社科院院长位置退到二线的何老，受武汉大学邀请，参加筹建新闻研究所和新闻专业的开创性工作。那时何老虽已年近70岁，但为了培养新闻专业人才的需要，毅然离家别妻，搬到了武汉大学珞珈山下的一所教授公寓里。从住所到上班的新闻系，要走一个大坡，绕过半个珞珈山，步行约30分钟，每周都要往返三五趟，有时还一天两趟。但何老乐此不疲，只见他脚穿一双旅游鞋，夹一个公文包，每次都精神抖擞地行走在匆匆上班的人流中。同事关心地问起走路的事，他总笑道："习惯了，每天走走，是个锻炼嘛。"

创建系、所之初，千头万绪，何老又要教学，又要规划安排工作，协调各方关系。这时何老把走路与思考工作结合起来，效果还挺好。试想，一位年过七旬的长者，如果只在屋里冥思苦想，不但效率有限，还很可能生出病来。其实这种特殊的锻炼和工作方法早已有人实践了。德国著名诗人歌德曾这样总结："我最宝贵的思维及其最好的表达方式，都是当我散步时出现的。"著名文学家怀特也说："轻快的步行，如同其他形式的步行一样，是治疗情绪紧张的一服理想的'解毒剂'，并能改善人们的一般健康。"

1990 年秋高气爽之际，何老向当时武大新闻系的三届研究生共 20 多位发出了邀请：步行到东湖磨山风景区。磨山风景区虽然游人很多，但大多是乘车而去，乘车而回，极少有人步行到那里。这段路程单程就要两个多小时，可年已 74 岁的何老手一挥，笑眯眯地说："干粮、饮料我来备，你们只要带两条腿就行了。"就是这两条腿，正当青春年华的研究生们似乎也并不比何老强多少。何老边走边谈，兴致极高，他回忆早年从事新闻工作的种种往事，谈起"跑新闻"时登临祖国名山大川的种种趣味，陶醉于壮美山河之中……不知不觉、不紧不慢之中，何老既没气喘吁吁，也不歇脚片刻，一直走了两个多小时。到达终点磨山脚下时，在"书生"们和"眼镜"们的一片叫累声中，何老又带领大家一道拾级而上，路经朱碑亭（朱德在此留下"东湖暂让西湖好，今后将比西湖强"的诗句），直达山顶。

"读万卷书，行万里路。"何老一直奉行的人生哲理通过言传身教，很自然地影响到即将走上工作岗位的新一代新闻工作者身上。大家相约，10 年后，即 2000 年，当一个新世纪来临时，再回母校，带着自己的工作成果，来看望师长学者，再做一次从武大到东湖磨山的徒步旅行，并盛邀何老一定参加。何老风趣地说："那时我 84 岁，还可以和你们比试一二。"

确实，何老就是这样凭着两条腿和脚板，跑出了新闻，走上了健身之道。今天，我们似乎可以感觉到何老正以坚实的步伐，大踏步地走进了这个崭新的世纪！

（原载《何微新闻思想与实践》第 224 页至第 225 页，车英主编，武汉大学出版社 2001 年 8 月出版）

我的导师何微先生

张海华

1999 年 4 月 7 日上午 10 时左右，当师母来电告诉我老师去世的消息时，我很难接受这个事实。尽管他年逾古稀，但他始终坚持理论研究与教学、学习电脑、体育锻炼……神采奕奕的老师，怎么会就这样离去呢？似乎就在不久前，老师 80 岁诞辰暨新闻思想研讨会时我打电话给他，我还强烈地感受到他的乐观、开朗和饱满的精神状态。每年在异地他乡的我总能如期收到老师寄来的贺年卡，我一直计划着去西安看望老师和师母，也一直盼望着老师、师母的广州之行。然而，当我看到老师家门前的无数花圈和挽联，当我看到师母悲痛的双眼以及悲痛后面的坚强，当我到老师的灵台前叩首，我知道一切都晚了，没有报答老师的教育之恩，没有做出成绩让老师欣慰，这一切成为终身遗憾。

师母说老师走得很安详，我知道，作为医生的师母对老师给予了无微不至的照顾、关心和爱。老师的一生，是丰富的、进取的、朴实的、硕果累累的。作为中国新闻界独树一帜的"北甘、南王、西北何"之一的著名新闻学家，著书立说达1000多万字，尤其是新闻学原理专著《新闻科学纲要》及主编的研究生读物《中国新闻思想史》具有独到的见解和创新，填补了我国新闻学研究的一些空白，也是留给我们的最宝贵的遗产，老师应该感到欣慰。师母告诉我们，老师的唯一遗憾就是他一直研究的课题有些未来得及最后定稿，有些珍贵的研究成果尚未付梓，她将不遗余力地促成老师遗愿的实现。看着师母坚毅而执着的神情，我真为老师有这样的红颜知己而感动。老师是幸福的。

第一次见到老师是在1986年武大新闻系本科班的一次公开课上，老师七十高龄却依然思想敏锐，目光有神，平易近人，并洋溢着青年人的朝气和活力。他说要把武大新闻系办成全国第一流的新闻系；要以政治家和社会活动家的标准来要求新闻学专业的学生；新闻学专业的毕业生要有较高的马克思主义素质，有驾驭全局的能力，思维敏捷，知识储备充足，写作技能娴熟，能直接阅读外文报刊。在当时，他已敏感地感觉到高科技对新闻事业提出的挑战，预见性地提出电子新闻学的概念。正是那天，我决定报考何老师的研究生。

那年，报考何老师研究生的人很多，有新闻系的老师和各地仰慕老师的学子，他们有的后来成了我的师弟。1987年6月我接到录取通知书，我很幸运地成为老师的第一个研究生。

老师说新闻人才的知识体系应由多元构成，不能光有文学知识和新闻学的知识，要注意多学科渗透，非"复合型"人才，难以适应新闻事业发展的需要。因我是法国文学专业本科毕业生，老师指导我一方面发挥外语优势，多借鉴国外新闻的长处；另一方面要加强新闻学理论系统钻研和实践，扩充知识面，广泛涉猎边缘学科。老师亲自给我讲述"新闻科学纲要"课程，强调要抓住"事实"这个核心来展开对新闻学理论的研究。

1988年7月，老师派我到他的家乡山西日报社实习。当年，在战火纷飞的太原城外，在极端困难的条件下，老师依靠群众，在解放军攻克太原的第三天，即出版了第一张新生的《山西日报》。作为老师的学生，在山西日报社实习，我深受老师的荣誉所带来的惠泽，我受到报社领导的关怀和照顾。当我发表的第一篇新闻稿寄到老师那里后，老师立即来信及时予以肯定和鼓励，9月，老师亲自来山西日报社看我，指点工作，并要求我要熟悉报纸运行的各个环节，从采写、编辑到校对、排版、画版、总编室夜班、出片、印刷、发行等，都要去实践、去学习。

探索、求真、创新是老师毕生的追求，也是老师对我们的期望。毕业后，因种种原因，我去了广州经济技术开发区一家外资企业做翻译，老师并没有因此对我表示失望，他在信中充满了对我的理解和鼓励，他说抛开"铁饭碗"自己"闯天下"是需要勇气的，干任何职业对人生都是一段丰富的经历，关键是做人的准则不能丢，执着的拼搏精神和为事业献身的精神不能丢。用这种精神投入工作，在公司我很快获得晋升。几年后当老师得知我与我的丈夫开了一家属于自己的广告公司，他非常高兴，说我的人生又迈向了新的一步，祝我们成功，并说有机会来看我们。

如今，我又干新闻这一行了，脑海里时常浮现出老师出入战火硝烟的战地记者形象，也时刻记起老师的"事实真实"与"报道真实"等谆谆教诲，不时会审视自己有没有辱没老师的名声。

现在，老师不在了，老师的精神和教导将永远激励着、指引着我。

（原载《何微新闻思想与实践》第 228 页，车英主编，武汉大学出版社 2001 年 8 月出版）

下编

何微新闻文选

下编选录何微先生的作品共85篇。其中：

一、新闻稿件选粹，22篇

二、"秦中随笔"杂谈，32篇

三、新闻业务探讨，26篇

四、光辉历程回眸，5篇

（备注：新闻稿件选粹中，有两篇稿后附有赏析。）

何微采写的《太岳我军除夕出击 再克翼城歼敌千余》，
载于 1947 年 1 月 7 日的《新华日报》（太行版）第 1 版

一、新闻稿件选粹

模范中医李克让

时势造英雄，模范中医李克让经过旧社会中悲惨的磨炼与新民主主义社会的陶冶，现在已是一个崭新的人物。

民国十二年，李克让的母亲患了胃病，那年他才十八岁，母亲的病使他憔悴消瘦下来。他请过十几次医生，没有请到，他着急地流过眼泪，但只能日夜伴着呻吟的母亲，在一盏灰暗的油灯下，挨过了无数长夜，母亲的病严重了，他仍然没有请到一位医生。

后来村里一家财主请到了医生，他知道了，即央告邻舍在医生面前添补了几句好话，才把医生请到家里。但他只能端一些粗茶淡饭招待，医生很不高兴，并未细心诊断，只问了一下病症就开一个流水方子。好容易周转了几个钱才抓了一服药，吃上也没顶事，可怜的母亲又延喘了些日子就去世了。

这时他一想到母亲的死，就对这极"眉高眼下"的社会感到憎恶，一般医生都长着一双势利眼，有钱有势的人请他看病，像一条狗，任怎样都可以，穷人得了病只有死。从此以后，他就拿定主意学医。这时他迫于生活当了小学教员，在教学的时候就钻研了七年，学会了看病。

给谁看呢？给穷困的劳动人民。不分白天黑夜，不管刮风下雨，不管身边有什么要紧事，只要有人去请他，他就去。他深刻体会到穷人们的困难，他素来是嗜烟嗜酒，从此他也戒了。

离先生住的村庄（上治村）二十里远的曹寨，有一个很穷的河南移民赶了牲口来请他看病，他却不骑牲口陪着走，走在路上那个人心里很不安，无论如何请他骑上牲口。李克让即对他说："骑你的牲口不要紧，因为今天我路过的村庄很多，假如让别人看见了必定要说：这先生发了，骑起牲口来了。以后要用牲口来唤我，没牲口的人家有了病，东借西借搞牲口，你想没牲口的人们是多么难受呢？"这个人听了点点头，心中异常钦佩。真的，人们看见了先生跟着牲口不骑，以后也就没人赶牲口来请他。

春天了，军民都在闹生产。政府号召节省人力畜力，先生就想了个办法，有人请他看病，由区村干部写封信，把病状在信上提明白，自己就带着药去看。这样过了些时候，因为春瘟蔓延，病人多，看不过来，有些人家请不到先生，不免传出几句闲话，说："李克让成了为干部看病的医生啦，顾不着群众了。"先生听了觉着单纯委托干部写信的办法不妥当，就趁早搭黑，把所有请他看病的人诊断过给了药吃，还在村里找了一位热心正直的人，让他负责，有人请先生看病就由他捎信，这样，不仅节省了人力，而且也不误事。附近知道先生的人，无一不说："是自家的医生。"

李克让一次到皂角庄一家佃户家看病，主妇着急地张罗借面借菜，先生怕这家佃户因看病再累上债，便故意地说："饭成了先盛我吃吧，肚饿了，饿过时间我就不能吃。"结果先生吃了几个野菜糠窝窝，也就用不着去借面了。此时另一家穷人等着他去看病，看见先生吃糠窝窝，心上过不去，赶快跑回去把放了很久准备供神用的三颗鸡蛋煮好，但是被李克让谢绝了，并说："吃饭是为了充饥，现在不饿，不需要吃，你要强叫我吃，反害了我的健康。"去年七月岳北各地形成参军热潮，县里有很多人去参军，各地群众组织都保证说："新战士的家保管照顾，挑水、种地、打柴不用担心。"李克让自己想："我怎样办呢？"最后他即开口说："你们去吧，你家的健康我负责任，上治村的抗属有了病，捎信我即去看，吃了药不要钱，全区的新旧抗属有病即去，吃药是半价。"全体参军的青年都安心地去了。

廿八年，在亲戚朋友帮助下，李克让开起一间小小药铺，他的药铺是不赚钱的，从未收过一回脉礼，他的生活很艰苦，每饭必加野菜，春天他节省三石粮食，把它买成二十斤草药，可配一百服药，赠送贫苦病人和党政军民干部。七月里县政治部葛同志病了，专人去请李克让。正在连雨季节，先生毫不考虑背上药袋冒雨去了。走出十里路天就黑下来，一路又黑又滑，淋到天快明的时候才到了政治部，可是葛同志是病在分区，第二天又冒着大雨渡过几条大河到了分区，给葛同志看好病，第三天就往回返，当时许多同志都说："这样连天大雨，休息两天再走。"谁会想到李克让是这样说的呢："我为了看病来这里，现在病好了，在这里住就不安心了，下雨不要紧，还是回去的好。"

在夏收后，先生盘算了一下，一百服药已超过了六十服，很多干部吃了药过意不去，就给先生捎来了二千四百块钱，先生不好推却，就把这笔款存起来，等到粮价跌下来，又买了药来作救济用。一年来先生看过一千多病人，跑过一百八十个村庄，每天走路三十里以上，他每看到一个人病死，总要难过七八天，过后他亲自到死者家里去安慰，并问明白死的原因和状况，做他以后诊断的参考。

他是一位很好的群众卫生实践者和宣传者,他到一村宣传一村讲求卫生的重要,他讲:"瘟疫流行的原因是敌后人民在敌人不断扫荡中生活不安,再加连年春荒,节衣缩食抵抗力弱,特别是公私卫生不注意而引起的。一年中我军民围困敌人,粉碎了敌人的扫荡,生活说来已经安稳多了,大生产运动开展以后,生活也改善了,就是卫生问题,还没有搞好。一个人的衣被都要洗得干干净净,公共卫生要注意室内外、村庄、道路、厨房、卧房,扫洒干净再撒些石灰,没有石灰就用炉灰也可以,水缸里要放管仲吸收脏物,放花椒、黑豆、甘草都可以。"

李克让不仅是舍己为人、给群众服务的好医生,而且编过《残害童养媳》《家庭》《拥军拥政爱民》《参军》《上多学》等五个剧本,在县区都出演过,很博得观众欢迎,所以他又是一位热心的农民戏剧运动者。

[原载《新华日报》(太岳版)1945年1月23日]

赏析:

一篇成功的典型人物通讯
王萍

《模范中医李克让》报道了一位经过旧社会悲惨的磨炼与新民主主义社会陶冶的"崭新人物",是20世纪40年代的一篇典型人物通讯。新华社当年发了表扬通报,要求各分社记者、通讯员认真研究学习这篇通讯。

写作特色之一,语言平实简练。全文通篇基本使用短句,没有使用过一句冗长晦涩的长句来行文。这使得文风通俗晓畅,语言简短朴实,质朴的乡土气息扑面而来。

写作特色之二,文中大量采用李克让的语言来描述和刻画其人。比如,"我为了看病来这里,现在病好了,在这里住就不安心了,下雨不要紧,还是回去的好"等。这些口语化的语言,凸显了李克让纯朴真诚、一心为民的性格。

写作特色之三,时代特色鲜明。本文把李克让的感人事迹和崇高的思想境界活灵活现地展现在读者面前,先进典型的榜样示范效应,对推动军民大生产起到积极的引导作用。

写作特色之四,文中李克让的经历有起伏,有故事,有情节。文章开头交代了李克让母亲因贫请不起医生,最后由胃病致死,这一严酷的事实致使李克让下定决心当一名医生,为乡亲病友服务。这种人物通过挫折而站立起来的经历,使文章具有了波折的跌宕感。

(原载《中国名记者》丛书第八卷第130页,柳斌杰主编,人民出版社2019年7月出版)

人民在反抢麦斗争中

6月的同蒲沿线，东南绵延至黄河北岸，1300里长的解放区的边缘区军民，处在严重的斗争里。阎锡山公然宣布6月是"流血月"，这面目狰狞的顽固老头子，直截了当告诉他的部下说："到解放区，抢、抢、抢，抢不到麦子，活不成。"当麦穗刚吐的时候，在阎军据点里，在整个边缘区，充满了杀气。阎锡山在各占领县首先设立抢粮机关"筹粮会"，继则准备抢麦工具。曲沃阎军续继川部，征用民间镰刀两千把，5月19日又由襄陵史村运往临汾镰刀两大车。临汾、洪洞等县阎军各抓民夫千名以上，训练抢麦。被训练的人，连同妇女、儿童也在内。洪洞联合中学的学子都被强编在"抢麦队"里了。

5月底，阎锡山明火执仗派遣大队人马杀进解放区。阎氏亲信王靖刚5月22日那天，不是在平遥公开说过嘛："不把产麦区的八路军驱走和消灭，我们是不能生存的。"不容置疑的，阎锡山想在解放区人民麦收前，全力争夺我同蒲线两侧要点，作为依托，以便为所欲为地抢。故前后侵占过我介休洪山、张良、瑶石、静升，霍县靳庄，赵城明姜，洪洞秦岗等地，其主力结合蒋军一部共十一个师，六个保安团、十数个地方"爱乡团"，无处不在对我进攻。据太岳军区6月4日蒋阎军分布晓示图指明：七十三师活动于我灵石、洪赵城地区，四十三师活动于我平遥地区，四十四师活动于我霍县、介休的义安地区，四十五师活动于我介休地区，六十六师活动于我洪洞及襄陵史村地区，六十九师活动于我临汾地区，保二、五、九、十三团活动于我曲沃地区，保七、八团活动于我闻喜地区，七十二师活动于我夏县、安邑、运城地区，三十九师活动于我新绛、稷山、河津地区，三十一师活动于我万泉、临晋地区，新三师（一六八师）活动于我安邑、运城地区，伪军陈子文部活动于我绛县地区，五十三师活动于我济源、孟县地区，真可谓倾巢出犯。

不仅如此，阎锡山还训练了大批特务潜入解放区侦察、做底线作为抢麦内应。临汾阎军即派出特务500余人，他称此为"满天星"的秘密地下组织。还有一种公开的武装特务，叫作"复仇队"——完全是一队汉奸、特务、恶霸——罪恶滔天的人。阎锡山就利用他们对人民的仇恨、熟悉当地环境的特点，来破坏解放区。临汾六十九师，在北营盘就豢养"复仇队"五个中队，百余人，纯系临汾、浮山一带的汉奸、恶霸。阎锡山是得意地夸奖这"复仇队"是"显微的眼睛"！

阎锡山为什么对人民掠夺无休呢？其目的主要只有一个，即是为了扩大内战，扩编伪军，以战争来维持他的封建统治。要内战，就必须掠相当的粮食，以保证其军队供应。阎锡山除六十一军等五个正规军，还有数十个保安团和地方"爱乡团"，它的供给数字是很庞大的。

阎锡山对解放区的抢粮办法，采取直接的军事进攻，首先夺据要地，向四外扩张。仅对洪洞、霍县的进攻中就抢去小麦约两千石。如果抢不走，便行火烧。平陆阎军在抢麦开始，先后五次进犯盘南村，我民兵游击队却英勇击退了无理的进攻者。阎军见抢不到麦子，乃于6月4日深夜，派遣特务施展毒手，将农民杨居娃一年辛劳所收获上场的小麦三十余石放火烧毁，全家八口顿失生活依靠。

阎锡山对其占领区的抢粮，则完全放在下层机构的武装来进行强征。名目也不少，有"代购""赊购""复购""正征""附加""马料"等数种。仅在洪洞一县派了"正征"夏粮220万斤。总计以上数种掠夺，农民每两粮银，要负担小麦八石五斗到九石。平陆阎占区人民的歌谣中有"早出款，晚出粮，八年粮款出不完"的怨声。

由于阎军疯狂抢麦进攻，大大激发了解放区人民的斗争情绪，在阎锡山布置抢麦时，人民同样进行了护麦组织工作，组织了脱离生产的民兵轮战队和不脱离生产的自卫队，参加反抢粮斗争。这种斗争组织形式有三种：第一种，是民兵轮争队，多系腹心地区武委会挑选精明强悍的民兵，组成远征队，去支援缘区人民抢收，也可叫武装扎工队；第二种，是在本乡地面，集中一部分民兵，实行联村联防，一村有事，多村驰援，发扬了农民"守望相助"的团结友谊；第三种，是劳武结合的互助组织，一手拿枪，一手拿镰，进行轮流站岗放哨，互助收割。据本报6月15日刊载的新闻中称：半月来（5月25日至6月10日），蒋阎军用来抢麦的兵力7000人以上，曾袭击我秦壁等35个村庄抢粮，均被我守军、民兵轮战队、河防队等击溃，蒋阎军伤亡共500余人。6月14日阎顽襄陵"爱乡团"结合特务80余人，进入下西梁村解放区抢麦，当时只有7个民兵，与十多倍于我的顽军作战，终于击退三次猛攻获得全胜，保护了群众粮食，该村民兵由此扩大。阎军的抢麦阴谋，虽然来势汹汹，又支付了相当代价，而抢到的麦子是极微的，这正是人民勇敢斗争的结果。

现在麦收已入尾声，阎军也曾遭受了严重损失。然而阎顽的抢麦阴谋并不会因此中止，将要全随着反动派在扩大全面内战中，更趋积极起来，但我解放区人民也将继续斗争下去。所谓"流血月"，是流人民的"血"，抑或是阎锡山的"血"，最后的事实将会判明的。

［原载《新华日报》（太岳版）1946年7月2日第1版］

垣曲战时后勤工作

这次垣曲战役中，后勤工作做得较好，谨将所见所闻和采访所得的材料，写成如下数点。

第一，军政合组后勤指挥部统一领导。垣曲战时后勤工作的范围，是保证部队粮食、蔬菜、柴火、草料的充分供给，组织民工队输送弹药、转移伤员，作战用具的制造和征借，总之一句话，就是要组织动员人力、物力，来保证这次战争胜利。因之以垣曲县政府为骨干组成后勤指挥部，县长为总指挥，部队派民运部、供给部人员参加工作。部队所需，不论粮秣劳力多少，都经过后勤指挥部，到指定地点去拨取，次序井然不紊。后勤指挥部有部队人员参加，他们了解情况，容易掌握供给数字，使不致浪费，亦不因政府节约，影响部队作战生活，军政合组后勤指挥部统一领导的好处，就在供需合理。

第二，供应站分散流动。供应站是由县区村脱离生产的干部所组成，直接受县后勤指挥部领导。部队进入垣曲后，该县成立有 7 处供应站，分散于部队驻处，群众把粮秣送到附近的站上去。这样，群众不用跑到远处去交粮交草，就节省了民力。军队可以在附近领到粮草，就减少了疲劳，特别是部队感到方便，如同蒲支队"东河"部，长途行军，下午七时到达太石崖，九时便吃完晚饭。每个供应站都是指定供应那几个作战单位，当部队前进时，各站就随其供应部队前进，保证供给，并动员民力输送前线。由于供应站随处了解地方情况，粮秣、民力、牲畜、碾、磨等，都安排得停停当当，因此，军队不仅不饿肚子，而且一切需要得心应手。

第三，民力动员面大。垣曲仅五万人口，除掉蒋军侵占区及游击区外，口内七千人，口外四千人，三区六千人，总计一万七千人，以三分之二全半劳力计算，有一万二千人全体参加了磨面、碾米、砍柴等工作来支援战争。所以在民力缺乏地区作战，要在附近县份动员。这次担架、运输的民力是从阳城、王屋、沁水等六县动员来的。由于动员面积大，每县动员的数量却很小。阳城动员参加垣曲战役的民力，仅及全人口的千分之七，因此并不影响土地改革和冬季生产，互助组对参战群众家庭的照顾，也容易做得更周到。并同时组织好第二批民力，作为第二线民力。这次蒋占区人民刚得解放，就踊跃参战，碾米磨面，准备柴火，又使该县民力运用上劳逸平均。

第四，特别照顾外县来的参战群众。从外县动员来的参战群众的生活问题，照顾要特别关心。后勤指挥部规定，外县民夫自带给养六天，超过六天的，由部队负责领粮，每人每天小米一斤半，柴火一斤至二斤（不发价），取得部队证明报销。住房子、铺草锅碗等问题，必须充分供给，不得另眼看待，所以阳城等县参战群众，并未感到在外生活的困难，还吃到了白面，和垣曲群众的慰劳品，如猪肉等，这样使垣曲群众与各县群众更加团结，也提高了参战情绪。

第五，作战用具的制造。军队要派人指导，群众在制造作战用具，如梯子、撑杆、跳板等，他们没有作战经验，也就不知道怎样做就好，必须要绘好图样，标明尺寸，再有人指导，就可以做得特别适用。这次梯子等，都是经过修改或重制，浪费东西浪费时间不说，甚至还会影响作战，这是值得注意的。

[原载《新华日报》（太岳版）1946年12月27日第2版]

太岳我军除夕出击　再克翼城歼敌千余

【本报前线1日急电】太岳八路军配合吕梁解放区作战，于除夕之夜，在曲沃、翼城、绛县地区举行出击，将翼城蒋军三十师六十七旅二〇〇团一部（其中两个营已为吕梁八路军消灭）和敌特武装"爱乡团"歼灭。蒋军对我攻势表现惊慌失措，史家庄据点蒋军一排不战而降，即使抵抗亦属无用。记者目击我指战员在自动火力掩护下，英勇出击，终将困守太山庙顽抗之蒋阎军彻底消灭。现翼城县城及重要据点20余处，其中包括翼城关、太山庙、史家庄、史村、辛庄堡、上石、丹子山、云唐、符田（以上属翼城）、秦岗镇（属曲沃）、南樊、大交（以上属绛县）等地重获解放，作为保卫延安、保卫毛主席、保卫朱总司令之新年献礼。按翼城在前年12月28日被八路军解放，去年9月3日被蒋军侵占，人民生活痛苦不堪。今日元旦特欢迎八路军进驻城内，表现无限兴奋。在作战中翼城民兵1200余人，曾配合八路军扑灭蒋军武装特务与区村政权。

【又2日电】除夕之夜与反攻翼城同一时间，我军一部突入蒋军后方曲（沃）翼（城）公路上，于1日解放曲沃之手工业区曲村镇（曲沃城东北30里）。据初步统计，歼灭曲沃"爱乡团"第三营全部400余人，及阎伪第四区武装区公所，另一部攻占辛村桥。

【又4日电】我军向曲（沃）绛（县）翼（城）攻势之捷，前线指挥部于今日公布战果（民兵战果不在内）：光复翼城县城一座，曲村等重要村镇25处，摧毁碉堡60余处，生俘蒋军六十三旅二〇〇团一营一连及阎特武装曲沃"爱乡团"第三营全部，翼城、沁水"爱乡团"大部，六十七旅留守人员一部，共计800人。毙俘蒋阎军300余人，缴获"六〇"小炮1门、战防炮1门、小炮1门、轻机枪33挺、掷弹筒20个、斯登手提机枪4挺、步枪317支、子弹10万发、粮食1万余石、面粉3100袋、棉花万余斤。

［原载《新华日报》（太行版）1947年1月6日第1版头条］

阳城担架队前线立功

曲绛翼战役，阳城群众组织了300副担架，组成一个大队，积极支援人民战争，其情绪从来没有像今天这样高。

（一）前线立功

阳城担架队是为前方医院转送伤员，所以提出的口号是："诚心诚意爱护伤员，保证要使伤员们不受冻，精神愉快。"对于他们这个任务就是坚决想一切办法，来拯救自己兄弟的安全。战士梁保全头部受了伤，伤势很重，担架员张月仁把自己的一条毛巾给他包在头上，这位战士负伤后，在战场上丢了鞋子，张月仁又拿一双鞋子给他穿上。过河的时候，桥上踏石又结了冰，不能通过，担架队员张月仁光着脚从冰上过去，安全地把伤员抬到后方去。另有一个担架员郭小计，抬着伤员住在转运站，有的伤员要小便，找不到便器，他就把自己的吃饭碗让伤员用了。就在这个深夜里，郭小计的棉被子盖在伤员身上，他身上穿得较单薄，用焚火取暖。有人对他说："小心冻坏了，把被子披上吧！"他说："只要伤员能暖和睡一夜，我怕什么？"郭小计的回答，显然是关心伤员比自己还重的。担架员杨好成，对伤员简直如同慈母保育小孩一样，用勺子小心地喂伤员喝温开水。担架员高小江怕伤员的伤口冻着，把自己被子里的棉絮掏出来敷在伤口上，途中并买上麦芽糖给伤员吃。爱护伤员的事迹不知有多少，伤员每人平均能盖三条被子，李纵德说："伤好后，坚决为人民办好事！"王振功说："阳城是八路军的家，你们就是我的兄弟。"

（二）创造经验

利用战争间隙，召开了担架中队长会议，总结了抬担架的经验。他们有抬、走、说、装备四整套，但又能服从伤员的要求。

抬的担架要宽，能使伤员睡在上面翻身；绳子要新的、拴得要牢；架子要有脚，放下使伤员不着地。

走上坡伤员头朝前，下坡足朝前，保持伤员头要高，防止脑充血；头部中伤不能走快，走快摆动大，头更痛；胸腹部中伤大走容易吐，要小走，使不摇动；四肢中伤要走快，可减少伤员痛楚；重伤要不快、不碰、不抖。伤在内里，要走慢。重伤员，不可与他说话，保持安静，要善于从其动作上体察伤员要求；轻伤多与说话，可以减轻痛苦。

装备方面：头部垫高，足不宜伸出担架沿，担架铺垫要软而厚，多给伤员盖被子。

（三）团结友爱

担架队在出发的时候，阳城副县长王世清在中队长会上进行了动员，要求大家团结友爱，并提出了具体的工作安排，勉励大家团结协作。

在行军中，事务员杨小春就帮助炊事员挑了一天行李。在宿营的时候，他总是帮助其他分队把菜一起买上。刘雪刚是个分队长，他对自己分队的担架是很关心，把自己的被子给没有被子的盖，睡觉时，自己睡冷处。半夜里还起来给大家盖被子。五中队副薛维新，当宿营在良狐村时，把好房子让给担架员住，自己却住在猪圈里过夜。我们还可以从这样一件小事去窥测他们的互助友爱精神是无微不至的。炊事员姚芳庆在行军中，看到担架员带的东西轻重不一，体力也不同，他在做饭的时候，先把多带粮食而体力弱的人的粮食用来做饭，减轻他们的负担。

（四）群众关系

他们是非常讲究群众关系的，因为他们认识到自己来前线是干什么的。他们有一个很好的小调，歌颂这个重大的任务，其中有这样的句子："共产党领导刚把身翻，蒋介石红了眼，复仇'倒算'。天下农民本是一家人，阳城、翼城更是近邻，团结起来大家一条心，消灭了蒋军一起翻身。"所以，担架队住在翼城良狐村时，郭长虎的房东老寡妇发愁没柴，他们便把自己打下的柴送给她。刘有全丢失群众一把勺子，赔了一百块钱。群众很感动地说："阳城老乡和八路军一样，纪律很好！"他们每在一处住宿，临走都要把房内外打扫干净。

（五）担架组织

阳城担架队的最大特点是一个战斗组织，每个班有一个民兵全副武装，可以掩护伤员安全通过危险地域。他们的一般组织情况是三三制，每三副担架为一个班，三个班为一个队，三个队为一个中队，三个中队为一个区队，全县为一个大队。大队、区队、中队，都有政府脱离生产的干部领导。每个区队带一个木匠，专司修理担架。每个中队有一个医生，一个宣传干事（小学教师），两个皮匠专门为担架员钉鞋。每班有一个炊事员。担架员杨小白回忆过去被中央军抓差时说："中央军在时，被抓差谁管你的困难，还得吃打挨骂。今天是自愿参加，生病有医生，鞋破有皮匠，政府照护咱们够周到了。"

[原载《新华日报》（太行版）1947年1月19日第4版]

担架英雄娄老水

娄老水从担架分队事务员那里借到一条被子，他满心欢喜地回到班里，略加整理担架上的草垫等物，就出发了。

伤兵从火线上下来，已是月白风寒的夜时了，娄老水小心翼翼地用手扶持住一位伤兵躺在担架上。

这种情况，使娄老水猛然想起12月政变以后的一桩事情：

"中央队"（阳城人对国民党军队鄙视的称呼）驻扎在县城里，一个冬天的早上，他在路上担粪被抓了差——抬伤兵，两个人抬的一块光门板，要铺没铺，要盖没盖。娄老水走起路来故意将大小腿臂放个三角形再伸直去，躺在门板上的伤兵就随着一屈一伸的腿跳荡，伤口振动得只哎呀哎呀地叫，娄老水还不耐烦地说："老乡，耐心一点吧，受了伤还能不疼？"

而这次娄老水是自愿出来参战的，情形是完全不同了。他临走告农会主席说："若是没有共产党实行土地改革，我这份家产从哪里来呢？没有八路军一切都保不住。那一年'中央队'撇下老百姓逃到河南，日本鬼子将咱踏践透啦！如今的战争是为保卫咱的土地，牺牲流血的是穿了军衣的农民兄弟，应当是鱼帮水水帮鱼，我一定尽自己的一份责任，主席你放心吧！"

娄老水担着一副自备的软床式的担架，用麦草编了一个软乎乎的草垫子放在上面，待伤员躺上去，娄老水给其盖上从担架队领来的被子，让伤员躺在担架上不受颠簸。娄老水和同伴担着担架，过河时大风从广阔的河滩上吹过；接着抬担架爬过一个山岭，风又追逐上来，娄老水屏住呼吸凝神静听，伤员在被子里响着鼾声，他紧缩的心才舒展了。

走了 20 多里路，伤兵口渴醒来，娄老水趁月色四下一望，前不着村后不着舍，只好将担架歇在避风的坎子下，他吩咐了同来的担架员好好照顾伤员，独个儿抄左边的一条小路跑去。足足跑了有一里路，才找到一个庄子，喊醒了一家老百姓，借好锅灶，熬好了米汤，可是却没有带来盛饭的家具，娄老水狠狠地骂了自己一声"老糊涂"！下意识地在地下走了一圈，呆呆地停立在火前发急，想不出一个法子。忽然从火光中望去，灶台上有一个小瓷罐子，好容易同这家老乡商量通了，50 块钱买了它，才解决了这个困难。

他提一罐子热腾腾的米汤回来，用手在田里拽了一堆茅柴，燃起熊熊的野火驱走寒气，才扶伤员坐起来喝了，又继续向前进发。

到寺西村，伤兵转运站一定要他们再送到南坡去，还有 40 里的路程。

风更大了，一阵紧似一阵地封锁了整个山谷，娄老水不住地发出祛寒的咳嗽，其他 3 个担架员缩起脖颈耸起肩膀，在凸凹不平的路上走稳，不时把冻僵的手指放在口前取暖。娄老水被责任心驱使，不敢稍有疏忽，两只手始终扶在担架杆上，保持担架的平稳。

当东方刚刚露出一线曙光，在晨雾里望见了目的地，而娄老水出于热切关心着担架上的伤兵却忘了自己浸在峭厉的西北风中的双手，冻得已失去知觉。

[原载《新华日报》（太行版）1947 年 1 月 21 日第 4 版]

摆好八卦阵　活捉蒋家军
——记浮山蛛网联防

摆好八卦阵，专捉蒋家军。

浮山城外，有无数的洞壑、陡峭深沟。这个天然的地势，浮山民兵就利用它，沿着高崖，傍着隘路，摆就一座雷网，密密层层封锁了300平方里的面积。从四方八面、纵横交错的数千颗铁雷、石雷在埋设面望去，好像蜘蛛结成的丝网；蒋军第八十团，又像一群自投罗网的蚊蚋，陷在蛛网的东南部——那里是人民在四个月前弃守的浮山城和城西不够一里的西南坂村——两个据点里，不得出来。

活跃在蛛网上的数千民兵和众多农民自卫队，结成东路、城关、小卫、葛村四个联防集团，四个民兵轮战队，各个自然村以民兵为骨干，结合农民自卫队，组成坚强的保家队，联防集团是保家队的首脑部，民兵轮战队是人民武装的机动部队。村的保家队，都与毗邻各村签订互助协定，一村报警，数村驰援。蛛网上有铁石线、地雷石雷密布，连狼狐几难超越一步，有警卫哨，敌人一出动，村村得警报。

蛛网联防，开始在浮山北部与西部结成，自蒋军侵入浮山之后，农民运用这种斗争形式，不仅打击了蒋军凶恶的抢劫奸淫，而且使蒋军的"维持""倒算"均归失败。蒋军便把这只血手伸向浮山南部的空隙中，在去年11月中旬，简直疯狂极了。三三五五的蒋阎军，竟敢活动到浮山城南20里的梁家河、东张、槐关、岗山一带抢粮。此时正好城南有一伙爆炸手，决心发动组织蛛网联防，即在民兵掩护下，在城南布置起蛛网来。26日，先在梁家河、杜村埋雷20余颗，28日向前推进5里，在北陈、梁山埋雷上百颗。29日出动北陈的蒋军，就尝到雷网的滋味，死1名，伤5名。首次创敌的胜利，鼓舞了农民斗争情绪，30日又埋雷一批，并将浮（山）翼（城）公路伪装。最后乘梁村战斗胜利，爆炸队乘机接敌，布好第四层雷网在距城5里之张庄、小郭、徐村一带，与浮北西佐之雷网衔接起来，蒋军便被封锁在蛛网式的雷阵里，联防民兵日夜巡逻在雷网上，像蜘蛛一样，尽起捕捉蚊蚋们的职责。

踏碰蛛网联防的蒋军们，没有一次不为民兵们留下礼物。如12月25日诸葛村正进行土地改革时，蒋军企图破坏，200余人向诸葛村进攻，六个村保家队的干部，将从大邢沟冲上来的蒋军打退；蒋军又开始第二次进攻，当场被击毙6人；第三次蒋军以300人进攻，冲至大邢、诸葛原村沟壑，雷声四起，炸死蒋军班长一人。此时诸葛村保家队6个干部，子弹打完了。就在这个当儿，南王村保家队赶来援助，胜利地击退蒋军。去年12月，浮山蛛网联防民兵，获得辉煌战果，共作战20余次，俘敌8人，毙敌10人，伤敌23人，共计41人。缴获步枪4支、子弹1000发、衣物19包、手榴弹20颗。

联防民兵们，不仅可以吃掉落在网上的蚊蚋，还会突然跃进网的中心，主动获取胜利。1月5日，小卫联防集团到梁村坟埋伏，恰巧与敌人在此相遇，将敌人击退后，即奇袭张庄蒋军区公所，毙敌 1 人，缴获菜油 1 桶、羊子 8 只。从此，蒋军区公所也不敢驻在那里了。现在浮山蒋政权已全部摧毁，代之以民主政权。蒋军被压在四面雷网的小天地中，不敢轻易越雷池一步，过着忧愁的日子。这种形势，给广大农民开展边缘区土地改革以很有利的条件。

［原载《新华日报》（太行版）1947 年 1 月 27 日第 4 版］

经精确计算充分准备　垣曲作战节省两万民力

【本报讯】我军在绛垣公路作战时，军政最高当局充分注意爱惜民力，实行精确计算和准备，总计节省民力两万，还能顺利完成支援前线的任务。有以下几点经验可供参考。第一，政府对于民力动员，是在服从支援战争前提出节省民力。战争所需要的民力，做到充分的计算和准备。例如向导，政府事先就找好七十五个对道路地形最熟悉的农民，充分给各个作战部队，既不使军队感到行动上的不便，又避免了临时乱抓、乱要、乱派，克服混乱，实际上便是节省民力。第二，军队发扬了爱民的优良传统。在军队进攻出发前，全体指战员自带一部干粮，就节省民力两千。如解放支队，军队首长做到亲自检查，孙灏正主任在部队出发时，检查直属队可节省三个民力，立刻让老乡回去。四〇九部队，李广富营长为了节省民力，把牲口给病员骑，他将病员的行李背上走。第三，计算使用民力很科学。首先是阳城改良了担架，每副节省一个民力到两个民力。还有三个好处：首先，携带容易，抬时较轻便，伤员舒服。其次，担架队开赴前线时，从后方把弹药及作战工具带上，不另派民夫，即节省民力一万零五百个。最后，关于军用器材的搬运，是按器材大小重量、路程远近，精确计算所需民力，不是笼统计算得出一个平均数字。平均数字有浪费或不足的两个缺点。第四，民力分配统一于后勤指挥部。此次作战部队，单位多，部队所需民力，在作战会议上，遂决定介绍到后勤指挥部率领。后勤指挥部掌握了许多区村民夫动员程度，做了调整，使民力劳逸平均。

（与克仁合作，原载《新华日报》1947 年 2 月 27 日第 4 版）

前线司令部公布一月战果　攻克十九城斩获万七千

【本报晋南前线 18 日电】晋南前线司令部公布晋南战役战果：晋南战役自 4 月 5 日起至 5 月 6 日止，攻克县城 19 座，计：翼城、新绛、绛县、稷山、河津、万泉、荣河、曲沃、赵城、霍县、猗氏、闻喜、临晋、永济、解县、芮城、平陆、临绛等；控制黄河重要渡口万门渡、吴王渡、风陵渡、茅津渡等，以及侯马、蒙城等重要村镇据点。生俘二十七团副团长李熹、二〇六师三团一营中校营长兰其铸以下 14688 人，毙伤团长以下 3000 余人，将晋南十余县之土顽完全肃清。缴获山炮 6 门、火箭炮 2 门、迫击炮 26 门、"六〇"小炮 43 门、小炮 98 门、重机枪 45 挺、轻机枪 645 挺、斯登式 173 支、战防枪 5 支、掷弹筒 104 个、冲锋枪 49 支、步枪 5562 支、短枪 345 支。击落、缴获飞机 4 架、汽车 7 辆、电台 5 部、电话机 30 部、粮食数十万石、食盐千余万斤、各种弹药数百万发。

【本报讯】人民解放军在晋南及正太线上的胜利，阎顽惊慌异常。阎锡山在太原"首领部朝会"上一再悲号："共军围攻太原。"他已决心"与城共存亡"，要大家实行所谓"全体总动员"，并下令绝对不允许三种中立的人（按：即不拥护他的人）存在。阎顽机关报《复兴日报》上旬发表社论谓："在 20 余天中晋南丢了 17 县（按现在应该说 19 县），如以经济与战略估计，这个损失的确不是收复陕北所能补偿的……军事当局对于晋南没有一个万全的部署，不能说不是大大的失策！……也听不到政府（按指蒋介石）对于收复晋南失地的一点消息，诚属最大的遗憾！"该报又惊呼："晋中大战的序幕快要开始，可能决定国家的命运。"阎顽对蒋介石无力支援极表埋怨不满。阎顽在参训会上对蒋记新闻局局长董显光所说"山西军事情势，事实上不如若干报纸所报道之严重"，加以公开抨击，认为山西情况实在异常严重。

［原载《新华日报》（太岳版）1947 年 5 月 23 日第 1 版］

杨屹旦改过立功　阳城担架队故事

【本报太岳二十四日电】阳城三区匠礼村杨屹旦曾贪污村款又放账剥削穷人，

去年春天经斗争后，群众夺了他的公民权，此次曲绛翼战役他也参加担架队，但情绪不高，担架班长给中队长提意见说："中队长，你一直表扬好的，就不把屹旦批评批评。"中队长说："表扬好的就是批评坏的，可以个别教育，慢慢帮助他。"二十九日担架队行军到翼城小市，中队长问屹旦："你没有发通行证吗？"这句话刺痛屹旦的心，不由得眼泪夺眶而出，吃吃地说："你还不知道？我过去在旧社会不好，又贪污又剥削，所以大家把我的公民权取消了，这次出来大家都高高兴兴，我何尝不想高兴，可是自己是非公民……"中队长随即给他解释说："老百姓罢免你的公民权，是为了教育你往好处走，要公民权现在就是机会，有功劳就成。"屹旦立刻订出了立功计划说："中队长你往后看吧，我这次要在火线上抢出五个伤员，把被子叫伤员盖，烧开水给伤员喝，我这次新买的毛巾，也拿出来给伤员扎伤口。"第二天杨屹旦真的变了，天明起来给伙房挑了一担水，出罢操又去拾柴，帮助炊事员煮饭，当除夕那天担架队出发时，杨屹旦挑着六十斤干柴，是他自己在山上砍来的准备担到前面给炊事员煮饭用。

（原载华北《人民日报》1947 年 1 月 27 日第 2 版）

洪洞民兵武工队展开全面爆炸攻势

三天杀伤俘敌三十六名

【本报阳城二十五日电】 洪洞全县民兵爆炸队、武工队在保卫群众翻身，"一手拿枪，一手清算"的号召下，对敌展开围困爆炸战攻势，自四日至六日三天中杀伤敌三十一名，生俘五名。其中以史先英、李秀山技巧诱敌杀伤十二人的爆炸战最为出色。三日史先英、李秀山二同志率领民兵七人在洪洞至苏堡公路上布上地雷阵，在一满装石灰的面袋内放进三个手榴弹，将导火线钉在地上，五日苏堡蒋军三十旅八十一团三营一百二十余人走到该处，见地上有一袋白面，面袋上放着一封信，写着"××磨房给警备一团送上白面五十斤"。蒋军见了，眉开眼笑，高兴异常，当即有二十余人围上去抢白面，刚将袋拿起，子母雷一齐爆炸，在混乱中又踏响石雷一颗，共炸死敌五名，伤敌七名。

【本报太岳二十五日电】 太岳二分区民兵自卫队自十一月十日至一月十日的两个月中，共毙伤俘蒋阎伪军七百五十六人，达原定歼敌计划的百分之二百五十，现武委会号召继续歼敌五百人。二分区浮山、洪洞、翼城、临汾、曲沃、绛县、襄陵、沁水等八县民兵自开展歼敌运动后，县区村之间即发动竞赛，如襄陵民兵连续五夜深入汾河以西活动，歼阎伪二十五人。翼城在两月中毙俘蒋阎一百四十六人，超过任务百分之三百。该区取得如此辉煌战果，有以下战斗经验：（一）曲沃、翼城此次我军反攻，民兵配合作战，捕捉散兵特务；（二）浮山民兵以蛛网联防半月即毙敌三十五名；（三）尚清福飞行爆炸队，以分散打冷枪战展开交通作战；（四）翼城卫村主动进攻敌大交据点，捕捉敌副连长等；（五）夜摸浮山，张庄民兵黑夜进据点内捕捉敌人。

（原载华北《人民日报》1947 年 1 月 28 日第 2 版）

蒋军残暴虐及地下英烈　摧毁烈士碑塔掘墓开棺碎尸

冀鲁豫参议会通电全国抗议

【本报冀鲁豫前线二十七日电】 蒋军进占我菏泽、济宁、单县等处后，到处扼杀我抗日烈士碑塔，边区人民无不愤怒。冀鲁豫参议会办事处代表全区人民，通电全国抗议，原电略谓：蒋军到处，庐舍为墟，尤足令人痛心者，厥性摧残烈士陵园一事。八年抗战中间，我军民拼命流血，为国家民族英勇牺牲。抗战胜利以后，解放区人民，眷念忠烈，在名胜地区建筑烈士陵园多处。蒋军进攻之际，吴逆化文、方逆先觉等，竟将济宁、菏泽、滑县、单县等处烈士陵园，并数千烈士灵墓，恣意捣毁，剖棺裂尸，撒骨扬尘。此日寇所未曾做，汉奸所不敢为者，蒋贼竟悍然为之！见者痛心，闻者发指！对为国牺牲之英烈，开棺碎尸，虐及黄泉；而寇酋岗村宁次，反款为上宾。是直以亲为仇，认贼作父，蒋贼岂为中国人乎？

【本报太岳前线二十八日电】 阎锡山在其占领县份，训练了一批特务，叫作"爱乡团"，以恐怖镇压群众反抗。在其侵占翼城后，"爱乡团"大肆捕杀无辜农民。近日来已在翼城城关屋山某地，发现被残害之农民尸体三百余具，认领尸体之家属，"抱尸恸哭大骂'爱乡团'为'害乡团'"。

（与克仁合作，原载华北《人民日报》1947 年 2 月 2 日第 2 版）

尚清福飞行爆炸队

尚清福飞行爆炸队有两套本领——冷枪与埋雷。这种神出鬼没的战术，使进犯蒋军各个胆怯。洪洞蒋军某连长曾写信给尚清福讲条件，说："我愿意保守中立不妨碍你的行动；但愿你的枪口别对准我们。"但尚清福并没有因此松懈对敌的警惕。

去年秋天，蒋军侵犯洪洞解放区，逼近曲亭，尚清福带着爆炸队在曲亭埋雷八十余颗，后在上张阻击敌人，此处与曲亭不过一沟之隔，敌人却不敢贸然过沟。尚清福又在夜里埋了三十多颗出色的雷。下面一段歌谣记载当时情景说："地雷是个怪，民兵好安排。""抬头见喜"开门响，"左右仙童"报喜来。蒋军大胆开进来，闯进来管叫你断腿缺脑袋。

他们埋三十多颗雷，只需四十分钟。天明就都移到师村去了。蒋军这天又向师村、曲亭、原上、张村一线进攻。蒋军到师村后，尚清福坚决命令他的人马散开，各打各的，自己不吃亏，打完敌人柏村集合。民兵像三三两两的麻雀在东西十五里路一条线上，各找对象，以冷枪打击敌人。硬着头皮进入曲亭的蒋军工兵，两个钟头才起掉五个雷，以为万事大吉。谁知还有无数的地雷在意想不到的地方等待着他们。一个蒋军进入一家农民的房子里抢东西，触动抽屉就只"轰"的一声，炸得肢体分裂。一个蒋军排长走进区公所门口，遇上了"开门大吉"，排长也被炸得粉碎。蒋军这天共伤亡十六人。

蒋军回去时，尚清福爆炸队又挺进同蒲沿线，展开交通战。十一月二十七日，他们到冯张村西的临洪公路上，望见蒋军两辆汽车向北驶来。一时冷枪四起，司机见势不对，丢下汽车逃命去了。此时有甘不、涧桥两个蒋军七十余人增援，尚清福爆炸队陷在南北夹击中，他便虚发几声，迅速地从侧面撤退，而两股蒋军却在村里混战了一小时，双方都伤亡二十余人。到战斗结束时，才知道是自己人。

十二月十五日，尚清福的人马在董堡头公路两旁壕沟中设伏，又有蒋军四辆汽车由南驶来。他们猛冲上去手榴弹阵雨般扔进车里，第一辆载着死尸逃了过去。尚清福急了，抓起机枪到汽路中间把第二辆汽车司机被俘，机枪手被打死了，车身像死去的爬虫般停下来。缴获一挺美式冲锋机枪，两桶汽油，十二万法币。从此蒋军轻易不敢再走临洪公路，他们被尚清福爆炸队打怕了。

尚清福的声誉早轰动全区。一九四五年太岳区群众大会上被选为民兵杀敌英雄，如今他英勇善战不减当年，头上扎起英雄结穿一身灰色粗布短衣，英姿凛凛。他是洪洞某村人，赤贫无地，十四岁时当过骡马店的小伙计，以后当过雇工。去年才分到十二亩地，一座小庄园，两石粮食。他坚韧耐劳所以能愈战愈强。蒋介石军队闯进我们土地上，蹂躏了他的幸福生活，他要保卫土地，保卫八年斗争的光荣。说到他就要联系到爆炸队，洪洞人民谁不称赞他们的英勇，感激他们保卫家乡。

（原载华北《人民日报》1947 年 2 月 13 日第 2 版）

太岳新华书店二分店　担书下乡深入边沿区

【**本报太岳七日电**】新华书店二分店同志，在经理张更新同志带头下，亲自挑书深入农村与边沿地区，使读者获得方便，书店营业获得进展。去年九月蒋军侵占翼城、浮山后，该店转移在浮山后方。因交通不便，村庄分散，经理张更新同志即想出"挑书下乡"的办法。开始营业员们思想打不通，更新同志即首先于十一月挑了一担书下乡试做。他在浮山、翼城境内跑了四天，把书直接送到读者手里。大家对书店这种"为读者服务"的精神极为满意，二地委机关同志更热烈赞扬这种艰苦作风。接着他们划分了四个中心区：寨圪瘩、郑家桥、韩村、王壁，分由四个营业员担书去卖。逢集赶集，逢会赶会，访村干部，串小学校，深入群众中去推销，也深入到军队机关中去推销。新书很快就能和读者见面。他们不能挑来所有的书，但如果购者要购某种书，哪怕三本五本，也要派人送去。所以他们在读者中信用很高，业务也有很大发展。以后他们觉得边沿区群众更需要读到关于时局的书籍。于是进一步挑着"蒋军必败"等时局论者和新的小学课本，深入绛翼公路上的乡村小学校。这里干部群众从来想看书而买不到，现在书挑子突然出现在门口，引起他们很大惊奇和兴奋，所以每次都可以推销两三万元的书。更新同志每离开一个村庄，小学教员总是殷殷嘱托他："下次再来。"

（原载华北《人民日报》1947 年 4 月 11 日第 2 版）

阎匪残酷搜刮掠夺　太原市民吁盼解放

【太原前线电】阎匪对太原正进行最残酷的毁灭，每日用枪尖逼着成万在饥寒交迫中的市民抢修工事和新机场，城周三千间市房被拆掉。伪警察或"民卫军"整日捕捉逃避劳役的人，用鞭挞去征服他们。现在阎匪"国民身份证"大检查，正是做编组抓兵的准备，已有两千工人被编遣威胁驱入匪军中去，要他们舍命捐躯，在我军总攻时"创造奇迹"。对于财物的掠夺，更是无微不至。凡市民可赖以生存的任何一种物品，都列到阎匪所谓"总体战行动纲领"中，包括"生活的物品、发款征购，储蓄的物品、发证征借，废弃的物品、无价征用"。以至金钱的"动员、捐献、发证捐借"等。阎匪榨取市民最毒辣的一条"妙计"是，一面"手令"伪经管局强制市民集中金银向上海"换取"面粉。据伪《民众晚报》透露：在九月二十九日到十月一日三天中就搜刮了黄金三万零三百六十八两，白洋两万三千六百余元，白银一千四百余两。另一面密令其财经部门向市民夺取粮食，把物价弄得直线上涨，白面由蒋币七百万一斤，涨到两千万元。高粱面由四百八十万元一斤，涨到一千万元。玉茭面由五百万元一斤，涨到一千一百万元。现在阎匪又要"拿几颗人头"来施行日用品"限价"。阎匪一切措施无不为着掠夺的便利。

市民不仅没有见到"换取"的面粉，现在连买豆饼或麦麸充饥都困难了。伪机关及官僚资本家经营的工厂，借故裁员编遣，难民比比皆是，饿殍横陈街头。有贫民深夜跳湖自杀，在湖边留下一张凄惨的绝命书，上面写的："我不幸生存在阎锡山统治的太原，他要我死还得隐姓埋名死去！以免死后祸及家庭。"湖滨常见有面黄肌瘦的弃婴，厉声啼哭，惨不忍闻。昔日名胜的文瀛湖今日已如荒郊，阴森得可怕。

不少市民既没有房子也没有吃的东西，煤的配给困难。水电都成了奢侈品，照原价增十五倍。杂物抛在阴沟和街道上，发出腐烂的臭味。粪便、烂灰砟如山。繁华的太原城变成一座死城。

太原市民没有和解放区隔绝起来，解放军的胜利和政策，一直流入市区。阎匪的反动欺骗宣传，受到广大市民暗中的驳斥。能进入太原的每个人或事物，都成为我方政策的传播者。市民，甚至一些下级官兵不避阎匪"严密政治空气"镇压的危险来探听，他们急欲知道解放区的事情。最近从太原孤岛逃来解放区一小学教员谈到下面情形：各阶层对我城市政策了解后，被阎匪所制造的恐惧心情已镇静下来，热情期待我军迅速进入太原解放他们。

（原载华北《人民日报》1948 年 11 月 14 日第 2 版）

太原前线通讯：战胜困难的军队

在太原以东二十五公里的罕山，被称为"铁的太原"的要塞地带，此地海拔一千八百多米，多是悬崖绝壁，山上的道路，狭窄得像一条带子一样，一边又临千英尺的深沟，我军就从这里开始消灭阎匪部队。不仅夺取一个堡垒区，要经过一场恶战，甚至占领一个山丘或凹道，也必然发生激烈战斗。山脉延伸到太原东郊，由太原城郊向东直上，一步高过一步，在阴霾的天气里，我们简直是在云端作战。而敌人的工事构筑，越靠近城郊就越坚固，因此我们越往下打，困难就越多。但不论如何的艰难困苦，参谋部地图上的几个红色箭头，常保持齐头并进，将敌人压缩到城郊狭小地区。

譬如：十一月四日，我军某部从敌人两个火力阵地的当中，突入其侧后，敌人把暴露的一段道路用火力严密封锁住，使我与后续部队的交通，完全隔绝起来！六联队九连，受命在这一段道路上构筑一条交通壕，土工作业须在炮火下进行。而这个困难的任务又必须在今夜完成，但大家相信是可以完成的，因为："五联队能通过，咱们有什么不能工作！？"的确，没有一个人表示畏难之色！一排开始土工作业，新的困难就来了，在向敌人倾斜的坡上，一层薄薄的土下面，便是片岩，十字镐和铁锹敲下去，叮叮当当冒起火星，相距敌人又只三百米，时间和情况的紧急，石坡上如何能挖交通壕呢？排长突然命令："快去后边拿麻袋来！"从山坡下装上土，一袋一袋往上扛，再一袋一袋垒起来，垒一段被敌人炮弹摧垮一段，于是又重新垒，一层扛不住垒两层。"快呀！快装！你们装多快，我们扛多快！"两个多钟头的时间，一条长三十五米的交通壕，经过二十四个英雄的手，终于在敌人炮火封锁下的石坡上筑起来。

战争就是在这种困难中进行的，举凡一切，也都是困难的。可是，我们是从来不向困难低头的人，就一定战胜困难！

若干狭小的山沟里，变得非常热闹，挑水的人，把水桶排列成行，或是赶来马群饮水，秩序井然，不争不吵，有的掀起石块，有的挖开砂子，山水便慢慢地渗出来。水是缺乏的，但并不因此实行"配给"，而是设法淘井，增多水源。炊事员刘月桂，通过敌人火力封锁线，按时将开水送到阵地上，战士们喝好了，刘月桂还不回去，有人问他这是什么原因，刘月桂回答说："前面放哨的几个同志还没有回来，他们更辛苦，不喝开水怎能行呢？让他们喝了开水我再走。"

气候逐渐冷起来，部队的炊事员提出保证：火线上吃热饭喝热汤，某部王俊同志想许多办法来实现它。他买下火油桶，下面烧上火，上面放菜锅，饭桶用棉袋包裹起来，走几十里不会冷。饭的花样也是别出心裁，某部九连有一段快板专记载这种情景的："自从战役一开始，伙食花样说不了，大米焖饭软米糕，米面丸子炸油条，红薯焖米荞面饺，红枣豆子面粉包，白面饸饹豆面条，十天样子重不了；不只吃饭不重样，菜还炒得特别香；好菜好饭这不讲，饭后还有胡辣汤。战士提起炊事班，没有一个不夸奖。范有才，副班长，工作积极不怕忙，阵地送饭报奋勇，通过封锁不慌张，为了战士吃热饭，他给饭桶穿衣裳……"东山群众经过日伪阎匪的掠夺，穷苦不堪，生活用品，什么都买不到。十三支队在进攻以前，就把许多供给的详细节目写在工作日程中，细微事情也被考虑到了。统一供给工作，组织牲口运输，在崎岖的山路上不断见到三五成群不辞辛劳的人，吆喝着牲口从百里之外，运大批油盐蔬菜到前线上，这是运城、临汾、晋中战役所未有，最费力的组织工作。

东山不但没有大的村落，就是山庄窝铺也不多，容纳大兵团的居住根本不可能。群众住的房子已经困难，人民解放军要保护群众利益并不能让他们紧缩房屋，或占据工厂，妨碍恢复工作。而是大家动手来打窑洞，现在有许许多多的窑洞藏在垄坎下，还有投弹场，读书桌，厕所设备，都一样整齐清洁，更合乎战争的要求。当地群众住着暖房子，心里很抱歉，刘三狗生怕人民的战士受冻，背了一捆干草送到窑洞里给战士铺。彼此的心都一样：为着战争的胜利。一部最新美国造的报话机，就架设在高不过一米的矿坑中，天线从石缝中牵出来。中共中央负责人的评论中国军事形势的电报，就从这里传到战壕里去。"毛主席的话你们听见了吗？同志们：加紧努力！才能最后地完全地消灭反动势力。"立刻变成人民解放军战士的誓言和行动！

山上，踩出很多弯弯曲曲的小路，偶然也有一两条宽阔的，沿大路贴着传单标语，有一张上写着："大炮要上山，修路也为消灭阎锡山。"这是鼓励当时参加修路民工的。现代化的战争，在山地进行，充满着突然的意外的事件。某纵队二连要去完成一次战斗任务，野炮车加快地往前赶，面前出现了一段兜坡，不是坡，而是绝壁，工兵便用爆破开路，民工就在后边抢修，炮手驭手扯住炮尾，还是滚滚而下，但许多艰苦的路，每个脚印，都指着一个方向——打到太原去。

某处高地，有几尊大野炮，伸长脖子，控制太原西飞机场。从侧翼，或者是正面，路细小得绝不可能容许两个炮车轮子运动，它竟然蹲在这个险要地方，是怎样上来的，我们要发现这个奇迹，终是没有找到。

战胜困难的人，是何等愉快！某部六连，把秧歌舞，扭到战场上，他们扮演"阎锡山骑毛驴"，大炮一响，便从毛驴身上摔下，跌死了。没有乐器，便敲起作业工具，惹得大家哈哈大笑。门板报也出版了。某部每班都有一块，主要形式是快板和图画，内容是检讨战术技术，进行表扬批评。有半数以上的指战员，是门板报的积极通讯员。工兵连写了描写东山战地生活的——"战胜困难"的小调：

"打下太原活捉阎锡山，解放军高山扎营盘，同志们你瞧，山高路又小，满山遍野黄呀黄衣裳。

"咱们三排八呀八班长，智多谋广真漂亮，利用石头片，他来烧干粮，克服困难，好呀好榜样！

"自己吃水自己把淘，自己打柴自己烧井，窑洞自己挖，不用工人造，泥捏灯盏，照亮土窑窑！

"钢盔和面又能把水烧，草帘挡风实在好，自己把煤挑，窑里火炉烧，一切困难，战呀战胜了！"

这一切都是解放军能够战胜困难的光荣传统，也蕴蓄着无限战胜敌人的力量！

（原载华北《人民日报》1948 年 12 月 19 日第 4 版）

具有高度政治军事文化教养的部队

人民解放军不仅是有文化教养的部队，而且对战地文学也有新的发展。它的主要特点，是太原前线人民解放军，有成千成万篇"枪杆诗"的产生，作者几乎完全是战士，充满了生动明确、具有高度思想而又朴素的诗篇，其表现的基本主题——是对敌人的仇恨蔑视和全军的坚强的胜利意志。

李海水连一等功臣王章成的《胜利的条件说不完》，不只写出了人民解放战争有丰厚的群众和物质基础，最可贵的是他保持了清醒的思考，时刻审察作战的环境和条件，并有战胜困难的毅力。他的原作如下："咱有把握打太原，胜利条件说不完，第一武器弹药足，粮草马料积如山，火车汽车呜呜叫，四面八方运前线。第二群众来支前，抬运彩号自觉干，人人都来打阎匪，阎贼吓也吓破胆。第三兵强马又壮，攻坚作战有经验，打下北营伤亡小，单兵爆破有孤胆。第四上级指挥好，徐司令员智谋高，挖心战术真厉害，分割包围大会餐。第五占了大东山，有利地形归于咱，居高临下打冲锋，炮弹落到城里边。胜利条件齐具备，可能困难也要看：天寒地冷窑洞湿，也许有时难吃饭，人多村小住不下，吃水喝汤不方便，民工有时不够用，弹药一时赶不上。有些困难想不到，临时给你添麻烦。打仗一定有困难，克服困难最当先，多想办法有办法，立功计划要实现，坚持最后五分钟，威风凛凛进太原。"

四五六部队战士有一篇《打阻击仗》的集体创作，其中说："远不打枪，近不发慌，敌人接近，手榴弹杀伤"，是充分表现战术思想的杰作。他们更从模范战斗和向英雄取材，甚至写自己心爱的一件武器，因为他们切身体验了战斗生活，写出来十分生动活泼。张维景就是以张树林爆破为题材，从张树林平时工作积极，战斗时勇敢担任爆破，一直到爆破后，指示部队冲锋时机，获得俘虏三十八个阎匪的胜利。突击队队员孙金山这样歌颂手榴弹："手榴弹，十四两，投出去，炸得响，炸得敌人叫爹娘——大叫：'你们别再打，我们马上就投降！'"司号员张尽忠这样写他的冲锋号："我的号，真是行，只要一响全连动，嘀嘀嗒嗒连声叫，全队同志往前冲，冲得敌人好像老鼠找不着洞，乱窜乱碰当了俘虏兵。"

有许多"枪杆诗"对教育部队来说作用很大。阎匪惨无人道，在战斗中施放毒气，战士们便写了"防毒"诗："毒弹爆炸，响声不大，烟不上升，顺地来爬。往高处跑，毒顺气没啥。交通壕内，也有办法，放一捆柴，遇毒点它，大火烧着，空气外爬，毒气顺风，也就散啦！人围火旁，也就没啥。坚持阵地，目标嫌大，一颗子弹，把药倒下，遇毒一烘，效力也大。阎匪阴谋，火烧完啦。"又如"打洋灰碉""对付燃烧弹""利用敌人照明弹"等都说明我们的战士又是有科学头脑和军事常识的战士，不然写不成这样深刻的。

在战斗中，在深夜里，战士们用自己创作的"枪杆诗"，对敌人朗诵。一首专描写蒋匪三十师反扑惨败的情景，是很好的政治诗："三十师，来反扑，手榴弹炮弹吃了个足——死在太原回不了家，爹娘老少哭不哭？"连队的"门板报"，每天有无数战士创作的"枪杆诗"贴出，"人民子弟兵报"有"枪杆诗选录"。

二二部队的"战壕传单"，大量采用"枪杆诗"，有的战士便把诗贴到枪托上、炮盘上、炮身上、弹药箱上，有的干脆写在饭包上、米袋上，到处都可以"出版"，无处不在流传。"枪杆诗"便成了战士喜闻乐见的、为战士创作的独特形式。

（原载华北《人民日报》1948 年 12 月 22 日第 4 版）

在一个教师暑期俱乐站里

北京的教师们，正在愉快地度过他们的暑假。

经过一阵细雨，北京市西四区教师暑期俱乐站显得更加清新凉爽。成千的教师陪着自己的家属来到俱乐站休息。他们对于自己的"家"充满着兴趣，假期中已经有近两万人到这里来休息娱乐。

在林园中央的运动场上，第四中学和第三十九中学的教师开始了篮球赛，他们的比赛表现了优良技术和友好合作的精神，比赛吸引住了观众。第七中学和第十三中学的教师在这里举行了排球友谊赛。约有两千人坐在场地上静听中共北京市西四区委员会封明为"关于朝鲜停战"的报告。北京教师在抗美援朝运动中，曾贡献了很大的力量：他们捐献了三十一亿元给志愿军购买武器，将大批的慰问袋和三万八千册图书送到前线去，向一百万以上的群众进行了抗美援朝爱国主义教育。

俱乐部的活动是特别丰富的。这里有着各种文化娱乐设备。台球、乒乓球室里都挤满了人。人们在辉煌的灯光下比赛象棋、围棋、跳棋。喜好围棋的北京师范学校校长晁湧光经常到这里来。青年人在尽情地跳舞。露天影场在放映着影片。

这天的特别节目是教具、教案展览。展览室展出了教师整个学年在制作教具和教案方面紧张劳动的成果，其中以自然课程教具为最多。经过精细雕塑和着色的第四十一中学地理教员郁勃创造的立体地球仪很引人注意。教师金恒勤的教案表现了教学的思想性，他以培养儿童爱护公共财物和爱美观念开始了一年级的第一课。在西四北幼儿园教养员苏贞莱的笔记中写着：二月二十三日开学了，高翔等几个小朋友，经常不做作业。铃声响了，排队的小朋友还是零零落落，有的仍在大声说话。就在这个时候，我问小朋友天上飞过去的是什么？小朋友们回答说："是鸟。"这时候我就告诉小朋友们，辽阔的天空，鸟飞知道排队，还有一只鸟带头。小朋友为什么不知道排队？这样小朋友就有秩序地走进屋里。我又讲了小松鼠忘了路的故事，告诉小朋友遵守纪律的重要……

教师们已结束了一个学年的创造性的劳动。他们今天的休息正是准备以充沛的精力去迎接将要到来的新学年。

（新华社北京 1953 年 8 月 19 日电）

当你们熟睡的时候

亲爱的读者，你知道吗？当你们熟睡的时候，全国有多少人为了你们幸福的生活和明天的工作，在通宵紧张地劳动着。看吧！下面就是在 18 日夜里北京很多夜间工作着的人们。

守候在孩子床边

柔弱的灯光笼罩着南魏胡同托儿所孩子们的卧室。保育员们穿着白色的工作服挨着每个小床轻轻地来回走动。两岁半的女孩子曾珊珊在睡梦里把白色的小被揉作一团，像抱洋娃娃似的把它抱在怀里。保育员房黎轻轻松开了她的小手，又把被子替她盖好。甜睡着的孩子们有的把小腿跷在床栏杆上，有的把小手垂在床沿下，有的趴在小床上睡觉。保育员们都把这些不大好的姿势纠正了，使孩子们睡得更舒适。

深夜两点多钟，保育员宋作芳发觉一岁半的男孩康宏陆大便在衣服上，她立刻细心而又熟练地给他换去了脏衣服，而这个孩子并没有醒。宋作芳在记录孩子生活情况的本子上作了记录："康宏陆夜间大便一次，发现消化不好，请白班的阿姨注意他的饮食，其他的孩子睡得很好。"

为了明天的乘客

夜里把最后一批乘客送回家休息以后，北京市电车公司、汽车公司的检修工人、调度员、司机、售票员……，还在紧张地劳动着。他们中有的在检修回厂的车辆，有的在收集车上的抹布、水壶等清洁用具，准备清洗。电车公司第一保养厂调度员万世俊在登记售票员从车上收集的乘客遗失物：扇子、雨伞、手帕……，准备天明招领。

深夜两点以前，公共汽车的调度员，已经把市内和通往郊区的二十五路的几百辆汽车调配好了。汽车司机和售票员们已经等候在各个街头，在三点钟他们就乘着接班汽车来到保养场，准备在四点三十分出车把人们送往工作、学习的地点。在夜间工作已经四年的保养场车间主任张锡恩说，夜间工作是辛苦，可是当我们知道一天没出任何机件事故的时候，快乐就代替了一切。

急救病人

十一时四十五分，北京市急救站值班护士拿起响着急促铃声的电话听筒，重复了对方一句话："休克。"语音未落，在隔壁房间和衣而睡的汽车司机张鑫铎已站在桌前，接过听话筒，详细询问病人的住址。刚从清河镇进行急救工作归来的女大夫殷瑰琦提着急救包，立刻和司机一块跑步奔向汽车房。

在急救车上，殷瑰琦大夫迅速作好了临床急救的一切准备。

四十五分钟以后，这个急病患者已经在北京市第一医院苏醒过来了。

北京市急救站设在首都的市中心，有九位大夫、三位护士日夜轮流值班，到城郊各区急救病人。二十七个医院每天向他们汇报空床位的情况，以便急救中可以迅速地把病人送到最近的医院。

这个急救站从 1954 年 11 月成立到现在，已经使两千多个病人脱离了危险的境地。

黎明时的电报

四点二十七分，北京市电报局报务室收到了一份山东滋阳发报人徐燮四点钟交发来的一份电报，这份电报在十一分钟以后缮译完毕，交给送报员，四点五十分就送到了北京市第二十六中学。收报人徐焌拆开电报喜形于色地说："这下可好了！"原来他一连三天到车站去接他的八岁的妹妹，都没有接着。这份电报上写着："今天下午四时接妹。"

这是这一个夜里很多电报中的一份。如果不是经过了静悄悄的东长安街才走进灯火通明、大门敞开的北京市电报局的话，你真会忘记这时已经是午夜以后了。营业员们依然在柜台里随时等待着交发电报的人。报务室里电传打字机嗒嗒地响着，报务员们精神贯注地收发着电报。传送带一份接一份地把收来的电报送到来报室缮译，送报员们随时都在准备出发。

通宵运蔬菜

当天快亮的时候，菜市场和副食店的营业员们已经结束通宵的劳动，把供给首都人民的二百多万斤蔬菜准备好了。

在全市最大的广安门菜站，郊区农业生产合作社社员赶着满载蔬菜的马车来了，他们把刚从田地上摘割下的新鲜蔬菜连夜送进城来。著名的四季青、东方红等农业生产合作社今年蔬菜丰收了，白天黑夜在这里都能看到他们送菜的马车。菜站的收购人员经常从深夜忙到白天，一收就是一百多车菜。早晨五六点钟，交易员就同时向九百个左右的零销点和机关团体批发调运。全市二十一个菜站每个夜晚也都是这样紧张地劳动着。

拍《祝福》

在北京电影制片厂如同白昼的摄影棚里，导演、演员、摄影师及其他工作人员们正在拍摄由鲁迅的小说改编的彩色影片《祝福》。演员白杨扮演的祥林嫂走出化妆室，被人引导第一次进入了鲁四老爷家的厢房。这时，十多个照明灯的聚光马上集中过来，站在厢房旁边的导演桑弧说了声"好，拍"，摄影师钱江紧张地拍下了这个镜头。

该拍鲁四老爷知道祥林嫂是寡妇的那种厌恶表情的镜头了，摄影师拿着测光表一次又一次地测量着，导演不断地纠正曾饰"虎穴追踪"影片中特务头子崔希正的演员李景波的姿势，叫他把拿着水烟袋的手抬高些，眉头要皱起来。在照明灯下面对着镜头的李景波，满脸出汗。年轻的女化妆工作者胡宏华不断地用棉絮蘸去他脸上的汗水。这个一刹那的表情，连续拍了四次。

将近黎明了，制片车间的工人还在用从绍兴运来的古老花瓦赶制鲁家大门楼的布景，他们要争取这部影片在今年 10 月 19 日鲁迅逝世二十周年的时候上映。

洒扫全城

深夜，清洁工人们驾驶的一百多辆汽车，穿行在全城的大街小巷，把八千多个垃圾集中站里的两千多立方米垃圾，运到城外七个垃圾处理场。

在这个时候，五辆大型的洒水车在宽阔的东、西长安街上，冲刷灰尘。四百个扫街工人，在打扫着王府井、南河沿等二百多条街道。

东方发亮，各条街道上又出现了二十多辆洒水汽车。人们通过这些干净、湿润的柏油马路，走向他们工作、学习的岗位。

为了千百万读者

午夜，在沉寂的王府井大街上，人民日报社大楼的许多房间里依然灯光通明。三楼上夜班编辑组的电话铃不断地响，经常打断了编辑们赶编最后几条重要消息的思考。忽然，驻在云南、安徽等地记者用电报发来了急稿，总编辑室主任看看表已过截稿时间——十二时，只好把这些消息割爱。一点多钟，编辑们带着苦心设计出来的版面样跑到排字车间，和工人们商量拼版。工作的高潮由办公室卷向印刷车间。这里，在紧张拼版的老排字工人都有十多年的工龄，他们正在和时间战斗。他们用十分熟练的技术，根据改稿三番五次地改换排字，争取尽早把版送去打纸型。同时，在检查室和校对科里，一批头脑清醒的人们正在拿着红笔细心核对每篇稿件和每一个字，他们为消灭报纸上的每一个错误而努力。

两点五十九分，四部高速度轮转机转动了。一分多钟后，工人们争先拿起了今天的报纸，检验自己和编辑们彻夜劳动的成果。邮政局的汽车从这里装满了新出的报纸，立即送到火车站和全市去。和这同时，报纸的纸型又赶送到西郊飞机场，由专机和班机送往上海、昆明、重庆、兰州、乌鲁木齐和沈阳等八大城市，让这些地方的千百万读者也能当天看到北京的《人民日报》。

夜　宵

首都人民都非常喜爱在他们夜间工作之余来到夜宵摊上吃些东西。

西四牌楼的夜宵在北京是很有名的。它已经有三十多年的历史了。19日一点多钟，占有半条街的夜宵摊还是灯光通明，人们正忙得热火。这里有美味馄饨，有北方特有的肉汤煮烧饼，有油煎肉馅饼、炒饼，还有各色酒类和下酒菜。在阵阵凉风的夏夜里，在一阵紧张的工作之后，在这里吃到这些可口的夜宵，谁都会感到非常愉快和轻松。

在政府的支持下，北京市的夜宵正在有计划地发展。前门外华北楼饭店现在就通宵营业，据这个饭店的工人说，他们在今年五一劳动节开始实行通宵工作以来，在日夜二十四小时内，常常要接待两千个左右的客人。

零点二十八分接婴儿

北京医学院第一附属医院产院的住院处六十四岁的服务员王志，已经上了二十二年夜班了。18日夜里他在给产妇张美德办完住院手续的时候，像一个有经验的大夫一样地判断说："今晚你一定会生的！"

在产房里，五六个值班大夫和助产士轮流在张美德旁边守护着，不时地听听胎心的跳动。她们对产妇说："你放心，孩子顶好！"

零点二十八分，婴儿"哇"的一声诞生了。助产士小心地扎好了脐带，擦好微红的小身体。当年轻的妈妈看到自己胖胖的儿子后，脸上露出了幸福的微笑。

当产妇张美德正在喝红糖茶的时候，大夫亲切地对她说："好好地睡觉吧，天明我们就给孩子的爸爸打电话，告诉他大人、婴儿都很好！"

（新华社北京 1956 年 7 月 20 日电）

赏析:

讲好中国故事的范文
边江

通讯《当你们熟睡的时候》，堪称一篇"讲好中国故事"的范文。

据《新华社北京分社简史》记载，从 1955 年 6 月 11 日开始，北京分社开辟了连续反映首都新成就、新面貌、新变化、新人物的不定期专栏《在我们的祖国首都——北京》，一直坚持了一年多。1956 年 7 月 21 日，总社播发的分社记者集体采写的通讯《当你们熟睡的时候》，报道了北京市夜间从事各项平凡工作的人们，为他人的幸福，为全市人民明天的工作、生活，默默地作出了不平凡的贡献。他们中有托儿所的保育员、急救站的值班护士、电报局的营业员、打扫街道的清洁工、送菜进城的郊区菜农以及报社夜班编辑等。这篇富有创造性的报道，受到全国报纸、电台的欢迎，引起强烈的社会反响。总社专门发来贺信，高度赞扬分社记者取得的这一创造性成果。

《当你们熟睡的时候》一稿发表时，署名"新华社记者集体采写"，何微时任新华社北京分社社长，此稿系在何微同志主持下，组织分社多位记者集体采写，由何微最后统稿、签发的。

苏东坡的一条玉带

新华社记者何微报道：860 年前宋代大文学家苏东坡送给佛印和尚的一条玉带，现在还保存在江苏镇江金山寺内。

苏东坡同佛印友谊很深，有一次他去杭州，途经镇江，到金山寺方丈室来看佛印，要暂借和尚的"四大"作坐处。佛印问他，我和尚"四大本无，五蕴非有"，你何处去坐？

苏东坡一时答不上来，解下腰中玉带，留在寺中永作纪念，佛印也以僧服相赠。苏东坡有一首诗说："病骨难堪玉带围，钝根仍落箭锋机。欲教乞食歌姬院，故与云山旧衲衣。"就是指这件事。

玉带直径约一尺五寸，宽约二寸，上缀二十块长方形或桃形米色玉。曾因原收藏玉带的玉鉴堂被火焚毁，带上的玉石损坏了四块，1765 年春天清朝的乾隆皇帝游金山时，叫玉工补足，并在上面刻了四首律诗。

本来金山寺收藏苏东坡的遗物很多，现在除了佛印山房壁上还有四块苏东坡的墨迹刻石，和送给佛印的一块雪浪石收藏在寺中文物馆内以外，其余宋朝名画家李龙眠画的东坡、佛印像，上有苏子由写的赞，以及苏东坡访佛印谈话的铜像，和1085 年苏东坡为佛印写经的楞伽台，全已在大火中焚毁。

（新华社南京 1957 年 3 月 29 日电）

创造了一万幅剪纸花样的名艺人张永寿

新华社记者何微报道：祖传五代的扬州剪纸名艺人张永寿，到今年已经工作了40 年。在这些年代里，他创作的花样有 1 万种，剪制近 20 万幅。

张永寿的剪纸有花木、鱼虫、鸟兽，被国内外爱好者作为艺术品收藏欣赏。他尤其擅长剪菊，创作多达 120 种。国家今年精选其中 22 种，订购了 13.02 万幅。他现在正剪制"金剪绒"。"金剪绒"是菊中珍品，但在张永寿的剪刀下，它更赋予鲜明的特征：花型滚圆，花瓣精细，层层向四周放射，看来有丝绒般柔和的感觉。

他剪纸的工具只是一把五寸长的普通剪刀，不描样，无临本，随心所欲，自能变化。剪刀握在他那肥大有劲的手里，熟练地动作着，不到两个钟头，一沓四张宣纸，就剪成了各种各样的精巧的花样。看到张永寿的剪纸的人都说：死的东西都被他剪活了。

剪纸是中国民间有悠久历史的一种艺术，长江南北妇女原是用它来作刺绣底样的。张永寿在 20 年前摆脱了古老图样的复制，开始自己进行创作。由于他长期对现实的深入观察和认真向国画及古代图案学习，他的艺术造诣达到了很高的水平。

　　最近有人写文章批评他的剪纸脱离"实用"，说他创作欣赏用的艺术剪纸是"走错了道路"。为此，3月4日政协扬州市委员会邀请美术家、教授和有关各界人士，进行了讨论，肯定他发展的方向是对的，认为还要继续提高和普及他的作品。并且事实也不完全是这样，现在，张永寿正创作一本实用剪纸集，已完成40幅，可以作为刺绣、纺织、印染的图样。

（新华社南京1957年4月1日电）

剪纸小记

　　在张永寿工作台上摆着两盆盛开的春兰花，室内布置得幽静文雅。他见我推门进来，急速把凝视的目光移开兰花，站起来欢迎客人。

　　张永寿告诉我他喜爱花卉，因此，在这方面剪的东西最多。随手他从纸夹中找出新近创作的"大富贵""天官袍"两幅菊花剪纸，菊花花瓣很长，交叉卷曲，四散飞舞。从那十分潇洒自然的姿态中，可以看出他的剪工。早有人给我介绍过，张永寿剪菊花能抓住花瓣、叶子的形态和结构上的不同特点，并从刀口上表现出菊花经霜不雕的品质。他已剪出120种名贵菊花的花样。

　　中国的剪纸历史很久，它和刺绣有密切联系，更由于中间经过多少人的创造，使它不断丰富发展，所以流传到现在。张永寿就是这样一个艺人，既继承了祖先的传统，又能辛勤地劳动，才达到了新的成就。他今年已52岁，剪纸整整40个年头，仅他创作的花样有一万种。

　　张永寿生长在江苏扬州一个有艺术传统的家庭里，祖上四代以剪纸为职业。他的父亲张金盛，在扬州许多剪纸艺人当中，曾是最负名声的人。张永寿从小就受到艺术的熏陶，8岁开始学习剪纸。他父亲不愿意张永寿再干这行清苦的手艺。因为在旧中国，这些"剪花样"的人地位微贱，经年的劳动，生活依然很悲惨，所以不许他再沾剪刀。张永寿曾因为不听父亲的话挨过打，但他不灰心，曾拿到他父亲剪的一幅"寿星图"，偷偷地反复剪了30次，直到剪像为止。到12岁就独自闯码头谋生，到过江苏、安徽的许多城镇。

　　张永寿对大自然有强烈的感情，他对许多花木鱼虫鸟兽做过观察和研究，从大量的现实中概括特点，创造艺术形象。他为剪一幅"苇下双鹅"，曾到运河岸上观察一对白鹅游水的情景。最后，他终于成功地创作了这幅剪纸。从此他懂得了向大自然索取图样，不断观察自然界的景物，丰富自己的创作，这时他的剪纸进入了成熟的时期，摆脱了重复剪制古老图样，积极从事创作。

他的剪纸还富有浓厚的国画风格。去年剪成一幅"松月图"，松树古老苍拙，枝头一轮明月，简直像出自名手的一幅国画。张永寿也向敦煌的壁画学习，创作了不少风格古雅的图案剪纸，最出色的有象征六亿人民团结一致保卫和平的"六鸽图"。

剪纸和刻纸不同。刻纸有二三十种刀具，张永寿剪纸的工具，只是一把五寸长普通家庭用的剪刀。他用白宣纸一沓四张，一次剪完，就是四幅作品。他的剪纸不描样，无临本，事前构思成熟才动手。他在南京的一次郊游时，看见山缝里有一丛野菊，引起了他的兴趣，聚精会神地做了长久观察，最后他摘了一枝愉快地说："行了。"当天就剪成一幅美丽的野菊。这幅野菊收在1954年出版的《张永寿剪纸集》里。

他的作品风格明媚秀丽，线条洒脱和谐。他善于用概括的手法，赋予作品以明朗的艺术形象。在他的剪刀中，真有不少诗意画境。

（新华社南京 1957 年 4 月 1 日电）

二、"秦中随笔"杂谈

从《孟子》想到长知识

夜晚无事，与朋友们"坐而论道"。这是个性最泛滥的时刻，谈些各自喜爱的事物。这在南方，一般叫聊天，在北方则叫闲扯。各省还有自己的习惯称呼：四川叫"摆龙门阵"，陕西叫"谝闲传"……

不知从何说起，我们的话题转到古典散文，自然又集中到《孟子》上来。《孟子》是我国散文由章到篇发展，具有代表性的作品。我的朋友非常欣赏孟子散文的明畅犀利风格，而我则推崇他言简意赅的艺术特点。各人还背诵了足能代表自己论据的篇章。

客人尽欢而散，我却由兴奋而沉浸在默思中。《孟子》261章，确实不少篇是尖锐辛辣，"语约而意尽"。我想，孟子的散文短小有力，能激动人心，是建立在他知识丰厚的基础上的。加上他思维敏捷，能够在辩论的迅急转变中抓住矛盾巧妙地让事实说话，故每次辩论无不使对方折服。

我们看现在一些散文，文字么不算短了，内容么并无任何错误，但总觉得缺少些什么。是不是少了泼辣而带有激情的譬喻，是不是少了富有生活形态的寓言，是不是少了那种波澜壮阔，处处能触及矛盾的故事？我想是的。没有丰富知识，就不能弥补这些缺点。

写文章要给读者精神上的营养，也要给一定数量上的知识。或者这么说，没有思想做主导不成，有了主导思想而没有鲜明形象的事物来充实它，要达到像《孟子》那样散文特点是困难的。

孟子的知识来自两方面：他游历了邹、任、齐、薛、宋、梁等许多国家，留心观察社会上的种种现象。如"宋人有闵其苗之不长"章中的譬喻和"齐人有一妻一妾"文章中叙述的故事，就是从沿途见闻中提炼概括起来的。孟子对自然现象观察也很认真，所以能在"娶妻如之何"章中生动细腻地描写出鱼放归水中"始舍之，圉圉焉；少则洋洋焉，放然而逝"的情景。这就是孟子所说的"见而知之"的一面。

另一面，孟子的知识是从书本中学来的。孟子在他的著作中引用了《诗》《书》《春秋》《论语》许多书，也批判过杨朱、墨翟的学说。汉赵岐在《孟子题辞》中誉孟子"通五经，尤长于《诗》《书》"。可见孟子读书是下过一番苦功的。孟子说："尽信书，则不如无书。吾于'武成'取二三策而已矣。仁人无敌于天下，以至仁伐不仁，而何其血之流杵也？"这段话说明，孟子读书，第一不是囫囵吞枣，经过消化变成自己的东西。对《尚书》中的《武成》篇，只吸收其两三点有用的东西。第二他是批判地接受书中知识的。他认为武王伐纣是正义之师，殷人都来欢迎，当然不会多杀人，哪有血流成河、漂流木杵的道理。

（原载《西安晚报》1962 年 11 月 21 日第 3 版）

㕙麋墨

"非人磨墨墨磨人"，是历史上不得志的文人书生，悲愤人生的一句牢骚话。实在说，墨是无罪的，磨灭人类智慧的是那可恨的剥削制度。

依我看，墨在中国文化史上，倒应该有一章记载它的"汗马功劳"。没有它，也就不可能有现今这么丰富的书法和绘画遗产。

谈到墨，"徽墨"是全国有名的，却很少人知道陕西造墨要比徽州早得多。

徽州造墨在唐僖宗时（874—888 年）。墨工李超、李廷珪父子从易水渡江迁到徽州，利用黄山古松烧烟制墨。陆友在《墨史》中称赞李氏墨"坚如玉，其纹如犀，写逾数十幅不耗一二分"。当 9 世纪末期，徽州为南唐据有，李后主很赏识李超父子的制品，封他们做墨官。这是距今 1080 年左右的事。

陕西产墨开始于西汉，比徽州早一千年。造墨的地方是现在的千阳，古时称㕙麋。㕙麋是西汉初设置的县，东汉为侯国，晋废去，后周设千阳。据《大清一统志》和《太平寰宇记》载，㕙麋故城在千阳县附近以东的地方，因为有㕙麋泽而得名。不仅时间远，而且可能用松树烧烟制墨也是首先从这里发展起来的。我是根据宋晁氏《墨经》"松烟之制尚矣，汉贵扶风，㕙麋，终南山松"这段话判断的。《汉宣仪》中说："尚书令、仆、丞、郎，月赐㕙麋大墨一枚，小墨一枚。"《汉书·王莽传》中说，汉兵起，王莽"遣使坏渭陵、延陵园门罘罳，曰：毋使民复思也。又以墨夸色其周垣"。《东宫旧事》中说："皇太子初拜，给香墨四丸。"古书提供的材料可以使我们了解：西汉时㕙麋已出现相当数量的造墨手工业作坊，墨的质量有了很大提高。否则宫廷就不能作为一种经常赏赐要臣的物品，也谈不到王莽用墨来涂染陵园的墙壁，质量不好更不会赐给太子的。

到了宋朝，隃麋造墨尚可稽考。神宗时（1068—1085 年）出了一位苏澥，武功人。他造的墨松纹皴皮，而且坚如玉石，是国外闻名的。1071 年高丽入贡，奏乞苏澥墨，赵顼下了诏书到他家里取墨，苏澥只给了十锭。可见其制作如何被珍视了。

反动的封建剥削统治，不知破坏了多少具有优良传统的手工业，在宋以后，隃麋造墨的情况就湮灭不闻了。但隃麋却成为墨的代名词。明朝已经直接口中隃麋来命墨。清代宋荦在《漫堂墨品》中说，他收藏的一锭明墨，上书有"隃麋宗"三字。清朝各名墨家都选上等烟造过"古隃麋"墨，附图即是其中一种，都是徽州制造的。可惜，真正的隃麋墨已不存世了。

（原载《西安晚报》1962 年 11 月 28 日第 3 版）

读书种种

《茹尔宾一家》中的马特威老爷爷，想出一个开心的读书法——翻到哪儿读到哪儿。一会儿翻到"台湾"。台湾是中国的领土，美帝国主义侵占了这个地方。台湾的人民是富有战斗精神的。一会儿又翻到"塔玛拉"。这位格鲁吉亚的女皇，原来她是一个俄国王公的老婆。继续翻下去，"保守党"呵，"温斯托什卡"呵……作者柯切托夫说，这种读书方法"可有意思透了"。

但不要误会，这种读书方法它截然不同于我们通常所说的"流览"。这个词源出曹丕的乐府诗"流览观四海"。它是指看得速度快，读得范围广。也截然不同于"寓目"一语。"寓目"指注目以视，含有专一的意思。鲁迅先生关于读书，提倡过"泛览"，目的在抉择适合于自己阅读的书籍。书选定之后，鲁迅先生即主张手不释卷，认真地一页又一页读下去，才能得到深厚的益处。

随便翻翻看，就算是马特威老爷爷的发明吧，也只是为了开心，而不是真正读书的方法。特别是阅读马克思主义著作。

斯大林指出："马克思主义是关于自然和社会的发展规律的科学，是关于被压迫和被剥削群众革命的科学，是关于社会主义在一切国家中胜利的科学，是关于共产主义社会建设的科学。"（《马克思主义与语言学问论》）不认真钻研，便学不好这些科学，更不用说运用这些科学来指导自己的行动了。所以毛主席恳切地教导我们："学习不是容易的事情。"不易的事，就更需要毅力和苦功。

马特威翻到哪儿就读到哪儿式的读书方法，无法让我们学会确切分析阶级关系。

这种读书方法，无从让我们懂得从联系和发展中观察一切现象，进而抓住事物的本质。

这种读书方法，无从让我们站在真正无可争辩的事实基础上科学地研究问题。

我们的社会主义有它的规律，我们各个方面的工作也有它的规律。规律不是能一眼看透的，要靠开动思想机器，认真思考才能精通的。

必须承认，我们一般同志的理论水平，还远远赶不上我国社会主义建设实践的伟大需要和我们党在国际共产主义运动中所作的巨大贡献。当我们迫切感到需要学习马克思列宁主义和毛主席著作的时候，首先研究一下读书的方法，是很有必要的。

（原载《西安晚报》1962 年 12 月 6 日第 3 版）

漫读杂文

我喜爱杂文。

好的杂文，文体轻松，文笔犀利，又接近于文学境界。这是就表现手法而说，还必须有一条，它含有极深刻的政治的和社会的内容，具有当代的色彩。现在报刊上有不少好的杂文，给我的印象是文情丰茂，"日新殊致"。

杂文看多了，就不免要比较。比较的结果，发现了一个问题。说它是公式化，太笼统。我把它称之为："注脚"式的杂文。这不属于归纳，更非结论；而是借用陆象山"六经皆我注脚"一语中的两字，想说明目前存在的一种现象——用现代的事实注释一些古代的故事、寓言和传说。这种情形还不少。

就举不久前看到的《古巴人民不怕鬼》这篇杂文为例。不过要说明，举这个例子完全出于偶然，是顺手在桌边捡来的。

杂文最先叙述了黪达先生不怕鬼的故事。这个故事出自袁枚的《子不语》。被引的故事说："鬼有三技：一迷、二遮、三吓。"这三手都被黪达先生识破，女吊只好承认它"实在无计可施了"。文章接着从肯尼迪对古巴采用反革命的两手来解释美帝国主义者这个鬼是怎样使用"三技"的。当古巴人民坚决进行武装斗争，夺取了政权，美帝国主义看到大势已去，即像那个涂脂抹粉的女鬼，装出亲善的面孔迷惑古巴人民。古巴人民在卡斯特罗总理领导下大规模地进行社会改革的时候，美帝国主义犹像那女鬼，左遮右阻要古巴听从它的指挥棒。古巴人民坚定地走上社会主义道路，于是美帝国主义就悍然起来进行武装干涉，如同那披头散发的女鬼恐吓古巴人民。杂文最后赞扬了古巴人民有豁达先生一样不怕鬼的骨气。

不论是最凶恶的美帝国主义，还是堕落成为帝国主义政治掮客的现代修正主义，马克思主义者都不怕。杂文要反映当前的火热斗争，不怕鬼是当今的好题目。问题是在这么好的主题思想下怎么做文章。

如上所述的杂文结构，注定后来行文要将古巴人民不畏强暴、不怕困难、坚持革命斗争的英雄气概为那个故事做"注脚"。古巴人民捍卫国家主权和革命果实的斗争和已取得的伟大胜利，在进步人类历史上是最光辉灿烂的诗篇之一，要大书特书的。如果把它框在"注脚"形式中，势必减弱它的意义。

解释文辞典故等的叫"注脚"。我们不能要求"注脚"有波澜有起伏，也不必赋予艺术形式。可是人们读的是杂文啊！作为杂文就不能不提出这样的要求：紧紧掌握现实的事物，如有借喻应使其降至从属的地位，为主题服务，让鲜明强烈的革命思想和革命感情表现于完美的形式中。不要举一例，进一解！

（原载《西安晚报》1962 年 12 月 12 日第 3 版）

一份党报胜过五车书

每当打开报纸，特别是《人民日报》等党报，有许多感触。

党报是战斗的号角，是建设社会主义的蓝图，是时代的史诗。有她在，眼前一片光明，所以每天都离不开她。离开她，觉得如同离开集体，感到孤寂、闭塞，像缺少了什么，因此，无数革命的人民养成一种酷好阅读党报的习惯。

当党的报纸处在地下、社会还是黑暗的时候，她就如同灯塔，照耀着在苦海中航行的人民，依靠她辨认道路，走向正确的方向。人民爱护党报超过了爱护自己的生命。得到一张党报真不容易啊！报纸破了，字迹难以辨认了，仍然秘密辗转传递，我传你，你传他，几乎每一个字都背熟了，还舍不得将她丢掉。每当一种党报出版，帝国主义和国内反动派便吓得屁滚尿流，想尽一切办法来扼杀她，然而党报"依然不胫而走，一纸风行"。

战争的年代里，那是在敌人的后方，人民把党报看得比小米、步枪同等重要，称她们为"革命三宝"。又称党报为"精神的食粮"，没有她一样会感到饥饿。革命的学问，斗争的艺术，生产的知识很多都是由她来供给。什么该学习，什么该警惕，什么该反对，都明明白白印在上面。革命根据地的人民，充分吸收了党报给予的营养成分壮大起来。敌人惧怕这种力量，总是使用残酷的暴力手段企图扑灭她，革命的人民起来以生命捍卫了党报。

有一件事情，整整过去14年了，我还记忆犹新。在解放战争的一次攻坚战斗中，一位战士光荣地牺牲了。从他身上找到一份登载着《将革命进行到底》社论的党报，和他的入党申请书方方正正叠在一起藏于怀里。革命的人民珍贵党报同珍贵自己的政治生命一样。他们通过党报听党的号召，向所指的目标奋勇前进。终于将几千年来的封建压迫，一百年以来的帝国主义压迫彻底推翻掉。

现在，在我们国家里，再不会因为阅读党报去坐牢，再不会因为极少几个订阅党报的钱而发愁。党的报纸在公开大量发行，每天送到你的办公室，送到你的家里，可以送到你所需要送到的地方去。当前国际国内的阶级斗争多么复杂，党报中有丰富的斗争学问，抵得上万卷教科书。在党报送到你的手中时，你是否认真地读过？是否认真思考过党所讲的每一句话？忽视党报就会迷失方向！

注：语出1930年8月18日的中共中央机关报——《红旗日报》社论《拥护工农阶级自己的报纸呵！》

（原载《西安晚报》1962年12月19日第3版）

再谈读书

我想：培根的话很对，"知识就是力量"。

知识有的来自直接经验，有的来自间接经验。我们的更多知识是靠间接经验得来的，这就需要多读书。读书多了，知识也随之增长，工作中办法就会多些，发挥的作用便会大些。以前人的经验教训为行为指导，可能少走些弯路，少犯些错误。

我们的伟大革命领袖，那些真正的科学家和著名的作家……无一不是刻苦钻研，勤奋好学的。他们勤学不倦的精神，很值得我们学习，也是可以学到的。

有几个故事，记不清楚是听来的，还是读书知道的。但印象很深刻，使我牢记不忘。

一次列宁在流放途中停留下来，警察突然发现列宁不见了，于是敲起警钟，甚至发电报到各地追捕列宁。谁知道列宁却静静地坐在图书馆里全神贯注地读书，根本没有理睬他们。

周世钊谈过毛主席青年时期的学习生活，使我从中得到很好的启示和教育。1912 年后半年，毛主席寄居在湘乡中学学生宿舍。距宿舍三里多地的定王台有个湖南图书馆，藏书很丰富。毛主席不辞辛苦，每天吃过早饭，便步行到馆里去读书，有时图书馆的大门还关着，他就站在门外等他开门，他总是第一个上山馆看书的人。他伏在阅览桌上，一直看到正午图书馆关门时才出来。中午常常饿着肚子不吃饭。仅仅半年时间，毛主席就读了好几十种书。

明代的李时珍，一生好学，博览群书。为了撰写《本草纲目》就读过八百多种书。这本书无论一体收药的数量上还是在质量上都远远超过了前人的著作，为世界药物学的研究提供了一部最重要的参考文献。

《神曲》的作者但丁，恩格斯称他是中世纪的最后一个诗人，同时又是新世纪最初的一位诗人。他也是一个喜欢读书的人。有一天，妻子叫他上街去买药，这天正是一个节日，到处锣鼓喧天。但丁在药铺门前的书摊上看到一部新书，一口气站在那里读了五六个钟头，忘记了买药，也没有感到街上的热闹。等到他回家已是下午，中午饭也忘记了吃，惹得他妻子发了一顿脾气，但丁却兴奋地说："嗯，读了一本好书！"

据一些同志谈起，现在还有人埋怨没有较好的学习条件和环境。我想，能有个适当的学习环境固然好，现在的学习条件总算不坏吧？比当年列宁、毛主席的学习环境要好得多。他们不讲条件，不受客观环境的干扰，在任何时候在任何地点和任何困难的情况下都能坚持学习。我们更应当坚持学习。

有的人觉得读书很重要，似乎为自己的落后忧心忡忡，却停留在那里不动。孔夫子有一条经验："吾尝终日不食，终夜不寝，以思，无益！不如学也。"蹉跎是会耽误大事的。陆游说过："古人学问无遗力，少壮工夫老始成。"后来的成熟，要靠青年时代的不懈努力才行啊！我是不赞成学习 72 岁始发奋读书的苏老泉的。

出现这种情况这是为什么？恐怕是自己认为"差不多了"。这句话总不好对人讲呀！就有了种种借口，行动不起来。毛主席很早就指出过，"学习的敌人是自己的满足，要认真学习一点东西，必须从不自满开始"。我们应该采取"学而不厌"的态度。

这篇随笔，是从毛主席的教导而联想到的。

（原载《西安晚报》1962 年 12 月 26 日第 3 版）

新年谈志

一元复始，每个人都会想到在新的一年里，自己要获得更大的进步，打算做点什么，这种打算我看都可叫作志。

志各有别。

一切反动的剥削阶级，志在升官发财，在劳动人民的白骨堆上建造他们的"天堂"。即使他们被不可抗拒的历史潮流冲刷去了，这批渣滓还会在激流中不时浮起，眼睛直勾勾地望着失去的"天堂"，等待机会复辟。

孔夫子与其徒弟专门讨论过立志问题。"颜渊、子路侍。子曰：'盍各言尔志？'子路曰：'愿车马，衣轻裘，与朋友共，敝之而无憾。'颜渊曰：'愿无伐善，无施劳。'子路曰：'愿闻子之志。'子曰：'老者安之，朋友信之，少者怀之。'"颜渊、子路总比剥削阶级的赤裸裸地欺诈压迫人民的志向要高尚得多些，但仍然没有脱出个人主义的名利圈子，渺小得很。师傅要胜徒弟一筹，可是在那尔虞我诈的封建剥削社会，孔子之志，也不过是虚无缥缈的空想而已。

无论是剥削阶级之志，还是个人主义之志，都是跟无产阶级的世界观水火不相容的，都是被劳动人民所唾弃的。

中国共产党人和中国革命人民的志，则是另一个样子，永远光芒四射。

中国共产党初成立的时候，只不过50个党员，就敢于提出打倒帝国主义的口号。经过28年的流血牺牲，终于将那貌似强大、实际上虚弱的帝国主义者从中国领土上赶了出去。

第一次国内革命战争失败的时候，国民党反动派杀人如麻，全国突然转入黑暗，很多人被吓破了胆，脱离了革命；但是英勇的中国共产党人和中国革命人民，如同毛主席所说："并没有被吓倒，被征服，被杀绝。他们从地下爬起来，揩干净身上的血迹，掩埋好同伴的尸首，他们又继续战斗了。"最后终于推翻了蒋介石的反动统治。

过去几年，我们遭到了严重的自然灾害，帝国主义及其走狗幸灾乐祸，断定我们"活不下去"。中国革命人民始终坚信党的领导是正确的，充分发挥了自力更生、发愤图强的精神，在中国共产党的领导下，积极向困难作斗争，又取得了辉煌的成就。

不怕帝国主义，不怕反动派，不怕困难，为崇高的理想，贡献全部力量。这才是真正伟大的志向。是我们要学习的。

我们正处在一个伟大的历史时代。

反对帝国主义，反对各国反动派，反对现代修正主义，是一场长期的曲折而复杂的斗争。是一项伟大的历史任务。

建设我国的社会主义，又是一项伟大的长期历史任务。

我们就是要立实现这些伟大历史任务的大志，彻底抛弃资产阶级个人主义，不断提高政治觉悟，让我们的战斗火焰强烈地燃烧起来，为崇高的革命事业奋勇前进，这才不愧为伟大国家的伟大人民，才不愧为伟大党的先进战士！

在迎接新的一年时，我看我们要有这样的"打算"。

（原载《西安晚报》1963 年 1 月 3 日第 3 版）

再谈杂文

前谈杂文，尚有未尽之言，不妨再补充几句。

杂文是最活泼的一个词，含义极为广泛。清编《四库全书》，接受了黄虞稷的意见，已将杂文分为杂学、杂考、杂说、杂品等。杂文的特点之一就是杂。可以谈天说地，事近喻远、讽古颂今；也可以议论、叙事、写景、抒情。这是就整体而言。

鲁迅先生的杂文，能在一个短小的篇章中，把思考、眼界伸展到极广阔的政治、思想和知识的领域中去。他不仅善于运思，还善于用材。能撒得开，收得拢，文笔跌宕，杂而不乱，经过波澜曲折，归结到主题上来。以《论毛笔之类》为例说，这是他在 1935 年写的。文章触及当时社会许多怪现象。他讽刺国民党在帝国主义统治的上海"提倡国货"的失败，抨击国民党将对外贸易入超归咎于摩登小姐爱用外国脂粉和香水。看来离毛笔之类很远，但这些都是围绕深刻挖掘买办资产阶级反动统治造成中国工业落后的真正原因，进而嘲笑敌人无能改造这个社会，只能禁止使用钢笔墨水，保存一点羊毫松烟之类的"国粹"。

杂文还要给人知识，多多益善。曹操写《孙子兵法》序（序是杂文的一种形式），为首一段 77 字，引《论语》《尚书》《易》《诗》和《司马法》五本书，阐明军备的重要性。又举黄帝、商汤、周武王、夫差、徐偃王五人的事，指出战争有"济世"之战，也有"人故杀人"之战。持武力而侵城略地，固然要灭亡，即如徐偃王在敌人面前屈膝求和，将投降美之谓"人道主义"，也不可避免要灭亡。这样，人们就可以从众多的历史知识中加以比较，吸收有益的教训。

杂文既要使人读而知之，也要使人读过之后，经过一番思索还有所得。汤显祖曾讲过一句话："于无描画中做出几尖新语。""尖新语"即通常所说的警句。这也是杂文不可缺少的特点。杂文中没有一点思想火花，就失去光采，没有回味，也失去潜在力量。

我们把杂文当短兵器使用。怎样在这短小精悍的文体中表现丰富多彩的内容，《文心雕龙》上有一段话："随事立体，贵乎精要，意少一字则义阙，句长一言则辞妨。"我想可以把它作为写作杂文的一条准则。

（原载《西安晚报》1963年1月9日第3版）

真正爱你的孩子吧！

如果有人问你："你爱你的孩子吗？"你会感到这种发问多么愚蠢和可笑，天下哪有不爱自己孩子的父母！其实不然。再追问一句："你为了什么爱你的孩子？"恐怕有些人就会茫然若失，一时回答不出来。

有两种情况先撇下不谈。后稷生下来就被姜嫄扔掉了。因为不知道他的父亲是谁。这本来是野合杂交时代或是血族群婚的母系社会的必然产物，却把他神化，认为是感天而孕的怪胎，不敢爱。在剥削阶级的黑暗统治下，逼迫劳动人民卖儿鬻女，对自己的亲骨肉，不能爱。除此以外，一般说做父母的都是爱他的孩子的。

但是在阶级社会里，既然人们都在一定的阶级地位中生活，父母对子女的爱，也无不打上阶级的烙印。世界上没有无缘无故的爱，绝对没有超阶级的感情，剥削阶级也从来没有真正爱过他的子女。读过《三字经》的，会记得"昔孟母，择邻处"这句话。孟母爱子，封建社会是作为典型宣传的。孟母怕孟子沾染上劳动习惯，成为劳力者治于人，曾从种田杀猪的邻居那里搬走，最后搬到一家私塾旁边住下来教孟子读书。因为孟子废读，还剪断过机上的布。孟母不辞辛苦，是要把孟子培养成维护封建统治阶级利益的治人者。在资本主义社会里，"资产阶级撕破了笼罩在家庭关系上面的温情脉脉的纱幕，把这种关系变成了单纯的金钱的关系"。资本家在儿女身上压下的每一个本钱，是打算捞回加倍的利息。《子夜》里有个资本家叫冯云卿，不是也爱他的女儿吗？但是为了获得更多的资本，竟驱使亲生女儿去卖淫。

我们是真正爱子女的人，因为爱我们的社会主义国家，要把自己的孩子培养成最优秀的建设社会主义接班人。这就必须完全摆脱私有观念的影响，按照共产主义道德品质标准，培养和教育后一代。但在现实生活中却看到一点不好的苗头，有些做父母的对自己的儿女太溺爱、太放纵了。有的父母对孩子们说："我们吃够苦了，你们该享福了。"娇生惯养，不敢让见一点风雨。这难免要造出一批带铜臭味的少爷或小姐，因为是用金钱给儿女们铺了一条"幸福"道路。有的儿女们干了坏事，做父母的可以容忍包涵，不加教育，总以为孩子不懂事，"要由他们一点"。这样可以由他们，那样也可以由他们，将来长大成人，谁敢担保他们不会骑在人民头上呢？有的父母认为孩子生下来，就是国家的人了，放弃自己教育子女的责任。对父母这一尊严的称呼，应该怎样理解其中含义呢？

孩子们的青少年时期，模仿性大，家庭生活的影响非常深刻。俗话说："7岁看大，8岁看老""小时了了，大时草草"，就是指这种关系的。父母的优缺点最容易从孩子们的身上反映出来。真正爱儿女的父母，无不以身作则，一言一行做出好榜样。从小起，对孩子就要不断进行阶级教育，使他们记住剥削阶级的残酷压迫，记住劳动人民过去的苦难，对旧社会有个本质的认识。懂得革命先辈为啥要革命；为什么剥削阶级决不甘心于自己灭亡。这样才能激发后代热爱现在，勤奋地去缔造将来。对孩子的爱是具体的，要关心到每一个方面，使道德品质、学习和身体都能健全地发展。

（原载《西安晚报》1963年1月16日第3版）

迎春节　话勤俭

春节是多么有诱惑力的节日。环顾四周，我们已在欢乐气氛的包围中。

老奶奶为接待外孙，忙着在市上买这买那，枣儿、核桃……每一样买得不多，花样可真不少。做儿女的要在春节回家探望父母，站在食品店里挑挑拣拣，是买松脆的"京枣"，还是买老年人可口的酥点？货橱里的花样真多，一时倒使他们拿不定主意。母亲们最善筹划，为孩子们添置节日的新衣，既要求经济又要求漂亮，在百货店里进进出出。

节前的盛景，也反映出我国的经济情况正在一天天好起来。在这传统的节日里，生活有计划地比平常有所改善，是应该的，谁也不会责难的。

就在这热闹市场的一角，我听到两个干部模样的青年在窃窃私语："今年的春节该你请客啦！""这不成问题。肉呀、点心呀准备得很丰富。那套呢子衣服已经做成了。一下把存款都花光了。"这"花光了"三个字，听起来很刺耳。

人们的生活习惯，一般是由俭入奢易，由奢返俭难。放开手花，放开口吃，这样的习惯一开端，要想收敛就加倍费力气。关中地区有句俗话："吃了腊八粥就糊涂了，到了集上会见啥买啥。"我想这是指旧社会的一种恶习。

这两位青年所谈，当然不似这类情景，但那种过日子毫无计划，"有柴一烘，有米一顿"的做法，总不能叫作细水长流，更称不得艰苦奋斗吧？

勤俭节约，艰苦奋斗，是我国劳动人民崇高的美德。历史的经验告诉我们，革命的成果，就是前人经过无数次艰苦奋斗得来的。所以艰苦奋斗才特别被我们珍贵，当作"传家宝"加以继承，并且永远要发扬光大。

抗日战争时期的困难，我们经过艰苦奋斗度过了，人民解放战争时期的困难，我们也经过艰苦奋斗度过了，几年的严重的自然灾害的侵袭，我们同样经过艰苦奋斗战胜了，取得了伟大的胜利。但是旧的斗争任务还没结束，新的斗争任务又摆在面前，要求我们更好地发扬艰苦奋斗的精神，战胜一切可能出现的困难，夺取新的胜利。何况建设社会主义，将来向共产主义迈进，是一个长期的历史任务呢？毛主席教导我们说："社会主义制度的建立给我们开辟了一条到达理想境界的道路，而理想境界的实现还要靠我们的辛勤劳动。"（《关于正确处理人民内部矛盾的问题》）想想这段话是多么恳切呀！如果我们过分注意生活，贪图物质享受，那怎么能行呢？

春节在真正劳动者的眼里，不是一味讲究吃穿，勤俭持家是他们一贯的本色。但是他们的春节过得最愉快，因为他们从春节开始，就以实际行动来迎接风和日丽的劳动季节，他们认为大自然经过一场与严寒的斗争，春天来了，一切欣欣向荣，这最能表达他们对于艰苦奋斗必然取得胜利的喜悦。这种风格多么高尚。

（原载《西安晚报》1963年1月22日第3版）

究竟该怎样指导青年接受文化遗产？

买到一本《古代散文选》上册，准备让孩子在假期中阅读。粗略地看了这本书的目录，发现有"丘迟《与陈伯之书》"，不禁使我奇怪起来。

陈伯之是南朝齐的江州刺史，是个野心家。梁灭齐后，陈伯之"因机变化"投降了梁，萧衍待他甚厚，封为镇南将军江州刺史，"朱轮华毂，拥旄万里"成为显赫一时的人物。不久因阴谋篡夺失政，他又叛梁，投降北朝的北魏，伏阙流涕，请魏宣武帝出兵来灭亡其祖宗之邦，并自充当急先锋，侵占了梁州一带大片土地，巩固了北魏的统治。当时北魏的统治者鲜卑贵族，对汉族人民实行了极其残酷野蛮的部族的集团的压迫。由于陈伯之等人的叛附，打击了汉族人民的反抗。可以肯定此人在历史上是有罪的。

丘迟的信，是非不分。不仅不责备陈伯之，反为其百般掩饰？将陈伯之捧作"勇冠三军，才为世出"的盖世英雄和救世主。不仅掩饰，反而将陈伯之的背叛罪恶给一笔勾销了。信中说，"将军无昔人之罪，而勋重于当世"。不仅勾销了陈伯之的罪行，而且许他归梁之后，仍可以"佩紫怀黄""乘轺建节"。从这篇散文中看不到一点人民性的精华，全是封建性的糟粕。

"题解"中说这封信"向来被认为是一篇优美的文章"。从这句话可以看出编者选这篇文章的观点：第一因为前人当赞赏过，所以是好的；第二因为声律辞采优美，所以是可取的。

对于我国的文化遗产，一概拒绝当然是错误的，一切接受同样也是错误的，前任说好就一切皆好，不对。要有分析。毛主席告诉我们"……对于任何东西都用鼻子嗅一嗅，鉴别其好坏，然后才决定欢迎它，或者抵制它。"（《毛泽东选集》第三卷第 849 页）这种分析，要分析辞章，也要分析内容。在四十、四十一注中指出"霜露所均，不育异类""姬汉旧邦，无取杂种"这两句话是错误的，但这很不够，还必须向读者揭示这篇文章的总的倾向，对其腐朽反动的内容作应有的批判。

应该承认，丘迟的这封信，反映了南朝文学作品上用事繁富、对偶工整、声律和谐的成就。也就是说，在艺术技巧上是有一点可取的。但是不将思想倾向放在重要地位来考察，只从艺术表现形式来判断好坏，当然不会作出正确的评价。应该始终坚持政治标准第一。

我理解编"文选"，包含了指导读者阅读的任务在内，特别像这样一部包括大中学生在内的读物就更重要了。让大中学生适当看一些有代表性的反动作品，从中了解什么是封建主义的意识形态，什么是资本主义的意识形态是很必要的。这就更应该有深刻的分析批判，才不致使青年读者受蒙蔽。

（原载《西安晚报》1963 年 1 月 30 日第 3 版）

严以励志

最近看过一些"革命回忆录"，阵阵深切的感触涌上了心头。这些革命干部的光辉何以永存不灭？使我联想到考验、锻炼等问题。

过去，每个革命干部都经受过无数次严峻的考验。经历过国民党反动派的"白色恐怖"，也经历过国内革命战争、抗日战争、人民解放战争，还经历过长期的艰苦生活。

那个时候，没有官做也没有钱花，甚至要自己拿钱出来闹革命。一个人敢不敢革命，敢不敢当革命干部，要经过一番慎重的抉择。仅仅能吃苦，那远远不够，还要不怕坐牢、杀头，敢于拿起枪杆子来，为实现自己的理想面对凶恶的敌人而英勇奋斗！

反革命的每次逮捕，每次屠杀；与反革命的每次战斗，对革命干部都是一次最好的鉴定。敌人为我们一批又一批地挑选出最优秀的人物，在牢房里，在战场上为我们培养出无数坚贞不屈、全心全意为人民服务的好干部。

经过这种严格考验和艰苦锻炼的革命干部，始终是朝气勃勃，保持了谦虚谨慎、不骄不躁、艰苦奋斗的优良作风。从他们的身上，嗅不到丝毫为吃为穿为名为利为官的资产阶级的腐朽气息。

革命在全国的胜利，改变了这种锻炼、考验干部的情况。在新的情况下，毛主席讲过一段很有名的话，这些话虽然是对共产党员讲的，但对每一个革命干部同样重要。他说："因为胜利，党内的骄傲情绪，以功臣自居的情绪，停顿起来不求进步的情绪，贪图享乐不愿再过艰苦生活的情绪，可能生长。因为胜利，人民感谢我们，资产阶级也会出来捧场。敌人的武力是不能征服我们的，这点已经得到证明了。资产阶级的捧场则可能征服我们队伍中的意志薄弱者。可有这样一些共产党人，他们是不会被拿枪的敌人征服过的，他们在这些敌人面前不愧英雄的称号；但是经不起人们用糖衣裹着的炮弹的攻击，他们在糖弹面前是要打败仗。我们必须预防这种情况。"（《毛泽东选集》第四卷第 1439 页）现在，我们是生活在建设社会主义的和平环境里，无产阶级和资产阶级、社会主义和资本主义两个阶级、两条道路的斗争还在进行，革命干部如果不加警惕，就容易受资产阶级的思想影响。这是每个革命干部面临的新的考验。

与资产阶级进行斗争，防止资产阶级思想的腐蚀，最重要的是树立无产阶级的世界观。世界观确立了，便可立于不败之地。但是解决世界观问题，要有一个过程。在这个过程中，首先（即第一步）是克己制行。要有最大的勇敢向组织暴露自己的思想，暴露自己的缺点错误，做到对组织无任何隐秘，绝对忠诚老实；要根据自己的毛病提出具体的改造要求，身体力行，始终不懈；要慎独，在离开集体独立活动时，仍能严格遵守党纪国法，每言每行光明磊落，在任何情况下都经得住检查；要严肃对待生活问题，坚持发扬艰苦奋斗的优良传统作风，忘我地将全部精力贡献给伟大的事业。

对自己要求严，对自己要求高，才能鼓舞自己不断前进。如果，每个革命干部都能这样保持谦逊态度，保持革命警惕，经过严格的长期锻炼，就可以在和平环境中经得起任何考验。

（原载《西安晚报》1963 年 2 月 13 日第 3 版）

历史的教训

凡读过《诗》的人，都会记得《大雅·荡》篇上的一句名言："殷鉴不远，在夏后之世。"意思是：夏朝灭亡的事不很远，殷朝可以拿它作镜子。我国人民在两千年以前，已经注意从研究实际环境中探索启示，懂得接受历史经验的重要。王符研究了东汉以前的历史，对《诗》上的这句话更有所发挥，他在《潜夫论》中说："殷鉴不远，在夏后之世。夫与死人同病者，不可生也；与亡国同行者，不可存也！"他尖锐地用"死亡"二字警后来人不要蹈袭历史的覆辙。

宋朝的统治者无视历史经验，对辽、夏的侵略采取了屈膝求和的投降路线。当时有位苏洵，写过一篇文字不长、内容十分精辟、题为"六国"的散文，以分析战国时代齐楚燕赵韩魏六国的灭亡原因，隐喻宋仁宗不知接受历史教训，必然招致亡国的恶果。后来事实证明，宋朝成为中国历史上第一个软弱无能的朝代，最终被落后的奴隶主集团所灭亡。

苏洵的文章语重心长，中心是反对投降主义。他针对宋朝统治者执行的错误路线，总结了六国破灭的经验教训。叙述全是六国的事，话却是讲给宋仁宗听的。期望宋朝的统治者改弦更张，抛弃苟安心理，积极起来跟强敌斗争。

六国灭亡的历史经验，苏洵强调地指出了三点。

一、六国的破灭，不是武器不锐利，也不是将士不善作战，而是路线错了。向强秦忍辱求和，并不能换得长期的苟安局面，"今日割五城，明日割十城，然后得一夕安寝，起视四境，而秦兵又至矣"！

二、在敌人军事压力下，不惜损害国家主权，以原则做交易，只能助长敌人的侵略野心，加速自己的灭亡。苏洵将这点精湛地归结为"奉之弥繁，侵之愈急"八个字。他还特别引述《史记》中"以地事秦，譬犹抱薪救火，薪不尽，火不灭"一段话，形象地论证这个必然法则。

三、为什么他们的祖先，"暴霜露，斩荆棘，以有尺寸之地。子孙视之不甚惜，举以予人，如弃草芥"呢？这出历史悲剧是从六国"为秦人积威之所劫"开始的。既然被敌人吓破了胆，"至于颠覆，理固宜然"。

最后，苏洵感叹地说："苟以天下之大，下而从六国破亡之故事，是又在六国下矣！"略予翻译，即是说，当今天下的一个大国，而采取下策，沿着六国灭亡的老路走，那就连六国都不如了。

最近学习历史，翻开《嘉祐集》看了苏洵的文章颇有感触，故顺手作了这一段札记。

（原载《西安晚报》1963 年 3 月 2 日第 3 版）

错在父母

在现实生活中不难找到这样的例子，一些做父母的待儿女，并非"一视同仁"。我不是说前房儿，抱养子，就是一母同胞的亲生儿女也有重男轻女，爱俊嫌丑，喜大厌小的情形。或者适与其反。特别是有些多子女的家庭，偏爱的情形就更复杂些，在这样的家庭里，总有一二小小的不幸者，得不到父母的平等待遇。

重男轻女这是剥削阶级的道德观。中国封建地主阶级将"孝"作为永世不变的道德标准之一。故当时有云："不孝有三，无后为大！"这个"后"字是专指男子的。因为只有男子才能继承祖业，有"后"就算尽了孝道。所以中国封建社会重男轻女就成为一种普遍现象。当然也有例外，如唐朝杨玄琰的女儿做了玄宗的贵妃，"遂令天下父母心，不重生男重生女"。但并不因此改变地主阶级的道德观念，"姊妹兄弟皆烈士"，更可以有力地维护封建土地所有制和等级制度。

在父母待儿女还从自己的爱憎出发，有所不同，谁敢肯定不是剥削阶级的流毒所致？有人把自己对子女的偏爱，委之于心理上的原因（譬如，据说有些人对于别人代奶的孩子自己往往"情不自禁"地不爱），对于这点我没有见到什么典型调查研究，姑不置论。

但对于一部分儿女被抛在父母爱的圈外所产生的恶果，我倒稍微注意了一下，古今都是一样。我想，这倒是做父母的人所不能不深思的。《左传》上有个故事，郑庄公难产，母亲武姜不喜欢他，宠爱庄公的弟弟共叔段，结果惹起了一场骨肉相残的战争，武姜也被弃置城颍。这虽是统治阶级的内部矛盾，而做母亲的偏爱也的确起了导火线的作用，据说现在也有的人不愿赡养生身父母，其中有一个借口是父母原先待他们不好。

被父母溺爱的孩子，无不娇生惯养，随心所欲，慢慢养成他们好逸恶劳、高傲自大、目中无人、独断专横等许多坏意识。尽管父母把这些孩子打扮得像一枝花朵，但是在温室里培养的花朵，是经不起风吹雨打的。

那些不被父母爱护，甚至受到虐待的儿女，在日常生活中得不到平等待遇，为要满足自己的欲望，有的便偷拿别人的东西；由于经常挨打受气，造成恐惧心理，使他们丧失正直和勇敢，一旦发生错误，只好用谎话来欺瞒；把劳动作为对他们的惩罚，逐渐使他们对劳动感到厌恶；因为他们受到娇儿惯女的欺辱，兄弟姊妹间很少团结友爱，常想寻衅报复，造成一些破坏性事故。

在一群儿女中，父母眼睛里只有一个"宝贝"，满以为是很幸福，却往往在不知不觉中导演出一部家庭悲剧来。我知道一些人已因此陷入痛苦中。如果，他们不能觉悟自己做法不对，而怪那些"受歧"的孩子本质不好；他们那心爱的"宝贝"糟了，不认为是自己用资产阶级一套方式培养的结果，而认为是沾染了那些不被他们钟爱的孩子们的坏毛病。那么，痛苦将会是他们家庭生活中的"老搭档"，它不会自动离开的。

在社会主义社会，剥削阶级的经济基础基本上被摧毁了，儿女也不再是父母的私有财产，不能任意处理。不论男女妍丑、长幼巧拙，都是革命的后一代，是不久的将来接替我们实现伟大理想的接班人，做父母的对自己的儿女毫无例外地有责任将他们培养成"一个高尚的人，一个纯粹的人，一个有道德的人，一个脱离了低级趣味的人，一个有益于人民的人"。

（原载《西安晚报》1963年3月7日第3版）

革命导师的家庭

人们都希望有一个幸福的家庭。怎样才够得上是幸福的家庭？读过一些有关回忆列宁的作品和《列宁家书集》后，给我的强烈印象是：

幸福的家庭，首先是革命的家庭。列宁和他的全家，不仅仅是亲属关系，而且他们有共同的观点、信仰和语言，又是最亲密的同志。他们全家在不同程度上都参加了革命工作，都关心革命事业。在列宁缔造布尔什维克党、准备十月社会主义革命的时期，全家与党同甘苦、共患难。

幸福的家庭，生活是极其严肃的。一篇回忆列宁少年时代的文章写道："乌里扬诺夫的家庭里有严格规定的工作日程，每个人都做自己的事情。懈怠、不守纪律是不成的。"在革命导师的家庭里，没有对孩子溺爱这回事。不管列宁已入中学，还是在低年级时，列宁的父亲对他的功课都认真加以监督，教育他十分准确和清楚地完成一切作业。列宁的母亲发现孩子们的缺点，从来是耐心地、坚决地加以纠正。她从不提高嗓门，表现那种毫无教养的举动，也不采取处罚的方法，就能取得孩子们最大的爱和服从。

列宁的父母很重视家庭生活对下一代的影响。列宁的母亲在重温他们的家庭生活情景时说："伊里亚·尼古拉也维奇是个模范的丈夫，他和我母亲的感情很好，孩子们从来没有看到他们吵过嘴和闹过家庭纠纷。他们永远生活得很和美。在教育问题上他们没有纷争和意见不一致的情形……孩子们看见的总是'统一战线'。"

列宁是生活在这样好的环境里，他那巨大的毅力、充沛的精力，善于全神贯注致力于自己的事业，为它而耗尽心血，极端忠心对待自己的责任，以及高度的民主作风，关心同志这一切优秀的品质，玛·亚·乌里扬诺娃说："在极大程度上是从早年就由父亲的榜样和影响给他打下了基础。"

幸福的家庭，充满了浓郁的政治气氛，这不论列宁同家人住在一块还是别离的时候都是一样。这在一部《列宁家书集》中得到充分反映。1899年，列宁对当时产生的修正主义表示了极大的愤慨。这年4月4日写给他姐姐的信中说："布尔加柯夫真把我气坏了，那种谬论，那种胡说八道，那种没有个完的教授式的装腔作势，鬼才知道他写的是什么！"不久给他姐姐的信中又谈到这件事："在自己人中间开展论战是不愉快的，我尽量缓和语气，但是，如果闭口不谈分歧，那就不仅是不愉快的问题，而是直接有害的问题了，而且对于德国和俄国马克思主义中的'正统思想'和'批判主义'之间的根本分歧，是不能闭口不谈的。论敌们反正早就在利用这种分歧。"同年 9 月 1 日列宁写给他母亲的信中说："伯恩斯坦的书……现在已读了一半以上，但书的内容越来越使我们吃惊。……实践上是机会主义……而且是胆小的机会主义……他的惨败大概是用不着怀疑的。伯恩斯坦指出许多俄国人支持他……这使我们非常气愤。"

幸福的家庭，也表现了彼此持久的关切和深刻的谅解。列宁不论在流放、坐牢或侨居国外的时候，总是经常问候他的亲人和同志，谈到他们。1902 年底，列宁写给他母亲的一封信中特别提到一件事："听说你们的房间很冷，我非常不安，如果现在都不到 12 摄氏度，那这个冬天怎么过呢？你可别伤风了……能不能想点别的什么办法，是不是可以装一个小铁炉？"这种无微不至的关怀，是很动人的。

家里非常盼望列宁能回来与他们团聚，列宁往往因为有重要的工作耽误下来。但家里从没有人为此责备过列宁。乌里扬诺娃——叶利扎罗娃一段话很好："当然一个严格尽责任的人，如果担任一种复杂而重要的工作，而他热爱这种工作，他就只能把比较少的时间分配给家庭，但这不能说他完全把家庭忘了。"

这里说的虽不是革命导师家庭生活的全部，但人们已经可以看出家庭幸福的泉源究竟在哪里了。

（原载《西安晚报》1963 年 3 月 20 日第 3 版）

殷切的希望

我们几个人曾在私下谈论过对我们西安地区的作家的希望。希望我们的作家手里尽可能多地运用一把武器——杂文，迅速反映当前的斗争生活。

当然，我们不应当奢求一个作家使用各种武器、各种文学形式。因为一个作家通常总是选择最适于表达自己对时代见解的文学形式，进而形成独特的风格。如普希金最善于用热情奔放的诗歌，写出了《高加索的俘虏》《致西伯利亚的囚徒》等，反映 19 世纪俄国以十二月党人为代表的民主自由思想。巴尔扎克在长篇小说《人间喜剧》中，广阔而深刻地暴露了法国贵族及其畸形的、被损害的人物，以及那种社会中可怕的无孔不入的金钱势力和由此产生的社会道德的毁灭。中国文化革命的巨人鲁迅，曾经写过小说，但当革命的力量和反革命的力量在短兵相接、斗争日益尖锐的时候，他认为杂文是时代的"感应的神经，攻守的手足"，所以毅然拿起杂文，作为"匕首"和"投枪"同敌人搏斗。正因为鲁迅的杂文紧紧扣住了现实，抒写具体深刻，绚烂多变，不仅狠狠打击了敌人，而且杂文经过鲁迅的尝试和探索，建立起它独立的艺术形式。

我们正处在社会主义革命和社会主义建设的伟大时代，处在世界人民反对帝国主义斗争的大好形势下，在这种环境里，一个革命作家，不能不是一个政治活动家，具有强烈的时代感和政治责任感，需要紧密结合现实，把无数动人的英雄业绩，用最洗练泼辣的形式，热情地予以歌颂和描写，鼓舞激励人民群众的革命斗志；同时，一个革命作家，也不能不是一个社会批评家，不单通过塑造艺术形象做间接的反映，还能随时"直抒己见"，同生活"辩论"，有力地批评不利于社会主义发展的旧的落后的东西，帮助人们提高社会主义、共产主义觉悟，推动人们前进。杂文正是担负这种任务最便捷犀利的武器。

我们绝对没有这样的意思：要作家放弃自己的长远创作安排，打乱正在进行的创作构思，甚至不要写长篇巨著。只是希望我们的作家在准备或已进行创作的同时，能使用另外一种形式，在报刊上发表一些杂文（当然，也不限于杂文，诸如短小的散文、速写、特写等能迅速反映现实斗争的轻便的报告文学形式也好）。我们想，这样做是不会妨碍作家的主要任务的。鲁迅在写作杂文的年代里，仍然完成了一些重大的长作和翻译。

这样做完全是有可能的。我们陕西的许多作家，长期把自己的创作生命植根于人民的劳动与战斗土壤中，那种真挚热恋新生活的感情，对生活看得远、看得深，必然时有所感，而且经过严格的形象思维训练，是有条件写出浓郁生活气息的杂文的。

自觉言之有理，故敢把我们的议论，作为对作家们的一种殷切希望公开起来。

（原载《西安晚报》1963 年 3 月 26 日第 3 版）

鬼戏正言

每当灯光阴暗下来，舞台上出现鬼魂的时候，真使人不寒而栗，心头别是一番滋味。我们是唯物论者，为啥有的人总要制造这些矛盾，以封建迷信宣传，抵消社会主义教育的成效呢？

世界上本来没有鬼。假如我记忆不错的话，"礼"中对这个名词——鬼，作了比较朴素的解释："众生必死，死必归土，此谓之鬼。"鬼是指埋葬在地下的死人。

大凡一种物质经过质变，名称也就随之改换。如水遇冷凝结叫作冰；棉花经过纺织叫作布。鬼就是死人的称呼，没有别的含义。

我国很早就产生了无鬼论。那还是在科学极不发达，人们认识相当愚昧落后；反动统治阶级极力制造鬼神愚弄人民，巩固其剥削统治的时候。战国时的荀子就以最尖刻的口吻嘲笑过涓蜀梁"俯见其影，以为伏鬼"被吓死的丑态。汉代王充的《论衡》是一本著名难读的书，但他在"论死""死伪"和"订鬼"篇里，以最浅显易懂的文字，列举种种理由论证人死不能为鬼的道理。他认为鬼是产生于人的畏惧心理，并非人死后精神所变。到了南朝，范缜对王充的无鬼思想在《神灭论》中更有所发挥，举刀刃和锋利为例，比喻肉体和精神的关系。他说："舍利无刃，舍刃无利。未闻刃没而利存，岂容形亡而神在？"痛击"灵魂不灭"的谬论。他们对封建迷信起了积极斗争的精神，是我国人民先进思想的代表。这种无鬼论和无神论的思想，是我们民族的智慧的光辉！

但是广大人民长期生活在封建社会，迷信影响毕竟是很深的，虽然经过十多年的社会主义教育，对鬼神开始淡忘，可是封建迷信思想还远远没有绝迹，我们绝不能忽视它的影响和危害。过去一个时期，有些戏院常常上演一些鬼戏，这究竟是为破除迷信，还是又要把人们紧紧束缚在宿命论的死桩上呢？

据说专家们曾权衡过这方面的利害，有的同志还认为鬼有好鬼、坏鬼之分，好的鬼戏是可以演的。他们的理由有二。

一、演鬼戏为暴露旧社会的黑暗。那时人民在反动统治的高压下，不能公开发表攻讦统治者的言论，只能假托鬼神表达作者的爱憎，《铡判官》就属这类戏。

二、鬼戏有多种多样，厉鬼戏除外，还有宣扬正义的鬼戏、鼓动反抗的鬼戏……如《活捉王魁》中的焦桂英、《游西湖》中的李慧娘，是好鬼，是人性化了的灵魂。人们已经不把它们当鬼戏看，不致产生副作用。

我想，不管哪一种鬼出现在舞台上，其一，它在客观实际效果上总是容易起肯定人世间有鬼的宣传作用。其二，鬼戏情节的逻辑发展，都没有超出因果报应。不利于人们解放思想。其三，美化了的鬼，多是些风流怨孽，以脉脉柔情将人们引入虚无缥缈的意境，毒害更加深一层，很能消磨斗志。我国封建社会的儒家大师，都懂得鬼神对人们思想的影响，故"子不语怪力乱神"。我们要比孔夫子高明得多，怎能不想一想不消除封建迷信，就很难普遍提高人们的社会主义觉悟的道理呢！

我绝不是故意夸大鬼戏的危害。略微考察一下现实，在我们周围不难找到一二香火鼎盛的庙宇，上书"神灵赫赫"献给鬼神的匾额不是几块，要以百十计，经常有"善难信女"顶礼膜拜，说不定也会有人偷摸"无常"的脊梁吧！

既然神鬼还支配着一部分人，这就需要再作一次权衡：演鬼戏利多害少，还是有害无利？

（原载《西安晚报》1963年4月24日第3版）

四海为家

偶尔听到，一个大学毕业生填写地区志愿，第一上海，第二上海，第三上海，第四还是上海。

上海是我国东南一大工业城市，工业技术水平高，是个既出产品又出人才的好地方，确实每年都能吸收相当数量的新血液。一些大学毕业生结合所学专业选择工作地区，把去上海作为自己的一个愿望，请由组织考虑，也无不可。

有意思的是这个大学毕业生一连填写四个上海，这意味着非上海便不接受国家分配的工作。后来据我了解，这样填写地区志愿固然是极个别的，但它反映了一些大学毕业生在学习期间并未解决了个人利益和集体利益关系问题。

为什么要强调大学毕业生必须服从国家统一分配？需要历史地、现实地考察一下这个问题。

我们或多或少都读过一点历史，懂得一切得到保障的个人利益，首先要在保障个人所属的那个社会或社会集团的整体利益的前提下才能获得的。人们最容易忽视眼前的事，譬如人民的合法收入、储蓄、房屋和各种生活资料得到国家的保护，不正是因为广大人民群众不惜自我牺牲参加了社会解放事业，当革命的政权建立以后，又为巩固人民民主专政不断作出贡献，才保障了这些个人利益。这是不久的历史，又很现实，怎么能视而不见呢？

大学毕业生，走上工作岗位就是国家干部了。一个革命干部的职责就是"为人民服务"。应该经常想到我们这个地广人多的国家，由于以往历史条件的限制，各个地区的发展是不平衡的，因而在物质文化生活方面也有所不同。在那些发展较慢、较落后，生活水平较差的地方，正是需要我们去努力工作的地方。如果大家都想去工作先进、生活较好的地方，那么落后的地方怎么能变成先进呢？一个有六亿多人口的"一穷二白"的国家又如何能成为伟大的社会主义国家呢？

国家分配大学毕业生的工作，是从革命工作的整体利益出发，按照各地区需要干部的数量，并且尽可能照顾个人志愿进行分配的。这就不可能完全符合毕业生对地区的选择，而且也很可能被分配到并非自己所选择的地区去。这当然不能说不合理。马克思在年轻时代所写的《青年人怎样选择自己的职业》一文中，对这个问题有极精辟的见解。他说："在选择职业时，我们应当以人类的福利和个人的理想为主要指针。我们不应当认为这两种利益之间可能发生对立性的冲突，不应当认为一种利益必须消灭另一种利益，因为人生来就是这样安排的：他只有为了社会进步和同时代人的福利而努力，才能使自己完善起来。"

要革命，就不能说这里可以革命，那里不可以革命；而应当是哪里需要就到哪里去。做革命干部要有柳树那样的风格。柳树不论插于高原、河川，不论插于乱石、荒滩，只要一枝一干入地，大可点湿气根子便往下扎，积极为自己创造条件，迅速成长为有用之才。雷锋同志就说过："我要像柳树一样，插到哪里都能活，紧密与人民连在一起，在人民中生根、长大、结果，做人民最忠实的勤务员。"

在这里，又使我想到《韩非子·难一》篇中记载的一段事："历山之农者侵畔，舜往耕焉，期年而圳亩正。河滨之渔者争坻，舜往渔焉，期年而让长。东夷之陶者器苦窳，舜往陶焉，期年而器牢。"孔子非常赞扬舜的行为，说耕、渔与陶并非舜所管的事，舜能亲身到最艰苦的地方，匡正那里的时弊，是很有仁德的人。我们的大学生经过党和国家长期的教育与培养，反倒不如舜吗？舜的品德，对革命者来说，总该不在话下。

大学毕业生服从国家分配是一次考验。不妨把"上海为家"几个字改动一下，只改一个字就行了。将"上"字改为"四"字，这在思想上就是一次飞跃。"四海为家"是多么辉煌的一行字。

（原载《西安晚报》1963 年 5 月 8 日第 3 版）

革命的"底"

1847 年，马克思和恩格斯将"正义者同盟"改造成为"共产主义者同盟"时，就用"全世界无产者，联合起来！"代替了旧的口号"所有的人都是兄弟"。

马克思和恩格斯又在 1848 年发表的《共产党宣言》中，对这个充分体现了无产阶级国际主义原则的战斗口号，在最后一章中又做了精辟的阐述：无产阶级绝不隐蔽自己解放整个世界的观点和意图；要援助一切反对现存的剥削制度和政治制度的革命运动；为着无产阶级的利益，要把革命运动坚持到将来。

115 年过去了，无数的人读过这部科学共产主义的第一个纲领，也有无数的人记得马克思和恩格斯以强烈革命感情喊出的这个战斗口号；但是真正懂得它，并立志去实现它，就不那么简单。

看过《霓虹灯下的哨兵》（这不是戏，而是活生生的斗争生活的描写）的人会知道，童阿男就不懂得"全世界无产者，联合起来！"的真正意义，他曾脱下过穿在身上的军装。有人说，这是新战士，情有可原！那好，就说陈喜吧！他是经过革命战火锻炼过的老战士，也不懂得。他曾甩掉老布袜，瞧不起赵大大，撇了春妮，扔下针线包。这不是他们缺乏社会主义革命思想准备的具体表现吗？

童阿男、陈喜是在党的教育下和通过复杂的阶级斗争的实践，才懂得了以后的革命路程更长，工作更伟大、更光荣，还须继续艰苦奋斗。从童阿男重新穿起军装，陈喜从鲁大成手中接过他扔掉的老布袜、开赴抗美援朝前线这一场面，联系路华的"穿上一辈子"的嘱托，生动具体地说明马克思列宁主义的革命思想，即将革命进行到底的思想，在我国发扬光大的过程。

由此也可以理解，将革命进行到底的这个"底"，就是无产阶级必须把自己和被压迫民族联合起来，把世界上一切劳苦大众联合起来，依靠团结的力量，进行斗争，争取胜利。不仅要在我国彻底实现共产主义，还要在全世界彻底实现这个最伟大的理想。不只同中国人民共命运、同呼吸，还必须紧紧地同全世界人民团结在一起。正如毛主席的好战士——雷锋说的一段话："世界上还有三分之二的穷人没有得到解放。他们没有吃、穿，受压迫，受剥削。我绝不能眼看着他们受欺凌，一定要将革命进行到底，解放所有受苦受难的人民。"

"先天下之忧而忧，后天下之乐而乐"，这就是我们伟大国家、伟大人民的风格。

（原载《西安晚报》1963 年 5 月 24 日第 3 版）

用什么教育孩子？

有些打孩子的父母，常常对"卧冰求鲤"的王祥很感兴趣。他受到继母的百般毒打虐待，后愈孝顺。这个故事流传了 1700 多年，鲁迅曾怀疑过它的真实性。他的怀疑有根据，王祥没有"卧冰"，这是维护封建道德的郭居敬在编"二十四孝"时撒了谎。只要翻翻《晋书·王祥传》就明白了。传曰："母常欲生鱼，时天寒冰冻，祥解衣将剖冰求之……"从这段记载可以肯定，王祥是准备用工具把冰敲开，脱衣下水捕鱼的。一句谎话，不知让多少劳动人民的孩子吃了苦。

有些父母认为自己是"一家之长"，孩子是自己的"私有物"，打孩子是自己的"自由"，我想怎么打，就怎么打，与别人无关。你劝也劝不住。说这些是封建残余思想的反映，我看大概是不过分的罢。这些经常打孩子的父母，不妨想一想：这种用打孩子代替教育的办法，会有什么好效果，能培养出什么样的人呢？

实际上是，以棍子代替教育，结果常会事与愿违，孩子往往会向父母希望的反面发展。智力衰退，性情孤僻的有；由诚实变作虚伪的有；桀骜不驯的也有。常看到这样一些孩子，在木棍的鞭挞下哀求他的妈妈住手，表示"再不敢了"。他妈妈的手刚松开，又跑出去胡闹了。打骂，这并不能使孩子明白是非，懂得道理。有许多父母本来也知道打是不行的，却不从这里面吸收有益的教训。捷尔任斯基说过一句很中肯的话："拷打、严厉和刑罚永远不能作为一种影响儿童的心灵和良知的好方法，因为它们时常留给儿童的印象，就是成人的暴行。"很值得仔细玩味！

平时对孩子们缺乏教育，等到问题严重了，就给一顿痛打。如果承认打是纠正过错的"合理"办法，应该先弄清楚谁该挨打。按"养不教，父之过"这个标准衡量，恐怕该打的不是孩子。

积极诱导，正面教育，以身作则，示范作用，这些是教育孩子的极为重要的方法。父母和孩子们生活在一起，一举一动，实际上都是一种教育。要孩子生活艰苦朴素，父母首先要勤俭持家；要孩子不撒谎，父母首先不能有欺骗行为；要孩子有礼貌，父母首先克服傲慢自大。革命的传统是靠父母的自身体现，一代一代往下传，孩子在与父母接触中，不知不觉学到好东西。

革命老前辈陶承同志写的《我的一家》，是最能说明这个问题的。父母的革命精神和优良品德对于孩子是一种无形的教育力量。乞灵于棍子教育孩子的父母，不妨一读，从中可以吸收好多积极的经验。

（原载《西安晚报》1963 年 6 月 1 日第 3 版）

认识，再认识
——关于学习毛主席著作的几点想法

在我们一些同志中间，有一种习惯的说法："毛主席的著作好学。"开始不大留心，认为不过是姑妄言之，以后听得多了，便引起了注意。也想谈谈我的粗浅看法。

毛主席的著作是马克思列宁主义普遍真理和中国革命具体实践相结合的产物，是对马克思列宁主义的创造性的发展。一些参加了我国现代历次革命斗争的同志，读起来更加亲切。毛主席的著作深入浅出，文字通俗，对于一些文化水平较低的同志来说，学习毛主席著作，比之学由外国的马克思、恩格斯、列宁、斯大林的著作容易懂些，的确是事实。仅就这个意义来说"毛主席著作好学"，当然是可以的。

但是有些同志，由于抱着这种"毛主席著作好学"的态度，在学习过程中，便时起时辍，不去刻苦钻研，马马虎虎，很少思考，甚至对布置的学习计划，也难保质保量完成，这却是一个极大的错误。

历史实践证明，毛主席的每一篇著作、每一论断，对世界革命都具有深远而巨大的影响，无不闪烁着马克思列宁主义的光辉。在这伟大的真理面前，只能是老老实实，逐字逐句、逐段逐篇，反复钻研，认真领会其中含义。就是如此，也还可能由于我们根底浅、阅历不够，不能深刻领会毛主席思想。

就拿毛主席的以农业为基础这个理论为例：向共产主义过渡，需要解决三大矛盾。解决三大矛盾的办法有两个：一、发展生产；二、提高人民觉悟。我们口头上都承认以农业为基础是解决这些问题的重要方面。可是反映在人们的思想行动上，有不少同志在对待体力劳动和脑力劳动关系的矛盾上，愿意从事脑力劳动，不愿意从事体力劳动，特别是不愿意从事农业体力劳动；在城乡关系的矛盾上，愿在城市，不愿去农村；在工农关系的矛盾上，愿意当工人，不愿意当农民。国家安排中学毕业生到农村去从事农业生产劳动，我们有些家长（有的还是革命干部）思想上就是通不过。

既然轻视农业生产劳动，怎么能说领会了毛主席的以农业为基础这个理论呢？也可见，那些说"毛主席著作好学"的同志是没有充足理由的。

因此，我有两点建议。

第一，在学习毛主席著作的时候，一定要把学习同改造自己的主观世界正确地结合起来，就是要贯彻理论和实践相统一的原则，也就是言行一致的原则。用毛主席思想抵制和克服自己思想中的旧东西。这样就可以坚定自己的无产阶级立场，纯洁自己的思想意识。有了正确的立场观点方法，也就能运用毛主席思想来指导自己的生活，敏捷地正确地处理各种实际问题。所以我们要把学习毛主席著作的过程，当作不断进行自我思想改造的过程，以毛主席思想为武器，分析、批判、解决自己的问题。也只有这样才能真正把毛主席思想学到手。

第二，学习毛主席著作还要专心致志，持久不懈。"三天打鱼，两天晒网"，莫说学毛主席著作，即使学文化课，也难学到系统知识。毛主席著作的内容极其丰富，思想极其丰富，思想极其深刻，对于我们来说，由不知到知、由知之甚少到知之甚多、由浅到深，需要有一个刻苦学习的过程。孟子说："学问之道无他，求其放心而已矣！""求"是集中，"放心"指思想分散。集中分散的思想，哪怕每天学习毛主席著作一小时，或是每天读五页书，一年就可以读完四卷《毛泽东选集》。可见，学习上持之以恒的功夫，多么重要。

（原载《西安晚报》1963 年 7 月 1 日第 3 版）

现代剧——革命时代的产物

我想不少人恐怕都有这种经验：看了一出戏的某些动人情节，往往不禁感动得流泪，或者对剧中的反面人物表示痛恨和鄙视。这就是戏剧艺术的感染力。它的渗透力很强，潜移默化着人们的思想和行为。

所以不论封建阶级、资产阶级都很重视戏剧的力量，把它作为阶级斗争的一种手段，通过它传播、灌输统治阶级的思想。据老一辈的艺人讲，清王朝就曾经利用《四郎探母》这出戏，为抗击异民族侵略的杨家将抹黑，磨灭人民的斗志，并为当时没骨气的文人辩护，敞开卖身投靠的大门，以缓和尖锐的民族矛盾。人们很熟悉的《恶虎村》这出戏，在清代末年也是经常上演的。那时，人民的反抗运动正在高涨，武装斗争冲击着这个摇摇欲坠的王朝。封建统治阶级收买那些变节动摇分子做他们的奴才和爪牙，帮助他们镇压人民和起义的农民武装。《恶虎村》就是把投降官府施不全、屠杀自己原来的结义兄弟、"绿林"好汉濮天鹏、武天虬的黄天霸，描写成"为民除害"的英雄，倍加赞扬。这出戏是彻头彻尾符合封建统治阶级利益的。相反地，孔尚任借李香君、侯方域悲欢离合的故事，歌颂民族英雄和爱国人民的《桃花扇》，写成上演以后不久，却因之丢了官。由此可见，剥削阶级很懂得文学艺术是阶级斗争的工具这一点。

我们无产阶级的文学艺术，正如毛主席明确地指示的"是无产阶级整个革命事业的一部分，如同列宁所说，是整个革命机器中的'齿轮和螺丝钉'。因此，党的文艺工作，在党的整个革命工作中的位置，是确定了的、摆好了的；是服从党在一定革命时期内所规定的革命任务的"。作为社会主义文艺的戏剧艺术的任务，就只能是为工农兵服务，为社会主义服务，为无产阶级政治服务，为当前中国的革命和世界革命服务。这一点，我们大部分戏剧工作者是清楚的，但也有人并不很清楚或者不完全清楚。比如有人就认为："只要不演坏戏就行了，何必非演现代戏不可？"这种看法当然是不对的。我们衡量作为文学艺术的戏剧在社会主义革命和社会主义建设时期，是否发挥了它的作用的根本标志，是能否同社会主义经济基础相适应，能否为现时代的工农兵服务，为社会主义革命和社会主义建设服务，不光是演不演坏戏的问题。社会主义的戏剧只有加强同现实斗争的密切联系，充分地深刻地表现出当代的革命精神，才能作为无产阶级的有力武器，充分发挥它团结人民、教育人民、打击敌人、消灭敌人的威力。莫说坏戏，即使比较优秀的传统剧，如《秦香莲》这类戏，也不能像《年轻的一代》《霓虹灯下的哨兵》等现代戏那样，达到用社会主义的、共产主义的思想教育人民的目的。同时要看到，舞台上如果没有大量反映新的时代、歌颂新的英雄，洋溢着革命热情的现代戏，要想挤掉封建主义的资本主义的文艺市场，也是不可能的。旧的不去，新的不来。因此，我们必须大力提倡现代戏，使它在舞台上占压倒优势。

我们并不否认有些"传统剧"在某个历史阶段所起的积极作用。就以历史上著名的戏剧家关汉卿来讲，《窦娥冤》是他最出色的代表作。他通过窦娥的冤狱抨击了封建社会的黑暗、腐败的政治，强烈地表达了受压迫人民的反抗意志，的确是一出优秀的传统剧。但是，它之所以"优秀"，是因为它深刻地揭露了当时社会的矛盾，反映了那个时代的现实生活，如果封建社会的关汉卿等人不写当时的"现代戏"，那我们今天就不会有优秀的传统戏了。既然如此，今天社会主义时代的戏剧工作者，不就更应该以主要精力写社会主义的现代戏、演社会主义的现代戏吗？时代在发展，戏剧艺术也应适应时代的要求而发展。就是那些可以使人们认识封建社会的罪恶的好的传统剧，要上演的话，也需要经过批判、改编，取其精华，去其糟粕。

因此，不论就戏剧所担负的任务和应发挥的作用来说，现在都不能离弃社会主义思想体系。最近报载：易俗社积极排演现代剧，秦腔老艺人刘毓中说："要用自己的艺术实践为现时代的工农兵服务，为我们的社会主义事业服务。"这种认识是难能可贵的。我们的戏曲艺术只有努力为当前革命斗争服务，戏剧才能在现实生活中起教科书作用，才能真正担当起"兴无灭资""移风易俗"的任务。

（原载《西安晚报》1964 年 5 月 13 日第 3 版）

理论工作者要坚定地宣传共产主义思想

从 1847 年 11 月《共产党宣言》诞生起，共产主义就在实践中。我们党自成立以来，就干着共产主义的事业。不仅在今天的社会主义阶段干的是共产主义运动的一部分，就是在新民主主义革命阶段，我们所做的工作也是共产主义运动的一部分。毛泽东同志在《新民主主义论》中明确地把共产主义作为无产阶级革命的整个思想体系，并要求我们在新民主主义革命时期，就应当加强马克思列宁主义的学习，进行共产主义的宣传，没有这种学习和宣传，不但不能引导中国革命到社会主义，而且也不能指导当时的民主革命达到胜利。中国共产党的历史，就是坚持共产主义的历史。三中全会以来，我们党不仅在思想认识、理论观点上坚持马列主义、毛泽东思想，而且发展了马列主义、毛泽东思想。对我国的社会主义事业起了极大的推动作用，这是实践已经证明了的。也是我们党对共产主义运动作出的新贡献。

有些人说共产主义是"渺茫的"。这种错误思想的产生，有以下几个原因。

一、缺乏坚实的马列主义、毛泽东思想的理论修养，因而当共产主义运动在某些历史进程中出现一点曲折时，就产生了共产主义"虚无缥缈"的感觉，这是理论没学好。

二、不懂我们党和人民开展共产主义运动的历史，不善于前后比较。看不到党的巨大力量，三中全会以来，只有短短的四年，我们就实现了历史性的伟大转变，实实在在的事实，而他们却视而不见，不大研究实际。

三、对资本主义作了不正确的理解。特别是对第二次世界大战后某些资本主义国家经济和科学技术迅速发展所形成的高工资、高消费只看表面现象，作出不正确解释，因而混淆了社会主义与资本主义两种制度的根本区别，忘记了社会主义必然代替资本主义这一历史发展方向。

四、由于"十年内乱"，良好的党风、社会风气遭到破坏，目前尚未根本好转，使得一些人产生了片面观点，因而对国家前途缺乏信心。

对于上述情况，我们理论工作者有责任大力宣传共产主义思想，教育群众要有远大理想，把为当前任务而奋斗和向大目标迈进结合起来，保持朝气勃勃的精神，为共产主义事业献身。我们理论工作者首先应当把自身对共产主义问题上的模糊认识、错误观点好好清理一下，把共产主义的旗帜高高举起，更加坚定地宣传和阐述"离开共产主义思想就没有社会主义"这个伟大真理。

（原载《陕西日报》1982年9月16日第2版）

话说实事求是

有紧张的战斗生活，有和平宁静的日子，经过风风雨雨，半个世纪过去了，有一件事，至今我还记得清楚。

1941 年 5 月，延安新华社向全国广播了毛泽东同志划时代的著作《改造我们的学习》。文章中有句富有哲理的话——"无实事求是之意，有哗众取宠之心。"党的实事求是的思想路线从此提出来了。历史从不捉弄人，只要按这条原则办事，无往而不胜。

当时有某家报馆的电台抄收这篇文章时，由于技术原因，"哗众取宠"四字的电码发生串漏，按正常情况，在报端注明"电码有脱漏，待补正"就行了。可是译电员自以为是，揣译为"雾中取宝"。真是"差以毫厘，谬以千里"，闹成一个大笑话。这恰好说明就在实事求是教导的面前，他仍"无实事求是之意"！

"哗众取宠"一语，典出《汉书·艺文志》，文中说："然惑者既失精微，而辟者又随时抑扬，违离道本，苟以哗众取宠。"假若有点古文功底，读过中国历史，想不致成为笑柄。可见无知只能瞎蒙，难能做到实事求是。

由此我联想到苏轼写《石钟山记》的情景。他围绕石钟山山名的由来，对北魏郦道元的认识："下临深潭，微风鼓浪，水石相搏，声如洪钟"，以至唐李渤的"得双石于潭上，扣而聆之"，仔细区别了声响和徐歇的余韵，自以为得到了石钟山命名的意思。苏轼都疑心它叙述不确。

善于深思的苏轼首先提出问题："石之铿然有声，所在皆是也，而此独以钟名，何哉？"他决心一探究竟，于是乘月色，泛小舟，进至绝壁下，大石侧立千尺，状如猛兽鬼怪，阴森像扑人的样子，夜宿的猛禽也被小舟惊起，磔磔鸣叫于云霄之间。苏轼的心为之一震，正想回舟，此时大声发于水上，噌吰如钟鼓不绝，连水手也感到恐惧，苏轼却要小舟继续前进，观察到山下皆是石缝，不知它的深浅，波浪冲进缝里相互撞击，才发出这种噌吰的声音来。舟行至两山之间，终于找到结果，原来在处于中流的港口，有块可坐百人而中空的巨石，与风水相吞吐，与远处的噌吰之声相应和，"如乐作焉"。苏轼感叹地说道："事不目见耳闻，而臆断其有无，可乎？"

苏轼的实事求是还表现在他并不否定前人对石钟山做过调查研究，只是郦道元记载不详，李渤工作粗陋。

苏轼的实事求是又表现在他不认为自己是唯一探知石钟山究竟的人，渔夫和水手熟知这种情况，只是讲不出其中道理，所以不能传之于世。

苏轼的《石钟山记》给我们的启示是：

——要深入现场做认真的调查研究，才能获得真知，达到求是的境界；

——要有点"闯世走人间"的冒险精神，敢于下龙潭，入虎穴，临危不惧，奇迹就在前面；

——对不正确的东西要做恰如其分的批判，反对"率尔操觚"的文风。

（原载《陕西日报》1992年4月27日第3版）

读 史

曾记得李大钊讲过的一句话：现在的新闻，就是将来的历史。可以说，新闻是历史的集聚，历史又是新闻的总结与概括。

现在读新闻、看新闻的人很多。因为新闻将现今世界的风云变幻，人类的文明进步，资本主义与社会主义之间的较量，忠实地记录反映出来，人们以它作为认识世界、改变世界的导向。

但历史也不能不读，它有借鉴的作用。创建唐代盛世的李世民说过："以古为镜，可以知兴替。"这是魏征去世时，李世民感慨地为他在碑上写的一段话。"以铜为镜，可以正衣冠；以古为镜，可以知兴替；以人为镜，可以明得失。朕尝保此三镜，以防己过。今魏征殂逝，遂亡一镜矣！"唐太宗宝此三镜，仅防一己之过而已！

一代伟人毛泽东同志，站在整个世界历史的高度，深刻洞察历史的实质和长远的历史发展轨迹，曾经提倡过学点历史。只有懂得历史，才不会忘记基本的历史联系——对国家的产生和发展的影响——正确地认识现在，正确地预测未来，而不会被一堆纷纭复杂的各种"思维""模式"所迷惑。读点历史的真谛，我想应在这里。现今世界的幻变，尽管听起来是多么矛盾和离奇，这毕竟是事实。正如《诗·大雅·荡》中告诉人们的历史教训"殷鉴不远，在夏后之世"。

近读《新五代史》，发现唐末与东汉末年的形势很相似。唐末农民起义失败后，封建势力处于大分裂时期，出现了五代十国，社会矛盾加深，互相杀伐掠夺，人民遭受了严重的灾难。宋神宗问过王安石："曾看《五代史》否？"王安石回答说："臣不曾细看，但见每篇首必曰呜呼，则事事皆可叹也。"欧阳修撰《新五代史》是针对北宋的政治现实而发的政论。他很忧虑五代惨痛的历史在北宋重演，故叹惜之声几乎在篇篇中都可以听到。这从他写的《邻官传》小序中即可见其一斑。

序言单刀直入，第一句就是："呜呼！盛衰之理，虽曰天命，岂非人事哉！"他在感慨万千的情绪中抓住了"盛衰"的关键在于"人事"这个核心。欧阳修的《邻官传》是写后唐庄宗李存勖宠幸优伶而误国事。罪过不在伶官而在这个昏庸的皇帝。

李存勖是后唐腐朽势力的总代表，人们很瞧不起他。梁大将王彦章用蔑视的语言称："李亚子（后唐庄宗的小名）是个斗鸡小儿，何足畏！"但他野心挺大，妄图建立后唐大帝国，先灭梁，后攻蜀，邻近各国都很恐惧。

李存勖还是个复辟狂。他全部恢复唐代末期的弊端，还没有做皇帝，已寻找唐旧臣，拟建立像唐没落时期一样的王朝。原唐礼部尚书苏循投其所好，被任命为河东节度使。欧阳修为苏循立传说："苏循，不知何许人也。为人巧佞，阿谀无廉耻，惟利是趋。"庄宗称帝时，仿唐旧制，置百官，选唐朝轻薄无能的贪官豆卢革、卢程做宰相。李存勖从开封迁都洛阳时，已有宦官五百人，又下令召集在逃的唐宦官，总数近千人。他优厚宦官，作为自己的耳目和心腹。他纵容宦官掠夺民间美女千余人，充洛阳宫加以蹂躏。他委任孔谦管财政，搜刮民财以满足帝王、宦官、伶人的贪欲，却赐孔谦为"丰财赡国功臣"。正如《旧五代史》所说："峻法以剥下，厚敛以奉上，民产虽竭，军食尚亏。加之以兵革，因之以饥馑，不三四年，以致颠陨，其义无他，盖赋役重而寰区失望故也。"

复辟者绝无好下场。李存勖终被他豢养的伶官、指挥使郭从谦部乱箭射杀。传曰"君以此始，必以此终"。历史的教训不可不知。

列宁说：忘记过去，就意味着背叛。这是真理。史不可不读。

（原载《陕西日报》1992 年 9 月 16 日第 3 版）

素质·补偿·读书

人们多谈论人的素质问题，对一些人的素质低感到忧虑！

我对这个问题不抱偏见，将其安放在更适当的透视点上观察。人的素质问题，确实值得重视。《汉书·李寻谈》中有句话讲得很透彻，李寻说："马不伏枥，不可以趋道，士不素养，不可以重国。"素质低的人不能委以重任，这不纯属个人问题，它关系到国家的兴衰！但又应当承认，对人的某些素质缺陷，可以通过社会实践和学习获得一定补偿，逐渐地使这部分人发育成熟起来，成为品德高尚，有益于社会主义社会的高素质人才。

通常所谓的素质，是指政治素质和文化素质而言，其中也包含心理素质。从社会上的种种现象看，较多反映的是文化素质低的问题。补偿的主要办法是读书。书之于人，莫外教化，使人脱离低素质，向高素质转化。

关于这个问题的讨论，使我想到明末清初的大思想家、大学者顾炎武。先生在经学、史学、音韵学，以及经济学方面造诣很深。他学术上的成就，与他读书有明确目的和切合实际的治学方法有很大关系。他读书主张"经世致用"，反对空谈，并将做学问与修养自己的品德节操密切结合。顾炎武一生提倡"博学于文"，"行己有耻"，认为"自一身以至天下国家，皆学之事也"。他在《与友人论学书》中，站在哲学与人生观的高度阐述了自己的观点，批判了王守仁学派的心学给后世带来的影响，指出了百余年来读书人不求"经世致用"之学，正是造成明代社会后期无可用之才，而引起朝政腐败、社会动乱、民生凋敝的一个重要原因。

说到读书，想也应当学顾炎武的治学方法。他读书很有特色。

——顾炎武勤奋读书 38 年，到 45 岁时，已读完经学、史学、天文、地理、诗赋，以及府州、县地方志和朝廷大臣们的奏疏等 1.2 万卷，在他家乡已找不到书可读。他发誓要出门访书，游遍天下，读遍天下书。当他出游访书时，归庄等人为他写了篇"征书启事"，请求天下藏书人家，尽量将书借给顾炎武阅读！

——顾炎武从 11 岁起，在他祖父指导下读《资治通鉴》，此书共 294 卷，他规定了每天的阅读进度，读过的还要抄写一遍，3 年读完了《资治通鉴》，一部书也变成两部。他对读过的书要背诵，一天以 200 页的速度，强化记忆。

——顾炎武曾长途跋涉，游历山东、河北、山西、陕西等地，一边进行社会调查，对书本知识进行检验，一边引述直接得到的材料著书立说。遇到书本中有歧义之处，必亲去考察，如春秋时期的晋国都邑是在曲沃抑或闻喜，他曾前往调查，写了《闻喜曲沃辩》。

顾炎武的实践向我们提醒：读书是社会生活所必需，像衣食住行一样重要，都属社会生活范畴，反映人们的文化素质。是否可以在"行"家后增一个读家，成为衣食住行读，丰富社会生活的内涵，是一次最大的补偿。

（原载《陕西日报》1992 年 11 月 16 日第 3 版）

嫉妒解

从猫说起。

家中养着一对猫，生了一窝小崽，我从中挑出一只金睛、大耳、短腰、长尾、柔毛、利齿、狸身虎面，有黄黑白驳粉色的小花猫留下喂养。按清代王初桐所著《猫乘》

记载鉴别，是属良种。两只老猫也很爱它，玩呀、舔呀，生活得很和谐。

当小花猫长大，老公猫叫春的时候，就起嫉妒之心，"父子"成了冤家对头。小花猫和它妈妈在一起，爸爸就嫉妒，龇着牙齿嗤小花猫，并扑上去咬它，以攻击行为保护自己的领域。

心理学家认为，关于嫉妒，自古就有，起源于性嫉妒。性嫉妒在动物进化史上有它的积极作用，防止了动物的退化。自人类从动物界分化出来之后，嫉妒就从性领域扩展到社会生活领域，造成许多不幸。

古人早已看到嫉妒的破坏性，荀子曾指出："士有妒友，则贤交不亲，君有妒臣，则贤人不至。"17 世纪荷兰哲学家斯宾诺莎尖锐地指出："嫉妒是一种恨。"此话一点不假。相传晋代刘伯玉的妻子段氏很嫉妒，刘曾称赞曹植《神赋》中所写洛神的美丽，段氏说："君何得以水神美而欲轻我，吾死，何愁不为水神？"乃投水而死。后因称其投水处为"妒妇津"。（见唐代段成式《酉阳杂俎》）斯宾诺莎把人们无法抑制或控制的激情称之为奴隶状态，思想尚未获得自由。

嫉妒对我们事业最大的危害是嫉贤妒能，自己低能，没有本事完成伟大的事业，却竭力贬低他人的伟大性，破坏其施展才华的机会，这在我们的历史上屡见不鲜。屈原是一位才华出众、政治上很有远见的伟大爱国诗人，但遭到楚国反动贵族子兰、勒尚的嫉妒诬陷，他写了《离骚》等陈述自己的政治主张，揭露反动贵族的昏庸腐朽，排斥贤能阻碍进步的罪恶。战国时期著名的"马陵之战"，是写因嫉妒而自取灭亡的故事。军事家孙膑曾与庞涓同学兵法。后来庞涓在魏国做了将军，而自以为才能不及孙膑，便设法将孙膑骗到魏国，罗织罪名断其双脚。孙膑在齐国使者的掩护下回到齐国，受到威王的重用。在马陵战役中，孙膑设伏狭谷，砍去大树皮，写上"庞涓死于此树之下"八个大字，庞涓果至，举火观看，齐军万箭齐发，魏军大乱。庞涓自知技穷兵败，刎颈自杀，使妒才害能者自取灭亡。

短文未竟，有客来访，他愤愤地诉说，有某领导，容不得才能比自己高的人，不论学历才华必须矮他一尺，决不要高他一寸的人。这种人把人才当作一种"威胁"，怕"威胁"到他的官位，"威胁"到他的"领地"，这背后还是嫉妒二字。

现实生活中还存在此种现象，客人问如何克服，我想服一剂"妒妇汤"不会药到病除。

（原载《陕西日报》1993 年 2 月 15 日第 3 版）

杜康其人

据《世本》记载："帝女仪狄作酒醪变五味。少康作秫酒。"《世本》为战国时史官所撰，记黄帝至春秋中诸侯、大夫的姓氏、世系、居（都邑）、作（制作）等。到宋时此书已散佚、清代有辑注本多种。此是记述华夏文明有价值的一本早期著作。

《说文解字·中部》说："古者少康初作箕帚、秫酒。少康、杜康也。"西晋张华《博物志》称为"杜康造酒"。

三国时曹操在《短歌行》中吟道："慨当以慷，忧思难忘。何以解忧？唯有杜康。"此时已将酒转称"杜康"，可见杜康造酒影响深远。

查清代齐台南所编《历代帝王年表》，少康为禹的第三代孙，夏朝第五代王，是帝相的儿子。寒浞攻杀相后，相的妻子后缗逃出，生少康于母家有仍氏。少康长大，曾做过有仍氏的牧正，管理畜牧。

少康被寒浞追逐，过着流亡生活。在少康二十一岁时又逃奔有虞氏，当过厨官，学会酿酒。

有虞氏部族聚居于蒲坂，即今山西蒲州、虞乡一带。山西西南部的这片土地，是夏人活动的重要地区之一，夏启、胤甲曾在这里建都，是传说中"夏墟"的所在地。寒浞一直想杀掉少康，派他的亲信追捕，少康不得不渡过黄河向西北逃至古彭衙邑，就是现在的白水县，以酿酒为生。

历史的逻辑向人们提示：（一）"少康，杜康也。"古代学者早已做了肯定的回答。夏朝有十六王，就有八个帝王是两个名字，如少康的儿子帝杼，又名宁；夏朝的最后一个帝王名桀，为世人所熟悉，他又名履癸，就鲜为人知。（二）自少康逃往有虞氏至伯靡灭寒浞，立少康为帝，这期间有十八年，史书对少康的行迹无多记载，《史记》注释中说："此记不说，亦司马迁所为疏略也。"但不能说少康没有到过白水这个地方。

我曾访问过杜康遗址，它在陕西白水县城西北约七公里处的沟壑区。这里有条杜康沟，沟深有七十余米，沟底小河，名杜康河，水自义会沟来，绕杜康井、杜康庙而过，泉水清澈可鉴，从卵石中隐隐涌出。杜康庙修建于清康熙年间，凿山为洞，塑杜康像。杜康墓是纪念酒圣的象征，在暮色中看，墓冢紧靠起伏的山峦，像似杜康被青龙抱着，更增添了几分神秘色彩。

杜康泉水甘美，乡民谓此水可微微闻到酒香，杜康即用此水酿酒。杜康酒早已闻名遐迩。前几年白水发现一块杜康碑，镌刻于清乾隆四十八年，给予杜康酒以极高评价。碑文中写道："夫酒，何地无之，即杜（康）之造酒岂仅流传于白（水）？然他邑酒，足以滋病。白（水）之酒，独以医病。故饮之终日而无沉湎之患，服之终身而得血气之和。邻封百里外，多沽酒于白（水）。先泽之遗，本地独得其真，至今遗槽尚存，此其明验也。"碑中"独得其真"和"遗槽尚存"八字，确认杜康在白水酿酒无疑；杜康酒美，绝非虚传。著名历史地理学家史念海在白水杜康酒厂考察时，题词"杜康圣地"四字，这是对中国酒文化历史的最新肯定。

（原载《陕西日报》1993 年 8 月 20 日第 3 版）

读史札记

（一）关于《三国志》注

陈寿《三国志》是我国史学名著之一。因为陈寿治史叙事简要，文笔质直，为后人所推重，故与《史记》《汉书》《后汉书》合称四史。

《三国志》是陈寿在西晋初年写成的，当时距三国时代不远，陈寿所见史料有限，因此内容还不够充实，所以《三国志》只有列传而无志表，正是材料不足的缘故。

南朝宋元嘉年间，裴松之奉诏注《三国志》，他博采魏、晋人著作，多至一百五十种（一说二百十种）来补充陈书，正如裴松之所说："绘事以众色成文，蜜蜂以兼采为味，故能使绚素有章，甘逾本质。"裴松之注《三国志》上搜旧闻，傍摭遗逸，为《三国志》补充了大量史料，保存了诸家三国著作的许多部分，其贡献不下于《三国志》。

一般注释古书，大都重在训诂，即解释古书字义。裴注《三国志》的重点则在事实的增补和考订上，正如裴松之"上《三国志》注表"所言："其寿所不载，事宜存录者，则罔不毕取以补其阙；或同说一事而辞有乖杂，或出事本异，疑不能判，并皆抄纳以备异闻；若乃纰缪显然，言不附理，则随违矫正以惩其妄；其时事当否及寿之小失，颇以愚意有所论辩。"裴本着补缺、备异、惩妄、论辩的宗旨注《三国志》，所注文字多过陈寿本书数倍，这在廿四史中是独一无二的一种，是裴松之注史的创举。也有少数学者，如唐朝刘知几、宋朝的叶适，清朝的赵翼对裴注都提出过一些批评，说裴注繁芜，不应注而注等等。我不认为裴注完美无缺，但这点小失，仍然"瑕不掩瑜"，裴松之注陈寿书，引用了大量魏晋时的著作，随着时光的流逝，许多珍贵史料不断在散失，著录在《隋书·经籍志》中的已经不到四分之三，唐、宋以后就十不存一了。裴在《三国志》注中保存了今已难见的而且是首尾完整的古代文史资料，功莫大焉！批评裴注的虽是几位史学家，但对裴注却缺少点历史感。

（二）谏　诤

谏诤是中国古代臣属直言规谏帝王过失的一种特殊舆论形态。关于谏诤二字，汉刘向在《说苑·臣术》中有种解释。他写道："君有过，不谏诤，将危国殇社稷也。有能尽言于君，用则留，不用则去，谓之谏；有能尽言于君，用则可生，不用则死，谓之诤。"

古代谏诤带有舆论监督性质。贵为"天子"的皇帝老儿，对谏诤也有几分惧怕。刘向是总结了奴隶社会和一段封建社会的历史，得出"不用则死"的结论。谏诤确实带有几分血腥气。纣王是殷商的末代帝王，他横征暴敛，荒淫无度，滥施酷刑，残害向他进谏的忠臣，将九侯处以醢刑（剁成肉酱），把鄂侯处以脯刑（做成肉干）。《史记》有段记载，是写纣拒谏，杀害谏臣，而灭国的结果。司马迁说："纣愈淫乱不止。微子数谏不听，乃与大师，少师谋，遂去。比干曰：'为人臣者，不得不以死争。'乃强谏纣，纣怒曰：'吾闻圣人心有七窍。'剖比干，观其心。箕子惧，乃佯狂为奴，纣又因之。殷之大师、少师乃持祭乐器奔周。周武王于是率诸侯伐纣。纣亦发兵距之牧野。甲子日，纣兵败。纣走，入登鹿台，衣其宝玉衣，赴火而死。周武王遂斩纣头，悬之白旗。……"

另一段历史是邵公谏周厉王止谤。这在《国语·周语》中有三条记载。

厉王是西周第十个国王，是个贪婪残暴的君王。他好专利，并信任同他一样"好专利而不知大难将至"的荣夷公，封他为卿士，委以扩大专利的重任。所谓专利，就是专山林川泽之利，把原来公有的山林川泽据为己有，不允许百姓樵采渔猎，断绝了百姓的生路。"所怒甚多""国人谤王"。这里所谓的"谤"，不同于当今的诽谤，是属一种议论批评意见，是西周政治制度中保留的一点原始民主传统，从《诗》中可以找到这种痕迹。厉王却对谤王者实行严厉镇压。他从卫国找来巫师，借助巫术侦察国人的私下议论。卫巫顺从厉王旨意，假托神灵，肆意指控国人"谤王"，一经卫巫指控的人就遭到杀戮，"国人莫敢言，道路以目"。辅佐厉王的邵公，屡屡向厉王进谏，厉王终不悔悟。邵公再一次谏厉王说："防民之口，甚于防川。川壅而溃，伤人必多，民亦如之。是故为川者决之使导，为民者宣之使言。"厉王对邵公的规劝根本听不进去，仍一意孤行。在厉王的高压统治之下三年，终于爆发了声势浩大的武装起义，这是我国历史上第一次群众暴动，愤怒的国人冲进王宫，袭击厉王，厉王狼狈逃窜，渡过黄河，逃于彘（今山西省霍县）。

唐太宗李世民则是另一种情况。他以隋炀帝亡国杀身为鉴，认识到要巩固统治权，就必须不得罪民众，这是他取得贞观之治的根本原因之一，其二是李世民善于纳谏，他鼓励群臣犯颜直谏，因为有个历史上最负盛名的谏臣魏征佐太宗广开言路，在朝廷中支持谏臣，遇到违背情理的事，魏征敢于挺身而出据理力争，即便惹得太宗盛怒，魏征依然放言争辩。有一次太宗退朝回到宫中，怒说："总有一天要杀掉这个乡巴佬！"长孙皇后问杀谁？"魏征常常当众侮辱我。"长孙皇后当即向太宗皇帝道贺："魏征忠直，因为陛下是明主。"由于皇后的巧妙安排，太宗的气便消下去了。魏征不怕杀头，敢于直言谏诤，终于使太宗知道魏征是帮助他避免亡国之祸的忠臣。魏征病死时，唐太宗大哭，说："人用铜作镜，可以正衣冠，用史作镜，可以见兴亡，用人作镜，可以知得失。魏征死去，我丧失一面镜子了。"

谏诤带有舆论性质，但具有它的特殊性，是下对上，臣属规谏帝王的错误，是舆论监督深层次的问题。谏诤也是对人治社会本质缺陷的一种补救和匡正。谏诤内涵的"能量"，一旦迸发出，其威力无穷，那时军旅也无能为力，纣和厉王的军队都站到了百姓一边。

（原载《陕西日报》1996年7月22日第3版）

汉唐雄风说

什么是汉唐雄风？

汉唐雄风是指汉唐盛世的"文治武功"，威武开拓治理国家的恢宏气度。

我们所说的汉唐雄风是有时间界限的。汉朝从汉高帝刘邦起兵灭秦为汉王至汉武帝刘彻死的119年间（前206—前87年）。唐朝从唐太宗贞观元年至唐玄宗开元二十九年的114年间（627—741年）。不是汉唐的全部历史。

汉唐雄风的形成，有其深厚的政治、经济、文化、军事基础。

——汉唐开国，以秦隋为鉴，"无为而治"。所谓"无为而治"，有人认为是无所作为可治天下。这种理解很是肤浅。《贞观政要》卷第八《论务农》中记录着唐太宗的一段话，他说："夫安人宁国，惟在于君。君无为则人乐，君多欲则人苦。朕所以抑情损欲，克己自励耳。"这反映出唐太宗身为一位开国之君，以民为本，故在生活上清静寡欲、严于律己的思想，这才是"无为而治"的真谛。

汉刘邦当了皇帝之后，对于秦的"二世而亡"是很警惕的。他要陆贾总结包括秦朝在内的历代兴亡的教训，为他提供借鉴。陆贾写了12篇论文，汉高帝命之为《新语》。其主要之点是"文武并用""长治久安"。这本书基本符合刘邦"无为而治"的建国思想，成为汉朝初年最高统治集团的政治指导思想。后来吕后、文帝、景帝都遵循了这一思想治理国家。

唐太宗与群臣很关心政治，"君臣论治"，总结历史经验，改善他们的统治。唐太宗与大臣们议论的重要问题之一是隋朝的灭亡问题。范文澜在《中国通史简编》中有一段深刻的论述。他说："隋朝是唐太宗的一面宝鉴。隋朝的盛衰兴亡，给他深刻的印象。特别是农民大起义，使这个出身大贵族的雄豪子弟，不得不在事实面前，认识了劳动民众的巨大威力。得罪了民众，就像隋炀帝那样集全部权力于一身的皇帝，也难逃亡国杀身的后果。他认识到要巩固自己的统治权，就必须不得罪民众，这是他取得贞观之治的根本原因，也是被称为英明的封建皇帝的根本原因。"唐太宗懂得了人君与民众的关系，定出"偃武修文，中国既安，四夷自服"的方针，专心改善政治，使百姓安宁。

——轻徭薄赋，发展农业生产。汉唐之初，社会经过战乱，经济凋敝，人民大量流亡。这种状况对于稳定社会秩序，巩固封建统治是很不利的。

刘邦即位之初就采取了"重农抑商"政策。"重农"政策主要有四点。一、复员军队，士卒都给予土地和住房。二、号召逃亡人口回乡。三、减轻田租（税），十五税一。四、下令解放因生活困难而自卖为奴的人。这些措施的实行，对稳定社会秩序，恢复发展农业生产，起到了积极的作用。

到了汉文帝，接受晁错的建议，在实行"贵粟"政策的同时，进一步贯彻轻徭薄赋。一、减免田租，原为十五税一，今减为三十税一。次年，又全免天下田租，共有十二年不收田租。二、减轻算赋，民年十五以上至五十六岁，要纳算赋。原为每人每年一算，一百二十钱，今减为纳四十钱。三、减轻徭役，民年二十三至五十六岁，服兵役两年。其他时间，原为每人每年在郡县充更卒一个月，今减为"三年为一事"，即三年充更卒一个月。轻徭薄赋，发展生产的政策收到很好效果，到汉武帝初即位时，国家十分富庶。

唐太宗大力倡导发展农业，他"亲耕籍田"以表示重视农业生产。他曾派使者到突厥，用大量金帛赎回在隋末被突厥掳去的男女八万多人，又放出宫女三千余人回到民间，增加社会农业生产劳动力。为解决耕牛不足，曾与少数民族"互市"，换取了大量的牛马，增加了役畜。为减轻广大民众负担，唐太宗采取紧缩政府机构和开支的办法，将中央官吏从二千余人减少到六百余人。还合并了许多州县，也节省了政府的不少开支。由于采取这些措施，以及农民的辛勤劳动，农业连获丰收，米价最低时每斗不过三四钱。到武则天时代，她一再下令劝课农桑，奖励地方官吏注意发展农业。在这期间，社会经济有很大发展，从户口增长来看，唐太宗时，户口为三百八十万户，至武则天统治末年，已增至六百十五万户。

此外，兴修水利，整治黄河，改进农业工具，也是农业生产发展的重要条件。

——不拘一格，选用贤才。判断一个帝王是明主还是昏君，从其用人即可见其一斑。汉高帝初年，即征召天下"贤士大夫"到京师，分配大小官职，给予田宅。刘邦是有非凡才能的皇帝；他知人善用人才。《史记·高祖本纪》中记载了刘邦的一段话。他说："夫运筹策于帷幄之中，决胜于千里之外，吾不如子房。镇国家，抚百姓，给馈饷，不绝粮道，吾不如萧何。连百万之军，战必胜，攻必取，吾不如韩信。此三者，皆人杰也。吾能用之，此吾所以取天下也。"汉武帝独具慧眼，发现他身边的文官卫青、霍去病的将帅才能，大胆提拔他俩统率大军，在多次反击匈奴战争中都取得伟大胜利，武帝为了表彰卫青、霍去病，特设"大司马"亦即大元帅一职，同时任命他们两人为大司马。

唐太宗在用人方面，坚持"任人唯贤"的方针。他曾说过，所以设官职，要为民众办事。应当选用贤才，不该按关系的亲疏，资格的新旧定官职大小。因而他从各阶层、各集团搜罗了许多文武人才，重用的大臣如房玄龄、杜如晦、魏征、戴胄、马周、王珪、李靖、李勣等，是当时杰出的政治家或军事家，都对唐王朝的建立巩固和发展，作出了突出贡献。

历史家范文澜以饱满的笔墨盛赞："唐太宗能知人，又能用人，是历史上少见的明君。"

——民族友善，增进情谊。西汉初年，匈奴国势强盛，一再侵扰汉的北部各郡。汉实行"和亲"政策，缓和与匈奴的矛盾。吕后时，冒顿曾写信侮辱吕后，她还是忍耐下来继续执行"和亲"政策。表现出汉民的宽宏度量。有的学者认为和亲就是对匈奴忍辱退让，这种消极的偏见，是不正确的。

《资治通鉴·唐纪》讲到唐朝与少数民族的关系时，唐太宗说："自古皆贵中华，贱夷、狄，朕独爱之如一，故其种落皆依朕如父母。"益州地方官奏称僚人（住在四川的少数民族）反叛，请发兵进攻，唐太宗不许出兵，说："僚人居深山，有时出来掠夺，相沿成习惯，不算反叛。地方官如果公平对待，自然相安无事，哪可轻动干戈，杀害他们，难道他们不是我的民众吗？"

公元641年，唐朝发生了一件轰动全国的大事。7世纪初，赞普松赞干布统一西藏高原，建都逻些城（今拉萨市），数次遣使向唐求婚，贞观十五年，唐太宗派礼部尚书、江夏王李道宗护送文成公主入吐蕃和亲，松赞干布亲到青海迎接。松赞干布与文成公主结婚，密切了唐蕃关系，促进了经济、文化的交流。

唐太宗对少数民族所采取的政策是成功的。促进了各民族之间的经济文化交流，大唐王朝在少数民族中的威望极高，贞观四年唐太宗被少数民族尊称为"天可汗"。

——开拓西域，开放海陆交通。西域是我国古代对西部疆域的泛称。汉武帝建元三年，探险家张骞出使西域十三年，历尽千辛万苦，路上曾为匈奴所掳，逼他变节投降，张骞忠贞不屈，后乘机西逃，经大宛、康居、大月氏、大夏等国，同行者百余人，待回到长安时，只剩下他与侍从堂邑父两人。他在西域时还了解到：大宛的东北有乌孙，大月氏之西有安息，再西有条枝，康居的西北有奄蔡等。他对这些国家的政治、社会、物产、风俗等情况做了考察，回国后向武帝做了报告，张骞的西域之行，扩大了两千年前中国人的世界视野，促进了东西方的经济、文化交流。

海外交通，比较明确的航线有两条：一条向东渡渤海达朝鲜半岛，再南绕半岛而东，可达日本；一条向南自广东徐闻、广西合浦，沿今中南半岛近海南行，可到马来半岛各国，西过印度洋，可达黄支国。

唐时，中国输向外国的主要商品有丝织物，瓷器也以世界最先进的资格大量出口，受到国际市场的欢迎。从外国输入的主要商品有香料、珠宝、象牙、犀角等。

研究汉唐雄风，离开当时汉唐实施的方针政策、开拓性的实践，就无从知道汉唐雄风之所在。汉唐雄风不是一句空洞的口号，是汉唐两朝强盛时期所表现的伟大风度，既有物质的内涵，也有精神的内涵。

（原载《陕西日报》1996 年 10 月 7 日第 3 版）

治国安邦说《反质》

最近再读汉刘向写的《说苑》卷二十《反质》篇，又有新的感受。《反质》篇中集纳的 26 则逸事，世人仍有借鉴的必要，因为它具有现实意义。

《反质》的存世尚有一段曲折的历史。《说苑》从汉至唐，各史艺文志中均有著录，到宋初曾一度散佚，王尧臣等编纂《崇文总目》时，说明《说苑》今只存 5 卷，余皆亡佚。此后北宋文学家曾巩校理皇家藏书，又搜集到《说苑》15 卷，并经曾巩整理，大体恢复了原书旧貌。这本来是值得庆幸的事；但南宋藏书家晁公武撰《临德先生郡斋读书记》却说卷二十《反质》是曾巩析《说苑》卷十九《修文》作上下两篇，凑成二十卷之数的。据陆游的《放翁题跋》记载，《说苑》二十卷而缺《反质》一卷，后高丽进一卷补足。敦煌石室文献中也有《说苑·反质》篇残卷，是起自"秦始皇帝既兼天下"，前面散佚6则逸事，其后内容与今本相同，事实有力地说明晁氏断言曾巩将卷十九《修文》分为上下两卷补足二十卷之数，纯属臆测。

我们还可以进一步分析《说苑》卷十九《修文》和卷二十《反质》的内容，《修文》主要讲的是兴修文教，推行文治，内容是制礼作乐，目的是推行教化、移风易俗、安邦治国，他所推崇的典范是周文王。

《反质》的基本思想是使事物回到本质，保持它质朴的本性。要使事物恢复本貌，必须防止讲排场，力戒奢侈腐化，大力提倡生活俭朴，而且作者将它提高到国家兴亡的高度加以强调，这对后人治国持家，以及兴办一切事业很有积极意义，鼓励人民奋发图强。

《反质》中第13则逸事，就是讲自上而下倡导俭朴的事。春秋时期首先称霸的诸侯是齐桓公，一次与尊为"仲父"的管仲议论国政。齐桓公向管仲说："我的国家很小，财物用品甚小，但群臣的衣着车马十分奢侈，我打算禁止这种风气能办到吗？"管仲回答说："我听到这样的话，国君品尝过的食物，臣子会争着吃它，国君喜欢的衣服，臣子会竞相穿它。现在您吃的是美酒佳肴，穿着紫色绸衣、白狐皮袍，这就是群臣铺张浪费的根源。《诗经》上说：'不躬不亲，庶民不信。'您想要禁止这种坏风气，为何不从自己开始做起呢？"桓公说："仲父说得很好。"他立即改制了素衣白帽，从此他穿着这种朴素的衣服上朝接见群臣。一年之后，齐国就形成了节俭朴实的风气。

齐桓公不愧为五霸之首，首先有一股返璞归真的气质，又敢于听直谏之臣的批评和有勇气立即改正自己的缺点错误。这属于内在的素质，反之才能成为人杰。

（原载《陕西日报》1997年6月3日第6版）

圆明园之毁

20世纪50年代初，我在北京新华社工作，有机会去圆明园凭吊。进得园内，满目疮痍，断垣残壁，杂草丛生，焚烧断裂的石雕兀立在那里，是在控诉英国侵略者焚烧掠夺的罪行。

圆明园是清朝皇帝的一座别墅，在北京西郊海淀区。始建于康熙四十八年（1709

年），经过清朝历代皇帝经营了 150 年，围绕福海由圆明、万春、长春三大园组成，周约 15 公里，内有建筑 145 处，所有建筑和布置极其壮丽精致。其中除具有中国独创形式的庭园建筑外，长春园中还有海晏堂、远瀛观等西洋建筑群。众多的建筑，巧妙地用长廊、桥梁、垣墙连接在一起，浑然一体。园里所藏，陈列中国历代所珍藏的历史文物，上至先秦时代的昆彝礼器，下至唐宋元明清的名人字画，可以说是当时中国最大的博物馆，也是当时被世界誉为"万园之园"的伟大园林建筑。清咸丰十年（1860 年）英法联军大肆劫掠园中宝物，并纵火焚毁，是中国文化上的一笔价值无可估量的损失。

英法联军侵入中国，沿途都受到打击，广东掀起了反英斗争；在大沽口战役中，具有光荣的革命传统的中国人民，表现了高度的机智和勇敢，沉重地打击了侵略者，取得了保卫大沽的胜利。在京郊张家湾、八里桥两个战役我军虽然遭遇失败，但大量消耗了侵略者的军力，弹药已经用罄，需要加以补充，同时为了进攻北京，必须由天津调运粮食和军队，所以从 1860 年 9 月 22 日以后，侵略军只得暂时停止进攻。待到 10 月 5 日，侵略军的援军及武器给养都得到补充，便又开始了进攻。

侵略军满以为咸丰皇帝住在圆明园，遂以圆明园为进攻目标。6 日傍晚侵入圆明园，以海盗式手段大肆抢掠，宫殿中所陈设和收藏的宝物，皆被掠夺一空。抢劫中兽性疯狂发作，将园内宫殿数处，王公大臣的园寓，宫门外东首各衙门朝房，以及海淀居民铺户，放火焚烧，火光烛天，昼夜不息，这是侵略军第一次破坏圆明园的罪行。

侵略军第二次破坏圆明园罪行，发生在 10 月 8 日，敌军 200 余人侵入园内的清漪园抢劫。

侵略军破坏圆明园的罪行连连发生，第三次在 10 月 9 日，敌人又入静明园，将各殿陈设的大件捣毁，小件全部抢去。

侵略军第四次对圆明园进行了彻底破坏。英国负责侵华战争的全权大臣额尔金下令将圆明园完全焚毁，10 月 18 日英军再一次在圆明园抢掠，并将圆明园全部精美无比的建筑烧掉。此事清朝皇帝无力阻挡，清朝军队亦无力阻挡，因为他们已彻底腐败，只能割地赔款，结城下盟，签订《中英北京条约》。

侵略者很容易忘事，或者赖账，或者改变问题的性质。历史总还为我们留下一点证据，掠夺焚烧圆明园暴行的参加者英国军官戈登曾经自供说："英军……在那里先尽量抢掠，然后才把整个花园烧掉。我们就这样以最野蛮的方式摧毁了世界上最宝贵的财富，这些财富即使花费 400 万英镑也很难恢复。"这段话可见黎世清译《戈登在中国》。

（原载《陕西日报》1997 年 6 月 17 日第 6 版）

三、新闻业务探讨

爱国自卫战争军事报道研究

（一）

现在蒋介石对解放区的进攻，正在日益扩大，所以爱国自卫战争的军事报道，在整个报道中占有很重要的位置。为了战争的胜利，使宣传斗争与买卖斗争密切配合，非常必要。

要做好军事报道，记者须学习军事，而且须专门学习运动战、游击战的战略战术。一方面，希望条件具备的记者，坚持在日常工作中，随时收集资料——记战况日记、搜罗有关地理历史材料、调查蒋介石、阎锡山军队的番号、兵力、兵种、编制、重要指挥官姓名履历，以及军事动态，哪怕是很小的行动，也要从中分析其意图与整个战局的关系。另一方面，需要大家动手，不论前线、后方、军队、地方搞买卖报道的同志，一致重视这项工作，尽可能主动搜集材料，大家研究，大家写，哪怕只写一个小场面，侧面多了就可以烘托出整个战争的雄伟场面。

（二）

军事报道的目的：

为了充分辨明是非，鼓舞斗争意志，坚定胜利信心，就要充分揭露反动派进攻的事实、罪行、阴谋计划、密令及荒谬宣传，在全世界与全国人民面前暴露其罪恶，使人民知道蒋介石是内战的罪魁祸首，是人民的公敌，说明美国是同日本一样的帝国主义，是想灭亡中国的刽子手。

系统报道自卫战争的战况（正规军、民兵游击队的），表扬自卫战争中个人的、集体的革命英雄主义，介绍典型范例，鼓舞士气、民气，粉碎蒋军美式武器的厉害宣传。

宣传后方人民反美侵略，反蒋卖国的义愤，表扬全力支援前线的热烈情形，介绍民兵自卫队队员与广大群众参军、参战、助战、拥军、优秀的生动事例，将群众性的如火如荼的自卫战争全盘托出，使全世界人民知道解放区人民的力量不可侮。

揭露蒋军伪军内部动摇、内讧、厌战、反战直至举义的事实，报道我军执行俘虏政策的情形与效果，说明蒋家集团的脆弱，与我军开展政治攻势的有利条件。

（三）

军事报道以发表胜利战绩为主。

对于胜利战绩，要反复宣传，强调消灭蒋军有生力量，显示我军全面抵抗的成绩。故在每个较大的战斗、战役结束后要发总结战果的消息，或以一个战线、一个县、一个分区，在一周、半月、一月时总结战果，或在一个战斗战役战果总结报道中追叙上次战斗、战役的战果，统计进犯军被俘、伤亡、逃跑、疾病等各种损失。我看华中多采用这种办法，表现了报道上的伟大气魄。至于地方武装，民兵和广大群众的游击战争，尤要加强报道，以说明"积小胜为大胜"，要从战争指导方针上着眼，不能单纯看战果大小。

但我们是处于自卫地位，军事上又采取较集中的运动战，以优势兵力消灭进犯军有生力量。所以在蒋军进攻之初，对于城镇之放弃或转移是可能亦属必要，这种事实也应报道。如四平街撤退的新闻和《我们还要回来的》一篇通讯，都是从积极方面加以说明。前者说明我军坚守四平街，已完成消灭蒋军有生力量的任务，后者说明我军民自承优撤退，是为了未来的胜利，承优将来还是人民的承优，这次撤退是暂时的。读者看到以上文字，不但不会产生悲观失望情绪，且人民激于义愤，信心倍增，可以说是政策观点明确，富于指导性的报道。

（四）

遇有重大战斗战役，或军事上之重大事件，应实行重点主义的报道方法，在形式上应有新闻、通讯、报告、速写、谈话、社论、军事论文等的配合，在内容上应包括战况、战果、前线英雄事迹，党的活动、后勤、卫生部门的高度自我牺牲的工作、火线文化活动、俘虏反映、缴获之蒋方机密文件，人民支援前线，各方祝捷，访问高级指挥员及战争意义之叙述、专论等。这种报道方法也可叫作主体化报道，可予人民以强烈影响。

大战在进行中，每天要有战况新闻，即使战争陷于胶着仅有斥候活动，或因气候变化战争沉寂时，"××战况沉寂"也就是一条重要新闻。因故而中断者，在下次战况新闻中必须追叙，以使一派贯穿。

（五）

游击战争在爱国自卫战争中，是不可缺少的一个方面，在进入全面抵抗的情况下，游击战争应提高到与运动战同等重要的地位。游击战既不同于阵地战，也不同于运动战，但我们对游击战的报道，往往和报道运动战差不多，没有写出游击战以智胜敌、以少胜多、以速胜敌，有更广泛群众基础的特点。

过去，写游击战争的战绩多，这当然需要，还需要在一定时期作综合报道，但不能忽视写一支游击队的活动、一个战斗的场面。

有人说："这么小的战果还值得报道吗？"既是游击队，打的游击战，"这么小"已是很神奇的事，游击队在进犯军后方，格子网中，边沿地带实施破坏、牵制、袭扰、消耗、歼灭进犯军，配合野战兵团打了大胜仗，这个"小"，其作用很大。今后要做到游击队的每次活动都有报道，至于如何综合这些材料，可留待报馆的编辑去处理。

（六）

蒋军暴行有宣传的必要，唯过去失之零碎，好像商人的一本流水账，单纯记载了蒋军一些暴行，并未适当衬托人民力量，对蒋军恐怖镇压看来不免有些吓人。蒋军暴行的报道要选择典型，一面能暴露蒋军失去理性的无耻罪行，一面又能表现人民英勇无畏的反抗斗争。

（七）

报道俘虏容易失败者，主要是采访问题。过去我们总愿意让俘虏发表一篇完整的长篇时局谈话，特别对刚俘虏的高级将官，尤喜欢用这种方式，即使采访不会失败，发表的访问记也无不单调枯燥。为了避免失败，不仅要报道俘虏思想情况，也要采访他们的生活情况。

思想情况，包括俘虏对我军作战认识，对解放区各种建设的零碎感想，具有反对内战之日记、笔记、书信、时事座谈、联名通电（宜于俘虏之高级军官）、大会控诉（宜于俘虏之下级官兵）等等。

生活情况，包括我军对俘虏伤病的关心和治疗、饮食起居之优待、文化娱乐活动等等。

处理俘虏的谈话感想，最好择其精粹的三五句话，穿插其间，写出能显示我们政策的一点即行。描写俘虏身世经历，被俘经过，言语容貌要具体生动，使人们真实看到这个人一般。刺激挖苦的话，与我们政策不符，尤应慎重。

（八）

参战工作是一艰苦的组织工作，关系着战争的胜利与失败，关系着战争的能否持久。过去的参战动员报道，对人民的热情和愤怒，风涌潮生般走上自卫战场的图景，报道得相当多，不够的是我们尚未把它当作报道的一项重要工作。

群众参战不只报道组织动员的成绩，还应报道组织的方法和经验。好的经验能避免人力浪费，节省人力。这些创造不是没有，而是被忽略了。其原因多是满足于数字与场面，缺乏认真深入采访，用很小的事实，提高到指导工作的原则上来分析综合，指明问题，提供经验。

攸关既大，参战动员中如有浪费人力之处，也应做批评报道。它的好处，可以提醒大家的警惕，也可以督促当事者纠正，使人力用之恰当而能持久。至于批评态度要严肃，材料要真实准确全面，以及分析之恰当，均宜注意。

（九）

写出群众的活动场面，才能真正表现爱国自卫战争的悲愤壮烈。这种场面存在于火线上的正规军、游击队、民兵和我军一起作战的群众中，他们以正义和勇敢构成伟大图景。这种场面也存在于后方广大群众中和各种工作部门、生产单位的干部中，他们以物资，劳力、智慧贡献于自卫战争。总之，伟大的爱国自卫战争场面要在群众中去发掘。写火线上的场面，固应发扬，还要注意写后方的场面。

群众场面如何能写得好，首先在于对群众的行动看得真切深刻，群众的感情，就是自己的感情，写作技术熟练，才能探索到最深处，不致使生动的事实走了样子。其次，既是写群众活动场面，须抓住突出的一件事的一个方面、一个人的一次活动，或者是构成一个场面的各个活动。

以往在这方面是多少有些毛病的，在个别新闻通讯中，由于采访不深刻，有臆测和推理的地方，甚至忽略了新闻要素中的时间、地点、人物的具体化，今后报道中望能得到改进。

（十）

军事报道的迟缓（其他也一样），到现在尚未引起注意和克服。某地一件事情发生之后，在新闻机关驻地的群众口中，已经盛传一时，相隔很久，稿子才姗姗而来，据向通讯员的调查表明，有四种原因：（1）知道新闻要迅速，由于"懒"，没有即时写；（2）为了"好好"写一篇长东西，所以不能即时写出来；（3）环境"动荡"，当时没法写；（4）尚未获得准确情报。前三种为新闻报道上的病态现象，由于我们物质设备的简陋和缺乏，（诸如交通工具等）客观上受很大限制，如果再不加以克服，由我们主观制造出来的迟缓，那对宣传斗争上的损失之大就难估计了。对于后一种，迅速而准确不能兼顾时，发稿时"应当采取某种谨慎的保留形式，以便继续补充更准确的报道"，并在稿末注明其可靠程度。而今环境变化巨大，我们新闻工作者要善于克服战争给予我们的疲劳、交通不便的困难，用简短的形式，即时写作，利用可供利用的交通工具或机会以求军事报道赶得上军事实际的发展。

（1946年9月于太岳前线）

要提高新闻质量就要提高劳动本领

（一）

提高新闻质量是一件经常性的、长久性的工作。这个意思并不是说可以消极地对待这一问题，相反地成为目前改进我们工作最根本、最迫切的任务。

什么是新闻的质量呢？

凡是能正确地（反映事物的真相）、丰富地（材料充分）、深刻地（阐明意义）、具体地（用生动的事实叙述）、及时地（不落后于事物的发展）反映客观实际的新闻，特别是具备了上述条件总和的，反映出当前紧迫斗争任务的新闻，就是质量高的或是质量比较高的新闻。

为什么要在今天强调提高新闻质量，对我们又有什么特殊意义？

首先，用事实来进行政治鼓动是新闻的主要任务，同时，新闻又是党对人民群众进行政治鼓动经常使用的一种形式。从新华社建立的那一天起，读者就殷切地盼望通过报纸从我们所发的新闻中得到材料，得到鼓舞，得到经验。这就是说，新闻工作应该以最高的工作质量来为人民服务的。服务的质量越高，鼓舞的效果越大。总社在许多重要文件中都曾指出这一点，要求我们不断努力提高新闻质量。提高新闻质量就是要使我们的新闻赶得上客观形势发展的需要。我们现在正面临着一个伟大的社会变革的时代。按照马克思主义的全部历史观点来讲，要求我们对于人类历史上各个革命时期应予特别注意。列宁把社会主义革命称为"人类社会历史上最生动的、最重要的、根本的、决定性的时机"。因为"人民（特别是无产阶级，其次是农民）的组织创造力，在革命的高潮时期，要比所谓平静的（徐徐而行的）历史进步时期，表现得数百倍的有力、丰富和有效"。

我们国家的人民是以创造者的姿态，以社会关系大胆改造者的姿态走上历史舞台的。他们过着目的鲜明、生机勃勃的生活，他们为了社会主义的胜利实现创造了很多业绩。如果我们把这样好的主题写得平淡无味，人们对我们是不会原谅的。因此，我们就无权利忽视这个客观情况，特别是不能不看到我们的新闻质量还落后于客观实际需要。

（二）

怎样提高新闻质量？

新闻的好坏，要看记者如何准备稿件的，要看每条新闻自始至终花了多少劳动，也要看劳动的本领怎么样。这就不能抓住某一方面解决问题，需要进行全面系统的工作。

在工作中需要大大地加入我们的劳动的至少有下列四方面。

第一，新闻质量不决定于记者采访来什么，而决定于记者应给读者一些什么东西，什么新闻。记者从研究自己所担负的政治任务起就开始了劳动。新闻不仅是反映新的东西，更重要的是通过所反映的新事物帮助党进行鼓动工作和组织工作，保证读者通过报纸得到他们共同所必需的新闻，这就不能随便给读者一点什么，譬如北京珠八宝胡同伊景华胃里生了瘤子，医生劝他割掉，他听到回去就自杀了。

这已超出了中国古语"讳疾忌医"的概念，是一件稀罕的事情，但对于大多数读者来说，是没有共同兴趣的，更不用说帮助党进行组织工作了。新闻是从我国人民内部丰富的生活、负责的斗争中挑选出来的一些最重要的事实，不是随便什么东西都算新闻。

挑选什么？挑选能鲜明说明当前我国极其重要的斗争任务，进一步推动人民向社会主义前进的东西。也就是对人民完成当前斗争任务有教育意义、鼓动意义的东西。我们的新闻毫无例外地有明确的倾向性。这一点和文学没有什么区别。

在相当长的时期之内，我们报道的基本任务必须着重宣传下列几个方面。

宣传社会主义工业化。社会主义工业化是我们建成社会主义最根本的环节。能实现国家的社会主义工业化，就可以促进农业、交通运输事业的现代化，就可以建立和巩固现代化的国防，就可以保证逐步完成对非社会主义经济成分的改造，就可以使全体人民的物质、文化生活水平有把握地不断地提高。工业化决定我们各个方面的提高，这件事情就是全国人民所向往的事情。这是我们应当在今后报道中首先把握的内容。

我们正处在农业合作化的社会改革的高潮时期。因为社会主义工业化不能离开农业合作化孤立地进行。毛主席明确指出："如果我们不能在大约三个五年计划的时期内基本上解决农业合作化的问题，即农业由使用畜力农具的小规模的经营跃进到使用机器的大规模的经营……我们就不能解决年年增长的商品粮食和工业原料的需要同现时主要农作物一般产量很低之间的矛盾，我们的社会主义工业化事业就会遇到绝大的困难，我们就不可能完成社会主义工业化。"同时，社会主义工业化和农业技术改造是结合在一起的，先有农业合作化，然后才能使用大机器。我们现在已建设生产大型农业机器的工业，没有农业合作化，农民在两亩地上各自耕种，有机器也无法使用。农业合作化不仅为贫农、下中农所需要，也为国家建设社会主义所需要，农业合作化就成为我们报道中一项很重要的内容。

实现党在过渡时期总路线，还要把手工业者以自己劳动为基础的私人所有制，改造成合作社社员集体所有制；还要把以剥削工人阶级剩余劳动为基础的资本主义私人所有制改造成为全民所有制。这项工作也要进行全面规划，有计划地组织报道。

还必须经常使读者了解苏联和各人民民主国家对我国的援助，整个和平民主社会主义阵营的强大团结，以及和全世界爱好和平人民的强大团结。保卫世界和平是我国建设社会主义社会必不可少的条件。目前世界局势进入一个比较稳定的时期，但我们也不能丧失警惕，所以要继续宣传加强对苏联和各人民民主国家的友好合作，积极支持世界上一切爱好和平的人民反对战争争取和平的运动。

此外,还必须围绕着上述基本内容经常报道巩固人民民主专政、巩固工农联盟、巩固国防,提高革命警惕性,加强各民族团结,和加强文化、教育建设等方面的报道。

记者的活动必须以党的方针政策为指南,新闻之所以有力量就在于它坚持党性的原则。

怎样在报道工作中掌握政治形势? 应该:

紧紧地依据党所确定的基本斗争任务为工作的出发点。如五年计划在相当时期内是我们报道的基本内容。

又要注意各个发展阶段不同的特点,敏锐地觉察国内外局势的变化,确定在报道上当前要强调什么,暂时不强调什么。因为在每个发展阶段上,党的工作重点是不同的。

总之,要保持对新鲜事物的感觉。在建设社会主义的整个过程中,必然时刻涌现出许许多多的新鲜事物。对有发展前途的先进的事物要大力提倡,帮助新东西的确立,加速历史的进展。

第二,改进业务现场活动是很重要的。新闻工作者是勤恳人的事业,懒汉是担负不了这项事业的,也可以说是热情人的事业,没有高度的政治责任心,工作就做不好。要想提高质量,记者应该置身于人民生活中间去,置身于社会变革中间去。但是否记者一到了现场,就可以把工作做好呢? 这还要看记者在现场是怎样工作的。

应该肯定,深入实际,深入群众,不管在什么时候,对于新闻记者都是重要的。因在迅速发展着的社会主义建设中,如果不深刻地懂得生活,不是自觉地持久而经常地研究复杂的社会现象,把握住最有生命力的东西,根本无法写出好的新闻。

记者为了完成某项具体任务去到现场是必要的,但事前要有充分准备,才可能防止失败、片面,使主题思想成熟起来,目的性非常明确。准备工作包括:反复思考主题,翻阅有关材料,研究采访对象和所要提出的问题以及一切必要的技术事务准备,其中最根本的是思想准备。我们的脑筋是一部最精密的机器,采访之前要开动机器反复考虑十次八次,考虑之后提出一二十个问题,如果在采访过程中再追加一二十个问题,我们所要得到的东西就会比仅仅是人家所谈的丰富得多。

在现场仔细地去考察很重要,不仅要把各方面都看一下,看它和周围的事物究竟有些什么联系,还要把发展的整个过程看一看。我们当前最大的问题是不看事物的联系,不问发展的全程,只要结论、数字、成绩。总之,要认真研究遇到的一切事物、现象。

熟悉群众,熟悉斗争,绝不是靠完成几次具体采访任务所能获得的。记者的整个生活就是不断地考察和研究。要想在各色各样的社会现象中发现新的东西以"扩大再生产"，那么记者首先要熟悉生活。所以不管记者有无具体采访任务，都应到群众中去调查研究，占有情况，占有材料，占有无数条新闻线索，堆积在记者的笔记本中，堆积在记者的记忆里，才能保证不间断地生产。我想，这在记者生活中是最先的，也是最重要的。

要求记者尽可能地跑到各个角落，但又不可能同时出现在各个角落。解决这个矛盾，记者要在每个部门、单位物色一两个热心于我们事业的人，作为知心朋友。所谓"知心"，就是他们知道什么是新闻，在我们没有跑到时，他会主动地用电话来通知你。

记者在现场活动中占有材料是很重要的，笔记本上的材料要比新闻中的材料多十倍。记者应经常掌握那些材料：（1）概况，即基本情况。包括一个地区政治、经济、文化各方面的情况，有代表性的一个单位、一个人物的调查。这种材料要简明、实用、准确。（2）工作计划，一项运动一个部门一定时期的工作计划。特别要注意这个计划和周围事物的关系，计划中有何特点。（3）这一个环节向下一个环节转移时的调查材料，譬如明年在工业生产中党要求应当成为提高产品质量和增加产品品种作出卓越成绩的一年，我们就要事先占有了大量材料，准备新闻。（4）今天、明天新闻里所需要的材料。前三种材料经常能给我们的工作提出许多新闻线索，供给我们新闻中所需的必要材料。现在我们占有的最多的是最后一种材料。为什么我们的笔记本过了几天就没有价值了呢？因为没有基本材料，只有临时性材料，在昨天的新闻中已经用过了。

记者在现场活动时，遇到的不是一件事，而是许许多多的事，如何从繁杂的事物中选择、肯定它是新闻，要遵循下列的规律：（1）看事情发生的时机。如农业合作化运动，在最近五个月是关键时期，在这个时候大量报道就合时机。如发生在另外一个时机，不是全国的中心，已非读者所迫切需要，即使是新事物，但不是重要的新事物。（2）看它所占的地位，看这件事情对周围事物的影响有多大。（3）看它所产生的顺序怎么样。如果在全国是第一次发生，就应该大写特写，写得详细一点，是第二次、第三次就写得少一点。（4）还要看事物本身有些什么样的特点，与其他地方已报道过的东西比较有什么不同。

在现场活动中选择材料的工作并未间断，也只有现在选择材料才更富积极性、创造性、自觉性。新闻要求简短，又要用事实回答新闻主题，所以新闻中的材料需要有强烈的说服力，要交代背景，要说明特点，既要有详尽的细节，也要有概括的材料。总体和枝节要搭配得恰当，只有概括的材料就不会生动，只有枝节的材料就不免失之零碎，也不便读者看出整个的面貌。

第三，新闻有它的特殊结构，在研究新闻的组织结构时，有决定意义的是反映生活的思想内容，但新闻材料组织得不好，就要影响新闻的思想内容。新闻的组织有它自己的特殊规律，不能随便安插。

（1）要把最新的事物写在新闻的最前面。新的事物：一种是指今天或昨天发生的事实；另一种是在与其具体情况结合下，还不是读者所具体了解的或者是不了解的东西——即我们一般称为新鲜事物的。

（2）要把最主要的，也就是把最基本的东西在新闻的开始表现出来。

（3）还要把形象的，同时又能概括全盘意义的东西写在前边。

（4）把带有方向性的新事物写在新闻的开始。

我们通常把新闻最前边的一段话，叫作"新闻导语"。导字的含义有三：吸引、启发、开始。如何吸引、启发读者，在新闻的开始记者就应该妥善加以处理。自然，前边所讲的四点，在新闻的开头出现时，大都是并列地交织在一起的。这四点并不一齐在"新闻导语"中出现，但新鲜事物毫无例外地是"新闻导语"构成的主要部分。

（5）安排了什么应该放在新闻的前边，接着就要用事实一层一层地阐明主题思想，使读者从像剥皮的过程中相信你的报道是真实的。

（6）要有综合的材料。一条新闻，有综合材料才能把读者从部分引入全貌，使读者看出方向，产生一种前进的力量。

第四，语言问题。在我们这里语音问题不大，因为我们是用"笔谈"，并非口述。最根本的问题是语汇和语法的问题。在这两个问题上的表现：是语汇"穷"，语法"乱"。

语汇问题上一种是真"穷"，写红旗不用"迎风飘扬"，写会议不用"热烈进行"就无法表现。因为膨胀的陈词滥调早已把脑子里的其他词汇一齐挤掉了。另一种情况是没有用心地观察，没有看明白，所以不能一针见血地把事情明白地写出来，表现了语汇的一般化。

语法问题主要是不明白语法的规律。我们把极普通两个动词的词尾"着"字和"了"字有时也用错了。

改进的办法，只有：（1）扩大生活面。我们生活的圈子太小了，接触的事物不多，又不留心。我们还会记得，曾经发生过藤萝写成紫罗兰的笑话。记者要热衷于周围的事物，要到群众中去积累语汇和各方面的人物接触、谈话，参观、旅行都是扩大生活的办法。（2）在工作中要认真地去观察事物的具体形象，写作时仔细推敲。

表达一个现象字典上就有十数个词儿，究竟用哪一个才能极端正确传达记者要说的事物，是要下苦功的。（3）要阅读文艺作品，这是辅助的。（4）要展开语法自习，还可以在大学中聘请顾问，定期举行语法批判会。

（三）

为什么说提高质量必须进行全面系统的工作，是不是有根据呢？

第一，我们工作是一环扣着一环，任何环节的松懈都会影响新闻质量。首先考虑写什么，因为我们写新闻是有目的的。如不考虑为什么写，写出来有什么价值也不知道，我们的工作就变成盲目的。目的明确了，进一步要考虑用什么来写，选择什么样的材料。主题思想是本质性的问题，深刻反映本质，就须通过丰富的现象。这问题解决以后还要考虑怎么来写。为了加深新闻对读者的印象，就要研究材料的组织，就需要找寻吸引读者情绪、引起读者共鸣的词句。由此可见，每个环节都不能忽视，缺一新闻就写不好。

第二，过去在改进业务上也做了不少工作，但是效果不大，原因是没有作全面系统的解决。

我们曾不断解决过宣传什么的问题，但是在明白了应该报道什么之后，往往又犯了概念化的毛病，这是因为没有很好解决用什么东西来写的问题。过去也曾提倡过深入实际，但是没有很好地解决怎样写的问题，所以到实际中去了仍然表现不出来。

第三，从分析一些好的作品同样可以看出全面系统解决问题的必要性，如"张百发青年突击队""国庆前首都市场活跃"两条新闻，所以写得成功，都是全面下了功夫的。

基于上述的理由，可以得出这样的结论：只有进行全面系统的工作才能提高新闻质量。

（四）

新闻是一种特殊意义的劳动，而且是复杂的不易做好的劳动，但它和一个普通工人的劳动是一样的。只要在工作上全力以赴忘我地劳动，就会得到很好的报酬，写出质量很高的新闻。提高新闻质量，非朝夕所能达到的，但须立即成为我们改进业务的一项重要任务。我们要把读者的心燃烧起来，先要记者具有燃烧的心。

让我再重复一遍，记者要在工作中多想，全面地想，反复地想，开动脑筋，发挥主题的积极性。

要提倡记者多跑。跑的目的是获得第一手材料，占有丰富的材料，不断地进行生产。但不能乱跑，要有计划地组织自己的劳动。

也要认真负责地去写。"语言是思想的工具。马马虎虎地对待语言，那就是说马马虎虎的思想。"专家曾发现托尔斯泰一篇论文有九十多种未定稿，一条新闻当然不能写几十次，因为它不是文学创作，但托尔斯泰对自己的作品要求严格和不倦加工的精神应该是我们的榜样。

只要劳动态度对头，新闻质量的提高是可能的。提高质量换一句话说，就是提高我们的劳动本领，改变我们的劳动态度。

（原载新华社《新闻业务》1956 年第 1 期，第 73 页至第 82 页）

关于改进新闻采访写作的初步意见
——在新华社国内分社会议上的发言

（一）新闻采访写作的现状

从 1955 年 3 月总社开过编委扩大会议以后，我们在改进国内新闻的采访写作方面已经取得了成绩。打开近一年出版的新闻稿和报纸同过去做一番比较，就会发现我们的新闻短了、快了、多了、好了；新华社发的新闻在报纸上占着相当重要的地位；特别是在反映我国人民的生活和指导人民实现当前斗争任务中，新闻的影响更广阔深刻了。

但是，我们没有任何理由可以自满。在新的形势面前检查我们的新闻，还远远落后于社会生活、落后于社会主义革命的实际。社会生活比我们反映在新闻中的要丰富、美丽得多。如果我们能大胆地揭露采访写作中的缺点，并且采取有效的办法彻底加以改正，那么，我们的新闻的影响将更加巨大。

问题何在？

第一，我国的社会主义革命是以扩大的规模和加快的速度前进着。人民的政治、经济、文化生活非常丰富，人民在各个方面都表现出高度的创造性，时时刻刻都会取得新的成绩。我国人民为了实现美好的理想，在自己的日常生活，总是将个人的利益和整个国家利益紧密地结合在一起。在我国社会主义建设的各方面，出现着无数体现这种自觉的爱国主义思想的动人的范例。但是由于大部分记者同生活的接触不广泛，还很少认真深入研究人民的这些创造性的活动，造成了新闻的数量少、方面窄，不能充分地、深刻地、系统地反映当前斗争的面貌。

第二，现在，我们的新闻采访写作需要有明确的目的性。应该如何建设社会主义这类主题，是读者今天普遍最感兴趣的主题。一个希望成为受读者欢迎的人民记者，在采访写作时就应该自始至终考虑读者的需要。在我们采访写作中不仅存在目的不明确，同时对读者的广泛兴趣也注意不够，没有从多方面开发新闻源泉，没有反映多样的主题，对一个主题没有从多种角度来反映，因而不能充分满足读者的要求，甚至因为新闻写得很长，剥夺了他们的阅读机会。

第三，写作的技巧很不熟练，不善于把先进的新事物，用真正鲜明的事实，有趣味地表现出来。枯燥、呆板、公式化是当前新闻写作中的通病。

第四，正确、准确是新闻的起码要求，由于记者工作不深入，缺乏严肃负责的作风，新闻报道中的错误仍然很多。特别严重的是有少数记者用道听途说的材料来写新闻，或故意夸张、渲染，使我们播出了一些不真实的新闻，损害了人民的利益，也损害了新华社的威信。

（二）怎样改进采访

第一，我们的事业是人民事业中不可缺少的一部分，我们的劳动是得到社会尊重的。要使新闻报道工作做得有成绩，首先要热爱自己的事业。这是记者工作的基础，没有这一条其他都谈不上。

党通过我们的工作来和群众联系，记者就是执行着这样一种光荣任务的人。无疑这项工作是很重要的。1921年列宁对个人证件上的问题的回答是多么明确。他称自己的职业是"记者"，加入的是"记者工会"。我们应该充分利用记者的身份参加各种社会活动，成为一个卓越的社会活动家。

第二，国内记者工作的依据，是党的当前的斗争任务。党和政府提出任何一个新的任务，我们就应及时地通过新闻加以反映，这就是要根据党的当前斗争任务，密切结合当地的实际情况，选择对完成党的任务有迫切意义的，足以引起读者共同兴趣的新闻进行报道。这一切也就是党的宣传鼓动工作的出发点。

党的政府的政策、决议指导着记者活动的方向，可以给记者提供丰富的主题，帮助记者正确地反映客观实际。记者要能独立自主地工作，永远不迷失方向，保持对新鲜事物的敏感，就必须经常认真钻研党的方针、政策，以至各项具体措施。否则，我们就没有一个尺度辨别什么是或不是我们需要的新闻，什么样的新闻才最有意义、最有价值。

第三，深入实际、深入生活，不论在什么时候对于我们都是很重要的，也是不能动摇地指导记者采访活动的原则。新闻的泉源在生活当中，深刻地懂得生活，就能及时地发现新鲜事物，并正确、全面、深刻地反映它。

深入实际、深入生活，包括记者对于党的方针政策的钻研，对于新闻中所写到的问题、人物有直接接触，在现场观察和不断地分析综合材料。

怎样才算深入？

1. 报道具有社会意义的事件，虽然是记者的一项重要任务，然而，他的职务远不限于这一点。事件是"在表面上的"，即使没有具备特别的观察能力，并不难发现它。记者任务是要：善于及时从社会中的各种事物、各种现象中，发现与当前紧迫任务相联系的带有根本性质的问题，并把它正确地反映出来。哪怕是任何记者都可能发现的主题，但他能在共同的主题中有独到的见解。

2. 记者应该并不要求领导指定他应该到什么地点去，而知道应该到他所需要的地方去。记者要直接接触新闻的来源地，在现场搜集第一手材料，而不是坐在办公室里根据报纸或别人转述的材料去写新闻。我们应该把三分之二的时间用到现场采访上去。

3. 记者要有高度责任心，对周围的事物具有莫大的兴趣。一般人看见了不关心，听见了不注意的事物，在记者脑子中要立即有所反映，经过初步的思考，抓住它的真正的重要的意义，不辞任何艰苦，跟踪去采访，用充分的事实反映出来。

4. 记者对自己所负责报道的部门要保持不间断的联系，和有关部门的负责人、先进人物，以及那些乐于赞助我们事业的积极分子建立起同志式的关系。这种联系的标志就是：他们能主动找记者商量新闻报道，他们会把发现的新闻线索及早地通知记者，使记者成为"消息灵通人士"。记者要能够预知明天甚至以后一个时期将会发生些什么事情。

5. 记者对当地情况有充分的了解。包括一般的情况和他负责报道的部门的具体情况。不仅知道历史和现状材料，还有典型的调查材料。记者是这一个区域或这一个部门的通家。

第四，严密地组织自己的工作，不断地提高工作效率。记者有了工作计划，采访活动的目的才能非常鲜明，才能最快地发稿，才能有充裕的时间来研究提高新闻质量。

记者要有一个和党在一定时期的工作重心相适应的主题计划。这种计划不是某天开什么会，发生什么事件，而是当前进行宣传鼓动的纲领。

根据主题计划再编制一周报道计划，周计划应该是已经成熟了的具体报道题目，是在这个一周中预计到要发生的事件。这种计划应在每个题目下注明访问对象、访问内容要点，以至字数和发稿时间。

另外，还应有一种活动计划，指导记者一天的采访活动。这种计划是在一天工作完了以后，就为第二天安排好了。活动计划就是要把明天要做的事做具体、合理安排。

（三）怎样改进写作

第一，新闻必须写得简短。一切新闻都应该短也能够短。短才能涉及社会生活的各方面。短是写得快、写得多的条件。只有短了才能鼓励记者认真地选择材料。

短是读者的要求，大家都在紧张地为建设社会主义而劳动。工人、农民是大多数读者，每天只不过有十五分钟的读报时间，如果我们有强烈的群众观点，为什么要写得很长而成心不让他们读呢？现在报纸不是嫌我们写得短，而是嫌我们写得长。报纸的编辑把我们发的许多新闻给"锯"短了。虽然有的是因为版面的限制，有的是为了突出当地的事实因而把综合新闻中的其他部分删掉了，但这究竟是少数。大多数被删节的原因是我们发的新闻中有与主题无甚相关的废句、废段，有大同小异的重复事例。与其请报纸编辑代劳，就不如我们先下一番功夫。新华社发的新闻，应该是最精练的新闻。现在许多新闻在报纸上没有发表的机会，其中有一个重要原因是新闻写得太长了。

怎样才能写得短？记者把要写的事物弄透彻了，用最精练的语言来写，自然会写短。要善于从大量的事实中挑选出最能代表本质的东西，有决心把那些不关紧要的枝枝节节删掉，只写事情最主要的方面。要写最新的东西，背景材料不要"旁征博引"，不要老调重弹，这样就可以写得短。随着事件的发展进行及时连续报道，也是使新闻写短的方法。

对新闻要短，还有些不同见解，主要集中在农村报道和介绍先进经验两个问题上。究竟农村新闻和介绍先进经验新闻能不能写得短，请看 1955 年 12 月 3 日总社播发的《澄海县的一个高额丰产村》这条新闻，问题就可解决了。362 个字，将管陇村丰产情况、丰产经验和必要的背景都作了具体的交代。可想而知，农村新闻和介绍经验的新闻可以写得短，"长了才解决问题"的看法是不对的。

我们并不排斥长新闻。新闻长短，决定于事物本身。如果真是全国迫切需要的系统的成熟的经验，即使写得长一些，也是不可怕的。

第二，"导语"是新闻中最主要的最有吸引力的部分。读者接触到它，就不能不把这条新闻读下去。

马克思说："一切事情的开头总是困难的。"如何把"导语"写好，决定于记者占有的材料，决定于记者深入的思考，决定于记者的创造性。

新闻"导语"一般应该简明扼要，有特点，随着新闻的内容而变化。它的基本要求有下列四点：

1.是最新鲜的事物；

2.是最主要的最基本的事实；

3.是形象的，同时又能概括全盘意义；

4.这种事实有一种力量，能使读者相信它、接受它。

好的新闻导语，是符合上述要求的，但一般只是符合其中某一条要求，或某两条要求，同时符合所有的要求是极少的。

第三，如何表现主题，重要的是选择材料。选择材料就是分析过程，要抛弃一切偶然的、片面的、枝节的东西。选用的材料必须和主题密切关联，是有代表性的典型事实。选取的材料，要是新的。陈旧事实，那些早已为人熟知的、已经不能反映事物前进变化的事实，是不应该在新闻中出现的。

丰富的客观实际，规定了新闻主题的多样性。就是同一个主题也要多样地来反映它。主题不新颖就不能吸引读者、将读者组织到当前的斗争中来。如何使主题新鲜？

1.艰苦地工作，不断开发新闻源泉；

2.独立思考，从丰富的材料中发现能从新的角度来反映主题的因素；

3.选择有强烈生活气息、合乎人情味的材料；

4.从写作上大胆地创造。

第四，新闻要用客观的形式去表现它。"愈是好的新闻，就愈善于在内容上贯彻自己的意见，也愈善于在形式上隐藏自己的意见"，让事实自己来阐明本身的意义。记者只是客观地忠实地叙述他们所见所闻的事实，让事实自己来表明记者的见解和观点。我们应当成为掌握客观报道形式的能手。

第五，语言对新闻记者十分重要。语言是思想表现的形式，是新闻的基本材料和基本工具。新闻要求用最经济的语言，明确而尖锐地写最复杂的事情。在动笔写作的时候，能迅速地找到恰当的语汇，是新闻记者应具备的本领。

有趣味的内容是跟优美的叙述形式结合在一起的。列宁说过一句话"最高度的马克思主义，就是最高度的通俗简单"。我们的新闻报道就需要这样的语言。简单明了、朴素有力是我国语言的光辉传统。记者为了出色地完成肩负的任务，就必须精通祖国的语言。

由于我们忽视语言的学习，在新闻中不能正确地、通顺地、通俗地反映客观事物。

由于我们忽视语言的学习，使新闻写得冗长可怕。

由于我们忽视语言的学习，不能生动活泼地反映客观实际，使新闻写得贫乏枯燥、单调无味。

怎样学习语言，毛泽东同志教导我们，首先"要向人民群众学习语言"。因为人民的语言是经过数千年的切磋琢磨、提炼的最富天才的东西。

其次，阅读古今中外的一切名著，从其中吸取我们有用的和有生命力的东西。

最后，还须进行现代汉语语法自修，掌握语言的规律。

第六，消灭新闻中的错误。我们是人民的记者，当然不会造谣惑众，但不能忽视最近已被揭发的那些假报道，哪怕是个别的。少数记者为了说明自己的观点，不惜渲染、夸张，甚至把道听途说当作新闻，这绝对不是新闻记者实事求是的作风。对于已经沾染了"客里空"作风的人，我们要规劝他迅速改正。记者只能用事实的逻辑有力地去说服读者，决不能对事实有任何歪曲。

现在，新闻中出现大量的事实错误，主要的还是由于记者的不负责任的态度和粗枝大叶的作风造成的。

记者在新闻中所使用的一切材料必须经过查对，对每一个字都要负责。

为了没有错误的新闻而斗争，要坚决贯彻总社的两项规定：

记者每月的错误率不能超过一万分之一，严格执行消灭新闻报道中错误的奖惩办法。

（四）成为本行的能手

要改进新闻的采访写作，就必须同时改造我们自己，不断地加以提高，成为本行的能手，懂得自己报道的专业。

我们常常遇到这样的情形，一名记者基本上已经掌握了新闻的形式，能熟练地运用祖国的语言，不止记下了一本材料，但他仍然不知如何写成一条优秀的新闻。这是因为缺乏马克思列宁主义理论的缘故。

一名记者所接触的事物要比一个普通工作人员宽阔得多。因此，要有通晓各种问题的本领。这就必须具备丰富的知识。要按照记者工作的需要，按照一定的学习计划学到自己所需要的基本知识。一般要求达到大学，低一些是中等专业学校毕业生的水平。

还必须加强新闻科学的研究工作,总结工作经验,有计划地提高我们的业务水平。

［原载《新华社文件资料选编》（1953—1956）第三辑，第538页至第546页，新华社新闻研究部编印］

如何建设一支又红又专的编辑记者队伍
——何微同志在《陕西日报》记者会上的讲话摘要

这一次请同志们回来，主要是让大家听一听上级有关会议精神的传达，把党中央的战略部署宣传好。大庆的经验很多，其基本经验中有一条是建立又红又专的职工队伍问题。我看很重要。现在和同志们来研究一下记者队伍的建设问题。

大庆一条重要经验，就是有一支过硬的铁人式的队伍。我们怎么办？也要尽快建成一支又红又专革命化的编辑记者队伍。这个任务很迫切。我到报社以后，很担心这个问题：能不能带好这支队伍？一种是可能带好；另一种是带不好。总之，这个事情3年多来是作为一个问题来考虑的。1974年就建设一支新闻队伍问题搞了个计划。后来还给上级领导反映过。建设新闻队伍问题，毛主席在20年前就提出了。毛主席指出："为了建成社会主义，工人阶级必须有自己的技术干部队伍，必须有自己的教授、教员、科学家、新闻记者……这是一支宏大的队伍，人少了是不成的。""造成工人阶级知识分子的新部队……这是历史向我们提出的伟大任务。在这个工人阶级知识分子宏大新部队没有造成以前，工人阶级的革命事业是不会充分巩固的。"毛主席指出这个问题的重要性后，还向全党提出要求："这个任务，应当在今后十年至十五年内基本上解决。"这支队伍关系到整个革命问题。毛主席讲十年至十五年内基本上解决，这是1957年7月讲的，现在将过去20年，这支队伍是不是基本上解决了，依我看，我们基本上没有建成。

工人阶级必须有自己的新闻记者，这是毛主席的遗志，我们应该努力实现它。咱们在各地、市设立记者组，就是通过宣传报道实践，培养一支新闻队伍。我们派一些老同志去记者组工作，是想通过你们的辛勤劳动，把这支队伍带起来。去记者组的同志，不论老的也好，新的也好，经验多的也好，经验少的也好，任务都很光荣。过去有一些说法：谁有问题才放到记者组，这种看法显然是错误的。到记者组的同志，任务比较重。逢年过节，遇到重大的政治活动和运动，工作很紧张。各编辑组给任务，群工组给任务，领导也给任务，不像在社内工作，政治稿件归政治组，理论文章归理论组，文教宣传归文教组……在下边，各种报道任务同时落到你们头上。你们在下面接触面比过去广，工业、农业、文教、卫生都得考虑，计划生育的报道也得管管。接触上层，也接触基层。正确的思想，错误的思想都能碰到。活动也比较分散，有时想找你们还不容易。这就带来个问题，如何加强管理？现在，记者管理制度没有建立或不健全，对记者到底有些什么要求，有哪些明确规定，恐怕没有人能系统地说出几条来。你们写的稿子，文教的分文教，农业的分农业，到底怎么样，总的没人研究，妨碍对一个记者的工作做系统了解。这和当前要培养一支宏大的新闻队伍的形势是不相适应的。我们对记者工作督促检查也很不够。去年由党委常委带人到榆林、延安记者组检查了一次。总体来说，对记者组的情况若明若暗，一直到问题发生后才知道。去年有不少问题，也比较严重。光事后处理不是教育人、爱护同志的办法。有些事是人家见了我告诉的，有的人家还不叫告诉我。既然记者组的工作存在一些问题，应该引起我们的重视，认认真真把记者组的工作抓起来。也希望同志们提出批评，提出积极的建议。

你们说咱们报纸办得满意不满意？我看同志们不满意，我也感到不满意，群众也不满意，领导也有过批评。搞好一张报纸，领导是关键。我这个人大家清楚，咱们在一块相处几年了，本事不大，水平不高。我说的是我自己，不是说常委。常委他们工作做得比我强。组长没当常委的，也有强的嘛。领导是关键，但没有群众行不行呢？我看不行，没有一支队伍更不行，得抓紧培养一支队伍。培养队伍成为一个重要的任务。怎么样培养这一支队伍，有什么特殊办法吗？没有。现提出四个方面，也是过去多次讲过的，仍然是今天需要认真加以解决的，再同大家谈谈。

（一）认真学习马列主义和毛泽东思想

我们学习毛主席著作是为了应用马列主义有的放矢解决中国革命的实践问题。有的放矢这几年很少提了，现在应该强调。今天，不管同志们在下面多忙，还是请同志们回来，听听会议精神的传达，把学习引向深入。下边任务重，但无论如何对学习要抓紧。我曾问过在下面工作的同志，以干代学的现象仍然有。根据过去的经验，一个月集中几天学，这是个好经验。就是一月集中四五天，五六天，坐下来认真学习讨论，这是比较行之有效的办法。在下边不可能每天早上坚持一个以至几个小时的学习，那就赶不上趟，汽车就开跑了。基层还未建立起星期三的学习制度。在学习上，能不能要求你们写点心得体会，这能不能做个硬任务定下来？群工组应该做些抽查。这样做的意思，是督促同志们用马列主义指导我们的实践。这样要求行不行？毛主席提出，各省"要有自己的出色的报纸和刊物的编辑和记者"。要出色，没有比较高的马列主义水平是不行的。

（二）加强调查研究

做记者的要研究全国、全省、全地区的情况，这才便于比较，容易知道你们地区哪些好，好在什么地方。胸中有数，把握性就大。重点在地区，对地区情况要熟悉，你们走到那里，对那里的情况应该熟悉，了若指掌。毛主席常讲，要详细占有材料。马克思在《资本论》第一卷第二版跋中写道："研究必须搜集丰富的材料，分析材料的种种发展形态，并探究这种种形态的内部关系。不先完成这种工作，则对于现实的运动，必不能有适当的叙述。"怎么样搞到材料，马克思在这里讲的是搜，不是收，不是叫人们收集表面材料，而是要深入进去搜集它。搞到材料后怎么办？马克思教导我们，要分析材料在每个发展阶段的表现形式，并且探究这个形式和那个形式之间的相互关系，而且指出，不先完成这种工作，对现实运动就不能作适当的叙述。我们的宣传报道为什么一般化，据我看，没有实践马克思的这一教导。大家可以探究。毛主席也讲过，而且讲得很概括："详细地占有材料，在马克思列宁主义一般原理的指导下，从这些材料中引出正确的结论。"正确的结论来自深入细致的调查研究。记者要把研究本地区的情况作为搞好宣传报道的出发点。搞好调查研究是一门学问，是对宣传报道起重要作用的一个环节。

（三）钻研新闻业务

新闻是一门专门科学，这是毛主席说的。毛主席在 20 年前还说过：领导干部也要懂得一点新闻学。我们搞新闻的不懂得新闻学这怎么行呢？新闻学有无产阶级的新闻学，有资产阶级的新闻学，我们要好好研究无产阶级的新闻学。研究新闻学，要坚持报纸的党性原则，弄清无产阶级与资产阶级新闻学的原则区别，还可把啥是新闻，啥是通讯，啥是评论先研究研究，不要贪得太多。新闻最基本的问题是什么？初来报社曾看到一位记者写的一篇短新闻，不像新闻的样子，后来一打听，他已经工作几年了。工作多年的同志不会写新闻，说明我们对业务研究很差。最近有的同志建议把研究业务的问题抓一抓，先从记者组抓起。要苦练采访写作的基本功，要下大气力改进文风，要做到宣传报道准确、鲜明、生动。新闻不管什么形式，下面这几点是共同的。

第一点要及时。新闻，掌握发表时机很重要，这才能发挥革命舆论的作用，造成比较深刻的影响，起到报纸对运动的"五个"作用。记者的心要和群众的心贴到一起，想到一起，群众需要这方面的报道，就能及时拿出来。又比如小麦生产，去年冬里受冻，春天遇旱，扬花时淋雨，最近一些地方又被雹子打了一下，群众中畏难情绪很大。如果哪个党支部这个思想问题解决得好，能鼓舞斗志，及时发表出来作用就大。及时性是新闻中很重要的问题。

第二点要有强烈的针对性。写一篇报道，为啥写它？是为了解决现实中的什么问题，对全省有什么意义，对革命和建设起多大作用，都应考虑到。大家都说《山西日报》办得好，《山西日报》最大的一个特点，就是针对性很强。抓住对全省影响最大的，下面是如何解决的，生动地报道出来，就有针对性。

第三点是典型性。榜样最有说服力。这个地方，这件事，这些经验，对指导全省工作带有普遍意义，是大家可以运用的好典型要抓住不放。多报道些典型，老典型、新典型都应宣传。先进的旗帜，在我们报上多出现一些好。

要提倡研究业务。各个记者组有些什么体会，给《陕西日报记者通讯》写点东西。把这个业务刊物作为记者、通讯员交流经验的阵地好不好？现在，大家对这个刊物有意见，希望同志们共同努力把它办好。

（四）改造主观世界

大家都需要改造。改造世界观，说来说去是全心全意为人民，还是全心全意为自己。为什么人的问题，是一个根本的问题、原则的问题。这是毛主席《在延安文艺座谈会上的讲话》中首先提出来的问题，我们现在仍要解决这个问题。要解决好为工农兵群众的问题。

要艰苦奋斗，这是党的优良传统。在下边生活艰苦，有的地方汽车不通，自行车也不能骑，就凭两条腿跑。在艰苦环境中加强锻炼非常必要，能经得住艰苦，精神状态大不一样。

要加强纪律性。在下边活动分散，同志们都要坚守自己的工作岗位。离家远了，可以享受探亲假规定，再有什么事要回来，按请事假的规定办理。今年情况不知道，去年有人回家很久也不到社里来，见不了面，不打招呼，走时才知道，这很不好，今后应该严格请假制度。

要克服资产阶级生活作风。记者，包括我们一切工作人员的生活作风要严肃。过去这方面出了些问题，望引起重视。

就讲这一点个人意见，只是把问题提出来请大家研究。要把新闻队伍建设好，根本一条是加强党对编辑记者的领导。到底怎样培养一支记者队伍，在《陕西日报记者通讯》上可以开展讨论，不同的意见还可辩论，一个时候做出讨论结论，既有民主，又要集中。

（这是何微同志1977年5月31日在《陕西日报》记者会上的讲话摘要，刊载于1977年6月3日出版的《陕西日报记者通讯》第70期，标题为编者所加）

社会新闻观

党的十一届三中全会以来，我国各类报纸，继承和发扬党报传统，都重视和发表了不少在社会上比较有影响、有震动的社会新闻。因为社会新闻有强烈的现实意义；读者对它也感到有兴趣，从中受到启迪；在建设社会主义物质文明和社会主义精神文明中显示出它强大的潜在力量。

我国近代报纸已有社会新闻。尽管宿娼、妍居、拐逃、情杀一类社会新闻，某些报纸有时使之描写过细，但这些社会现象毕竟是客观存在，反映了旧社会的黑暗与罪恶。我们应该注意到，近代报纸刊登的社会新闻远不只这些，还有冻馁、灾异、物价上涨、民不聊生、抢米风潮种种，一点一滴暴露旧社会的黑暗，虽不系统，却为我们留下许多有用的历史资料，我们不能一笔抹杀新闻界前辈在发展社会新闻方面所作的业绩。对此要历史地公正地作出评价。列宁讲过："在分析任何一个社会问题时，马克思主义理论的绝对要求，就是要把问题提到一定的历史范围之内。"（见《列宁选集》第二卷，第512页）否则，我们就不是历史唯物论者。没有过去的假、恶、丑作对比，怎知今天的真、善、美呢？

我国长期处于战争烽火、革命风暴的动荡时代，报纸主要反映的是军事斗争与政治运动，但社会新闻在党报上是有地位的，而且是重视与善于运用社会新闻的。不妨打开过去的延安《解放日报》、重庆《新华日报》浏览一遍，就会发现报上刊登的社会新闻是不少的。1944年4月29日，延安《解放日报》在一版头条位置刊登了延安市白家坪巫神杨汉珠伤害人命被判处徒刑，常志胜迷信巫神弄得家破人亡的社会新闻，并配发一篇重要社论。这绝非绝无仅有的事。由这则社会新闻展开，连续不断有深度地报道了陕甘宁边区的反巫社斗争和讲科学卫生等一系列社会新闻。

特别值得重视的是重庆《新华日报》，由于周恩来同志对国民党统治区的社会民情有深刻的了解，他常常出题目让记者深入实际，深入生活采写了许多受群众所欢迎的社会新闻。有周恩来同志的直接关怀，所以重庆《新华日报》的社会新闻栏目也多，有的栏目就是周恩来同志具体指示设立的。重要的报道又是周恩来同志亲自指导下报道的。1945年2月20日，重庆电力公司工人胡世合等在检查线路时，发现邹容路"中韩文化协会"餐厅偷电。这个协会的"外交经理"、卫戍司令部第一警备司令部特务田凯，公然当场把胡世合打死。重庆《新华日报》在周恩来同志的指示下，从2月22日展开报道，到4月14日，除被国民党当局扣发的外，就此事件发表的消息十八条、社论一篇、短评二篇、特写一篇、杂文一篇、群众来信十三件、启事一则、悼文一篇、代邮一件，总共发稿 39 篇。党的报纸为民伸张正义，推动了重庆市群众性抗议特务暴行的斗争，在报纸的引导下造成的强大社会舆论，国民党慑于群众威力，不得不把特务田凯公开枪毙，群众抗议浪潮继续深入，国民党被迫同意举行两天追悼会，并由国民党重庆市市长、军统特务头子贺耀祖主祭。这些都给反动派以沉重的打击。该系列新闻是在我国近代新闻史上，重视运用社会新闻的强大舆论威力的典型，是永远值得我们学习的典型范例。

还不要忘记，新华社也为全国报纸提供了不少社会新闻。就是在战争时代，记者们也未放弃社会新闻的采写，同样发表不少读者乐于阅读的社会新闻，给人的印象很深。1946 年 7 月 12 日新华社张家口电，报道张家口市解放后，有千余名被旧社会所凌辱的妓女脱离火坑，经人民政府和妇女团体介绍职业或资助她们回乡生产。1946 年 10 月 14 日新华社邯郸电，报道了晋冀鲁豫边区 1000 万人口，经过八年减租减息和四个月的土地改革运动，获得土地，实现了"耕者有其田"。这里可以举出无数条例子来说明，新华社是很少放过重大社会新闻的。

回顾我们党报的历史事实，就可以明确当前对社会新闻的一些提法是欠妥当的。

有人说，党认为社会新闻是资产阶级的东西。有谁能在党的新闻工作文集中寻找到这种提法呢？如果党是这么认为，为什么周恩来同志、陆定一同志又热情支持和重视社会新闻呢？

有人说，社会新闻这朵绚丽的花朵的开放，"是近几年的事情"。不研究党的新闻史可以，也应该把解放前党的、非党的报纸翻开看看，社会新闻所占比重并不小。脱离客观实际，说些出格的话，就惹人笑话了。

还有人说，是某几家报纸，冲破了"禁区"，使社会新闻有了较大发展。中国有句古话："谦受益，满招损。"说是在开拓社会新闻领域方面，某几家报纸做出新成绩是对的；但万不可自我吹嘘，说些过头话。

社会新闻是新闻报道的一种门类，采访写作仍须遵循新闻报道的基本原则。至于写社会新闻还须有什么特殊要求，可以研究。社会新闻天地广阔还须有什么特殊要求，可以研究。社会新闻天地广阔这点大家认识一致的，一般说，除了政治、经济、军事、科学技术以及教育和体育之外，都可以归之于社会新闻这一类。当然不应绝对化，政治、经济、军事……之中仍然有社会新闻。举例说，如体育新闻，创新纪录、夺得冠军、赢得奖杯和金牌都属于体育新闻。但有的与体育有关，却不能归之体育新闻。如美联社 1983 年 7 月 11 日发自埃德蒙顿的一条消息，报道苏联跳水运动员沙利巴什韦利在做直体向后翻腾三周半动作时，头部撞到十米跳台的厚木板上，头部受了重伤，这是由于他想多得分做了不该做的高难动作，使这个年轻的运动员在医院里昏迷不醒，近乎死亡。美国跳水教练博勃·赖德茨说："这次事故不是那个小伙子的过失，那个小伙子必须相信教练。教练有责任使他的运动员不做他们不能做的动作。"从上述新闻叙述中可以看出，它不纯粹是体育问题，是反映了人们的社会关系，属于意识形态领域里的问题，应该归入社会新闻。

社会新闻是以变动的、发展的整个社会为出发点，用新闻的形式反映人们的社会关系和社会行为及各种各样的社会现象。

社会新闻的领域相当广泛，联系到社会上的各种实际问题，究竟如何分类，分析了300条社会新闻以后，我认为把它分成两大类较合适：一类是反映较大规模的宏观社会新闻。例如新华社北京1982年12月8日电，报道了我国农村已有敬老院8800多所，11万多"五保"老人在敬老院欢度晚年。又如新华社联合国1983年5月31日电，报道了世界人口总数有46.7亿。再如1983年5月18日《人民日报》的一条消息说，巴拿马十年来以每年10万公顷的速度滥伐热带森林，出现了70年来最严重的干旱，国内许多地半年多来没有下雨，4月以来，未播种任何作物。另一类是属于反映小群体的具体社会关系和活动的微观社会新闻。举例说，新华社上海1982年5月8日电，报道我国女科学家何葆光在美国进修时，研究乙型肝炎疫苗取得重大突破，她拒绝高薪聘请，毅然带着重要科研成果回国继续研究。又如新华社南京1983年5月12日电，报道岳飞家属宗谱在江苏发现。又如新华社布加勒斯特1983年5月27日电，报道布加勒斯特市中心的一座六层大楼整体搬家成功，7个小时，大楼移动了14米，坐落在预定的新的地基上。这类新闻大都是写一人、一事、一物，写得详尽细致，读者可以结合宏观社会新闻，深入研究各种社会问题。

有人提出，社会新闻写作有特殊要求：1. 要故事性强；2. 要知识面广；3. 要趣味性大；4. 要人情味浓。从某个局部看社会新闻报道，尚有一定道理，纵观整个社会新闻，这些特殊要求，就不尽合理。比如新华社巴黎1983年2月26日电，报道北欧4000只候鸟最近死于法国诺曼底沿海海岸，它们大都是到海湾水中寻物时死亡的。我们经常阅读到这类新闻，并不支持四点特殊要求。

现在不是应该不应该有社会新闻的问题，也不是社会主义报纸要不要社会新闻的问题，这样提问题太没意思了。而应该是积极发扬传统，总结经验，使社会新闻采访和写作进一步提高。

刊登社会新闻，要以客观实际、群众需要、党和人民的利益为出发点，以激励人民、引导舆论、发人思考、起到教育作用为原则，这种社会新闻才算有价值。

社会新闻不是简单地告诉读者什么，要抓住重大问题连续报道，报道一件重大社会问题引起各方面的连锁反应，不断加深社会新闻的深度，引起读者的重视和警惕，使之竞相传播，造成强大的社会舆论，运用舆论的力量振兴中华。

社会新闻是严肃的，它同政治、经济、军事等新闻一样，绝对不容许采取丝毫不负责任的轻率态度。社会新闻与群众的接近性强，甚至就是他们身边已经受益或受到损害的事，心里有数有底，所以应该十分重视社会新闻的真实性和准确性。报道社会新闻应留有余地，比说得过头更有利于调动读者的感情。作为一名记者，所写的是其真是，非其真非，眼睛锻炼得很尖锐，脑子训练得很严密，从不为谎言所迷惑。

社会新闻发表前，就要考虑到将会在社会上产生什么样的效果。宜粗则粗，宜细则细，数量要有度，严格选择具有普遍意义、有说服力的典型，不能乱写滥登。有些社会问题则应三缄其口，就是不传播，不能损害国家和人民利益。绝不能以一派的利益为出发点。

一则社会新闻的威力，有时会超过一则军事或政治新闻，它可以在社会上发生强烈震动，所以发表之后，左右舆论的力量，就不以记者、编辑的意志为转移了。有人说，社会新闻是"轻武器"，其实它并不轻。重大的社会新闻，即影响大局的新闻，要在当地党委的指导下组织报道。党指挥报纸这个原则，不能违反。

社会主义的社会新闻是积极的反映，正面的事物是主流。当然这并不意味社会主义社会已经十全十美，无任何弊端，不需去扫除；但我们的报纸主要应反映社会主义制度的优越性，社会主义精神文明建设和共产主义思想教育的巨大成效，鼓励人民热爱祖国，团结前进，为社会主义事业贡献力量。

1983 年 8 月 8 日

（本文据何微手稿）

党风与新闻的真实性

关于新闻的真实性，我们党是非常重视的，早在 20 世纪 40 年代就从理论方面着手解决这个问题了。1943 年 9 月 1 日陆定一发表了著名的《我们对于新闻学的基本观点》一文，他以唯物论的观点论述了新闻的本源是事实，并指出，唯物主义的新闻工作者必须尊重客观事实。1945 年 4 月 4 日延安《解放日报》以《新闻必须完全真实》为题发表了社论。文章要求，不仅每条新闻实有其事还要去掉新闻在分寸上的毛病，并指出，旧型的新闻事业对于社会多少是不大负责任的，我们就是要改革这种风气，要建立新闻事业对社会对人类完全诚实完全负责的风气。时间已过去40年了，在这中间对新闻失实的现象，也进行过几次揭露和批评。在新闻工作领域里，现在继续谈论新闻的真实性问题，说起来已经是一个很不新鲜、最容易使人生厌的题目。1919年新闻学者徐宝璜写的我国第一本《新闻学》，最先论述了新闻的真实性问题，所用语言很尖锐，他说："新闻须为事实，此理极明，无待解释，故凡凭空杜撰闭门捏造之消息，均非新闻。……登载一种谣言以混乱一时之是非者，是为有意以伪乱真，其欺骗阅者之罪，实不可恕。"自此以来，六十有七年，关于分析、批评新闻报道失实的文章不少，尤其近两年发表的揭露性文章更为集中，数量之多也很惊人，然而遗憾的是，这个老问题至今并未解决，仍有讨论的必要。历史说明，新闻真实性是个需要长期认真对待的问题。因为第一，新闻失实不单单是新闻战线一家的事，而是一个带有社会性的问题，与党风不正、社会风气不正密切相关，就世界范围讲，这个问题更没有解决；第二，对新闻真实性问题尚缺乏完整系统的研究，至今尚无一本总结过去、指导未来的理论性专著，在新闻学原理中写一章固然很必要，但是很不够；第三，新闻队伍在不断扩大，特别是大量的业余新闻通讯员并未经过严格的新闻理论和新闻伦理学的训练，对新闻必须完全真实的原理认识模糊，发表欲严重地冲击着新闻职业道德，新闻报道失实的现象比较普遍，有许多错误的言论，如"要见报，靠编造""要上头条，大胆拔高"，等等，没有受到严肃的批判；第四，缺少一部新闻法，一方面对那些蓄意捏造假报道者，目前尚无法可循，进行必要的惩处，以保障新闻真实性原则不受侵犯；另一方面对讲真话、敢于坚持真理、实事求是地揭示客观事实真相的记者，往往在采访中遇到刁难，新闻报道发表后又受到攻击，而得不到法律的保护，因而扼杀了某些重要的能反映真实情况的新闻报道。

新闻要真实，是一条马克思主义新闻学原理，也是新闻工作中一条不可动摇的根本原则。这是有根有据的。马克思在《〈莱比锡总汇报〉的查封》一文中写道："究竟什么样的报刊（'好的'或'坏的'）才是'真正的'报刊？谁是根据事实来描写事实，谁是根据希望来描写事实呢？谁在表达社会舆论，谁在歪曲社会舆论呢？因此，谁应该受到国家的信任呢？"对这句话，可以这样扼要地理解，新闻是根据事实来描写事实，这才称得上真正的报刊，应受到信任。这就是马克思主义新闻学原理的规定。

新闻学是同自然科学一样精确的科学，新闻的真实性在新闻科学中是具有普遍意义的规律，新闻的真实性原理是以经过长期大量的实践为基础，其正确性已为实践所确定。从宣传方针、计划的制订，到采访、写作、编辑与出版各个环节，都受新闻真实性的制约，都必须受真实性原理的检验，新闻报道的事实应该和客观实际相一致，是不容分离的。报纸、广播、电视，谁违背了新闻的真实性，那就不称其为新闻事业，就个人说，则丧失了作为新闻工作者的资格。

我们党的新闻事业，其所以有一种吸引力，博得人民群众的信任爱戴，成为他们的知心朋友，基本一点是由马克思主义新闻学原理作指导，始终不渝坚持新闻的真实性。正如列宁说的一样，"我们应当说真话，因为这是我们的力量所在，而群众、人民、大众将在事实上即在斗争后作出究竟有没有力量的解答"。尽管在新闻事业发展史上我们犯过三次较严重的新闻报道失实错误，教训很沉痛，但是由于我们自己起来纠正，人民群众从我们迅速准确传播的大量的事实中获得好处，仍然相信我们的新闻事业是有力量的。

无产阶级新闻工作者的职责是如实地描述客观事物，将真相告诉给读者、听众和观众。不论在任何情况下，不容许借口任何理由歪曲事实的真相，甚至捏造假报道。

我们不能违反"按照事实去描写事实"的原则，事实材料可以选择剪裁，如同一棵大树把蔓生的枝条剪去，使主干更加挺拔一般，大树仍旧不失为大树。把大树写成幼苗，就失去本来面貌。世界上的事物复杂得多，千姿百态，各具其性质。一些是属于经济的，另一些是属于政治的；一些是有生命的，另一些是无生命的；一些是光明的，另一些是黑暗的；一些是真善美的，另一些是假恶丑的；一些是相对稳定的，另一些是急剧变动的……这些相区别的事物反映在新闻报道中必须与客观实际相符合。事物虽各自有别，但它是客观存在，只能按照其本来面目忠实地加以描述。用"描述"或"描写"反映客观实际才是科学的态度，因这类新闻报道是从客观世界得来的，不包含丝毫主观随意性，是客观事实的再现。

有人把对新闻报道的修改，称之为"加工"，把编辑工作称之为"再创作"的劳动，这恐怕是不恰当的。"加工"的概念是改变原材料或半成品的性质、状态、尺寸，使之达到规定的要求。"创作"的概念是作家、艺术家根据他对现实生活的观点和认识，凭借他所接受的艺术传统和个人的艺术修养，采用一定的创作方法，所进行的艺术形象的塑造。"再创作"是对已创作的作品再进行一番改造功夫。假若把这两个概念引入新闻领域，就为制造假报道开了方便之门，新闻工作者在与新闻报道原理不同的概念中思考，就有根据脱离按照事实描写事实的原则，去移花接木、添枝加叶、随意渲染、推理想象、无中生有。"加工""再创作"便成了假报道的催化剂。

在新闻报道中，坚定不移地坚持实事求是的思想路线，就是"务得事实，每求真是也"。"每求真"是核心。从微观上说，新闻报道要交代清楚人物、时间、地点、事件经过、原因，每个细节都必须真实无误。从宏观上说，新闻报道不仅要求个别的、局部的事实的真实；而且要求从报道的总体上（总体或称报道的总和，不单指一篇报道）以及与其他事物的联系上来看也是真实的，反映出社会发展的内部规律和发展趋势，使人民看到社会主义建设的进步，人类是有前途的。再可能是应力求新闻报道反映事实的本质，满足于现象真实是不够的，反对本质真实是不对的，要求新闻工作者不断深入实际，就是求得将事物本质逐步从报道中体现出来。

当代科学技术发展之快是惊人的，而新闻工作者的知识结构很不适应客观的要求，由于对一些新的事物认识不清楚，采访深入不进去，结果所描述的客观事物与本来面貌不符，造成新闻报道失实，这也是屡见不鲜的事。改进的办法，一方面记者须在实践中不断补充新的知识，改善自己的知识结构；另一方面，新闻教育要进行改革，改职业训练为通才教育，特别要加强经济学、法学、新科学技术和外语的教育，开阔未来新闻工作者的知识面，扩大视野，以保证我们培养的新闻工作者知识结构的先进性质。

"左"的思想流毒，对实事求是是一种破坏力，偏听偏信，固执偏见，"看气候""随风倒"，不深入实际调查研究，不倾听人民群众的呼声和要求，如此种种，都属于"左"的思想影响在新闻工作中的表现，我们必须继续清除。实事求是的路线贯彻了，才可以保证新闻的真实性。

恽逸群讲过一句话："不以物移，不为己忧"，说得非常之好。话的意思是记者在任何情况下，要敢于坚持真理，讲真话，不撒谎，抵制不正之风。范长江、斯诺以及其他许多名记者，都曾在极其险恶的环境里工作，却写出了经得起时间考验的优秀新闻报道，树立起真正的记者形象。事实说明，只要忠于事实、忠于真理，就能排除外界干扰，其人格品德就能受到人民的尊敬。

有些单位、有些部门、有些领导热衷于做表面文章，以求见报得彩，故谎报成绩，或凑大户，炮制典型，欺骗上级。这种恶习危害性很大。因为一切表面文章，其实质都是作假，为个人沽名钓誉。他们有意向记者提供不真实的材料，或纵容、授意，甚至施加压力让新闻工作者写假报道。有的敢于坚持真理就顶回去了，有的出于自私，明知有假，却要报道，亲手破坏了自己的崇高职业道德。

这种善于做表面文章，以见报得彩的人，对新闻的真实性有时表现得很"认真"，那就是当报纸、广播点名批评了他们的错误的时候，即使所报道的事实百分之九十九点九是正确的，他们也会抓住这百分之零点一中的某个细节纠缠不休，大做反面文章，大骂记者，甚至监视记者的行动，妄图迫使记者在真理面前屈服。其实，敢于批评我们工作中的缺点的记者，完全是出于对党和对人民的责任感，所以需要有新闻法保护坚持真理的记者，保卫真理就是捍卫新闻的真实性。

新华社1984年11月17日报道中央纪律检查委员会要求各级党委、纪委在整党中《坚决纠正弄虚作假做表面文章的坏作风》，这个通报对克服新闻报道失实意义非常重大。现在有些地方和部门自己出来揭短、主动纠正弄虚作假的不良作风，有些新闻单位公开声明，请读者监督记者的活动，这是个好兆头，对克服新闻报道失实会起积极作用；由于社会诸因素的影响，新闻队伍的不断扩充，政治素质差别很大，坚持新闻真实性原则，还须长期不懈地努力！

1985年3月稿成于西安；1986年3月修改于武昌

（原载《新闻知识》1986年第6期）

对现场短新闻的理解

记者的岗位应在现场。离开新闻发生的地点，不可能写出对读者感染力强的好新闻。

优秀的记者都具有一种共同的素质，他们通过敏锐的现场观察，写出既概括，而又不失事物原貌的生动活泼的新闻，将读者带到发事现场去领略，使读者和记者一样感受到当时所发生的一切，从中吸取营养，让思想升上更高的境界，富有创造性地为社会主义服务、为人民服务。

过去有段时间，由于主客观原因，记者深入现场采访的观念淡漠了。这是一种不好的现象，它会阻碍我国新闻事业的改革。1990年6月12日，首都举行了现场短新闻颁奖大会，这是一次鼓励的大会，鼓励记者坚持党的新闻工作传统，深入基层，深入实际，深入群众。记者只有投入火热的第一线，才能真正感受到改革开放时代的脉搏，了解人民群众的心理愿望和奋斗生活，就可以写出有声有色的现场短新闻。寻求记者的价值应从这里开始！

评选现场短新闻活动引起党中央的重视，李瑞环同志出席会议还讲了话。他指出："提倡现场短新闻，既是新闻工作能不能发挥更大作用的问题，又是新闻改革的要求，也是培养新闻队伍的一项措施。"他从政治上阐明了评奖现场短新闻的重大意义，同时也为我们指明努力的方向。这与某些新闻学研究者的观点形成鲜明的对比。曾读过一篇关于现场短新闻的专论，文章将"现场短新闻"这句话，分解为三个语词，逐一从技术上详加说明。从他的全文看，作者并不理解党在全国提倡现场短新闻的真正内涵，洋洋洒洒写了万言，却是"纸墨遂多，辞无诠次"，以技术第一的非无产阶级新闻观点，评述现场短新闻，其结论必然如作者所说：只要新闻"具有立体感"，就"步入了现场短新闻的殿堂"，这就充分暴露出解释者对现场短新闻理解的有限性及其观念、知识的局限性，这样也不可能不影响到解释结果的正确性。

不妨再看看第二届现场短新闻评选揭晓新闻。这篇报道简捷地指出，"自1990年7月1日起，至1991年6月30日止，各种新闻媒介刊播'现场短新闻'稿件数万篇，在新闻界初步形成深入基层、深入第一线采访的好势头，涌现出一批上乘之作"，意思说得很明白，提倡多写现场短新闻目的是在改变记者的思想作风。佳作靠记者深入实际采访所得，而不是靠"立体感"描写成就。

前面所说，绝非企图否定或削弱新闻写作技术的重要性，新闻写作是新闻学的一个组成部分，轻视它就是轻视新闻这门科学。但技术与政治相比是第二位的。"技术第一，政治第二"是反对党性原则，会直接导致政治上的自由主义，很值得警惕！

现场短新闻的核心是"现场"。有人说现场短新闻的核心是"短"，这话错矣！报纸上有许许多多短新闻，写作的记者并未到过现场，是根据文件、资料编写的。我们并不排斥这类新闻报道，又不能让它占主导地位。问题在我们的新闻，贴近人民生活，有血有肉，深刻感人的报道太少了。因为记者深入基层的时间太少，浮在上面的时间太多，没有扎根到基层和群众中去，缺乏对人民感情的体验，甚至不是和人民同呼吸共命运，自然写不出感情真挚的好报道。新闻报道固然要短，但这个论点所强调的是现场，关键是解决记者深入实际问题。正确把握问题的核心，才能写出有浓郁时代生活气息的现场短新闻，报告新闻事实的变化的状态、面貌，使读者如临其境、如见其人、如闻其声，启迪人们的思考，改变人们的行为，以使新闻报道取得最佳的社会效果。

应该说写现场短新闻是党的新闻工作的优良传统，在革命战争年代，党报的记者都必须到现场去，离开现场便无所作为，现场是新闻的源泉。那时现场采访是很辛苦的，打起背包可能要步行几天路，这仅仅是劳累些，严峻的考验是火线采访，生与死在搏斗，现场就是战场，记者也是战士，尽管部队首长十分关怀记者的安全，在发起进攻时，记者还是与战士一块冲上去了，越壕沟，爬城墙，无所畏惧。记者所写出的目击记，渗透着记者的血和汗，确实有强烈的感染力。

重视现场短新闻，就是尊重党的新闻工作优良传统。现场短新闻，即是抓住新闻本质的人在现场者。曾记得 46 年以前，延安新华社总社在一次通报中称："《模范中医李克让》一稿，抓住许多小的具体事实，刻画出一个舍己奉公为群众服务的新医生典型；并以李克让历史上的遭遇，对新旧社会、新旧人物作了一个对照，有其成功之处。该稿已在《解放日报》发表，以后希望多写这类报道；但必须真正是典型。尤希望对新闻电讯用这种形式，能多加研究，做到以短小精悍的电报来反映问题和经验。"这篇作品的成功是记者带着党的目的走进现场的，实践证明深入实际是无产阶级新闻学中的一条原理，是记者在采访写作实践过程中有意识的表达，政治意图是明确的。

"文约而事丰"，就是以简短扼要的篇章，报道有价值、信息凝聚的新闻事实，这都是有意识经过挑选的。

新闻要短，党组织和党的领导人早有专门的论述，1949 年以前毛泽东同志就提出文章要"写得短些，写得精粹些"。毛泽东同志还引了鲁迅先生的话："留心各样的事情，多看看，不看到一点就写"，以说明短的作品也应在现场多看看，不是只看一眼半眼，而要做深刻的现场观察。胡乔木同志发表了《短些，再短些！》的重要文章，指出"压缩尚未成功"。时隔 40 年，胡乔木同志给新华社的一封信中又提出"新闻要新、短、多、广（门路广）"四个要求，仍将"短"列在其中。

从实践说，记者应具备两种本领，这是职业本身对记者的要求。

——能敏捷地评价新鲜事实的社会价值，而立即抓住有重大价值的新闻事实，深入下去，穷追不舍；

——有节省语言的能力，简洁、准确、快当地报道新闻事实。

这第二种本领就是记者能写短新闻，将二者综合理解，便是记者会写现场短新闻，而且报道出来对读者有鼓舞、激励作用。

短是新闻学中的一条定律，是由客观所决定的。世界上万事万物不断在发展变化，人类时刻有新的创造、新的发现，值得宣传报道的事物太多太多了；但报纸、广播、电视受到时间、空间的限制，记者只能严格选择那些新鲜的、重大的、有现实意义的、能够反映时代风貌、引导舆论的事实，以简短的新闻形式报道出来。千真万确，其所报道的仅是万千新事物中的极少部分，这些还须经过编辑部的多次淘汰。

视听群众的共同要求是让他们知道社会生活的变化情况。就一张报纸来说，能够使他们第一眼就能看清楚一天所发生的事情中有阅读价值的事情，而不愿浪费时间；从广播、电视的黄金时间里能听到他们所要知道的天下大事。要满足拥护报纸、广播、电视群众的这种要求，新闻报道要在结构上语言上下功夫精细雕刻，尽可能使它短些。

有人提出现场短新闻应是"全方位的"：既要揭示正面现象，又要反映反面问题；既要着眼现在，又要注意过去和未来；既要揭示自身的本质，又要反映它在国内所处的地位。这讲得多好啊，多全面呀！上下前后左右，东西南北中都谈到了，可是一则现场短新闻能容得下这许多既要如此，又要如彼，这仅是美好的愿望，连他自己也难做到。按照这种观点去实践，无疑会扼杀现场短新闻，再刮起冷森森的一股长风。

现场短新闻是记者在新闻发生的现场，发现与捕捉到的某个重大事实，时间短，空间小，有特征，思想内容饱满，有宣传报道价值的一件事实的场面。这里仅仅是谈点对现场短新闻的认识和自己实践的体会，绝不是为现场短新闻下定义。

关于现场短新闻的原理，马克思、列宁、毛泽东，以及我们党中央的许多领导同志反复强调过，现在大力倡导是为端正记者的思想作风，鼓励记者深入实际、联系群众，在实践中培养党所需要的新闻人才。如果再给现场短新闻下个什么定义，歪曲党所规定的原理，那就有点狂妄自大了。

1991 年 9 月 21 日于嘉兴

（原载《新闻知识》1992 年第 1 期）

论新闻与舆论监督

（一）

舆论属于一种社会现象，是社会存在的反映；但非独立的意识形态，社会意识各种形态、观点常会向舆论渗透，借助舆论的力量强烈地反映出来。

在人类社会出现新闻事业之前，舆论已经存在，它将会继续存在下去，存在于任何形态社会。

舆论既反映民意，也反映统治阶级的意志。所以自古以来，人们已经认识到舆论是一种力量，在人类社会生活中起着特殊的调节作用。《淮南子·主术训》中写道："尧置敢谏之鼓，舜立诽谤之木"，古代社会的领导者就鼓励民众对国家大事提批评意见，施行舆论监督。这虽属传说，但舆论的力量早被人们所重视，这是无疑的。

最能说明舆论起调节作用的例子是《国语·周语上》的一段记载："厉王虐，国人谤王。召公告王曰：'民不堪命矣！'王怒，得卫巫，使监谤者，以告，则杀之。国人莫敢言，道路以目。王喜，告召公曰：'吾能弭谤矣，乃不敢言。'召公曰：'是障之也。防民之口，甚于防川；川壅而溃，伤人必多。民亦如之。是故为川者，决之使导；为民者，宣之使言。'"显然，召公懂得舆论的威力，并对舆论持有正确的态度。他告诫厉王说，河道堵塞应该疏导，人民有意见要让讲出来。厉王不听召公的规劝，对舆论采取压制禁锢的手段，三年后他就彻底垮台了。历史上有名的"厉王流彘"讲的就是这个故事。因此，周朝才有后来的共和行政，宣王中兴。"否极泰来"这是付出血的代价的。

现在，还有一些人很害怕舆论揭穿问题的老底，故加予舆论种种限制，或"围剿"切中时弊而语言尖锐的舆论。惧怕真理，绝不是马克思主义者的应有态度。实行舆论公开，是社会主义政治民主的最好体现。新闻媒介应积极地充分地反映社会舆论。领导层在决策前虚心倾听公众舆论，可以避免种种失误，并防止领导者滥用权力，侵犯宪法给予人民的基本权利。对于公众来说，也可以依据舆论改变自己的行为。事实证明，舆论推动了历史的进步、社会的文明。重视舆论，接受公众舆论的监督，诸事都可以得到恰当解决，受到公众的拥护。

（二）

舆论的形成，一般具有以下一些特征。

第一，舆论具有不特定多数性（或称公众性）。不特定多数性是指参与舆论活动的人数谁也无能事先作出规定的。是三千、五千人，还是十万、八万人，要视事物与公众利害关系的大小而定，这个多数不可能由舆论机关来决定，也绝无此种控制力，是由事物自身运动发展所规定的。

舆论代表着社会事态发生与发展基本相适应的不特定多数人对它的观点及见解。两个人的窃窃私语，一般说形不成舆论，只是一般的说话。《史记·始皇本纪》中"有敢偶语《诗》《书》者弃市"。这里的"偶语"二字不应理解为两个人说话，《史记集解》中解释得非常清楚，指出"偶语"其实的含义是秦始皇"禁民聚语，畏其谤己"。"偶语"的准确含义是不许民众说话，民众当然是多数。多数性（群众性）是舆论的基本特征。

第二，舆论具有目标的一致性（或称集中性）。针对某事、某人、某个问题，舆论的目标比较集中。如南非当局顽固地推行种族隔离制度，野蛮地镇压黑人的反抗运动，遭到全世界舆论的谴责。这一事例鲜明地说明舆论目标的一致性问题。你说长，他道短，众说纷纭，莫衷一是；但其中会隐藏着真理，故可称舆论的特殊形态，一般说分散的舆论形不成气候，一时没有力量影响事态的变化。大多情况下是由于"左"的思想的干扰，真真假假掺杂在一起，舆论与民众的实际感受有距离，甚至由于某种特殊原因，公众轻描淡写地说几句违心的话，把真实思想埋在心底，这是最可怕的，潜伏着危险性，在适当气候下会起急骤变化，爆发出来，难以收拾。故舆论机关切不可轻视它，新闻媒介应加以正确引导，将分散的有代表性的舆论形成集中的促进社会进步的舆论。

第三，舆论具有愿望的接近性。舆论在某一历史阶段或时期，反映了不同阶级、阶层的认识接近和共同的愿望、要求。例如过去日本帝国主义武装侵略中国，烧杀抢掠，无恶不作，民族矛盾上升为主要矛盾，有亡国的危险。除汉奸、卖国贼，以及少数大地主、官僚资产阶级之外，国内其他阶级、阶层呼吁停止内战，要求实现国共合作，结成坚强的抗日民族统一战线，把中国革命引导到新的阶段上去，打倒日本帝国主义，收复一切被侵占的土地，就成为各抗日阶级、阶层的共同舆论。此种接近性是由于政治观点和民族利益的一致，"中国人决不做亡国奴"的怒吼，而从舆论中反映出来。凡从大局出发利害比较一致时，舆论是容易接近的。

第四，舆论具有时间的持续性。舆论有一个酝酿过程，或在一个短时期内，或者持续的时间很久，这是正确和谬误两种舆论在进行较量，正确的舆论就会在某种条件（或场合）下强烈地反映出来，形成一种进攻之势。历史也常有例外，错误的舆论一时也能占了上风，造成诸多不幸，并不罕见。如"四人帮"横行时期，强行"舆论一律"，民谣有云，"小报抄大报、大报抄梁效"，各种传播媒介只许唱一个调子，一副丑陋的面孔，令人十分恶心。他们伪造舆论，欺骗人民，反动到极点。虽然反对"四人帮"的强大舆论受到压制，但压力愈大，反抗愈强，后来终于通过天安门广场"四五"革命行动爆发出来，成为震惊中外的事件。这两种舆论的斗争持续时间很久，最终"四人帮"并未逃脱覆灭的命运。正确战胜谬误，这是历史的必然。

第五，舆论的发生、扩张和收到成效有个过程。1. 舆论最初有个酝酿准备阶段，由隐蔽到公开，由分散到集中，由少数到多数，然后变成公众的舆论，这时须赖新闻媒介的扩散；2. 问题（事件）发生之后，不论来自上层，还是带有群众性，都希望新闻媒介有力地支持，这时报纸、广播、电视经过判断，不唯上和不唯下，是真理的就支持；3. 代表公众利益的社会舆论，虽然得到舆论界的支持，而要由舆论变成行动，实现舆论的一切合理要求，舆论界须采取多种形式，扩大影响，使之收到理想的成效。

（三）

究竟什么是舆论？舆论是民意，是公众的共同意见。深入一步可以作这样的理解：具有一定权威性的社会集团，或者不特定多数人对近期发生的某个重要事件，某种经济情况，某种政治措施，法律的制定和实施，以及社会道德风尚等问题，在一定时间内公开表现的带有共同性或大体相近的心理、感情、判断和决定，以适当的形式——语言、文字或行动所作出的评价。

社会是复杂的，事物是多元的，认识也是不同的，舆论必然产生歧义。歧义是多种多样的，就一个问题说，可能有四种态度：赞成、反对、部分赞成部分反对、不置可否（保持暂时的沉默），这种现象是不足为怪的。公众舆论的表达，不论持赞成或反对态度的人，都受他们自身政治利益和物质利益所支配。最明显的事例是1927年湖南的农民运动，同样一件事，就有两种截然不同的舆论，从中层以上社会到国民党"右派"，无不认为"糟得很"：其他革命派对农民打翻他们的吃人仇敌，则认为农民的举动"好得很"。"糟"和"好"两种尖锐对立的舆论，是由各自所代表的阶级利益决定的。

在阶级社会里，舆论带有阶级性是普遍现象，当然随着社会的发展，到某个历史阶段，阶级性表现得很突出，在另外一些时间里，阶级性表现得就不那么明显了。"在世界上存在着阶级区分的时期"舆论总带有一定的阶级性。一个阶级利用自己手里掌握的舆论工具，为本阶级服务。这种舆论仅仅代表某一阶级的利益，是必然的。另有一些舆论，比一个阶级的意义广泛得多，强烈得多。舆论可以察知人心向背，一旦舆论和广大民众的意愿、利益相结合，它可以形成一股不可逆转的强大力量，改变政治形势。

舆论机关对于社会舆论要进行分析，分析的目的是要了解舆论的性质。概括说是分析舆论的正确与谬误，察看舆论是代表多数人的利益还是少数人的利益，是代表全局的利益还是局部的利益，是代表长远的利益还是眼前的利益。不论多数少数，都须做全面分析，不要为"多数"所欺骗，也不要因"少数"而困惑。分析判断应找出舆论的统治性、争议性，以至它的虚伪性各点之间的关系，找出占主导地位的舆论究竟是哪一点，即符合人民利益的哪一点，通过新闻报道给予充分的反映。

在进行舆论分析时，有以下四点值得新闻工作者加以注意。

1.能左右客观形势的舆论，一般是占优势的舆论，有强大的影响力。换句话说，符合广大人民群众利益的，应认为是正确的舆论。但不可笼统地认为——凡来自领导机关的舆论（民意代表）全部是正确的，要开动脑筋独立思考。少数服从多数，下级服从上级，个人服从组织，是组织原则；从舆论学的观点说，应该是服从事物的客观规律，服从真理，服从代表公众利益的意见，不盲从长官意志。

2. 舆论是多样的复杂的，这是由客观事物的多样性复杂性所决定的。要求舆论一律是办不到的。舆论一律是相对的，不一律是绝对的。因为客观世界是运动的，引起舆论的不断分化。由于阶级不同，信仰不同，认识不同，分工不同，文化水平不同，此时彼时的利害不同，舆论的分化就在不一律中表现出来。舆论有多变特征。是由社会矛盾的发展变化决定的。矛盾一经解决，某种舆论自然消失。一些舆论已意识到无力改变现实时，在短时间便隐而不露，或缩小在一个安全范围，不与外人言，表面上看似消失，实际是潜在的舆论力量。又有一些舆论取得优势，形成一种新的观念，成为多数人的一种生活准则，就不再是议论的中心。

3. 多数人的舆论并不一定都是正确的，这是已被西方心理学家实验所证明了的。我们把它称之为从众心理，即放弃自己的判断信念，改变自己的行为，随从多数人的意见，俗话叫作"随大流"。一般说，从众心理、表面行为与内心思想是不一致的，产生了心理上的冲突。

4. 舆论常常受到某种无形的压力。某权威人士在某一特定场合讲了某种意见，就当作普遍真理，通过传播媒介广泛持续传播，造成"权威"性舆论，但他违背了多数人的见解，群众舆论哗然。在这种情况下，尽管权威人士的话脱离了马克思主义、脱离了法制原则，由于诸种因素的制约，出现群众舆论的一时平静，暂时的舆论"一律"，但不可能是真实的，是受到行政权力压抑的表现。

因此，新闻事业单位要把比较分析舆论作为一项重要的工作内容，经常倾听和主动收集各种舆情，研究舆论的产生背景、变化和归宿，对已存在的舆论进行评价，将其引导到正确的方向，发挥舆论的影响、调节作用，为建设社会主义物质文明和精神文明服务。

（四）

反映、影响和引导社会舆论的不仅是报纸、通讯社、广播、电视，它还包括更广泛的内容，如杂志、书籍、会议、演说，甚至司法部门判处刑事犯罪分子的一张布告等，都能起到舆论的作用。

所谓反映、影响和引导舆论，是指主要依靠新闻这种形式。新闻是舆论的载体，是最有效的载体。它可以适合时宜地、及时地、连续地、多角度地反映一种舆论，甚至反映各种不同的舆论。新闻媒介对新闻是有选择性的，它必然支持一些舆论，抑制某些舆论，强烈反映出新闻媒介的倾向性。

我国近代报刊一出现，就把舆论作为一种特殊力量为报刊宗旨服务。如《察世俗每月统记传》出版，开始不收费，是白送人的。这个刊物为"神"制造舆论，鼓吹人们信奉"上帝"。新闻事业发展早期有人拿许多钱办报刊，并不完全是为赚钱或满足群众的需要，主要是为达到办报者的目的，宣传自己的思想观点、政治主张而大造舆论。所以在我国新闻史上曾出现过政论报时期。19世纪70年代，王韬办《循环日报》，写过不少变法自强的论文，现在见到的有他自编的《弢园文录外编》，这本书比较集中地反映了他的政治态度和思想。特别是后来的梁启超，在报刊上写了数以百万字计的政论，是改良派舆论的高手，在一个短时期内影响颇大。

舆论在传播媒介中，主要借助于新闻和言论表达自己的意志和发挥舆论传播的力量。关于新闻、言论力量的见解，又都是以舆论为中心来加以考察的。如《光明日报》在1988年3—4月连续刊登了有关知识分子的新闻和言论，集中反映了知识界长期最关注的问题，读者赞扬这张报纸秉笔直书代表了他们的舆论，报纸的信誉也增加几分。一般说，新闻和言论总是要发挥舆论的功能，不管它反映的是领导层的意志，还是人民群众的愿望，不反映舆论的新闻，对社会生活的影响是苍白无力的。事情的发端先以舆论做思想准备；事物在发展中又得到强有力的舆论支持；事物在转折时，舆论给予疏导。可见新闻活动是最有效、最重要的强化舆论的手段，这一点是应该肯定无疑的。

新闻是舆论传播最为理想的方式。新闻活动迅速有效促进舆论作用的发挥，使人们的意识、感情、意见表面化、活跃化、集中化，使生产领域、政治领域，日常生活领域所出现的舆论，主观方面和客观方面互相接近，互相作用，形成改变某种形势的力量。它不仅是道义的力量，看到人心的向背，而且是一种物质的力量。舆论可以把群众动员组织起来，变为行动，它可以巩固一个政权。如苏联十月社会主义革命成功后，白卫分子依靠外国武装干涉者的支持，反对苏维埃，列宁利用报纸号召苏联人民起来与红军一道消灭了白卫军，巩固了苏维埃政权。舆论也可以推翻一个政权。如抗战胜利后，蒋介石发动内战，政治上的残暴统治、经济上的压榨掠夺，使人民陷于水深火热之中。中国共产党反映民意，在报纸上发表《目前形势和我们的任务》《将革命进行到底》等重要文章，革命报刊还发表大量新闻揭露蒋介石违反和平协定进行内战的罪恶。在正确的舆论引导下，动员了全国人民，打败了蒋介石。

舆论形成一股力量，首先是某种意见要反复出现在传播媒介中，今天新闻在陈述事实，唤醒人们的注意；明天则以得到证实的新闻事实，说明这样做是合情合理；

后天则又以新的新闻事实进一步给予阐述，坚定受众的信念。某一事物在传播媒介中不断出现，积累起来，就可以按照新闻媒介预期的目的形成社会舆论，发挥威力。

值得十分注意的是：

——新闻媒介所传播的舆论，应以充分的事实为根据，而非捏造的欺世盗名的假货色；

——经过新闻媒介的认真比较分析研究，所传播的舆论，反映了人民的利益、国家的利益，而非图谋某种私利；

——在舆论引导中新闻应反映舆论的争议点和不同点，表现出新闻媒介客观公正的态度而非清一色的一个腔调，仅是一种声音，不符合客观实际，是使人难以置信的；

——新闻所反映的是群众推心置腹由衷地所表述的意见，而非新闻媒介假借民意，而为某种不正确违背公众意愿的言行做辩护；

——新闻媒介所反映的舆情，是经民意机关统计，抽样调查得到的，表示出一定的质度和量度，是科学的合乎规律的，而非随意的无根据的定性意见。

其次，言论随着新闻同时发表，或在新闻发表之后，随之言论即从不同角度多次阐明新闻的意义，造成先入为主影响视听群众的判断，这与所谓的舆论的"疏导"作用没有什么不同。

但不要低估受众的政治文化水平，必须体察民情，不致因此造成受众的逆反心理，失去了新闻媒介的信誉。

再次，舆论的最初出现，一般是自发的分散的，需要引导。舆论与反映受众生活、思想、感情和愿望的公共问题的新闻报道结合起来，可以把舆论引导到一个方向上去。舆论是思想相互交流的过程，舆论达到社会化，舆论焦点集中化、稳定化，就产生了舆论的政治价值，但须严格遵守以新闻事实为根据的原则，没有新闻事实做对象就没有舆论。

最后，公认新闻报道是以判断为目的的一种事实的传播，言论是以唤起受众共鸣为目的对事实的议论。但它不可能无意识地有什么反映什么，而是经过严格选择的，反映出来是有顺序的，表明它所要追求的东西。

这里须强调说明一点，舆论，特别是人民的舆论，与新闻传播媒介所发表的舆论不相一致时，只要这种舆论不与国家根本大法相抵触，不违背社会主义基本原则，那些有独到见解的，反映小群体的舆论，也应该给予发表的机会，不要以人微言轻而不予重视。有历史已经证明，有时在某些问题上，真理偏偏掌握在少数人手里。

（五）

舆论没有强制性，亦不是指挥棒，是由新闻媒介反映的一种意见，尽管它带有公众性，但决不像立法、司法、行政部门的法律、条例、决定或规则，这些是强制人民必须遵守的。

新闻舆论是一种道义的精神力量。政党组织和政府从舆论中可以体察民情，修改不恰当的决定，作出新的决策或修改现行政策。人民群众通过舆论了解社会发展的大趋势，调整自己行为以适应时代的要求。但新闻事业——报纸、广播、电视、通讯社现正逐步形成一个舆论监督系统，这是社会主义民主不可缺少的一种保证。虽然现在很不完善，不能充分发挥这个系统的力量，还须经长期努力。新闻媒介对工作中的失误，错误的思想、不正之风进行揭露和批评，正如马克思说的，"报纸是作为社会舆论的纸币流通的"，它是有积极意义的有价值的。在交流过程中将分散的集中起来，将少数变作多数的意志，自然形成一种力量，它不仅监督人民在社会中的一切行为，而且能发挥人民对政党、国家机关以及任何组织和成员的监督，这是人民行使民主权利的体现，它与新闻事业的功能是不悖的。人民的政府，是为人民服务的，不应该怕人民监督，服务做得不好，有官僚主义、不尊重人民、玩忽职守、以权谋私、破坏党纪国法、损害社会主义事业等，人民当然有权揭发批评。因为人民是国家的主人，人民有权以舆论形式批评一切坏的东西。同样舆论也会表扬一切好的人和事。

新闻媒介是为人民施行舆论监督权利而服务的，是它的重要功能。新闻媒介和人民的关系，从理论上讲从来是明确的。人民是国家主人，也是新闻传播事业的真正主人，为人民服务是天经地义的事。但在执行过程中，多少年来本末倒置，人民居于从属的地位，反映人民的舆论是极其微弱的。传媒的功能体现得很不够。

新闻传播事业掌握着舆论工具，当然，我们也不要滥用舆论。1935年鲁迅在《论人言可畏》一文中有句名言，报纸"它还能为恶，自然也还能为善"，记者应向人民负责。将舆论监督认为仅仅是批评揭露，舆论不反映正面的东西，就把一个原则弄偏了。

归结到一点，新闻与舆论的关系是，新闻要开放，新闻信息要深化。舆论监督须以政治民主化为前提。新闻宣传报道有自由，享受到新闻民主权利，才有利于新闻开放与深化。新闻开放，敢让人民公开讲真话才是积极的态度，坚持舆论监督，办理举国大事才能稳妥。

新闻是舆论活动的基础，也可说是舆论的有效表现形式。新闻开放程度越大，舆论反映会越充分。新闻开放，传播大量有深度有价值的新闻信息和言论，形成适应深化改革需要的正确舆论环境，抵制并抨击一切有害于人民利益的舆论，是时代赋予新闻的历史任务。

［原载《武汉大学学报》（社会科学版）1989 年第 2 期］

一部地方小报研究的力作
——评鱼雁的《地方小报概论》

中国小报的历史源远流长，可以上溯到春秋时期的《春秋》一书，它是我国最古老的新闻纪事，以鲁国为主线，记录了春秋各国的重大时事。《春秋》以年为单元，以月为顺序，一年一编，所记录的只是对春秋政局和民众生活有影响的几件事，文字极其精练。鲁桓公七年记时事三条，共 22 字；鲁隐公元年记时事七条，仅 57 字。从内容到形式，都够得上是小报。宋王安石认为《春秋》是"断烂朝报"，新闻学者称它是中国原始形态的报纸。可"小报"一词此时尚未出现。

鱼雁在《地方小报概论》一书中界定"小报"的时间时指出：小报"最早出现于北宋末年，盛行于南宋"。此一考证是正确的。宋周麟之的《海陵集·论禁小报》中说："邸吏以小纸书之，飞报远近，谓之小报。"但"小报"的作用远远超过当时作为中央政府公报性质的"进奏院状报"。

中国共产党在成立初期，就正式提出创办地方性小报的问题。到了抗日战争时期，地方小报发展迅速，确似雨后春笋，各分区甚至县都办报纸，大都是油印、石印的，有四开一页的，也有八开一张的。为了进一步密切报纸与群众的联系，普遍加强了地方性、群众性和通俗化，成为这个时期中报纸工作的显著特征，这对当今办地方小报仍有启迪意义。五十四年前，我参加地方小报工作时，既无新闻理论知识，又无新闻业务实践经验，当然那时更无一本像鱼雁写的《地方小报概论》一类的书供我们学习，只能在紧张的战争环境中摸索前进，耗磨时间颇多。所以我阅读《地方小报概论》时，感到非常亲切，好似它在解答我当年编辑地方小报时所遇到的一切疑难问题。虽然现在各种类型的地方小报，在我国创办了许多，各有千秋，而且还创办了一份《中国地市报人》月刊，发表了不少有见地的论文和实践经验；但是像《地方小报概论》这样一本理论联系实际，全面系统地总结实践经验，上升为理论，这在我国尚属第一部，它填补了新闻科学研究中的一项空白。

鱼雁同志抓住了地方小报的两个基本特点。

第一，接近性。地方小报接近群众思想，接近地方工作实际，在时空上几乎没有多大距离。宣传报道贴近群众，想群众之所想，急群众之所急，为群众之所为，多用群众喜闻乐见的形式，将新闻事实的真相，将事实背后蕴藏的真理告诉群众，受到群众的拥护，群众将它当作自己的良师益友。

第二，及时性。不论是思想问题还是工作问题，随时都可以进行指导。形式灵活，除用新闻典型外，还用"三言两语"、讲故事、读者问答等解疑释惑。特别是地方上的局部性问题，在一个县区可能是一种倾向，从全国看并无广泛意义，地方报纸可不失时机、有针对性地解决这类问题，这是大报所不能代替的。

从这本书的字里行间，我们可以看到作者对地方小报的两大特性——与群众的不可分离性和其不可代替性的思想，作了比较充分的阐述。

作者在书中还提出许多注意点，应防止的问题，也列举了一些范文，以便理解论述的意义。这些探讨很有针对性，领会后就可以运用到实践中去。

看过此书以后，我得出的印象是：《地方小报概论》是地方报纸工作者的业务词典，是地方新闻通讯员的工作手册，即使对其他各种报纸的编辑记者也有很大的参考价值。

鱼雁同志利用一年多的业余时间，坚毅不拔地完成这部 30 多万字的巨著，尤属开创性工作，他付出的代价可想而知。尽管有某些不足，我认为瑕不掩瑜，故乐于推荐给广大读者。

（原载《陕西日报》1993 年 5 月 26 日第 3 版。本文系作者为《地方小报概论》一书所作的序，见报时小有删节）

论 新 闻

新闻是一门科学，是新闻学中的一个重要部分。

党自有日报以来，记者在采访、写作活动中摸索到不少规律性的东西，但缺乏系统的总结提高。

新闻是报纸的主体，占据报纸的主要版面，而且登在显著位置，观察其趋势，报纸上的新闻不会削弱，而会不断加强，报道面必然逐渐扩大，内容更加丰富，这是历史发展的必然。有远见的新闻工作者，都抱有这种积极的看法，希望重视对新闻的研究，集中大家的实践经验，经过概括上升为理论性的东西，写出无产阶级的新闻学。

从研究的角度，提出几个新闻的特征来讨论。

新闻的第一特征是用事实说话。运用事实本身的逻辑反映现实。古话说"不言而喻，其意自明"，是最恰当的概括。新闻是社会生活中重大事件的真实记录，我们是唯物主义者，必须尊重客观事实，不容许任何歪曲、虚构和掺假。

新闻中有时也夹带一点议论，但非新闻的主要成分，它是通过事实来影响读者的，读者依据翔实的报道作出判断。不可否认，报纸是有议论的，那是与新闻相关联的社论、短评之类应完成的任务。

一个事件内涵的事实一般是很多的，特别是那些复杂的事件。这样，记者对事实必有挑选，把最重要的、能反映事件本质的事实写到新闻中，剔除那些次要的、非本质的东西。原则上是一事一报，内容非常丰富，足以构成多个主题时，可从实际出发，分写若干条新闻。

一张报纸要容纳整个宇宙，新闻非短不可。不论记者写得如何长、如何全面，也只能反映历史长河中的一瞬，长线上的一点。事物在不断发展，旧者已逝，新者又来，新闻总是写不完的。即使是历史有谁又能写完呢？人类历史经过漫长的年代，多少年过去了，今天如有新的发现，还是吸引读者的新闻。1929 年在北京周口店发现生存在约五十万年前的猿人头骨，当时竟成为轰动世界的新闻。

新闻的第二特征是新。如何解释新，众说纷纭，莫衷一是。做如下说，是否能概括？所谓新，是指那些重大的、有益于推动社会前进的、与人民群众有密切关联的、为相当多的人所关注或引起兴趣的今天或新近发生的事实的报道。但又不是所有与新有关联的事实都是值得报道的新闻。

新与时效是紧密相连的。新闻写短了才能及时，失去时效，就丧失了新闻价值。过去论钟点，现在争分秒。争来争去，是争记者的能力高低，争报纸、通讯社的社会地位。记者应有此种荣誉感，这是培养记者应具备的素质。记者要练成一副"倚马可待"的写作本领，善于抓住一切时机，掌握为你服务的一切手段。

新闻要新，是时代的要求，但又受各方面的制约：（一）受社会制度的制约；（二）受阶级利益的制约；（三）受政党的制约；（四）受国家法律的制约；（五）受伦理道德的制约。所以在新闻宣传上的战略与策略很值得研究。为了新必须抢，分明是新又必须压。大做大说，大做少说，做而后说，做而不说，也是常见现象。记者难当和伟大处，在处理好一个新字。

新闻的第三特征是阶级性。新闻报道的事实，一部分有鲜明的阶级性，一部分没有阶级性。但我们把后一部分事实变成新闻传播时，情况就会有改变。

偌大世界，新闻万千。有闻必录，哪家报纸都办不到，哪怕它日出数十大张。所谓消息总汇，所汇者也是有限度的。对新闻必有选择。一家美国大报上有一句话："刊登所有适宜于刊登的新闻。"什么适宜刊登，什么不适宜刊登，什么放显著位置，什么塞在不引人注目的地方，这些取舍衡量就是对新闻的选择。在阶级消灭前，这种选择是有阶级性的。决定的一点是记者的立场、观点、方法。同一重大的事件、事实并无任何改变，但由于两种立场，他的观察和表现截然不同。无产阶级的记者说好得很，资产阶级记者则说糟得很，站在敌对立场上就会诽谤、诬蔑、中伤。

并非说由于阶级立场的不同，对社会上的任何事物都不可能有相同或近似的观察和表现。对自然科学方面事实的观察一般是可以相同的，对于政治方面的事实，在一定形势下，出于维护本阶级的利益，也可能做出大体相近的表现。值得研究的是有本领的记者，他用事实的排列、情节的描述、特殊的表现手法，从形式上隐蔽自己的观点，在内容上贯注自己观点，这可说是阶级性的深刻体现。

新闻的第四特征是借助于报纸传播的。所以报纸又称新闻纸。没有传播手段，新闻的作用是难以发挥的。从长远的观点看，报纸是传播新闻比较完善的手段。

用广播、电视传播新闻这是后来发展起来的，自有其特点，也是人民群众喜欢的。借以传播新闻的手段将随着科学的发展而增多，但不外文字、声音、图像而已。从现在是可以预测未来的。

有的研究者认为在报纸出现以前已有"口述新闻""说唱新闻"，这是否属于新闻的原始形态，根据很不充分。街谈巷议恐怕不具备新闻的严格要求吧？这种社会流传的"新闻"，对事实是不负责任的，更不会是今天的，也不可能像报纸一样迅速、广泛、连续、系统地传播新闻，并形成强大的舆论力量。

新闻的第五特征，即其他新闻体裁，是以新闻为基础发展起来的。新闻的基本要素和要求，在各种新闻体裁中都有明确的表现。

最古老的新闻体裁是电讯。一则电讯几十个字，是用电报拍发到报社去的，它准确、经济、迅速地运用新闻要素，使所报道的事实一目了然。大多数情况下这就够了，不需以别的新闻体裁去补充。但有些事件就不那么单纯，内容丰富，情节曲折，读者想知道更详尽的情况，记者为适应社会的需要，除用电讯做简明扼要的报道外，还对事件进行具体、形象、生动的叙述，用信件寄到报社，逐渐形成通信这种体裁，后来通信演变成为通讯。虽然通讯重视选材和描写、叙述、议论、抒情种种表现手法，但它具备新闻要素仍属新闻范畴。

以后发展起来的速写、特写、报告文学一类体裁，不但严格遵守对新闻的要求，还对新闻要素作了生动的反映。由于对报纸的各种体裁缺乏科学的分类，往往把评论、调查研究等也划归新闻范畴，这显然不妥当。掌握新闻要素这个核心，就易于区别新闻与非新闻了。

新闻的特征，是否就这五点？因为是学术问题，先拿个粗略的意见，方便大家来争论。

（本文是作者1963年写于西北政法学院的讲课提纲，在1979年冬略经修改，刊载于《新闻业务文集》，中共河北省委宣传部新闻出版处、河北省新闻学会1981年12月编印）

面向未来改革新闻教育

目前，我国新闻教育事业发展较快，全国已有新闻院系或专业26个，在校学生3000多人。形势之好是前所未有的。如何办好这批专业以适应新闻事业的发展，并迎头赶上世界新的技术革命，振兴经济，繁荣社会，新闻教育必须大胆地进行改革。

新闻教育改革，不是一般意义上的提法，要有一种紧迫感，要有一股锐气，要具有敢于超越的精神，面向21世纪，培养适应未来的合格人才。

客观尖锐地提出问题，我们不能回避面临的现实情况。

西方正在兴起的新的技术革命，对我国四个现代化建设，既是一个广阔的机会，又是一场严峻的挑战。科学技术进步的速度是异常迅速的，没有理由认为它会停止下来，等我们慢步前进。据统计，全世界每小时就有二十项创造发明，新而又新的事物成批涌现到面前，使人们目不暇接。昨天还是最新的，今天已成为一般的新，而明天则成为过时的东西了。现在坐在课堂上听老师讲课的大学生，只要再过四年、七年或许再多几年，就要开始工作了，这意味着什么呢？他们所要进入的世界，会同现在他们所认识的世界相差很远。因为知识过时的进程加快了。在二三十年前，知识有用期可达十年以上，而现在，尤其是科学技术的尖端部门，知识过时的速度要快好几倍。因此，在大学里曾占统治地位的学生强记熟背的知识，待到毕业时就变为陈旧的，已经不完全适用了。

由此产生了对新闻教育的必然要求：要看到未来，要预测新闻教育的变化。这种预测要以估计社会在预测期内所要达到的总目标，以及生产、科学技术和文化的主要发展趋势为基础。

我们体会到新闻教育务须面向未来，扎扎实实地做些事情。这不是轻率讲的，是有根据的。改革总是为着适应未来的事情，只要能预见未来，早有所为，才可能培养出适合21世纪需要的人才。《后汉书》中有一段话值得我们警惕："夫未至预言，固常为虚，及其已至，又无所及。"如果我们也是这样，那就难以做到把握时机，迎头赶上。面临未来这是现实情况的一方面。

现实情况的另一方面是，我国使用的新闻手段比较落后，除少数几家全国性的新闻机关有所改善外，大多数新闻单位的设备还是老样子。除经济原因外，思想上墨守成规也有影响。国内早已生产的铸排机，虽是一种改良型，还是可以缩短报纸的制作时间，减轻工人的劳动强度，但至今推广不开，还是靠手拣铅字排版。记者们是靠稿纸、墨水、笔记本，外加一辆自行车工作，也是手工作业方式。新华社关于里根访华的报道无疑是成功的，但有些稿件在时效上还是被美国通讯社超过了。我们虽然在一些访问点上安装了文字传真机，记者使用了步话机，但这些技术措施同美国记者使用的电脑打字机和高频对话机等现代化装备比较，我们记者的技术装备是十分落后的，新闻报道主要是靠严密的组织工作取胜的，但它耗费了不少人力，又加大了管理费用。

而在国外，美国《纽约时报》早在1978年已进入电子印刷的新时代。日本读卖新闻社采用了电子设备建立起最新的制作报纸系统，使用各式各样的大小电子计算机和有关机器，消息通过这些设备就成为报纸。苏联塔斯社根据自己的特点建立了统一的自动化信息处理系统。电脑设备的使用，正在打破一切陈规旧习，新闻手段的现代化，正在世界范围内进行。

我国正处在一个新的发展时期，社会生产力和社会生活发展很快，不堪设想作为社会舆论向导的新闻事业，却容许慢慢腾腾地向前移动。总有一天微电子计算技术要闯进编辑部的办公室，只有懂得最新技术，才能从事新闻工作。那时，若由电脑盲来主持新闻工作，非乱套不可。我们要想顺利地通向未来，需要及早培养大批善于管理新闻事业的人才（这里所说的管理人才，是指社长、总编辑）。只有现代化技术、科学研究和先进的管理结合起来，我国的新闻事业才能够飞翔到一个新的高度。其关键是培养优秀的管理人才。新闻管理人才的培养，长期没有得到应有的重视。新闻管理人才的培养难度较大，因为管理对象是一个因素众多、关系复杂的多层次的动态系统，他们应该掌握包括系统论、控制论、信息论、人才学、预测学、心理学、法律学、党的政策和组织领导艺术在内的综合性科学。这类人才应从新闻学硕士、新闻学博士中选拔。要从现有记者、编辑中选拔的话，须重新学习，更新知识，达到前面所要求的水平。

还有一个现实情况是，在新闻学的研究中，有许多争议的问题，各家发表了不少意见，出现了"百家争鸣"的局面。这种争鸣，促进了新闻学术思想的活跃和繁荣。

但这许多问题必将反映到新闻教育的过程中。它通过新闻学书刊高频率进入新闻专业，但决不能让这些问题几年之后又原封不动地由毕业生悄悄带回新闻机关。新闻专业需要建立自己的新闻学研究机构，有计划地开展科学研究，对新闻基础理论和基础知识中的主要问题，做出正确的回答，并用科学研究的新成果不断充实新闻学教材，促进教学质量的提高。可是目前新闻专业的科研工作非常薄弱。

"预测未来最可靠的方法就是了解现在。"从现实出发来考察我们培养什么样的新闻人才，如何培养新闻人才，就比较可靠了。

在我们这个时代，一个受过高等教育的人，这意味着他应符合现代化要求。当前科学技术不仅向自然界的奥秘，而且向社会生活、向生产、向经济管理和社会管理全面渗透，现象越显复杂，分支学科、边缘学科不断涌现。我们所培养的新闻人才，既能熟练地掌握自己的基本专业，又有进入其他工作部门的必备知识，这是根据新闻工作特点向新闻教育提出的要求。新闻教育必须培养通才，他们不只精通一个专门领域，而且具备适应一切领域的能力。这个道理非常简单，不少新闻工作者在讲：要传播信息，要增加信息量。信息在哪里？举例说，全世界现有十万多种科技刊物，每年发表的科学论文两千万篇以上，世界文献资源的数量正以每十年翻一番的速度增长着，这样众多的信息资源，我们所培养的新闻工作者如果不是博学通才，他不了解、不认识，更不知其重要意义，所谓开发利用信息资源，只能是一阵空喊，无助于推动我们的事业发展。

长期的新闻实践，使人们深刻体会到，要做一个有作为的无产阶级新闻工作者，必须加强马克思主义的学习。不论培养通才，还是培养管理专家，掌握了马克思主义，在观察任何问题的时候就有了一个方法上的总的向导，就掌握了一种认识事物的最根本的方法原理。如果新闻专业培养的学生，缺乏马克思主义的基本修养，没有正确的立场、观点和方法，是无法胜任这项工作的。

在课程设置上，根据时代的特点，需要增加一些有新内容、能适应未来需要的课程。

（一）新闻管理学。它是一门横跨于多学科之间的综合性课程，是带有决定我国新闻事业是先进还是落后的一门关键性课程。

（二）微电子新闻学。这门课程除讲电子计算机工作原理外，还应包括卫星广播、光导纤维通信的基础知识。重点是学会运用电子计算机高速处理消息和制作报纸的基本技能。

（三）比较新闻学。传播学在世界上已引起不同程度的重视。我国也有人在研究，并设有这方面的专业。现在尚处在介绍、了解、研究阶段。有的研究者断言："传播学重视理论研究，而新闻学重视业务研究；传播学以'学理'为重点，新闻学以'术'为重点。""新闻学是站在新闻业务圈子内研究新闻工作的，所涉及的问题只是新闻机构及其工作人员，即传播者单方面的问题。它不是从社会整体上去考察新闻事业，也没有或很少将新闻传播的对象读者、听众、观众列入研究领域内。"暂不去评论此种观点，理应首先感谢他提醒我们，应进行新闻学与传播学的比较研究，先把它们的相似和差别的特征确定下来，更进一步运用唯物辩证法分析其内在的过程，深入被比较的现象的本质，揭示它的产生和演变规律，从而正确地认识传播学。这种比较研究还可推及新闻界代表人物的新闻思想、学说的比较研究等。

（四）中国新闻发展史。我国新闻的产生有悠久的历史，和古代纪事文有着不可分割的密切关系，也有它自身演变和发展过程。现在有条件加以总结，从中吸取许多丰富的营养。我国只有新闻事业发展史，新闻发展史尚属缺门。

当然，还有一些其他新的课程也要予以考虑，如新闻信息学、新闻心理学等。

增加新的课程，要花很大气力，是值得的，没有新课程，知识更新就不可能。增加新课程会不会增加学生的负担？不会的。据研究者认为，人的大脑是一个巨大的信息库，可容纳相当于两个半北京图书馆的信息量。一个勤奋的科学家，在七十年中每天接受十小时的信息，还不到大脑最低容量的百分之一。这就是说，人的记忆潜力还大得很呢！在增加课程的同时，也要注意改革教学方法，要充分发挥学生的独立思考作用。师生要双向互通。

在新闻采访写作教学上，要抓课程内容的更新。新闻体裁总是不断在适应读者的需要而产生新的写作体裁。目前，新闻报道发生明显的开拓性变化，由单一的事件型报道，发展为复杂的问题型报道格式。系列性报道、解释性报道、分析性报道和预测性报道显著增多了，它们有各自的特征。概括说，这类新闻报道内容更复杂，范围更广阔，时间更长远，在未来的新闻报道中的地位越来越重要。这不是就事论事，其中还有这样一层意思，新闻采访写作既然发展了，就要站在当今时代的高度，在理论方面进行艰苦的探索，有胆识创设新的新闻采访写作学。我们应以政治家、社会活动家的标准要求新闻专业的学生。今后新闻专业的毕业生要有较高的马克思主义素养、有驾驭全局的能力，思维敏捷，知识储备充足，写作技能娴熟，能直接阅读外文报刊。

新闻教育改革要抓教师队伍的培养，实属关键问题。"名师出高徒"，需要一批名师。关于教师培养，首先是大力补充新的知识。由于学科间的互相渗透和结合，教师的知识结构远远不能适应这种新趋势，因为老知识培养不出能够适应未来的新人才。其次是教师与新闻实际相结合，从各新闻单位吸取营养，掌握新闻实践中的新情况、新问题，有优异的实践能力，与学生共同实践时能起示范作用。最后是确定教师专业方向，开展科研活动，力求做到教学推动科研，科研提高教学，使新闻专业学生的智力和知识保持在最佳水平上。

多数新闻专业是新设的，教学力量不足，教材缺乏，有一定困难。但是改革起来没有负担，可以不拘一格。在一张素纸上好作画，很有可能在这里面培养出几个尖子专业。它的目标是：（一）培养学生有为现代化服务的创造精神和综合性判断能力；（二）学习成绩卓著，知识直接接近现代化要求，将来能成为促进新闻事业发展的领导力量。

新闻事业的未来是一个新课题，还需要更多地讨论与研究。

（本文系作者为四川大学 1984 年 7 月召开的新闻教学科研讨论会而作）

深化新闻教育改革

从今年 1 月到 8 月，我们新闻学研究所的四位同志分两组去华北、西北、华东等地区的十个省区市，对三十多个新闻事业单位及新闻系进行了长达八个月的调查研究，这种调查目前还在继续进行。

今天我将这次调查所获分三个问题向大家汇报一下：一、作为改革的宣传、鼓动者的新闻事业，其本身改革的迫切性；二、我们的新闻事业及新闻教育的现状；三、怎么改革。

（一）深化改革的迫切性

改革，这是中国当前的大趋势，不改革就没有出路。当前，中国出现了繁荣的大好局面，那是改革带来的。

新闻事业在宣传方面的汗马功劳是有目共睹的。没有新闻工作者的努力，改革能有这么大的声势是不可能的，然而新闻事业本身的改革是怎样呢？简单说，改改停停，停停改改。事实表明，由于新闻事业及其教育本身存在的某些弊端，致使全面改革的精神宣传和信息传播难以进一步深化。我国新闻事业及新闻教育已远远落后于时代需要，因而，新闻改革必须深入。

新闻教育是现代新闻事业的能源站，也是新闻事业发展的先决条件。新闻事业要改革，新闻教育不改革是不行的，而且还应该先行一步。正如李鹏今年教师节在首都优秀教师代表座谈会上的讲话一样："教育改革的步伐同我国经济体制改革及其他方面的改革还不相适应。因此，深化教育改革已成为当前教育战线上的一项迫切任务。"

围绕着向哪里改、改哪些东西、怎么改这些原则性问题，许多专家学者各抒己见，众说纷纭。然而有个总的方向是不可动摇的，那就是"面向现代化、面向世界、面向未来"，培养能适应时代、敢于跨越世纪的新闻人才，敢于与国际同行竞争，敢于跻身于全世界先进行列。

然而，离这个目标相当远，我们改革与发展的速度太慢，像这样小心翼翼地，多少年多少代才能达到目标呀！速度，这个要求特别使人警觉：如果谁因在新闻改革中求稳而偏废了速度，那就是时代感不强。

（二）新闻事业单位与新闻系的现状

首先谈谈新闻事业单位存在的问题。

1. 各级新闻单位的领导干部一般年龄偏大。新闻单位领导人的年龄大小客观上影响到新闻事业开拓性的大小。有人曾说：年轻人最有创造性、最少保守思想，因而领导能年轻些，新闻单位会富于开拓性、富于活力。当然，老同志也有不少富于活力的例子，然而总的讲是比年轻人闯劲小一点。

我调查过的报社领导人，年龄大致是 50 岁左右，有的甚至将近 60 岁。他们瞻前顾后，有许多无形的约束和局限，对本单位的事情很少从开拓性上着想，有些人觉得："干几年就要下台的，何必去想那么多事？"因而不求创造，唯图安妥。一个单位也就因他们的思想显出了惰性。

2. 整个行业的采编人员水平不高，这包含他们的政治素质和业务能力两个方面。有些情况真使人吃惊！

第一个表现是：较出色的记者每个单位都可数的一两个，但不多，对于一个单位，少了还能说可以，而对于全行业，这样的比例就太不像话。因为不管是优秀的，还是不优秀的记者、编辑，他们在处理新闻业务时都是单独决策的。一个新闻单位只有个别优秀记者哪能将一个行业的水平提高呢？而特别出色的（尤其是年轻的）记者更少得可怜了。随便叫得上口的全国知名记者，都是 20 世纪 40—60 年代成名的，很不容易数出一串当今成名的记者来。为什么时代进步了，条件好了，而相反产生不了杰出的新闻人才呢？

第二个表现是：为什么当今正在工作着的这代记者很少出现上代那样脍炙人口、

久久流传的新闻佳作呢？现在全国乃至各新闻单位每年都评选出大批好消息、好评论、好通讯，然而谁能记得其中几篇？可上一代记者的短小、精练、生动的佳作就是从中学语文书上也可点出许多篇。

第三个表现是：一些记者的政治素质太差，近几年出现了"以稿谋私"等不正之风。这些不正之风有的是一切"向钱看"的新闻单位拉广告预交广告费、采取赞助等办法敛财，而影响了声誉；还有的是一些记者、编辑收受贿赂，采访、发稿大拉"关系"，进而捏造假报道。

中宣部新闻局局长王福如说："现在，有的报社把商品交换原则带到新闻领域，把新闻当成商品，出卖版面，搞有偿新闻、广告新闻，这与新闻记者应当具备的真实、客观、全面、公正的职业道德是格格不入的。近年来，有的新闻记者威信不高，两眼盯着钱和物，为了钱不惜昧着良心说话，甚至一瓶雪花膏、一瓶酒就能让人牵着鼻子走……严重损害了新闻记者的光荣称号。"

不少记者把吃吃喝喝收礼拉关系而当成理所当然的事。以前党的新闻工作者抵制歪风，冒生命危险保护新闻事业的尊严，为了弄到新闻而风餐露宿的作风至今已变成不可思议的了。再看看现在，一个省报或市报的某些记者不去采访，地方单位用小车接送，以鱼肉相待，最后还大包小包地"笑纳"不少礼品。他们回来不先去报社汇报工作、整理材料，却首先回家安放"猎物"。其实他们何曾深入过基层、又何以弄到真正的新闻呢？他们难以称得上是人民的记者。

说到当前记者水平低，还可以从这些记者由学校走向工作岗位的适应时间长短上看，20世纪50年代初由复旦大学、圣约翰大学分配到我工作单位的毕业生，只需三个月就能适应工作，独立工作；而现在的毕业生则需要两至三年才能上路，这是一位曾任报纸总编现任省委宣传部部长的评价。这意味着毕业生的质量以及当今记者的能力基础比50年代下降了很多！有位报社总编还说："某大学新闻系的毕业生我一个也不要。"

3. 各级新闻单位经营管理人才奇缺。调查中，我注意到这样的现象：各级报社都存在经营不善的弊病，以至于报纸在赔本，国家在贴钱，然而报社成员却在拿奖金。什么原因呢？经营管理者不懂经营管理。现任的报业管理者没有一个是从该专业毕业的"科班"，都是半路出家的，有的则完全是外行。例如，有些经理是在采编业务上确无前途而转行的记者。他们基本上不懂报业管理。

报业经营管理是一门独立的学科。目前国内各类事业都相继建立了自己的管理科学，然而唯独新闻事业却没有培养这类专业人才。

新闻事业的经营管理直接影响到新闻事业的发展，中国新闻事业史上不乏先例，说明报业经营管理的重要性。旧中国的新闻界就很重视报业经营管理，重用具有报业经营管理才华的人。邹韬奋在介绍《生活日报》干部姓名时介绍起该报经理部主任杜重远时说："无不叹服他的（经营上的）成绩优良、精明干练……但我们却要借重他的精明干练的天才来主持经理部。"又如《申报》成为在国内销量最多、实力雄厚的原因之一，正是史量才利用了张竹平的经营才能。

以上这些情况如果不尽早引起重视和改革，我们的新闻事业的前景就不会十分乐观。

新闻教育又存在着什么问题呢？

1. 在读学生大部分不了解党的方针、政策和当前的国内外局势，因而缺乏记者应首先具备的政治敏感。新闻系不开设时事政策课，这样培养出来的记者是个没有政治头脑的人，在时代纷繁复杂的旋流中茫然不知所措，不知什么是新闻，知道是新闻，不知该怎么报道。

2. 目前在新闻系就读的学生知识面窄，知识结构偏而且不合理。目前，有些新闻系将文学课开得过重，忽视了新闻学本门课程和理工各科全面知识的教育，因此把新闻系办成了另一个中文系。当然，作为一个出色的记者，应有一定的语言文学素养，但不是要求他去当作家，而是忠诚于新闻事业。不可把文学课误认为是主攻方向，主攻方向应该是完整的新闻观念和业务能力，尽可能具有较多的专门领域的知识和边缘学科的知识。训练新闻系学生能从多方面观察事物的敏锐思维能力、分析和综合能力。新闻系毕业生需要两年才能适应工作，而中文系毕业生则需要三年之多，这说明我们的教育不合理。这两三年对于社会简直是一大浪费。

有的学生对新闻本专业的功课学得不好，对文理工农医等知识知之寥寥，然而没到毕业，就给自己"印刷"了什么诗歌集、散文集，这个风头会把新闻系学生引入邪路的。

文理工等学科相互渗透、高度综合是当今新闻教育的特点。一个新闻功底差、不懂理工知识、只学过半撇子文学知识的人如何能胜任对这个世界的报道？我们的新闻系就应为小苗子着想，把"食谱"弄得营养丰富一些，而不是引导他们"偏食"。

3. 注重了课堂教育而忽视了课外实践。目前，新闻系安排的实习时间太少了。大多在四年中仅安排大约三个月的实习时间，这三个月实践实际上没有也不可能让他们了解到更多的客观实际，严格地训练他们的采写技能。

我在 20 世纪 60 年代初分管某学院新闻系工作时曾将该系的社会实践增加至两学期，效果较好。学生学到的基本原理在实践中得到消化和检验，业务技能也在实践中得到磨炼。

（三）我对新闻改革的几点建议

新闻改革是一场全方位的行业革命，诸如更新观念、变革体制、强化深化教育改革等，今天我只讲讲应该在这一切之前先行一步的新闻教育改革。因为各种毛病都出在人才的基础不好上，所以我愿谈谈深化新闻教育改革的几点建议，仅供参考。

总的建议是：改革现有的新闻教育体制，培养出适应时代、适应社会实际需要的高层次新闻专门人才。这就要选择最佳办系模式，从总体上把握人才培养方向。目前，国内的四种新闻系模式：1.具有新闻传统规律的新闻系模式；2.中西文化结合的新闻传播系模式；3.文理工各学科相互渗透的新闻系模式；4.以文学为主的新闻系模式。第四种模式因为矛盾重重，正在分化，因为以文学为主培养的人才明显不适应社会需要，一部分逐渐在向新闻学科靠拢，一部分则坚持新闻与文学结合。在改革的总目标下，我有如下几点想法。

第一，我建议彻底改革现有的新闻系本科教育。改革本科现有的课程设置，以改良学生过窄过偏的知识结构。像文学、地理等在中学开过的课就没有必要再开得过多了。不能使学生成为另一个中文系的学生，应该强化新闻本专业的课程和新闻实习，并可开设微电子新闻学以适应新闻事业现代化的要求，而且还应适当介绍一些最新学科的基本知识。

要想尽一切办法重视本科生的实习，条件允许时可以办实习报，校内的校报、校广播台、校电视台可以交给实习生办理，作为实习园地。这既可缓解实习经费的困难，也可以让学生基本上了解新闻传播的全过程。另外，基于对本科生负责，应对新闻系的教师提出如下要求。

不是新闻本专业毕业，又无长期新闻实践经验的老师，要坚决地向新闻学靠拢，系领导更应该是新闻学行家，最少精通新闻学理论。凡无新闻工作经验，特别是刚从校门出来就踏上讲台的老师，要到新闻机关去实践。只有理论与实践相结合了，才有开课的资格。教师在带学生实习时应安排一定的社会调查任务。

第二，我建议专门培养新闻事业经营管理人才。现实是这样的，我国目前的新闻事业在赔本，领导人又不懂新闻事业经营管理，国内也没有一个专门培养这方面人才的专业。中华人民共和国成立前中央政治学校是重视报业经营管理的。刘觉民1936年出版过《报业理论》。然而我们这个时代非但没设这门课，而且各种教材中仅仅提上一句，只有戴邦等著的《新闻学基本知识讲座》中专门写了一讲。华中工学院新闻系受中宣部委托，于1986年开办了一个新闻事业管理干部专修班，这说明国内开始意识到专门培养这样的管理人才的重要性了。

第三，我建议现有的新闻系不再扩大招生规模，重点应放在培养高层次专门新闻人才上，培养研究生、双学士生、外专业转入新闻系的优秀插班生。

我提倡外系优秀学生通过考试转学新闻学。这样我们的新闻人才就具备了两种以上专业知识，毕业后可从事某些专业性、技术性强的报道。因为新闻系不可能为学生开设那么多的外专业课，只有招考外专业的优秀插班生这条路最合需要又最实惠。

第四，我建议要加强新闻科学、新闻教学的科研工作。没有科研便没有新闻学的发展，没有科研也没有新闻教育水平的提高。如果科研工作不去更新旧知识、探索新理论，在一日千里的时代中，我们新闻系所授的课只能是一堆陈芝麻烂谷子，与客观实际需要毫不适应。新闻学科的内容虽然要稳定，但以不变应万变恐怕是不行的。

因此，新闻系不仅应有专门的科研机构，而且还应鼓励、督促每个教师在教课之余潜心科研，每个教师要定期向系里检讨研究贡献，系里则给予评估和判断。

当然科研要耗费不少金钱的，但它是提高教学质量、开拓新学科的关键，不花大价钱就难以培养造就出优秀人才。因而，学校应每年拨给科研事业一定的费用。

以上我讲了深入改革的迫切性，新闻事业及教育单位的现状，还提了几条建议，只为了引起大家的注意。有些观点可能过激，然而这只是基于目前事物现状的看法，以后实际情况发生了变化，我的观点也会成为落后的了，这是规律，我高兴地等着那一天。

敢于探索、开拓，这是新闻行业的传统精神，只要我们一起探索，新闻事业以及以之为基础的新闻教育一定会日益兴旺发达。

（1987 年 10 月 5 日于武昌）

总编辑的品质和影响力

有人问到关于报纸总编辑的品质和对新闻事业影响力问题，这是个大题、难题，过去，新闻学著作中，对此问题专门论述的不多，无充足的参考文献。

我国的新闻事业有报纸、广播、电视和通讯社。报纸的类型多，广播、电视、通讯社有各自的组织系统、层次多，总而言之，总编辑数以万计，当然，有的不称总编辑而称台长、社长、采编主任等，就其性质、任务来说，应该纳入总编辑的范畴。

老总们长期从事新闻工作，积累了丰富的工作经验可供总结，他们的工作有不少共同性的规律值得探索。预测未来，有一天会形成一门新闻学的新学科——总编辑学。为了将社会主义新闻事业办得比现在更好、更先进，对社会更有吸引力，受众喜闻乐见，提出探讨这个问题是有现实意义的。总编辑的影响力殊大，他决定事业发展的道路、前途，但其核心是总编辑的品质，即其影响力。

就总编辑所肩负的社会责任来说，不是指他们的名誉地位，总编辑不亚于一个大总统，不亚于一个国务大臣，甚至一个政府首脑不一定能做一个称职的总编辑。这里不是指那平凡无远见的庸碌之辈，而是指那些政治、业务、文化品质非凡，精明强干的老总。

总编辑在一个新闻单位的地位应作如何评价才是呢？

——总编辑是主持笔政的人；

——总编辑是保证新闻事业成功的决策人；

——总编辑是消息灵通的权威人士；

——总编辑是发布新闻的最后把关人；

——总编辑是人民大众最信赖的公仆；

——总编辑不是离群索居的"无冕之王"，而是与编辑记者通力合作的平等伙伴；

——总编辑是深入实际、研究实际，对现实问题有发言权的人；

——总编辑负有重任，并不是靠发号施令，对实际问题不着边际地乱发一通议论，更不是靠行政手段和权力领导，而是他个人的高尚品质影响编辑和记者。恰到好处地，倒是无声胜有声。

总编辑的人品素质，概括言之主要有以下数端，做到了才能形成一种令人敬仰的形象，而有力地影响他人。

第一，无限忠诚于人民的新闻事业。社会主义新闻事业的真正主人是人民，要树立人民是主体的思想，全心全意地为人民服务。新闻传播媒介要向人民讲真话，特别是在人民关心的敏感问题上敢于直面现实讲真话。中国人民大学舆论研究所的一次抽样调查表明：我国报界在人民中的形象不佳，其中一个主要原因是不讲真话，由此而产生了对报纸的不信任感。多数情况下不是总编辑不识真假，而是有些总编辑缺乏"五不怕"精神，在外界压力下，常常表现为"望风披靡"。只要把人民的利益摆在首位，为人民坚持好的，为人民纠正错的，就能理直气壮地讲真话，公布最尖锐的问题，匡正时弊。坚持事实第一的原则，无疑可以得到人民的支持与爱戴，促进整个新闻事业的好风气。

第二，在任何情况下都要保持冷静态度。提出一个口号，宣传一项主张，要瞻前顾后，审查历史情况所提供的教训，以及今后三五十年是否符合社会发展的需要；要经得起历史的考验，站得住脚；不仅着眼于这一代人，还要想到下一代人的利益。

总编辑最好患的一种病症是"大脑左半球感冒症"，头脑常常发热，传播一些脱离国情、脱离客观实际、脱离人民生活水平的新闻信息或言论。虽然从"人有多大胆，地有多大产""端起黄河当瓢泼"等一类胡言乱语中吸取了一点教训，主观抽象思维的症状有所改善，但病根并未彻底根除，这些年发热的现象还不少，如超前消费热，就是受新闻传播媒介影响热起来的。新闻传播贵在迅速，但并非没有思考的余地，只要遇到问题，冷静三思，是可以避免发热的。

第三，高度发扬民主。新闻事业是处在学科集中、信息集中、事情复杂，变化多端的环境中，一个人的智力是难以控制形势的。与总编辑共事的，又是一批高级脑力劳动者——知识型专家。越是有水平的编辑、记者，越善于独立思考，发表不同的意见，提出大胆的设想，甚至与总编辑的意见相左。这是非常可喜的现象，做总编辑应该感到高兴，因为这是事业发展的巨大潜在力量。要给他们这种发言的权利，给有个性的新闻报道和言论发表的机会。把他们的积极性、创造性充分地调动起来，在深层改革中发挥他们的作用。

万万不可将"听话"作为用才的标准，不要把集中——一切要"听我的"作为统率的手段。前面已经谈到，在纷纭繁杂的事物面前，个人的能力总是有局限性的。在充分发扬民主的基础上补充自己的不足，领导才是有效的。总编辑不是站在编辑、记者之中，而是站在他们之上发号施令，其结局没有不是悲惨的。

总编辑跑上层领导机关是必要的，去了解领导者工作情况和工作意图，使宣传报道与实际相吻合，但领导机关并不代替你做实际工作。所以重要的是保持与群众的血肉联系，深入编辑、记者以及所有的职工中，与他们交换意见，听取他们的评议，借以改进工作。总编辑有个良好的作风，接受群众的批评有诚意，才能真正唤起他们的活力，奋起为完成艰巨的任务而共同战斗。

第四，具备决策的魄力。决策包括开拓事业的方案、办法。新闻事业是一种文化企业，邹韬奋给我们作出榜样，为振兴中华民族的文化作出了贡献，同时为开拓新闻事业指明了方向。

但是日常的主要的决策，是表现在新闻的取舍上。登什么、不登什么、提倡什么、反对什么，善于抓住时机，果断拍板，特别对于那些切中时弊、违背当政者意愿而恰有益于社会的新闻报道和言论能迅速作出抉择。如果有丝毫优柔寡断，会影响记者的创造性。

总编辑的决策是传播工具成功的关键。决策的魄力来自：

——掌握了可靠而丰富的情报、资料；

——正确判断周围环境变动；

——敢于承担责任的精神。

第五，良好的知识素养。我们处在科学技术发展的伟大时代，总编辑要掌握住自然科学的新发展、社会科学的新思潮，那就要靠丰富的知识了。

第六，显然过去学到手的知识很不够，有的已经过时了，事实说明在新事物的面前，由于新知识的短缺而感到窘迫，这是由于时代前进带来的问题，不能笼统地归结为总编辑的素质低。

但确有另外一种情况，像美国一位学者所谈的一样。"在当代存在着的复杂事物中，专家虽受到训练，但没有受到教育，技术虽熟练，而文化水平不高，这是很危险的。"

我们都感到新闻干部队伍素质低，实际上很危险的是总编辑的素质低。因为低素质的总编辑带不出高素质的新闻队伍，这可能是条规律。

总编辑是专家，总编辑也自诩为专家。一点不错，在实践中受到业务锻炼，有熟练的编辑技巧，但要承认，不少总编辑没有受到专业教育，读书不多，文化水平不高。现实又要求总编辑洞悉世界，具有敏锐的分析头脑，在传播上不发生失误，唯一的办法就是读书，读《诗》《书》《易》《礼》《春秋》，熟悉中国的历史，懂得中国的文化传统；读在世界范围内有影响的名著，懂得当代各种新思潮。总之，应该博学强记，成为风范。总编辑的良好知识素养，是影响一代人的。没有读过 500 部专著（这不是极限），难算一个称职的总编辑，继续做一天总编辑，还需不断补充新的知识，在头脑中贮存一个文化系统。

举此六端，并非总编辑品质的全部，这是根据我几年的社会调查，认为值得提出来的。比如，倚马可待的写作能力；在疲劳中仍能继续再战的毅力，不逶过于人、勇于自我批评的精神，总编辑工作的策略思想，等等，也是很重要的品质，在这篇短文中没有涉及。同时我的每个观点都有事实作根据，但我把它省略了，望能谅察。

1989 年 2 月于西安

（原载《新闻知识》1989 年第 4 期）

中心·特色·群众

——一个新闻工作者如何规划报道

《陕西日报通讯》"名人指点"开栏语：年近八旬、有 55 年新闻生涯的何微教授，曾为我国的新闻事业作出了重大贡献，他培养的大批新闻人才遍及全国。在当代中国新闻学园地里，仅他从业时间如此之长、实践经验如此之丰富、学术造诣如此之深厚而又健在的学者，已屈指可数。他的事迹被收入《中国当代名人录》《中国新闻年鉴·新闻名人》《现代中国著名学者词典》等辞书中。如今虽已离休，但对学术研究和人才培养工作一直坚持不懈。最近，当约请他为本刊撰写文章时，何教授欣然答应，这是一个老新闻工作者对我们最大的关心，对此，我们表示衷心感谢。

　　我是一名记者，在新闻战线上算是个老兵了。老兵有老兵的优点，或多或少积累了一些采访写作经验；老兵也有弱点，不会上一线深入实际，深入群众，就会脱离实际，话说得不一定准。

　　在当记者的时候，我有种习惯，每临年岁末首总要对过去的一年作番检讨，当然不是评功摆好，那就没意思了，主要在寻找失败的教训。这样做颇有价值，可使自己的认识深化一层。记得我在 1943 年写过一条新闻，标题是《三伏三击》，它是写民兵伏击日军的胜利。材料是县武装大队政委提供的，我没有找民兵队长谈，也未去现场察看和访问目击者，新闻虽然发表了，但将一场步步设伏的地雷战写得平淡无奇，没有把民兵英雄的谋略、勇敢、善战这些特点突出。我不满意，读者更不满意。年终回忆时，我接受了两点教训：1. 记者必须深入现场，弄清基本事实与主要情节，保证新闻的真实性和生动性；2. 访问当事人。情况不允许时才使用间接材料，并说明新闻来源。

　　检讨是一方面，更重要的一方面是规划新的一年。眼睛要盯住那些能写成几篇有社会意义的宣传报道。设想不是胡思乱想，是根据客观形势，经过分析后得出的意向。一般说意向不是具体题目，只是初步的努力目标。

　　把握客观形势，我过去是作如下考虑的，现结合现实简略地谈谈，或许有点参考价值。

　　研究全局形势。过去战争年代，以报道军事为主，专职记者与众多通讯员相结合，从全局出发，分析军事形势，报道一次战役、一次战斗和无数英雄模范人物，并注意揭露敌人的烧杀抢掠等。现在是社会主义建设时期，新闻工作要始终坚持以经济建设为中心，以主要精力将经济工作宣传好，这是关系全局的大事。党中央指出 1994 年的经济工作方针时说，"要全面贯彻党的十四大和十四届三中全会精神，加快建立社会主义市场经济体制的改革步伐，进一步扩大对外开放，加强和改善宏观调控，大力调整经济结构，提高经济效益，保持国民经济的持续、快速、健康发展"。可以断言，这段话的每一句、每个词都能找到新鲜的事实。写出最佳的宣传报道，关键在于我们的经济学知识水平，深入实际的程度，敏捷的思想反应和锐利的观察力，以及写作的控制力和表现力。

地方特点。尽管各地都是贯彻执行党和国家确定的路线、方针、政策，实际情况则大不相同。城市有大中型企业，市场经济活跃，由于基础建设的改善，吸引了一批外资，可以多宣传企业改革，开拓国内外市场、提高企业经营管理素质等重要的问题。

农村工作和农业生产的宣传方针是明确的，其基本点是稳定农村基本政策，深化农业改革、促进农业经济全面发展。农业生产有农林牧副渔，粮食生产须大呼大喊，调整种植结构方向，保护耕地，改良耕作也须注意报道，因为这些关系到粮食产量的增减，耕地面积锐减已向我们发出危险的信号。

陕西省南北延伸 870 公里，由陕北黄土高原、关中盆地和秦巴山地构成三个各具显著特征的自然区，形成农业生产的各自特色。新闻工作者要善于抓特征，特别是报道春耕、夏收、秋种，简单化就容易雷同，需要深入观察，挖掘特征，仍可写出好的新闻作品。值得注意的是这类报道容易浮夸，要挤掉水分，敢讲真话。

农业生产除做一些综合报道，使人感受面上情况的鼓舞，显然还有许多人们预知未知的新事物报道极少。举例说，陕南是产茶区，人们只想到紫阳的富硒茶，其实南郑的"汉水银梭"，西乡的"午子仙毫"，都是色香味俱佳，可与西湖龙井茶媲美，因缺乏宣传，鲜未为人知。武汉市场上的苹果大部来自陕西，陕西的苹果过了长江，就是个好题目。发展乡镇企业是农村实现达到小康水平第二步发展的有效措施，需要有些典型报道来引导。新闻工作者要抓有利于一乡一县发展生产，增加农民收入的新鲜事，多宣传，多鼓励，多疏导。总之，要紧紧掌握中心，又能反映地方特色，是需要精心选择的。

接近群众。要从大多数工人、农民和知识分子的需要确定选题。党的宗旨就是全心全意为人民服务，这也是我国新闻工作者的优良传统。在目前社会主义市场经济的冲击下，新旧制度、思想、观念都在嬗变，给人民群众带来不少困惑。人民群众在新的经济生活中，对许多新情况、新事物无所适从，需要新闻工作者深入实际，调查研究，认真分析，以对祖国负责的精神，将人民群众的呼声、要求如实反映，从舆论上加以疏导。我倒有种想法，可能有撞磕，就是请歌星、影视星、模特儿和城市小姐们让点位置，多登些与人民群众生活息息相关的基本问题。

一年的事，只能做个基本打算，这犹如海上行舟，掌好舵，方向不错就能到达目的地。具体的方面，事物不断在运动发展，可按照情况变化办事，这才符合新闻学的基本规律。

（原载《陕西日报通讯》1994年第2期"名人指点"栏目）

这条新闻应该如何写

记者（包括通讯员）的主要任务是向读者客观、公正、准确地陈述新近发生的事实。与此同时，要求记者对所陈述的事实清楚，读者可以看明白，能够理解，不致产生疑问。

所以新闻学基本知识中都讲到新闻要素。一条比较完整的新闻报道，一般含有六个要素（五个W和一个H），换句话说，即何事、何时、何地、何人、何故和何如（怎么样）。这六要素是相互依存的。新闻是关于新近发生的事实的宣传报道，其核心是"何事"，没有事实便无新闻报道。但其他要素与"何事"却不能彼此分离，在一定条件下，各自与"何事"紧密联系在一起。"何事"的发生常与"何人"的参与分不开，人与事多叠是种必然现象。而任何事件的发生又都离不开"何时"和"何地"。反映事件的深度，尤须注意"何故""何如"两要素，通过它生动地描述"何事"，又为"何事"作出补充和进一步的解释。

说起新闻六要素，好似新闻工作者都晓得，运用起来却不容易，并不自如，我看到1993年12月22日《人民日报》一条重要的新闻报道，是写铁道部组织专列调运粮食，为从中吸取经验，不妨引述全文加以研究。

记者从铁道部运输局获悉：铁道部及其所属的哈尔滨、沈阳、北京等6个铁路局，连日来迅速安排车辆、人力，做好粮食调运工作。到今天24时，先后已有10.5个满载大米、小麦、稻谷、玉米的运粮专列（每列45—50个车皮）发运上路。

铁道部为贯彻党中央、国务院关于迅速平抑粮食价格，确保市场稳定的部署，把粮食运输摆在"重中之重"地位，近几天来先后两次安排运粮专列54个。目前，运粮专列涉及6个铁路局。

我郑重地说一句，不是评价这篇新闻作品写得好还是不好，是从新闻要素的角度引起我思考的。在这篇短新闻的旁边我曾画了三个问号，集中到一点是记者对一些重要事实没有交代清楚，使人看不懂，因为它缺少"何故"和"何如"两个新闻要素。

看到这条新闻的读者都会提出、实际已经提出：

一、为什么铁道部把粮食运输摆在"重中之重"地位，使用这种"万万火急"的语言，说明粮食暴涨得可怕，到底上涨多少？

二、"迅速平抑粮食价格"，这与我国1993年粮食获得了丰收，全国总产量高于1992年的实际情况不相符合。粮食丰收，反而粮价上涨，需要迅速平抑，粮食上涨的原因是什么？

三、10.5个运粮专列"发运上路"，运到什么地方去了，为什么不予说明？记者留给读者几个问号，我们必须做进一步的探讨。记者是否以为自己明白的事情，读者也应该明白；还是记者没有深入调查研究，就事论事仓促写成的；或者是记者受到某种制约，在新闻中只能含糊其词。这虽属文句推理，但其中必然有一个是真实的甚至这些情况都会存在的。

在粮食价格上涨的面前，记者应该是积极用新闻媒介消除群众的误解和疑虑，这是我们的责任，不能因在新闻报道中陈述不清，给群众增添一分思想混乱。

记者获得的情报是很多的，又有各种报刊足资参考，在前述的铁路运输粮食的报道中，回答"何故"和"何如"是极其容易的。因为在新华社发出的几篇报道中已经提到了。"去年进入10月以后，沿海粮食销区的市场价格上扬，广东省11月下旬粮食零售价格平均比10月上涨30%"，安徽抛售1.2亿公斤粮食平抑市价的报道中也写道："10月下旬以后，安徽省部分城市大米、面粉购销价格每公斤平均提高30%以上"，这已超过了城市居民的承受能力。粮食价格大幅度上涨的原因"是心理的因素推动起来的"，是"不正常的"，也是"暂时的"。新闻中说铁道部组织专列运粮，显然是运到南方几省去了，因为"湖北、湖南、安徽、江西等产粮区的大米价格也相继上升"，只好"动用国家库存粮食，向市场抛售"，这是国务院的决定，已经公布，没有秘密，新闻为何只谈"发运上路"四字，不指出粮食运往何地，给新闻蒙上一层神秘色彩，使读者妄加揣测呢？

新闻报道既然是向读者传播信息和告知事实的真相。前面所举的那则新闻却未做到这一点，这是因为没有以"何故"和"何如"作补充和注释，增加了读者的疑点。如果用上一段文字所写材料作背景，"何事"便成为透明体，让读者看得很清晰。

任何新闻都是在一定的环境和历史条件下产生的，应该采取科学的态度，遵循新闻写作的客观规律，介绍它的背景，这条新闻是可以写得更好些。

（原载《陕西日报通讯》1994年第2期"名人指点"栏目）

短新闻与现场短新闻

现在有句很流行的话，叫作"扩大（增加）新闻信息量"。这有两层意思：一是增加报纸的新闻条数，但版面是有界线的，一行也不能突破，一个版面上的新闻增多，新闻越要写得短小精悍，才能达到扩大信息量的目的；二是增加一则新闻的信息量。新闻有单信息、多信息。新闻的信息含量是由所报道的事实所决定的，不以人的意志为转移。但要把新闻做够，执着报道新的首次发现的，重要之中的主要的，有重大社会价值的，经过深入挖掘的深层次事物。内容丰富，这并不意味着要将新闻拉长，仍须坚持短的原则。

新闻要短，是新闻科学的一条基本原理，是由报纸的个性所决定的。报纸又称新闻纸，一张真正的报纸（不是消闲报）是由长长短短的许多重大新闻组成的。新闻占主要篇幅，通常为四分之三版、八分之五版。新闻之多是为适应不同需要的读者群。

报纸之间是有竞争的，首先竞争的是新闻，看谁家的独家新闻多，谁给受众提供充分的、准确的、有价值的权威性新闻，谁就赢得了读者。

从读者来说，工作、学习、生活都需要密集的信息，特别是在改革开放的时代，一条重要的新闻可能引出一连串令人欢欣鼓舞的事情，这就是舆论力量之所在。由此可知读者是多么需要舆论的引导，以规范自己的行为。

从总体上认识短新闻的重要性，提起笔来就有自觉性将新闻写得短些。

短，有没有标准呢？1946年胡乔木同志在《短些，再短些！》这篇文章中建议："新闻要五分之四是五百字左右的。"他提醒我们："记着写得愈长看的人愈少。"

写短新闻很不容易，作为新闻工作者，特别是报社通讯员，就从难处着手锻炼、将写短新闻的基础打扎实。以后写其他体裁的作品就容易驾驭了。

将新闻写短难是难，还是有规律可循的。第一，先要弄清所要报道事物的全部情况。浅显地说，是怎么一回事，来龙去脉、前因后果都在心头。第二，接下来是提炼主题。一条新闻都应有一个鲜明的主题。所谓主题，就是新闻所要表达的中心思想。犹如将应有的事实用一条红线从头到尾贯穿起来。第三，剪裁取舍材料。把能突出烘托主题的材料留下，其他枝蔓统统砍掉。第四，安排整篇的结构布局。要合乎事物的逻辑，层次要清晰，组织要严密。结构是为方便陈述事实。第五，语言文字要精练。首先是用语准确；其次注意语言的优美，让人有美的感受。写毕一定要通读两遍，删除多余的字句。这五点看起来简单，但它统率全局，要费思考，多加实践，才能真正写好一条短新闻。

至于现场短新闻与短新闻并不矛盾，是对短新闻提出了进一步的要求。

有人曾给现场短新闻下了个定义。现场短新闻是指对事物本质特征或概念的内涵和界限的确切的逻辑规定。把这句话分解开来说，本质是新闻；内涵是短新闻；界限是现场短新闻。也有人提出现场短新闻的三要素——新闻价值高，现场感强，短小精粹。他并指出新闻价值与短小是一切新闻文体的共性，而现场感则是现场短新闻的个性特征。这些观点都有一定参考价值。

（原载《陕西日报通讯》1994 年第 3 期 "名人指点" 栏目）

有关信息问题

我们天天在谈论信息问题，什么是信息？目前尚无确切统一的定义。比较流行的提法主要有以下几种。

——信息是人们传递的关于事物状态的消息。

——信息是可以减少或消除不确定的内容。

——信息是任何过程和客体中差异性的反映。

——所有事物对外界发生的影响。

——信息即音讯、消息。

——新闻是新闻工作者认识、描述、传播并借此去影响外界的名称，也是一种信息。

从上面引述的观点，我们从中理解到，信息是种复杂的现象，它影响社会的各方面，与各学科发生联系。

我不涉及这么宽的面，只讲信息与新闻的关系。新闻是由信息构成的，没有信息的新闻不成为新闻。新闻只是信息存在的形式，信息本身是新闻所负荷的内容。这是两者之间的基本关系。

为进一步了解信息，举一条新闻为例，我们来进行分析。

【《人民日报》南宁 1994 年 1 月 7 日电】记者郑盛丰报道：日益增多的报纸周末版，正在受到应有的重视和引导。今天在南宁结束的全国报纸周末版座谈会上，中宣部副部长龚心瀚强调，要重视办好报纸周末版，充分发挥周末版在精神文明建设中的积极作用。

座谈会由中宣部和国家新闻出版署联合召开。近年来，在各种报纸随着经济的发展而迅速发展的过程中，出现了一种新现象，即众多的报纸纷纷办起了"周末版""星期版""月末版""扩大版"和"文摘版"，有人把这统称为"周末版现象"。龚心瀚在讲话中指出，周末版是经济发展、社会进步的产物，是改革开放形势下应运而生、应运而长的。由于"周末版"内容丰富、编排新颖、形式多样，贴近读者、贴近生活、贴近实际，在扩大信息量、增强服务功能、丰富群众文化生活、引导社会舆论等方面，又有着明显的优势和积极作用，因此，办好"周末版"，十分重要，大有可为。

龚心瀚指出，"周末版"作为报纸"正版"的延伸，宣传上应当始终坚持正确导向，坚持团结、稳定、鼓励和正面宣传为主的方针，把培养和陶冶人们的高尚情操，提倡正确的理想、信仰、人生观和价值观作为宣传的根本内容。但"周末版"又毕竟不同于"正版"，而具有"正版"副刊的性质，这就要求必须从题材选择、报道的视角，到标题的制作、版面的设计，都应有独特而又健康的风格和个性，为读者所喜闻乐见。龚心瀚说，"周末版"既要适应读者，更要提高读者。适应读者是手段，提高读者才是目的。适应读者是为了提高读者，是为培养"四有"新人服务的。

龚心瀚特别提醒大家注意报纸"周末版"宣传格调上的主旋律问题。他说，建设有中国特色社会主义理论和党的基本路线，爱国主义、集体主义和社会主义，人民群众从事改革开放和社会主义现代化建设伟大实践的创造精神，江泽民同志提出的64字创业精神，以及中华民族的优秀文化，是推动我们社会发展、民族进步、国家富强的主旋律。"周末版"在宣传中要努力以高质量、高格调的精神产品大力弘扬这个主旋律。在这个前提下，做到主旋律与多样化的统一、思想性与可读性的统一、社会效益与经济效益的统一。为此，必须切实加强编辑队伍的建设，并培养和造就一支又红又专的作者队伍。

……（略）

一条新闻（亦可称消息、电讯）的信息量，是指经过记者（通讯员）采写，有关单位审定，新闻媒体传播所得的信息数量。一则新闻信息的含量有单信息、有复信息。单信息只传送一个基本信息，如新华社1978年11月15日讯，中共北京市委宣布：1976年清明节广大群众到天安门广场沉痛悼念敬爱的周总理，愤怒声讨"四人帮"，完全是革命行动。对因悼念周总理，反对"四人帮"而受到了迫害的同志要一律平反，恢复名誉。这条新闻虽只传达一个信息，确系重大的，将颠倒了的历史颠倒过来，它充分体现了全国亿万人民的心愿，并引起世界的震动，全国报纸周末版座谈会则是一条复信息新闻，包括了"周末版"正受到党和国家的重视和引导等几个首要信息。从总体上说，在各类新闻体裁中，新闻（消息）是信息密度最高的品种，"周末版"座谈会新闻正说明了这一点。但由于每个人对信息的需求不一样，信息量的大与小、多与少也因人而异。

新闻的信息又可分为显信息和潜信息两种，报纸"周末版"座谈会新闻中写道：正在受到应有的重视和引导。要重视办好报纸"周末版"，充分发挥"周末版"在精神文明建设中的积极作用。在各种报纸随着经济的发展而迅速发展的过程中，出现了"周末版现象"，"周末版"作为报纸"正版"的延伸，宣传上应始终坚持正确导向，大力弘扬主旋律，培养和造就一支又红又专的作者队伍。上述种种都属显信息，其中还包括了些可操作信息，看了就明白。

潜信息则不然，是新闻背后的新闻，眼睛是看不见的，常被读者所忽略。报纸"周末版"座谈会信息的潜新闻就隐藏在"引导"一词中。应该敢问个为什么需要"引导"？是"周末版"走偏了路，还是走错了路？看来报纸"周末版"出了些问题是真的。报纸"周末版"座谈会的新闻报道，记者是正面描述的，没有提及任何缺点和不足，但是字里行间却有所流露。诸如"应当始终坚持正确导向""都应有独特而又健康的风格和个性""更要提高读者""特别提醒大家注意报纸周末版宣传格调上的主旋律问题""必须切实加强编辑队伍的建设"等，用这么重的语气，证明其背后有潜信息，值得深刻体会。

写在新闻中的信息需认真挑选。挑选出新信息，有重大意义的信息，有社会价值的信息，读者需要的信息。

关于新闻信息问题，还不止这些，压缩在一篇短文中，只能提纲挈领地谈谈。

（原载《陕西日报通讯》1994 年第 4 期 "名人指点" 栏目）

新情况下说新闻真实性

最近阅读报刊，使我想起几年前对一位日本朋友说的话，我说新闻的真实性问题，是个世界性问题，需要新闻工作者长期与之作斗争，在斗争中维护新闻的真实性。

引出上面一段话是因我看到两个资料：

其一，《文摘报》1119 期上的一则报道揭露 1934 年英国《每日邮报》独家发表的有关尼斯湖水怪的照片是"20 世纪最大的骗局"。《每日邮报》的马尔马杜克·韦特雷尔就是炮制水怪的参加者。马尔马杜克伙同他的儿子伊安、继子克里斯蒂安花了几个先令从伦敦的一家商店里买来玩具潜水艇，经过设计改装，并在上面安装了胶木的海蛇头和脖颈，放入湖里拍照，伪造尼斯湖水怪。这张曾在世界上引起轰动和兴趣的新闻照片，是1993年马尔马杜克的继子克里斯蒂安在临终之前告诉了尼斯湖研究人员，骗局的真相才被揭露出来。

其二，《陕西日报通讯》1994年第3期公布了1993年我国报纸10条假新闻。实际上绝不止这么小的数字，我想资料所举是荦荦大端，影响最坏的10条。

事实证明，新闻真实性问题在世界范围内并没有解决，值得引起我们的重视。虚假新闻是新闻界的丑恶现象，按理说，我们是社会主义国家的新闻工作者，决不应该损害新闻的真实性。

新闻的真实性是新闻学的一条基本原理。新闻是客观事实的陈述，先有客观事实的存在，后有新闻报道。没有事实为依据或捏造事实所写的"新闻"，就是造谣、欺骗读者，故意破坏新闻事业在人民群众中的信誉，假新闻的危害性还不止于此，它会影响党政领导机关的决策，妨碍社会主义建设事业的进步。

如何把握新闻的真实性？

首先，应该理解，任何新闻写作，都有个从客观存在到主观认识的过程。主观所反映的全部内容，只是对客观事物原原本本地陈述，如果改变，甚至歪曲事实的本来面目，那就违反了真实性原则，可称之为假新闻。

这里还有一个认识问题，即所谓新闻的倾向性和指导性，这是指事实所固有的内在趋向。新闻的倾向只能由事实本身来决定，不能由新闻工作者以主观意向代替客观倾向。关于指导性是要新闻工作者深入实际，调查研究，发现典型，以揭示事实所固有的指导性，不是随意地将事实扭曲，适应某些指导思想的需要，这样做便使假新闻取得合法地位。

我曾写文章反对"加工"新闻，提倡写严肃新闻，就包含上述思想。新闻媒介是依赖新闻的真实性而存在发展，任何人都不能改变新闻事实的真实。即使将假新闻、半真半假的新闻编织得"天衣无缝"，还是经不起时间的考验，最终会被揭露出来，伪造的尼斯湖水怪的新闻照片，事情将过去60年，还不是被揭穿了吗？

其次，在新闻媒介激烈的竞争中，不少新闻工作者在追求新闻的"轰动效应"。新闻报道在社会上能否引起轰动，决定所报道的事实本身。抓住广大读者所关心的热点问题，以翔实的材料写成报道，引起社会的强烈反应，这是新闻工作者具有高度社会责任感的表现，很值得赞许。但也有不少追求"轰动效应"者，目的在借此扩大报纸发行量，或个人欺世盗名。我们分析1993年报纸10条假新闻的题目就能发现，他们对客观存在的事实不屑一顾，为"轰动效应"费尽心思，故意捏造事实，耸人听闻，搅乱人们的思想。一味追求"轰动效应"是很危险的。

我认为"轰动效应"不是新闻学的科学规律，不值得重视和学习，更不应该提倡。研究这类新闻作品时仔细进行剖析得出应有的教训，倒有意义！

最后，深入实际检验所采访到的事实材料，做新闻工作的重要新闻来源是各部门的负责人，主管全面工作的领导人。他们有实践经验，脑子里装了不少部门的以至全面的材料，他们的品质和才能也是比较好的。但根据我多年的采访实践，发现一些领导人诚实，正确自我评价他所管辖的工作是十分困难的，总不免在成绩中掺了水，有几分不真实。

访问负责人是采访的一方面，更重的一方面是深入实际、深入群众检验所得来的材料的真实性，发现情况有较大出入，回来要向负责人汇报，敢讲真话，可以讨论，亦可争辩，真理面前人人平等。社会主义市场经济，是以前未曾接触过的领域，一般说对这个新事物从理论到实践不少人并不熟悉，做新闻工作的也应实事求是。

坚持新闻的真实性，就是坚持真理，敢讲真话，一是一，二是二，正确与谬误分明。做新闻通讯员的有一定难度和顾虑，我就为此挨过几次批，为了维护新闻的真实性，不改初衷，只是不把它放在心上就好了。

（原载《陕西日报通讯》1994 年第 5 期"名人指点"栏目）

关于严肃新闻问题
——答通讯员问

一位通讯员同志问到我关于严肃新闻的概念形成和内涵问题，就借此篇幅回答这个问题。

1992 年到 1993 年，"有偿新闻"像传染病似的在蔓延的时候，我在思索如何克服这种不良倾向。我既不是新闻要员，又非"老总"，当然不会以"命令""指示"来思维，说什么"你们应该如何如何""不应该如何如何"等。我只能从新闻学的基本原理思考问题，这使我强烈地感到一点——新闻事业的严肃性已经受到伤害，使新闻服从于买卖原则，或与新闻本质和目的相对立的其他目的，是可悲的。"有偿新闻"不但不值钱，而且其毒素扩散在新闻媒介的方方面面。所以恢复新闻的严肃性，是理所当然的事。1993 年 8 月我写了一篇题为《读严肃新闻》的文章（10

月发表在《新闻知识》上），形成了"严肃新闻"这个概念。

什么是严肃新闻？一言以蔽之，即真实的、不沾一点铜臭气的新闻报道。严肃表现出新闻工作者的自信、力量和对社会的责任感。严肃正当的新闻使读者在思想上无丝毫涣散颓废的感觉，并以新闻自身真、善、美的和谐统一激励读者向理想的目标迈进。

所谓严肃新闻的内涵，即概念所反映的对象的特有属性、本质属性。

真实是严肃新闻的本质属性。新闻学是同自然科学一样精确的科学，来不得半点虚假，此理至明。写新闻记者要深入工作实际，深入群众生活，实事求是地调查研究，忠实于客观事物，按事实的本来面目去描述。凭空捏造的消息，绝非新闻，是以谣言故意欺骗读者，实属犯罪行为。

当前制造假新闻，虚构神话，是和社会上的腐败现象千丝万缕联系在一起的。我曾发现一些报道，是为"财主们"的金钱所操纵，以伪充真，以劣充优，是与严肃新闻相对立的赝品，这些劣迹只是没有充分被揭露罢了！

严肃新闻是高品格的新闻。它与庸俗气和低级趣味的内容是尖锐对立互不相容的。新闻的价值，在于提高人的生命的内涵和生活素质，促进人类向高尚文明的方向发展。

由于有些新闻媒介不正确地估计客观情况，以致颠倒了读者对新闻（包括新闻各种文体）的真实需求。特别在发刊人彼此激烈竞争中，报纸发行量发生波动的时候，有些人往往会犯夸大读者需要低层次"消闲报"的错误，以情欲、物欲、支配欲蛊惑读者。我本不想举例，但有些人对此问题的严重性认识很不够，不妨举近期的一个例子说明庸俗低级现象是存在的。我曾看到一篇关于电视剧《过把瘾》的评论，文中有这么一句话："剧中人方言一下子成为当今女人们心目中可亲可爱的伟丈夫和梦中情人。"仔细品味这31个字，便会发现这句话不仅践踏了严肃的新闻科学，而且亵渎了当代伟大女性。我们要敢于净化新闻文化生存的环境，使新闻事业沿着健康的轨道运行。

严肃新闻是把社会效益放在首位，反对新闻是商品说。当一份报纸完成编排校印过程进入市场进行交换时，报纸价格所反映的是报纸的成本和利润，这种交换价值的高低并不反映新闻价值的水平。因新闻价值——凝结在其中的真、善、美的精神文化价值却无法成为买卖的对象，也无法以金钱来估价的。严肃新闻的精神内涵可以分享，从而规范个人行为，推动事业发展，促进社会进步。从新闻转化为社会效益的现象很复杂，它已不取决于一张报纸的所有权，而是读者的政治文化素质，与新闻报纸在市场交换活动是无关的，是新闻职能上发挥着作用。

如果将新闻商品化，由款爷们提供一笔可观的钞票为代价，违反新闻的科学规律，生产一些精神垃圾，侵蚀毒害读者，甚至以各种赞助形式被吞噬新闻媒介的版面和时间，其危害性之大，已经由"有偿新闻"得到充分证明。我认为应当确立严肃新闻的地位，就要对它存在的环境，做一番打扫工作。

我再重复一遍，是有必要的。提倡严肃新闻既有理论意义，又有现实意义。从一条新闻到整个新闻事业都是非常严肃的工作。我们肩负的共同历史性任务是"以科学的理论武装人，以正确的舆论引导人，以高尚的精神塑造人，以优秀的作品鼓舞人"，这只能以严肃的态度、严肃的作风、严肃的新闻作品，提升新闻的社会价值，作出与伟大时代相称的业绩。

严肃新闻是能经得起历史的考验的。

（原载《陕西日报通讯》1994 年第 6 期"名人指点"栏目）

谈谈党性原则

社会上有阶级、政党和社团存在，党性就伴随而来，它所归属的新闻事业，必然遵循党性原则，把握维护本阶级利益的政治方向。

第一个提出党性这一概念的是列宁。他说："唯物主义本身有所谓党性，要求在对事变做任何估计时都必须直率而公开地站到一定社会集团的立场上。"

严格的党性是阶级斗争高度发展的结果。

一定阶级的政党都十分重视以新闻事业作为自己进行斗争的工具和手段，同时赋予新闻事业鲜明的党性。不论这个政党掌握政权与否都是如此。

无产阶级的新闻事业，真正代表人民的利益，它以鲜明的党的喉舌的立场和严肃负责的精神，按照党所确定的宣传路线进行工作，所以敢于坦率公开地宣布自己的党性。

资产阶级的新闻事业，从根本上说，它不可能摆脱党性的约束。在资产阶级掌握政权成为统治者之后，它和广大劳动人民在政治、经济利益上处于尖锐对立的地位，使得资产阶级新闻事业不敢公开承认自己的党性，以非党派性自我标榜，用虚伪的隐蔽的手法宣传资产阶级的立场和观点，以维护资产阶级统治集团的利益。

什么是无产阶级的党性原则？就是无产阶级的阶级性和马克思主义的革命性、科学性的集中体现。

坚持无产阶级党性原则，最根本的一点是党的新闻事业必须在政治上与党保持完全一致，坚决服从党的领导。

如何保证党性原则的贯彻执行：

一、以马克思主义、毛泽东思想作为党的新闻事业的指导思想，来观察分析每时每刻国内外所发生的新闻事件，并作出科学的阐述。

二、全心全意为人民服务。无产阶级政党是人民利益最集中的代表者，一切对人民负责，全心全意为人民服务也就必然成为它的出发点和归宿，成为它的最高准则和最纯党性。在社会主义制度下，人民是国家和社会的主人翁，是历史的创造者，也是新闻活动的主体，党的新闻事业，应多宣传群众，少宣传领导个人的一般活动。

三、忠于事实，实事求是，坚持真理。讲真话，不讲假话，不弄虚作假，实事求是地报道客观事实，是无产阶级新闻工作的一条根本准则，必是衡量新闻工作者有无党性或党性强弱的一条标志。毛泽东同志曾反复告诫我们："要讲真话，不偷、不装、不吹。""干劲一定要有，假话一定不可讲。"编造假新闻欺骗人民群众，是对党性原则的反动。

四、遵守党的纪律。无产阶级新闻工作者，在组织上要自觉地接受党的领导和监督。重大的宣传决策须向上级党委报告并经批准，不擅自作主张，涉外宣传报道权的集中与控制、重要稿件的送审、重大新闻的统一发布等，这些都是保证党性原则得以切实贯彻的必要措施。

坚持无产阶级新闻事业的党性原则，它的内容不仅仅这四点，比如坚持社会主义方向、正确引导舆论、坚持群众路线、勇于批评与自我批评……也是坚持党性原则应有之义。

还有一个问题值得我们研究和思考。

无产阶级政党建立的初期，以及此后相当长的时期,党的新闻事业主要是指党报。因此，我们所讲的无产阶级新闻事业的党性，实际上就是党报的党性。我国在进入社会主义建设时期，新闻事业有了很大发展，根据客观实际又把它称作社会主义新闻事业的党性。但有的新闻学著作中讲到党性时说："社会主义新闻事业有着鲜明的党性。"这种提法是不恰当的，容易造成一种错觉，好似社会主义新闻事业才有"鲜明"的党性。事实不是这样，我国自有无产阶级报刊以来，党性原则就已逐步形成，时间可上溯自五四运动前后，如《新青年》杂志从第八卷第一号（1920年9月1日）起成为上海共产主义小组的机关刊物，以马克思列宁主义为该刊的指导思想。中国共产党从掌握和领导自己的报刊起，就遵循严格的党性原则。党的一大通过的第一个决议就明确规定：

无论中央或地方的出版物均应由党员直接经办和编辑。

任何中央地方的出版物均不能刊载违背的方针、政策和决定的文章。

在这以后三十多年的政治斗争和新闻工作实践中，党积累了丰富的经验，对新闻事业的党性原则有了更全面更深刻的认识，为此，党中央、毛泽东同志发表过重要指示，延安《解放日报》发表了社论和署名文章。这些重要指示和言论都是民族民主革命时期发表的，它从思想上、政治上和组织上做了无产阶级新闻事业党性原则的规定。这些规定至今仍有现实意义，它仍规范着社会主义新闻事业。

如果持有社会主义新闻事业才有"鲜明的党性"的看法，便否定了党的历史，破坏了坚持党性原则的一贯性。决不可把无产阶级新闻事业的党性原则仅仅看作社会主义时期所特有的原则。

（原载《陕西日报通讯》1994 年第 7 期"名人指点"栏目）

新闻效率

新闻工作者按照新闻规律活动时，无不力求所写的新闻作品发挥最实际的有积极意义的作用，影响和推动事物的发展。世上万物都在运动变化，不少事件一瞬即成过去，所以新闻工作者应重视效率。

新闻效率不单单指新闻报道的速度，它还包括新闻工作者对新事物的敏感度，对客观事物的辨别判断力和"倚马可待"的急书本领，它体现了物我交融的总和，是以认识水平为前提的。

讲效率就须将新闻工作建立在坚实的基础上。从总编辑到一般记者、编辑以至通讯员，都需要具备最基本的素质，因为它和新闻事业的命运息息相关。

——首先是具有相当丰富的马克思主义理论，懂得辩证唯物主义与历史唯物主义。有了做新闻工作的基本条件，才能经常写出一些精彩叫座的新闻作品，还须有一身正气，不畏艰难险阻，敢于坚持真理，敢于说真话，不回避矛盾。

——有广泛而可靠的新闻来源渠道。编辑、采访部门以至记者个人，要与各党政领导部门、各机关团体的通讯员保持经常的密切的联系，努力成为知己和朋友，做到他们主动地报告情况，甚至愿意为来访者透露内部信息。可利用现代化通信工具，对那些新闻多发单位通话联系，及时掌握新闻的动向，保持对新鲜事物的敏感。要想得到真正的重大新闻，应亲自登门拜访这些信息提供者，做他忠实的"听众"，使他感到作为你的朋友的价值。在他那滔滔不绝的言谈中，每每你可发现许多重大的信息；如果他愿亲自动笔，记者应有这种气魄，尊重他的请求，全力帮助他写成一篇精彩的新闻稿；他要求你对新闻来源保密，记者一定要信守诺言。

——记者是冷静的把关人。对遇到的问题要有分析，要抱有正确的看法、正确的态度。对任何事物要从理论上、社会制度上、现行政策上、群众心理上、实际效果上进行全面衡量。越是激动人心的事，越要冷静，深入现场进行实地考察，得出恰如其分的结论。随波逐流，常常会犯错误，损害了人民的利益，破坏了党的威信。所以 1938 年毛泽东强调反对"人云亦云"，不要人家讲什么，就宣传什么，要经过考虑。

——我前面提到新闻效率不仅是新闻报道的速度问题，而且涉及记者的敏感性问题。敏感性并不太难理解，一是敏捷的判断力，对重大新闻，一眼能看得准，抓得住，迅速写出有一定深度的报道；二是能透过现象，看出潜藏在新闻背后的问题——还处在萌芽阶段，就能将问题揭开，引起决策者的重视或警惕，这属深层次的新闻效率问题。判断能力取决于视觉、听觉和大脑对客观存在事物的感知程度，属于一种综合能力。简单地说是指经验积累的致密度。缺乏经验便缺乏判断力，没有经验就没有判断力。人们喜欢《包青天》这个电视剧，因为包拯断案如神，有一点值得我们新闻工作者借鉴的是他不失时机，深入实际调查研究，对所掌握的情况进行综合判断，结果断案效率很高。

新闻效率有无客观标准？检查新闻效率，说到底是检查视听群众对这种那种新闻是否需要，需要的程度如何？人们在社会上生活，就产生了对物质和精神方面的需求。而满足这两方面的需求离不开新闻媒介，由此得到社会生活的必要信息，这与新闻活动的目的是一致的。如收回香港、澳门，实行"一国两制"的新闻报道，百分之百的视听群众是乐于接受的，因为这完全符合国人的愿望，由此在国际上的威信提高，使人们产生一种自豪感。由此可理解，我们所追求的新闻效率，是实质性的，有社会价值意义的。

信息社会就在我们的眼前，信息观念强弱是新闻工作者成功或失败的试金石。信息有时效性，要着眼于一个快字。这是当代新闻效率的概括。人们获得新闻信息的目的在于利用，新闻信息的价值也就在于将此地的某人某时创造的业绩传递到另外的更多的需求者，从而创造更多的财富、更新的成果。值得新闻工作者注意的是，对于所有在特定条件下，持有特定需要的用户，对特定新闻信息的需求，都有强烈的时间性要求。它用无声的命令唤起新闻工作者的责任心，加快获取、加工、传递、利用新闻信息的整个过程，新闻效率既表明了新闻信息的时间价值，同时也表明了新闻信息的经济价值。

人们的期待是新闻工作者高效率中获得最丰富最有用的新闻信息，企业家也好，领导者也好，离开了新闻信息，就将窒息，就将衰亡，就将失去智慧、失掉才能、失掉组织管理和决策指挥的方向，它将失去一切。

新闻效率是新闻应具备的工作素质，也是视听群众的殷切期待。慢慢腾腾，集中一批人用较长的时间写一条新闻，已不符合时间的要求。研究一下范长江、斯诺、陈克寒几位名记者的工作方式和新闻效率，对于在信息时代做一个真正的新闻工作者，无疑会受到很大的启迪！

（原载《陕西日报通讯》1994年第10期"名人指点"栏目）

党报与党的关系

在我国，现在所有的报纸、通讯社、广播、电视是共产党领导的。就报纸来讲，有的是党中央的机关报，有的是党的地方组织的机关报，有的是部门机关报。我国新闻事业是党的整个事业的一个组成部分。党的新闻事业很重要这点已是无疑的。大家经常引用革命导师的话"报纸不仅是集体的宣传者和集体的鼓动者，而且还是集体的组织者""报纸是我们最锐利和最有力的武器"等一类名言以说明党的新闻事业的重要性，但一定要把自己的位置摆正，不能凌驾于党组织之上。它总是党领导下的社会主义事业这部巨大的革命机器上的一个齿轮或螺丝钉。

党报是一级组织的机关报，党的上级机关有责任与报纸发生密切的关系，对重大问题提出宣传要求，供给党报的各种指导性文件材料，为党报撰写社论和文章，提出改进报纸的意见，培训新闻干部提高理论业务水平，支持报社党委（或编委会）独立负责地处理日常工作，扶植新闻事业的发展，改善报纸人员的物质和精神文化生活。但不是讲党委如何加强对新闻事业的领导，而是讲如何在党的领导下做好党的新闻工作。

一、坚持党性原则贯穿一切。在对任何新闻事件估量时必须直率而公开地站到中国共产党的立场上，每篇论文，每篇新闻、通讯以及其他形式中，都能贯穿党的观点、党的见解，尤其是在一张报纸上，要和党的整个方针、政策紧密联系，息息相通，应该使报纸成为实现党在一个时期任务的宣传者、鼓动者、组织者。

我们的宣传是有方向的，一切宣传都要归结到马克思主义。因为马克思主义是科学，是一切事物的规律，只有把一切宣传报道建筑在马克思主义的基础上才能代表党。我们强调解放思想，是指在马克思主义指导下坚持辩证唯物主义、历史唯物主义，坚持实事求是，创造性地把党的新闻事业办好，不是允许离开马克思主义胡思乱想，搞资产阶级自由化，搞无政府主义。报纸一印几十万张，散落到各个角落影响一大片，要求应该严一点，一定要克服自由化，杜绝无政府主义。

党报是党的领导机关的一个工作部门，毛泽东同志指出："共产党领导机关的基本任务，就在于了解情况和掌握政策两件大事。"党的新闻机关每天都通过自己的新闻手段，把党的政策最迅速最广泛地传达到群众中去，把群众对党的政策的意见反映上来，会有助于党及时对政策的某些方面进行调整，使党的方针政策更加符合实际、更加完善，正确地宣传贯彻党的政策，很大程度上要依靠党报去艰苦细致地工作，自有党报以来，党的路线方针政策的贯彻执行和党报结成不能分割的关系，从这一点讲也说明，党报也参与了党的领导。所以坚持党性原则是个根本问题。1931年1月27日，中共中央政治局关于党报的决议明确规定："党报必须成为党的工作及群众工作的领导，成为扩大党在群众中影响的有力的工具，成为群众的组织者。"

曾有一种论调，说党报上登的这部分代表党，那部分不代表党，党的社论代表党在政策上的分析和思想上的指导，其他都不代表党。这种论调是十分荒谬的。我们是党报不是同人报，报纸上所刊登的一切都不许违背党的利益。至于说党报上刊登了一些不符合党的利益的东西，那是努力改进的问题，同不代表党的错误论点有根本区别。在党报工作的同志是整个党的组织的一部分，一切要依照党的意志办事，一言一动、一字一句都须顾及党的影响，不但要忠实执行党的路线、方针、政策，而且要和党的领导机关的意志息息相通。

二、加强纪律性，自觉地尊重党委的领导，如一张省报必须尊重省委领导。一切重大宣传方针，应要先向党委请示，然后做出总结报告。重大问题不抢在中央之先发言，更不能发表与中央主张相抵触的言论。1981年1月29日，中共中央《关于当前报刊新闻广播宣传方针的决定》中指出："报刊、新闻、广播电视是党的舆论机关，要加强组织纪律性。无条件地同中央保持政治上的一致。不允许发表与中央路线、方针、政策相违背的言论。必须接受和服从党的领导，凡是涉及党的路线、方针、政策以及重大政治主张的理论问题，对外必须统一于党中央的决定和口径，与党的步调一致，不得各行其是。对党的路线、方针、政策和党委决定有不同意见，可以向上级党委直至中央提出，有的也可以在党内刊物上探讨，但是在上级没有改变有关决定前不得公开发表；更不能另搞一套，宣传同党的基本主张相反的意见。"党在宣传工作中的纪律规定得非常明确，必须无条件地服从，不得违反。

三、执行党的宣传政策和宣传策略。对报刊上违反四项基本原则和错误观点进行批评时，要注意行文的分寸，不要给人造成一种印象，以为我们党内对我党性质的评价和对我党现行的路线、方针已发生严重分歧；或者以为我们对这些有错误的同志要"一棍子打死"。

四、报纸领导班子原则上的团结、一致，才能实现党对报纸的集中领导，才能保证报纸坚决执行党的路线、方针、政策。中央指出："在报刊、新闻广播电视等党的舆论机关内部，同样要加强集中统一，不能各自为政。"（宣传方针的决定）这点应引起重视。克鲁普斯卡亚在回忆列宁亲自参加党报编辑工作时说，列宁的意见，只有原则上的一致才能保证报纸产生良好的影响和必要的坚定性。不可使编辑部成为寓言中所说的三驾马车，天鹅（要入云霄）、梭鱼（要没入水底）和虾（向后退缩）三者驾驶的一辆马车，各行其是是拧不成一股劲的。这是讽刺闹不团结的人。

办夜班（或发稿组、编报组）必须集中统一这是最后一关，可见中央规定总编辑看大样制度之重要。

五、加强党报发行，是党报任务所规定的，是党组织对党报的要求。发展广告还是为了扩大发行。广告与发行有密切的联系。报纸发行量是检查报纸成绩的一个标志。党非常重视报纸的发行量。

（原载《陕西日报通讯》1994 年第 11 期"名人指点"栏目）

我国百年新闻理论建设的过去与现状

新闻学作为社会科学的一门影响力最广泛的重要学科，面对 21 世纪的到来，行将过去的 100 年，特别是改革开放以来这段时期的新闻理论建设到底应如何评价？

我国是在 19 世纪末，新闻事业有了初步发展的基础上开始新闻学的研究的。20 世纪初最先介绍了几本外国的新闻学，这些虽属资产阶级新闻学著作，但对我国新闻学研究还是有一定借鉴作用的。

中国新闻学研究起步稍晚一点，比西方新闻学研究大约晚 20 年。但我们起步的基础是好的，由北京大学校长蔡元培于 1918 年 10 月 14 日发起成立了我国第一个新闻学研究团体——北京大学新闻学研究会，并出版了我国第一份研究刊物《新闻周刊》。毛泽东就是该会的第一批会员。

只短短的 8 年时间，在我国新闻学研究的起步阶段，理论新闻学、历史新闻学、应用新闻学就有了我国自己的专著或教科书，而且都是由知名专家撰写的，他们研究的优秀成果被我们所继承。

五四运动与辛亥革命不同，它标志着旧民主主义革命的结束，新民主主义革命的开始。此时，我国新闻事业和新闻学术指导思想也进入了新的转变时期，新闻学理论建设有以下一些特征。

一、党组织还处于幼稚时期，一开始不可能明确提出党性原则、以马克思主义为报纸指导的思想。但有一点是明确的，就是重视宣传马克思列宁主义，歌颂俄国十月社会主义革命的胜利，中国革命运动与世界无产阶级革命运动相联系。

二、重视政论，有力地表达自己的政治思想观点。

三、注意联系工农群众，要求在党报上加强对工农的教育工作，加强吸收工农通讯员。

四、我国无产阶级受世界革命运动的影响，更加注意国际局势的发展，在我们还没有国际通讯社组织的情况下，设置自己的国外特派员。

五、副刊是报纸的有机组成部分，是一个重要的宣传阵地。由于副刊的改革，使副刊在我国报纸上取得重要地位。

六、提倡白话文，强化宣传的感染力。

1941年5月16日《解放日报》在延安创刊，这是在革命根据地出版的第一张大型的中共中央机关报，这份日报得到毛泽东的亲自指导。《解放日报》在整风运动中起到表率作用，1942年4月1日进行了改版。这一天刊登了中宣部《为改造党报的通知》，同时发表了改版社论《致读者》。这是两个划时代的极为珍贵的新闻工作文献。

从整顿"三风"以来，《解放日报》发表了一系列重要社论和署名文章，进行了反对资产阶级新闻观点的斗争。这一段是我国新闻理论大发展时期：它为我们奠定了马克思主义新闻理论的基础。正如《解放日报》一篇社论中所说的，创造出"我国报学史上新的光辉的一页"。

这一时期的新闻理论建设，主要有以下八点：一、坚持辩证唯物主义的新闻观，反对唯心主义的新闻观；二、坚持"政治第一、技术第二"的原则；三、确立"全党办报"的思想；四、坚持报纸"理论与实践相结合的作风，和人民群众紧密地联系在一起的作风与自我批评的作风"；五、树立"人民公仆"的思想，反对"无冕之王"的观点；六、坚持新闻的真实性原则；七、树立生动活泼新鲜有力的马克思主义的新文风；八、我们的报纸最需要发展的，是好的新闻和通讯。

1978年12月，党的十一届三中全会是党的历史上具有深远意义的一次重要会议，它恢复发扬了党的实事求是的思想路线。这也给我们指明新的改革的方向。

15年来，理论新闻学的研究，取得了不小成绩，出版了一批教材性著作，马克思、列宁论新闻的经典文集已经出齐，还出版了《毛泽东新闻工作文选》和《毛泽东新闻理论研究》文集等。但从严格的意义上，按照新闻客观规律来说，理论新闻学的科学体系尚未建立起来，这是分析了五本有影响的新闻理论教材得出的认识。

如何在马克思主义指导下，建立我国新闻理论科学体系，不可再迟延。如果上溯到19世纪末叶改良主义思想家、政论家王韬、梁启超所写的新闻学论文算起，已有100年了。一个世纪过去了，每一个时代都有特定的历史任务，我们须花大气力实践，以科学的理论新闻学奉献给新世纪。

关于科学的、合乎规律的理论新闻学建设，首要的须明确理论新闻学应包含的范畴、概念和原则，如果对这些基本问题搞不清楚，就无法正确理解新闻这门科学。

建设科学的新闻理论，是我们最艰巨而又最光荣的职责，希望就在青年一代。

（原载《陕西日报通讯》1994 年第 12 期"名人指点"栏目）

新闻的真实性原则

（一）

真实性是指新闻事业对客观事物的如实报道，做到完全符合事物的本来面目，没有掺假使杂。如列宁所说的一样："要向公众全面报道和阐明真相，不浮夸、不武断，不造谣、不做见不得人的私人报道。"

新闻的真实性是新闻的固有规律，是一条马克思主义的原理，为什么说新闻的真实性是条马克思主义新闻学原理呢？这是有根有据。马克思在《〈莱比锡总汇报〉的查封》一文中写道："究竟什么样的报刊（'好的'或'坏的'）才是'真正的'报刊？谁是根据事实来描写事实，谁是根据希望来描写事实呢？谁在表达社会舆论，谁在歪曲社会舆论呢？因此，谁应该受到国家的信任呢？"对这句话，我们可以这样扼要地理解，新闻是根据事实来描写事实，才称得起真正的报刊，才能受到国家和人民的信任。

新闻学是同自然科学一样精确的科学，新闻的真实性在新闻科学中是具有普遍意义的基本规律，是可以作为其他规律的基础的。新闻的真实性原理是以经过长期大量的实践，其正确性已为实践所确定。新闻的真实性制约着整个新闻事业的活动，从宣传方针、计划的制订，到采访、写作、编辑与出版各个环节，都必须受真实性原理的检验，新闻的真实应该和客观事实相一致，是不容分离的。报纸、广播、电视，谁违背了新闻的真实性，那就不称其为社会主义新闻事业，就个人说，则丧失了作为无产阶级新闻工作者的资格。

（二）

关于新闻的真实性，我们党是非常重视的。早在 1925 年，毛泽东在《政治周报》发刊理由中就将新闻真实性作为办报宗旨，公开向读者宣布：《政治周报》"只是忠实地报告我们革命工作的事实。" 1943 年 9 月 1 日陆定一发表了著名的《我们对于新闻学的基本观点》一文，1945 年 4 月 4 日延安《解放日报》以《新闻必须完全真实》为题发表了社论。这些重要的言论都是从观念上提高新闻工作者对新闻真实性的认识。

我们党的新闻事业，之所以有一种吸引力，赢得人民群众的信任爱戴，成为他们的知心朋友，基本一点是因为党的新闻事业由新闻学原理作指导，始终不渝坚持新闻的真实性。正如列宁说的一样："我们应当说真话，因为这是我们的力量所在，而群众、人民、大众将在事实上即在斗争后作出究竟有没有力量的解答。"尽管在我国新闻事业发展史上我们犯过比较严重的"浮夸风"，造成新闻报道的失实错误，教训很沉痛，但是由于我们自己起来纠正，人民群众从我们迅速准确传播的大量的事实中获得益处，仍然相信我们的新闻事业是有力量的。

无产阶级新闻工作者的职责是准确无误，如实地描述客观事物，将真相告诉给受众。不论在任何情况下，不容许借口任何理由歪曲事实的真相，甚至捏造假报道。

（三）

新闻报道者所反映的事实经实际检验符合事物的本来面目，它是指新闻在实际生活中存在过或发生过的事实。新闻所报道的内容是经记者核实无误的，即真有其人，在某种情况下，在什么时候做了某件事，取得了什么结果等，并非来自道听途说、子虚乌有。坚持新闻的完全真实是新闻工作者不可动摇的根本原则。这点值得特别注意。新闻记者周围充斥着谣言，街谈巷议和不负责任的小道消息，千万不可轻信，要找当事人查对清楚，想当然必定会犯失实的错误。应该是客观地、忠诚地、朴实地叙述记者的现场见闻；将真实的情况告诉给群众，以完成自己的社会使命，报告事实确凿的新闻也是记者最优秀的品格。

概括而言，坚持新闻的真实性原则，从客观上讲："是根据事实来描写事实。"从微观上说，有以下几点须注意。

1. 构成新闻的要素：时间、地点、人物和他的语言、思想、事件经过及其细节，都必须真实可靠，没有任何虚构。

2. 新闻中使用的引文、史料、数字等均应查明出处，核对无误。

3. 从整体上看，反映了客观实际。

4. 对事实所作的解释，符合事实本身的逻辑。

由此可以看出新闻报道的特殊性，是有个性的一种特殊表现形式。它不同于议论文，尽管新闻报道和议论文都要以事实为基础，准确地反映和评价客观实际。但议论文是对客观事物和社会生活等问题的评论，阐明观点，揭示问题的实质，作必要的舆论引导；而新闻是客观事物正确全面的报道，寓理于事，发表的是一种无形的意见，是以事实的逻辑影响人。新闻报道也与文学作品不同，文学作品是对社会生活进行艺术的概括，通过塑造典型环境中的典型形象反映社会生活，不受真人真事的限制；而新闻对客观事物的反映，在事件中人物的思想、语言、感情诸因素，事件发生的时间、地点以及社会背景等，都必须客观、真实、全面、不夸大、不缩小，符合事实的本来面目。新闻也不同于科学理论，科学理论是对客观世界某一门类学科进行系统的研究，揭示它的本质特征与规律性；而新闻是连续报道，展示事物的面貌，让受众掌握事物发展的规律，推动历史的进步。

（四）

总的来说，我国的报纸、通讯社、广播、电视，在我国乃至世界人民群众的眼里，被认为是值得信赖的，是忠于客观实际的，因为无产阶级新闻记者的党性原则，表现在新闻采访写作上，以实事求是的态度，保证新闻的真实。毛泽东在《改造我们的学习》一文中说，实事求是的态度"就是党性的表现"。我们始终是按这条原则建设无产阶级新闻事业的。北京新闻学会 1982 年在北京地区搞过一次读者调查，回答可信与基本可信的占 79.2%。这个比例数字一般说是合乎实际情况的。任何一则新闻，任何一种报纸要读者作出百分之百一致赞同的意见是不符合唯物辩证法的，即使一小部分人表示完全不信任，其情况也是多种多样的。譬如，新闻事业的性质问题、宣传政策与策略问题、对表扬与批评的比重问题等不了解，根据他个人的经历就会提出"完全不信任"的看法。这也是情理之中的事。

我们的新闻事业得到人民的信任，这是最基本的，不能在一个时期出现了新闻报道失实的不良倾向，就连最基本的一面也否定了，这就不全面了。

首先，我们坚持了唯物主义的新闻观，作为党的宣传舆论机关，坚持不懈地以马克思主义的新闻原理指导我们的新闻实践。明确事实是新闻的本源，客观存在的事实是第一性的。新闻则是客观事实的反映，党的新闻工作同其他工作一样，一切从实际出发，尊重客观事实，不弄虚作假，掩盖或歪曲真相，把新闻的真实性作为新闻事业的生命线，唯物主义者就是按照客观世界的本来面目认识世界、反映世界。

其次，我们历来认为无产阶级新闻事业的力量所在，在于讲真话。毛泽东1925 年有一句名言："请看事实。"（见《毛泽东新闻工作文选》第 5 页）1945年毛泽东又讲到这个问题，他说："关于讲真话，我们现在发一个通令，要各地打仗缴枪，缴一支讲一支，不报虚数。"（见《毛泽东新闻工作文选》第 128 页）周恩来同志也经常教导党的新闻工作者："只有忠于事实，才能忠于真理。"我们在长期的新闻工作中深刻体会到，党的新闻事业的力量，来自新闻事实的真实，我们依靠事实，依靠科学，感到这是力量之存在。因为读者、听众、观众相信的是事实。事实是最有说服力的东西。我们就是依靠新闻的事实引导社会舆论，不断推动物质文明和精神文明建设。同时人民群众也感到党的新闻事业的巨大威力，这正是列宁所说的那样："如果认为人民跟着布尔什维克走是因为布尔什维克的鼓动较为巧妙，那就可笑了。不是的，问题在于布尔什维克的鼓动内容是真实的。"

最后，党的新闻工作者是忠诚于人民新闻事业的，以最忠诚的态度对党对人民负责。忠诚老实是中国人民的美德，亦是记者的职业道德。如果不老实，不管业务水平多高，也不具备做记者的条件。因为只有忠诚于无产阶级新闻事业的记者，才敢于如实地描述客观事物，才会一丝不苟，好就好，坏就坏，敢讲实话，敢坚持真理。

真正坚持了唯物主义新闻观，认识到无产阶级新闻事业力量之所在，在于敢讲真话，懂得了无产阶级新闻工作者是人民的忠诚战士，就可以避免在新闻报道中出现失实的问题。

（五）

　　但有一部分新闻工作者对新闻失实的危害性往往认识不足，漠然视之，岂知"假作真时真亦假"，真真假假，真的也罢，假的也罢，人民干脆就不信任你，这绝不只损害报纸的信誉，更会直接危及人民的全局利益，把党和人民联系的纽带割断了。这部分人的头脑还不如资产阶级新闻学者清醒。1919年新闻学者徐宝璜写的我国第一本《新闻学》，最先论述了新闻的真实性问题，所用语言很尖锐，他说："新闻须为事实，此理极明，无待解释，故凡凭空杜撰闭门捏造之消息，均非新闻。……登载一种谣言以混乱一时之是非者，是为有意以伪乱真，其欺骗阅者之罪，实不可恕。"

　　关于新闻报道失实的事至今屡见不鲜，这个老问题并未解决，仍有研究的必要，历史说明，新闻真实性是个需要长期认真对待的问题。因为：第一，新闻失实不单单是新闻战线一家的事，而是一个带有社会性的问题，与党风不正、社会风气不正密切相关。第二，对新闻真实性问题尚缺乏完整系统的研究，至今尚无一本理论性专著总结过去，指导未来。在新闻学原理中写一章固然很必要，但是很不够。第三，新闻队伍在不断扩大，特别是大量的业余新闻通讯员并未经过严格的新闻理论和新闻伦理学的训练，对新闻必须完全真实的原理认识模糊，发表欲严重地冲击着新闻职业道德，新闻报道失实的现象比较普遍，有许多错误的言论，如"要见报，靠编造""要上头条，大胆拔高"等，没有受到严肃的批判。第四，缺少一部新闻法，一方面对那些蓄意捏造假报道者，目前尚无法可循，进行必要的惩处；另一方面，对讲真话、敢于坚持真理、实事求是地揭示客观事实真相的记者，往往在采访中遇到种种刁难，新闻报道发表后又受到恶意攻击，而得不到法律的保护。

　　我们不能违反"按照事实去描写事实"的原则，事实材料可以选择剪裁，如同一棵大树把蔓生的枝条剪去，使主干更加挺拔一般，大树仍旧不失为大树，把大树写成幼苗，就失去本来面貌。世界上的事物复杂得多，千姿百态，各具其性质。一些是属于经济的，另一些是属于政治的；一些是有生命的，另一些是无生命的；一些是光明的，另一些是黑暗的……这些相区别的事物反映在新闻报道中必须与客观实际相符合。事物虽各自有别，但它是客观存在，只能按照其本来面目忠实地加以描述。用"描述"或"描写"反映客观实际才是科学的。因这类新闻报道是从客观世界得来的，不包含丝毫主观随意性，是客观真实的再现。

　　有人把写作新闻报道或进行修改称之为"加工"，把编辑工作称之为再"创作"的劳动，这恐怕是很不恰当的。"加工"的概念是改变原材料或半成品的性质、状态、尺寸，使之达到规定的要求。"创作"的概念是作家、艺术家根据他对现实生活的观点和认识，凭借他所接受的艺术传统和个人的艺术修养，采用一定的创作方法，所进行的艺术形象的塑造。假若把这两个概念引入新闻领域，就为制造假报道敞开了方便之门，新闻工作者在与新闻报道原理不同的概念中思考，就有"根据"脱离按照事实描写事实的原则，去移花接木，添枝加叶，随意渲染，推理想象，无中生有。"加工""再创作"便成了假报道的催化剂。

在新闻报道中，坚定不移地坚持实事求是的思想路线，就是"务得事实、每求真是也"。"每求真"是核心，从微观上说，新闻报道要交代清楚人物、时间、地点、事件经过、原因，每个细节都必须真实无误。从宏观上说，新闻报道不仅要求个别的、局部的事实的真实；而且要求从报道的整体上（或称报道的总和）以及与其他事物的联系上来看也是真实的，反映出社会发展的内部规律和发展趋势，使人民看到社会主义建设的进步，人类是有前途的。在可能时应力求新闻报道反映事实的本质，满足于现象真实是不够的，反对本质真实是不对的，要求新闻工作者不断深入实际，就是求得对事物本质的真实理解。

当代科学技术发展之快是惊人的，而新闻工作者的知识结构很不适应客观的要求，由于对一些新的事物认识不清楚，采访深入不进去，结果所描述的客观事物，与本来面貌不符，造成新闻报道失实，这也是屡见不鲜的事。改进的办法，一方面记者须在实践中不断补充新的知识，改善自己的知识结构；另一方面新闻教育要进行改革，改职业训练为通才教育，特别要加强经济学、法学、新科学技术和外语的教育，开阔未来新闻工作者的知识面，扩大视野，以保证实事求是思想路线的贯彻。

"左"的思想流毒，对实事求是是一种破坏力。偏听偏信，固执偏见，"看气候""随风倒"，不深入实际调查研究，不倾听人民群众的呼声和要求，如此种种，都属于"左"的思想影响在新闻工作中的表现。我们还必须继续清"左"，贯彻实事求是的路线，才可以保证新闻的真实性。

恽逸群讲过一句话："不以物移，不为己忧"，说得非常之好，话的意思是记者要敢于坚持真理，讲真话，不扯谎，抵制不正之风。范长江、斯诺都曾在极其险恶的环境里工作，但却写出了经得起时间考验的优秀新闻报道，事实说明，只要忠于实事，忠于真理，就能排除外界干扰，其人格品德就能受到人民的尊敬。

有些单位、有些部门、有些领导热衷于做表面文章，以求见报得彩，保持禄位，故谎报成绩，或凑大户，炮制典型，欺骗上级。这种恶习很深，危害性很大。因为一切表面文章，其实质都是作假，为个人沽名钓誉。他们有意向记者提供不真实的材料，或纵容、授意，甚至施加压力让新闻工作者写假报道。有的敢于坚持真理就顶回去了，有的出于自私的动机，明知有假，硬要报道，违背崇高的职业道德。

这种善于做表面文章，以见报得彩的人，对新闻的真实性有时表现得很"认真"，那就是当报纸、广播点名批评他们的错误的时候，即使所报道的事实百分之九十九点九是正确的，他们也会抓住这百分之零点一中的某个细节纠缠不休，他们可以散发文件、作报告，利用手中的舆论工具为他们服务，在这百分之零点一上大做反面文章，大骂记者，监视记者的行动，妄图迫使记者在真理面前屈服。所以需要有法保护坚持真理的记者，保卫真理就是捍卫新闻的真实性。

（六）

如何捍卫新闻报道的真实性，纠正新闻报道中失实现象，从原则上讲：

第一，要长期地全面进行唯物主义新闻观的教育。新闻报道的失实，从第一次反"客里空"算起，已过去五十多年，还未完全克服，特别是极"左"思潮的影响，"文革"十年对新闻事业的破坏尤为严重。虽然党的十一届三中全会以来制定了拨乱反正的方针，恢复了实事求是的路线，但有一部分新闻工作者理解不深，执行不坚决。要让我们的新闻工作者懂得事物的复杂性，要深入实际、深入群众，要不断扩大知识面。

即将到来的"信息革命"，就是知识革命，人的素质高低，是事业成败的关键。在加强文学修养时，要把新闻与文学的特征分清楚。要抓捏造假报道的典型，深入揭发进行批评与自我批评，新闻单位的领导要代表组织对假报道承担一定的责任。

第二，新闻工作者要敢于坚持真理，无产阶级新闻事业是人民的喉舌、党的耳目。新闻工作者是党的路线方针、政策的宣传者，活跃的社会活动家，敢讲真话，不扯谎。要有点精神，坚持真理，"砍头不要紧，只要主义真"。

第三，新闻失实，就党内来说是党性严重不纯的表现，因为他和某些领导有关，俗话说："上有好者，下必甚焉。"所以要全党来抓，才会收到较好效果。新华社北京1984年11月17日记者报道中纪委要求各级党委、纪委在整党中《坚决纠正弄虚作假做表面文章的坏作风》，这个通报对党的新闻事业，克服新闻报道失实意义十分重大，但贯彻得不好。

第四，要制定一些合理的制度。1.调查研究；2.现场核对；3.公布新闻来源，建立双层责任制；4.建立点名的更正制度，分清责任。

第五，制定新闻法。法要有保护新闻民主的一面，新闻工作者在履行职业任务时，任何人不得压制和恐吓，不得妨碍批评权利的实行。另一方面要对造谣、诽谤制造假新闻者，按刑法进行处理，因为假新闻破坏了社会安定。

总之，新闻真实性是个原则问题，特别是当前我国由于社会风气不正，资产阶级拜金主义思想向新闻界渗透，给消除假报道增加了一层难度，需要新闻工作者长期与之作斗争，在斗争中维护新闻的真实性。

（本文系何微同志为陕西省委党校、《陕西日报》新闻专业走读大专班编写的讲义《新闻科学纲要》中的第六章，《陕西日报》新闻培训中心1995年2月编印）

新闻事业与市场经济

社会主义市场经济与新闻事业是个重大课题，涉及新闻事业的方方面面，很有研究价值。

由计划经济转向市场经济时间不长，《关于一九九三年经济体制改革要点》画了条线，1993年是按照社会主义市场经济体制目标进行改革的第一年。新闻事业如何服从和服务于市场经济，缺乏经验，都在摸索，有点经验也未上升到理性高度，有些问题还隐蔽着没有明显暴露。

这两三年报纸重点抓了经济宣传，取得一些主动权，扩充版面，创办"经济""金融""投资""贸易""股市"等专版。提倡现场短新闻、独家新闻，增加信息量。改进版面——浓眉大眼，版块结构。报纸经营管理有所改善，增办不少子报。成立报业集团，缺点是：言论少，舆论监督较差。

现在大盘子已定，新闻事业以建设有中国特色的社会主义理论为指导方针，为人民服务，为社会主义服务，是做好新闻宣传报道的根本任务。

如何贯彻这个方针，新闻事业的领导比较明确，提出下列方面：解放思想，实事求是，联系实际，调查研究，改进报道，正确引导，不断创新，办出特色。这些既是我国新闻事业的优良传统、也有新的内容。

从如何贯彻党的方针路线说，已经取得共识。

在贯彻社会主义市场经济方针的过程中，新闻事业有几个问题，值得研究，解决得好，有利于方针的贯彻。

（一）关于报纸的属性判断。关于报纸是阶级斗争工具说，这并非报纸的固有属性，当时是就报纸与土地革命、抗日战争、国内革命战争的关系来说的，那时将对敌斗争作为报纸的主要宣传任务，是合乎逻辑的，是正确的。社会情况发生变化，这种关系亦相应改变。

关于报纸是商品说。报纸进入流通领域，是用货币来交换的，有商品属性；但它在商品经济中保持着自身的特性——影响读者思想行为的属性，占有读者的心灵，这方面是根本的。

关于报纸的属性，应从新闻学的基本原理考虑，报纸是新闻、舆论的传播媒介，这样界定，可以反映其本质属性。

（二）记者真实地报道客观事物，是国家和人民赋予的职责，是神圣的使命，不为权利所左右。有人认为：在社会主义市场经济的推动下，新闻事业也被"推向市场"，但此提法应有其特殊内涵，最终应以社会效益第一来检验，所有的竞争都是为发展社会主义新闻事业。

现在有一些报纸以经济利益为目标，一位报纸主编曾告诉我："市场缺啥就办什么报，能捞多少就捞多少。"我很佩服他的坦率。这个"捞"字值得警惕，资产阶级拜金主义思想已在腐蚀我们的新闻队伍，报上出现不少"有偿新闻"，"一字千金"很值钱。至于使用特约刊头、特约节目、联合主办之类，不再是遮遮掩掩，而是公开索取高额报酬。

所谓"有偿新闻"，就是新闻单位或记者个人向被报道的厂商，索取一定报酬的变态广告。"有偿"是多样的（塞红包、送礼、三包、设席招待，按版面字数收取宣传费等），甚至发展到敲诈勒索，成为新闻界的丑闻。我曾于1986年在《郑州大学学报》第3期发表了题为《维护新闻道德尊严》的文章，抨击过这一腐败现象。

现已到整顿的时候了，一是新闻单位自己反省一下，纠正不正之风，提倡廉洁，恢复职业道德；二是提倡严肃新闻，严肃新闻就是真实的，不沾一点铜臭气的新闻；三是强化政治责任感，确立正确的人生价值观。

（三）与上述问题有关的是关于记者队伍问题。一位记者对我说，现今的记者分为五等，有点调侃与讽刺。他说："一等记者炒股票；二等记者拉广告；三等记者瞎胡倒；四等记者写报道；五等记者的稿子见不了报。"现在有某些记者缺啥要啥，要啥有啥。因为他们有支与金钱交易的"神笔"。远离职业道德，以个人利益为目标，信手走笔，报纸的质量还有什么保证？

（四）记者以三等（等请柬、等约会、等车接）代替了三深入（深入实际、深入群众、深入生活）。

新闻队伍的建设着实堪忧！我询问过十位记者，有九个中断马克思、列宁、毛泽东著作学习。他们说："这些在实际中用不上。"多数不阅读古代文史典籍。

一般说新闻队伍的政治素质、思想素质、文化素质不高。

还有个老总们怎么带队伍的问题。

（五）社会上既然出现大款，又有记者隐身其后为谋主，所以首先以各种手段掌握新闻传播媒介。某种产品问世，可以组织数十家电台开展某种产品宣传竞赛，宣传结束时并给以奖赏。以赞助形式高价购买版面，以大特写或什么用户的"心声"之类形式连续宣传。"吃谁家的饭，唱谁家的歌"，以唱赞歌掩盖某些产品的缺点。大款们影响控制新闻传播媒介，虽刚露头，很值得警惕！

（六）依法进行舆论监督。新闻学者认为新闻事业是"通过传播新闻，反映和引导舆论来影响受众，影响社会生活的一种特殊的舆论工具"。其所谓"反映和引导舆论"是对人民群众讲的，这只是任务的一方面，现在所缺乏的是依法对一切公职人员的舆论监督。

我曾认为舆论没有强制作用。《人民日报》读者来信专版的实践正在改变我的这种观点。对读者来信要求有关部门答复，这个措施，就有一定强制性，近似执法监察。《焦点访谈》追踪报道，也是有效的舆论监督形式。

记者实施舆论监督遇到一些麻烦，坏人丑事被揭发以后受到有关方面粗暴干涉，有的记者被打，有的受到威胁……法律应该保护这些正直的记者。

（七）新闻教育改革再不能迟误，培养高层次新闻人才国家要给予扶植。

上述几个问题的事实就在我们面前，解决它，目的在于促进新闻事业有效地为社会主义市场经济服务。

（原载《报刊之友》1996 年第 8 期"理论探讨"栏目）

何微新闻思想论述四则

其一

中国新闻学有组织的研究，开始于 1918 年 10 月 14 日，经北京大学校长蔡元培倡导，发起成立了北京大学新闻学研究会。该会以"研究新闻学理，增长新闻经验，以谋新闻事业发展为宗旨"。在 20 世纪初，研究会以发展我国新闻事业为目的，可见蔡元培深谋远虑，目光远大，真是难能可贵。时间正在五四运动的前夕，对于中国人民彻底地反对封建文化的新文化运动的传播起到了积极的作用。研究会作为新兴事业，其成效是显著的。研究会聘请了著名新闻学者徐宝璜、名记者邵飘萍任导师，培养了一批新闻人才；建设学习园地，出版《新闻周刊》；编辑了我国第一部《新闻学》专著和我国最早的《实际应用新闻学》；也为北京大学后来政治系、哲学系开设新闻理论课程提供了有益的经验。这是我们较早的师承，系统的理论性经验的积累。

关于我国新闻历史学的研究，发轫较晚，最早的是戈公振所著《中国报学史》，出版于 1927 年。这本书是戈公振全面、系统论述我国报纸发展史的力作。

［何微《关于中国古代新闻思想发展研究》，《武汉大学学报》（社会科学版）1990
年第 1 期第 57 页］

其二

（山西西侯度石器—陕西蓝田猿人文化—合河文化之间）这种联系绝非偶然现象，那时人类的智力和技能相当低下，从地理环境上也不连在一起，山西的芮城到陕西的蓝田，东北至西南画一条直线，约有 150 公里，何况有一条黄河天险及渭河相隔，沿途处处有高山和峡谷，如果没有人际交往、思想传播、新闻交流，在石器生产工具上如此一致，那是不可想象的。我大胆地断定，在二三百万年的更新世，人类已有了新闻传播活动。

中国有文字要早于殷商的甲骨文，西安半坡文化遗址出土的彩陶钵口沿上常有一些刻画符号，而且这些符号在四五十种彩陶器上重复出现，部位特定，考古学者认为是原始人对某些事物的标记，也有的认为是我国文字发展的渊源。有实物说明在公元前 5000—前 3000 年已经有原始文字出现，而且首先使用于记载事物。

最有趣的是甲骨文，它是商周时代刻于龟甲上的文字……甲骨卜辞的结构与我们当今新闻的要素完全吻合，仅是称谓不同。完整的卜辞由"前辞"（亦称"叙辞"）、"问辞"（亦称"命辞"）、"占辞"、"验辞"四个部分组成。"前辞"是写何时、何人（何人多数是指贞人或商王）；"问辞"是要问卜的事物，即新闻要素中何时、何地也一般包括在这一部分；"占辞"是所要问卜预测的事，这点与新闻中的何故相同；"验辞"为占卜的结果或应验情况，也就是新闻要素中的如何。

［何微《关于中国古代新闻思想发展研究》，《武汉大学学报》（社会科学版）1990
年第 1 期第 61 页］

其三

许多年来，我国新闻学和其他社会科学一样，在"左"的思想笼罩下僵化不前，存在着庸俗社会学的气味。为了发展新闻学，使新闻学振兴起来、科学化起来，以便更好地为发展我国社会主义新闻事业服务，首先应做的事情是要把思想从"左"的桎梏下解放出来，发扬勇于探索的精神。采取实事求是的科学态度，贯彻百家争鸣方针。在这之外，还应着手探索新科学的研究方法问题。……我们认为不妨先从克服流弊做起。我们现在的许多研究，在方法上似乎有两个弊端需要克服，一个是无视前人，割断历史；另一个是旁若无人，闭目塞听。

（何微《新闻科学纲要》第16页，中共陕省委党校、《陕西日报》新闻专业讲义，《陕西日报》新闻培训中心1995年2月编印）

其四

据多次通读《春秋左传》认为它是一部古代新闻作品选集。《经》属要闻，《传》是有背景的解释性的报道。……研究先秦的舆论问题，综观《春秋左传》《尚书》《国语》《战国策》《小戴记》《大戴记》《诗》和《吕氏春秋》等有关的许多篇章，中国古代的舆论学已见雏形，而且以诗谏、史谏、礼谏为特色，包括君民两个方面的内容，有许多生动的事实记载。

［何微《关于中国古代新闻思想发展研究》，《武汉大学学报》（社会科学版）1990年第1期第62—63页］

四、光辉历程回眸

回忆延安片段

　　1938年秋末的一天，在宜川云岩的小旅店里熬过一夜，由于心情急切，天刚亮就上路了。陕北气候高爽，天蓝得无一片云彩，槽林被秋霜染得红醉。这时，大自然的美，对一个知识青年却无任何吸引力，我急忙忙向前赶路。只要再走三四十里，就是八路军的防地，日夜向往的延安就在眼前了。

　　刚过觉德不久，突然从梢林里囚出两个儿童拦住去路。那个最小的小家伙先开口了："喂！你上哪儿去，是白区来的吗？"

　　"什么白区？是从黄河东边抗日前线来的。"我的回答显然使他俩很不相信。

　　"不行，你要跟我们到队部去！"两个儿童前一个后一个把我送到临镇的驻军队部。

　　跟我谈话的是一个约莫三十来岁的军人。说话很和蔼，由于他是南方口音，有些话乍听起来还有点吃力。他详细盘问我来延安一路上的经过，连一天走多少里路，有无同伴，在什么地方住宿过，都问到了。当我弄清楚他是八路军的一位连长，负责临镇边防的，我才放下心，拆开衣襟将一封介绍信交给他看。他热情地挽留我吃了午饭。心里感到非常轻快，我继续向延安进发。

　　延安！我终于来到你的怀抱。这已是第二天的下午。在抗大总校找到孔敏同志。他是我的同乡，又是老同学。1937年太原被日寇侵占后不久，我们在洪洞马牧镇八路军一一五师见过一面，随后他便来延安了。孔敏同志长于写作，又善鼓动，正是他的几封激励人的长信，使我追求真理的信念愈加坚定，决心来延安的。他原来那清瘦的体质已长得非常结实，有力地紧握我的手说："你终于来了！"他像关怀小弟弟般地注视着我，又补充说："路上一定吃苦了！"

　　他从铁壶里倒了一茶缸冷水，递到我的手里，便出去为我办理入校手续。我被编在抗大第五期新生队。在送我出门时，他把一本油印的《共产党宣言》送给我，嘱咐我要仔细地读完。

新生队住在清凉山上。我背着行李沿着一条山间小路往上走，迎面有人喊我的名字。真没想到在这里碰到了淑琛，她高兴得跳了起来，抢过我身上背的行李，送我到山顶不远的一个大窑洞里。这里面左右还挖有两个小窑洞，北面的已住了人，她在靠南边的那个窑洞里理好铺草，帮我把行李打开铺好。

她说要教我上第一课——到延河边洗脸、洗脚。深秋的延河水并不深，但很清澈，有几条小鱼游过都看得清楚。冷冽的河水，脚伸进去感到有点沁人，洗过以后却觉得舒服，好似一路的疲劳尽被驱散了。她告诉我："自来延安，每天清晨都是在延河边洗漱的，有时还洗个冷水澡，浑身都感到轻快。"因为她有事要进城，答应晚上再来看我。

我回到住处，窑洞里又住了两位新的伙伴，是从冀南来的。

晚上点起一盏小小的煤油灯，淑琛为我们三人谈了很多很多，从打持久战、建立敌后抗日根据地谈到学理论，改造世界观。特别是谈到她从解放自己到解放全民族、全人类的思想转变，并准备在毕业后到敌人后方去打游击。使我想到她为反抗封建婚姻弃家走上革命道路，在延安学习仅仅半年多时间，思想就跨越个人的境界，成为一个真正的革命女性，延安的力量是多么巨大！"淑琛，这才是你给我上的第一课哟！"我感动地插了这句话。

不到几天，新生队就到了一百多个学员。王指导员要我们建立"救亡室"开展文娱活动。"救亡室"有歌咏队、墙报组、民运组、伙食委员会，是学员自己的组织，在党支部领导下进行工作。经过酝酿，同学们选我当"救亡室"主任。延安是充满嘹亮歌声的土地，大家要求学最新的革命歌曲。同学们来自五湖四海，彼此不了解，有懂音乐的一时也不容易发现；我呢，笨嘴笨舌，根本不懂音乐，只好求救于孔敏同志。他带我到附近的一个窑洞里，一位中年人正在那里聚精会神地看书。经过介绍，我才知道他是我国著名的音乐家冼星海。当我说明来意，他慨然答应第二天下午三时来教唱。他拿出一张歌片对我说："就教这个——《到敌人后方去》。"

同学们听到冼星海同志来教歌，可乐坏了。那天下午，女生队的同学们闻风也来了不少。"到敌人后方去，把鬼子赶出境……"两百多人的大合唱，整个清凉山沸腾了。

真的，我们要到敌人后方去，在晋东南抗日根据地建立抗大分校。王指导员做了几次动员，班里也讨论了在敌后办学培养干部的重大意义。我们从前方来的，或多或少都了解一些情况。日本人侵入的地方，国民党的政府一触即溃，有的人当了汉奸，有的逃到大后方去。现在要建立抗日民主政权，需要千千万万的干部。这是民族的需要。一百多名新学员都报了名，表示愿意接受组织的考验，到敌人后方去。

在延安有无爱人，有无亲属，健康情况怎样，指导员一一做了调查和记录。他的工作很认真，但统计数字在特定的情况下只能做参考。仅我就知道有十几个新学员，为了达到去敌后的愿望，他们在延安有爱人，并未向指导员报告。当宣布名单时，只有小武同学一个因心脏有毛病，组织要她留在延安学习。她听了组织的决定就放声痛哭起来，第二天写申请要求批准她上前方去。那种为革命压倒一切困难，置个人利益于度外的精神，没有任何强迫而成为革命者共同遵守的准则。

冬，给自然添上淡淡的色调，延河结了一层薄冰，树林上挂着的黄叶不多了，光秃秃的枝丫，使线条更加突出。冬之延安一样迷人。

淑琛穿了棉衣，腰里系着皮带，裹着绑腿，蹲在延河边漱洗。她告诉我，组织已批准她去山东抗日根据地。

"什么原因要去山东，那里有亲人吗？"

"没有。那里斗争激烈。革命，就要敢于面对困难，艰苦的环境能够锻炼人。"她斩钉截铁地回答。

这些天来，清晨在这远景明晰的延河之滨，几乎大家都唱一个歌曲——《延安颂》。是歌颂，也是留恋。许许多多的青年，就要离开她的身边到敌后去工作、学习。在党中央、毛主席的直接哺育下，正在幸福成长的年青一代，一旦要离开延安，处处流露出依依不舍之情！

我们新生队参加了抗大第四期同学毕业典礼。因为这天毛主席要来讲话，我们新生队的炊事员也来了。挺大的露天广场，坐满了人。

毛主席讲话的声音非常洪亮，我们坐在队伍的最后边都听得很清楚。他讲了抗日战争形势，开展敌后工作的重要性。实际是党中央向我们发出的动员会，大家报以长时间的掌声，表示坚决拥护党中央的决定。

大会结束时，毛主席走到队伍中间来，和同学们握手、交谈，还有不少同学挤到毛主席的身边，掏出小本子请毛主席签字留作纪念。我见到几个本子，写的是同一句话："打日本。毛泽东。"许多同学是没有战争经历的。从这以后，新生队就进入战斗动员阶段。到敌后晋东南要通过日寇封锁线同蒲铁路，要渡过泥沙沉积的汾河和爬越高寒的绵山。紧张的军事训练将近一个月。

在1938年12月将尽的一个飘着小雪的清早，我告别了延安，开始了新的战斗生活，健步轻装指向太行。

1981年5月于西安

（原载《人文杂志》庆祝中国共产党诞生六十周年专刊第107页至第108页）

一条重要的经验

——华北总社的通联工作回忆

新华社晋冀豫分社奉命与新华社华北总社合并，这是 1941 年 12 月下旬的事。分社驻在涉县下漫村两户农民的家里。当时是社、报合一体制，分社在《晋冀豫日报》内称为宣传科。工作任务是把晋东南抗日根据地党政军民的抗日业绩即成通讯稿向全国报道。

分社发稿任务停止时，我正生病，医生怀疑是肺结核。正好趁此机会休息一会儿。一天下午，我在瓦盆里燃烧一堆核桃木取暖，屋里被搞得烟雾腾腾。恰好在这个时候，晋冀豫区党委宣传部部长、广播委员会书记彭涛同志来看我。核桃木释放的香味非常好闻，可是烟雾却呛得他流出眼泪。天虽然冷，我起身把窗户打开，同时撩起门帘。他怕我受凉，动手将门帘放下来。

彭涛同志有长者的风度，同志们对他很尊重，亲切地称呼他为"小彭同志"。他体贴地说："要多注意身体！过两天你们就去辽县山庄与华北《新华日报》会合，路不好走，途经麻田休息一宿，过不了几天就是新年。明年，战争仍然紧张，困难还很大，做记者的要有个好身体，要多加保重！"晚上，他说"小鬼"公务员送来 20 元钱，嘱咐乡亲们改善一下生活。

上面的回忆说明：党对新闻工作者的疾苦非常关心。这段回忆也得出一个肯定的回答：分社与华北总社的合并时间是 1941 年的 10 月下旬。

辽县山庄是华北《新华日报》和新华社华北总社的驻地。从麻田到山庄这段路在鹅卵石铺盖的河滩里，崎岖不平，行走十分艰难。山庄其实是在太行山的一个小山头上，地势虽不险峻，因距交通要道较远，倒还隐蔽。这种地形对华北的宣传舆论中心来说，在战时转移是比较方便的。北上和顺，南下平顺，东迁可到达河南境内，地形复杂，可以沿太行山脉活动。

到华北总社后，我被分配在通联科任副科长。主管我们的是副社长陈克寒同志，有时林火同志也过问科里的工作，提一些指导性意见。从体制上讲，仍是社、报合一，主要是为华北《新华日报》开辟稿源，为通讯员提供有宣传价值的新闻报道。

通联科长是江牧岳同志，这是一位蛮有风趣，挺有才干，工作起来很严肃，什么性情的同志都能团结起来的人。我们早已认识了，是在山西"十二月事变"不久，他率领中国青年记者学会的十几位同志从重庆到敌后来。在进入晋东南抗日根据地第一站，适逢"事变"，他们就同《黄河日报》（路东版）的同志生活在一起。虽然相处不久，他们就继续北上去寻找总部，但给我留下难忘的印象。这次老朋友重逢，感到格外高兴。我俩办公、住宿都在一间房子里，相处非常融洽。

通联科有十几位同志，分管6个专区的500多名通讯员，平均每天来稿有四五十件。反映战争情况的占大多数，生产次之，再次是学习，还有少量是读者来信，要求解答问题的。因每月要做一次来稿统计，故至今我还有这种概略的印象。

通联科与陈克寒同志住在一个院子里，他对我们的工作抓得更紧一些，有时还参加我们的科务会，他经常根据党中央的文件精神和华北的工作实际情况提出一连串的报道要求，这是我们指挥通讯员采写新闻报道的最重要的依据。通联科的同志也有重点地给通讯员布置写作任务，请他们全面介绍一地、一县的情况，有不少回信满足了我们的要求。像黎城、武乡、辽县、和顺、寰垣通讯力量强的地方，通讯情况的工作做得更好一些。特别是我们定期分析通讯员来稿时，大量来稿为我们展现出一幅全面清晰的实际工作情况和问题的画面，不难从中发现新的采访线索。江牧岳同志思维敏捷，在日常审稿时，能够发现问题，形成若干具体题目，要求通讯员进一步深入挖掘，写出质量更高的稿件。

通联科的总任务是组织培养、训练、教育通讯员，要与通讯员保持经常不断的通信联系。有时一天写给通讯员的信比来稿还要多。所以通联科人多，也最辛苦。如果信写得切合下面实际，指挥采写得当，来稿就多，质量也好，真是乐在其中矣！

通联科要保证充分的稿源，由五个环节形成高效的工作系统。

——了解情况；

——指挥采访；

——筛选来稿；

——与通讯员联络，先知稿件的处理情况；

——研究来稿中发现新情况，组织通讯员扩大报道。

由此团结巩固了通讯员队伍，扩大了稿源，提高了写作能力。他们已不属于自由投稿者。

通联科与通讯员的联系不仅是催稿子，还有个重要的内容，给通讯员的信件，实际上通报了不少新闻学的基本观点，如新闻报道必须具备的要素，写新闻不能造谣，怎样写好新闻报道的开头，新闻与文学作品的区别，等等。总之抓住来稿中存在的采访写作问题，针对实际进行一些基本的新闻业务教育。但主要的还在于使通讯员在自己工作进程中学习，锻炼出社会活动家的敏感，使他们在思想上写作上能迅速提高，促进通讯员履行自己的光荣职责！

回忆说时，我们就这样为党培养了一批新闻人才。一些优秀的工农通讯员，后来成为太行地区新闻工作的骨干。

通联科的干部也接受一些临时性采访任务，特别是一些时间性较强，需要让会言论的消息，陈克寒同志总是交给通联科去完成，同志们从不计较困难，似乎也不知道什么是困难，路程远近更不在话下，抓起背包就出发了。1945年5月，日寇大"扫荡"太行区时，敌人的包围圈逐渐缩小。华北《新华日报》在进行"坚壁清野"，正准备疏散转移的时候，5月24日下午，陈克寒同志派我和罗林突出敌人包围圈，到黎城采写我军民在外打击歼灭日寇的战斗报道。"任务很急，立即出发。"他的口气简直似军人的命令。我俩接受任务后就出发了，沿着一条峡谷前进，夜宿佛崖底，凌晨枪声把我们惊醒。谷底死寂一般，枪声是从谷顶传来的。"鬼子用枪声欢迎我们，真'不虚此行'！"

罗林同志听了我的话小声地笑了。拂晓时，找到黎城县第四区上公所，县长孙行庭同志、工作队苏士琪同志也在这里，连同区干部和基干民兵有20多人，我们即随他们行动，这时便来甩掉敌人。据情况分析，是敌人的后续部队踏践着祖国的大地，不是来这一带清剿的。后来我们与彭庄民兵活动在九龙山上。彭庄的工作基础好，我们可以获得多种情报。所写的新闻报道由于战争原因，无法传递，报纸复制又晚，已成明日黄花，不是新闻了。

通联科同志们写的消息，署"本报访员"，以和专业记者相区别。实际上"访员"是近代报纸对专跑外勤记者的称呼，19世纪中，我国报纸已设"访员"采写新闻了。

通联工作是党的群众路线在新闻工作中的体现。做通联工作很有意义，绝非一项微末的工作。没有生活在广大人民群众中的、参加在各项实际工作中的大批党的非党的通讯员，报纸是不能办好的。所以何零、陈克寒同志都很重视通联工作，把一批党性强、有能力的同志安排在通联科工作，有白浪（白介夫）、张戎、陈译然、方往、任冰如、王礼易、穆家严、程光芮。这些同志从最基础的工作做起，锻炼出了新闻价值的辨别能力、写作新闻的基本能力、开拓局面的组织能力和耐心细致的工作之风。后来在党的新闻事业发展中，不少人做了领事干部。

做通联工作，开头虽显得无关重要，不甚被人注意，认为无非是写封信"联络联络"，没本事的人才干这号事，其实大谬不然，它具有巨大的潜在力量。在贯彻党报的群众路线，培养通讯员的过程中，同时也锻炼自身的才干，为党的新闻事业积蓄了力量。这可能是一条十分重要的经验。

我在华北总社通联科任职仅仅8个月，还外出两次采访，在机关的时间不长，只能粗略地回忆这段历史。

1986年4月于武昌

回忆抗日战争中的《晋豫日报》

中国共产党人，在日本侵略军队的四面包围中，曾经在晋、豫地区，建立了一块抗日民主根据地。这一块根据地建立较晚，它在著名的山西中条山区，包括山西的阳城、晋城、沁水、翼城、绛县、垣曲和河南的济源、沁阳、孟县。我们三十二个同志在这块根据地里，创办了一张四开小型报纸，并在战斗中坚持了报纸的出版。

记得非常清楚，1942年的春节前夕，八路军的一支挺进队——有两个团的兵力——从太岳抗日根据地向南进展，渡过漳河，翻越无数崇山峻岭，最后，勇敢而又巧妙地通过了敌人的封锁线，当敌人发觉的时候，这支战斗队已经钻进了它的心脏，把解放的旗帜插在析城山的山头。与开辟晋豫抗日根据地的同时，报社的一部分同志随军到达了这里。

析城山在阳城，是晋豫抗日根据地的中心地带，有一条东西伸延数十里的生满丛树的山巅，中共晋豫区党委的领导机关，有很长的一段时间驻扎在这一带的村庄里。报社靠局党委很近，住在由五个石砌的院子组成的、不到二十户人家的一个山庄里。这个庄子叫石板窑，可以说是报社的"根据地"。虽然因为战斗频繁，报社常常流动，但是经过几天或是半月以后，大家都还是回到这里来工作、居住。每一次转移回来，群众总是热情地欢迎我们，乐于帮助我们，我们和群众亲如一家人。

在这以前，即1939年，这里是有抗日民主政权的。不幸以蒋介石为代表的国民党发动的第一次反共高潮，山西的土皇帝阎锡山，暗通日伪，发动了"十二月政变"向新军决死队和牺牲救国同盟会进攻，由于麻痹大意，敢死三纵队四个团被解决，祖国大片的土地和人民就被阎锡山丢到日本帝国主义的手中。

党和人民的军队来到了这里，大大振奋了被日伪数年蹂躏的晋豫人民，坚定了他们抗日的斗争意志。但是在根据地开辟的初期，人民对党的政策并不完全了解，党即积极筹划出版机关报，利用这种最有效的联系群众、鼓动群众、组织群众的工具宣传时事，解释党的各项政策，组织群众对敌斗争，保卫和扩大抗日根据地。1942年3月，《晋豫日报》在阳城西郊村创刊和晋豫人民见面了。这时，它是一张四开油印的三日刊报纸。

5月，晋豫抗日根据地的人民经历了一次严峻的考验，党领导人民粉碎了日寇的"扫荡"，各方面的工作都有了进展，解放区逐渐扩大，政治、军事上都有了相当巩固的基础，它已不再是游击区的形态，而是一块巩固的抗日民主根据地了。

党在群众中已经有了更高的威信，报纸的发行已由二百份、五百份、一千份……向上增加，一架破烂的油印机再也担负不了这个巨大的任务。

改善印刷条件，建立一个"印刷工厂"已经成了报社最迫切的任务。可是敌人没有给我们留下任何一点印刷器材可资利用。

军区司令部是我们最好的合作者，每天给我们抄收延安新华社的纪录新闻，这是报纸唯一的国内国际新闻的来源。他们知道我们又有了新的困难，特地把一架从战斗中缴获的日本圆筒油印机送给我们，报社同志非常感谢他们热情的援助，可是这架机器和受了伤的日本鬼子一样不中用。

我们并不灰心，积极筹备石印。机器从哪里来？敌人侵占的县城里有，也可以买到，就是目标太大，不好运出来。事情也很凑巧，我们调查到在"十二月政变"时，有一部石印机埋藏在太岳区的士敏县（沁水县北面部分）的一个农村里，确实的地址还不很清楚，往返又须通过敌人占领区。方振松同志调到报社来担任建立"印刷厂"的工作，他接受了党支部的委托去找印刷机。方振松同志是一个有战斗经验的人，也是知道如何克服困难的人，他依靠群众的帮助，终于找到了这部印刷机，平安地把机器运回来了。

这时，石印用的油墨、纸张、药纸等，又成了问题。报社同志始终记着党的指示：要依靠群众，有事和群众商量。我们把报纸急需改版的情况告诉给群众，阳城、沁水许多有印刷经验的人甘愿冒着生命危险，为自己的石印报纸出版化装成商贩进到敌占城市去，把种种需要的东西，从敌人据点里弄出来。

9月，《晋豫日报》改成石印，增加了一张八开文章版，刊期也由三日刊改为两日刊，报纸发行量达到2500份。

报纸的内容也有了显著的革新，努力表现地方报纸的特色。第一版是社论和地方新闻。通过这种短小简洁的形式，主要反映本区军民的英勇对敌斗争、生产和抗日政权建设工作。党和政府很重视利用这个工具，经常帮报社撰写社论。所以报纸的社论能够紧密结合党的中心工作，正确地解释各项政策，教育群众。第二版是国内国际新闻。第三版虽然名之为"文章版"，但不是登载理论性的文章，而是刊登本区群众对敌斗争的实际经验，减租减息的经验，英雄人物介绍，人民生活的系统报道和富有创造性的适合于游击战争环境的生产常识。这样规划版面，保证报纸不致发生抽象化、烦琐的议论、脱离实际生活等现象，能再进一步密切与群众的联系。

文章的形式是从政治鼓动的目的性和有效性来考虑的，注意采用群众喜闻乐见的故事、快板、民歌等体裁。

为了适应这个地区群众文化水平低的特点，对报纸通俗化给予很大注意。新闻和文章的内容，群众读了能够懂得，就是我们当时的标准。我们的总编辑徐一贯同志在通俗化方面是内行，又是本地人，我们也就有条件做出一些成绩。

群众的报纸要和群众在一起。开始我们只有少数机关通讯员，改版不久，区党委指示各级党委要重视报纸通讯工作，促成了报纸通讯员工作的一个发展时期。我们也意识到不把报纸放到充分可靠的群众基础上，报纸是不会进步的。我们积极在群众中发展通讯工作，吸收农村中的积极分子做通讯员，发展生产互助组做集体通讯员。有不少通讯员不会写，但他们很热衷于自己的报纸，亲自到报社来报告信息，由编辑记录整理后在报纸上发表。我们也常常利用转移行动的机会，在所到的村庄有通讯员时，就去找他们谈话，把报社的报道要求告诉他们，或具体帮助通讯员把已有的材料写成消息。编委会决定对通讯员送来的消息，必须采取高度的关怀和负责精神，耐心地去帮助他们。我们在人力、物力困难的条件下，有三个同志负责组织领导通讯员的工作，并出版了通讯员的业务刊物，做到了有信必复，不用的消息必退。

我们编辑同志养成了一种很好的习惯，编完报纸，不是坐在办公室里，而是到附近村庄里找他所熟识的农民去访问，倾听他们的意见、要求。这种访问常常成为报纸上很重要的消息。

报纸对群众中发生的有社会意义的新事物给予很大支持。记得有这样一件事情：地主王应选的女儿王巧爱爱上了贫农出身的张兴华。这件事被王应选知道了，认为有伤地主家庭的门风，在亲友面前和王巧爱断绝父女关系。王巧爱到报社来哭哭啼啼地诉苦，表示为了终身的幸福，愿意断绝关系，但怕社会舆论不同情。我们在报纸上公布了这件事，并写了短评，支持王巧爱与张兴华的正当恋爱，批评了地主王应选违反抗日民主政府的婚姻条例和他的封建道德观念，并解释了党的婚姻政策。以后我们听到的农民的反映，都认为报纸为群众办了一件好事。张兴华得到报纸支持，对党有了明确的认识，以后就参加了八路军。

同样我们也得到群众对报纸的支持。群众对报纸的关怀和帮助，可谓任劳任怨、无微不至。报纸的发行除县级领导机关驻地设有邮站以外，县以下报纸的发行，完全靠群众沿村传递。通讯员写的重要消息，只要在信封角上插一根鸡毛交给村里的民兵小队长，就会像"万万火急"的电报一样，星夜沿村转来报社。如果我们暂时因战争关系离开驻地，不管我们迂回曲折走过多少道路，离开那里有多少天，鸡毛信终会迅速地送到报纸编辑的手里。

保护印刷机器，就同保护我们的眼睛一样，把它安装在一个森林密闭的山庄里。这个村子叫背满，距编辑部有六里地。这里只有一家人，房子又少，农民的家也就是我们的"印刷工厂"。他们从不认为这是一种打搅，几乎每个晚上机器响声使他们不能入睡，但他们没有一点埋怨，看到印刷工人疲倦了，就全家动员起来代替工人摇机器、叠报纸，常常和印刷工人印完了报纸才一道去休息。

在战争中，养成了全社同志的战斗作风。在最初一个时期，转移行动非常频繁，战争要求我们把行李精简到最小程度。因为一切个人用品都要自己用两个肩头来背，所以在我们同志中有一句笑话："一切物质皆有重量"，只要与生活无关紧要的东西，从来是不搜罗的。大部分同志是一被一单，只要接到转移的命令，几分钟之内就可以整装出发。但我们从没忘记过携带我们的八种武器：稿纸、墨水、铁笔、铜版、油墨、油印滚子、印刷纸和通讯员的来稿。虽经长途行军，身体已够疲劳，每到一处，仍然一面派人去军区司令部取抄收的新华社新闻，一面寻找桌子，准备报纸的出版工作。困难时只要能找到一张平整的桌子，印刷报纸的条件就完全具备了。编辑把膝头当作写字台，紧张地开始工作，敌情紧张时我们就出版电讯或战报，敌情缓和时报纸仍要照常出版。

在战争中报社同志们的生活是很困难的。当时晋豫区行政联合办事处并不给我们粮食，只是给我们一张条子，凭条到敌占区的村庄里向"维持会"去要粮。这些地区抗日军事力量一时还达不到，他们离敌人据点很近，"维持会"一面应付敌人，一面给抗日政权办事。我们的管理员杨占标同志是个个子不大、长得很结实的农民，能吃苦，又勇敢，由于他的才干，从来没有使我们饿过肚子。一次粮食拨到距敌人据点只有一里路的村庄里，他临出发前，我们都为他担心，但他和往常一样乐观，有信心。几天以后，他不仅带着一批民工运来了粮食，还为我们买来一些生活中迫切需要的肥皂、碱和久已没有抽到的香烟。

山地蔬菜很少，夏秋我们可以到山坡挖野蒜、山葱来吃，进入冬季就困难了。小米干饭焖好了，群众看到我们还没有菜吃，总是这家送一碗酸菜，那家送一个萝卜，反倒比我们自己买菜吃丰富得多。

这里的群众有一种吃"夜宵"的习惯，男女都因劳动过多休息得很晚。于是，夜间一家人欢欢喜喜来做"汕疙瘩"和"油饼"吃。前者是用小麦面做的，后者是用玉米面做的。看到我们宿舍的灯光还亮着，群众就来邀请我们去共进晚餐。今天回想起来，还有滋味香甜的感觉。

转移行动是我们最好的运动，另外的运动就是去打烧饭的柴火。我们钻到树林子里，还可以饱餐一顿水果。在这条山岭上，有杜梨、唐梨、山里红，最好吃的是一种像樱桃红、比樱桃小的山果子，当地群众叫它"圪君"。柴火打好了，你一捆，我一背。在回来的路上，不知谁出个洋相，逗得大家猛笑一阵，表现出同志之间非常融洽友好和快乐的气氛。

我们在晋豫区不仅站住了脚，而且主动打击敌人，解放区不断在扩大，敌人逐渐被压迫到几个城市附近的据点里去。特别是敌人挨打以后放弃了刘村岭上的据点，被敌人封锁的晋豫抗日根据地便和太岳抗日根据地连在一起了。1953年春天晋豫区党委撤销，和太岳区党委合并。这时，报纸也完成了它的历史使命，在这一年的5月终刊。

对《晋豫日报》的回忆记录，只是一个轮廓。那时，使我印象最深刻的至今不能忘怀的是：报纸特别注意联系群众，报社同志生活艰苦，而工作情绪又那样乐观、饱满，所以讲得多一点。

1956年11月

《山西日报》创刊的回忆
——纪念《山西日报》创刊三十五周年

《山西日报》于1949年4月26日创刊，是太原解放的第三天，至今已35周年了。我怀着深厚的感情来纪念它进入新的历史时期的生日。因为我是参与这份报纸工作的第一批工作人员之一，虽然与同志们并肩战斗的时间不长，后来我接受新的工作任务而离开了它，但我并未忘怀，它的成长壮大，始终朝气蓬勃，继承优良传统，发挥着党的舆论机关的宣传、鼓励、批评作用。这些实在是令人高兴的事。

现在我只能回忆《山西日报》创立阶段的一些往事，以作纪念。

（一）太原城外

中国人民解放军华北部队取得晋中战役的胜利之后，又扫除了太原城南和东山的敌人，阎锡山困守太原孤城，我军解放山西省城——太原已是指日可待之事。在这胜利的前夕，即1948年10月，《山西日报》在榆次进行着紧张的筹备工作。中共太原市委要求在太原解放之日，能尽快出版报纸，宣传党在新解放区的政策。

在太原城外，上级已从晋冀鲁豫区选派了一批编辑、记者和出版人才来参加筹备工作。他们许多是经过抗日战争、解放战争的锻炼，有着丰富新闻业务经验的干部，这是个硬班底，为进城以后的发展打好了基础。我在跟同志们的接触中了解到，大家以身自许，是自觉自愿为发展党的新闻事业而来长期共同战斗的。由于认识一致，大家是很团结的。再加上有个好的带头人——社长兼总编辑史纪言同志的领导，筹备工作进行得很有成效。

在筹备工作过程中，史纪言同志着重抓了思想准备工作，是完全正确的。在进城之后，环境变了，无疑读者对象也变得复杂了，宣传任务也有了变化，现在是由城市领导农村，许多不熟悉的事摆在面前，这只能用学习来提高认识。史纪言同志亲自组织同事们学习毛泽东同志《在中国共产党第七届中央委员会第二次全体会议上的报告》，使大家对党在城市的基本路线和基本任务，以及各项政策，对党员进城以后的思想作风要求，都有了比较清醒的认识。这就保证了报社干部进城以后有较好的政治素质，能自觉执行党中央的精神。在进城以后的实践中完全证明了这一点。

在新区如何办报呢？也是同志们所关心的问题之一，读者的结构变化很大，有一些问题，在老区群众看来是很普通的事情，但在新区群众看来是很费解的，须从最基础的说起，可以把解放性报道放在重要的位置。新区群众有在阎锡山反动统治下长期生活的经历，形成自己看问题的习惯方法，不能希望他们一下就改变。他们更尊重事实，不是一般的道理。就须把我们的宣传报道与他们本身的生活经验和切身利益联系起来，并以充分的事实证明，党在新区的方针政策是符合他们的当前利益和基本利益的，他们才会接受。这次讨论非常重要，解决了在新区宣传报道的指导思想，同时也领悟了新闻学并非一门封闭的科学，需要不断研究新的情况，补充新的知识，以适应变化着的环境。

在筹备中还有一件最令人鼓舞的事，是毛主席为《山西日报》题写报头。这是毛主席为省报题字较早的一家。这四个大字，笔格圆润遒劲，真叫人喜爱。自毛主席的字送到之日，史纪言同志的办公室更加热闹起来，同志们都争着先睹为快。但史纪言同志临时定了个规矩，"只许看，不许动"，唯恐把纸弄脏弄破，有损领袖的珍贵墨迹。

（二）进城之后

1949 年 4 月 24 日清晨，当我军向太原发动总攻时，《山西日报》的全体工作人员已向太原进发。

出乎敌军的意料，进攻是以炮火突袭开始，1300 多门大炮同时开火。摧毁了敌人的火力点、掩蔽部，敌人可能集中的一切地方。四个小时战斗结束，事实清楚地反映出我军的威力在不断增长。

太原的解放，最后结束了山西"土皇帝"——阎锡山近 40 年的罪恶统治。我们随英雄无敌的解放军进入市内，在桥头街 75 号，首先接管了阎锡山的《复兴日报》。这家报纸的印刷厂设备简陋，印刷质量很差，庆幸的是这里的工人保护了工厂，设备没有遭到破坏，为我们提供了迅速出版报纸的条件，所以能在解放后第三天创刊《山西日报》，它作为中共太原市委的机关报与太原市广大群众见面了。

创刊这天，我到几处贴报栏观察过，到处都挤着许多人看报。他们的心情是喜悦的，表现出一种安全感。这是一张有历史意义的报纸。在要闻版的左上刊登了中国人民革命军事委员会主席毛泽东、中国人民解放军总司令朱德的照片。右上是南京国民党政府拒绝国内和平协定，毛主席、朱总司令命令全军坚决彻底干净全部地歼灭中国境内敢于抵抗的国民党反动派的内容。下半是解放工业重镇太原城，全歼守敌，活捉孙楚、王靖国的消息；社论题目是《太原市的当前任务》，以及中国人民解放军太原前线司令部的约法八章。这张对开一张的报纸，使太原人民认识到中国的真实情况和动向，对于自己的力量抱有极大信心。

接收《复兴日报》之后，我当即与印刷厂的老工人谈了复工出报的问题，他们几乎没有提出什么要求。因为他们饱经旧社会的压迫生活，又有一定的文化水平，容易接受共产党的领导。工人们表示，要什么时候出报，就在什么时候出报。他们表现的工人阶级气质，使我得到很大的教育。不少老工人一直表现很好，有的当了生产组组长、车间主任，在自己的岗位上作出了应有的贡献。曹秀同志是我认识的第一个工人，是原《复兴日报》的排字工人，在太原解放的第二天，他就在整理排字车间，等待接受新的任务。他已懂得了一个基本道理，"这是为革命工作"。后来我听说，曹秀同志政治上进步很快，20世纪50年代就加入中国共产党，还担任了印刷厂厂长，是《山西日报》经营管理方面的一位能手。想到报纸，就想到这些老工人，估计现在有不少已经退休了，但不应忘记，他们是功臣。我们进城的时候，并未带来任何一件印刷设备，是靠他们的勇敢保卫了机器的安全，是他们贡献出技术，使我们得以实现党所交给的任务，及时把党的声音传播到全市，乃至全省。

（三）五湖四海

"我们的干部来自五湖四海"，这是很恰当的说法。《山西日报》在筹备与创刊之初，干部主要来自华北《人民日报》《晋察冀日报》，太行《新华日报》《冀中导报》《冀晋日报》，从政治素质和业务修养等方面说是很好的。

到1949年9月1日，《山西日报》成为中共山西省委的机关报，山西全境统一在山西省委的领导下。在这先后，太行《新华日报》《太岳日报》《晋中日报》陆续停刊，大部分业务干部调来太原，再加上《晋绥日报》和新华社支社来的，《山西日报》达到一个鼎盛时期，阵容非常坚强。强就强在这些同志是党直接培养成长起来的，有做实际工作的能力，年龄均在 30 岁左右。报纸的每一次进步，都和这些同志的努力分不开。

天高任鸟飞，海阔凭鱼跃。《山西日报》把更多的力量投到记者科目，在新的天地里接受新事物，发挥各人的聪明才智。时间并不太长，他们就钻进去，成为熟悉一方面工作的专业记者。在那时的条件下，我们没有别的办法，只有到实际中去，形势逼人改变自己的知识结构，以适应新的环境。

经老区来的编辑记者的最大优点是重视学习党的方针政策，研究如何在报道中体现。所以编辑记者的思维非常敏感，敢于抓住新的问题。比如，全国制度是城乡经济联系的纽带，在萌芽阶段记者就能抓住组织报道，并继发社论加以提倡，曾引起全国的重视。

干部来自五湖四海，以说明《山西日报》重视人才，集聚了一批人才。在《山西日报》35 年的发展历史中，培养出一批扛大旗的人才，是五湖四海的胜利。

（四）发扬传统

进城以后办报，同在农村一样，根本的一条还是坚持党性原则。不论环境如何变，这一条不能变。坚持党性原则并未费多大劲，有两个好的条件：1. 党中央教育我们，指出"在大城市，凡事均需重新仔细考虑，一举一动都要合乎城市的情况。凡是处理较重要的新事情，均须事前向上级请示，以免犯了错误，收不回来，影响很坏"。2. 办报的同志大都是老区来的，对报纸要坚持党性原则非常明确。历史是一面镜子，从中可以看到，《山西日报》刚刚进城就建立了请示报告制度，社论和关系全市全省大局的、带有政策性的宣传报道，都一律送上级审查，从不擅自发表。

此外，还定了一条，不搞纯客观报道，防止那些低级的不健康东西侵入报纸版面。因为报纸是有意识形态的东西，是有阶级性的。太原是封建买办资产阶级统治很久的城市，封建主义、资本主义的理想到处可以反映出来。在这方面，《山西日报》的同志非常警惕，在许多具体问题上是积极地引导群众着眼轻于根本的长远的全局的利益。坚持报纸的党性原则，原先的太原市委，后来的山西省委，对此抓得很紧。为写一篇社论，我去请示省委书记赖若愚同志，在他谈完社论的要点之后，特别提出如何把《山西日报》办得更好一些的意见。这里记载的是书记谈话的梗概。他说，满足读者的需要是应该考虑的一方面，更重要的一面是，党报的一切报道和言论文字要增强思想性、指导性；报社的领导干部要用十分功夫抓好评论工作，《山西日报》是省委的"喉舌"，遇到重大问题，要站在党的立场上敢于讲话，你们有一支蓝笔，省委的红笔，可以帮助你们一遍又一遍修改；还有抓好典型报道，典型最吸引人，能改变人的社会认识，我们在农村学过不少典型报道，发挥了很好的教育作用。报纸是党的"喉舌"，要取得发言权，就得去调查研究那些当前最迫切、对贯彻中央方针政策最有影响的问题。调查研究是做好宣传报道的基础。省委还不止一次要求报社同志学习马克思列宁主义、毛泽东思想，用以指导报纸工作。《山西日报》就是按照省委的要求来工作的。

进城之后，农民群众批评我们"进了城市，忘了农村"。事实并不完全是这样，是农民群众想念与他们生死与共的党的干部。就此也引起我们的十分重视。

党的二中全会，毛泽东同志告诫我们："城乡必须兼顾，必须使城市工作和农村工作，使工人和农民，使工业和农业，紧密地联系起来。决不可以丢掉乡村，仅顾城市，如果这样想，那是完全错误的。"故在1950年1月25日，《山西日报》、《山西农民报》、太原广播电台、新华社太原分社发起农村征文，鼓励干部到农民群众中去调查研究，了解现在农民群众到底在想什么。

征文题目虽则十条，其中不少至今都有意义，故录如下：1. 当前农民最主要的要求是什么？ 2. 农民今天有哪些思想问题？ 3. 一个支部领导全村生产的问题。4. 我们的供销社是怎样建立的？ 5. 农事经验和科学知识相结合的一个范例。6. 下乡工作干部坚持学习的经验。7. 一个区干部是怎样提高文化的？ 8. 新社会的新气象。9. 一个人人拥护的好村长。10. 一个好的支部书记。这十个题目看起来简单，是经过集体讨论，经发展提高的角度提出来的，是供省委决策时参考的。

（五）结束的话

当我们纪念《山西日报》创刊35周年之时，无疑一切成绩是中共山西省委的领导下做出来的，报社一批批干部成长是经党培养的，同时又为党输送了大批各类人才。

还有不少同志为《山西日报》贡献出自己的青春、智慧和才能。想到《山西日报》的发展，就不能不想到许多同志兢兢业业、鞠躬尽瘁为无产阶级新闻事业献出了自己的宝贵生命。缅怀战友、总结经验、发扬传统，希望把他们的献身精神作为教育新一代的内容。

走中国式的道路，开创社会主义建设的新局面，把《山西日报》办成第一流的省报，确实任重道远，要相信自己的力量，胜利一定属于你们。

1984年3月于西安

关于新华社山西分社早期的一些情况

1949 年 4 月 24 日太原解放。4 月 26 日《山西日报》创刊，与此同时，新华社太原分社成立，当时与报社一起在海子边办公。

太原分社设三个科：编辑科、记者科、通联科。分工由何微领导。编辑科同时给新华总社和《山西日报》发稿。编辑科科长吴敏、副科长张瑾；记者科科长吴象；通联科科长赵宪斌。

直到 1951 年初，实行社、报分设，建立统一的国家通讯社。新华社太原分社才迁到新民头条一号办公。大约是这一年的 5 月改为新华社山西分社（或者更早一点）。报社电台分社代管，但时间不长。

分社分工业、农村、财贸、政文四个业务组。还有办公室、图书资料室、打字室。由秘书管理行政工作。建立了党支部，党员 9 人。

山西分社成立后受总社与省委宣传部双重领导。

分社的人员比较精干，工作作风好，深入研究实际是一突出特点。刚迁到新民头条时分社约 20 人，到 1952 年已达 30 人。可以回忆起来的有：马明、王文亮、李芸生、郭洁、武赞庭、王天章、吴钢、路际通、宋莎荫、高庆琪、杨义、雷朋、任丰平、张瑾、王汝昌、李志远、宋文耀、马勤生、赵家壁、郝纯一、张惠萍、张书绅、何微。此外，还有文书 1 人（此人后调总社国内部发稿组写字）、通讯员 1 人、管理员 1 人、公务员 3 人（包括两个小鬼）、炊事员 1 人。这些同志的名字，一时回忆不起来。史纪言的弟弟到分社任伙食管理员，不久遇到"三反"运动，由于他不懂党的政策，受到压力而自杀了，经查并无任何贪污。公务员中有一位是我们从太原街头收留的卖油条的孤苦老人，工作勤勤恳恳，爱社如家，是一位很值得纪念的人物。

何微于 1952 年"三八"节前调北京新华社华北总分社工作，由任丰平代理分社社长，不久新华总社任命吴钢为分社社长。

说明：

1. 虽经仔细回忆，仍不一定准确，应与文字资料核对；

2. 你校正之处请告我。

何微

1983 年 4 月 24 日

附录 1

何微同志生平简介

中国共产党的优秀党员，著名报人、新闻理论家、新闻教育家，享受国务院特殊津贴的专家、教授，陕西省社会科学院原党委副书记、院长、顾问，离休干部（副省级待遇）何微同志，因病医治无效，于 1999 年 4 月 6 日 14 时 25 分在西安逝世，享年 83 岁。

何微同志，山西祁县人，生于 1916 年 7 月 23 日。1937 年 2 月参加山西"抗日决死队"，1938 年 10 月奔赴中国革命中心延安，入抗大学习。不久，响应党中央号召，随抗大一分校东渡黄河，到敌后开展工作，并在此加入中国共产党。同年，受党组织委派，任《黄河日报》编辑、党支部书记，正式步入报界，开始他革命新闻的工作生涯。先后在民族革命通讯

何微

社上党分社、太南《人民报》、《太南导报》、华北《新华日报》、《晋豫日报》、新华社太岳分社、华北区《人民日报》担任记者、编辑及领导工作。或以青年记者协会会员身份，斡旋于敌后，或深入前沿部队，在枪林弹雨中做军事报道。1949 年 4 月太原解放后，历任《山西日报》副总编辑兼新华社太岳分社副社长、新华社山西分社社长，并当选山西省各界代表会代表、山西省文教委员会委员，获山西省首届文艺新闻奖章。1954 年，任新华社北京分社社长，并当选北京市人大代表和北

京市第二次党代会代表。1957年，调任新华社江苏分社社长，翌年任文化部出版局负责人。1962年，调任西北政法学院副院长。"文革"期间，何微同志受到迫害。1970年，任陕西省卫生厅领导小组成员、办公室主任。1974年，任《陕西日报》党委书记、总编辑。1982年，调任陕西省社会科学院党委副书记、院长。1984年，何微同志不顾年事已高，赴武汉大学担任新闻系教授，从事新闻教育和研究工作。1991年，返回西安，同年离职休养。

何微同志在60多年的革命生涯中，无论是在记者、编辑岗位、领导岗位，还是教学岗位，他集新闻采写、学术研究、新闻教育于一身，孜孜不倦，勤奋耕耘，成绩卓著。

何微同志忠诚党的新闻事业，一贯坚持坚定的政治信念，保持清醒的政治头脑，为党和人民的利益鼓与呼。在民族危亡之时，他积极传播抗日信息，进行爱国宣传，宣传党的主张和政策，为动员一切力量抗战呐喊。担任新华社几个分社社长期间，他坚持当好"领头羊"，坚持采访写稿，有时为了采访一条消息、一个人、为了核对一个事实、补充一些材料，往返数趟跑几十里山路是常有的事情。为适应各个时期宣传和新闻人才培养的需要，他先后创办过《新闻通讯》《新闻研究》等期刊及西北政法学院新闻系、陕西省社会科学院新闻研究所、武汉大学新闻研究所，并首先提出改革大学新闻专业教学中的课程设置。对党的事业的无限忠诚和丰富的创造性思维，使他对新闻发展规律的认识不断提高，先后研究、撰写了《论新闻》《新闻科学纲要》等观点新、体例新、有着中国特色的新闻学专著，在新闻学领域独树一帜。

何微同志坚持马列主义、毛泽东思想，用邓小平理论武装头脑，思想解放，实事求是，立场坚定，旗帜鲜明。在战争年代与和平年代，从办油印报、小报到大报、办通讯社，直至在全国率先成立陕西省新闻研究所，他始终坚持"客观、真实、公正、全面"的八字方针，认为真实是新闻的本源，唯其真实，新闻才有生命力。在新闻学理论研究中，他强调新闻工作中的"党性"原则，反对将新闻工作中的"党性"与"人民性"对立起来。他指出：坚持了新闻工作的"党性"原则，也就是坚持了"人民性"原则。将马克思主义、毛泽东思想、邓小平理论的精髓贯穿到新闻工作中来。"文革"期间，何微同志虽然受到冲击，被揪斗，关"牛棚"，但始终没有动摇他对党的忠诚信念和对新闻事业的热爱，党的十一届三中全会以后，他积极参加和领导陕西日报社的拨乱反正和改革开放工作，为我省新闻事业的恢复和发展作出了积极贡献。何微同志数十年如一日，勤勤恳恳、任劳任怨。他曾说："我只是觉得自己像一条老黄牛，只知道多干一些活，只想多为人民做一些有益的事。"

何微同志对工作认真求实，崇高的事业心滋养了他的敬业与开拓精神。这种精神不因为年龄和环境的变化有所消减。1984年何微同志去武汉大学从事新闻教育研究时，已近70岁高龄。他的目的很明确，去开拓创新，去研究创办新闻教育，去培养新时期新闻人才，去探索如何构建中国特色的新闻事业。武大的8年，是何微同志科研事业最为辉煌的8年，他著述的《中国新闻思想发展研究文集》，是填补空白的丰硕成果，是对中国新闻事业的巨大奉献。武大的8年，何微同志授业解惑，把党的新闻事业的发展寄厚望于青年一代。如今，他桃李遍及全国各大新闻单位，他是一位德高望重的学长。

担任陕西省社会科学院党委副书记、院长期间，为推进马克思主义理论研究和党的宣传工作，端正科研方向，繁荣和发展哲学社会科学事业，壮大理论研究队伍，加强和改善党的建设，呕心沥血，做了大量艰巨而细致的工作。他担任院长时，社科院恢复建院仅三年，百业待举，他深入基层，了解情况，在工作中及时发现问题解决问题。他与班子其他成员一起，互相支持，互相协作，团结全院干部职工，在条件极其困难的情况下，使社科院的工作逐步走上正轨，取得了可喜的进展和丰硕的科研成果。这些成绩中，浸透着他的心血，他的领导艺术和政治水平，给全院职工留下了不可磨灭的印象。

何微是老革命，却从不居功自傲；是老者，却洋溢着青年人的朝气。他生活朴实，作风民主，淡泊名利，联系群众，平易近人、以身作则，团结同志，严于律己，宽以待人，始终保持了一个共产党员的优秀品质和作风。离休后，他仍长期著述不辍，关心西北政法学院新闻专业的恢复与建设，继续为党的新闻事业贡献余热。

何微同志的逝世，是我省新闻事业和社会科学界的重大损失，我们失去了一位好领导、好朋友、好同志、好老师。我们要学习何微同志自强不息不断进取、忘我工作的革命精神；学习他无私无畏、坚持原则、严于律己、一身正气的思想品德；学习他坚韧不拔、勇于开拓的工作作风；学习他唯真唯实、实事求是的治学态度；学习他谦虚谨慎、团结同志、清正廉洁、无私奉献的广阔胸怀。让我们化悲痛为力量，紧密团结在以江泽民同志为核心的党中央周围，高举邓小平理论的伟大旗帜，努力发展和繁荣哲学社会科学事业，以现代化建设的优异成绩，告慰何微同志。

何微同志永垂不朽。

陕西省社会科学院
1999 年 4 月 6 日

附录 2

何微年谱

边江

1916年7月23日，何微出生于山西省祁县一个中医世家。父亲何作哲，母亲高氏。原名何友仁。

1917—1923 年（1—7 岁），童年时期。

1924—1927 年（8—11 岁），在祁县四隅小学上学。

1928—1929 年（12—13 岁），在祁县高等小学上学。

1930 年（14 岁），考入祁县中学。初中未读完，又考取了太原师范学校。

1931 年（15 岁），在太原师范学校就读。

1932 年（16 岁），在太原师范学校就读。抱着"教育救国"的信念弃学从教，当了建安村小学教师。

1933 年（17 岁），村小学教师。

1934 年（18 岁），村小学教师。

1935 年（19 岁），村小学校长。

1936 年（20 岁），村小学校长。

1937 年（21 岁），2 月，何微加入"山西抗日牺牲同盟会"所辖之抗日决死队；10 月，在抗日决死队主编油印小报《广播台》，开始新闻写作生涯。

1938 年（22 岁），10 月，来到革命圣地延安，进入抗大学习，改名何畏，取在革命中大无畏之意。两个月后，其女友令狐茜也进入延安抗大学习，改名张瑾。

1939 年（23 岁），与张瑾在延安结婚。6 月在抗大一分校加入中国共产党，年底抗大毕业，前往《黄河日报》当编辑记者兼党支部书记，同赵树理、白介夫、王春等共事。

1940 年（24 岁），调任太南《人民报》记者兼《光明》杂志编委。8 月至 12 月报道"百团大战"。12 月 20 日，带着朱德总司令给友军领导人写的两封信，沿途以八路军联络副官的身份与国民党驻军打交道，在通过日军长坪封锁线时腿部被六〇炮弹炸伤。

1941 年（25 岁），3 月任新华社晋豫分社社长兼《太南导报》社长；9 月任《晋豫日报》社长；12 月任《新华日报》（华北版）通讯联络科副科长。

1942 年（26 岁），3 月任新成立的新华社太岳分社军事记者。

1943 年（27 岁），春，调任太岳区文委书记兼新华社太岳分社副社长、总编辑。长子何安琪出生。

1944 年（28 岁），年初，被任命为《新华日报》（太岳版）通采部部长。秋天在中条山区《冀豫日报》短暂任职后，重任新华社太岳分社副社长兼《新华日报》（太岳版）通采部部长。秋冬两次深入安泽县上治村采访山村医生李克让。

1945 年（29 岁），再次采访李克让，1 月 25 日，人物通讯《模范中医李克让》在《新华日报》（太岳版）发表，引起广泛好评，新华社将此稿向解放区各报发了通稿。3 月 17 日，新华社发出对此稿的表扬通报，要求各地记者、通讯员认真学习，改进工作。抗日战争胜利后，改名何微，意为微小，取在人民面前微小之含义。次子何安萍出生。

1946 年（30 岁），率领一个战地记者团（三四名记者，一名发报员，一名机电操作手，一匹骡子），参加了垣曲、灵石、翼城等地的战地采访，采写了《太岳我军除夕出击　再克翼城歼敌千余》等一批颇有影响的战地报道。作为新华社太岳分社副社长兼《新华日报》（太岳版）通采部部长，当年 6 月倡导创办了《新华通讯》月刊，作为培训通讯员的业务阵地，带头写稿，每期都有他撰写的文章，其中第 5 期刊登的《爱国自卫战争军事报道研究》产生了较大反响。大女儿何安莉出生。

1947 年（31 岁），率领战地记者团随部队转战晋南，带头采写了《阳城担架队前线立功》《摆好八卦阵　活捉蒋家军——记浮山蛛网联防》《担架英雄娄老水》《前线司令部公布一月战果　共克十九城斩获万七千》等大量战地报道。

1948 年（32 岁），奉调华北人民日报社，率领记者团，参加了运城、太原等战役的报道。采写的《太原前线通讯：战胜困难的军队》和《具有高度政治军事文化教养的部队》等重点稿件，均被华北《人民日报》刊登。

1949 年（33 岁），4 月，任《山西日报》副社长兼新华社太原分社副社长，4 月 24 日解放军攻克太原，在硝烟弥漫中随军进入太原城，接管了伪《复兴日报》，组织记者采写稿件，组织工人修复印刷机器，4 月 26 日，第一张《山西日报》正式出版。

1950 年（34 岁），2 月 10 日，新华社山西分社成立，何微为首任社长。

1951年（35岁），组织了对劳动模范李顺达的报道，在全国产生了重大影响，受到总社通报表彰。

1952年（36岁），4月奉调北京，任新华社华北总分社副社长，分管新闻采访业务。次女何安娥出生。

1953年（37岁），8月，兼任新华社北京分社社长。他提议并亲自编定每周一期《在我们的祖国首都——北京》新闻集纳，由新华总社每周向全国播发一期，颇受各地报纸的欢迎。这种新闻集纳成为新华社发稿中的一个专栏，当时也被视作新华社业务中的一个创举。8月19日，新华社播发他采写的稿件《在一个教师暑期俱乐站里》。开始在北京大学、中国人民大学、《中国青年报》新闻训练班开设"新闻采访与写作"讲座课程。

1954年（38岁），随着华北局和新华社华北总分社的撤销，专任新华社北京分社社长。8月，作为北京市人民代表，在参加人代会期间采写了《我们选举了敬爱的毛泽东》，新华社通稿播发后，被《人民日报》等各大报纸刊登，在全国产生了重大影响。9月起，倡导并组织北京分社采编人员开展了为期8个月的"改进新闻写作"业务活动。12月，随新华社代表团赴苏联学习访问。

1955年（39岁），年初至3月底，随新华社代表团赴苏联学习并访问塔斯社，写出《塔斯社关于外事报道》、《关于党组织、苏维埃活动和文化建设报道》、《塔斯社关于体育报道》（上下篇）、《塔斯社莫斯科记者的工作》、《塔斯社关于机器工业的报道》、《塔斯社关于青少年新闻报道》等一组7篇共计3.7万多字的业务文章，刊登在新华社编印的《塔斯社工作经验》一书中。同年写出《我对提高新闻质量的一些意见》《从官厅水库采访看深入实际》等业务研究文章，刊登在新华社内部刊物《新闻业务》上。

1956年（40岁），3月，在新华社国内分社会议上作《关于改进新闻采访写作的初步意见》的重点发言，该发言全文载入《新华社文件资料选编》（第三辑）一书。7月，精心策划、组织采写、统稿编发了长篇通讯《当你们熟睡的时候》，总社7月21日播发，受到《人民日报》等全国报纸、电台的欢迎和采用，引起强烈的社会反响，总社专门发贺信，高度赞扬北京分社记者取得的这一创造性成果。同年在新华社《新闻业务》上发表《要提高新闻质量就要提高劳动本领》《批评性质的新闻和国家通讯社》等业务文章。10月15日，中国人民大学新闻系创办的教学和实习用的《新闻与出版》创刊，他在该报开设的"新闻论坛"专栏，先后发表了《新闻导语》、《关于新闻种类和特点》、《新闻的体裁》（上、中、下）等新闻业务文章。

1957 年（41 岁），3 月，调任新华社江苏分社社长。3 月 29 日采写了《苏东坡的一条玉带》，4 月 1 日采写了《创造了一万幅剪纸花样的名艺人张永寿》《剪纸小记》等新闻稿件，均被新华社通稿播发。在《新闻业务》第 9 期上发表新闻业务文章《谈趣味性》。

1958 年（42 岁），1 月，调文化部出版局工作。

1959 年（43 岁），在文化部出版局工作。

1960 年（44 岁），被下放到秦岭山区的陕西凤县双石铺公社劳动。被群众选为生产队队长。

1961 年（45 岁），被凤县双石铺公社党委评为"红旗手"（劳动模范）受到表彰。年底回北京文化部出版局工作。

1962 年（46 岁），9 月，调任西北政法学院副院长。在国民经济困难、大学院系调整中，他经过多方努力，保留了中国西部唯一的大学新闻系——西北政法学院新闻系。11 月 21 日起，《西安晚报》在第 3 版开办"秦中随笔"专栏，以"石冷"笔名发表杂文《从〈孟子〉想到长知识》（11 月 21 日）、《隃糜墨》（11 月 28 日）、《读书种种》（12 月 6 日）、《一份党报胜过五车书》（12 月 19 日）、《漫读杂文》（12 月 12 日）、《再谈读书》（12 月 26 日）等。

1963 年（47 岁），当时西北政法学院新闻系师资力量不足，他除了自己亲自授课外，还赶赴北京，请来了中国人民大学的甘惜分、张隆栋、郑兴东三位教师来西北政法学院新闻系授课。在《西安晚报》、"秦中随笔"专栏发表杂文《新年谈志》《再谈杂文》《真正爱你的孩子吧！》《迎春节　话勤俭》《究竟该怎样指导青年接受文化遗产？》《严以励志》《历史的教训》《错在父母》《革命导师的家庭》《殷切的希望》《鬼戏正言》《四海为家》《革命的"底"》《用什么教育孩子？》等。小儿子何安夏出生。

1964 年（48 岁），西北政法学院新闻系 79 名应届毕业生，有 61 位被分配到新闻单位工作，其中 26 位进入《人民日报》、新华社、中央人民广播电台、《红旗》杂志社、《中国青年报》等中央媒体工作。在《西安晚报》发表《认识，再认识——关于学习毛主席著作的几点想法》（5 月 13 日第 3 版）等文章。

1965 年（49 岁），年初被陕西省委派任省人民医院"四清"工作组组长，并代任省人民医院院长。

1966 年（50 岁），陕西省人民医院"四清"工作组组长。特殊年代开始后即受到严重冲击。

1967 年（51 岁），特殊年代受冲击"靠边站"。

1968年（52岁），特殊年代受冲击"靠边站"。夫人张瑾1月25日在西安不幸去世，年仅48岁（1980年6月陕西省高教局"平反"后补开追悼会）。

1969年（53岁），特殊年代受冲击"靠边站"。

1970年（54岁），任陕西省卫生厅领导小组成员、办公室主任。

1971年（55岁），在陕西省卫生系统工作。

1972年（56岁），在陕西省卫生系统工作。

1973年（57岁），在陕西省卫生系统工作。

1974年（58岁），2月，被陕西省委任命为陕西日报社党委副书记。

1975年（59岁），8月，被任命为陕西日报社党委书记、"革委会"主任（后改为总编辑）。

1976年（60岁），陕西日报社党委书记、总编辑。

1977年（61岁），5月31日，在《陕西日报》记者会上专门论述《如何建设一支又红又专的编辑记者队伍》，该讲话摘要刊载于6月3日出版的《陕西日报记者通讯》第70期。

1978年（62岁），陕西日报社党委书记、总编辑。

1979年（63岁），陕西日报社党委书记、总编辑。

1980年（64岁），6月，创办陕西新闻研究所，倡导出版学术刊物《新闻研究》杂志并亲任主编，在创刊号上发表署名文章《关于报纸的性质》。发起召开西北五省区党报新闻学术研讨会。

1981年（65岁），9月，率中国记者代表团访问罗马尼亚，撰写《访罗记事》。与刘蓉女士结婚。

1982年（66岁），3月，调任陕西省社会科学院院长，兼任社科院新闻研究所所长、《新闻研究》主编。9月16日，在《陕西日报》发表署名文章《理论工作者要坚定地宣传共产主义思想》。

1983年（67岁），6月撰写学术文章《社会新闻观》，8月完稿。年底改任陕西省社科院顾问，并兼任陕西省社会科学联合会主席、考古学会会长。

1984年（68岁），4月，为《中国煤炭报》在西安举办的新闻业务培训班讲课，并和与会同志合影。5月，在《新闻战线》杂志发表署名文章《面向未来改革新闻教育》。9月，应武汉大学校长刘道玉邀请，前往武汉大学执教，创办武汉大学新闻研究所并为首任所长。

1985年（69岁），武汉大学教授，新闻研究所所长。

1986年（70岁），武汉大学教授，新闻研究所所长。在《新闻知识》杂志（第

6 期）发表署名文章《党风与新闻的真实性》。

1987 年（71 岁），作为武汉大学新闻研究所所长，他与副所长桑义燐教授（笔名桑荫）承担了哲学社会科学"七五"期间国家重点科研项目《新闻事业与现代化建设》课题，并于这一年的 1 月至 8 月，他俩率领两位年轻同志分成两个组，前往华北、西北、华东等地区的十个省市，对 30 多个新闻事业单位及高校新闻系进行了长达八个月的调查研究。

1988 年（72 岁），武汉大学教授，武汉大学新闻研究所所长。撰写"深化新闻教育改革"系列研究文章。4 月 10 日，被中国新闻教育学会聘为顾问并获聘书。

1989 年（73 岁），春节期间在西安完成《总编辑的品质和影响力》一稿，刊登在《新闻知识》杂志 1989 年第 4 期上，在学界产生了很大影响。同年在《武汉大学学报》（社会科学版）发表署名文章《论新闻与舆论监督》。

1990 年（74 岁），在《武汉大学学报》（社会科学版）第 1 期发表题为《关于中国古代新闻陕西发展研究》的论文。主编的"研究生读物"《中国新闻思想发展研究文集》（包括古代、近现代、当代三部分，为多卷打印本）编撰完成，共约 500 万字。

1991 年（75 岁），7 月，中共中央宣传部新闻局、国务院经济社会发展研究中心预测组编印"哲学社会科学'七五'期间国家重点科研项目《新闻事业与现代化建设》研究报告（十四）"《关于新闻改革的现状、问题和走向的研究》（课题负责人何微、桑荫），报告导语中说："三年来，我们访问了 19 个省市的不同层次、不同类型、不同种类的新闻事业单位，共 60 多家，包括报纸、广播电台、电视台、通讯社、新闻研究所和新闻教育院系。访问老、中、青新闻工作者 90 多人次。开专题座谈会 10 多次。围绕深化新闻改革的问题作了调查。"报告文本后面所附的项目简介称："《新闻事业与现代化建设》是'七五'期间哲学社会科学国家重点科研项目。这是中华人民共和国成立以来新闻领域开展的最大规模的科研项目。"10 月离开武汉大学，回到陕西省社会科学院任顾问、研究员，为南京大学、浙江大学、陕西省委党校等兼职教授，并任全国教育学会顾问。同年离职休养。

1992 年（76 岁），在《新闻知识》杂志（第 1 期）发表学术论文《对现场短新闻的理解》。4 月 27 日，在《陕西日报》发表杂文《话说实事求是》。

1993 年（77 岁），在《陕西日报》发表杂文《嫉妒解》（2 月 15 日）、《杜康其人》（8 月 20 日）等。

1994 年（78 岁），为陕西省委党校、陕西日报社联合举办的新闻专业走读大专班授课。《陕西日报通讯》从 1994 年第 2 期起，开设"名人指点"栏目，连续刊登何微先生关于新闻业务研究的署名文章。其中《我国百年新闻理论建设的过去与现状》等文章，在学术界产生了较大影响。

1995年（79岁），为陕西省委党校、陕西日报社联合举办的新闻专业走读大专班授课，编写的讲义《新闻科学纲要》被《陕西日报》新闻中心编印成册。

1996年（80岁），4月25日，"何微教授八十诞辰暨新闻思想研讨会"在西安召开。同年夏，何微将其学生刘荣庆约到自己家中书房，口述复办西北政法学院法制新闻系的建议，叮嘱刘迅速写成书面报告，联系西北政法学院党委书记张力、陕西省教委逐级上报，根据西北政法学院的实际，建议办法制新闻系。在《陕西日报》发表杂文《读史》（7月22日）、《汉唐雄风说》（10月7日）等。

1997年（81岁），在《陕西日报》发表杂文《治国安邦说〈反质〉》（6月3日）、《圆明园之毁》（6月17日）等。

1998年（82岁），整理20多万字的《中国新闻思想发展研究专论》。

1999年（83岁），1月，国家教委批准西北政法学院复办新闻专业（法制新闻专业。考生经过高考，西北政法学院首届法制新闻专业本科生同年9月入学）。当时病情已经沉重的何微得知这一消息后非常高兴，再三叮嘱相关人员一定要把新闻系办好。4月6日14时25分，何微在西安因病逝世于陕西省人民医院，享年83岁。

后 记

——

何微是中国名记者和著名的新闻教育家、新闻理论家，他与西北政法大学新闻传播学院有着千丝万缕的联系。

西北政法大学的前身是中国共产党创办的第一所综合性大学——延安大学。1941年7月，中共中央决定，将成立于1937年的陕北公学与中国女子大学（成立于1939年7月）、泽东青年干部学院（1940年5月在原安吴青训班基础上创办）合并，成立延安大学。1943年3月和1944年4月，鲁迅艺术学院、延安自然科学院、民族学院、新文字干部学校、行政学院等五校先后合并于延安大学，史称延大为"八校合一"。1946年9月，著名教育家、老报人李敷仁担任了延安大学第四任校长。他上任伊始即决定创办了延安大学新闻班（1947年1月开课）。鉴于当时延大所有院系统称为班，所以应李敷仁邀请兼任延大新闻班首任班主任的范长江（时任新华社副总编辑）说："延安大学新闻班，是中国共产党创办的第一个大学新闻系，很难得。"[1]延大新闻班，即是如今的西北政法大学新闻传播学院和今延安大学新闻系的前身。

1949年6月，延安大学更名为西北人民大学，迁入西安，后历经中央政法干部学校西北分校、西安政法学院、西北政法学院等几个重要发展阶段，于2006年更名为西北政法大学。1959年，西北政法学院复办了当时西北地

---

[1] 边江、郭小良、孙江：《延安大学新闻班——中国共产党创办的第一个大学新闻专业》第168，170页，新华出版社2020年9月出版。

区的第一个大学新闻系，1960 年招生两个班（学员共 100 人）。1962 年，因国民经济困难，高校院系调整，西北政法学院新闻系面临着被裁撤的命运。恰在此时，著名新闻大家何微从北京调来西安，担任西北政法学院副院长兼教务长。经过何微同志的多方奔走与陈情争取，西北政法学院新闻系得以保留，成为与在北京的中国人民大学和上海复旦大学并存的当时全国三所大学新闻系之一。这届学生得以成为当时少有的新闻专业毕业生，纳入分配的 79名应届生中有 61 人被分配到新闻单位，其中 26 人进入《人民日报》、新华社、中央人民广播电台及《红旗》杂志社等中央主流媒体工作。时隔几十年后，何微先生始终牵挂着西北政法学院的新闻专业复办之事。1996 年夏天，已经80 周岁高龄、离休多年的何微先生将其学生刘荣庆约到自己家中，口述复办西北政法学院法制新闻系的建议，叮嘱刘迅速写成书面报告，联系时任西北政法学院党委书记张力，通过省教委逐级上报，根据西北政法学院的实际，建议办法制新闻系。令人欣慰的是，1999 年 1 月，国家教委批准西北政法学院复办新闻专业（法制新闻）。经过参加高考，西北政法学院首届法制新闻专业本科生当年 9 月入学。同年 4 月 6 日 14 时 25 分，何微在西安因病逝世于陕西省人民医院，享年 83 岁。先生生前的愿望得以实现。而今，西北政法大学新闻传播学院先后获批国家级新闻学特色专业、国家级专业综合改革试点单位和国家级新闻学一流专业。

李敷仁、范长江、何微，成为西北政法大学新闻传播学院师生永远怀念和尊崇的三位前辈，他们的革命精神是高高飘扬的鲜艳旗帜，永远激励并引领着老延大的后来人不忘初心、奋勇向前。笔者本科、硕士皆毕业于西北政法大学，深以母校为荣。2014 年 12 月，西北政法大学党委任命我担任了新闻传播学院院长，我深感荣幸。转眼 10 年过去，在学校领导的大力支持下，我和同事们、同学们一起，先后举办了何微先生百年诞辰系列纪念活动，建设了陈列有何微先生大量生前照片、手稿、著作等珍贵史料的何微先生专题纪念馆，拍摄了比较完整地反映何微先生半个多世纪新闻生涯的电视专题片

《何微百年》。设立了"中国传媒法治建设高峰论坛（后更名为网络空间治理与传媒法治建设论坛）"，至今已连续举办了七届，成为国内有影响力的传媒法治学术品牌；设立了"何微新闻奖"和"何微法治新闻奖"，是为国内法治新闻学界首个专门性新闻奖，迄今已对百余名在学术和新闻业务上有见地的学者、研究生和媒体记者进行了奖励。2020年，我和新华社陕西分社原副社长、高级记者边江及延安大学新闻系主任郭小良教授合作编著了《延安大学新闻班——中国共产党创办的第一个大学新闻专业》一书，由新华出版社出版，在学界产生了良好反响，中国新闻教育史专家、上海大学教授、博士生导师李建新先生评价说，这本书"是研究中国共产党延安时期新闻教育的一部代表性作品。以翔实的史料与人物访谈、专题剖析、回忆文字、口述历史、资料汇集与文献整理与引用等方式，完整书写、史论理析了'延安大学新闻班'，据实给出了延安大学新闻班是中国共产党创办的第一个大学新闻专业的结论，并围绕该班进行了全方位、深层次的学术与史学解读，真实客观全面地打开了中国共产党大学新闻教育发轫的历史画卷"。他认为，"这本著作具有一定的权威性、独家性、学术性、理论性"。该书从全国当年出版的数十万册图书中脱颖而出，跻身2020百道原创好书榜年榜（社科类）全年前100位之列，排第60位。

何微先生的夫人刘蓉与何微先生的长子何安琪、外甥张振林等多位亲属，将何微先生留存于世的大量书稿资料捐赠给西北政法大学新闻传播学院，同意选编出版相关书籍。2023年，西北政法大学新闻传播学院组织选编了《何微文集》一书，书稿已送人民日报出版社编辑（将于2024年8月出版）。《中国名记者何微》一书，是系统梳理和总结何微先生新闻生涯、新闻教育实践及新闻理论研究的一部重要作品，得到了西北政法大学党委和学校领导的大力支持，同时得到新华社陕西分社领导同志的大力支持。武汉大学教授车英、中国新闻社山东分社社长邱江波、著名学者刘荣庆等何微先生当年的学生，以及新华社图书馆的刘涛，陕西省图书馆的李舟、李肖菩，山西省图书馆的马小先，陕西日报社的刘义、刘芳，新华社山西分社的赵东辉、汪振望、武敌、惠金义，陕西省新闻出版局的薛耀晗，学者秦泉安，西北政法大学新闻传播学院班子和教师吕强、研究生刘岳麓、李赵珑、袁莎莎等多位同志，都对这本书的编撰出版作出了贡献。新华社宁夏分社、吉林分社原社长、高级记者申尊敬先生为本书写了激情洋溢的序言，新华出版社社长匡乐成、原总编辑许新、责任编辑丁勇等同志，都为本书的出版付出了艰辛劳动。在此，对他们一并表示衷心的感谢。

鉴于本书中收录的一些文章年代久远，对文中一些计量单位如"亩、里、斤、石"等仍用旧制，未作修改；对个别方言未作修改，仍然保留；对当时的一些地名称谓未作修改；对一些与今天不同的词语运用时，以遵照原表述为准。

由于我们水平有限，书中不妥之处在所难免，祈望读者不吝指教。

孙江　边江

2024 年 4 月于西安